中国优秀专利发明人年鉴

（第十四卷）

中国发明与专利杂志社　编

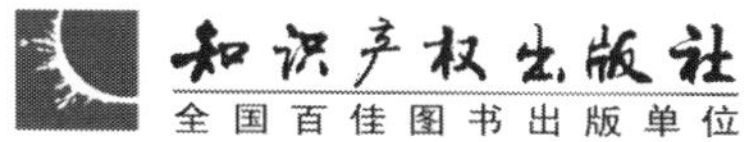

内容提要

本书收录了2011—2012年度全国各地评选出来的科技奖、发明奖、专利奖获奖项目和发明人简介。另外，还收录了2011—2012年度国家知识产权局公布的部分专利的发明简况及发明人的简要事迹。本书汇集了大量有关知识产权的信息，为将专利转化为生产力搭建一个交流的平台，对国家经济建设、增强国家核心竞争力具有重大的现实意义。

责任编辑：吴栋钢　　**文字编辑**：吴栋钢
装帧设计：赵光霞　　**责任出版**：卢运霞

图书在版编目（CIP）数据

中国优秀专利发明人年鉴. 第十四卷/中国发明与专利杂志社编. —北京：知识产权出版社，2013.5
ISBN 978-7-5130-1482-3

Ⅰ. ①中…　Ⅱ. ①中…　Ⅲ. ①专利-创造发明-人名录-中国-现代　Ⅳ. ①K826.1②G306.72

中国版本图书馆CIP数据核字（2012）第207236号

中国优秀专利发明人年鉴（第十四卷）
ZHONGGUO YOUXIU ZHUANLI FAMINGREN NIANJIAN（DISHISIJUAN）
中国发明与专利杂志社　编

出版发行：知识产权出版社
社　　址：北京市海淀区马甸南村1号　　**邮　　编**：100088
网　　址：http://yearbook.souips.com　　**邮　　箱**：fmyzlnj@sina.com
发行电话：010-82000860转8162　　**传　　真**：010-82009582
责编电话：010-82000860转8181　　**责编邮箱**：43076671@qq.com
印　　刷：北京中献拓方科技发展有限公司
开　　本：787mm×1092mm　1/16　　**印　　张**：29
版　　次：2013年7月第1版　　**印　　次**：2013年7月第1次印刷
字　　数：500千字　　**定　　价**：280.00元
ISBN 978-7-5130-1482-3/K·138（4278）

编辑说明

随着我国改革开放和构建和谐社会的的深入发展，全国人民正坚持科学的发展观，发展知识经济，提高我国的自主创新能力，努力建设具有核心竞争力的创新型国家。为了贯彻实施国家知识产权战略，促进专利技术尽快转化为生产力，推广专利技术，宣传发明人的业绩，我们继编辑出版《中国专利发明人年鉴》第十三卷后，再编辑出版了《中国优秀专利发明人年鉴》第十四卷。

《中国优秀专利发明人年鉴》第十四卷内容丰富，信息量大。专利技术涉及生活日用、机械、电子电器、化工、冶金、医疗保健、工程建设等领域。本年鉴刊登的条目，既概述专利项目的简况，又展示发明人的业绩；既有文字说明，又有发明人的照片和产品图像；既保护发明人的权益，又为专利的转化牵线搭桥；既有该专利项目的转让条件及合作意向，又有各专利发明人的地址、邮编、电话及电子邮箱（E-mail）等联系方式，便于发明人与生产厂家的沟通和建立广泛的社会联系。因此，对我国各地急欲寻求项目开发、引进技术和人才的企事业单位有一定的参考作用，同时也具有一定的研究价值和收藏价值。

另外，为保证您引进的技术可靠性，请在联系转让时向有关权威机构咨询专利技术的法律状态并深入考察。同时，由于时间仓促，收录、核实信息和资料难度较大，本卷《中国优秀专利发明人年鉴》难免有疏漏和错误之处，恳请广大读者谅解指正，以便在下卷中改进、提高。

中国发明与专利杂志社

2013 年 7 月

凡　例

一、《中国优秀专利发明人年鉴》（第十四卷）收录的是近期获得专利证书的（含已申请专利尚未难道证书的）部分专利发明人简要事迹。书中对大多数人物及其主要专利技术和产品有较为详尽的介绍，并尽可能刊登发明人近照。

二、本卷优秀专利发明人展示（彩色页）词目和各奖项获奖名单随机排列，排名不分先后；本卷其他优秀专利发明人展示（黑白页）词目按专利权人姓氏汉语拼音音序，由计算机自动排列。

三、为便于专利人与专利技术需求者之间的直接沟通，词条中增加了工作单位名称、通信地址以及联系方式，本卷还尽可能的收录了发明人的电子邮箱（E-mail）。

四、发明简况栏目中，由于字数所限，对持有多项专利的发明人，主要介绍了1个专利项目；对于专利项目过多者，个人简介则适当从简，重点介绍了少数项目，其余各项则只刊登专利名称或专利号（含专利申请号）。

五、书中人物的释文资料截止日期为2013年5月31日。

北京光影梦幻城市文化发展有限公司

DREAM
LIGHTING

北京光影梦幻城市文化发展有限公司

北京光影梦幻城市文化发展有限公司，是当代中国具有国际视野与现代理念的城市文化挖掘与弘扬者，致力于达成中国城市文化与产业的互动共赢，矢志拓新17年荣光历程，5大城市文化践行，卓著佳绩，光彩熠熠。

公司通过以中国文化元素为核心内容，以世界先进科技、理念为手段，结合城市或区域的地域文化、人文文化、经济需求等多方综合因素，制定和打造适合城市或区域本身的地标性跨界文化项目，以达到通过产业拉动提升区域整体价值的目的。

公司不断与国内多所顶级院校建立了产、学、研合作和人才互动平台，同时与诸多国际专业企业结成战略联盟关系。诚信、创新、专业、务实的光影人正在为展示和拉动城市和区域经济、弘扬中国文化做出贡献。

www.dreamlighting.com

战略合作 010 84562206 转 8018 唐英

市场合作 15129280597 项国成

一种积水监控报警系统

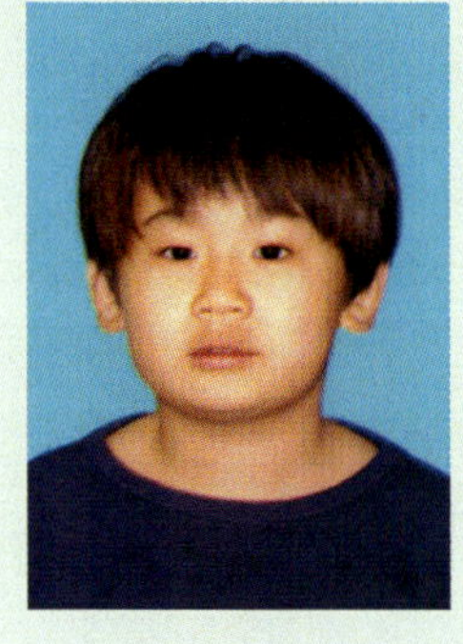

杨东麟
15岁，初中

专利（申请）号：201210502392.2　　201220648859.X

发明简介：2012年"7·21"暴雨灾害期间，北京市部分下凹式立交桥和高速路深槽路段积水严重，最深处达6米，但机动车驾驶员等交通参与者事先竟然未接收到任何预警信息。部分车辆因误入积水区域后被困，导致人员伤亡和重大财产损失。

经过多次赴实地现场勘察，以及网络调研、科技查新、总体设计、硬件选型、软件编程、安装调试、改进完善等八个阶段，本人设计、开发、制作了"路面积水远程报警及自动排水系统"，可以通过压力、浮力、超声波三种传感装置，实时监测积水深度；通过LED显示屏进行迫近光电提醒；通过单片机控制GSM短信控制卡远程向指定手机发送报警信息；还可以根据积水深度自动启动水泵排水，及时解除险情。

此项发明应用了太阳能技术、传感技术、单片机技术、LED显示技术以及GSM远程通信技术，具备如下特点：远程预警，提前报警；经济、实用，便于部署实施；稳定、可靠，确保不发生漏报；节能、环保，避免重复建设；可持续运行维护；即时排险。

本发明为城市公共管理部门提供了一个完备的远程预警方案，如与城市现有的道路诱导系统相结合，就可以最大限度地降低因暴雨带来的财产损失，避免人员伤亡。

2012年12月14日，由中国国防科技信息中心通过对国内公开文献的检索和综合对比分析，没有检索到文献能够覆盖本项目的所有技术要点，具有明显的新颖性。

备　注：2013年4~8月，本发明先后获得"第28届全国青少年科技创新大赛"一等奖，"全国青少年电子信息创新大赛"一等奖，"第33届北京青少年科技创新大赛"一等奖，第13届北京市中小学生金鹏科技论坛一等奖等多个奖项。

2013年5月19日，本发明代表北京市中学生参加"2013全国科技活动周暨北京科技周"活动。

转让及合作意向：诚意向城市交通管理部门或相关企业转让。

颁发奖牌

全国比赛现场

北京电视台直播

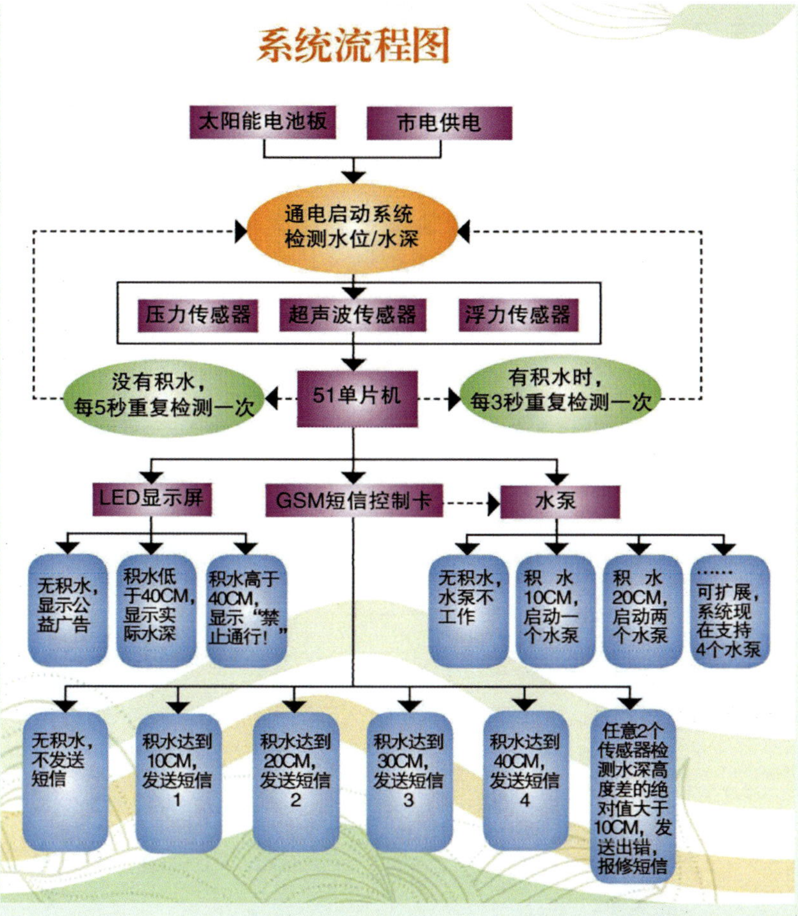

勘察（建国门桥下）
警戒线施划高度

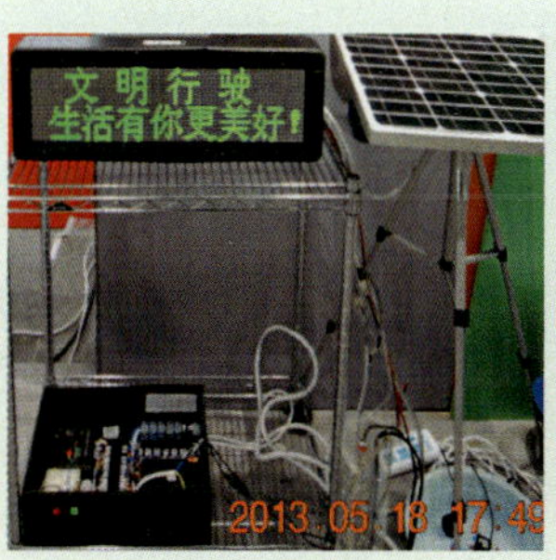

系统构成图

禁止通过警告图

通信地址：北京市朝阳区太阳宫水星园1号楼夏家园18楼3223室
邮政编码：100028　　电　　话：13601185933　13911860169　13521192221

大地电磁场非线性共轭梯度三维反演方法

专利（申请）号：201210297336. X

张昆 硕士

29 岁，助研

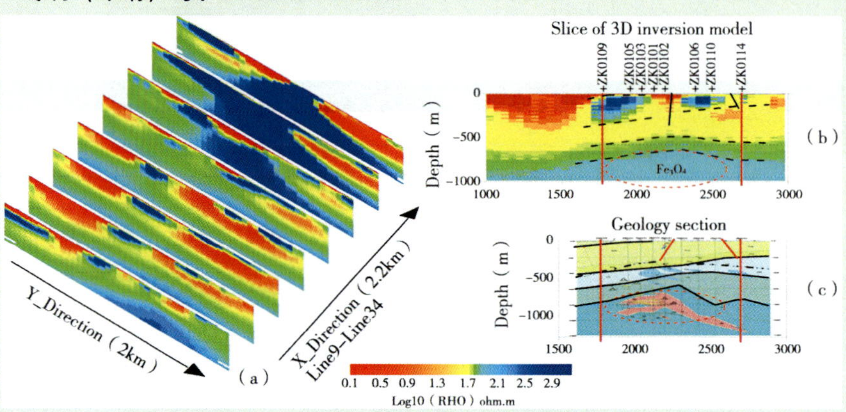

某矿区实测三维数据反演结果

（a：三维反演模型；b：二维切片；c：地质剖面）

大地电磁测深方法广泛应用于深部地质探测和矿产、水、石油、地热等资源勘查。目前三维反演方法的研究较少，本发明公开了一种改进的大地电磁场非线性共轭梯度三维反演方法，能够快速地将采集数据通过反演计算转换成地下三维电性结构信息，反映更为真实的地下电性结构。能够为探索成矿区带不同深度尺度上地球物理特征与成矿之间的关系、形成矿产资源立体探测的技术解决方案和深部资源勘查提供技术支持，为矿产资源勘查和建立成矿理论提供更可靠的信息。并且该方法具有效率高、低要求（硬件）、低损耗（时间）的特点。

坑-井地大地电磁场非线性共轭梯度二维反演方法

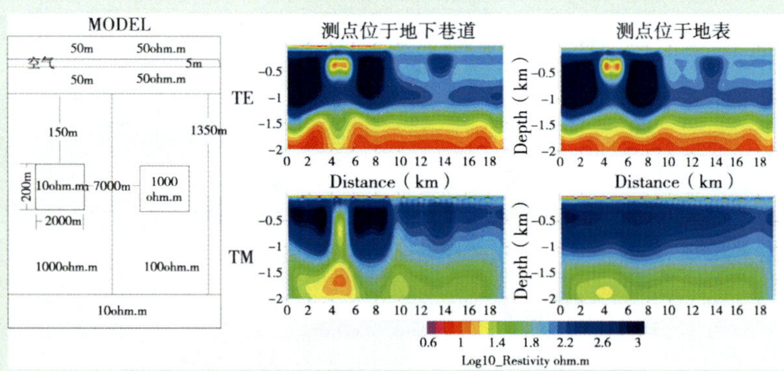

地下测点理论模型与合成数据反演结果对比

（左：理论模型；右：反演结果对比图）

大地电磁测深方法广泛应用于深部地质探测和矿产、水、石油、地热等资源勘查。目前地表剖面测量仍是主要的工作方法，但是地表大地电磁场的干扰十分严重，严重影响数据处理结果。本发明改进了目前的地表大地电磁非线性共轭梯度反演方法，率先在我国提出了适用于地表、地下钻井、巷道以及坑道内测点数据的二维非线性共轭梯度反演理论和算法，为井地大地电磁测深和可控源音频大地电磁测深方法提供了一种地球物理解释方法，使得坑-井地电磁测深这一前沿研究课题更加完善、更加有效。为以后开展旧矿区的隐伏矿床勘探、地下中深部矿床精细结构探测等重要工作提供了理论依据和解释手段。

通信地址：北京市西城区百万庄大街 26 号　　中国地质科学院矿产资源研究所

电话：18611358987　　邮箱：zhangkun1010@163. com　　邮编：100037

处理人类排泄物的方法与设备

林卓鸿发表获奖感言

该项目获得“2012 年世界科技大奖 - 环保类（个人）”，该奖项由世界科技网络 WORLD TECHNOLOGY NETWORK（WTN）联合时代杂志 TIME、财富杂志 FORTUNE、美国有线电视新闻网 CNN、技术评论 TECHNOLOGY REVIEW、及科学/美国科学促进会 SCIENCE/AAAS 举办。

发明名称：处理人类排泄物的方法与设备

专利（申请）号：201010136971.0

发明简介：本发明公开了一种处理人类排泄物方法和设备，该方法提供一室带入口，让固体排泄物在万有引力下于渗透隔板上形成层状物，先后储存在前后储存区，让尿液流往尿液储存区，室内设非接触发热体和进行空气循环；该设备包括一室带入口，固体排泄物在万有引力下于渗透隔板上形成层状物，先后储存在前后储存区，尿液流往尿液储存区，室内设非接触发热体和进行空气循环使排泄物蒸发。按照本发明方法处理人类排泄物，使固体排泄物和尿液分开进行蒸发，固体排泄物在层状形态下进行有氧分解，无不良气味散出。

DehTlet® 环保厕所系统：

DehTlet® 环保厕所是一种处理人类排泄物的多国专利技术；没有二次污染的处理方法，利用有氧分解使排泄物变成无害的肥料。

已经获得英国、中国和中国香港的专利，并已在其他 61 个国家和地区进行申请。

DehTlet® 特性：

- 可持续发展的低碳技术；
- 可保护环境，提高公共卫生水平；
- 可防止疾病传播；
- 无需用水、电及排水系统；
- 无臭味；
- 人性化。

林卓鸿先生在颁奖现场

DehTlet® 对比其它旱厕：

- 更人性化，不需粪尿分开收集；
- 特大容量，使其适用于公共卫生设施；
- 坚固耐用；
- 减少细菌传播；
- 无臭味。

林卓鸿是香港发明协会会员。

此外，该发明还获得 2012 台湾国际发明暨技术交易展发明竞赛金奖。

一种水箱喷雾式除油烟机

陈荣富

63 岁

专利（申请）号：201220026875.5

发明简介：大气中含有大量有机、无机的有害微粒、灰尘、油烟废气，长期吸入会损害人体健康，致病甚至致癌。

本实用新型提供一种水箱喷雾式除油烟机，来清除这些有害物质。它的工作原理是：高压水泵把混合有药液的清洗水变为雾状，把混合有油烟、灰尘、有害微粒的废气清洗干净，再经箱内若干隔油隔水网过滤排出清洁的空气；清洗水在清洗箱底部的排水孔流回清洗水收集箱，再循环使用。浮在水面的油烟，在定时入水电煲作用下，水位上升溢出清洗水收集箱外，进入地下污水处理渠。

水箱喷雾式除油烟机可广泛适用于下列场所：

（一）采用燃煤、天然气、燃油的各种火电厂，其烟囱尾气中含有大量灰尘，微粒及各种化学物质，往往通过高耸的烟囱把它们送上高空，但这种高空排放方式不能解决根本问题，一场大雨大雪，这些有害物质又回落地面，为害更大，且加剧了温室效应。

（二）各种化工厂的废气排放，可有针对性地配用化学药品，中和分解毒性物质，更加环保。

（三）清除各种饭店酒楼厨房的油烟废气，非常高效。

本产品可制造成各种形状的小型移动器具，方便各种场合使用。

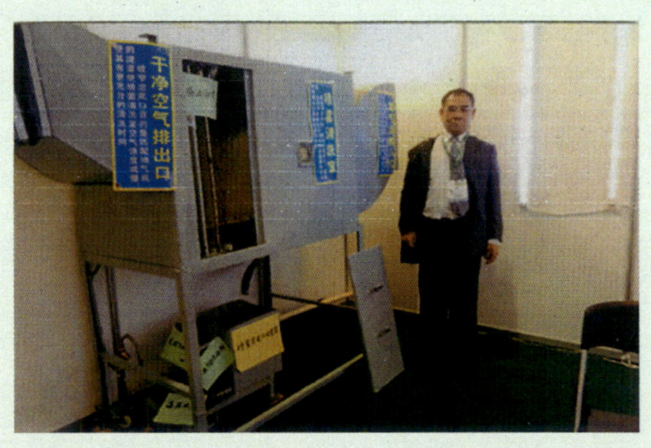

备　注：陈荣富（原名：刘松友），广东省台山市人，1981 年移居澳门，创办澳门友记电机冷气工程有限公司。在澳门 30 多年，接触各国先进的工艺、设备及其自动控制系统，积累了深厚的机电知识及经验，2012 年他取得两项专利：“一种水技术雾式除油烟机”和“一种 LED 节能灯具”。

通信地址：澳门深巷仔 15 号地下 B 友记电机冷气工程有限公司

电　　话：0853-66699316　66928853　66127874

传　　真：0853-28371570

邮　　箱：cheng. b8972@ grnail. com

汽车发电机定子铁芯卷叠设备传动机构的改进

专利(申请)号:201220081729. 2

汪达明
68 岁，大专，工程师

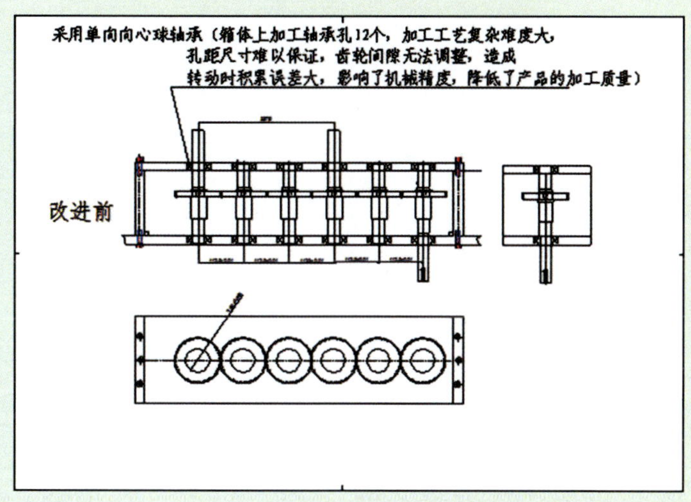

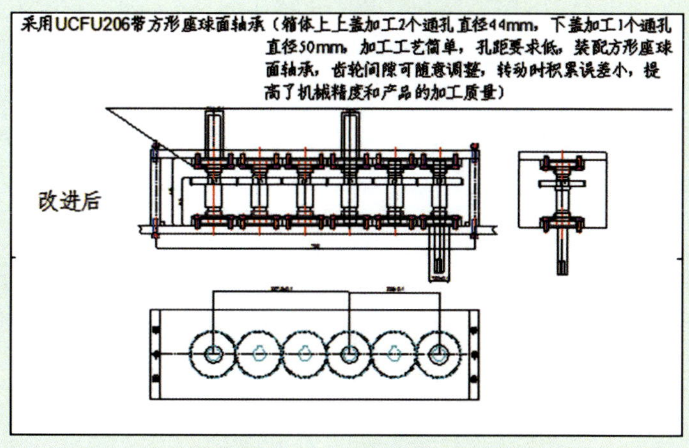

发明简介：本实用新型专利的汽车发电机定子铁芯卷叠设备传动机构制作改进方法，原主传动部位采用 F206 单向向心球轴承，箱体上有 6 根传动轴，12 个轴承孔；孔的加工尺寸 Φ60 ±0. 005mm；孔距加工尺寸 112. 5 ±0. 01mm，加工精度高加工工艺复杂难度大，孔距尺寸难以保证，装配时齿轮间隙无法调整，造成工作时积累误差大，影响了机械工作精度，降低了产品的加工质量。

经过分析对现有传动机构进行了改进，采用 UCFU206 带方形座球面轴承加工装配，工艺简单，这样在箱体上和工作台上不需加工轴承孔，在制作时只需在工作台和箱体上按轴承座与工作台和箱体连接即可，其特征在于：采用带方形座球面轴承加工装配时能保证齿轮的间隙，可进行自由调节，提高了装配精度，传动积累误差极小，在生产过程中能保证定子铁芯的工艺要求和加工精度。

通信地址：上海市奉贤区奉城镇新奉公路 3109 号　　邮政编码：201409
电　　话：021-67558193　13585836264
电子邮箱：Daming. wang@ shenyiauto. com

沈阳巨林机械设备制造公司

万向球型搅拌机

中国专利号：ZL200720012495.5

一、设计先进，质量优良。采用先进的设计理念和独特的结构，运行轨迹万向型，可立体纵横相互逆向全自动旋转，使被搅物料能完全彻底搅透，无死角；静音设计，无噪音运行。

二、操作、清洗方便灵活。采用悬臂，自动升降，装卸料极其方便快捷；搅拌叶片可整体灵活快速拆卸，方便清洗和调整间隙。

三、机型丰富，耐用美观。机型从微型到巨大型一应俱全；采用优质钢锻压，使用寿命可达五至十年；产品造型精致美观。

专利发明人台德恩，高级工程师，曾参编“混凝土搅拌机”行业标准。右图为他与外商在签约仪式现场。

手机：13609827517

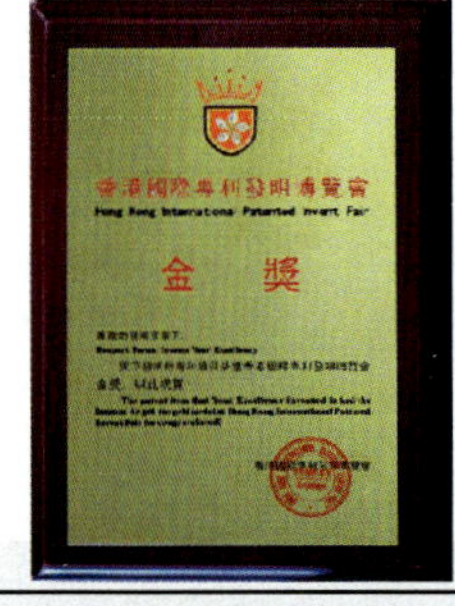

2008年3月24日，该发明荣获香港国际科技博览会金奖

（18）补充条款：（本合同其它任何条款如与本补充条款有抵触时，以本补充条款为准）

Additional clauses: (should any other in this [?]tract be in conflict with the fellowing additional clauses, the additional clauses should be teken as final and binding)

买方 Buyer:

卖方 Seller:

2009年4月8日，台德恩在乌兰巴托与俄罗斯外商成功签约

地　　址：辽宁省沈阳市惠工南一路41号　　邮政编码：110013

联系电话：024-22741665　　传　　真：024-22742089

公司网址：www.julinjixie.cn　　邮　　箱：julin@julinjixie.cn

瑞安市翔东知识产权代理事务所

瑞安市翔东知识产权代理事务所系国家知识产权局和国家工商总局商标局批准注册，属国家指定专利和商标一级代理机构，机构代码33222。本所由浙江瑞安市专利专家副研究员、首批全国专利系统先进工作者陈向东领衔担任所长，与有20多年专利工作经验的资深专利代理人以及大学毕业并且具有丰富专利知识的青年组成合作团队。我们熟练掌握专利事务和商标事务的每一个程序和细节，走在知识产权的前沿，最了解本地区行业技术发展的现状和趋势，并可牵线联络国际专利申请。

在您选择专利申请、纠纷诉讼和商标注册事务的代理机构时，请认准资质，我们可靠的信誉、良好的口碑、合理的价格、超值的回报、高效率的特快办理、高质量的工作到位、陈向东"陈专利"的名声，一定是您选择的超值因素。即日起，本所与温州各专利代理机构实行基本统一价格。专利申请授权后，政府对发明、实用新型、外观设计分别给予10000元、1000元、500元的申请补助。本所将会提供相关资料帮助您取得申请补助。

本所自核准之日起，可以接受本市及全国各地的自然人、法人的委托，从事国内专利代理和商标代理业务。

详细情况请登陆 www. xdpatent. com 查询。

地　址：浙江省瑞安市万松东路南方大厦8E　　邮　编：325200
电　话：0577-65889599　65889600　65889601　　传　真：0577-65889603
手　机：13958836818　13587593860　　邮　箱：xdpatent@126. com
网　址：www. xdpatent. com　　QQ：125961757

姜仁滨教授和他的三项专利

专利权人简介：姜仁滨，76 岁，本科，教授，享受政府特殊津贴，研究课题获国家自然科学基金的资助。在国内外学术刊物上共发表科研论文 56 篇，有 8 篇被 SCI 等国际三大权威文摘收录，有一篇发表在《Physica Scripta》中。至今，他有 5 项发明专利 和 14 项实用新型专利已获授权。

发明专利一：减少汽车碰撞死伤危险的安全防护装置（ZL200910150944.6）

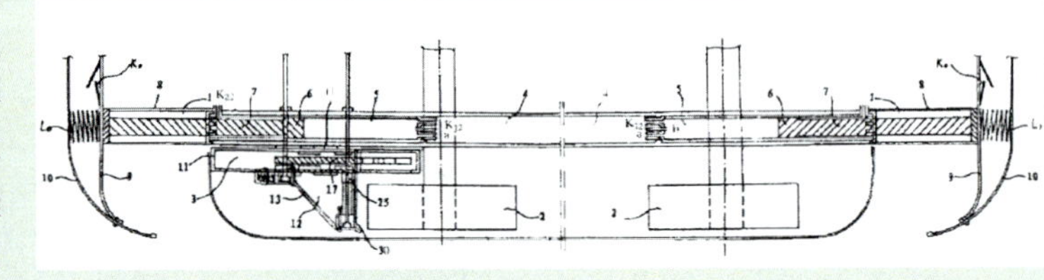

该装置的两级高压汽缸缓冲器安装在汽车底架两纵梁前端和后端中空处，在开车后司机可随时用手控开关使其前端伸出 40～80 厘米，在停车前司机又可随时用手控开关使其前端缩回；该装置的十四种部份结构不同的前轮前单棱架或三棱架自动升降侧推挡板，安装在汽车底架前端两纵梁外侧和两前轮前方、上方，它们适合不同车型汽车安装。

两级高压汽缸缓冲器可以使汽车在碰撞过程中获得足够的缓冲距离和缓冲时间，以减少最大冲击力，从而大大减少车上司机、乘客的死伤危险和对汽车主体机械结构的严重损伤；前轮前单棱架或三棱架自动升降侧推挡板能在汽车将车前行人撞倒后，将他自动推至车旁，以减少被汽车前轮压死或重伤的危险。

发明专利二：高速面电子流横向来回碰撞高电荷离子双束激光发射装置（ZL200920164613.8）

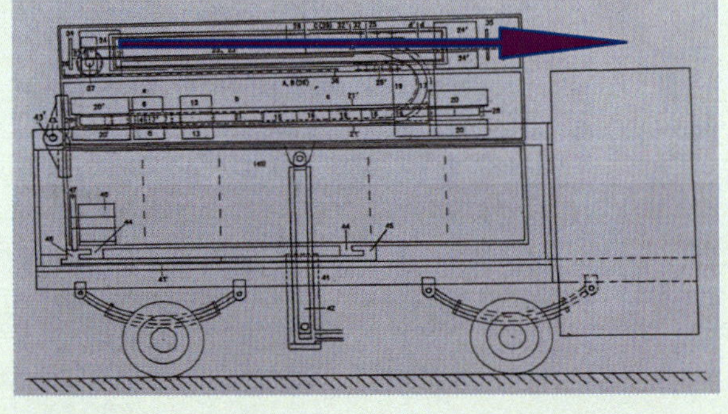

该装置由一个较低速面电子流横向来回碰撞单电荷离子束注入段（A）、一个扁跑道形较高速面电子流横向来回碰撞高电荷离子电离环（B）、一个扁跑道形高速面电子流横向来回碰撞高电荷离子激发环（C）等设备组成。它可用来获得生物内部结构的高反差全息图像或作为一种新的远程强力打空、切割装置（“新型高能激光武器”）。

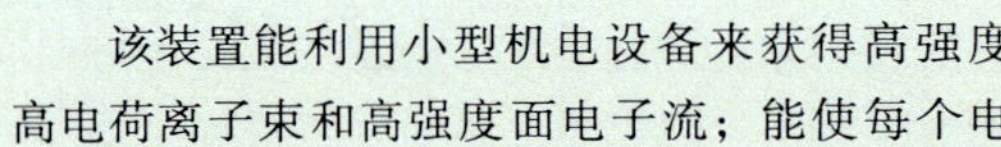

该装置能利用小型机电设备来获得高强度高电荷离子束和高强度面电子流；能使每个电子都能以确定的、恰到好处的能量去碰撞高电荷离子，并能充分地转化为高电荷离子的激发能，通过自发辐射转化为激光光能。

发明专利三：海面浪风光无人操纵可自动沉浮的固定综合发电船队（ZL200910140117.9）

该装置是由 30 艘小型平底海面浪风光无人操纵固定综合发电船。每艘船上都装有海浪冲击发电机组、风力发电机组、自动沉浮装置、光电池组和蓄电池等。该船队能在风大、浪大的海面上安全地充分利用浪能和风能；在特大风浪到来时，还能自动沉入海面以下一定深处；特大风浪消失后，又能自动浮出海面。在船队四周水下安装的巨大粗鱼网内可以养殖海生动植物。

通信地址：兰州市兰州交通大学 605 信箱　　邮　编：730070
电　话：0931-4938981　　电子邮箱：jiangrb3779@163.com

成都市坤源车用新燃料有限公司

节能减排，保护环境，是当今世界发展的共识，在我国也同样受到了前所未有的重视，还被纳入到了国家发展的战略指导方针和各项计划中。近年来，随着交通的改善与汽车的快速普及，汽车对能源的消耗与汽车尾气排放已成为了不容忽视的问题。2008 年和 2009 年我国位列世界汽车第一消费国，在册机动车保有量截至 2010 年就接近 2 亿辆。节能减排已成为了中国高度关注的问题。

不言而喻，如何尽快研制出低能耗、低排放的新型车用新燃料是改善上述问题最有效的途径，也符合国策。而申请的车用新燃料技术（专利申请号为：201010237153. X）即为国内的这一技术领域中的一项重大突破。

车用新燃料是以碳、氢、氧为主要成分，由 A、B 组份和有机添加剂组成的组合物、AB 组份与添加剂在容器中互溶、增氧、改性，使用时由液态变为气态，进入汽缸燃烧，经过改性后的燃料，具有辛烷值高，抗爆性能好，动力强，储运压力低，燃烧安全等优点。

经西华大学汽车学院性能测试，100 公里车用新燃料能耗为 4. 65 公斤，经四川省成都市汽车检测中心检测尾气 CO、HC 排放远低于汽油排放的国家标准。经一汽大众“捷达王”川 AL231B 轿车多次同费用行驶测试，加车用新燃料近 200 元行驶 656 公里（0. 3 元/公里），加 93 号汽油 200 元行驶了 405 公里（0. 49 元/公里），与同车汽油相比节能 50% 以上。

原材料来源广泛而低廉，产品可直接用于现在的车载发动机系统，具有良好的经济效益、社会效益和市场前景。

联系人：邓治洲

地　址：四川省成都市金牛区西体路新二村 9 幢二单元 14 号

邮　编：610000

手　机：13980661298

中国国际贸易促进委员会专利商标事务所

我所是中国最早成立的大型综合性知识产权事务所之一，其历史可追溯到半个世纪以前。1957年1月，中国国际贸易促进委员会组建了国内第一个商标代理机构，代理国外企业在中国办理商标相关事务。上世纪八十年代初，贸促会组建了中国第一家经政府授权的涉外代理机构。1993年，上述两家代理机构合并，组建了中国国际贸易促进委员会专利商标事务所。通过数十年的实践，我们已经为客户完成了大量专利和商标注册，并帮助数以千计的专利及商标权利人行使权利。

我们的服务宗旨是为客户提供优质、高效的个性化服务，致力于不断提高案卷管理系统的可靠性和灵活性，努力提高质量控制机制的有效性，为国内外客户提供有创造性的建议和有价值的解决方案。业务范围包括在专利、商标、著作权、域名、商业秘密、商业外观等知识产权相关领域的咨询、申请、调解、行政保护和诉讼服务。

全所现有专利代理人及商标代理人252名，其中72名具有律师资格。总部设在北京，在纽约、东京、慕尼黑、香港、广州和上海分别设有代表处。

在《知识产权管理》杂志进行的全球知识产权事务所年度调查中，我所被连续评为中国顶尖知识产权事务所。在《亚洲法律与实践》、《亚洲法律事务》、《知识资产管理》和《钱伯斯》等机构进行的评级或推荐活动中，我所也多次被提名。

地址：北京市复兴门内大街158号远洋大厦10层
邮编：100031
电话：+86-10-66412345　68516688
传真：+86-10-66415678　66413211
邮件：mail@ ccpit-patent. com. cn
网址：www. ccpit-patent. com. cn

北京安博达知识产权代理有限公司

北京安博达知识产权代理有限公司是经中华人民共和国知识产权局批准设立的涉外知识产权代理机构，经营范围包括专利代理（含PCT代理）、商标代理、版权代理三大领域。

公司创始人徐国文，是原国家知识产权局专利复审委员会化学申诉处主任、一级审查员；现为本公司董事长兼总经理，是2004年轰动全球的美国辉瑞公司中国“伟哥”（万艾可）专利案（中方12家制药公司第一发言人）、英国葛兰素史克公司中国“文迪雅”（罗格列酮）专利案（中方首席代理人）等涉外知识产权诉讼案胜诉第一功臣。

在徐国文先生的领导下，公司聚集了一批长期在知识产权领域工作的资深专家和年轻有为的知识产权代理人，大部分职员拥有高级职称和硕士以上学历，专业覆盖物理、机械、光电子、信息、化学、生物、医药、材料、农业、食品等科学技术领域，熟练掌握多种外语。部分专家曾多年在知识产权领域从事知识产权管理或代理工作，精通专利申请、复审、专利权无效诉讼等业务；部分职员曾长期在企事业单位从事科研工作或经营管理工作，阅历丰富，业务专深。

在知识经济时代，竞争与合作日益全球化浪潮中，我们始终秉承“严谨、务实、勤奋、创新”理念，热忱为中外委托人提供优质、高效、安全、周密的知识产权代理服务。

地址：北京市海淀区大钟寺13号院1号楼华杰大厦B215　　邮编：100098
电话：010-62196281、62196291、62374897、62052912（总机）　传真：010-62052912-8036
E-mail：xz@ anboda. com

制备富氧森林空气的方法

专利发明人：赵冬青

专利（申请）号：200710130236.7

森林空气包括原野、山川及海滨空气，是大自然中的绿色空气，亦是人类的生命之源。森林内空气清新，湿度宜人，负氧离子多，无污染，人吸用后具有提神醒脑等保健治疗功效。

本发明公开了一种制备富氧森林空气的方法，包括选择森林空气的采集源，采集森林空气，在森林空气中加入适量的医用氧气，并使含氧量不超过30%。本发明还公开了在富氧森林空气中加入芳香族植物气味的步骤，和可加入芳香族植物气体的植物种类。本发明使居住在城市内的人们也能呼吸到森林空气，有助于身心健康。

富氧森林空气可逐步取代医用氧气，有效规避因长期用氧产生过分氧化、富氧依赖性和混入污染空气等问题，并可切实解决易燃、易爆等安全问题，杜绝后顾之忧！

备　注：赵冬青，曾参加国防科工委攻关项目“大规模集成电路电子束曝光机亚微米工作台”的研制；提出来世界创新的设计和制造方案，经国家鉴定达到世界领先水平，获得山东科学技术进步二等奖。在发明创造方面，有森林空气的灌装及人工制备技术等六项专利问世。1994年入选“中国专利成功人才库”；1997年获欧洲“尤里卡奖”，并被聘为顾问。同年，入选世界名人，被美中友好协会邀请作为中国杰出人士赴美访问团成员，并颁予美国华盛顿荣誉市民证书。

地　址：北京市朝阳区南郎家园14号楼3门203室　　邮　编：100022

项目负责：施勋美　　项目洽谈：010—65687580　65683770

湖北易木排水设备有限公司

公司成立于2011年2月，是一家经营、生产、销售卫生洁具、排水管道的新兴科技型公司，公司成立至今已申请多项国家专利，目前所拥有发明为：

1. 同层排水防臭渗水排水器及其专用管件　专利号：200810125141.0
2. 多功能地漏　专利号：200520023781.2
3. 节水无臭隐蔽式蹲便器　专利号：200520024743.9
4. 节水无臭隐蔽式坐便器　专利号：200520024744.3

本公司欲扩大规模，希望与有志之士共同携手，开创新纪元。

地　址：湖北襄阳市东风汽车大道17号　　邮编：441004

侯如玉牌立舒可贴简介

侯如玉

现在患颈椎病、肩周炎、腰椎间盘突出、坐骨神经、风湿性关节炎、半月板损伤、骨刺等各种疼痛症的人很多，而且趋向年轻化，严重影响人们的生活和工作质量。目前，大小医院治疗的方法就是打针、挂水、开刀、牵引推拿、针灸等，只能缓解一时，治标不治本。发明人经过二十多年研究，经过无数次试验终获成功，研制出侯如玉牌立舒可贴。该膏药是由威灵仙、藏红花、土虫、乳香、没药等近四十种名贵中药精制而成，不打针不吃药，治愈后长时间不会复发，费用低，安全方便。经过数千人的敷贴，疗效十分理想。

地址：江苏省靖江市振华学校西（统计局住宅 105 室）
联系人：侯如玉　　　　电话：0523-82922560

黑酒及其加工工艺

唐　建

专利（申请）号：201210060537.8

发明简介：本发明属于果汁酒及其制备技术领域。经第三军医大学预防医学系检验，这种黑酒营养丰富，含大量维生素、16 种氨基酸及多种人体需要的微量元素。该酒的酒精度低，具有特殊色、香、味，且制作过程开放式、高浓度、较低温、长时间的糖化发酵并行，因而发酵醪不易酸败。

红花唐黑酒产品由宜宾中健酒业有限公司具体运营开发，经有关部门检验，产品符合有关法规和质量标准的规定。本产品入选了四川省质量振兴榜，获中国新技术新产品交易博览会金奖，同时获得世界发明家国际协会“国际发明金奖”，被评为“四川省群众喜爱商品”。该公司还荣获了中国酒文化研究会颁发的“中国酒业二十一世纪之星金奖”。

备　注：唐建，32 岁，大专，高级勾兑师，现任中华唐氏总会副会长，中健酒业董事长，唐酒集团董事长。

通信地址：广东省深圳市福田区车公庙创新科技大厦 1706
邮政编码：518048
电　　话：13350606999
电子邮箱：476661027@qq.com

何家微电子研究所

何家微电子研究所是一家专门从事环保节能高科技开发研究的民营实体科研机构，由唐山市电气工程师、发明家何雅敬于2001年创办。截至2010年已完成科研成果两项并获得专利。一是节能环保型微电热保健保暖装置，专利号：9729961.0，可以大幅度降低汽车尾气排放，符合节能环保的时代要求；一是燃油净化处理环保节能装置（简称“ESD”），专利号：200520023811.X，通过10年同类产品25种调研解析与“ESD8”智能模块技术的对比显示，该装置的技术含量远远高于其他同类产品，在节能环保效果上具有很大优势。第三项复合型智能高效ESR微电热芯片技术现已是半成品状态。

地址：河北省唐山市丰南区丰南镇丰益庄　　　　邮编：063300
电话：0315-8157336　　　　传真：0315-8192439　　　　邮箱：hejiazl@163.com

一种治疗咽喉炎的中药

发明人：胡章英

专利（申请）号：03115546.6

胡章英，73岁，在江西省贵溪市设立咽炎鼻炎特色治疗中心，从事中医事业40余年，积累了丰富的临床诊疗实践经验。他经过不断努力探索，研制成一种治疗咽喉炎的中药，并申请专利（专利号：03115545.6），为广大咽喉病患者带来福音。迄今为止，他已治愈几千例各种严重口腔科、鼻炎科病例，皆有原始记录可查。2012年，他提供了50包中药给中国临床医学研究中心做临床化验，经论证后批准成立贵溪咽炎特效疗法研究基地。

望有识企业前来洽谈合作。

地址：江西省贵溪市冶金路7-32号交警大队对面　　邮编：335400
电话：0701-3312958

一种氯化钡生产工艺

发明人：赖成文，大专，高级经济师

专利（申请）号：200910307050.3

发明简介：本发明是一种由碳酸钡（毒重石）矿生产氯化钡的工艺，具体是真空电热连续结晶工艺，主要由下列步骤实现：分解氧化除去硫、铁等杂质，制备氯化钡原料液；原料液在轴流泵驱动下真空电力加热浓缩，溶质热结晶形成水和二水氯化钡结晶体；结晶体因水份连续蒸发达到过饱和，生产出氯化钡产品；其中真空电加热浓缩结晶是连续均衡稳定地进行，整个工艺过程，在密闭状态中进行，副产物得到回收利用，结晶过程一次完成，生产过程连续。该工艺产出的产品杂质含量低，污染少，能耗低，能适应大规模工业化生产要求。

现有意转让专利使用权，欢迎来人来电咨询。

地　址：成都市青白江区大弯镇青华东路108号　　　　邮　编：610300
电　话：028-83603037　15108450677

潜能回收（水）风源热泵空调机

发明人： 丁永鑫

专利（申请）号： 200910170039.7

发明简介： 本发明利用制冷循环尾部的内焓，将它回收利用，三级冷凝器的功效替代了传统的水源井，因为蒸发器制冷需吸收地下水中的热量。三级冷凝器就是生产此部热量的换热器，它达到了一石二鸟的功能：1. 替代了水源井；2. 还降低了排放到室外风源蒸发器的能量。从计算证明：三级冷凝回收的热量供给水蒸发器生产中湿气体，与室外低温气体混合提高了吸气温度完善了制冷循环。

本发明的特点：创新了制冷循环结构；突破了高温禁区，出水温度高达70℃；突破了低温极限，在－24℃主机运行良好；投资省、省钱、能耗要低节能，开支省；与水源热泵比：1. 装机容量减20%，2. 电力增容减30%，3. 供热热效应增30%，4. 年开支节省30%，实现了无需水资源而各项技术指标优于水源热泵的创新之路。

地　址：北京市西城区百万庄子区14门2号　　　邮　编：100037
电　话：010-68309937

余式正和他的发明专利

发明人： 余式正

发明简介： 2005年首次采用干馏技术处理生活垃圾，发明了高温干馏垃圾焚烧炉，被授予国家发明专利（200510085232.2）。2009年为了实现二恶英的完全控制，又申报了低温干馏炭化炉的发明专利（200910223401.2）。凭借这两项发明专利获得认可，开始建设样板工程。2011年根据样板工程的经验，把低温干馏炭化炉和煤气发生炉组合起来，申报了两项垃圾干馏-煤气化处理炉的发明专利（201110242379.3、201110242380.6），进一步完善了干馏技术在垃圾处理中的应用，形成一种无二恶英、无废气排放的全新垃圾处理技术，在理论和实践上证实垃圾干馏处理能够实现真正的无害化、减量化和资源化。2012年又申报了可以大型化垃圾干馏-煤气化处理炉的发明专利（201210242409.9）。

地　址：北京丰台区北大地三里九栋25号北京正仁科技有限公司　　　邮　编：100071
电　话：010-63834377　　　E-mail：ysz37@126.com

一种治疗烧烫伤的中成药

发明人： 俞初忠

专利（申请）号： 94100404.X

发明简介： 本发明公开了一种治疗烧烫伤的外用中成药。该药是将虎杖、地榆、白芨、榄核莲用乙醇浸泡，取其混合酊和石膏、炉甘石、硫磺、硫酸镁的粉末混合并使其湿润，制成膏状外敷烧烫伤处，用药后立即止痛、消肿、敛肤，愈后不留瘢痕，肤色如常，可取得较好疗效，具有治疗手段简便、治愈率高、全愈期短、不留或少留后遗症的特点。

地　址：安徽省芜湖市第11中学内芜湖葆容烧伤医药研究所　　　邮　编：241000
电　话：0553-3836206　　　13956196328

鹤鸣漆业有限公司

本公司利用天然彩玉具有五颜六色、不变色褪色、无毒无味的特点，经反复试制和筛选，发明了"利用天然彩玉"水性色浆，并开发了"天然彩玉"水性乳胶漆系列产品。该产品投放市场后，很快受到用户好评。

本公司现已向国家知识产权局，申报了四项发明专利：一种利用天然彩玉生产彩玉水性色浆的方法（专利申请号200810230511.7）、一种天然彩玉液态瓷砖的生产方法（200910227424.0）、一种天然彩玉外墙外隔热保温装饰层的配方及生产方法（专利申请号201010280357.1）、一种天然彩玉外墙外隔热保温层涂料的配方及生产方法（专利申请号201010280391.9）。

现诚意寻找投资合作伙伴，扩大生产规模，共同发展，并有意转让"一种天然彩玉液态瓷砖的生产方法"的专利技术。

联系单位：河南省鹤壁市黎阳工业区永兴路鹤鸣漆业有限公司
联系人：陈西才
电　话：0392-5509506　15839236882

电子器件不关机换电池

发明人：蔡尚，郝孚宁

专利（申请）号：201010129154.2

发明简介："电子器件不关机换电池"具体做法：由A换B的顺序为①②③；由B换A的顺序为③②①。取下电量不足的电池，装上电量充足的电池备用。只要有足够的备用电池，电子器件电脑、电视……就可以利手机一样移动使用。由于可以不关机换电池，所以不一定要用价格昂贵的电容量较大电池，电池的体积可以小些，重量轻些，造价低些。

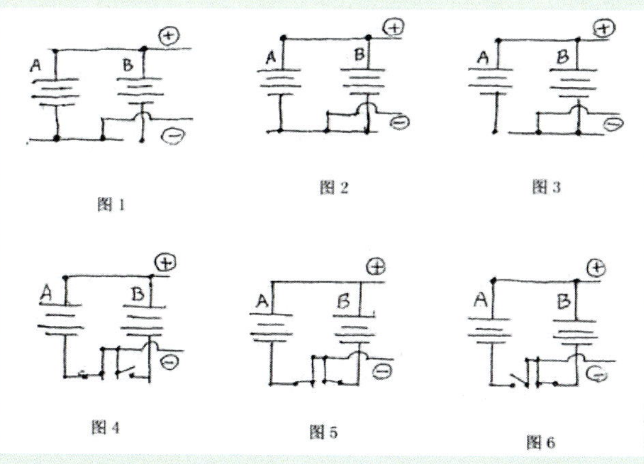

图1　图2　图3　图4　图5　图6

地　址：江苏省淮安市楚州区双刀刘巷3-6号

目 录

一、相关政策与法规

(一) 国务院出台的政策与法规 …………………………………………………… (3)
关于加强战略性新兴产业知识产权工作的若干意见 …………………………… (3)
关于加快培育和发展知识产权服务业的指导意见 ……………………………… (8)
关于深化科技体制改革加快国家创新体系建设的意见 ………………………… (13)
国务院办公厅关于强化企业技术创新主体地位全面提升企业创新能力的意见 …… (22)
2012 年全国打击侵犯知识产权和制售假冒伪劣商品工作要点 ………………… (27)
关于进一步加强职务发明人合法权益保护促进知识产权运用实施的若干意见 …… (31)
(二) 相关部委出台的政策与法规 …………………………………………………… (35)
专利标识标注办法 ……………………………………………………………… (35)
专利实施强制许可办法 ………………………………………………………… (36)
发明专利申请优先审查管理办法 ……………………………………………… (43)
国家知识产权局行政复议规程 ………………………………………………… (44)
2013 年全国知识产权人才工作要点 …………………………………………… (48)
证监会、科技部关于支持科技成果出资入股确认股权的指导意见 ……………… (51)
国家科技企业孵化器“十二五”发展规划 ……………………………………… (52)
科技创新知识产权工作“十二五”专项规划 …………………………………… (59)
资助向国外申请专利专项资金管理办法 ………………………………………… (65)

二、2012 年工作回顾

(一) 2012 年我国知识产权工作回顾 ………………………………………………… (69)
田力普局长 2013 年新年献辞——再创新成绩，再谱新篇章 …………………… (69)
2012 年发明专利申请受理和授权年度报告 ……………………………………… (71)
2012 年 PCT 国际专利申请年度状况分析 ……………………………………… (85)
发明专利：2012 年彰显五大趋势 ……………………………………………… (93)
加快向专利强国迈进的步伐
——访国家知识产权局副局长贺化 ……………………………………………… (98)
最高法院公布 2012 年度十大知识产权案例 …………………………………… (100)
全国知识产权保护最具影响力人物榜 ………………………………………… (105)

十大全国知识产权保护重大案件出炉 …………………………………………… (107)
首批全国知识产权领军人才评审结果揭晓 ……………………………………… (109)
回顾2012年知识产权社会热点 ………………………………………………… (113)
2012年知识产权维权大事件回顾 ……………………………………………… (137)
(二) 部分省市知识产权状况和工作经验 ………………………………………… (142)
广东：知识产权工作五年呈现十大亮点 ………………………………………… (142)
陕西：大力加强知识产权保护 …………………………………………………… (145)
四川：知识产权工作再创新高 …………………………………………………… (152)
浙江：六招力促科技成果转化 …………………………………………………… (155)
天津：知识产权凸显活力 ………………………………………………………… (158)
安徽：积极推动企业主导产业技术研发创新 …………………………………… (159)
江西：企业技术创新朝气蓬勃 …………………………………………………… (162)
湖北：技术“输出”大省向技术“吸纳”大省转变 ……………………………… (164)
青海：多措并举推动科技与金融结合 …………………………………………… (166)
(三) 重大展会 ……………………………………………………………………… (167)
中国高交会 ………………………………………………………………………… (167)
北京科博会 ………………………………………………………………………… (170)
中国国际专利技术与产品交易会 ………………………………………………… (172)
第十届中国重庆高交会暨第六届国际军博会隆重开幕 ………………………… (175)
第七届国际发明展览会暨国际教学新仪器新设备展览会 ……………………… (177)
第十一届中国专利高新技术产品博览会开幕 …………………………………… (179)
中国（南京）专利交易会效果显著 ……………………………………………… (184)

三、表彰和奖励

(一) 历年国家科技、发明、专利奖项统计 ………………………………………… (187)
最高科学技术奖 …………………………………………………………………… (187)
2000年度国家最高科学技术奖获奖人 ………………………………………… (187)
2001年度国家最高科学技术奖获奖人 ………………………………………… (189)
2002年度国家最高科学技术奖获奖人 ………………………………………… (190)
2003年度国家最高科学技术奖获奖人 ………………………………………… (191)
2005年度国家最高科学技术奖获奖人 ………………………………………… (193)
2006年度国家最高科学技术奖获奖人 ………………………………………… (196)
2007年度国家最高科学技术奖获奖人 ………………………………………… (197)
2008年度国家最高科学技术奖获奖人 ………………………………………… (199)
2009年度国家最高科学技术奖获奖人 ………………………………………… (201)
2010年度国家最高科学技术奖获奖人 ………………………………………… (203)
2011年度国家最高科学技术奖获奖人 ………………………………………… (205)

2012 年度国家最高科学技术奖获奖人 …… (207)
中国专利奖 …… (209)
1989 年第一届专利金奖项目名单 …… (209)
1991 年第二届专利金奖项目名单 …… (210)
1993 年第三届专利金奖项目名单 …… (210)
1995 年第四届专利金奖项目名单 …… (211)
1997 年第五届专利金奖项目名单 …… (211)
1999 年第六届专利金奖项目名单 …… (212)
2001 年第七届专利金奖项目名单 …… (212)
2003 年第八届专利金奖项目名单 …… (213)
2005 年第九届专利金奖项目名单 …… (214)
2007 年第十届中国专利金奖项目名单 …… (215)
2009 年第十一届中国专利奖金奖项目 …… (217)
2010 年第十二届中国专利金奖项目 …… (218)
2010 年第十二届中国外观设计金奖项目 …… (219)
2011 年第十三届中国专利金奖项目 …… (220)
2011 年第十三届中国外观设计金奖项目 …… (221)
2012 年第十四届中国专利金奖项目名单 …… (222)
2012 年第十四届中国外观设计金奖项目名单 …… (224)
发明创业奖 …… (225)
第一届“发明创业奖”获奖者名单 …… (226)
第二届“发明创业奖”获奖者名单 …… (228)
第三届“发明创业奖”获奖者名单 …… (230)
第四届“发明创业奖”获奖者名单 …… (232)
第五届“发明创业奖”获奖者名单 …… (234)
第六届“发明创业奖”获奖者名单 …… (236)
第七届“发明创业奖” …… (238)
(二) 各地 2011—2012 年发明、专利奖项介绍 …… (242)
北京市发明专利奖 …… (242)
北京青少年科技创新大赛 …… (248)
天津市专利奖 …… (253)
甘肃省科学技术奖 …… (256)
陕西省专利奖 …… (259)
四川成都市科学技术奖 …… (263)
河北省知识产权优势培育工程专利奖 …… (266)
山东省专利奖 …… (270)
安徽省专利金奖 …… (274)
江苏省专利项目奖 …… (276)

上海市发明创造专利奖 …… (277)
湖北省优秀专利项目奖 …… (280)
湖南省专利奖 …… (282)
福建省专利奖 …… (283)
广东省专利奖 …… (287)

四、其他优秀专利发明人

北京光影梦幻公司 …… (291)
毕绚宣 …… (291)
才振军 …… (292)
曹宏州 …… (292)
曹佐国 …… (292)
柴贵景 …… (293)
常大勇 …… (293)
车延治 …… (294)
陈国富 …… (294)
陈国民 …… (295)
陈浩宇 …… (295)
陈　贺 …… (295)
陈家宏 …… (296)
陈建元 …… (296)
陈烈涛 …… (297)
陈林豪 …… (297)
陈明才 …… (298)
陈铭深 …… (298)
陈培杰 …… (298)
陈骑龙 …… (299)
陈启康 …… (299)
陈　庆 …… (300)
陈荣富 …… (300)
陈　森 …… (301)
陈小林 …… (301)
陈协露 …… (301)
陈雄晖 …… (301)
陈彦春 …… (302)
陈文彬 …… (302)
陈文祥 …… (302)

陈张亮 …… (303)
陈致憋 …… (303)
程玉全 …… (304)
程永科 …… (304)
储晓雷 …… (304)
崔有贵 …… (305)
邓复兴 …… (305)
邓抄军 …… (305)
丁 胜 …… (306)
丁太信 …… (306)
董洪利 …… (307)
董久赤 …… (307)
董晓宇 …… (307)
杜金兰 …… (308)
杜 康 …… (308)
段贤伍 …… (309)
范家闩 …… (309)
方顺成 …… (309)
方锡元 …… (310)
方有泉 …… (310)
酆 庆 …… (311)
冯增方 …… (311)
傅德才 …… (311)
傅凤义 …… (312)
傅经纬 …… (312)
高 宾 …… (312)
高全财 …… (313)
耿韩博 …… (313)
宫建野 …… (314)
苟小平 …… (314)
郭 有 …… (314)
郭建斌 …… (315)
韩昌盛 …… (315)
韩 超 …… (316)
韩继伟 …… (316)
何荣旺 …… (316)
何万斌 …… (317)
贺成艳 …… (317)

侯思正 ……………………………………………………………… (318)
黄柏林 ……………………………………………………………… (318)
黄炳军 ……………………………………………………………… (319)
黄成辉 ……………………………………………………………… (319)
黄崇华 ……………………………………………………………… (320)
黄光智 ……………………………………………………………… (321)
黄立海 ……………………………………………………………… (321)
黄文林 ……………………………………………………………… (322)
黄文龙 ……………………………………………………………… (322)
黄正义 ……………………………………………………………… (323)
黄志宽 ……………………………………………………………… (323)
姬云峰 ……………………………………………………………… (323)
纪新刚 ……………………………………………………………… (324)
贾会平 ……………………………………………………………… (324)
姜海湖 ……………………………………………………………… (325)
姜金仲 ……………………………………………………………… (325)
康月波 ……………………………………………………………… (326)
柯任可 ……………………………………………………………… (326)
兰海宽 ……………………………………………………………… (326)
李炳杰 ……………………………………………………………… (327)
李成刚 ……………………………………………………………… (328)
李　纯 ……………………………………………………………… (328)
李传军 ……………………………………………………………… (329)
李丹天 ……………………………………………………………… (329)
李　发 ……………………………………………………………… (330)
蒋乔一 ……………………………………………………………… (330)
李光能 ……………………………………………………………… (330)
李红文 ……………………………………………………………… (331)
李　辉 ……………………………………………………………… (331)
李　吉 ……………………………………………………………… (332)
李金根 ……………………………………………………………… (332)
李克金 ……………………………………………………………… (332)
李　理 ……………………………………………………………… (333)
李　宁 ……………………………………………………………… (333)
李　沛 ……………………………………………………………… (334)
李巧理 ……………………………………………………………… (334)
李巧巧 ……………………………………………………………… (334)
李勤生 ……………………………………………………………… (335)

李诗昌 …… (335)
李顺意 …… (336)
李伟雄 …… (336)
李文星 …… (337)
李显俊 …… (337)
李兴贵 …… (337)
李月秋 …… (338)
王媚娟 …… (338)
李兆华 …… (338)
李镇奇 …… (339)
厉黎明 …… (339)
梁昌锐 …… (339)
梁志海 …… (340)
廖宝书 …… (340)
廖光大 …… (341)
廖选茂 …… (341)
林树芳 …… (341)
林永军 …… (342)
凌春林 …… (342)
凌如文 …… (343)
凌祝军 …… (343)
刘爱生 …… (344)
刘　宾 …… (344)
刘朝寿 …… (344)
刘进安 …… (345)
刘景强 …… (345)
刘　俐 …… (345)
刘联和 …… (346)
刘美华 …… (346)
刘民成 …… (347)
刘　明 …… (347)
刘培林 …… (348)
康殿英 …… (348)
刘　坡 …… (348)
刘乔祎 …… (348)
刘润民 …… (349)
刘善江 …… (349)
刘羡塘 …… (350)

刘星群 …………………………………………………………………… (350)
刘雨康 …………………………………………………………………… (350)
刘志万 …………………………………………………………………… (351)
卢　军 …………………………………………………………………… (351)
罗洁雯 …………………………………………………………………… (352)
罗天乐 …………………………………………………………………… (352)
骆燕胜 …………………………………………………………………… (352)
吕帅林 …………………………………………………………………… (353)
吕锡明 …………………………………………………………………… (353)
马国庆 …………………………………………………………………… (354)
马显进 …………………………………………………………………… (354)
马子江 …………………………………………………………………… (354)
孟　军 …………………………………………………………………… (355)
孟建军 …………………………………………………………………… (355)
牟秀元 …………………………………………………………………… (356)
倪贵林 …………………………………………………………………… (356)
聂大林 …………………………………………………………………… (357)
牛慧强 …………………………………………………………………… (357)
农利安 …………………………………………………………………… (357)
欧胜军 …………………………………………………………………… (358)
潘胜荣 …………………………………………………………………… (358)
潘永娥 …………………………………………………………………… (358)
裴润有 …………………………………………………………………… (359)
彭树万 …………………………………………………………………… (359)
偏允让 …………………………………………………………………… (359)
钱　江 …………………………………………………………………… (360)
钱立虎 …………………………………………………………………… (360)
任步海 …………………………………………………………………… (361)
任瑞刚 …………………………………………………………………… (361)
任香娣 …………………………………………………………………… (362)
沈景哲 …………………………………………………………………… (362)
沈立夫 …………………………………………………………………… (362)
沈雪严 …………………………………………………………………… (363)
宋明富 …………………………………………………………………… (363)
苏海芳 …………………………………………………………………… (363)
苏景红 …………………………………………………………………… (364)
苏西安 …………………………………………………………………… (364)
孙成虎 …………………………………………………………………… (364)

孙德祥 …… (365)
孙慧斌 …… (365)
孙宏宇 …… (366)
孙伟力 …… (366)
孙志远 …… (367)
汤学忠 …… (367)
唐道助 …… (368)
唐　建 …… (368)
唐　柯 …… (369)
唐满江 …… (369)
唐廷安 …… (369)
唐伟东 …… (370)
田锡义 …… (370)
田　阳 …… (371)
田振民 …… (371)
汪达明 …… (371)
汪家琳 …… (372)
汪志成 …… (373)
王　兵 …… (373)
王　冰 …… (373)
王成虎 …… (374)
王春复 …… (374)
王高宏 …… (375)
王建军 …… (375)
王　平 …… (375)
王瑞峰 …… (376)
王善新 …… (377)
王士元 …… (377)
王晓进 …… (378)
王孝良 …… (378)
王玉良 …… (379)
王峥轲 …… (379)
王东生 …… (379)
王志坚 …… (380)
韦淇峰 …… (380)
吴宸至 …… (381)
吴　春 …… (381)
吴汉民 …… (381)

吴厚林 …………………………………………………………………………… (382)
吴少强 …………………………………………………………………………… (382)
吴秀臣 …………………………………………………………………………… (383)
吴跃富 …………………………………………………………………………… (383)
阁清山 …………………………………………………………………………… (384)
夏君生 …………………………………………………………………………… (384)
肖　毅 …………………………………………………………………………… (385)
谢德渊 …………………………………………………………………………… (385)
忻煜楷 …………………………………………………………………………… (385)
邢小刚 …………………………………………………………………………… (386)
熊家木 …………………………………………………………………………… (386)
徐海燕 …………………………………………………………………………… (386)
徐　信 …………………………………………………………………………… (387)
徐云鹏 …………………………………………………………………………… (387)
徐云鹏 …………………………………………………………………………… (388)
许善文 …………………………………………………………………………… (388)
闫晓林 …………………………………………………………………………… (389)
严启卓 …………………………………………………………………………… (389)
严　政 …………………………………………………………………………… (389)
闫志刚 …………………………………………………………………………… (390)
杨东麟 …………………………………………………………………………… (390)
杨春喜 …………………………………………………………………………… (391)
杨　炯 …………………………………………………………………………… (391)
杨礼诚 …………………………………………………………………………… (392)
杨　涛 …………………………………………………………………………… (392)
杨忠耀 …………………………………………………………………………… (393)
姚鸿云 …………………………………………………………………………… (393)
姚学艳 …………………………………………………………………………… (394)
叶甘霖 …………………………………………………………………………… (394)
叶照生 …………………………………………………………………………… (394)
游余立 …………………………………………………………………………… (395)
俞　帆 …………………………………………………………………………… (395)
袁　雷 …………………………………………………………………………… (396)
苑宝义 …………………………………………………………………………… (396)
翟　刚 …………………………………………………………………………… (397)
张春海 …………………………………………………………………………… (397)
张典荣 …………………………………………………………………………… (397)
张飞虎 …………………………………………………………………………… (398)

张洪达 …………………………………………………………………………………… (398)
张红卫 …………………………………………………………………………………… (399)
张　昆 …………………………………………………………………………………… (399)
张连梅 …………………………………………………………………………………… (400)
张　明 …………………………………………………………………………………… (400)
张宁坤 …………………………………………………………………………………… (401)
张　庆 …………………………………………………………………………………… (401)
张如成 …………………………………………………………………………………… (402)
张树英 …………………………………………………………………………………… (402)
张铁异 …………………………………………………………………………………… (403)
张万祥 …………………………………………………………………………………… (403)
张萧凝 …………………………………………………………………………………… (404)
张晓强 …………………………………………………………………………………… (404)
张新芳 …………………………………………………………………………………… (404)
张心玥 …………………………………………………………………………………… (405)
张雪霞 …………………………………………………………………………………… (405)
张银成 …………………………………………………………………………………… (406)
张振营 …………………………………………………………………………………… (406)
张志江 …………………………………………………………………………………… (407)
张治生 …………………………………………………………………………………… (407)
赵爱良 …………………………………………………………………………………… (408)
赵　斌 …………………………………………………………………………………… (408)
赵德林 …………………………………………………………………………………… (408)
赵立武 …………………………………………………………………………………… (409)
赵利月 …………………………………………………………………………………… (409)
赵苏阳 …………………………………………………………………………………… (409)
赵　艳 …………………………………………………………………………………… (410)
赵一杰 …………………………………………………………………………………… (410)
赵永刚 …………………………………………………………………………………… (410)
郑炳文 …………………………………………………………………………………… (411)
郑海平 …………………………………………………………………………………… (411)
郑汉辉 …………………………………………………………………………………… (411)
郑　宇 …………………………………………………………………………………… (412)
支录奎 …………………………………………………………………………………… (412)
周长勤 …………………………………………………………………………………… (413)
周　建 …………………………………………………………………………………… (413)
周开荣 …………………………………………………………………………………… (414)
周建明 …………………………………………………………………………………… (414)

周顺达 …………………………………………………………………………… (414)
周维忠 …………………………………………………………………………… (415)
周菲菲 …………………………………………………………………………… (415)
周小驰 …………………………………………………………………………… (415)
周小军 …………………………………………………………………………… (416)
周志华 …………………………………………………………………………… (416)
朱建波 …………………………………………………………………………… (416)
朱建方 …………………………………………………………………………… (417)
朱明龙 …………………………………………………………………………… (417)
朱　炜 …………………………………………………………………………… (418)
祝传福 …………………………………………………………………………… (418)
邹　潮 …………………………………………………………………………… (418)
邹黔荣 …………………………………………………………………………… (419)
左元辉 …………………………………………………………………………… (419)

一、相关政策与法规

（一）国务院出台的政策与法规

关于加强战略性新兴产业知识产权工作的若干意见

为提高我国战略性新兴产业的知识产权创造、运用、保护和管理能力，推动战略性新兴产业的培育和发展，根据《国务院关于加快培育和发展战略性新兴产业的决定》（国发〔2010〕32号）、《国务院办公厅印发贯彻落实国务院关于加快培育和发展战略性新兴产业决定重点工作分工方案的通知》（国办函〔2011〕58号）等文件精神，现提出以下意见：

一、充分认识知识产权对培育和发展战略性新兴产业的重要意义

战略性新兴产业是我国转变经济发展方式、调整产业结构的重要力量，引导着未来经济社会发展，体现了新兴科技与新兴产业的深度融合。战略性新兴产业创新要素密集，投资风险大，发展国际化，国际竞争激烈，对知识产权创造和运用依赖强，对知识产权管理和保护要求高。积极创造知识产权，是抢占新一轮经济和科技发展制高点、化解战略性新兴产业发展风险的基础；有效运用知识产权，是培育战略性新兴产业创新链和产业链、推动创新成果产业化和市场化的重要途径；依法保护知识产权，是激发创新活力、支撑战略性新兴产业可持续发展、形成健康有序市场环境的关键；科学管理知识产权，是充分运用国内国外资源、提升战略性新兴产业创新水平、发挥创新成果市场价值的保障。做好战略性新兴产业知识产权工作，关系培育战略性新兴产业的成效和战略性新兴产业未来发展。各地区、各有关部门要充分认识知识产权工作对培育和发展战略性新兴产业的重要意义，把握战略性新兴产业发展规律，立足当前、着眼长远，加大工作力度，切实做好战略性新兴产业知识产权工作，促进战略性新兴产业发展。

二、明确战略性新兴产业知识产权工作思路和目标

（一）总体思路

以邓小平理论和“三个代表”重要思想为指导，深入贯彻落实科学发展观，坚持市场驱动与政府引导相结合、分类指导与重点突破相结合、先行先试与辐射带动相结合的原则，促进知识产权创造，推动知识产权转化运用，不断提高企业

知识产权管理水平，着力优化知识产权保护环境，有效推动企业运用知识产权实现创新发展，稳步构筑知识产权比较优势，为战略性新兴产业快速健康发展提供有力支撑。

（二）主要目标

到 2015 年：

——知识产权创造能力明显增强。战略性新兴产业领域发明专利拥有量和专利国际申请量分别比 2010 年增长二倍。积累一批布局合理、结构优化、能有力增强产业竞争力的核心技术专利，在部分产业形成局部优势。打造一批国际知名商标、软件和版权。在战略性新兴产业领域国际标准制定中的影响力明显增强。

——知识产权运用水平显著提高。形成以咨询、评估、金融、法律等为重点，全方位配套、一体化衔接的知识产权服务体系和以知识产权为纽带的产学研合作机制。战略性新兴产业知识产权融资和转移转化渠道更加顺畅，知识产权运用环境更加优化。企业运用知识产权参与国际市场竞争的能力明显增强。

——企业和研发机构知识产权管理能力普遍加强。初步形成符合战略性新兴产业发展特点的企业知识产权管理体系和知识产权战略实施机制。涌现出一批具备知识产权比较优势的领军企业和研发机构，形成一批多层次、多领域的战略性新兴产业知识产权联盟。

到 2020 年：

我国战略性新兴产业的知识产权创造、运用、保护和管理水平显著提高，知识产权有效支撑战略性新兴产业发展，涌现一批国际竞争力强、具有较强产业影响力和知识产权优势的企业，形成较为明显的战略性新兴产业知识产权比较优势。

三、促进知识产权创造，夯实战略性新兴产业创新发展基础

（一）引导战略性新兴产业知识产权科学布局。紧密追踪市场竞争和专利技术动向，定期发布战略性新兴产业行业知识产权动态信息，引导企业和研发机构有针对性地申请或引进知识产权，构筑知识产权比较优势。建立重大经济科技活动知识产权审议制度。推动重大科技项目围绕产业发展制定并实施知识产权战略，形成符合市场竞争需要的战略性知识产权组合。

（二）提升战略性新兴产业知识产权质量。建立科学有效的评价指标体系，引导企业和研发机构以市场竞争为导向不断提高知识产权质量、优化知识产权结构。逐步加大知识产权质量和市场价值在相关考核和评价中的权重。实施知识产权质量提升工程，不断提高代理机构、企业、研发机构知识产权质量管理意识和能力。

（三）促进战略性新兴产业领域获得知识产权。完善知识产权申请与审查制度，建立并完善专利审查绿色通道、商标审查绿色通道和软件著作权快速登记通

道。优化专利审查方式，加强关键技术专利的审查质量管理，支持战略性新兴产业创新成果及时获得稳定性较强的知识产权。

四、促进知识产权市场应用，推动战略性新兴产业实现知识产权价值

（一）拓展知识产权投融资方式。完善知识产权投融资政策，支持知识产权质押、出资入股、融资担保。探索与知识产权相关的股权债权融资方式，支持社会资本通过市场化方式设立以知识产权投资基金、集合信托基金、融资担保基金等为基础的投融资平台和工具。鼓励开展与知识产权有关的金融产品创新，探索建立知识产权融资机构，支持中小企业快速成长。

（二）创新知识产权转移转化形式。发挥国家科技成果转化引导基金作用，鼓励社会资本出资促进知识产权转化，鼓励开展知识产权流转储备、转移转化风险补偿等活动。促进战略性新兴产业集聚区知识产权运营综合服务体系建设，培育一批在区域经济发展中发挥重要作用的知识产权运营机构。探索建立知识产权拍卖及相关制度。加快完善知识产权入股、股权和分红权等形式的激励机制和资产管理制度。完善知识产权交易政策，加快建立知识产权评估交易机制，支持设立以知识产权转移为重点的技术转移机构，推进知识产权交易市场体系建设，促进知识产权交易。加强专利技术组合与商标保护的衔接配套，鼓励运用商标保护专利技术组合产品。

（三）构建产学研合作新机制。积极探索以合作开展共性关键技术研发为手段、以知识产权利益分享为纽带、以创新成果有效转化应用为目的的产学研合作机制。推动相关行业建立知识产权联盟。进一步落实国家财政投入形成的知识产权的运用管理政策，推动知识产权在重大科技项目关联企业和研发机构间的许可使用。

五、加强企业知识产权管理运用能力和相关服务体系建设，支撑战略性新兴产业形成竞争优势

（一）实施产业集聚区知识产权集群管理。在战略性新兴产业集聚区探索建立以优势企业为龙头、技术关联企业为主体、知识产权布局与产业链相匹配的知识产权集群管理模式。加快推动产业集聚区的知识产权公共服务平台建设，加强知识产权数据库配套、技能培训、管理咨询、维权援助等服务。推动建立产业集聚区知识产权战略支持中心。

（二）提升企业知识产权管理能力。推行企业知识产权管理标准，鼓励创建知识产权优势企业、开发核心知识产权产品，引导和鼓励企业加大经费投入、建立企业知识产权管理体系和知识产权战略实施机制。实施企业知识产权高端人才培养计划。进一步推广专业服务机构为企业培养知识产权实务人才的模式，为企

业加强知识产权管理提供人才支撑。

（三）提高企业知识产权信息运用水平。建立战略性新兴产业知识产权统计制度，促进知识产权信息的交流与共享，引导企业有效运用海内外知识产权制度信息和战略性新兴产业知识产权状况信息，支持企业实现创新发展。加强行业与企业知识产权预警能力建设，完善预警机制。结合战略性新兴产业发展需要，分领域开发公益性专利数据库。鼓励各类机构对专利数据进行深度加工和商业推广。

（四）加强知识产权服务体系建设。实施知识产权服务机构培育项目，开展知识产权分析研究机构和管理咨询机构的培育工作，培育一批能够支撑知识产权审议、满足企业实施知识产权战略需求的服务机构。根据知识产权服务的内容特点，分类制定服务标准和服务规范，加强知识产权服务机构的服务资质管理和分级分类管理。支持专业服务机构开发知识产权管理系统和工具，为创新型中小企业和小微企业提供全程服务。

六、完善知识产权保护政策措施，优化战略性新兴产业发展环境

（一）完善知识产权保护法律法规和政策。探索制定战略性新兴产业领域新产品、新技术等的专利保护政策，完善相关领域的专利审查标准。积极应对新一代信息技术发展带来的挑战，完善互联网知识产权保护法律法规。

（二）加强有针对性的知识产权保护措施。定期开展有针对性的专项行动，加强战略性新兴产业领域知识产权执法保护。强化战略性新兴产业领域展会知识产权保护，加大战略性新兴产业专业市场和重大技术标准中的知识产权保护力度。加强商品流通领域的知识产权监管，探索运用现代信息技术实施商品流转环节的全程保真监控。将战略性新兴产业领域的维权援助纳入全国维权援助机构的中心工作，建立由企业、行业组织、研发机构和服务机构共同参与的维权援助体系。

七、加强知识产权国际合作，支持战略性新兴产业企业走出去

（一）支持在国外部署知识产权。利用现有资金渠道加大对战略性新兴产业领域在国外申请专利的支持力度。支持我国企业和研发机构积极开展全球研发外包，在境外开展联合研发和设立研发机构，建立企业和研发机构与专利申请目的国专业服务机构的对接机制，促进我国企业和研发机构在国外申请专利。加强国际合作，进一步提高企业和研发机构国外获取知识产权的效率。

（二）鼓励到国外运营知识产权。支持战略性新兴产业企业在国外成立知识产权运营公司，开展知识产权运营。引导企业在境外注册商标，积极培育国际知

名商标。支持战略性新兴产业领域的企业、研发机构、知识产权联盟等与国外研究机构、产业集群建立战略合作关系，联合开展知识产权运营。支持行业协会、非政府组织、企业、研发机构参与战略性新兴产业领域国际标准制定，积极推动相关技术标准在国外推广应用。

（三）加大国外知识产权维权援助力度。收集国外知识产权专业服务机构信息，发布国外知识产权专业服务机构指导目录，方便企业在国外获得当地专业化服务。在主要贸易目的地、对外投资目的地建立保护知识产权工作机制，进一步健全和完善相关知识产权预警应急机制、国外维权和争端解决机制，指导和帮助企业在当地及时有效得到知识产权保护。引导建立行业或知识产权联盟联合防御基金，提高企业应对国际知识产权纠纷的能力。

八、加强组织领导协调，确保各项政策措施贯彻落实

（一）加强组织领导。知识产权局会同发展改革委、教育部、科技部、工业和信息化部、财政部、商务部、工商总局、版权局、中科院等有关部门和单位建立战略性新兴产业知识产权工作长效推进机制，统筹协调并指导落实相关工作。各地要建立相应协调机制，将战略性新兴产业知识产权工作纳入本地区重要工作议程，列入年度工作要点，统筹调配资源，推动各项政策措施落实。

（二）创新工作模式。各地区和有关部门要结合战略性新兴产业发展需要和工作实际，积极探索、稳步推进知识产权管理模式创新。行业协会要充分发挥作用，开展知识产权服务模式创新。

（三）积极利用财税支持政策。充分利用《国务院关于加快培育和发展战略性新兴产业的决定》（国发〔2010〕32 号）和《国务院办公厅关于加快发展高技术服务业的指导意见》（国办发〔2011〕58 号）确定的各项财税支持政策，加强知识产权政策与有关财税政策的衔接配套。完善知识产权资助和费用减免政策，加大对战略性新兴产业的支持力度。发挥市场主体作用，支持、引导社会资金投入，逐步建立多渠道资金保障机制。加大地方资金保障力度，确保各项工作顺利开展。

（中国政府网）

关于加快培育和发展知识产权服务业的指导意见

为贯彻落实《国家知识产权战略纲要》（国发［2008］18号）和《国务院办公厅关于加快发展高技术服务业的指导意见》（国办发［2011］58号），积极推动知识产权服务业发展，培育产业发展新优势，强化知识产权服务对科技进步和经济发展的促进作用，现提出以下指导意见。

一、充分认识知识产权服务业对我国经济发展的重要作用

知识产权服务业，主要是指提供专利、商标、版权、商业秘密、植物新品种、特定领域知识产权等各类知识产权“获权—用权—维权”相关服务及衍生服务，促进智力成果权利化、商用化、产业化的新型服务业，是现代服务业的重要内容，是高技术服务业发展的重点领域。

我国正处于全面建设小康社会的关键时期，深化改革开放、加快转变经济发展方式的攻坚时期，“中国制造”向“中国创造”转变的战略转型期。发展知识产权服务业，有利于提升自主创新的效能与水平，有利于提高经济发展的质量和效益，有利于形成结构优化、附加值高、吸纳就业能力强的现代产业体系。加快发展知识产权服务业，是促进科技和经济紧密结合的重要抓手，是提高产业核心竞争力、促进经济结构调整、加快转变经济发展方式的重要举措。

知识产权服务业技术与知识密集，附加值高，对科技创新、产业发展、对外贸易和文化发展的支撑作用日益显现，市场前景广阔，但存在政策体系不完善，市场主体发育不健全，高端人才匮乏，综合服务能力不强等问题，与我国经济社会发展的要求不相适应，亟待着力培育发展。

二、发展知识产权服务业的指导思想、基本原则与发展目标

（一）指导思想

以邓小平理论和“三个代表”重要思想为指导，深入贯彻落实科学发展观，围绕加快经济发展方式转变和促进产业转型升级的发展主线，完善管理机制，建立健全服务体系，培育市场需求，拓展服务模式，促进知识产权服务业快速、持续、健康发展。

（二）基本原则

政府引导，市场驱动。发挥政府的引导作用，完善服务体系和配套政策。发挥市场在资源配置中的基础性作用，大力发展社会化、专业化、规模化的知识产权服务。

分类指导，突出重点。针对区域经济发展不平衡状况，对知识产权服务业发展实行分类指导，明确知识产权代理服务、法律服务、信息服务、商用化服务、咨询服务、培训服务等重点发展领域。

夯实基础，创新发展。强化知识产权服务业发展基础，加强基础信息资源和服务平台建设，完善支撑体系。改革管理体制机制，深化服务内容，创新服务模式，积极培育新兴业态。

（三）发展目标

总体目标：到2020年，知识产权服务与科技经济发展深度融合，知识产权创造、运用、保护和管理能力大幅提升，为科技创新水平提升和经济发展效益显著改善提供支撑；知识产权服务业成为高技术服务业中最具活力的领域之一，对经济社会发展的贡献率明显提高。

主要目标：知识产权服务体系进一步完善，公共服务和市场化服务协调发展；知识产权服务主体多元化，形成一批专业化、规模化和国际化的知识产权服务机构；知识产权服务业从业人员数量和服务能力大幅提高，人员结构优化，高端人才具有较强的国际竞争力；知识产权服务业规模和产值占现代服务业的比重明显提高。

三、知识产权服务业重点发展的领域

（一）知识产权代理服务

加速发展专利、商标、著作权、集成电路布图设计、植物新品种的申请、注册、登记、复审、无效、异议等代理服务。引导发展特定领域知识产权代理服务。着力提升代理机构涉外代理服务能力。鼓励代理机构拓展服务领域，提高服务质量，壮大发展规模。

（二）知识产权法律服务

发展知识产权相关法律服务，维护市场主体的合法权益。鼓励拓展企业上市、并购、重组、清算、投融资等商业活动中的知识产权法律服务，加强知识产权尽职调查服务，完善中小微型企业知识产权法律援助服务，拓展海外知识产权维权服务，提升知识产权服务机构熟悉和运用国际规则的能力，增强国际竞争力。

（三）知识产权信息服务

发展知识产权信息检索分析、数据加工、文献翻译、数据库建设、软件开发、系统集成等信息服务。鼓励知识产权服务机构对知识产权基础信息进行深度加工，支持利用移动互联网、下一代互联网、云计算、物联网等新技术，建设专业化知识产权信息服务平台，创新服务模式，开发高端知识产权分析工具，提高知识产权信息利用效率。

（四）知识产权商用化服务

发展知识产权评估、价值分析、交易、转化、质押、投融资、运营、托管等商用化服务。加强和规范知识产权资产评估工作，建立健全知识产权运营工作体系，完善以金融机构、创业投资为主、民间资本广泛参与的知识产权投融资体系，推动金融机构拓展知识产权质押融资业务，鼓励融资性担保机构为知识产权质押融资提供担保服务，探索建立质押融资风险多方分担机制。

（五）知识产权咨询服务

发展知识产权战略咨询、政策咨询、管理咨询、实务咨询等高端服务。积极引导知识产权专业咨询机构健康发展，推动重大项目决策、行业发展规划、产业联盟构建中的咨询服务，加强企业管理制度完善、服务贸易、市场拓展、海外布局、核心技术转让、标准化等事务中的咨询服务。

（六）知识产权培训服务

发展知识产权教育培训服务，提升知识产权服务从业人员的专业素质。制定知识产权人才职业能力框架，引导培训机构规范发展，支持培训机构开展职业分类分级实务培训，推进国际交流合作，采用引进人才、合作办学等多种方式，培育一批专业化的知识产权培训服务品牌机构。

四、加快知识产权服务业发展的主要任务

（一）夯实知识产权服务业发展基础

加强知识产权基础信息资源整合和开放共享，提升知识产权信息公共服务能力，提供准确、及时、全面的知识产权信息。支持欠发达地区完善知识产权服务公共设施建设。建设全国专利技术运用转化平台。利用云计算等先进信息技术，推进标准化建设，促进资源共享。完善全国知识产权公共服务体系建设，建立政府部门、行业协会、图书情报机构、知识产权服务机构与企业、高校、科研机构等共同参与、协调联动的服务体系。

（二）完善知识产权服务法律政策环境

结合科技、经济发展，及时修订完善知识产权服务相关的法律法规和配套政策。加强产业、区域、科技、贸易等政策与知识产权政策的衔接。配合服务业改革的总体安排和试点工作，推动制定有利于知识产权服务业发展的财政、金融和税收政策。研究推动知识产权服务机构享受相关税收优惠政策。建立并完善重大经济科技项目知识产权审议制度。建立健全知识产权预警应急机制、海外维权和争端解决机制。

（三）增强知识产权服务对经济的支撑作用

面向节能环保、新一代信息技术、生物、高端装备制造、新能源、新材料、新能源汽车等战略性新兴产业，以及汽车、石油化工等重点产业，推动行业、企业建设相关知识产权信息服务平台和专题数据库，支持产业创新。推动知识产权服务融入地方经济发展，促进区域特色产业优化升级。加强专利、农产品商标、植物新品种等知识产权服务，促进现代农业和现代林业创新发展。加强版权、外观设计专利等知识产权服务，促进文化创意产业的繁荣发展。引导社会服务资源广泛挖掘国内地理标志，积极拓展涉外地理标志，进一步发挥地理标志及其专门保护在对外贸易和区域经济发展中的带动作用。实施知识产权服务对接工程，为科技创新型中小微型企业提供全流程知识产权服务。鼓励知识产权服务机

构在企业产品出口、服务外包、境外设展、海外投资、品牌输出、专利纳入标准等活动中提供专业化服务，支持“走出去”战略的实施。

（四）增强知识产权服务对科技的支撑作用

为原始创新、集成创新和消化吸收再创新提供知识产权服务。促进闲置专利的筛选和实施，为高校和科研机构的专利转化提供多元化、市场化的渠道。鼓励科技企业积极利用商标和商业秘密制度保护创新成果。强化科技创新中的知识产权导向，健全国家科技计划和科技重大专项知识产权管理制度。鼓励科技重大专项有关单位根据需要委托知识产权服务机构提供咨询和服务。鼓励科技企业孵化器、生产力促进中心、技术转移机构、大学科技园等机构提供知识产权服务，提升科技创新层次，保护科技创新成果，促进转化应用。

（五）培育知识产权服务市场

按照政府职能转变和事业单位改革的要求，推进知识产权领域事业单位体制改革。支持各地有条件的知识产权公共服务机构进行企业化转制改革试点，并按规定享受有关税收优惠政策。有序开放知识产权基础信息资源，使各类知识产权服务主体可低成本地获得基础信息资源，以多种方式参与知识产权服务，增强市场服务供给能力。加大政府采购力度，在公共服务领域引入市场机制，促进服务主体多元化。探索设立由国家引导、多方参与的知识产权运营资金，促进知识产权运用。培育发展知识产权证券化、知识产权保险、知识产权经营等新兴模式。加强知识产权服务宣传和文化建设，扩大行业影响。

（六）开展知识产权服务试点示范

组织开展知识产权服务集聚发展和试点示范工作，鼓励先行先试。支持知识产权服务机构进驻国家自主创新示范区、国家现代服务业产业化基地、高技术服务产业基地、国家服务业综合改革试点、台港澳与内地合作区域，支持国家现代服务业创新发展示范试点城市发展知识产权服务业，引导知识产权服务集中、集约、集聚发展。依托移动互联网、下一代互联网、云计算、物联网等新技术，开展知识产权服务模式创新试点示范项目。在知识产权服务业重点发展领域，开展知识产权服务示范机构创建工作，推进知识产权服务机构品牌建设，重点培育一批基础较好、能力较强、业绩显著、信誉优良的知识产权服务机构，提升社会影响力和国际竞争力。

（七）加强知识产权服务人才培养

推动建立知识产权服务人才职业资格制度和职称评聘制度，加快培养知识产权实务人才。扩大知识产权代理人才队伍规模，提高代理人专业素质，发展知识产权管理、咨询、运营、评估、保险、信息分析人才队伍。支持引进懂技术、懂法律、懂经济、懂管理的复合型国际高端人才。完善知识产权服务人才培养机制，创新人才培养模式。鼓励开展校企合作，联合培养知识产权服务人才。引进国际师资，积极开展职业培训，培养知识产权服务高端实务人才。

五、促进知识产权服务业发展的主要措施

（一）加强组织领导

建立部门间知识产权服务业发展协调协作机制，统筹规划知识产权服务业发展，协调解决各种突出问题。各有关部门和地方要结合实际情况，制定推进知识产权服务业发展的实施意见，落实各项工作。不断完善工作机制，尽快形成总体部署、各方协作、有效联动的工作格局。

（二）加大投入力度

推动国家设立知识产权服务业发展专项资金，有条件的地区设立知识产权服务业发展专项资金。落实高技术服务业产业化专项对知识产权服务的支持。支持知识产权服务重大工程，开展知识产权服务业统计调查，推进知识产权服务试点示范，建设知识产权服务集聚区。实施知识产权服务引导项目，培育知识产权服务品牌机构，支持和引导民营知识产权服务机构健康发展。鼓励金融机构加大信贷支持，推进知识产权质押融资、产业链融资等金融产品创新。综合运用基金、贴息、担保等多种方式，引导吸引信贷资金、外资和社会资本多渠道投向知识产权服务业。

（三）加强行业监管和自律

建立并完善知识产权服务行业协会（联盟），充分发挥行业协会（联盟）在行业自律、标准制定、产品推广、交流合作等方面的作用。建立合理开放的知识产权服务市场准入制度，维护公平竞争的市场秩序。建立知识产权服务标准规范体系，提高服务质量和效率。加强对服务机构和人员的执业监督与管理，引导服务机构建立健全内部管理制度。建立知识产权服务机构分级评价体系，完善行业信用评价、诚信公示和失信惩戒等机制。鼓励服务机构成立区域性服务联盟，实现优势互补、资源共享。加强政府对行业协会的指导、支持与监管。

（四）建立统计监测体系

建立知识产权服务业统计调查制度。明确统计范围和统计对象，设计统计指标，规范统计内容，统一统计口径，支持完善高技术服务统计监测体系。探索研究将知识产权服务的新兴业态纳入国家统计的方式方法。建立健全知识产权服务业发展监测和信息发布机制。

（国家知识产权局）

中共中央、国务院印发

关于深化科技体制改革加快国家创新体系建设的意见

中共中央、国务院2012年9月印发了《关于深化科技体制改革加快国家创新体系建设的意见》。全文如下：

为加快推进创新型国家建设，全面落实《国家中长期科学和技术发展规划纲要(2006—2020年)》(以下简称科技规划纲要)，充分发挥科技对经济社会发展的支撑引领作用，现就深化科技体制改革、加快国家创新体系建设提出如下意见。

一、充分认识深化科技体制改革、加快国家创新体系建设的重要性和紧迫性

科学技术是第一生产力，是经济社会发展的重要动力源泉。党和国家历来高度重视科技工作。改革开放三十多年来，我国科技事业快速发展，取得历史性成就。特别是党的十六大以来，中央作出增强自主创新能力、建设创新型国家的重大战略决策，制定实施科技规划纲要，科技投入持续快速增长，激励创新的政策法律不断完善，国家创新体系建设积极推进，取得一批重大科技创新成果，形成一支高素质科技人才队伍，我国整体科技实力和科技竞争力明显提升，在促进经济社会发展和保障国家安全中发挥了重要支撑引领作用。

当前，我国正处在全面建设小康社会的关键时期和深化改革开放、加快转变经济发展方式的攻坚时期。国际金融危机深层次影响仍在持续，科技在经济社会发展中的作用日益凸显，国际科技竞争与合作不断加强，新科技革命和全球产业变革步伐加快，我国科技发展既面临重要战略机遇，也面临严峻挑战。面对新形势新要求，我国自主创新能力还不够强，科技体制机制与经济社会发展和国际竞争的要求不相适应，突出表现为：企业技术创新主体地位没有真正确立，产学研结合不够紧密，科技与经济结合问题没有从根本上解决，原创性科技成果较少，关键技术自给率较低；一些科技资源配置过度行政化，分散重复封闭低效等问题突出，科技项目及经费管理不尽合理，研发和成果转移转化效率不高；科技评价导向不够合理，科研诚信和创新文化建设薄弱，科技人员的积极性创造性还没有得到充分发挥。这些问题已成为制约科技创新的重要因素，影响我国综合实力和国际竞争力的提升。因此，抓住机遇大幅提升自主创新能力，激发全社会创造活力，真正实现创新驱动发展，迫切需要进一步深化科技体制改革，加快国家创新体系建设。

二、深化科技体制改革、加快国家创新体系建设的指导思想、主要原则和主要目标

（一）指导思想。高举中国特色社会主义伟大旗帜，以邓小平理论和“三个代表”重要思想为指导，深入贯彻落实科学发展观，大力实施科教兴国战略和人才强国战略，坚持自主创新、重点跨越、支撑发展、引领未来的指导方针，全面落实科技规划纲要，以提高自主创新能力为核心，以促进科技与经济社会发展紧密结合为重点，进一步深化科技体制改革，着力解决制约科技创新的突出问题，充分发挥科技在转变经济发展方式和调整经济结构中的支撑引领作用，加快建设中国特色国家创新体系，为2020年进入创新型国家行列、全面建成小康社会和新中国成立100周年时成为世界科技强国奠定坚实基础。

（二）主要原则。一是坚持创新驱动、服务发展。把科技服务于经济社会发展放在首位，大力提高自主创新能力，发挥科技支撑引领作用，加快实现创新驱动发展。二是坚持企业主体、协同创新。突出企业技术创新主体作用，强化产学研用紧密结合，促进科技资源开放共享，各类创新主体协同合作，提升国家创新体系整体效能。三是坚持政府支持、市场导向。统筹发挥政府在战略规划、政策法规、标准规范和监督指导等方面的作用与市场在资源配置中的基础性作用，营造良好环境，激发创新活力。注重发挥新型举国体制在实施国家科技重大专项中的作用。四是坚持统筹协调、遵循规律。统筹落实国家中长期科技、教育、人才规划纲要，发挥中央和地方两方面积极性，强化地方在区域创新中的主导地位，按照经济社会和科技发展的内在要求，整体谋划、有序推进科技体制改革。五是坚持改革开放、合作共赢。改革完善科技体制机制，充分利用国际国内科技资源，提高科技发展的科学化水平和国际化程度。

（三）主要目标。到2020年，基本建成适应社会主义市场经济体制、符合科技发展规律的中国特色国家创新体系；原始创新能力明显提高，集成创新、引进消化吸收再创新能力大幅增强，关键领域科学研究实现原创性重大突破，战略性高技术领域技术研发实现跨越式发展，若干领域创新成果进入世界前列；创新环境更加优化，创新效益大幅提高，创新人才竞相涌现，全民科学素质普遍提高，科技支撑引领经济社会发展的能力大幅提升，进入创新型国家行列。

“十二五”时期的主要目标：一是确立企业在技术创新中的主体地位，企业研发投入明显提高，创新能力普遍增强，全社会研发经费占国内生产总值2.2%，大中型工业企业平均研发投入占主营业务收入比例提高到1.5%，行业领军企业逐步实现研发投入占主营业务收入的比例与国际同类先进企业相当，形成更多具有自主知识产权的核心技术，充分发挥大型企业的技术创新骨干作用，培育若干综合竞争力居世界前列的创新型企业和科技型中小企业创新集群。二是推进科研院所和高等学校科研体制机制改革，建立适应不同类型科研活动特点的管理制度和运行机制，提升创新能力和服务水平，在满足经济社会发展需求以及基础研究和前沿技术研发上取得重要突破。加快建设若干一流科研机构，创新能力和研究成果进入世界同类科研机构前列；加快

建设一批高水平研究型大学，一批优势学科达到世界一流水平。三是完善国家创新体系，促进技术创新、知识创新、国防科技创新、区域创新、科技中介服务体系协调发展，强化相互支撑和联动，提高整体效能，科技进步贡献率达到55%左右。四是改革科技管理体制，推进科技项目和经费管理改革、科技评价和奖励制度改革，形成激励创新的正确导向，打破行业壁垒和部门分割，实现创新资源合理配置和高效利用。五是完善人才发展机制，激发科技人员积极性创造性，加快高素质创新人才队伍建设，每万名就业人员的研发人力投入达到43人年；提高全民科学素质，我国公民具备基本科学素质的比例超过5%。六是进一步优化创新环境，加强科学道德和创新文化建设，完善保障和推进科技创新的政策措施，扩大科技开放合作。

三、强化企业技术创新主体地位，促进科技与经济紧密结合

（四）建立企业主导产业技术研发创新的体制机制。加快建立企业为主体、市场为导向、产学研用紧密结合的技术创新体系。充分发挥企业在技术创新决策、研发投入、科研组织和成果转化中的主体作用，吸纳企业参与国家科技项目的决策，产业目标明确的国家重大科技项目由有条件的企业牵头组织实施。引导和支持企业加强技术研发能力建设，“十二五”时期国家重点建设的工程技术类研究中心和实验室，优先在具备条件的行业骨干企业布局。科研院所和高等学校要更多地为企业技术创新提供支持和服务，促进技术、人才等创新要素向企业研发机构流动。支持行业骨干企业与科研院所、高等学校联合组建技术研发平台和产业技术创新战略联盟，合作开展核心关键技术研发和相关基础研究，联合培养人才，共享科研成果。鼓励科研院所和高等学校的科技人员创办科技型企业，促进研发成果转化。

进一步强化和完善政策措施，引导鼓励企业成为技术创新主体。落实企业研发费用税前加计扣除政策，适用范围包括战略性新兴产业、传统产业技术改造和现代服务业等领域的研发活动；改进企业研发费用计核方法，合理扩大研发费用加计扣除范围，加大企业研发设备加速折旧等政策的落实力度，激励企业加大研发投入。完善高新技术企业认定办法，落实相关优惠政策。建立健全国有企业技术创新的经营业绩考核制度，落实和完善国有企业研发投入的考核措施，加强对不同行业研发投入和产出的分类考核。加大国有资本经营预算对自主创新的支持力度，支持中央企业围绕国家重点研发任务开展技术创新和成果产业化。营造公平竞争的市场环境，大力支持民营企业创新活动。加大对中小企业、微型企业技术创新的财政和金融支持，落实好相关税收优惠政策。扩大科技型中小企业创新基金规模，通过贷款贴息、研发资助等方式支持中小企业技术创新活动。建立政府引导资金和社会资本共同支持初创科技型企业发展的风险投资机制，实施科技型中小企业创业投资引导基金及新兴产业创业投资计划，引导创业投资机构投资科技型中小企业。完善支持中小企业技术创新和向中小企业技术转移的公共服务平台，健全服务功能和服务标准。支持企业职工的技术创新活动。

（五）提高科研院所和高等学校服务经济社会发展的能力。加快科研院所和高等

学校科研体制改革和机制创新。按照科研机构分类改革的要求，明确定位，优化布局，稳定规模，提升能力，走内涵式发展道路。公益类科研机构要坚持社会公益服务的方向，探索管办分离，建立适应农业、卫生、气象、海洋、环保、水利、国土资源和公共安全等领域特点的科技创新支撑机制。基础研究类科研机构要瞄准科学前沿问题和国家长远战略需求，完善有利于激发创新活力、提升原始创新能力的运行机制。对从事基础研究、前沿技术研究和社会公益研究的科研机构和学科专业，完善财政投入为主、引导社会参与的持续稳定支持机制。技术开发类科研机构要坚持企业化转制方向，完善现代企业制度，建立市场导向的技术创新机制。

充分发挥国家科研机构的骨干和引领作用。建立健全现代科研院所制度，制定科研院所章程，完善治理结构，进一步落实法人自主权，探索实行由主要利益相关方代表构成的理事会制度。实行固定岗位与流动岗位相结合的用人制度，建立开放、竞争、流动的用人机制。推进实施绩效工资。对科研机构实行周期性评估，根据评估结果调整和确定支持方向和投入力度。引导和鼓励民办科研机构发展，在承担国家科技任务、人才引进等方面加大支持力度，符合条件的民办科研机构享受税收优惠等相关政策。

充分发挥高等学校的基础和生力军作用。落实和扩大高等学校办学自主权。根据经济社会发展需要和学科专业优势，明确各类高等学校定位，突出办学特色，建立以服务需求和提升创新能力为导向的科技评价和科技服务体系。高等学校对学科专业实行动态调整，大力推动与产业需求相结合的人才培养，促进交叉学科发展，全面提高人才培养质量。发挥高等学校学科人才优势，在基础研究和前沿技术领域取得原创性突破。建立与产业、区域经济紧密结合的成果转化机制，鼓励支持高等学校教师转化和推广科研成果。以学科建设和协同创新为重点，提升高等学校创新能力。大力推进科技与教育相结合的改革，促进科研与教学互动、科研与人才培养紧密结合，培育跨学科、跨领域的科研教学团队，增强学生创新精神和创业能力，提升高等学校毕业生就业率。

（六）完善科技支撑战略性新兴产业发展和传统产业升级的机制。建立科技有效支撑产业发展的机制，围绕战略性新兴产业需求部署创新链，突破技术瓶颈，掌握核心关键技术，推动节能环保、新一代信息技术、生物、高端装备制造、新能源、新材料、新能源汽车等产业快速发展，增强市场竞争力，到 2015 年战略性新兴产业增加值占国内生产总值的比重力争达到 8% 左右，到 2020 年力争达到 15% 左右。以数字化、网络化、智能化为重点，推进工业化和信息化深度融合。充分发挥市场机制对产业发展方向和技术路线选择的基础性作用，通过制定规划、技术标准、市场规范和产业技术政策等进行引导。加大对企业主导的新兴产业链扶持力度，支持创新型骨干企业整合创新资源。加强技术集成、工艺创新和商业模式创新，大力拓展国内外市场。优化布局，防止盲目重复建设，引导战略性新兴产业健康发展。在事关国家安全和重大战略需求领域，进一步凝炼重点，明确制约产业发展的关键技术，充分发挥国家重点工程、科技重大专项、科技计划、产业化项目和应用示范工程的引领和带动作用，实现电子信息、能源环保、生物医药、先进制造等领域的核心技术重大突破，促进产业加快发展。加大对中试环节的支持力度，促进从研究开发到产业化的有机衔接。

加强技术创新，推动技术改造，促进传统产业优化升级。围绕品种质量、节能降耗、生态环境、安全生产等重点，完善新技术新工艺新产品的应用推广机制，提升传统产业创新发展能力。针对行业和技术领域特点，整合资源构建共性技术研发基地，在重点产业领域建设技术创新平台。建立健全知识转移和技术扩散机制，加快科技成果转化应用。

（七）完善科技促进农业发展、民生改善和社会管理创新的机制。高度重视农业科技发展，发挥政府在农业科技投入中的主导作用，加大对农业科技的支持力度。打破部门、区域、学科界限，推进农科教、产学研紧密结合，有效整合农业相关科技资源。面向产业需求，围绕粮食安全、种业发展、主要农产品供给、生物安全、农林生态保护等重点方向，构建适应高产、优质、高效、生态、安全农业发展要求的技术体系。大力推进农村科技创业，鼓励创办农业科技企业和技术合作组织。强化基层公益性农技推广服务，引导科研教育机构积极开展农技服务，培育和支持新型农业社会化服务组织，进一步完善公益性服务、社会化服务有机结合的农业技术服务体系。

注重发展关系民生的科学技术，加快推进涉及人口健康、食品药品安全、防灾减灾、生态环境和应对气候变化等领域的科技创新，满足保障和改善民生的重大科技需求。加大投入，健全机制，促进公益性民生科技研发和应用推广；加快培育市场主体，完善支持政策，促进民生科技产业发展，使科技创新成果惠及广大人民群众。加强文化科技创新，推进科技与文化融合，提高科技对文化事业和文化产业发展的支撑能力。

加快建设社会管理领域的科技支撑体系。充分运用信息技术等先进手段，建设网络化、广覆盖的公共服务平台。着力推进政府相关部门信息共享、互联互通。建立健全以自主知识产权为核心的互联网信息安全关键技术保障机制，促进信息网络健康发展。

四、加强统筹部署和协同创新，提高创新体系整体效能

（八）推动创新体系协调发展。统筹技术创新、知识创新、国防科技创新、区域创新和科技中介服务体系建设，建立基础研究、应用研究、成果转化和产业化紧密结合、协调发展机制。支持和鼓励各创新主体根据自身特色和优势，探索多种形式的协同创新模式。完善学科布局，推动学科交叉融合和均衡发展，统筹目标导向和自由探索的科学研究，超前部署对国家长远发展具有带动作用的战略先导研究、重要基础研究和交叉前沿研究。加强技术创新基地建设，发挥骨干企业和转制院所作用，提高产业关键技术研发攻关水平，促进技术成果工程化、产业化。完善军民科技融合机制，建设军民两用技术创新基地和转移平台，扩大民口科研机构和科技型企业对国防科技研发的承接范围。培育、支持和引导科技中介服务机构向服务专业化、功能社会化、组织网络化、运行规范化方向发展，壮大专业研发设计服务企业，培育知识产权服务市场，推进检验检测机构市场化服务，完善技术交易市场体系，加快发展科技服务

业。充分发挥科技社团在推动全社会创新活动中的作用。建立全国创新调查制度，加强国家创新体系建设监测评估。

（九）完善区域创新发展机制。充分发挥地方在区域创新中的主导作用，加快建设各具特色的区域创新体系。结合区域经济社会发展的特色和优势，科学规划、合理布局，完善激励引导政策，加大投入支持力度，优化区域内创新资源配置。加强区域科技创新公共服务能力建设，进一步完善科技企业孵化器、大学科技园等创新创业载体的运行服务机制，强化创业辅导功能。加强区域间科技合作，推动创新要素向区域特色产业聚集，培育一批具有国际竞争力的产业集群。加强统筹协调，分类指导，完善相关政策，鼓励创新资源密集的区域率先实现创新驱动发展，支持具有特色创新资源的区域加快提高创新能力。以中央财政资金为引导，带动地方财政和社会投入，支持区域公共科技服务平台建设。总结完善并逐步推广中关村等国家自主创新示范区试点经验和相关政策。分类指导国家自主创新示范区、国家高新技术产业开发区、国家高技术产业基地等创新中心完善机制，加强创新能力建设，发挥好集聚辐射带动作用。

（十）强化科技资源开放共享。建立科研院所、高等学校和企业开放科研设施的合理运行机制。整合各类科技资源，推进大型科学仪器设备、科技文献、科学数据等科技基础条件平台建设，加快建立健全开放共享的运行服务管理模式和支持方式，制定相应的评价标准和监督奖惩办法。完善国家财政资金购置科研仪器设备的查重机制和联合评议机制，防止重复购置和闲置浪费。对财政资金资助的科技项目和科研基础设施，加快建立统一的管理数据库和统一的科技报告制度，并依法向社会开放。

五、改革科技管理体制，促进管理科学化和资源高效利用

（十一）加强科技宏观统筹。完善统筹协调的科技宏观决策体系，建立健全国家科技重大决策机制，完善中央与地方之间、科技相关部门之间、科技部门与其他部门之间的沟通协调机制，进一步明确国家各类科技计划、专项、基金的定位和支持重点，防止重复部署。加快转变政府管理职能，加强战略规划、政策法规、标准规范和监督指导等方面职责，提高公共科技服务能力，充分发挥各类创新主体的作用。完善国家科技决策咨询制度，重大科技决策要广泛听取意见，将科技咨询纳入国家重大问题的决策程序。探索社会主义市场经济条件下的举国体制，完善重大战略性科技任务的组织方式，充分发挥我国社会主义制度集中力量办大事的优势，充分发挥市场在资源配置中的基础性作用，保障国家科技重大专项等顺利实施。

（十二）推进科技项目管理改革。建立健全科技项目决策、执行、评价相对分开、互相监督的运行机制。完善科技项目管理组织流程，按照经济社会发展需求确定应用型重大科技任务，拓宽科技项目需求征集渠道，建立科学合理的项目形成机制和储备制度。建立健全科技项目公平竞争和信息公开公示制度，探索完善网络申报和视频评审办法，保证科技项目管理的公开公平公正。完善国家科技项目管理的法人责任制，加强实施督导、过程管理和项目验收，建立健全对科技项目和科研基础设施建设

的第三方评估机制。完善科技项目评审评价机制，避免频繁考核，保证科研人员的科研时间。完善相关管理制度，避免科技项目和经费过度集中于少数科研人员。

（十三）完善科技经费管理制度。健全竞争性经费和稳定支持经费相协调的投入机制，优化基础研究、应用研究、试验发展和成果转化的经费投入结构。完善科研课题间接成本补偿机制。建立健全符合科研规律的科技项目经费管理机制和审计方式，增加项目承担单位预算调整权限，提高经费使用自主权。建立健全科研经费监督管理机制，完善科技相关部门预算和科研经费信息公开公示制度，通过实施国库集中支付、公务卡等办法，严格科技财务制度，强化对科技经费使用过程的监管，依法查处违法违规行为。加强对各类科技计划、专项、基金、工程等经费管理使用的综合绩效评价，健全科技项目管理问责机制，依法公开问责情况，提高资金使用效益。

（十四）深化科技评价和奖励制度改革。根据不同类型科技活动特点，注重科技创新质量和实际贡献，制定导向明确、激励约束并重的评价标准和方法。基础研究以同行评价为主，特别要加强国际同行评价，着重评价成果的科学价值；应用研究由用户和专家等相关第三方评价，着重评价目标完成情况、成果转化情况以及技术成果的突破性和带动性；产业化开发由市场和用户评价，着重评价对产业发展的实质贡献。建立评价专家责任制度和信息公开制度。开展科技项目标准化评价和重大成果产出导向的科技评价试点，完善国家科技重大专项监督评估制度。加强对科技项目决策、实施、成果转化的后评估。发挥科技社团在科技评价中的作用。

改革完善国家科技奖励制度，建立公开提名、科学评议、实践检验、公信度高的科技奖励机制。提高奖励质量，减少数量，适当延长报奖成果的应用年限。重点奖励重大科技贡献和杰出科技人才，强化对青年科技人才的奖励导向。根据不同奖项的特点完善评审标准和办法，增加评审过程透明度。探索科技奖励的同行提名制。支持和规范社会力量设奖。

六、完善人才发展机制，激发科技人员积极性创造性

（十五）统筹各类创新人才发展和完善人才激励制度。深入实施重大人才工程和政策，培养造就世界水平的科学家、科技领军人才、卓越工程师和高水平创新团队。改进和完善院士制度。大力引进海外优秀人才特别是顶尖人才，支持归国留学人员创新创业。加强科研生产一线高层次专业技术人才和高技能人才培养。支持创新人才到西部地区特别是边疆民族地区工作。支持 35 岁以下的优秀青年科技人才主持科研项目。鼓励大学生自主创新创业。鼓励在创新实践中脱颖而出的人才成长和创业。重视工程实用人才、紧缺技能人才和农村实用人才培养。

建立以科研能力和创新成果等为导向的科技人才评价标准，改变片面将论文数量、项目和经费数量、专利数量等与科研人员评价和晋升直接挂钩的做法。加快建设人才公共服务体系，健全科技人才流动机制，鼓励科研院所、高等学校和企业创新人才双向交流。探索实施科研关键岗位和重大科研项目负责人公开招聘制度。规范和完善专业技术职务聘任和岗位聘用制度，扩大用人单位自主权。探索有利于创新人才发

挥作用的多种分配方式，完善科技人员收入分配政策，健全与岗位职责、工作业绩、实际贡献紧密联系和鼓励创新创造的分配激励机制。

（十六）加强科学道德和创新文化建设。建立健全科研活动行为准则和规范，加强科研诚信和科学伦理教育，将其纳入国民教育体系和科技人员职业培训体系，与理想信念、职业道德和法制教育相结合，强化科技人员的诚信意识和社会责任。发挥科研机构和学术团体的自律功能，引导科技人员加强自我约束、自我管理。加强科研诚信和科学伦理的社会监督，扩大公众对科研活动的知情权和监督权。加强国家科研诚信制度建设，加快相关立法进程，建立科技项目诚信档案，完善监督机制，加大对学术不端行为的惩处力度，切实净化学术风气。

引导科技工作者自觉践行社会主义核心价值体系，大力弘扬求真务实、勇于创新、团结协作、无私奉献、报效祖国的精神，保障学术自由，营造宽松包容、奋发向上的学术氛围。大力宣传优秀科技工作者和团队的先进事迹。加强科学普及，发展创新文化，进一步形成尊重劳动、尊重知识、尊重人才、尊重创造的良好风尚。

七、营造良好环境，为科技创新提供有力保障

（十七）完善相关法律法规和政策措施。落实科技规划纲要配套政策，发挥政府在科技投入中的引导作用，进一步落实和完善促进全社会研发经费逐步增长的相关政策措施，加快形成多元化、多层次、多渠道的科技投入体系，实现2020年全社会研发经费占国内生产总值2.5%以上的目标。

完善和落实促进科技成果转化应用的政策措施，实施技术转让所得税优惠政策，用好国家科技成果转化引导基金，加大对新技术新工艺新产品应用推广的支持力度，研究采取以奖代补、贷款贴息、创业投资引导等多种形式，完善和落实促进新技术新产品应用的需求引导政策，支持企业承接和采用新技术、开展新技术新工艺新产品的工程化研究应用。完善落实科技人员成果转化的股权、期权激励和奖励等收益分配政策。

促进科技和金融结合，创新金融服务科技的方式和途径。综合运用买方信贷、卖方信贷、融资租赁等金融工具，引导银行等金融机构加大对科技型中小企业的信贷支持。推广知识产权和股权质押贷款。加大多层次资本市场对科技型企业的支持力度，扩大非上市股份公司代办股份转让系统试点。培育和发展创业投资，完善创业投资退出渠道，支持地方规范设立创业投资引导基金，引导民间资本参与自主创新。积极开发适合科技创新的保险产品，加快培育和完善科技保险市场。

加强知识产权的创造、运用、保护和管理，“十二五”期末实现每万人发明专利拥有量达到3.3件的目标。建立国家重大关键技术领域专利态势分析和预警机制。完善知识产权保护措施，健全知识产权维权援助机制。完善科技成果转化为技术标准的政策措施，加强技术标准的研究制定。

认真落实科学技术进步法及相关法律法规，推动促进科技成果转化法修订工作，加大对科技创新活动和科技创新成果的法律保护力度，依法惩治侵犯知识产权和科技

成果的违法犯罪行为，为科技创新营造良好的法治环境。

（十八）加强科技开放合作。积极开展全方位、多层次、高水平的科技国际合作，加强内地与港澳台地区的科技交流合作。加大引进国际科技资源的力度，围绕国家战略需求参与国际大科学计划和大科学工程。鼓励我国科学家发起和组织国际科技合作计划，主动提出或参与国际标准制定。加强技术引进和合作，鼓励企业开展参股并购、联合研发、专利交叉许可等方面的国际合作，支持企业和科研机构到海外建立研发机构。加大国家科技计划开放合作力度，支持国际学术机构、跨国公司等来华设立研发机构，搭建国内外大学、科研机构联合研究平台，吸引全球优秀科技人才来华创新创业。加强民间科技交流合作。

八、加强组织领导，稳步推进实施

（十九）加强领导，精心组织。各级党委和政府要把深化科技体制改革、加快国家创新体系建设工作摆上重要议事日程，把科技体制改革作为经济体制改革的重要内容，同部署、同落实、同考核。发挥专家咨询作用，充分调动广大科技工作者和全社会积极参与，共同做好深化科技体制改革工作。

（二十）明确责任，落实任务。在国家科技教育领导小组的领导下，建立健全工作协调机制，分解任务，明确责任，狠抓落实。各有关方面要增强大局意识、责任意识，加强协调配合，抓好各项任务实施。加强分类指导和评价考核，定期督促检查。各有关部门和单位要按照任务分工和要求，结合实际制定具体改革方案和措施，按程序报批。有关职能部门要尽快制定完善相关配套政策，加强政策落实情况评估。

（二十一）统筹安排，稳步推进。注重科技体制改革与其他方面改革的衔接配合，处理好改革发展稳定关系，把握好改革节奏和进度，认真研究和妥善解决改革中遇到的新情况新问题，对一些重大改革措施要做好试点工作，积极稳妥地推进改革。加强宣传和舆论引导，大力宣传科技发展的重大成就，宣传深化科技体制改革的重要意义、工作进展和先进经验，及时回应社会关切，引导社会舆论，形成支持改革的良好氛围。

（新华社）

国务院办公厅关于强化企业技术创新主体地位全面提升企业创新能力的意见

各省、自治区、直辖市人民政府，国务院各部委、各直属机构：

《国家中长期科学和技术发展规划纲要（2006～2020年）》实施以来，以企业为主体、市场为导向、产学研相结合的技术创新体系建设取得积极进展，激励企业创新的政策措施逐步完善，企业研发投入的积极性不断提高，研发能力得到增强，重点产业领域取得一批创新成果，为产业升级和结构调整提供了有力支撑。但目前我国企业创新能力依然薄弱，许多领域缺乏具有自主知识产权的核心技术，企业尚未真正成为创新决策、研发投入、科研组织和成果应用的主体，制约企业创新的体制机制障碍仍然存在。为深入贯彻落实党的十八大精神和《中共中央　国务院关于深化科技体制改革加快国家创新体系建设的意见》（中发〔2012〕6号），全面提升企业创新能力，经国务院同意，现提出以下意见。

一、指导思想和主要目标

（一）指导思想。坚持以邓小平理论、“三个代表”重要思想、科学发展观为指导，围绕促进科技与经济社会发展紧密结合，统筹发挥市场配置资源的基础性作用和政府的引导支持作用，以深入实施国家技术创新工程为重要抓手，建立健全企业主导产业技术研发创新的体制机制，促进创新要素向企业集聚，增强企业创新能力，加快科技成果转化和产业化，为实施创新驱动发展战略、建设创新型国家提供有力支撑。

（二）主要目标。到2015年，基本形成以企业为主体、市场为导向、产学研相结合的技术创新体系。培育发展一大批创新型企业，企业研发投入明显提高，大中型工业企业平均研发投入占主营业务收入比例提高到1.5%，行业领军企业达到国际同类先进企业水平，企业发明专利申请和授权量实现翻一番。企业主导的产学研合作深入发展，建设一批产业技术创新战略联盟和产业共性技术研发基地，突破一批核心、关键和共性技术，形成一批技术标准，转化一批重大科技成果。企业创新环境进一步优化，形成一批资源整合、开放共享的技术创新服务平台，面向企业的科技公共服务能力大幅度提高，涌现出一大批富有活力的科技型中小企业和民办科研机构。到2020年，企业主导产业技术研发创新的体制机制更加完善，企业创新能力大幅度提升，形成一批创新型领军企业，带动经济发展方式转变实现重大进展。

二、重点任务

（一）进一步完善引导企业加大技术创新投入的机制。企业要按照社会主义市场经济体制的要求，不断深化自身改革，适应市场化和全球化竞争的需要，增强创新驱动发展的内在动力；要明确企业主要负责人对技术研发的责任，加强研发能力和品牌建设，建立健全技术储备制度，提高持续创新能力和核心竞争力。各级政府要鼓励和引导企业加大研发投入，大力培育创新型企业，充分发挥其对技术创新的示范引领作用。推进科研项目经费后补助工作，鼓励和引导企业按照国家战略和市场需求先行投入开展研发项目。建立健全国有企业技术创新的经营业绩考核制度，落实和完善国有企业研发投入视同利润的考核措施，加强对不同行业研发投入和产出的分类考核。中央国有资本经营预算产业升级与发展专项资金要加大对中央企业技术创新的支持力度。国家科技计划项目征集和指南编制要充分听取企业专家的意见，产业化目标明确的重大科技项目由有条件的企业牵头组织实施。加强国家科技奖励对企业技术创新的引导激励。

（二）支持企业建立研发机构。引导企业围绕市场需求和长远发展，建立研发机构，健全组织技术研发、产品创新、科技成果转化的机制，大幅度提高大中型工业企业建立研发机构的比例。在明确定位和标准的基础上，引导企业建设国家重点实验室，围绕产业战略需求开展基础研究。在行业骨干企业建设一批国家工程（技术）研究中心、国家工程实验室，支持企业开展技术成果工程化研究。加强国家认定企业技术中心和技术创新示范企业工作。对企业国家重点实验室、国家工程（技术）研究中心、国家认定的企业技术中心以及科技类民办非企业单位，依据相关规定给予进口科技开发用品或科教用品的税收优惠政策。对民办科研机构等新型研发组织，在承担国家科技任务、人才引进等方面与同类公办科研机构实行一视同仁的支持政策。

（三）支持企业推进重大科技成果产业化。建立健全按产业发展重大需求部署创新链的科研运行机制和政策导向，推进新技术、新材料、新工艺、新模式、高端装备等的集成应用，实施国家高技术产业化示范项目、国家科技成果转化引导基金、国家重大科技成果转化项目、国家文化科技创新工程等，大力培育发展战略性新兴产业。组织实施用户示范工程，采取政策引导、鼓励社会资本投入等方式，促进科技成果推广应用，运用高新技术改造提升传统产业。依托国家自主创新示范区、国家高新技术产业开发区、国家创新型（试点）城市、国家高技术产业基地、国家新型工业化示范基地、信息化与工业化融合示范区、国家农业科技园区、国家级文化和科技融合示范基地、国家现代服务业产业化基地等，完善技术转移和产业化服务体系，吸引企业在区内设立研发机构，集聚高端人才，培育发展创新型产业集群。

（四）大力培育科技型中小企业。国家中小企业发展专项资金、中小企业技术改造资金等要大力支持中小企业技术创新和改造升级。扩大科技型中小企业技术创新基金规模，继续实施科技型中小企业创业投资引导基金、新兴产业创投计划、中小企业创新能力建设计划和中小企业信息化推进工程，强化火炬计划、星火计划、国家重点新产品计划对中小企业产品和技术创新的政策引导作用，引导和支持中小企业创新创业。综合采用买（卖）方信贷、知识产权和股权质押贷款、融资租赁、科技小额贷款、公司（企业）债券、集合信托、科技保险等方式，支持科技型企业开展技术创新融资。为小型微型科技企业创造公平竞争的市场环境，促进其健康发展。

（五）以企业为主导发展产业技术创新战略联盟。支持行业骨干企业与科研院所、高等学校签订战略合作协议，建立联合开发、优势互补、成果共享、风险共担的产学研用合作机制，组建产业技术创新战略联盟。支持联盟按规定承担产业技术研发创新重大项目，制订技术标准，编制产业技术路线图，构建联盟技术研发、专利共享和成果转化推广的平台及机制。积极探索依托符合条件的联盟成员单位建设国家重点实验室。深入开展联盟试点，加强对联盟的分类指导和监督评估。围绕培育发展战略性新兴产业，结合实施国家科技重大专项，通过联盟研发重大创新产品，掌握核心关键技术，构建产业链。围绕改造提升传统产业，通过联盟开展共性技术攻关，解决制约产业升级的重大制造装备、关键零部件、基础原材料、基础工艺及高端分析检测仪器设备等难题。围绕发展现代服务业，通过联盟加强技术创新、商业模式创新和管理创新，培育现代服务业新业态。

（六）依托转制院所和行业领军企业构建产业共性技术研发基地。针对重点行业和技术领域特点和需求，在钢铁、有色金属、装备制造、建材、纺织、煤炭、电力、油气、新能源与可再生能源、电子信息、生物医药、化工、轻工、现代农业、现代服务业等产业，依托骨干转制院所、行业特色高等学校和行业领军企业，通过体制机制创新，整合相关科研资源，推动建设一批产业共性技术研发基地，加强共性技术研发和成果推广扩散。对产业共性技术研发基地的运行管理、技术扩散服务的绩效实行定期评价。

（七）强化科研院所和高等学校对企业技术创新的源头支持。鼓励科研院所和高等学校与企业共建研发机构，共建学科专业，实施合作项目，加强对企业技术创新的理论、基础和前沿先导技术支持。实施卓越工程师教育培养等计划，推行产学研合作教育模式和“双导师”制，鼓励高等学校和企业联合制定人才培养标准，共同建设课程体系和教学内容，共同实施培养过程，共同评价培养质量。推动科研院所、高等学校面向市场转移科技成果，有条件的科研院所、高等学校应建立专业技术转移机构和技术成果供需平台。完善落实股权、期权激励和奖励等收益分配政策，以及事业单位国有资产处置收益政策和人事考核评价制度，鼓励科研院所、高等学校科技人员转化科技成果。

（八）完善面向企业的技术创新服务平台。面向行业技术创新需求，促进科技资源整合和优势互补，推动形成一批专业领域技术创新服务平台，培育一批专业化、社会化、网络化的示范性科技中介服务机构。以中央财政资金为引导，带动地方财政和社会投入，支持围绕地方特色优势产业和战略性新兴产业创新发展的区域公共科技服务平台建设。推动平台面向中小企业提供研发设计、检验检测、技术转移、大型共用软件、知识产权、标准、质量品牌、人才培训等服务，提高专业化服务能力和网络化协同水平。探索通过购买公共服务等方式，引导建立促进技术创新服务平台有效运行的良好机制。加快建设技术交易市场体系、科技创业孵化网络和科技企业加速成长机制。

（九）加强企业创新人才队伍建设。在海外高层次人才引进计划、创新人才推进计划等相关重大人才工程和政策实施中，支持企业引进海外高层次人才，引导和支持归国留学人员创业。加强专业技术人才和高技能人才队伍建设，培养科技领军人才、优秀创新团队。加强对企业科研和管理骨干的培训。健全科技人才流动机制，鼓励科研院所、高等学校和企业创新人才双向流动和兼职。继续坚持企业院士专家工作站、博士后工作站、科技特派员等科技人员服务企业的有效方式，不断完善评价制度，构建长效机制，对于服务企业贡献突出的科技人员，采取优先晋升职务职称等奖励措施。广泛开展职工合理化建议、技术革新、技能大赛等群众性技术创新活动，对有突出贡献的职工优先晋升技术技能等级，充分调动职工参与技术创新的积极性，提高企业职工科技素质。

（十）推动科技资源开放共享。健全科技资源开放共享制度，深入开展全国科技资源调查，促进科技资源优化配置和高效利用。建立健全科研院所、高等学校、企业的科研设施和仪器设备等科技资源向社会开放的合理运行机制。加大国家重点实验室、国家工程实验室、国家工程（技术）研究中心、大型科学仪器中心、分析测试中心等向企业开放服务的力度，将资源开放共享情况作为其运行绩效考核的重要指标。加强对国家科技基础条件平台开放服务工作的绩效评价和奖励补助，积极引导其对企业开展专题服务。加强区域性科研设备协作，提高对企业技术创新的支撑服务能力。

（十一）提升企业技术创新开放合作水平。鼓励企业通过人才引进、技术引进、合作研发、委托研发、建立联合研发中心、参股并购、专利交叉许可等方式开展国际创新合作。加强国际科技创新信息收集分析，为企业开展国际科技合作提供服务。鼓励企业到海外建立研发机构，联合科研院所承担国际科技合作项目。支持企业参加各类国际标准组织，积极参与国际技术标准制修订。鼓励和支持企业向国外申请知识产权。加大国家科技计划开放合作力度，鼓励跨国公司依法在我国设立研发机构，与我国企业、科研院所和高等学校开展合作研发，共建研发平台，联合培养人才。

（十二）完善支持企业技术创新的财税金融等政策。完善和落实企业研发费用税前加计扣除政策，加大企业研发设备加速折旧政策的落实力度。完善高新技术企业认定办法，落实税收优惠政策。促进科技和金融结合，在风险可控原则下和国家允许的业务范围内，加大政策性银行对企业转化科技成果和进出口关键技术设备的支持力度，鼓励商业银行开发支持企业技术创新的贷款模式、产品和服务，加大对企业技术创新的融资支持。建立健全首台（套）重大技术装备保险机制，支持企业研发和推广应用重大创新产品。加大对符合条件的创新型企业上市融资以及已上市创新型企业再融资和市场化并购重组的支持力度，支持科技成果出资入股并确认股权。切实加强知识产权保护，依法惩治侵犯知识产权的违法犯罪行为。

三、组织实施

（一）加强组织领导，强化统筹推进。各地方、各部门要切实增强责任感和紧迫感，围绕全面实施创新驱动发展战略，加大推进技术创新的力度，全面提升企业创新能力。科技、发展改革、财政、教育、工业和信息化、农业、人力资源社会保障、国资、金融、工会等有关部门和单位要建立深入实施国家技术创新工程的联合推进机制，发挥各自优势，加强协同创新，形成工作合力。各地方要结合实际，制定贯彻本意见的具体方案。要充分调动各方面的积极性，共同推进企业技术创新工作。

（二）加强监测评估，务求取得实效。要加强分类指导，建立监测评价机制，对各项重点任务推进和各项政策措施落实的情况进行督促检查，定期总结和发布工作进展情况。逐步建立企业技术创新调查制度。对探索性强的政策任务要加强研究，通过试点积累经验，并及时总结推广。要加强宣传和舆论引导，大力宣传企业技术创新工作的重要意义、政策措施、进展成效和先进经验，营造有利于工作顺利推进的良好社会氛围。

（中国政府网）

2012年全国打击侵犯知识产权和制售假冒伪劣商品工作要点

2012年全国打击侵犯知识产权和制售假冒伪劣商品工作要坚持标本兼治、突出重点，全面落实《国务院关于进一步做好打击侵犯知识产权和制售假冒伪劣商品工作的意见》(国发〔2011〕37号)精神，围绕侵权假冒突出问题，开展专项整治，强化刑事司法打击，建立完善长效机制，加强基础建设，强化宣传引导，确保工作实效。

一、大力开展专项整治

(一)开展商标权保护专项整治。以驰名商标、涉外商标为重点，严厉打击假冒他人注册商标行为。严厉打击非法印制和非法加印、出售商标标识行为。严厉打击仿冒知名商品特有的名称、包装、装潢等“傍名牌”行为。加大对恶意抢注商标案件的审理力度，有效制止恶意抢注商标行为。

(二)开展版权保护专项整治。加强印刷复制企业监管，严肃查处非法生产、印刷、复制软件、图书、音像制品行为。加大对文化等领域侵权盗版行为的惩治力度，严厉打击在重点市场、重点场所、重点区域和通过互联网销售盗版软件、图书、音像、动漫出版物及其衍生制品等行为。继续加大打击网络侵权盗版“剑网行动”力度，大力整治网络视频、网络音乐、网络文学、网游动漫、软件侵权盗版行为，进一步做好视频网站监管工作，保持打击侵权盗版活动的高压态势。

(三)开展专利权保护专项整治。开展生产、流通环节的专利执法专项整治，科学指导研发环节的专利保护工作，加大对涉及民生、重大项目及涉外等领域专利侵权行为的打击力度。严肃查处群体侵权、反复侵权、假冒专利及专利诈骗行为。突出展前排查、展中巡查、快速调处、跟踪整治等环节，做好重要展会的执法维权工作。加大对专业市场的执法与检查整治力度。

(四)开展网络商品交易网站专项整治。加强对提供网络商品交易平台服务网站的监管，严格网站备案核验，对侵权假冒案件实施溯源查处。加强对网络交易主体、客体、行为的搜索检查，重点强化对涉嫌违法行为人网站(网店)的检查，依法查处利用互联网散布虚假信息、销售侵权假冒伪劣商品及其他违法行为，坚决取缔网络黑市。以假冒伪劣化妆品、服装为重点，查处曝光一批网络商品交易违法案件。

(五)开展进出口环节侵权假冒专项整治。以“国门之盾”行动为抓手，深入开展打击进出口环节侵权假冒违法活动，加强对食品、药品、化工产品、汽车配件等重点商品进出口的监管，在海运、邮递快件等重点运输渠道和北京、上海、天津、深圳、广州等重点口岸进行集中整治。依法查处进出口侵权假冒商品企业。加强进出口货物检验检疫，严厉打击骗取、假冒或伪造检验检疫证书行为，严肃查处逃避检验检疫监管行为。加强进出口商品装运前检验，加大原产地标记查验与管理力度，严厉打击冒用、乱用和买卖原产地证书等违法行为。

（六）开展药品化妆品打假专项整治。加强对药品生产企业、城乡药店药品采购渠道和医疗卫生机构的整治，严肃查处制售假劣药品行为；严厉打击利用互联网非法收售药品行为。部署开展中药材专业市场专项整治。加强化妆品生产企业原料供应商审核，严格化妆品生产经营单位索证索票和台账管理，以美白、祛斑类化妆品为重点，依法查处违法违规使用禁限用物质行为。

（七）开展农资打假专项整治。严把农资市场准入关，依法清查农资生产经营主体，坚决取缔制售侵权假劣农资“黑窝点”；加强对农资批发市场、集散地、经营门店和物流配送中心、乡镇游商的监控巡查；加强对农资质量和品种真实性的监督抽查，追溯并查处制售侵权假劣农资源头；严肃查处利用互联网销售侵权假劣农资行为。加强林木种苗质量抽查和执法检查，严厉打击以假充真、以次充好、侵犯品种权等违法行为。

（八）开展汽车配件打假专项整治。严厉打击无生产许可证生产汽车配件行为，严肃查处不符合生产条件的企业。从严审查强制性产品认证，加强对重点产品获证企业的检查，依法查处违法生产行为。严厉打击无证出厂、销售 CCC 认证（即中国强制性产品认证）产品和伪造、冒用认证标志行为，坚决取缔无证生产“黑窝点”。集中整治汽车配件制假售假以及质量问题突出产品的生产聚集区，加强对流通领域汽车配件的质量监测和监督检查，对不合格商品及时作退市处理，依法查处销售假冒伪劣和不合格汽车配件行为。

（九）开展地理标志保护专项整治。加强地理标志注册后续监管，强化不合格产品退出机制。严肃查处伪造、冒用、超范围使用专用标志行为，严厉打击假冒地理标志专用权行为。

（十）开展有机产品认证标志专项整治。加强对获证企业的监督检查，严禁获证企业超范围、超数量使用有机产品认证标志；加强对流通领域的监督检查，严肃查处假冒、伪造、超期和超范围使用认证标志行为，严禁在认证证书标明的生产、加工场所外对有机产品进行二次分装、分割，擅自加贴有机产品认证标志；加强有机产品认证标志备案系统建设和宣传，方便消费者和监督部门查询监督。

（十一）开展农村市场重点商品专项整治。针对家电、食品、日化用品、液化石油气钢瓶等与农民生活密切相关的重点商品，加强生产源头和县以下区域批发市场、集贸市场、销售门店风险隐患排查，重点清理、取缔制假售假“黑作坊”、“黑窝点”，依法查处违法违规生产经营企业。有针对性地开展识假辨假知识宣传，进一步增强农民的维权意识。

同时，以盗窃、利诱、胁迫等不正当手段获取商业秘密的违法行为为重点，依法加大打击侵犯商业秘密违法行为力度。依法加大打击侵犯集成电路布图设计、奥林匹克标志等知识产权违法行为的力度。

二、保持刑事司法打击高压态势

（一）开展打击假冒伪劣“破案会战”。以打击制售假冒伪劣食品、药品、农资、酒类、消防器材以及网上售假等关系群众切身利益的突出犯罪为重点，每季度发起一次对各类假冒伪劣犯罪的专案集群战役行动，全链条、全覆盖摧毁制假售假犯罪网络和窝点。加大对侵权假冒犯罪背后商业贿赂和职务犯罪案件的立案侦查力度。

（二）加大对侵权假冒犯罪案件的刑事司法打击力度。加大涉嫌犯罪案件移送及受理工作力度。依法及时批捕、起诉涉嫌侵权假冒犯罪案件。加强对行政执法机关移送涉嫌犯罪案件、公安机关刑事立案和侦查活动的监督。依法从快审理侵权假冒案件。

三、建立完善长效机制

（一）加强打击侵权假冒工作综合协调。各地打击侵犯知识产权和制售假冒伪劣商品工作领导小组要落实情况通报、工作督查、案件督办等制度，做好对本地区重点区域、重点市场整治的统一领导和协调。

（二）健全强化监督考核机制。把打击侵权假冒工作纳入社会管理综合治理考评范围，研究制定打击侵权假冒工作政府绩效考核办法和实施细则，督促地方逐级建立考核体系。研究提出行政执法部门依法及时公开本系统查办案件相关信息的具体意见，督促各地抓好落实。严肃行政监察和问责，强化打击侵权假冒工作责任。督促各有关部门对可能引发的区域性、系统性风险苗头及时研判，加强监控，牢牢把握工作主动权。

（三）完善相关法律制度和标准。落实修改完善打击侵权假冒有关法律制度的工作安排，加快推动完善有关法律制度；积极完善相关法规和部门规章。健全重点领域、重点产品检验、鉴定标准，完善执法监管的技术指导依据。

（四）强化行政执法与刑事司法衔接机制。加强对行政执法与刑事司法衔接工作的领导和督促指导，明确市、县级政府衔接工作牵头单位。出台打击侵权假冒领域行政执法与刑事司法衔接工作文件，完善线索通报、联合办案、提供专业支持等机制制度，加强对案件移送办理的监督和监察；针对不同领域、案件特点进一步细化相关操作规范。制定打击侵权假冒领域中央和地方行政执法与刑事司法衔接信息共享平台建设方案及技术标准，选择部分地区和部门开展试点。

（五）完善跨地区跨部门行政执法协作机制。通过信息统计通报、工作交流、定期会商、统一执法行动和建立跨地区执法协作网络等方式建立跨地区执法协作机制；通过联络员会议、跨部门信息沟通、案件协查、疑难案件会商、联合督办、证据互认等方式建立跨部门执法协作机制；加强执法协作监督，加大对跨地区、跨领域侵权假冒行为的打击合力。建立假冒伪劣商品销毁全过程环境无害化管理机制。

四、夯实工作基础

（一）加强执法能力建设。开展执法工作检查和绩效评估，强化执法队伍管理。组织以案代训、案例分析会等形式的执法培训。推动加强联合执法。研究制定具体措施，加强对跨境涉外侵权、互联网侵权、有组织侵权假冒等问题的监管。积极推行驻点巡查、交叉执法和网格化管理等监管模式，强化基层执法人员责任。

（二）加快诚信体系建设。开展生产经营企业诚信评价，逐步建立生产经营主体诚信档案。制定推动信用信息共享的工作方案和相关标准。探索健全失信企业“黑名单”，推动企业诚信与银行授信挂钩。制定信用信息查询和披露工作制度。开展全国商务领域信用建设试点。研究促进政府机关软件正版化工作与信息化工作结合问题。

（三）加强国际交流合作。通过多双边对话等多种方式，加强知识产权执法信息交流和执法合作；推动双边知识产权合作协议的启动和落实，增强各领域能力建设；组织赴海外开展知识产权宣传活动，举办知识产权国际合作论坛、政府业界知识产权圆桌会议等；发挥企业知识产权海外维权援助中心作用，做好海外重点展会知识产权工作，开展企业培训和重点热点问题研究，更新完善国际知识产权制度和动态信息资料库，不断建立健全海外预警、维权和争端解决机制，提升企业知识产权创造、保护、运用和管理能力。

（四）加强知识产权法律服务。引导律师协助知识产权密集型行业、企业建立健全知识产权创新、使用和保护机制，增强企业自主保护知识产权的能力。指导各地搭建服务平台，开展适应强化知识产权保护、打击侵权假冒需求的专项法律服务活动。

五、强化宣传引导

（一）广泛开展宣传教育培训。发挥打击侵权假冒工作网站主阵地作用，加强对打击侵权假冒工作的宣传。利用召开新闻发布会、组织新闻媒体采访报道、在主流媒体和网站开辟宣传专栏等形式，进一步扩大打击侵权假冒工作社会影响。在重要时点、重大活动前后，集中组织对内对外宣传。加强舆情监测，做好舆论引导。做好工作简报编发，交流经验、推进工作。广泛开展知识产权法律宣传进企业、进社区、进学校、进网络活动。

（二）积极引导公众参与。加强举报投诉平台和举报处置指挥信息化平台建设；完善举报受理处置机制，落实有奖举报制度，加强跟踪抽查，切实做好举报投诉信息受理和案件查办工作。

（三）切实加强社会监督。将依法查办侵权假冒案件公开作为政务公开的重要内容，接受社会公众全程监督。

（中国政府网）

关于进一步加强职务发明人合法权益保护促进知识产权运用实施的若干意见

为贯彻落实《国家中长期人才发展规划纲要（2010—2020年）》（以下简称《人才发展规划纲要》），保护职务发明人合法权益，充分发挥创新型科技人才的作用，建设创新型国家和人才强国，现提出以下意见。

一、充分认识加强职务发明人合法权益保护的重要意义

改革开放以来，我国建立和完善了职务发明人权益保护制度，职务发明人从事知识产权创造、运用及实施的积极性和主动性不断提高，职务发明创造在我国经济社会发展中作用日益突出。但从总体看，职务发明人权益保护工作仍有待进一步改进和加强，主要体现在：相关立法和制度仍有待落实和完善；对保护职务发明人合法权益的重要性认识还不到位，侵害职务发明人合法权益的现象时有发生；对职务发明人的激励还需要进一步加大力度。

为此，《人才发展规划纲要》提出，要保护科技成果创造者的合法权益。广大职务发明人是科技创新人才的重要力量，保护科技成果创造者合法权益的突出重点在于进一步加强职务发明人合法权益的保护工作，促进知识产权的运用与实施。同时，实施人才强国战略、科教兴国战略和知识产权战略，需要健全和完善有利于职务发明及其知识产权运用与实施的激励机制和权益分配机制，进一步加强对职务发明人合法权益的有效保护，营造有利于人才成长和发挥作用的社会氛围和法律政策环境，为创新型国家建设和经济社会又好又快发展提供更雄厚的人才保障。

二、加强职务发明人合法权益保护的总体要求

加强对职务发明人权益保护工作的指导、支持和宣传。地方各级人民政府和有关部门要结合本地区和本部门的实际情况，积极采取有效措施，加强对企事业单位和军队单位开展职务发明人合法权益保护工作的指导和督查，支持企事业单位和军队单位依法建立和完善职务发明的知识产权管理制度；引导扶持企事业单位和军队单位提高知识产权运用和保护能力，采取可行方式加快实现知识产权的经济价值，为及时实现职务发明人的合法权益提供物质保障；加大职务发明人权益保护制度的宣传普及力度，培育和营造尊重人才、崇尚创新的社会环境。

认真执行法律法规和相关政策，确保职务发明人的权益落到实处。企事业单

位和军队单位要在符合国家相关法律法规和政策的前提下，完善与职务发明相关的内部规章制度，做到机制透明、程序顺畅、责任清晰、奖酬合理；认真落实《专利法》、《促进科技成果转化法》等法律法规中有关职务发明的规定，合法合理地确定单位内发明创造的知识产权归属，保障职务发明人署名权和获得奖励、报酬的权利，充分发挥职务发明人在知识产权运用实施方面的能动作用；妥善预防和及时化解与职务发明人权益相关的争议和矛盾，营造心情舒畅、踊跃创新、奋发进取的和谐氛围，做到人尽其才、才尽其用。

三、建立健全规章制度，明确责任、权利与义务

（一）建立发明创造报告制度。国有企事业单位和军队单位应当建立发明创造报告制度，明确研发过程中尤其是形成发明创造后单位与发明人之间的权利、义务与责任，及时确定发明创造的权益归属。国有企事业单位和军队单位可以根据本单位的具体情况，明确发明人应当就其完成的与单位业务有关的发明创造及时向单位报告，并附具该发明是否为职务发明的意见；单位收到发明人的报告后，应当及时确认并告知发明人该发明是否为职务发明，以及采取何种方式对该发明进行知识产权保护。

（二）建立职务发明相关管理制度。国有企事业单位和军队单位应当建立职务发明的知识产权管理制度，设立专门机构或者指定专门人员负责知识产权管理工作。建立健全单位内部知识产权资产管理档案，对于经确认的职务发明应当进行综合评价，决定是否申请专利或者采取其他知识产权保护措施，并积极维护知识产权的有效性。对于经综合评价决定放弃的专利权或者其他知识产权，应当在放弃之前告知发明人。

（三）建立和完善职务发明奖励和报酬制度。国有企事业单位和军队单位应当依法建立和完善职务发明的奖励和报酬规章制度，遵循精神激励和物质奖励相结合的原则，明确职务发明奖励、报酬的条件、程序、方式和数额。单位与发明人约定奖励、报酬的数额或者方式的，应当切实履行承诺。单位在制定职务发明的奖励和报酬规章制度时，应当充分听取和吸纳研发人员的意见和建议。

四、依法保护职务发明人的合法权益，鼓励职务发明人参与职务发明及其知识产权的运用与实施

（四）鼓励单位与发明人约定发明创造的知识产权归属。对于利用本单位物质技术条件完成的发明创造，除法律、行政法规另有规定的以外，单位可以与发明人约定由双方共同申请和享有专利权或者相关知识产权，或者由发明人申请并享有专利权或者相关知识产权、单位享有免费实施权。发明创造获得知识产权后，单位和发明人按照约定行使权利、履行义务。

（五）支持职务发明人受让单位拟放弃的知识产权。国家设立的高等院校、

科研院所拟放弃其享有的专利权或者其他相关知识产权的，应当在放弃前一个月内通知职务发明人。职务发明人愿意受让的，可以通过与单位协商，有偿或者无偿获得该专利权或者相关知识产权。单位应当积极协助办理权利转让手续。

（六）鼓励职务发明人积极参与知识产权的运用与实施。国家设立的高等院校、科研院所就职务发明获得知识产权后，无正当理由两年内未能运用实施的，职务发明人经与单位协商约定可以自行运用实施。职务发明人因此获得的收益，应当按照约定以适当比例返还单位。

（七）保障职务发明人在专利文件以及各类相关文件中的署名权。署名权是发明人的精神权利，受法律保护。只有对职务发明的实质性特点作出创造性贡献的人员才享有在专利文件以及各类相关文件上的署名权。未对职务发明的实质性特点作出创造性贡献，只负责组织工作的人员、为物质技术条件的利用提供方便的人员或者从事其他辅助工作的人员，不应作为发明人署名。

（八）提高职务发明的报酬比例。在未与职务发明人约定也未在单位规章制度中规定报酬的情形下，国有企事业单位和军队单位自行实施其发明专利权的，给予全体职务发明人的报酬总额不低于实施该发明专利的营业利润的3%；转让、许可他人实施发明专利权或者以发明专利权出资入股的，给予全体职务发明人的报酬总额不低于转让费、许可费或者出资比例的20%。国有企事业单位和军队单位拥有的其他知识产权可以参照上述比例办理。

（九）合理确定职务发明的报酬数额。单位应当建立职务发明的报酬核算机制。在核算报酬数额时，应当考虑每项职务发明对整个产品或者工艺经济效益的贡献，以及每位职务发明人对每项职务发明的贡献等因素。因单位经营策略或者发展模式的需要而低价、无偿转让或者许可他人实施职务发明专利或者相关知识产权时，应当参照相关技术的市场价格，合理确定对职务发明人的报酬数额。

（十）及时给予职务发明人奖励和报酬。除与职务发明人另有约定的以外，单位应当在公告授予专利权或者其他相关知识产权之日起三个月内发放奖金；单位许可他人实施或者转让知识产权的，应当在许可费、转让费到账后三个月内支付报酬；单位自行实施专利或者其他相关知识产权且以现金形式逐年支付报酬的，应当在每个会计年度结束后三个月内支付报酬。以股权形式支付报酬的，应当按法律法规和单位规章制度的规定予以分红。单位应当在自行实施知识产权之日或者许可合同、转让合同生效之日起的合理期限内，将自行实施、许可他人实施或者转让知识产权等有关情况通报给相关的职务发明人。

（十一）保障特定情形下职务发明人获得奖励和报酬的权利。职务发明人与原单位解除或者终止劳动关系或者人事关系后，除与原单位另有约定外，其从原单位获得奖励和报酬的权利不变；职务发明人逝世的，其获得奖金和报酬的权利由继承人继承。

五、完善保护职务发明人权益的政策措施，强化对职务发明人权益保护工作的督导

（十二）落实和完善职务发明人获得奖金和报酬的财政税收优惠政策。企业给予职务发明人的奖金和报酬列入成本，事业单位和军队单位给予职务发明人的奖金和报酬按国家有关规定列支。对职务发明人的奖金和报酬按照国家税法的相关规定实行优惠，充分调动职务发明人从事职务发明创造及运用实施的积极性、主动性和创造性。

（十三）将与职务发明知识产权相关要素纳入考评范围。鼓励高等院校、科研院所在评定职称、晋职晋级时，将科研人员从事知识产权创造、运用及实施的情况纳入考评范围，同等条件下予以优先考虑。

（十四）将对职务发明人权益的保护情况纳入考核指标。单位落实职务发明制度的情况，作为评定知识产权试点示范单位或者享受专利申请资助政策的重要考评因素予以考虑，并纳入对国有企事业单位领导人员的考核范围。

（十五）建立职务发明人维权援助机制。各级地方知识产权管理部门和国防知识产权管理部门要建立和完善职务发明人维权援助机制，指定专门机构为单位和职务发明人提供维权援助服务。单位与发明人就发明创造及其知识产权归属或者职务发明奖励和报酬的方式或者数额进行约定的，可以将有关协议向所在地省、自治区、直辖市知识产权管理部门或者国防知识产权管理部门备案。对于发生的职务发明纠纷，各级地方知识产权管理部门和国防知识产权管理部门应当及时依法调解和处理。

各地区、各部门、各有关单位应当根据本意见的原则要求，结合本地区、本部门和本单位的实际情况，制定具体的落实办法和措施。

（国家知识产权局）

（二）相关部委出台的政策与法规

专利标识标注办法

第一条 为了规范专利标识的标注方式，维护正常的市场经济秩序，根据《中华人民共和国专利法》（以下简称专利法）和《中华人民共和国专利法实施细则》的有关规定，制定本办法。

第二条 标注专利标识的，应当按照本办法予以标注。

第三条 管理专利工作的部门负责在本行政区域内对标注专利标识的行为进行监督管理。

第四条 在授予专利权之后的专利权有效期内，专利权人或者经专利权人同意享有专利标识标注权的被许可人可以在其专利产品、依照专利方法直接获得的产品、该产品的包装或者该产品的说明书等材料上标注专利标识。

第五条 标注专利标识的，应当标明下述内容：

（一）采用中文标明专利权的类别，例如中国发明专利、中国实用新型专利、中国外观设计专利；

（二）国家知识产权局授予专利权的专利号。

除上述内容之外，可以附加其他文字、图形标记，但附加的文字、图形标记及其标注方式不得误导公众。

第六条 在依照专利方法直接获得的产品、该产品的包装或者该产品的说明书等材料上标注专利标识的，应当采用中文标明该产品系依照专利方法所获得的产品。

第七条 专利权被授予前在产品、该产品的包装或者该产品的说明书等材料上进行标注的，应当采用中文标明中国专利申请的类别、专利申请号，并标明“专利申请，尚未授权”字样。

第八条 专利标识的标注不符合本办法第五条、第六条或者第七条规定的，由管理专利工作的部门责令改正。

专利标识标注不当，构成假冒专利行为的，由管理专利工作的部门依照专利法第六十三条的规定进行处罚。

第九条 本办法由国家知识产权局负责解释。

第十条 本办法自2012年5月1日起施行。2003年5月30日国家知识产权局令第二十九号发布的《专利标记和专利号标注方式的规定》同时废止。

（国家知识产权局）

专利实施强制许可办法

第一章　总　则

第一条　为了规范实施发明专利或者实用新型专利的强制许可（以下简称强制许可）的给予、费用裁决和终止程序，根据《中华人民共和国专利法》（以下简称专利法）、《中华人民共和国专利法实施细则》及有关法律法规，制定本办法。

第二条　国家知识产权局负责受理和审查强制许可请求、强制许可使用费裁决请求和终止强制许可请求并作出决定。

第三条　请求给予强制许可、请求裁决强制许可使用费和请求终止强制许可，应当使用中文以书面形式办理。

依照本办法提交的各种证件、证明文件是外文的，国家知识产权局认为必要时，可以要求当事人在指定期限内附送中文译文；期满未附送的，视为未提交该证件、证明文件。

第四条　在中国没有经常居所或者营业所的外国人、外国企业或者外国其他组织办理强制许可事务的，应当委托依法设立的专利代理机构办理。

当事人委托专利代理机构办理强制许可事务的，应当提交委托书，写明委托权限。一方当事人有两个以上且未委托专利代理机构的，除另有声明外，以提交的书面文件中指明的第一当事人为该方代表人。

第二章　强制许可请求的提出与受理

第五条　专利权人自专利权被授予之日起满 3 年，且自提出专利申请之日起满 4 年，无正当理由未实施或者未充分实施其专利的，具备实施条件的单位或者个人可以根据专利法第四十八条第一项的规定，请求给予强制许可。

专利权人行使专利权的行为被依法认定为垄断行为的，为消除或者减少该行为对竞争产生的不利影响，具备实施条件的单位或者个人可以根据专利法第四十八条第二项的规定，请求给予强制许可。

第六条　在国家出现紧急状态或者非常情况时，或者为了公共利益的目的，国务院有关主管部门可以根据专利法第四十九条的规定，建议国家知识产权局给予其指定的具备实施条件的单位强制许可。

第七条　为了公共健康目的，具备实施条件的单位可以根据专利法第五十条的规定，请求给予制造取得专利权的药品并将其出口到下列国家或者地区的强制许可：

（一）最不发达国家或者地区；

（二）依照有关国际条约通知世界贸易组织表明希望作为进口方的该组织的发达成员或者发展中成员。

第八条 一项取得专利权的发明或者实用新型比前已经取得专利权的发明或者实用新型具有显著经济意义的重大技术进步，其实施又有赖于前一发明或者实用新型的实施的，该专利权人可以根据专利法第五十一条的规定请求给予实施前一专利的强制许可。国家知识产权局给予实施前一专利的强制许可的，前一专利权人也可以请求给予实施后一专利的强制许可。

第九条 请求给予强制许可的，应当提交强制许可请求书，写明下列各项：

（一）请求人的姓名或者名称、地址、邮政编码、联系人及电话；

（二）请求人的国籍或者注册的国家或者地区；

（三）请求给予强制许可的发明专利或者实用新型专利的名称、专利号、申请日、授权公告日，以及专利权人的姓名或者名称；

（四）请求给予强制许可的理由和事实、期限；

（五）请求人委托专利代理机构的，受托机构的名称、机构代码以及该机构指定的代理人的姓名、执业证号码、联系电话；

（六）请求人的签字或者盖章；委托专利代理机构的，还应当有该机构的盖章；

（七）附加文件清单；

（八）其他需要注明的事项。

请求书及其附加文件应当一式两份。

第十条 强制许可请求涉及两个或者两个以上的专利权人的，请求人应当按专利权人的数量提交请求书及其附加文件副本。

第十一条 根据专利法第四十八条第一项或者第五十一条的规定请求给予强制许可的，请求人应当提供证据，证明其以合理的条件请求专利权人许可其实施专利，但未能在合理的时间内获得许可。

根据专利法第四十八条第二项的规定请求给予强制许可的，请求人应当提交已经生效的司法机关或者反垄断执法机构依法将专利权人行使专利权的行为认定为垄断行为的判决或者决定。

第十二条 国务院有关主管部门根据专利法第四十九条建议给予强制许可的，应当指明下列各项：

（一）国家出现紧急状态或者非常情况，或者为了公共利益目的需要给予强制许可；

（二）建议给予强制许可的发明专利或者实用新型专利的名称、专利号、申请日、授权公告日，以及专利权人的姓名或者名称；

（三）建议给予强制许可的期限；

（四）指定的具备实施条件的单位名称、地址、邮政编码、联系人及电话；

（五）其他需要注明的事项。

第十三条 根据专利法第五十条的规定请求给予强制许可的，请求人应当提供进口方及其所需药品和给予强制许可的有关信息。

第十四条 强制许可请求有下列情形之一的，不予受理并通知请求人：

（一）请求给予强制许可的发明专利或者实用新型专利的专利号不明确或者难以确定；

（二）请求文件未使用中文；

（三）明显不具备请求强制许可的理由；

（四）请求给予强制许可的专利权已经终止或者被宣告无效。

第十五条 请求文件不符合本办法第四条、第九条、第十条规定的，请求人应当自收到通知之日起 15 日内进行补正。期满未补正的，该请求视为未提出。

第十六条 国家知识产权局受理强制许可请求的，应当及时将请求书副本送交专利权人。除另有指定的外，专利权人应当自收到通知之日起 15 日内陈述意见；期满未答复的，不影响国家知识产权局作出决定。

第三章 强制许可请求的审查和决定

第十七条 国家知识产权局应当对请求人陈述的理由、提供的信息和提交的有关证明文件以及专利权人陈述的意见进行审查；需要实地核查的，应当指派两名以上工作人员实地核查。

第十八条 请求人或者专利权人要求听证的，由国家知识产权局组织听证。

国家知识产权局应当在举行听证 7 日前通知请求人、专利权人和其他利害关系人。

除涉及国家秘密、商业秘密或者个人隐私外，听证公开进行。

举行听证时，请求人、专利权人和其他利害关系人可以进行申辩和质证。

举行听证时应当制作听证笔录，交听证参加人员确认无误后签字或者盖章。

根据专利法第四十九条或者第五十条的规定建议或者请求给予强制许可的，不适用听证程序。

第十九条 请求人在国家知识产权局作出决定前撤回其请求的，强制许可请求的审查程序终止。

在国家知识产权局作出决定前，请求人与专利权人订立了专利实施许可合同的，应当及时通知国家知识产权局，并撤回其强制许可请求。

第二十条 经审查认为强制许可请求有下列情形之一的，国家知识产权局应当作出驳回强制许可请求的决定：

（一）请求人不符合本办法第四条、第五条、第七条或者第八条的规定；

（二）请求给予强制许可的理由不符合专利法第四十八条、第五十条或者第五十一条的规定；

（三）强制许可请求涉及的发明创造是半导体技术的，其理由不符合专利法第五十二条的规定；

（四）强制许可请求不符合本办法第十一条或者第十三条的规定；

（五）请求人陈述的理由、提供的信息或者提交的有关证明文件不充分或者不真实。

国家知识产权局在作出驳回强制许可请求的决定前，应当通知请求人拟作出的决定及其理由。除另有指定的外，请求人可以自收到通知之日起 15 日内陈述意见。

第二十一条 经审查认为请求给予强制许可的理由成立的，国家知识产权局应当作出给予强制许可的决定。在作出给予强制许可的决定前，应当通知请求人和专利权人拟作出的决定及其理由。除另有指定的外，双方当事人可以自收到通知之日起 15 日内陈述意见。

国家知识产权局根据专利法第四十九条作出给予强制许可的决定前，应当通知专利权人拟作出的决定及其理由。

第二十二条 给予强制许可的决定应当写明下列各项：

（一）取得强制许可的单位或者个人的名称或者姓名、地址；

（二）被给予强制许可的发明专利或者实用新型专利的名称、专利号、申请日及授权公告日；

（三）给予强制许可的范围和期限；

（四）决定的理由、事实和法律依据；

（五）国家知识产权局的印章及负责人签字；

（六）决定的日期；

（七）其他有关事项。

给予强制许可的决定应当自作出之日起 5 日内通知请求人和专利权人。

第二十三条 国家知识产权局根据专利法第五十条作出给予强制许可的决定的，还应当在该决定中明确下列要求：

（一）依据强制许可制造的药品数量不得超过进口方所需的数量，并且必须全部出口到该进口方；

（二）依据强制许可制造的药品应当采用特定的标签或者标记明确注明该药品是依据强制许可而制造的；在可行并且不会对药品价格产生显著影响的情况下，应当对药品本身采用特殊的颜色或者形状，或者对药品采用特殊的包装；

（三）药品装运前，取得强制许可的单位应当在其网站或者世界贸易组织的有关网站上发布运往进口方的药品数量以及本条第二项所述的药品识别特征等信息。

第二十四条 国家知识产权局根据专利法第五十条作出给予强制许可的决定的，由国务院有关主管部门将下列信息通报世界贸易组织：

（一）取得强制许可的单位的名称和地址；

（二）出口药品的名称和数量；

（三）进口方；

（四）强制许可的期限；

（五）本办法第二十三条第三项所述网址。

第四章　强制许可使用费裁决请求的审查和裁决

第二十五条　请求裁决强制许可使用费的，应当提交强制许可使用费裁决请求书，写明下列各项：

（一）请求人的姓名或者名称、地址；

（二）请求人的国籍或者注册的国家或者地区；

（三）给予强制许可的决定的文号；

（四）被请求人的姓名或者名称、地址；

（五）请求裁决强制许可使用费的理由；

（六）请求人委托专利代理机构的，受托机构的名称、机构代码以及该机构指定的代理人的姓名、执业证号码、联系电话；

（七）请求人的签字或者盖章；委托专利代理机构的，还应当有该机构的盖章；

（八）附加文件清单；

（九）其他需要注明的事项。

请求书及其附加文件应当一式两份。

第二十六条　强制许可使用费裁决请求有下列情形之一的，不予受理并通知请求人：

（一）给予强制许可的决定尚未作出；

（二）请求人不是专利权人或者取得强制许可的单位或者个人；

（三）双方尚未进行协商或者经协商已经达成协议。

第二十七条　国家知识产权局受理强制许可使用费裁决请求的，应当及时将请求书副本送交对方当事人。除另有指定的外，对方当事人应当自收到通知之日起 15 日内陈述意见；期满未答复的，不影响国家知识产权局作出决定。

强制许可使用费裁决过程中，双方当事人可以提交书面意见。国家知识产权局可以根据案情需要听取双方当事人的口头意见。

第二十八条　请求人在国家知识产权局作出决定前撤回其裁决请求的，裁决程序终止。

第二十九条　国家知识产权局应当自收到请求书之日起 3 个月内作出强制许可使用费的裁决决定。

第三十条　强制许可使用费裁决决定应当写明下列各项：

（一）取得强制许可的单位或者个人的名称或者姓名、地址；

（二）被给予强制许可的发明专利或者实用新型专利的名称、专利号、申请日及授权公告日；

（三）裁决的内容及其理由；

（四）国家知识产权局的印章及负责人签字；

（五）决定的日期；

（六）其他有关事项。

强制许可使用费裁决决定应当自作出之日起 5 日内通知双方当事人。

第五章 终止强制许可请求的审查和决定

第三十一条 有下列情形之一的，强制许可自动终止：

（一）给予强制许可的决定规定的强制许可期限届满；

（二）被给予强制许可的发明专利或者实用新型专利终止或者被宣告无效。

第三十二条 给予强制许可的决定中规定的强制许可期限届满前，强制许可的理由消除并不再发生的，专利权人可以请求国家知识产权局作出终止强制许可的决定。

请求终止强制许可的，应当提交终止强制许可请求书，写明下列各项：

（一）专利权人的姓名或者名称、地址；

（二）专利权人的国籍或者注册的国家或者地区；

（三）请求终止的给予强制许可决定的文号；

（四）请求终止强制许可的理由和事实；

（五）专利权人委托专利代理机构的，受托机构的名称、机构代码以及该机构指定的代理人的姓名、执业证号码、联系电话；

（六）专利权人的签字或者盖章；委托专利代理机构的，还应当有该机构的盖章；

（七）附加文件清单；

（八）其他需要注明的事项。

请求书及其附加文件应当一式两份。

第三十三条 终止强制许可的请求有下列情形之一的，不予受理并通知请求人：

（一）请求人不是被给予强制许可的发明专利或者实用新型专利的专利权人；

（二）未写明请求终止的给予强制许可决定的文号；

（三）请求文件未使用中文；

（四）明显不具备终止强制许可的理由。

第三十四条 请求文件不符合本办法第三十二条规定的，请求人应当自收到通知之日起 15 日内进行补正。期满未补正的，该请求视为未提出。

第三十五条 国家知识产权局受理终止强制许可请求的，应当及时将请求书副本送交取得强制许可的单位或者个人。除另有指定的外，取得强制许可的单位或者个人应当自收到通知之日起 15 日内陈述意见；期满未答复的，不影响国家知识产权局作出决定。

第三十六条 国家知识产权局应当对专利权人陈述的理由和提交的有关证明文件以及取得强制许可的单位或者个人陈述的意见进行审查；需要实地核查的，应当指派两名以上工作人员实地核查。

第三十七条 专利权人在国家知识产权局作出决定前撤回其请求的，相关程序终止。

第三十八条 经审查认为请求终止强制许可的理由不成立的，国家知识产权局应当作出驳回终止强制许可请求的决定。在作出驳回终止强制许可请求的决定前，应当通知专利权人拟作出的决定及其理由。除另有指定的外，专利权人可以自收到通知之日起 15 日内陈述意见。

第三十九条 经审查认为请求终止强制许可的理由成立的，国家知识产权局应当作出终止强制许可的决定。在作出终止强制许可的决定前，应当通知取得强制许可的单位或者个人拟作出的决定及其理由。除另有指定的外，取得强制许可的单位或者个人可以自收到通知之日起 15 日内陈述意见。

终止强制许可的决定应当写明下列各项：

（一）专利权人的姓名或者名称、地址；

（二）取得强制许可的单位或者个人的名称或者姓名、地址；

（三）被给予强制许可的发明专利或者实用新型专利的名称、专利号、申请日及授权公告日；

（四）给予强制许可的决定的文号；

（五）决定的事实和法律依据；

（六）国家知识产权局的印章及负责人签字；

（七）决定的日期；

（八）其他有关事项。

终止强制许可的决定应当自作出之日起 5 日内通知专利权人和取得强制许可的单位或者个人。

附 则

第四十条 已经生效的给予强制许可的决定和终止强制许可的决定，以及强制许可自动终止的，应当在专利登记簿上登记并在专利公报上公告。

第四十一条 当事人对国家知识产权局关于强制许可的决定不服的，可以依法申请行政复议或者提起行政诉讼。

第四十二条 本办法由国家知识产权局负责解释。

第四十三条 本办法自 2012 年 5 月 1 日起施行。2003 年 6 月 13 日国家知识产权局令第三十一号发布的《专利实施强制许可办法》和 2005 年 11 月 29 日国家知识产权局令第三十七号发布的《涉及公共健康问题的专利实施强制许可办法》同时废止。

（国家知识产权局）

发明专利申请优先审查管理办法

第一条 为了促进产业结构优化升级，推进国家知识产权战略实施，加快建设创新型国家，根据《中华人民共和国专利法》和《中华人民共和国专利法实施细则》的有关规定，制定本办法。

第二条 国家知识产权局根据申请人的请求对符合条件的发明专利申请予以优先审查，自优先审查请求获得同意之日起一年内结案。

第三条 依据国家知识产权局与其他国家或者地区专利审查机构签订的双边或者多边协议开展优先审查的，按照有关规定处理，不适用本办法。

第四条 可以予以优先审查的发明专利申请包括：

（一）涉及节能环保、新一代信息技术、生物、高端装备制造、新能源、新材料、新能源汽车等技术领域的重要专利申请；

（二）涉及低碳技术、节约资源等有助于绿色发展的重要专利申请；

（三）就相同主题首次在中国提出专利申请又向其他国家或地区提出申请的该中国首次申请；

（四）其他对国家利益或者公共利益具有重大意义需要优先审查的专利申请。

第五条 对发明专利申请进行优先审查的数量，由国家知识产权局根据不同专业技术领域的审查能力、上一年度专利授权量以及本年度待审量等情况确定。

第六条 请求优先审查的发明专利申请应当是电子申请。

请求对尚未进入实质审查程序的发明专利申请进行优先审查的，申请人应当启动实质审查程序。

第七条 申请人办理优先审查手续的，应当提交下列材料：

（一）由省、自治区、直辖市知识产权局审查并签署意见和加盖公章的《发明专利申请优先审查请求书》；

（二）由具备专利检索条件的单位出具的符合规定格式的检索报告，或者由其他国家或者地区专利审查机构出具的检索报告和审查结果及其中文译文。

第八条 第七条第二项所称专利检索条件是指：

（一）具备使用《专利审查指南》规定的检索用专利文献和非专利文献进行检索的条件；

（二）检索人员具有专业技术背景、接受过专利实务培训和检索培训；

（三）能够由相应专业技术领域的检索人员按照《专利审查指南》的有关要求对请求优先审查的发明专利申请进行检索。

第九条 国家知识产权局负责受理和审核优先审查请求，并及时将审核意见通知申请人。

第十条 对于同意进行优先审查的发明专利申请，国家知识产权局应当及时处理，并自同意优先审查请求之日起三十个工作日内发出第一次审查意见通知书。

第十一条 对于优先审查的发明专利申请，申请人应当尽快作出答复或者补正。申请人答复审查意见通知书的期限为两个月。申请人延期答复的，国家知识产权局将停止优先审查，按一般申请处理。

第十二条 本办法由国家知识产权局负责解释。

第十三条 本办法自 2012 年 8 月 1 日起施行。

国家知识产权局行政复议规程

第一章 总 则

第一条 为了防止和纠正违法或者不当的具体行政行为，保护公民、法人和其他组织的合法权益，保障和监督国家知识产权局依法行使职权，根据《中华人民共和国行政复议法》和《中华人民共和国行政复议法实施条例》，制定本规程。

第二条 公民、法人或者其他组织认为国家知识产权局的具体行政行为侵犯其合法权益的，可以依照本规程向国家知识产权局申请行政复议。

第三条 国家知识产权局负责法制工作的机构（以下称“行政复议机构”）具体办理行政复议事项，履行下列职责：

（一）受理行政复议申请；

（二）向有关部门及人员调查取证，调阅有关文档和资料；

（三）审查具体行政行为是否合法与适当；

（四）办理一并请求的行政赔偿事项；

（五）拟订、制作和发送行政复议法律文书；

（六）办理因不服行政复议决定提起行政诉讼的应诉事项；

（七）督促行政复议决定的履行；

（八）办理行政复议、行政应诉案件统计和重大行政复议决定备案事项；

（九）研究行政复议工作中发现的问题，及时向有关部门提出行政复议意见或者建议。

第二章 行政复议范围和参加人

第四条 除本规程第五条另有规定外，有下列情形之一的，可以依法申请行政复议：

（一）对国家知识产权局作出的有关专利申请、专利权的具体行政行为不服的；

（二）对国家知识产权局作出的有关集成电路布图设计登记申请、布图设计专有权的具体行政行为不服的；

（三）对国家知识产权局专利复审委员会作出的有关专利复审、无效的程序性决定不服的；

（四）对国家知识产权局作出的有关专利代理管理的具体行政行为不服的；

（五）认为国家知识产权局作出的其他具体行政行为侵犯其合法权益的。

第五条 对下列情形之一，不能申请行政复议：

（一）专利申请人对驳回专利申请的决定不服的；

（二）复审请求人对复审请求审查决定不服的；

（三）专利权人或者无效宣告请求人对无效宣告请求审查决定不服的；

（四）专利权人或者专利实施强制许可的被许可人对强制许可使用费的裁决不服的；

（五）国际申请的申请人对国家知识产权局作为国际申请的受理单位、国际检索单位和国际初步审查单位所作决定不服的；

（六）集成电路布图设计登记申请人对驳回登记申请的决定不服的；

（七）集成电路布图设计登记申请人对复审决定不服的；

（八）集成电路布图设计权利人对撤销布图设计登记的决定不服的；

（九）集成电路布图设计权利人、非自愿许可取得人对非自愿许可报酬的裁决不服的；

（十）集成电路布图设计权利人、被控侵权人对集成电路布图设计专有权侵权纠纷处理决定不服的；

（十一）法律、法规规定的其他不能申请行政复议的情形。

第六条 依照本规程申请行政复议的公民、法人或者其他组织是复议申请人。

在具体行政行为作出时其权利或者利益受到损害的其他利害关系人可以申请行政复议，也可以作为第三人参加行政复议。

第七条 复议申请人、第三人可以委托代理人代为参加行政复议。

第三章　申请与受理

第八条 公民、法人或者其他组织认为国家知识产权局的具体行政行为侵犯其合法权益的，可以自知道该具体行政行为之日起60日内提出行政复议申请。

因不可抗力或者其他正当理由耽误前款所述期限的，该期限自障碍消除之日起继续计算。

第九条 有权申请行政复议的公民、法人或者其他组织向人民法院提起行政诉讼，人民法院已经依法受理的，不得向国家知识产权局申请行政复议。

向国家知识产权局申请行政复议，行政复议机构已经依法受理的，在法定行政复议期限内不得向人民法院提起行政诉讼。

国家知识产权局受理行政复议申请后，发现在受理前或者受理后当事人向人民法院提起行政诉讼并且人民法院已经依法受理的，驳回行政复议申请。

第十条 行政复议申请应当符合下列条件：

（一）复议申请人是认为具体行政行为侵犯其合法权益的专利申请人、专利权人、集成电路布图设计登记申请人、集成电路布图设计权利人或者其他利害关系人；

（二）有具体的行政复议请求和理由；

（三）属于行政复议的范围；

（四）在法定申请期限内提出。

第十一条 申请行政复议应当提交行政复议申请书一式两份，并附具必要的证据材料。被申请复议的具体行政行为以书面形式作出的，应当附具该文书或者其复印件。

委托代理人的，应当附具授权委托书。

第十二条 行政复议申请书应当载明下列内容：

（一）复议申请人的姓名或者名称、通信地址、联系电话；

（二）具体的行政复议请求；

（三）申请行政复议的主要事实和理由；

（四）复议申请人的签名或者盖章；

（五）申请行政复议的日期。

第十三条 行政复议申请书可以使用国家知识产权局制作的标准表格。

行政复议申请书可以手写或者打印。

第十四条 行政复议申请书应当以邮寄、传真或者当面递交等方式向行政复议机构提交。

第十五条 行政复议机构自收到行政复议申请书之日起 5 日内，根据情况分别作出如下处理：

（一）行政复议申请符合本规程规定的，予以受理，并向复议申请人发送受理通知书；

（二）行政复议申请不符合本规程规定的，决定不予受理并书面告知理由；

（三）行政复议申请书不符合本规程第十一条、第十二条规定的，通知复议申请人在指定期限内补正；期满未补正的，视为放弃行政复议申请。

第四章　审理与决定

第十六条 在审理行政复议案件过程中，行政复议机构可以向有关部门和人员调查情况，也可应请求听取复议申请人或者第三人的口头意见。

第十七条 行政复议机构应当自受理行政复议申请之日起 7 日内将行政复议申请书副本转交有关部门。该部门应当自收到行政复议申请书副本之日起 10 日内提出维持、撤销或者变更原具体行政行为的书面答复意见，并提交当时作出具体行政行为的证据、依据和其他有关材料。期满未提出答复意见的，不影响行政复议决定的作出。

复议申请人、第三人可以查阅前款所述书面答复意见以及作出具体行政行为所依据的证据、依据和其他有关材料，但涉及保密内容的除外。

第十八条 行政复议决定作出之前，复议申请人可以要求撤回行政复议申请。准予撤回的，行政复议程序终止。

第十九条 行政复议期间，具体行政行为原则上不停止执行。行政复议机构认为需要停止执行的，应当向有关部门发出停止执行通知书，并通知复议申请人及第三人。

第二十条 审理行政复议案件，以法律、行政法规、部门规章为依据。

第二十一条 具体行政行为认定事实清楚，证据确凿，适用依据正确，程序合法，内容适当的，应当决定维持。

第二十二条 被申请人不履行法定职责的，应当决定其在一定期限内履行法定职责。

第二十三条 具体行政行为有下列情形之一的，应当决定撤销、变更该具体行政行为或者确认该具体行政行为违法，并可以决定由被申请人重新作出具体行政行为：

（一）主要事实不清，证据不足的；

（二）适用依据错误的；

（三）违反法定程序的；

（四）超越或者滥用职权的；

（五）具体行政行为明显不当的；

（六）出现新证据，撤销或者变更原具体行政行为更为合理的。

第二十四条 具体行政行为有下列情形之一的，可以决定变更该具体行政行为：

（一）认定事实清楚，证据确凿，程序合法，但是明显不当或者适用依据错误的；

（二）认定事实不清，证据不足，经行政复议程序审理查明事实清楚，证据确凿的。

第二十五条 有下列情形之一的，应当驳回行政复议申请并书面告知理由：

（一）复议申请人认为被申请人不履行法定职责而申请行政复议，行政复议机构受理后发现被申请人没有相应法定职责或者在受理前已经履行法定职责的；

（二）行政复议机构受理行政复议申请后，发现该行政复议申请不符合受理条件的。

第二十六条 复议申请人申请行政复议时可以一并提出行政赔偿请求。行政复议机构依据国家赔偿法的规定对行政赔偿请求进行审理，在行政复议决定中对赔偿请求一并作出决定。

第二十七条 行政复议决定应当自受理行政复议申请之日起 60 日内作出，但是情况复杂不能在规定期限内作出的，经审批后可以延长期限，并通知复议申请人和第三人。延长的期限最多不得超过 30 日。

第二十八条 行政复议决定以国家知识产权局的名义作出。行政复议决定书应当加盖国家知识产权局行政复议专用章。

第二十九条 行政复议期间，行政复议机构发现相关行政行为违法或者需要做好善后工作的，可以制作行政复议意见书。有关部门应当自收到行政复议意见书之日起 60 日内将纠正相关行政违法行为或者做好善后工作的情况通报行政复议机构。

行政复议期间，行政复议机构发现法律、法规、规章实施中带有普遍性的问题，可以制作行政复议建议书，向有关部门提出完善制度和改进行政执法的建议。

第五章　期间与送达

第三十条 期间开始之日不计算在期间内。期间届满的最后一日是节假日的，以节假日后的第一日为期间届满的日期。本规程中有关“5日”、“7日”、“10日”的规定是指工作日，不含节假日。

第三十一条 行政复议决定书直接送达的，复议申请人在送达回证上的签收日期为送达日期。行政复议决定书邮寄送达的，自交付邮寄之日起满15日视为送达。

行政复议决定书一经送达，即发生法律效力。

第三十二条 复议申请人或者第三人委托代理人的，行政复议决定书除送交代理人外，还应当按国内的通讯地址送交复议申请人和第三人。

第六章 附 则

第三十三条 外国人、外国企业或者外国其他组织向国家知识产权局申请行政复议，适用本规程。

第三十四条 行政复议不收取费用。

第三十五条 本规程自2012年9月1日起施行。2002年7月25日国家知识产权局令第二十四号发布的《国家知识产权局行政复议规程》同时废止。

（国家知识产权局）

2013年全国知识产权人才工作要点

2013年全国知识产权人才工作的总体要求是，全面贯彻落实党的十八大精神，以科学发展观为指导，坚持党管人才原则，大力加强知识产权人才体系建设，突出重点，加强统筹，创新机制，改进方法，以落实国家中长期人才发展规划纲要和知识产权人才“十二五”规划为主线，加快知识产权人才发展体制机制改革和政策创新，以实施重大人才工程和计划为抓手，以高层次和实务型人才为重点，加大对各类知识产权急需紧缺人才培养力度，推动全国知识产权人才工作向纵深发展，为国家知识产权战略和全国专利事业发展战略实施提供人才支撑。

一、学习贯彻党的十八大精神，加强人才工作组织领导

学习贯彻党的十八大关于人才工作的新思想新要求新部署，落实科学发展观，全面推进知识产权战略和专利事业发展战略的实施，探索知识产权人才科学发展途径。落实中央《关于进一步加强党管人才工作的意见》，把党管人才工作摆在知识产权人才工作的突出位置，在国家知识产权局人才工作领导小组领导下，推进落实《国家知识产权局党组贯彻落实〈关于进一步加强党管人才工作的意见〉的实施方案》，紧紧围绕知识产权战略和

专利事业发展战略的总体目标，完善党管人才体制机制建设，统筹推进知识产权人才工作的开展。

二、深入落实《国家中长期人才发展规划纲要》

贯彻落实《国家中长期人才发展规划纲要》"实施知识产权保护政策"任务，加强组织领导和沟通协调，加大重点政策攻坚力度，推动《职务发明条例》、《关于鼓励和支持中小企业发明创造与转化实施的指导意见》等重大政策文件尽早出台，做好已发布政策的落实和修订工作，为人才工作提供良好的法律政策环境。做好国家专业技术人才知识更新工作，按照人力资源社会保障部开展"专业技术人才知识更新工程"要求，充分发挥国家级专业技术人员继续教育基地（中国知识产权培训中心）、国家知识产权培训基地等知识产权教育培训机构的作用，大力培养知识产权急需紧缺人才。

三、全面推进知识产权人才体系建设

知识产权人才体系是知识产权事业发展的重要支撑，是可持续发展的关键。加强知识产权人才体系建设是完善人才工作的内在要求，是推动人才工作的有力手段。紧密围绕人才队伍建设这一中心，制定出台《关于加强知识产权人才体系建设的意见》，全面推进知识产权人才队伍建设和人才培养开发、评价发现、选拔任用、流动配置和激励保障相关政策制度建设，不断完善知识产权人才工作体系，提高人才工作科学化水平。

四、深入实施《知识产权人才"十二五"规划》

加强宏观指导和统筹协调，结合国家人才强国战略、知识产权战略、专利事业发展战略的要求，推动落实《知识产权人才"十二五"规划》各项重点任务，进一步完善知识产权领军人才、百名高层次人才、千名骨干人才和万名专业人才为纵向4个层级，行政管理和执法、专利审查、服务业、企业、高校及科研院所知识产权人才为横向5个类别的梯次合理、门类齐全的知识产权人才队伍体系。健全人才规划实施情况监测评估考核机制，加强知识产权人才政策研究和创新，促进知识产权人才工作的良性发展。

五、加快实施知识产权重点人才工程

继续实施"百千万知识产权人才"工程，以百名高层次人才培养对象为重点，开展高层次人才国内外培训工作，做好高层次人才的考核评估工作，全面推进千名、万名专业人才的培养；大力推动国家知识产权培训基地建设工程，按照培训基地建设的整体规划，选择设立2～3家国家知识产权培训基地，制定《关于加强国家知识产权培训基地工作的意见》；全面推进知识产权人才信息化工程，加强知识产权人才信息数据库建设，建立人才信息网络平台，完善知识产权人才信息共享机制，实现开放、互动、高效、安全的人才信息资源共享。

六、统筹推进知识产权各类人才队伍建设

以知识产权领军人才、企事业和服务业知识产权人才为重点，统筹推进各类知识产权人才队伍建设。实施高层次人才引领计划，发挥知识产权领军人才引领辐射和示范带头作用，带动整个知识产权人才队伍发展。以提高自主创新能力为核心，实施企事业单位知识产权人才开发计划，加快培育一支高水平企业知识产权经营管理人才队伍和高校及科研院所知识产权人才队伍，实现创新驱动发展。以提高社会服务能力为核心，加快推进实施知识产权服务业人才支撑计划，加快建设一支职业化、专业化的知识产权服务业人才队伍。继续实施知识产权行政管理和执法人才培养计划和专利审查人才能力提升计划，统筹推进知识产权行政管理和执法人才队伍、专利审查人才队伍建设。

七、加强全国知识产权培训宏观指导

以扩大知识产权人才规模、提升人才能力为核心，合理配置培训资源，整体规划和推进知识产权人才培训工作。制定《2013 年全国知识产权人才培训计划》，以党政领导干部、企事业单位人员、知识产权服务业人员为重点，广泛深入地开展知识产权培训工作，促进知识产权人才工作协调发展。修订《全国知识产权教育培训指导纲要》，优化培训体系、改进培训方式、完善课程体系、拓宽培训渠道。

八、进一步加强人才培养基础建设

深入实际，做好知识产权人才工作的调查研究，加强知识产权人才资源统计分析和理论研究，了解知识产权人才需求。加大知识产权师资培养力度，结合知识产权事业发展需要，加快培养一批懂得国际法律、诉讼以及企业管理实务的高水平师资队伍。加大知识产权教材开发力度，完善政府主导、社会参与相结合的教材开发机制，组织编写具有权威性、科学性和实用性的系列精品教材，完善补充已有知识产权教材体系。不断加大对知识产权人才工作的投入，为人才培养工作提供坚实的保障。

九、建立健全人才工作监督落实机制

为确保落实局党组关于人才工作各项政策措施，提高各地知识产权局人才工作执行质量和效率，开展全国知识产权人才专项督办工作。就知识产权人才工作关于体制机制、政策规划、工程实施、教育培训、考核评价、经费投入等方面有针对性地开展督办，发现工作中存在的问题、面临的困难，研究解决办法，及时总结人才工作经验，提高政策执行力，切实把各项工作做到实处。

（国家知识产权局）

证监会、科技部关于支持科技成果出资入股确认股权的指导意见

为了贯彻全国科技创新大会精神，落实中共中央、国务院《关于深化科技体制改革加快国家创新体系建设的意见》，进一步发挥资本市场的资源配置功能，促进科技成果出资入股，建立资本市场推动企业科技创新的长效机制，支持实体经济发展和企业提高科技创新能力，现就进一步优化科技成果出资入股，依法确认股权的相关制度安排提出以下指导意见。

（一）鼓励以科技成果出资入股确认股权。支持企业在科技成果出资入股时，通过发起人协议、投资协议或者公司章程等法律文件形式对科技成果的权属、评估作价、折股数量及比例等事项作出明确约定，明晰产权，避免纠纷。

（二）鼓励企业明确科技人员在科技成果中享有的权益，依法确认股权。支持企业根据法律法规的规定，在职务发明合同中约定科技人员在职务发明中享有的权益，并依法确认科技人员在企业中的股权。

（三）落实北京中关村自主创新示范区先行先试政策，采取多种方式合理确认股权。支持园区内的企业、高等院校及科研院所按照依据国家法律法规制定的先行先试政策开展股权和分红权激励，对做出突出贡献的科技人员和经营管理人员所实施的技术入股、股权奖励、分红权等，以合理的方式确认其在企业中的股权。

（四）进一步深化发行审核机制改革，对科技成果形成的股权予以审核确认。对于在科技成果出资程序上有瑕疵，但占比小，不影响公司控制权稳定且没有重大风险隐患的，按照充分信息披露的原则揭示该部分股权存在的不确定风险，并说明出现股权纠纷问题时的解决机制后，不再要求企业上市前必须完成国有股权确认手续。

（中国证券网）

国家科技企业孵化器“十二五”发展规划

为深入推动科技企业孵化器（包括高新技术创业服务中心、留学人员创业园、国际企业孵化器等创业孵化载体，以下简称孵化器）事业持续健康发展，引导孵化器不断创新和提升整体孵化能力，培养科技型中小企业和创业领军人才，促进科技成果产业化，培育战略性新兴产业，依据《国家中长期科学和技术发展规划纲要（2006—2020 年）》、《国家中长期人才发展规划纲要（2010—2020 年）》和《国家“十二五”科学和技术发展规划》，制定本规划。

一、“十一五”发展情况

（一）政策环境更加优化

“十一五”期间，国家制定一系列扶持科技创新创业和发展孵化器事业的政策措施，体现了建设创新型国家的战略导向。《国家中长期科学和技术发展规划纲要（2006—2020 年）》、《国家中长期人才发展规划纲要（2010—2020 年）》，明确提出加大对创业孵化器基础设施投入和创建创业服务网络，并试行了孵化器税收减免政策；许多地方出台政策文件确立了发展孵化器事业的战略部署，加大了支持力度。孵化器对促进科技成果产业化、培育科技企业和企业家，提高自主创新能力和发展战略性新兴产业的基础性作用在社会上形成广泛共识。

（二）事业快速发展壮大

“十一五”期间，孵化器发展规模是前 20 年的总和，孵化器建设得到国家科技、教育、人力资源社会保障、财政、税务等部门以及社会组织的广泛认可和积极参与，社会基础进一步扩大。截至 2010 年末，全国纳入火炬计划统计体系的科技企业孵化器达到 896 家（其中国家级 346 家），孵化面积超过 3000 万平方米，服务和管理人员队伍达 1.5 万余人，在孵企业 56382 家，其中留学生企业 7677 家，留学回国人员 16184 人。我国孵化器的数量和规模均跃居世界前列，中国孵化器事业发展进入历史最好时期，初步完成全国区域布局。

（三）服务创新成效显著

“十一五”期间，由科技部和共青团中央等部门共同启动的中国火炬创业导师行动，形成 3500 多人的创业辅导队伍，促进了创业咨询、培训、辅导和跟踪制度的建立，推动了被辅导企业的快速成长；孵化器持股孵化模式初步创立，形成投资人、孵化器和创业企业的利益共同体，诞生了以民营资本为主的孵化器投资基金和针对科技创业竞赛的专项投资基金；2010 年，依托孵化器设立的 149

个大学生科技创业见习基地，强化了孵化器与大学的战略合作，形成5871家大学生创业企业，带动了数万大学生以科技创业促进就业的创新模式。

（四）服务体系逐步健全

"十一五"期间，我国孵化器从中心城市和国家高新区向有条件的县市区辐射，体现了创新创业与当地资源、产业方向和市场需求的有机对接；由清华、南开、厦门等众多大学研究机构与孵化器共同建立的创业孵化研究联盟，为孵化器的战略发展提供了理论支撑；孵化器管理处和孵化器即时通讯信息平台的建立，全国和行业孵化器网络年会、地方孵化器协会组织、中国技术创业协会孵化联盟和留学人员创业园联盟等服务网络体系得到强化，创业服务的受益群体范围进一步扩大，孵化器的多元化投资、专业化运营、网络化服务和国际化发展格局已基本形成。

（五）社会价值充分彰显

截至2010年末，全国孵化器在孵企业带动就业人数达117.8万人，其中大专以上学历超过74%。毕业企业累计近4万家，其中毕业当年收入超过1000万元的企业达30%以上，累计上市企业超过158家。仅2010年毕业企业5930家，其中超过1000万元的1509家、被并购64家，当年毕业上市企业23家；孵化器内申请知识产权保护的企业超过90%，获得专利的达到60%，其中有发明专利和软件著作权的企业超过40%。孵化器已成为高层次创业人才的集聚地和培育战略性新兴产业领军人才的摇篮，成为国家"千人计划"创业类人才的主要聚集地，全国的80%以上"千人计划"创业人才落户孵化器。同时，孵化器也成为国际科技合作的重要载体，"十一五"期间已完成对俄罗斯、中欧、非洲和东南亚20多个国家地区、300多人次的孵化器管理培训工作，加快"引进来、走出去"和多边合作步伐，提升了我国孵化器的国际地位和影响。孵化器在弘扬创新、创业精神，促进我国经济发展、优化经济结构、增加就业、创造税收等方面的社会价值正充分显现。

二、"十二五"面临的形势

在国际金融危机深刻影响下，世界主要国家重新审视和调整各自的经济发展方式，都将科技创新提升为国家发展战略，纷纷大幅增加研发投入，竞相争夺技术、资金、人才、市场等创新资源，抢占战略性新兴产业发展的先机和主动权。积极应对国际金融危机带来的影响，面对日益严峻的能源、资源、生态环境的约束，孵化器要充分聚集和整合各类创新创业要素，促进科技创新创业活动的开展，以科技创新引领区域经济的转型发展，提高我国经济发展质量和效益。

科技发展突飞猛进，在信息、生物、新能源、纳米等前沿技术领域酝酿着革命性的突破，以智能、绿色和普惠为特征的新技术革命和新产业形态蓄势待发。科技创新正在改变财富获取方式和国际经济社会格局。中国同样也面临通过战略性新兴产业实现跨越发展的重要战略机遇。孵化器要充分发挥培养创新创业人才和战略性新兴产业源头企业的作用，努力推动科技型中小企业的技术创新和突破，促进战略性新兴产业在孵化器内的孕育和产生。

大批具有自主知识产权的科技型中小企业，是推动我国经济转型发展的重要力量。然而，科技型中小企业的原始创新能力、关键技术攻关能力和系统集成能力仍然比较薄弱，创新人才尤其是复合型创新和管理人才十分短缺。科技型中小企业在资金筹措、技术开发、市场进入和组织管理等方面还存在许多困难，在激烈的市场竞争条件下，企业存活非常困难。作为服务科技型中小企业的重要载体，孵化器肩负着服务创新创业的神圣使命和社会责任。面对各类技术创业群体和复杂的市场竞争格局，孵化器应以勇于改革创新的精神，高质量、高效率的服务，创新的孵化模式，为科技型中小企业的健康快速成长营造良好的环境。

目前，相对于活跃的科技创新创业活动，我国孵化器的服务水平亟待提高，主要表现为：支持孵化器和创业企业的政策环境尚待健全；整体数量和质量尚难满足不断增长的科技创业需求；对创业企业整体服务能力和水平有待进一步提高；管理体制和运行机制有待进一步创新，链接与整合社会资源的能力不足等，这些问题都亟需在“十二五”期间研究和重点解决。

三、指导思想、原则和目标

（一）指导思想

深入贯彻科学发展观，以国家中长期科技和人才发展规划纲要精神为指导，以科技创新创业为主题，以提高孵化器服务能力和水平为核心，以培育战略性新兴产业源头企业和创新创业领军人才为目标，深化改革，不断创新，为转方式、调结构，支撑区域经济发展，营造科技型中小企业发展的良好环境，把我国建设成为世界孵化器强国。

“十二五”期间，孵化器要实现从注重载体建设向注重主体培育转变；从注重企业集聚向注重产业培育转变；从注重基础服务向注重增值服务转变；从注重科技创业孵化向注重科技创新创业的全链条孵化转变；从注重基础建设向可持续发展转变，形成孵化器投资主体多元化、运行机制多样化、组织体系网络化、创业服务专业化、服务体系规范化、资源共享国际化的发展局面。

（二）发展原则

——政府引导原则。坚持孵化服务的社会公益目标，强化政府规划引导、公共财政支持的核心作用，充分发挥市场配置社会资源的基础性作用，引导多种管理体制和运营机制孵化器的发展；

——质量优先原则。在整体规模扩大的基础上，努力提高孵化能力和服务水平、拓展服务领域、提升服务质量、提高孵化效率，强化孵化器在人才凝聚、产业培育、研发支撑、资本驱动和市场渠道等方面的组织功能；

——分类指导原则。以产业和区域优势资源为依托，确立孵化器专业化发展方向和高效运行机制，建设世界一流、区域标杆和具有专业特色的孵化器，促进欠发达地区孵化器、农业科技孵化器和民营孵化器的能力提升与数量质量并举；

——突出重点原则。以战略性新兴产业的创新成果及创业领军人才的培育为重点，促进孵化器与大学和科研院所的密切合作，完善企业加速成长机制，打造科技创业孵化链条，持续不断地发掘和培育拥有自主知识产权的科技创业企业。

（三）发展目标

“十二五”期间，孵化器的总体发展目标是建设和完善科技创新创业服务体系，提升区域科技企业孵化能力，培育战略性新兴产业源头企业，培养高水平、高素质、高层次的创业团队，营造科技创新创业良好环境，在全社会形成科技创新带动创业高潮，为转变我国经济发展方式、建设创新型国家奠定坚实基础。

2015 年，全国孵化器数量达 1500 家，其中国家级孵化器达到 500 家，并实施国家级孵化器的动态管理和退出机制。国家级孵化器 30% 以上建立创业苗圃和企业加速器，50% 以上具有天使投资和持股孵化功能，60% 以上从业人员接受孵化器专业培训，80% 建有公共技术服务平台，90% 形成创业导师辅导体系。

——建设科技创新创业示范区

发挥孵化器引导作用，引领区域创新能力提升，营造良好创新创业环境，建设创新创业生态系统。在“十二五”期间，推动建设数十家科技创新创业示范区建设。

——建设标杆科技企业孵化器

培育和建设百家世界一流、区域标杆和独具特色的科技创新创业载体，充分发挥优秀孵化器的示范带动作用，提高孵化器参与国际竞争的能力。

——培育高水平、高层次、高素质创业团队

孵化器内企业就业人员超过 200 万，其中，大专以上学历超过 80%；聚集国家“千人计划”创业类人才占总数 80% 以上，培育千家高水平创业团队。

——培育具有核心竞争力的高成长性企业

在孵企业达 10 万家，累计毕业企业超过 6 万家。在孵企业 50% 以上申请专利，40% 获得专利。培育万家具有核心竞争力的高成长性企业。

四、重点任务

（一）创新机制，实现多元发展

——实施分类指导。制定世界一流、区域标杆和具有专业特色孵化器的评价标准和细则，围绕培育战略性新兴产业和提升区域科技创新创业孵化能力，提升经济发达地区或科教资源丰富地区孵化器的质量，推动其他地区孵化器的数量扩张和质量并举。对国家级孵化器实施分类指导，全面促进孵化器专业化和特色化发展。

——打造孵化链条。针对不同成长阶段科技企业的需求，建设与之相适应的不同类型科技创新创业孵化载体，从创业苗圃（大学生科技创业见习基地）到孵化器、加速器，再到产业园等，建立完善的科技创新创业孵化链条。建设“创业苗圃+孵化器+加速器”的孵化体系，制定和完善管理办法和实施细则，加强规范管理。

——创新孵化形态。鼓励孵化器采取多种形式发展，探索建立网络虚拟孵化器、微型孵化器、农业科技企业孵化器、创新工场等类型的新型孵化器，辐射更多科技创业者，鼓励有条件的孵化器向外输出孵化服务。

——创新运营机制。鼓励社会资本投资兴办孵化器，在保持孵化器公益性基础上，探索孵化器可持续发展的运营模式。鼓励国有孵化器实行组织创新和机制创新，采用市场机制运营。采用持股孵化等激励机制，充分调动从业人员的积极性。

（二）拓展功能，提升服务能力

——聚集创新创业要素。拓宽孵化器服务内容，进一步聚集政、产、学、研、金、介、贸等优势资源，实现技术转移、成果推广、国际合作、人才引进和融资服务等各种创新要素集聚，为科技企业提供全方位、多层次和多元化的一站式服务。建立公共技术服务平台和专业服务体系，不断提升服务质量和水平。

——健全金融投资功能。积极完善孵化器的投融资功能，鼓励孵化器及其管理人员持股孵化。鼓励孵化器与创业投资机构合作，建立孵化体系内的天使投资网络，实现孵化体系内资金和项目的共享。加大与银行、担保等金融机构的合作力度，积极创新面向科技创业企业的金融产品，缓解在孵企业融资难问题。

——加强创业导师建设。制定和完善创业导师管理办法和实施细则，加强对创业导师的认定和规范工作，建立完善的“联络员+辅导员+创业导师”的孵化体系。

——强化孵化培训工作。建立完善的孵化培训体系，开展对孵化器管理人员、孵化服务人员和创业者三个层次的培训，不断提高孵化器行业从业人员水平和能力，提升孵化绩效。建设孵化从业人员培训基地，加强对从业人员的培训、考核和资质认定。

（三）完善网络，搭建共享平台

——建设网络平台。加强孵化器信息化管理和行业之间的联系，建设全国统一的“科技创新创业网络信息平台”，促进孵化器之间合作交流，并为在孵企业间的信息发布、交易和合作提供空间和便利条件。探索建立以孵化器为信誉担保主体的孵化采购交易平台。

——加强专业合作。加强与大学和科研院所等创新源头的合作，对接生产力促进中心、技术转移中心等其他科技服务机构，形成与技术转移、创业服务、市场拓展和投融资等服务机构合作的互利共赢模式。

——完善行业组织。建立和完善孵化器行业联盟和区域性行业组织。加强区域性行业组织之间的联系和合作。发挥各自优势，加强东西部孵化器对口帮扶。积极创办全国性孵化器的行业协会，加强行业合作，规范行业行为，促进行业发展。

——推动国际合作。充分发挥国际企业孵化器和留学人员创业园的作用，吸引外籍人士、海外归国留学人员来华创业。鼓励与海外机构和组织合作，通过引进技术、资金、高端管理人才等方式共建孵化器。鼓励并支持有条件的孵化器在海外建设国际孵化基地，开展国际企业境外孵化服务。鼓励孵化器及在孵企业开展国际交流、培训及项目合作。

（四）营造环境，弘扬创业文化

——建设创新创业示范区。支持科技创新创业活跃、孵化能力突出的园区或城市，建设科技创新创业示范区，并建立完善相关考核、评价标准和细则，营造良好的创新创业环境。

——聚集创新创业人才。鼓励孵化器落实国家千人计划，集聚高层次创业人才。鼓励孵化器建立人才信息平台，建立健全在孵企业人才信息与交流的机制。鼓励孵化器开展人才培训、人才招聘、人才与项目对接、人才展示等服务工作。

——举办创新创业大赛。本着“集中资源、提升水平、覆盖全国”原则，充分调动地方积极性，聚集科技、金融和媒体在内的各种社会资源，举办全国层面的“中国创新创业大赛”，帮助优秀创业者脱颖而出，在全社会营造创新创业良好氛围，弘扬创新创业文化。

——树立创新创业品牌。建立“CTP 科技企业孵化器”统一标识，发挥火炬品牌的国内外影响、辐射和对创业企业的集聚作用。推动孵化器创业者沙龙和文化建设，搭建孵化器及创业者的互动合作平台。

——加强理论研究指导。支持专业研究机构的创建及发展。鼓励研究机构、专家学者、孵化从业者等开展合作研究。支持研究孵化器理论和实践问题，总结孵化器实践发展中的新变化、新特点和新趋势，探索孵化器未来的发展道路。

五、保障措施

（一）加强组织领导

——科技部把孵化器工作作为建设创新型国家的重要内容，发挥对培育战略性新兴产业源头企业和创新创业领军人才的载体作用。研究制定有关促进孵化器事业发展的政策举措，建立科学的管理、评价和激励机制。

——各级地方政府和科技行政管理部门，要把发展孵化器事业列入政府工作计划和科技工作考核目标。优先安排孵化器新建和扩建用地，减免相关税费，向孵化器返补一定比例的企业税收，以增强孵化器培育高新技术企业和新增税源的能力。

——国家高新区和创新型产业集群，要把发展孵化器事业作为推动自主创新和培育战略性新兴产业的重要手段，纳入整体工作考核和绩效评价体系，强化引导和培育本土创业企业的战略目标，完善扶植政策，成为建设世界一流孵化器和区域性标杆孵化器的排头兵。

（二）完善政策法规

进一步研究和制定促进孵化器发展的政策措施。各级政府要加大对国家级孵化器房产税、城镇土地使用税、营业税和所得税优惠政策的落实力度。鼓励地方政府根据当地条件和优势，制定并落实有利于当地孵化器发展和创新创业人才培育的优惠政策，营造良好的政策支撑环境。

（三）加大资金投入

——国家财政资金和科技计划，围绕孵化器基础设施、公共服务、创业培训、创业导师、持股孵化和孵化采购等服务支撑体系建设，加大对孵化器的支持力度，扶植科技创业和创业载体建设。

——国家火炬计划，围绕孵化器的专业技术公共服务平台建设，加大支持范围和力度，进一步发挥孵化器平台的公益性、普惠性和持续性作用，并体现公共财政投入的实效性。

——科技型中小企业技术创新基金和科技型中小企业创业投资引导基金，围绕孵化器在孵企业、留学生和大学生创业企业实施优先扶持，引导天使投资和孵化基金与创新创业大赛优秀项目对接，拓展创新基金筛选科技创业项目的渠道，并加大资助力度。

（四）加强考核宣传

——加强孵化器的统计工作。及时收集、整理和分析孵化器自身、在孵企业和毕业企业的数据信息，编写发展报告，为孵化器政策制定、绩效考核等工作提供重要参考依据。

——注重对毕业企业的跟踪和服务。建立毕业企业典礼、颁证、建档和跟踪制度。鼓励为毕业企业提供持续和更加高端的服务。鼓励毕业企业通过创业导师、共建服务平台、捐款等各种方式反哺孵化器。

——完善孵化器的评价指标体系，加强对各类孵化器的评价和考核。通过复核工作，加强对国家级孵化器的动态管理。

——加强孵化器成效的宣传。围绕核心刊物和媒体，建立完善的孵化器成就和成功经验的宣传体系。探索建立孵化器孵化成效的展示平台，推广先进典型，发挥示范引领作用，扩大孵化器的社会影响。

（科技部网站）

科技创新知识产权工作“十二五”专项规划

为充分发挥知识产权制度对于科技创新的激励和保障作用，全面提高科技创新中知识产权创造、运用、保护和管理能力，制定本规划。

一、形势和需求

知识产权制度是激励科技创新、保护发明创造、促进科技成果扩散的一项重要制度。随着经济科技全球化深入发展，知识产权制度逐步成为提高科技创新水平、保护科技创新成果、谋求市场竞争优势的重要手段，知识产权成为国际科技、经济竞争的焦点。科技创新是知识产权的重要来源，在科技创新中加强知识产权管理，大幅提高我国自主知识产权的数量和质量，是科技创新和科技管理的重要任务。

“十一五”时期，《科学技术进步法》、《国家中长期科学和技术发展规划纲要(2006—2020 年)》(以下简称《科技规划纲要》)、《国家知识产权战略纲要》对落实知识产权战略进行了全面部署，科技创新中知识产权工作深入推进。知识产权对科技创新的导向作用日益显现，科研院所、高等学校、企业等各类创新主体知识产权意识和管理能力大幅度提高，国家科技重大专项和国家科技计划知识产权管理制度不断完善。专利申请和授权数量快速增长，在若干重点领域掌握了一批重要的知识产权。2006—2010 年，我国发明专利申请量年均增长 24.4%，发明专利授权量年均增长 33.5%。国家科技重大专项和国家科技计划项目发明专利申请量和授权量大幅提升。技术交易日趋活跃，在全国技术市场登记的技术合同交易额连年增长，2010 年达到 3906 亿元。

但是，总体上看，我国知识产权制度对科技创新的激励和促进作用仍有待进一步发挥，自主知识产权水平和拥有量尚不能满足经济社会发展的需要。有利于知识产权创造和运用的政策措施尚不完善，科技管理与知识产权管理的结合不够紧密，创新主体在科技创新中运用知识产权制度的能力不强，科技成果转化中的知识产权机制不健全，知识产权管理人才缺乏，支撑科技创新的知识产权服务体系建设滞后。

“十二五”时期，是我国建设创新型国家和全面建设小康社会的关键阶段。发挥科技创新对转变经济发展方式和发展战略性新兴产业的支撑引领作用，迫切要求在科技工作中全面落实知识产权战略，加强知识产权管理，提高知识产权创造能力，在若干关键技术领域获得一批核心技术知识产权，促进知识产权扩散和运用，为经济社会发展提供强有力的技术支撑和权利保障。

二、指导思想、基本原则和发展目标

（一）指导思想

高举中国特色社会主义伟大旗帜，坚持以邓小平理论和“三个代表”重要思想为指导，深入贯彻落实科学发展观，根据《科技规划纲要》和《国家知识产权战略纲要》的要求，围绕“十二五”科技发展的重点任务，按照激励创造、有效运用、依法保护、科学管理的方针，以提高知识产权创造和运用能力为目标，以提升创新主体知识产权保护和管理能力为重点，以强化科技重大专项和科技计划项目知识产权管理为抓手，以营造有利于科技创新的知识产权环境为保障，充分利用知识产权制度提高科技创新水平，获取一批对科技和经济、社会发展具有重大意义的发明创造，为我国经济社会发展和创新型国家建设提供有力支撑。

（二）基本原则

“十二五”时期加强科技创新知识产权工作，应坚持以下原则：

1. 科技管理与知识产权管理保护相结合。在科技管理中强化知识产权意识和管理措施，把知识产权战略落实到科技工作的各方面和科技创新的全过程，大幅提高科技创新主体知识产权保护和管理能力，充分发挥知识产权制度对科技创新的激励和保障作用。

2. 知识产权创造与运用相结合。加大对科技创新成果的保护力度，鼓励获取更多知识产权，大力推动知识产权转移与运用，促进自主创新成果的知识产权化、商品化、产业化。

3. 发挥创新主体能动作用与政府引导相结合。在充分发挥市场机制作用的基础上，政府通过规范市场秩序、完善政策环境、提供公共服务，引导创新主体加强知识产权保护和管理，激发创新主体创造和运用知识产权的主动性。

4. 全面推进与分类实施相结合。在科技工作中全面强化知识产权管理，根据不同类型创新主体和创新活动的特点，分类制定和落实知识产权管理措施。

（三）发展目标

“十二五”期间，科技创新中的知识产权工作得到全面加强，知识产权创造、运用、保护和管理能力大幅提升，自主知识产权拥有量和科技创新水平对经济社会发展的支撑作用显著增强。

——有利于科技创新的知识产权政策进一步完善。科技工作中的知识产权管理政策逐步健全，知识产权在科技创新中的导向和激励作用明显增强。

——知识产权创造能力大幅提升。在若干重点领域获得一批具有原创性的核心技术知识产权，每万人发明专利拥有量达到3.3件，对外专利申请量大幅度增加，国家科技计划发明专利申请量和授权量翻一番，拥有一批优良植物新品种、高水平计算机软件和集成电路布图设计，掌握一批关键技术秘密。

——知识产权运用效果显著增强。有利于知识产权运用的机制初步形成，到“十二五”末期，在全国技术市场登记的技术合同交易总额达到8000亿元，一批重要知识产权在战略性新兴产业发展和传统产业升级改造中得到有效运用。

——知识产权保护和管理水平大幅提高。科技重大专项和科技计划知识产权管理体系进一步健全，知识产权管理措施落实到专项和计划管理的各个环节，创新主体知识产权保护和管理能力大幅提高，知识产权管理有机融入科技工作的各方面和科技创新活动的全过程。

——支撑自主创新的知识产权服务体系基本形成。在科技发展重点领域培育一批知识产权服务机构，培养一支专业化的知识产权管理和服务人才队伍，建设一批面向科技发展重点领域的知识产权信息服务平台，形成科技创新与知识产权服务有效结合的机制。

三、重点任务和措施

（一）加强科技创新知识产权政策法规建设

完善和落实知识产权政策，在科技管理的各个方面和科技创新的各个环节强化知识产权导向，为推动科技创新提供有力的知识产权政策和制度保障。

1. 完善科技创新知识产权法规政策体系。进一步贯彻落实《科学技术进步法》、《促进科技成果转化法》、《科技规划纲要》、《国家知识产权战略纲要》及相关配套文件中与科技创新相关的知识产权制度措施，研究制定配套政策，加强政策实施情况评估。

2. 完善促进知识产权创造和运用的政策法规。充分运用财政、税收、金融等政策，激励知识产权的创造、运用、保护和管理。研究制定职务发明条例、技术转移条例等法规。完善与落实科研院所和高等学校成果转化激励政策，落实对科技成果完成人员和为成果转化作出贡献人员的奖励措施。完善和落实技术转移所得税优惠政策和股权激励政策，制定国家科技计划项目知识产权信息管理和对外转让审批管理办法。

3. 结合科技发展新形势，不断完善相关知识产权政策。研究科技发展带来的知识产权法律保护的新问题，关注科技创新和产业化面临的知识产权新挑战，并及时提出应对策略和政策措施。加强科技政策与知识产权政策的协调衔接，在依法保护知识产权的同时，保障公众依法合理使用创新成果和信息的权利，促进创新成果合理分享。

（二）加强科技创新知识产权管理能力建设

建立和完善科技行政管理中的知识产权工作体系。强化各级科技行政部门、科技计划和重大专项组织单位的知识产权管理能力建设。指导企业、科研院所和高等学校等创新主体建立健全知识产权管理机构和管理制度，全面提高知识产权管理能力。

1. 全面落实国家科技重大专项和国家科技计划知识产权管理措施。完善国家科技重大专项和国家科技计划知识产权工作体系，落实项目管理部门、项目（课题）承担（组织）单位等各类参与主体的知识产权管理职责，明确具体责任机构和人员。各计划专家（咨询）委员会和各专项专家组中要吸纳知识产权专家参与，委托知识产权服务机构对国家科技重大专项和国家科技计划提供全过程跟踪服务。建立健全国家科技重大专项和国家科技计划知识产权信息登记、统计与评估制度。

2. 引导创新主体建立健全知识产权管理体系。通过开展培训、试点示范等方式，引导企业、科研院所和高等学校等创新主体建立与完善知识产权保护管理制度，健全知识产权组织机构，建立知识产权专业管理队伍，制定与自身发展相适应的知识产权战略，形成从研究开发到产业化和产品销售全过程的知识产权管理体系。

3. 加强国际科技合作中的知识产权管理。完善国际科技合作中知识产权管理措施，在国际科技合作协议中明确合作项目的知识产权归属和利益分配机制，加强参与国际大科学工程中的知识产权保护与管理。

4. 加强地方科技创新中的知识产权管理。各级地方科技管理部门要围绕地方科技创新的发展战略和目标，开展知识产权战略分析，制定相应的知识产权发展战略。制定与完善地方科技计划项目知识产权管理办法，建立科技计划知识产权管理工作体系，落实科技计划项目知识产权管理措施。

（三）促进科技创新知识产权创造和保护

加大对重点领域知识产权创造活动的扶持力度，围绕战略性新兴产业、前沿技术领域产生一批对经济、社会和科技发展具有重大意义的发明创造。探索各类创新主体、不同类型创新活动的知识产权管理策略，提高把创新成果转变为知识产权的能力。

1. 提高国家科技重大专项和国家科技计划知识产权创造和保护能力。完善各类科技评价指标体系中的知识产权指标，将发明专利、植物新品种权、软件著作权、集成电路布图设计等知识产权的获取和应用转化作为应用类技术开发活动的重要评价指标。围绕国家科技重大专项、国家科技计划重点领域和地方特色产业开展专利态势分析，制定符合领域特点的知识产权战略和工作方案。进一步加大科技计划对知识产权创造活动的支持，对有望取得知识产权和成为国家、国际标准的研发任务，加大支持力度。

2. 提高各类创新主体的的知识产权创造和保护能力。推动企业成为知识产权创造的主体，引导企业开展知识产权信息分析，合理确定研发路线和市场策略。在产业技术创新战略联盟中，探索开展合作研究的知识产权管理模式，鼓励企业与科研院所、高等学校开展以知识产权获取和共享为目标的产学研合作。充分发挥科研院所、高等学校在知识产权创造中的重要作用，努力在重点产业和重点领域取得一批具有原创性、基础性的核心技术知识产权。

3. 完善和探索原始创新、集成创新和引进消化吸收再创新等不同创新模式的知识产权政策和策略。支持和指导创新主体针对不同的创新模式制定相应的知识产权策略，充分运用知识产权制度保护创新成果。

（四）推进知识产权转化运用体系建设

落实和完善促进科技成果及其知识产权运用的政策，完善知识产权投融资体系，促进知识产权转移，建立适应我国经济社会发展需求的知识产权转化运用体系。

1. 推动财政性资金资助形成的知识产权的转化运用。建立健全国家科技重大专项和国家科技计划项目成果报告制度与信息发布制度，落实项目知识产权推广和指定许可制度。在国家科技重大专项和国家科技计划重点领域构建专利池，建立知识产权共享机制。加强对项目知识产权保护与转化实施情况的监督检查，将项目知识产权保护情况与转移转化成效纳入立项评审及验收指标体系。加强科研院所、高等学校技术转移机构建设，有条件的科研院所、高等学校要建立专门技术转移机构和专门人员负责技术转移工作。

2. 完善技术交易服务体系。充分发挥技术市场作用，创新技术交易服务形式，构建知识产权交易平台。鼓励区域技术转移中心、技术交易所、资产评估公司等技术转移服务机构的发展，强化其知识产权服务内涵，提高服务能力。

3. 完善知识产权投融资体系。充分利用国家科技成果转化引导基金等财政资金，探索建立多方参与的财政性资金资助形成的科技成果及其知识产权运营基金，促进科研院所、高等学校知识产权的转移与运用。进一步推进知识产权质押贷款工作，促进科技、知识产权与金融资源的有效结合，推动一批知识产权优势企业通过资本市场上市融资，推动完善质押贷款、创业投资、资本市场等多层次的知识产权融资体系。

（五）加强对科技创新的知识产权服务

根据科技创新和科技管理的特点，引导各类科技中介服务机构开展知识产权咨询和服务，建立健全面向科技创新的知识产权中介服务体系。

1. 加强知识产信息服务。在国家科技基础条件平台建设中，通过新建或整合现有知识产权专题数据库，建设面向科技创新的知识产权信息服务平台，完善平台开放共享机制。围绕国家科技重大专项、国家科技计划、重点产业和重大技术领域等，开展专利分析和预警工作，为科技管理和科技创新活动提供支撑和服务。加强知识产权信息服务机构和人才队伍建设，通过政府购买服务等方式，在科研院所、高等学校和科技信息机构中培育一批专业知识产权信息服务机构，培育专业化的知识产权战略分析和预警人才队伍。加强知识产权统计、分析、检索工具和方法的开发应用，不断提高知识产权信息服务能力。

2. 提高各类科技园区和科技中介服务机构的知识产权服务能力。强化高新技术产业开发区、农业科技园区等各类科技园区和技术市场、技术转移机构、科技企业孵化器、生产力促进中心等科技中介服务机构的知识产权服务内容，将知识产权服务融入创新创业服务之中。推动高新技术产业开发区、农业科技园等各类科技园区成立知识产权援助基金，为区内企业提供知识产权援助服务。

3. 建立健全面向科技创新的知识产权中介服务体系。通过完善政策、加强培训等方式，促进知识产权专业服务机构发展，引导和鼓励其为科研院所、高等学校和科技型中小企业提供知识产权管理咨询、价值评估、专利代理、法律援助、培训等服务。充分发挥各类知识产权维权服务机构、法律援助机构等的作用，为企业提供知识产权与法律咨询、纠纷调解与处理、专利信息分析与预警、重点行业知识产权竞争与布局调查等服务。

（六）加强科技创新知识产权宣传与培训

建立健全科技创新知识产权培训工作机制和培训体系，实施科技创新知识产权培训工程，营造有利于科技创新的知识产权文化氛围。

1. 健全知识产权培训体系。面向各类创新主体、科技人员和科技管理人员，建立和完善政府引导、多方参与的知识产权培训体系。针对各类创新主体和科技管理人员的需求，组织编写符合科技创新和科技管理特点的知识产权培训系列教材。加强科技界与知识产权界的联系与沟通，形成一批了解科技创新知识产权特点和需求的知识产权师资队伍。

2. 实施科技创新知识产权培训工程。制订和实施年度知识产权培训计划，针对科技行政管理干部、科技计划和重大专项项目承担单位、创新型企业、科研院所和高等学校等各类主体的不同需求，分层次开展知识产权培训，培养一批既懂科技创新、又懂知识产权的专业人才。积极拓展培训渠道，进一步加强与国际组织和国外知识产权机构的合作。

3. 加强自主创新的知识产权文化建设。充分利用“科技活动周”、“知识产权宣传周”等渠道，在科技界和全社会广泛开展知识产权知识宣传普及，使知识产权保护意识深入人心，努力营造尊重知识、尊重创新的知识产权文化氛围。

四、保障措施

（一）健全规划实施的组织保障

统筹协调科技创新中的知识产权工作。各级科技行政部门、重大专项和科技计划组织单位、国家高新技术产业开发区要把知识产权管理摆在科技管理的突出位置，把知识产权工作作为提高自主创新能力的重要手段。加强科技行政部门和知识产权行政部门的合作，协同推进知识产权战略各项任务。发挥行业协会、知识产权服务机构等在知识产权战略实施中的重要作用。

（二）加大经费保障力度

国家科技重大专项和国家科技计划要按照经费管理规定安排专门经费，为知识产权工作提供充分保障。鼓励和引导各类创新主体、科技服务机构加大知识产权工作经费投入。探索知识产权信息公共服务平台建设和运行的多种经费投入机制。在各类科技管理和培训经费中安排专门经费，开展知识产权专业培训。

（三）完善监督评估程序

科技管理部门组织力量或委托专业评估机构，对专项规划任务执行情况进行监督、检查和评估，建立规划实施的年度监测评估和动态调整机制，保证规划的有效实施。

（四）加强相关规划实施的有效衔接

根据国家科技发展规划和国家知识产权发展规划的总体部署，加强科技创新知识产权工作规划与行业科技规划、各专项科技规划、区域和地方科技规划等的有效衔接，强化相关政策措施的配套，保证规划任务的协调落实。

（科技部网站）

资助向国外申请专利专项资金管理办法

第一章　总则

第一条　根据国务院关于实施国家知识产权战略的要求，为支持国内申请人积极向国外申请专利，保护自主创新成果，中央财政设立资助向国外申请专利专项资金（以下简称专项资金）。为加强和规范专项资金的管理，提高资金使用效益，根据《中华人民共和国预算法》及其实施细则有关规定，制定本办法。

第二条　本办法所称“国内申请人”，限于符合国家法律法规规定的国内中小企业、事业单位及科研机构。本办法所称“向国外申请专利项目”是指通过专利合作条约（PCT）途径和巴黎公约途径提出的向国外专利申请。

第二章　资金的使用范围及标准

第三条　专项资金主要用于资助国内申请人向国外申请专利时向有关专利审查机构缴纳的在申请阶段和授予专利权当年起三年内的官方规定费用、向专利检索机构支付的检索费用，以及向代理机构支付的服务费等。

第四条　专项资金重点支持符合国家知识产权战略需求导向，有助于提升自主创新能力，支撑我国高技术产业与新兴产业发展的技术领域。

第五条　专项资金重点资助保护类型与我国发明专利相同的向国外申请专利项目。向国外申请专利项目应是委托国内代理机构办理的向国外专利申请，并有助于国内申请人构建专利池、获取核心专利技术、参与国际技术标准制定等。

第六条　专项资金实行事后资助。向国外申请专利项目在外国国家（地区）完成国家公布阶段和正式获得授权后分两次给予资助。每件专利项目最多支持向 5 个国家（地区）申请，两个阶段的资助总额为每个国家（地区）不超过 10 万元。

向国外申请专利项目已经完成国家（地区）公布的，应当具有新颖性、创造性和实用性等条件；已经正式获得授权的，应当具有相对稳定的法律状态。

第七条　凡获得中央财政有关科技研发资金以及地方财政有关资金支持的向国外申请专利项目，不得重复申请资助。

第三章　资金的分配和拨付

第八条　专项资金主要按照因素法进行分配。资金分配的因素主要包括各省（区、市）向国外申请专利数量和上年度专项资金预算执行情况等。

第九条 财政部商国家知识产权局于每年初下达各省（区、市）专项资金年度预算。

第十条 各省（区、市）财政部门收到中央财政下达的专项资金后，应商本级知识产权部门，按照国家知识产权局有关业务要求组织开展本省（区、市）的专项资金申报工作。

第十一条 专项资金采取属地化管理。申报专项资金的国内申请人应按照要求向所在地省（区、市）知识产权部门提交申报材料，主要包括专项资金申报表（详见附件）、单位资格证明材料、向国外申请专利项目有关证明材料和国家知识产权局认定的第三方机构出具的检索报告等。省（区、市）知识产权部门审核、汇总后报送本级财政部门。

第十二条 省（区、市）财政部门会同知识产权部门审核确定资助项目，经公示无异议后及时拨付专项资金。专项资金的拨付要按照财政国库管理制度的有关规定执行。

第十三条 省（区、市）财政部门会同知识产权部门于每年底将本年度专项资金的具体项目安排及资助金额报送财政部和国家知识产权局备案。

第十四条 省（区、市）财政部门应对专项资金实行专项管理。年度结余资金，可结转下年度继续使用。

第四章　资金的监督管理

第十五条 国内申请人应当提供真实材料和相关凭证。国家知识产权局及地方财政部门应当加强对项目执行情况和专项资金使用情况的监督检查，追踪问效。对违反本办法规定的行为，按《财政违法行为处罚处分条例》（国务院令第 427 号）等有关规定进行处理。

第五章　附则

第十六条 本办法自发布之日起实施，原《资助向国外申请专利专项资金管理暂行办法》（财建〔2009〕567 号）同时废止。

第十七条 本办法由财政部负责解释。

（财政部网站）

二、2012 年工作回顾

（一）2012 年我国知识产权工作回顾

田力普局长 2013 年新年献辞——

再创新成绩，再谱新篇章

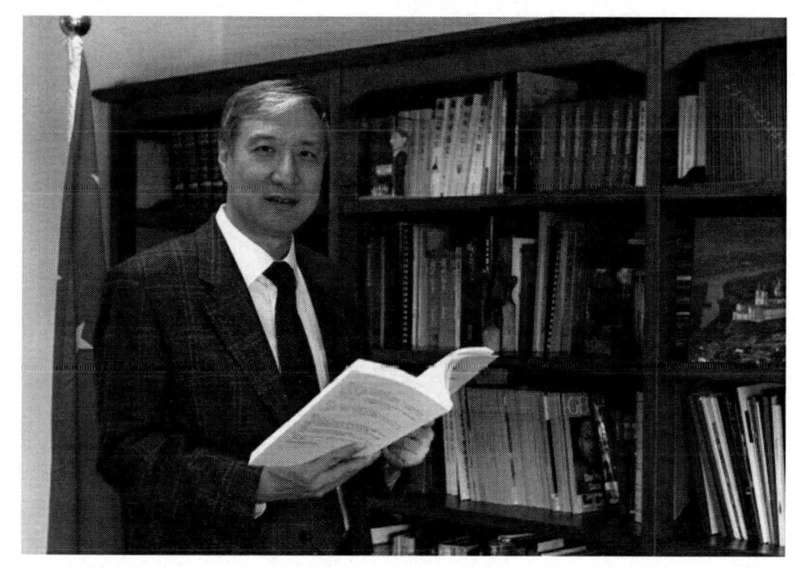

国家知识产权局局长田力普

一元复始，万象更新。在这辞旧迎新的美好时刻，我谨代表国家知识产权局，向奋斗在知识产权战线上的同志们，向长期关心支持知识产权工作的各级领导和社会各界的朋友们致以衷心的感谢和新年的祝福！

2012 年，是我国知识产权事业发展中极不平凡的一年。中国共产党第十八次全国代表大会胜利召开，党的十八大报告强调“实施知识产权战略、加强知识产权保护”；中央经济工作会议再次提出加强知识产权保护，着力增强创新驱动发展新动力的重要意义。这些都为我国知识产权事业发展指明了方向。

2012 年，是我国知识产权事业取得优异成绩的一年。国家知识产权战略实施的步伐已走过 4 年，从中央到地方，从知识产权管理部门到创新主体，知识产权各项工作的科学发展呈现出欣欣向荣的良好局面。

激励创造成绩突出。世界知识产权组织发布的《2012 年世界知识产权指标》报告指出：中国已经成为专利申请第一大国。报告显示，在 2011 年通过《专利合作条约》

(PCT) 途径提交的国际专利申请中，中国是全球增长最快的国家；中兴通讯股份有限公司以 2826 件位居企业界世界第一。2012 年，第 100 万号中国发明专利诞生，中国只用 27 年就达到这一目标，是世界上用时最短的国家。截至 2012 年 10 月底，我国每万人口发明专利拥有量已达 3.09 件，较去年年底的 2.37 件增长了 30.4%，距离国家“十二五”规划纲要指标越来越近。

有效运用效果显著。2012 年，国家知识产权局联合十部委制定了《关于加强战略性新兴产业知识产权工作的若干意见》，全面推动战略性新兴产业培育和发展；深入推进重大经济科技活动知识产权评议试点工作；开展专利运用导航产业高端发展研究工作；开展专利保险及价值分析试点工作；2012 年前 9 个月，全国专利质押金额 84.7 亿元，涉及专利 1942 件。

依法保护水平提升。2012 年，国家知识产权局积极开展专利行政执法专题调研，推动了专利法新一轮修改的启动，《职务发明条例（征求意见稿）》和《专利代理条例修改草案（征求意见稿）》也已提交国务院。这一年，国家知识产权局深入落实《关于加强专利行政执法工作的决定》，开展专利行政执法和知识产权维权援助举报投诉绩效考核评价等工作；组织开展知识产权执法维权“护航”专项行动。通过加强执法制度建设、机制建设和能力建设，2012 年前 10 个月，全国知识产权系统受理专利纠纷和查处假冒专利案件 5942 件，同比增长 146%。

科学管理能力增强。2012 年，国家知识产权局评定出首批 23 个国家知识产权示范城市；与国务院九部门联合制定了我国第一部《关于加快培育和发展知识产权服务业的指导意见》，批复了全国首批知识产权服务业集聚发展试验区；持续改进完善专利代理人资格考试制度，当年通过考试人数创历史新高。截至 2012 年 10 月底，全国共有 1.4743 万人取得了专利代理人资格，全行业拥有执业专利代理人 8001 人，专利代理机构 909 家。

回顾过去，成就斐然；展望未来，信心百倍。2013 年，既是贯彻落实党的十八大精神的关键之年，也是实施“十二五”规划承前启后的关键一年，更是为全面建成小康社会奠定坚实基础的重要一年。传统产业转型升级、战略性新兴产业发展、加快转变经济发展方式、建设创新型国家的重任在肩，我们必须以十八大精神为指引，坚持以经济社会发展需求为导向，以运用专利制度和专利资源为核心，进一步激发创新主体的创新活力，着力提高专利质量，促进专利运用，加强专利执法，发展知识产权服务业，培育知识产权文化，为经济社会发展提供更为强大的支撑。

新的一年里，面对风云变幻的国内外形势，机遇与挑战并存的现实，我们必须以科学发展为主题，以转变经济发展方式为主线，坚定不移地实施知识产权战略，促进创新资源高效配置和综合集成，把全社会智慧和力量凝聚到创新发展上来，为产业转型升级、经济社会全面发展、早日进入创新型国家行列再创新成绩，再谱新篇章，开创知识产权事业发展新局面！

2012 年发明专利申请受理和授权年度报告

2012 年我国发明专利授权情况发布会现场

一、概述

2012 年是实施“十二五”规划承上启下的重要一年。面对日趋严峻的国内外经济形势，我国坚持创新驱动发展，发明专利申请受理和授权数量延续增长态势，结构进一步优化，有力支撑经济发展方式转变。

2012 年我国发明专利申请、授权呈现以下特点：

（一）发明专利申请授权迈入新的历史阶段

2012 年，我国发明专利申请受理和授权量保持快速增长，当年我国发明专利累计授权量突破 100 万件大关，仅用时 27 年，成为世界上完成这一目标最快的国家。截至 2012 年底，我国发明专利累计授权量达到 111.1 万件，表明通过实施知识产权战略，我国知识产权综合能力建设取得了巨大成效。当前，我国专利事业已进入推动国家核心竞争力提升、服务经济发展方式转变的历史新阶段，引导专利由数量速度型向质量效益型转变正逢其时。

（二）企业技术创新主体地位逐步确立

企业在我国技术创新中的主要力量地位不断巩固，企业发明专利布局规模化效应日益显现。2012 年，我国国内发明专利申请受理量中，企业所占比重已接近 6 成，较上年提升 3.4

个百分点；国内发明专利授权中，企业所占比重达到54.7%，较上年提高2.8个百分点；发明专利申请受理量和授权量超过100件的国内企业分别达到257家和49家，分别较2011年增加56.7%和16.7%。我国专利制度在激发研发人员创新热情、促进经济依靠创新驱动方面不断发挥重要作用，推动我国以企业为主体的专利技术创新体系逐步建立。

（三）发明专利申请授权延续集聚发展态势

2012年，我国发明专利申请受理和授权量中，东部地区所占比重均为67.8%；中西部地区所占比重合计分别为24.0%和22.0%，较上年提高1.6和0.6个百分点。我国发明专利申请受理、授权排名前十的省市区中，前6强均为东部沿海经济发达省市，这6个省（市区）占据了全国31个省（市区）发明专利申请受理和授权总量的65%左右。中西部地区所占比重虽逐年有所提高，但与东部地区相比，差距仍然很大。我国发明专利区域发展的协调性有待进一步增强。

（四）关键技术领域专利实力有待加强

尽管我国发明专利申请受理和授权中国内所占比重不断提高，但我国在部分关键技术领域的专利布局尚有待加强。2012年，世界知识产权组织制定的35个技术领域分类中，国外发明专利授权在光学、运输、音像技术、医药技术、半导体、发动机等六个关键技术领域仍保有比重优势。另外，值得注意的是，我国在药品、数字通信、其它特殊机械、环境技术、生物技术等领域所占比重出现不同程度的下滑，在已经占据一定优势的技术领域，我国研发主体仍应坚持创新，巩固和创造新的发展优势。

二、总体情况

2012年，国家知识产权局共受理发明专利申请652777件，同比增长24.0%。其中，受理国内（如无特殊说明，本报告中“国内”统计范围含港澳台）发明专利申请535313件，较上年增长28.7%，占总量的82.0%；受理国外发明专利申请117464件，较上年增长6.2%，占总量的18.0%。国内发明专利申请受理量中，职务申请428427件，占80.0%，首次达到8成；非职务申请106886件，占20.0%。

国内职务发明专利申请受理量中，企业316414件，占73.8%；高等院校75688件，占17.7%；科研单位29518件，占6.9%；机关团体6807件，占1.6%。

2012年，我国共授权发明专利217105件，同比增长26.1%。

其中，国内发明专利授权143847件，较上年增长28.0%，占总量的66.3%；国外发明专利授权73258件，较上年增长22.6%，占总量的33.7%。在国内发明专利授权中，职务发明专利授权125954件，占87.6%；非职务发明专利授权17893件，占12.4%。

国内职务发明专利授权中，企业78651件，占62.4%；高等院校33821件，占26.9%；科研单位11248件，占8.9%；机关团体2234件，占1.8%。

截至2012年底，我国累计受理发明专利申请3502683件，其中，国内申请2379272件，占发明专利申请受理总量的67.9%，国外申请1123411件，占发明专利申请受理总量的32.1%。

截至2012年底，我国累计授权发明专利1110971件，其中，

国内授权592328件，占发明专利授权总量的53.3%，国外授权518643件，占发明专利授权总量的46.7%。

三、国内发明专利申请受理和授权状况

2012年，我国国内发明专利申请受理和授权保持快速增长，分别较上年增长28.7%和28.0%，但增速较上年有所放缓。2012年，我国研究与实验发展（R&D）经费支出1.02万亿元，比上年增长17.9%，在研发投入力度不断加大、强度不断提高的背景下，预计我国国内发明专利申请受理量仍将延续快速增长态势（见图1）。

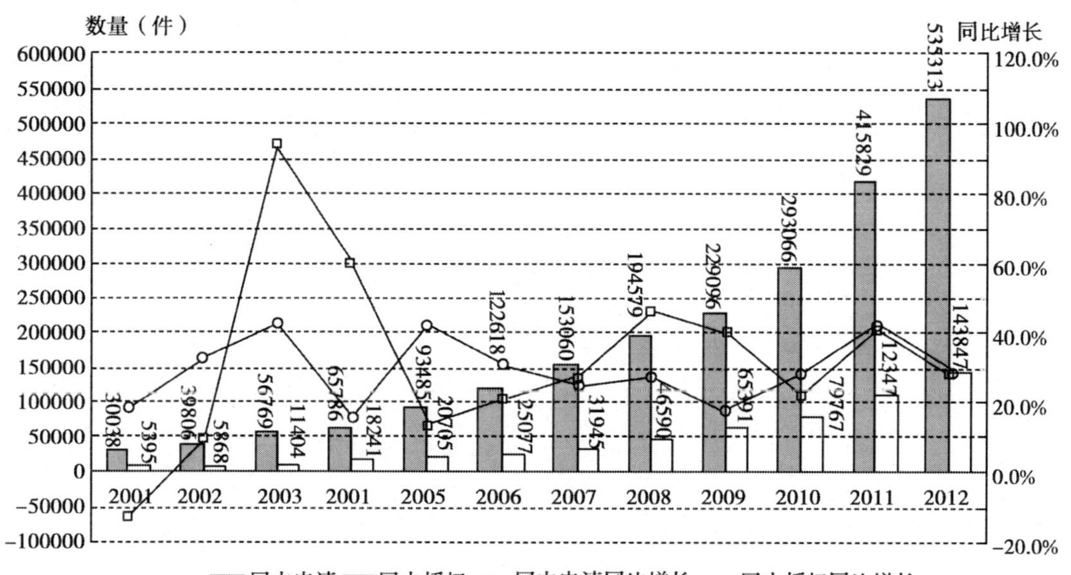

图1　2001—2012年国内发明专利申请受理和授权情况

（一）地域集聚发展态势延续，中西部比重逐步提升

全国31省市区发明专利申请受理排名中，前6强仍为东部经济发达省份所占据，其中江苏以110091件高居第一，同比增长30.0%；广东以60448件位居次席；北京（52720件）稳居第三；山东同比大幅增长57.6%，以40381件超越上海的37139件首次排名第四；浙江（33265件）仍居第六位；排名第7~10位的依次是辽宁（19740件）、安徽（19391件）、陕西（17043件）和四川（16368件）。其中，安徽同比快速增长76.6%，相继超越四川和陕西，排名上升2位至第八位（见图2）。

全国31省市区发明专利申请受理量排名中，广东（22153件）、北京（20140件）、江苏（16242件）位列三甲，浙江以11571件超过上海（11379件），位居第四，排名第6~10位的依次为山东（7453件）、四川（4460件）、湖北（4050件）、陕西（4018件）和辽宁（3973件），其中，湖北、陕西排名分别上升1位，辽宁由上年的第8降至第10

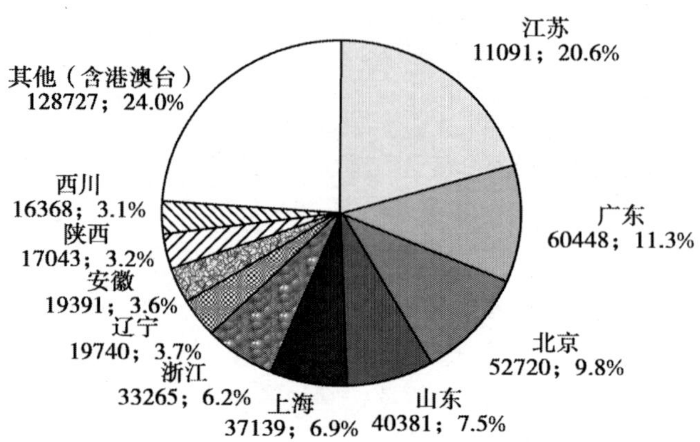

图 2 2012 年国内发明专利受理量排名情况

位（见图 3）。

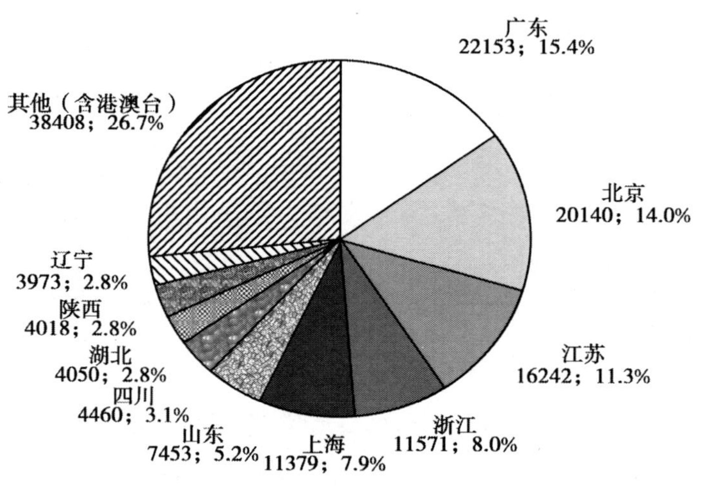

图 3 2012 年国内发明专利授权量排名情况

2012 年，我国国内发明专利申请受理量中，东部地区[①]占 67.8%，中部地区占 11.8%，西部地区占 12.2%，东北地区占 5.8%，港澳台地区占 2.4%。从趋势来看，东部地区所占比重较上年下降 1.3 个百分点，历史首次出现较大降幅；中西部所占比重合计提升 1.6 个百分点，上升势头进一步加快；东北部地区微升 0.3 个百分点，基本保持稳定；港澳台地区则较上年下降 0.6 个百分点，延续下降趋势（见图 4）。

2012 年，我国国内发明专利授权量中，东部地区占 67.8%，中部地区占 11.0%，西部地区占 11.0%，东北地区占 5.5%，港澳台地区占 4.7%。从趋势来看，东部地区所占

① 东部包括：北京、天津、河北、上海、江苏、浙江、福建、山东、广东和海南；中部包括：山西、安徽、江西、河南、湖北和湖南；西部包括：内蒙古、广西、重庆、四川、贵州、云南、西藏、陕西、甘肃、青海、宁夏和新疆；东北包括：辽宁、吉林和黑龙江。

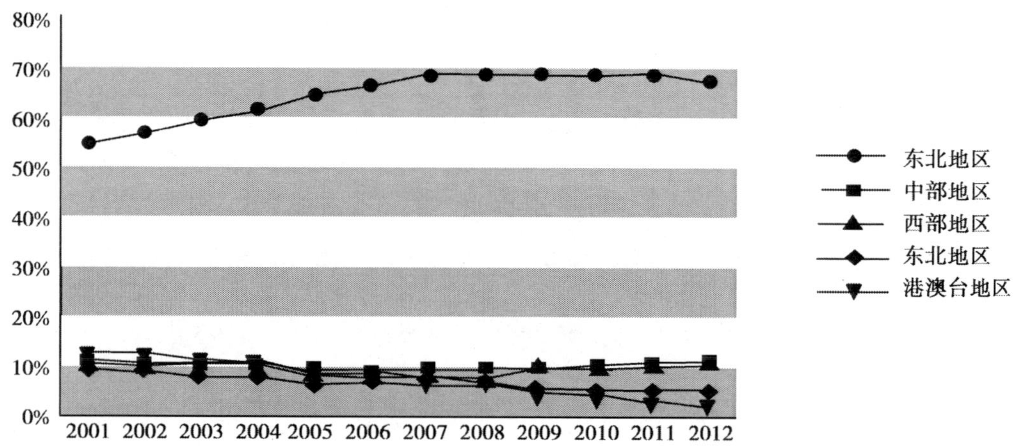

图4 我国国内发明专利申请受理区域分布情况

比例稳中带升，中西部地区所占比重持续提升，东北地区所占比重持续下降，港澳台地区所占比重延续快速下降趋势（见图5）。

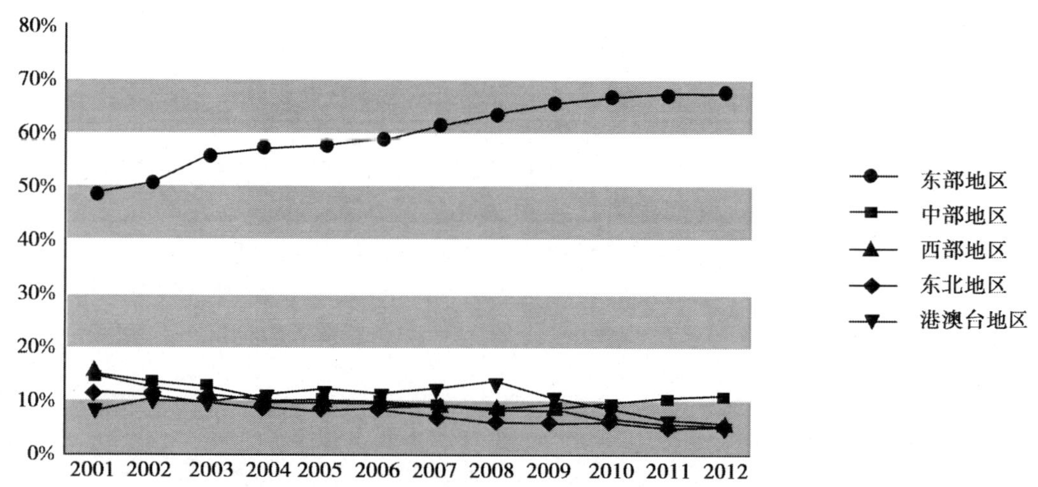

图5 我国国内发明专利授权区域分布情况

考虑到发明专利申请从受理到授权的滞后期，未来2~3年内，国内发明专利授权中中西部所占比重不断提升的趋势将继续得到保持，东部地区所占比重则预计见顶并迎来拐点，我国发明专利区域发展的协调性将逐步改善。

（二）以企业为主体的专利技术创新体系加快建立

2012年，国内企业发明专利申请受理量为316414件，比上年的231551件增长36.6%，较国内总量同比增速高出7.9个百分点；国内企业发明专利授权量为78651件，比上年的58364件增长34.8%，较国内总量同比增速高出6.8个百分点。从数量规模来看，提交发明专利申请和获得发明专利授权百件以上的企业分别达到257家和

49 家，分别较上年增加 93 家和 7 家，企业发明专利布局规模化效应日益显现（见图 6）。

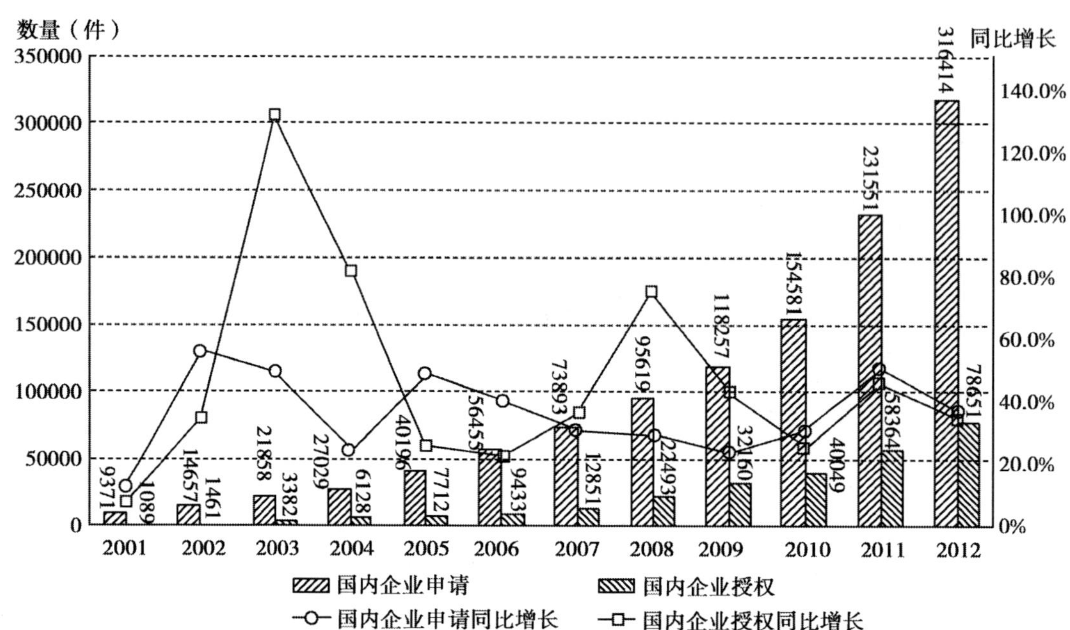

图 6　2001—2012 年国内企业发明专利申请受理和授权情况

国内发明专利申请受理量中企业所占比重已接近 6 成，达到 59.1%，较上年大幅提升 3.4 个百分点；国内发明专利授权中企业所占比重达到 54.7%，较上年提升 2.8 个百分点。近年来，企业发明专利申请受理量持续以高于全国平均水平的速度迅猛增长，在国内总量中所占比重加速提升，表明企业自主创新力量与日俱增，以企业为主体的专利技术创新体系正加快建立（见图 7）。

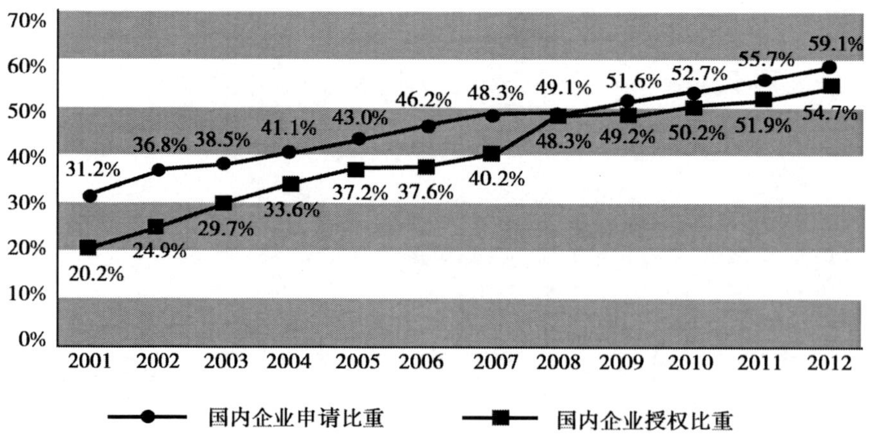

图 7　2001—2012 年国内发明专利申请受理和授权中企业所占比重情况

2012 年，国内企业发明专利申请受理量排名中，华为技术有限公司以 4231 件重回榜首，中兴通讯股份有限公司（3446 件）退居次席，中国石油化工股份有限公司仍居第三。联想（北京）有限公司、京东方科技集团股份有限公司、深圳市华星光电技术有限公司和珠海格力电器股份有限公司等 4 家企业首次进入前十名（见表 1）。

表 1　2012 年国内发明专利申请受理量居前十位的企业（不含港澳台）

序号	企业名称	数量（件）
1	华为技术有限公司	4231
2	中兴通讯股份有限公司	3446
3	中国石油化工股份有限公司	3334
4	鸿富锦精密工业（深圳）有限公司	2314
5	腾讯科技（深圳）有限公司	1934
6	联想（北京）有限公司	1768
7	海洋王照明科技股份有限公司	1458
8	京东方科技集团股份有限公司	1047
9	深圳市华星光电技术有限公司	1025
10	珠海格力电器股份有限公司	974

2012 年，国内企业发明专利授权量排名中，华为技术有限公司同样重回首位，授权量为 2734 件，中兴通讯股份有限公司以 2727 件紧随其后排名第二，鸿富锦精密工业（深圳）有限公司仍居第三位，授权量为 1099 件（见表 2）。

表 2　2012 年国内发明专利授权量居前十位的企业（不含港澳台）

序号	企业名称	数量（件）
1	华为技术有限公司	2734
2	中兴通讯股份有限公司	2727
3	鸿富锦精密工业（深圳）有限公司	1099
4	中国石油化工股份有限公司	1044
5	中芯国际集成电路制造（上海）有限公司	530
6	比亚迪股份有限公司	510
7	华为终端有限公司	347
8	杭州华三通信技术有限公司	318
9	中国移动通信集团公司	303
10	奇瑞汽车股份有限公司	293

四、国外来华发明专利申请受理和授权情况

2012 年，国外来华发明专利申请受理量为 117464 件，比上年增长 6.2%，增速稳中趋缓，其中，通过专利合作条约（PCT）途径提交的申请为 67625 件，占国外来华发明专利申请受理总量的 57.6%。国外发明专利授权为 73258 件，同比增长 22.6%，恢复并超过 2009 年水平，达到历史最高值。

（一）日美欧韩占国外在华申请受理量的九成以上

2012 年，国外来华提交发明专利申请数量最多的国家为日本，达到 42278 件，同比增长 7.8%，占国外发明专利申请受理量的 36.0%；美国排名第二，为 29510 件，同比增长 3.7%，占国外发明专利申请受理量的 25.1%；欧盟国家为 28466 件，同比增长 5.0%，占国外发明专利申请受理量的 24.2%；韩国为 8985 件，同比增长 10.5%，占国外发明专利申请受理量的 7.6%（见图 8）。美、日、欧、韩四个国家（地区）发明专利申请受理量占国外来华发明专利申请受理量的 93.0%（见图 8）。

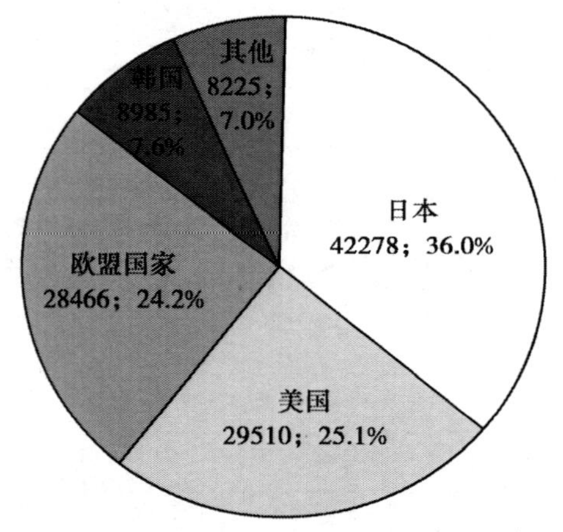

图 8　2012 年国外来华发明专利申请受理情况

（二）国外企业发明专利申请受理和授权情况

2012 年，国外企业来华发明专利申请受理量为 111945 件，占国外来华发明专利受理量的 95.3%。受理量排名前十位的国外企业中，日本占 5 个席位，美、德分占 2 席，韩国占 1 席。其中，松下电器产业株式会社以 2191 件超过索尼公司（2184 件）跃居首位，三星电子株式会社（1754 件）重回排名前十，列第三位（见表 3）。

在国外企业发明专利授权排名中，松下电器产业株式会社（1，660 件）继续排名首位，索尼株式会社（1，277 件）居第二位，三星电子株式会社（1，256 件）紧随其后，列第三位（见表 4）。

表 3　2012 年发明专利申请受理量居前十位的国外企业

序号	国别	企业名称	数量（件）
1	日本	松下电器产业株式会社	2191
2	日本	索尼公司	2184
3	韩国	三星电子株式会社	1754
4	美国	通用电气公司	1664
5	德国	罗伯特．博世有限公司	1379
6	日本	佳能株式会社	1352
7	美国	通用汽车环球科技运作有限责任公司	1263
8	日本	丰田自动车株式会社	1240
9	德国	西门子公司	1225
10	日本	夏普株式会社	1220

表 4　2012 年发明专利授权量居前十位的国外企业

序号	国别	企业名称	数量（件）
1	日本	松下电器产业株式会社	1660
2	日本	索尼株式会社	1277
3	韩国	三星电子株式会社	1256
4	日本	佳能株式会社	965
5	日本	丰田自动车株式会社	950
6	日本	夏普株式会社	938
7	韩国	LG 电子株式会社	910
8	美国	通用汽车环球科技运作公司	765
9	荷兰	皇家飞利浦电子股份有限公司	738
10	美国	高通股份有限公司	623

五、技术领域分布状况

（一）发明专利申请技术领域分布情况

2012 年我国完成分类的发明专利申请中，电机、电气装置、电能领域申请为 52663 件，占全部技术领域发明专利申请总量的 7.5%；其后是测量领域（41928 件），占总量的 5.9%，排在第三位的是计算机技术领域（36303 件），占总量的 5.1%。

国内发明专利申请中居前五位的技术领域依次是电机、电气装置、电能（40544 件），测量（36468 件），计算机技术（28192 件），机器工程（27814 件）以及土木工程

（26183 件）。国外发明专利申请中居前五位的技术领域依次是电机、电气装置、电能（12119 件），计算机技术（8111 件），运输（6743 件），半导体（6205 件）以及数字通信（6138 件）（见表 5）。

表 5　2012 年我国发明专利申请[②]技术领域分布

技术领域		发明专利申请					较 2011 年比重变化	
		合计	国内数量	国内所占比重	国外数量	国外所占比重	国内	国外
I	电气工程	176835	133056	75.2%	43779	24.8%	5.2%	-5.2%
1	电机、电气装置、电能	52663	40544	77.0%	12119	23.0%	4.6%	-4.6%
2	音像技术	17359	11330	65.3%	6029	34.7%	6.9%	-6.9%
3	电信	12515	9393	75.1%	3122	24.9%	8.4%	-8.4%
4	数字通信	31599	25461	80.6%	6138	19.4%	2.0%	-2.0%
5	基础通信程序	4010	2717	67.8%	1293	32.2%	8.1%	-8.1%
6	计算机技术	36303	28192	77.7%	8111	22.3%	6.2%	-6.2%
7	计算机技术管理方法	4152	3390	81.6%	762	18.4%	7.3%	-7.3%
8	半导体	18234	12029	66.0%	6205	34.0%	6.5%	-6.5%
II	仪器	89264	70309	78.8%	18955	21.2%	9.8%	-9.8%
9	光学	13107	7796	59.5%	5311	40.5%	8.0%	-8.0%
10	测量	41928	36468	87.0%	5460	13.0%	7.5%	-7.5%
11	生物材料分析	2923	2383	81.5%	540	18.5%	13.4%	-13.4%
12	控制	14166	12402	87.5%	1764	12.5%	5.6%	-5.6%
13	医药技术	17140	11260	65.7%	5880	34.3%	7.0%	-7.0%
III	化工	211278	185850	88.0%	25428	12.0%	6.1%	-6.1%
14	有机精细化学	19886	16014	80.5%	3872	19.5%	8.4%	-8.4%
15	生物技术	15282	12704	83.1%	2578	16.9%	3.3%	-3.3%
16	药品	27964	25339	90.6%	2625	9.4%	3.6%	-3.6%
17	高分子化学、聚合物	17823	14737	82.7%	3086	17.3%	12.0%	-12.0%
18	食品化学	26285	25443	96.8%	842	3.2%	1.7%	-1.7%
19	基础材料化学	27115	23681	87.3%	3434	12.7%	7.6%	-7.6%
20	材料、冶金	28488	26038	91.4%	2450	8.6%	5.8%	-5.8%
21	表面加工技术、涂层	12816	10546	82.3%	2270	17.7%	5.9%	-5.9%
22	显微结构和纳米技术	574	421	73.3%	153	26.7%	6.0%	-6.0%

续表

技术领域		发明专利申请					较2011年比重变化	
		合计	国内数量	国内所占比重	国外数量	国外所占比重	国内	国外
23	化学工程	20493	18116	88.4%	2377	11.6%	7.8%	-7.8%
24	环境技术	14552	12811	88.0%	1741	12.0%	4.0%	-4.0%
IV	机械工程	166496	137810	82.8%	28686	17.2%	6.8%	-6.8%
25	装卸	20075	17041	84.9%	3034	15.1%	11.9%	-11.9%
26	机器工具	30599	27814	90.9%	2785	9.1%	4.7%	-4.7%
27	发动机、泵、涡轮机	16450	11232	68.3%	5218	31.7%	2.5%	-2.5%
28	纺织和造纸机器	15330	12705	82.9%	2625	17.1%	7.0%	-7.0%
29	其他特殊机械	26260	23421	89.2%	2839	10.8%	6.6%	-6.6%
30	热工过程和器具	14955	13272	88.7%	1683	11.3%	5.1%	-5.1%
31	机器零件	19808	16049	81.0%	3759	19.0%	6.8%	-6.8%
32	运输	23019	16276	70.7%	6743	29.3%	8.5%	-8.5%
V	其他领域	62139	56045	90.2%	6094	9.8%	4.8%	-4.8%
33	家具、游戏	16101	14389	89.4%	1712	10.6%	4.6%	-4.6%
34	其他消费品	17762	15473	87.1%	2289	12.9%	7.5%	-7.5%
35	土木工程	28276	26183	92.6%	2093	7.4%	3.0%	-3.0%
合计		706012	583070	82.6%	122942	17.4%	6.7%	-6.7%

[②] 此处发明专利申请数据是指在2012年完成分类的发明专利申请数据。

（二）发明专利授权技术领域分布情况

2012年，我国发明专利授权中，数字通信领域授权达到16069件，占授权总量的7.4%，其次是电机、电气装置、电能领域（14999件，占6.9%），计算机技术（13118件，占6.0%）排第三位。

国内发明专利授权量居前五位的技术领域依次是数字通信（11189件），测量（9495件），电机、电气装置、电能（9091件），计算机技术（8095件）以及材料、冶金（7978件）。国外发明专利授权量居前五位的技术领域依次是：电机、电气装置、电能（5908件），计算机技术（5023件）、数字通信（4880件），音像技术（4462件）以及光学（4087件）。

数据显示，近年来，国内外发明专利授权量均在化工领域保持快速增长。其中，国内在生物技术（同比增长58.5%）、食品化学（同比增长159.4%）、基础材料化学（同比增长80.3%）等化工子领域取得高速增长；国外则在生物技术、药品、食品化学等化工子领域取得快速增长，同比增长率均在50%以上。

尽管我国发明专利授权中国内所占比重不断提高，但我国在部分关键技术领域的专利布局仍有待加强。2012 年，35 个技术领域中，国外在光学、运输、音像技术、医药技术、半导体、发动机等六个关键技术领域的发明专利授权中仍保有比重优势。值得注意的是，2012 年，我国在药品、数字通信、其它特殊机械、环境技术、生物技术等领域所占比重出现不同幅度的下滑，分别下降 7.8、4.2、3.8、1.8 和 1.8 个百分点（见表 6）。（李凤新）

表 6　2012 年我国发明专利授权技术领域分布

技术领域		发明专利授权					所占比重	
		合计	国内数量	国内所占比重	国外数量	国外所占比重	国内	国外
I	电气工程	66807	39367	26.0%	27440	23.3%	58.9%	41.1%
1	电机、电气装置、电能	14999	9091	34.3%	5908	21.9%	60.6%	39.4%
2	音像技术	8192	3730	12.4%	4462	-0.1%	45.5%	54.5%
3	电信	5030	2640	23.7%	2390	32.3%	52.5%	47.5%
4	数字通信	16069	11189	14.4%	4880	40.6%	69.6%	30.4%
5	基础通信程序	1855	973	25.2%	882	18.4%	52.5%	47.5%
6	计算机技术	13118	8095	42.2%	5023	48.5%	61.7%	38.3%
7	计算机技术管理方法	171	91	40.0%	80	158.1%	53.2%	46.8%
8	半导体	7373	3558	31.5%	3815	9.0%	48.3%	51.7%
II	仪器	29083	17981	16.7%	11102	13.3%	61.8%	38.2%
9	光学	6962	2875	-0.5%	4087	2.2%	41.3%	58.7%
10	测量	12534	9495	12.3%	3039	15.5%	75.8%	24.2%
11	生物材料分析	787	594	72.7%	193	94.9%	75.5%	24.5%
12	控制	3298	2383	25.4%	915	28.2%	72.3%	27.7%
13	医药技术	5502	2634	45.2%	2868	21.7%	47.9%	52.1%
III	化工	69349	53975	36.9%	15374	41.0%	77.8%	22.2%
14	有机精细化学	7778	5193	31.0%	2585	43.3%	66.8%	33.2%
15	生物技术	6904	5697	58.5%	1207	80.1%	82.5%	17.5%
16	药品	8162	6686	-13.8%	1476	66.6%	81.9%	18.1%
17	高分子化学、聚合物	7384	4732	27.2%	2652	31.8%	64.1%	35.9%
18	食品化学	7426	7057	159.4%	369	51.9%	95.0%	5.0%
19	基础材料化学	7151	5541	80.3%	1610	37.8%	77.5%	22.5%
20	材料、冶金	9475	7978	29.4%	1497	27.8%	84.2%	15.8%
21	表面加工技术、涂层	3890	2512	15.3%	1378	19.1%	64.6%	35.4%

续表

技术领域		发明专利授权					所占比重	
		合计	国内数量	国内所占比重	国外数量	国外所占比重	国内	国外
22	显微结构和纳米技术	228	168	30. 2%	60	5. 3%	73. 7%	26. 3%
23	化学工程	6618	4960	44. 0%	1658	47. 8%	74. 9%	25. 1%
24	环境技术	4333	3451	28. 1%	882	44. 1%	79. 6%	20. 4%
IV	机械工程	40597	24787	28. 4%	15810	17. 1%	61. 1%	315. 0%
25	装卸	4527	2524	33. 8%	2003	17. 6%	55. 8%	44. 2%
26	机器工具	6872	5219	30. 7%	1653	21. 4%	75. 9%	24. 1%
27	发动机、泵、涡轮机	4642	2207	31. 8%	2435	19. 7%	47. 5%	52. 5%
28	纺织和造纸机器	4634	2577	0. 1%	2057	-11. 8%	55. 6%	44. 4%
29	其他特殊机械	5810	4122	15. 0%	1688	39. 2%	70. 9%	29. 1%
30	热工过程和器具	3692	2734	37. 3%	958	18. 9%	74. 1%	25. 9%
31	机器零件	4650	2741	50. 0%	1909	16. 3%	58. 9%	41. 1%
32	运输	5770	2663	50. 2%	3107	28. 9%	46. 2%	53. 8%
V	其他领域	11269	7737	11. 1%	3532	6. 5%	68. 7%	31. 3%
33	家具、游戏	2278	1323	10. 4%	955	0. 6%	58. 1%	41. 9%
34	其他消费品	2931	1616	17. 9%	1315	-1. 7%	55. 1%	44. 9%
35	土木工程	6060	4798	9. 2%	1262	22. 6%	79. 2%	20. 8%
合计		217105	143847	28. 0%	73258	22. 6%	66. 3%	22. 6%

表 7　国内发明专利申请受理和授权情况表　　（单位：件）

受理量			授权量		
地区	2012 年	同比	地区	2012 年	同比
江苏	110091	30. 0%	广东	22153	21. 4%
广东	60448	16. 2%	北京	20140	26. 8%
北京	52720	17. 0%	江苏	16242	47. 1%
山东	40381	57. 6%	浙江	11571	26. 7%
上海	37139	15. 5%	上海	11379	24. 2%
浙江	33265	34. 4%	山东	7453	27. 3%
辽宁	19740	34. 7%	台湾	6211	0. 9%
安徽	19391	76. 6%	四川	4460	36. 4%

续表

	受理量		授权量		
地区	2012 年	同比	地区	2012 年	同比
陕西	17043	30.7%	湖北	4050	28.2%
四川	16368	38.6%	陕西	4018	28.0%
湖北	14640	41.8%	辽宁	3973	25.6%
天津	13587	27.9%	湖南	3353	28.7%
台湾	11748	3.5%	天津	3326	31.6%
重庆	11402	29.0%	河南	3182	29.2%
河南	10910	23.5%	安徽	3066	51.3%
湖南	9974	13.7%	福建	2977	53.1%
福建	8492	23.1%	重庆	2426	30.1%
黑龙江	7068	39.6%	黑龙江	2418	23.8%
广西	6511	136.2%	河北	1933	31.6%
河北	6108	31.3%	吉林	1583	31.7%
山西	5417	17.7%	云南	1301	29.3%
吉林	3913	17.4%	山西	1297	16.4%
云南	3324	18.9%	广西	902	42.3%
甘肃	3265	55.1%	江西	892	31.4%
贵州	3103	31.6%	甘肃	704	27.5%
江西	3023	8.1%	贵州	635	6.5%
新疆	1679	31.9%	内蒙古	569	56.3%
内蒙古	1492	17.8%	香港	476	32.2%
香港	948	0.4%	新疆	456	51.0%
海南	865	18.2%	海南	396	45.6%
宁夏	846	91.4%	宁夏	140	35.9%
青海	298	46.1%	青海	101	44.3%
西藏	81	-19.8%	西藏	57	111.1%
澳门	33	73.7%	澳门	7	-22.2%

2012 年 PCT 国际专利申请年度状况分析

【摘　要】2012 年世界知识产权局组织（WIPO）共受理 PCT 国际专利申请 194400 件，比 2011 年增长 6.6%，增速较去年有所放缓 1。其中中国 PCT 专利申请量为 18627 件，以 13.6% 的增速居世界第二位。电子机械类以 13293 件申请（占总数的 7.5%）超过数字通讯（7.1%），成为 2012 年已公布 PCT 申请量最多的技术领域 2。中国企业申请增长势头强劲，中兴通讯股份公司以 3906 件申请蝉联全球 PCT 申请人首位 3，华为技术有限公司（1801 件）名次较去年下降一位来到第四位。

世界知识产权组织（WIPO）官方网站公布的最新数据显示，2012 年，根据《专利合作条约》（PCT）提交的国际专利申请为 194400 件，比 2011 年增长了 6.6%。

1. 根据优先权原则，2013 年 WIPO 仍在接收 2012 年提交至 PCT 缔约国的申请，因此 PCT 数据为临时数据，最终申请量尚未确定。

2. 按技术领域开列的已公布 PCT 申请分类数字采用了 WIPO 的国际专利分类和技术对照表。

3. 出于保密考虑，申请人排名和按技术领域开列的数字基于已公布的 PCT 申请（而非已提交的申请）。基于公布日的统计数据与基于国际申请日的统计数据相比约有 6 个月的延迟。

一、2012 年世界 PCT 国际专利申请态势

（一）中国 PCT 国际专利申请量平稳增长

国家知识产权局于 1994 年正式加入《专利合作条约》（PCT），截至 2012 年，我国累计申请 PCT 国际专利申请逾 8 万件。据 WIPO 初步统计数据显示，2012 年我国 PCT 国际专利申请达 18，627 件，比上年增长 13.6%，增速较前两年有所下降（见图 1）。

（二）世界各国 PCT 国际申请状况表现不一

2012 年 PCT 申请量排名前 15 的国家中，美国的 PCT 申请量最大（51，207 件），接下来是日本（43，660 件）、德国（18，855 件）、中国（18，627 件）和韩国（11，848 件）。日本、中国和韩国在世界总量中所占的份额分别增长 1.1%、0.6% 和 0.4%，德国和美国均减少 0.6%。

2012 年，荷兰（+14.0%）、中国（+13.6%）、韩国（+13.4%）、芬兰（+13.2%）和日本（+12.3%）的申请量出现了两位数增长。荷兰在经过两年申请量下降后，2012 年

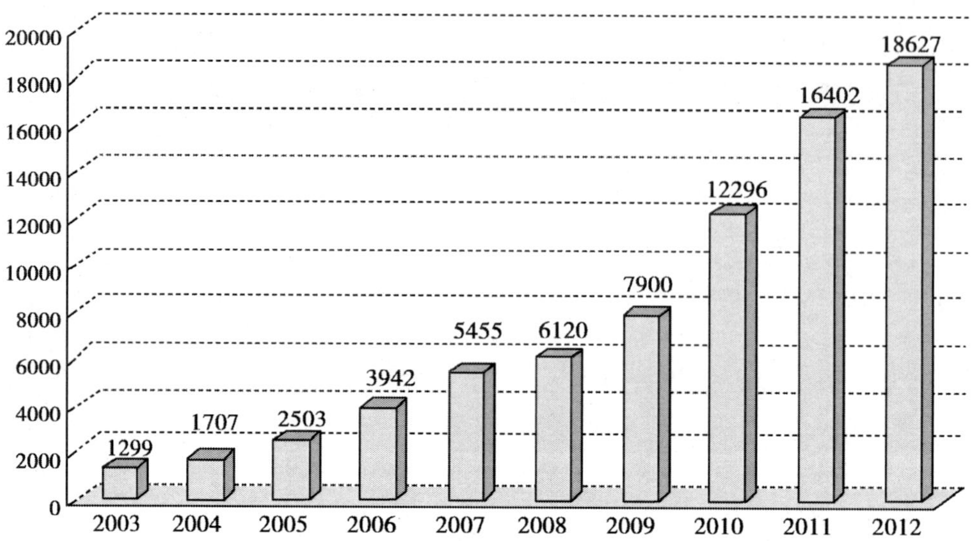

图1　中国PCT国际专利申请量趋势图（单位：件）

一举成为增速最快的国家。加拿大（-6.7%）、西班牙（-2.4%）和澳大利亚（-1.8%）是2012年国际申请量低于2011年的三个高收入国家（见表1）。

表1　2012年PCT申请十五大来源国

国家	2008年申请量	2009年申请量	2010年申请量	2011年申请量	2012年申请量	2012年百分比(%)	2012年增长率(%)
美国	51642	45627	45008	48596	51207	26.3	4.4
日本	28760	29802	32150	38888	43660	22.5	12.3
德国	18855	16797	17568	18568	18855	9.7	0.0
中国	6120	7900	12296	16406	18627	9.6	13.6
韩国	7899	8035	9669	10447	11848	6.1	13.4
法国	7072	7237	7245	7664	7739	4.0	4.0
英国	5467	5044	4891	4844	4895	2.5	1.0
瑞士	3799	3672	3728	3999	4194	2.2	4.6
荷兰	4363	4462	4063	3494	3992	2.1	14.0
瑞典	4136	3568	3314	3466	3585	1.8	3.6
意大利	2883	2652	2658	2671	2836	1.5	5.2
加拿大	2976	2527	2698	2923	2748	1.4	-6.7

续表

国家	2008 年	2009 年	2010 年	2011 年	2012 年	2012 年	2012 年
	申请量	申请量	申请量	申请量	申请量	百分比(%)	增长率(%)
芬兰	2214	2123	2138	2080	2353	1.2	13.2
澳大利亚	1938	1740	1772	1740	1708	0.9	-1.8
西班牙	1390	1564	1772	1725	1687	0.9	-2.4
所有其他	13726	12656	13346	14389	14466	7.4	1.2
总计	163240	155406	164316	181900	194400	100.0	6.6

二、2012 年 PCT 申请人与技术领域分析

（一）企业申请人分析

在世界全部企业申请人中，中国的中兴通讯股份公司以 3906 件申请蝉联全球 PCT 申请人首位，其次是日本的松下公司（2951 件）和日本夏普株式会社（2001 件）；中国的华为技术有限公司（1801 件）名次较去年下降一位来到第四，第五名是德国的罗伯特博世公司（1775 件）。2012 年，中兴公司（+1080 件）、松下公司（+488 件）和富士胶片公司（+477 件）的 PCT 申请量增长最多。韩国的 LG 电子公司（-242 件）和美国的高通公司（-189 件）减少最多。2012 年排名前 50 位的 PCT 申请人包括 20 个日本申请人和 14 个美国申请人，而中国申请人仅为 2 个（见表 2）。

表 2　2012 年 PCT 专利申请量排名前 20 位的企业

2012 排名	名次变化	申请人名称	来源国	2012 年公布的 pct 申请量（件）	较 2011 年的增长量（件）
1	0	中兴通讯有限公司	中国	3906	1080
2	0	松下电器产业株式会社	日本	2951	488
3	1	夏普株式会社	日本	2001	246
4	-1	华为技术有限公司	中国	1801	-30
5	0	罗伯特博世有限公司	德国	1775	257
6	1	丰田自动车株式会社	日本	1652	235
7	-1	高通股份有限公司	美国	1305	-189
8	4	西门子公司	德国	1272	233
9	0	皇家飞利浦电子股份有限公司	荷兰	1230	82
10	0	爱立信公司	瑞典	1197	81
11	-3	LG 电子株式会社	韩国	1094	-242

续表

2012 排名	名次变化	申请人名称	来源国	2012 年公布的 pct 申请量（件）	较 2011 年的增长量（件）
12	1	三菱电机公司	日本	1042	208
13	-2	NEC 公司	日本	999	-57
14	19	富士胶片株式会社	日本	891	477
15	5	日立株式会社	日本	745	198
16	-1	三星电子公司	韩国	683	-74
17	6	富士通株式会社	日本	671	177
18	-2	诺基亚公司	芬兰	670	-28
19	-5	巴斯夫公司	德国	644	-129
20	24	英特尔公司	美国	640	331

（二）高校申请人分析

从整体上来看，排名靠前的高校的 PCT 专利申请数量明显少于企业。高校申请人的前 6 位均来自美国，加利福尼亚大学（351 件）是 2012 年高校中最大的申请人，其后是麻省理工学院（168 件）、哈佛大学（146 件）和约翰霍普金斯大学（141 件）。高校前 50 位申请人包括 27 所美国高校和各 6 所日本与韩国的高校。值得注意的是，中国排名前 50 位的学校比去年增加一所，继清华大学后，北京大学 2012 年以 92 件 PCT 申请一举跻身世界高校申请人第 9 位，首次进入前 50 强（见图 2）。

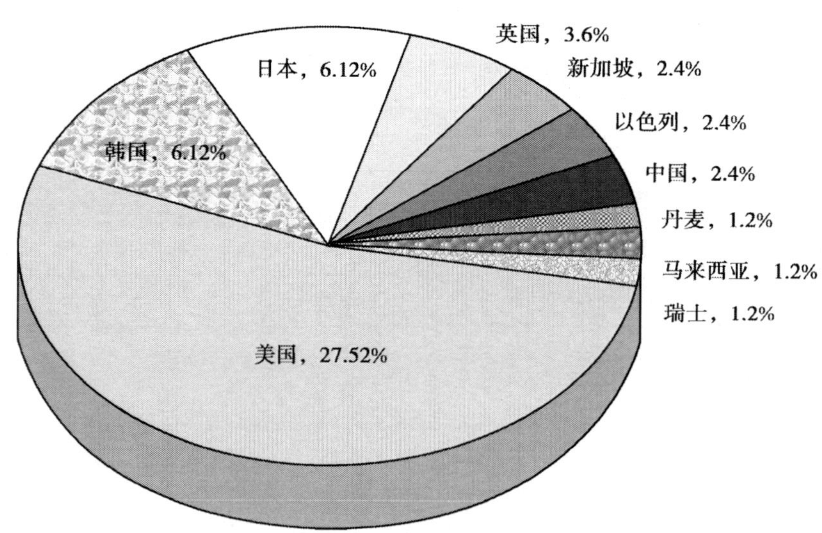

图 2　高校申请前 50 名来源国百分比

（三）主要技术领域分析

2012 年，所有技术领域中除了生物材料分析和装卸以外均出现申请量增长。用于管理的信息技术方法增长最快（+22.8%），接下来是微观结构技术和超微技术（+21.2%）、计算机技术（+18.2%）、运输（+17.5%）和电气机械（+17.1%）。电子机械类以 13293 件申请（占总数的 7.5%）超过数字通讯（7.1%），成为 2012 年已公布 PCT 申请量最多的技术领域。计算机技术（7%）和医疗技术（6.4%）也在申请总量中占了很大份额（见表 3）。

表 3　PCT 申请的技术领域

技术领域		2008 申请量	2009 申请量	2010 申请量	2011 申请量	2012 年份额（%）	较 2011 年增长率（%）
I：电气工程							
1	电机、电气装置、电能	8943	8986	11350	13293	7.5	17.1
2	音像技术	6251	5828	5836	6365	3.6	9.1
3	电信	6397	5856	4986	4988	2.8	0.0
4	数字通信	8846	9063	11650	12616	7.1	8.3
5	基础通信程序	1463	1392	1203	1296	0.7	7.7
6	计算机技术	11725	10239	10483	12391	7.0	18.2
7	计算机技术管理方法	2455	2156	2361	2899	1.6	22.8
8	半导体	5028	5582	6509	6889	3.9	5.8
II：仪器							
9	光学	4557	4326	4551	5110	2.9	12.3
10	测量	6855	6802	6570	7280	4.1	10.8
11	生物材料分析	1800	1885	1786	1716	1.0	-3.9
12	控制	2525	2397	2160	2334	1.3	8.1
13	医学技术	11088	10481	10763	11348	6.4	5.4
III：化工							
14	有机精细化学	6117	5672	5306	5578	3.2	5.1
15	生物技术	5293	5313	5244	5298	3.0	1.0
16	药品	8959	8399	7711	7792	4.4	1.1
17	高分子化学、聚合物	3138	3093	3108	3282	1.9	5.6
18	食品化学	1684	1519	1582	1728	1.0	9.2
19	基础材料化学	4731	4736	4894	4946	2.8	1.1

续表

技术领域		2008 申请量	2009 申请量	2010 申请量	2011 申请量	2012 年 份额（%）	较 2011 年 增长率（%）
20	材料、冶金	2802	2768	3225	3409	1.9	5.7
21	表面加工技术、涂层	2670	2454	2666	2909	1.6	9.1
22	显微结构和纳米技术	306	344	358	434	0.2	21.2
23	化学工程	3796	3626	3857	4211	2.4	9.2
24	环境技术	2237	2221	2474	2623	1.5	6.0
IV：机械工程							
25	装卸	3902	3721	4071	4007	2.3	-1.6
26	机器工具	3203	2945	3048	3372	1.9	10.6
27	发动机、泵、涡轮机	4136	4387	5053	5459	3.1	8.0
28	纺织和造纸机器	2300	2164	1982	2145	1.2	8.2
29	其他特殊机械	4086	3992	4230	4641	2.6	9.7
30	热工过程和器具	2128	2369	2600	2664	1.5	2.5
31	机器零件	4402	4152	4448	4756	2.7	6.9
32	运输	5973	5834	6261	7357	4.2	17.5
V：其他领域							
33	家具、游戏	3636	3277	3203	3319	1.9	3.6
34	其他消费品	3165	3008	3172	3317	1.9	4.6
35	土木工程	4343	4424	4819	5202	2.9	7.9

三、我国 PCT 对外申请特点分析

（一）我国 PCT 专利申请集中来源于东部沿海地区

2012 年，我国 PCT 国际专利申请[①]超过一百件的省区市为 16 个，比上年减少了 1 个。广东，北京和上海等东部沿海地区仍旧是国内 PCT 申请的主要来源。其中广东以 9211 件位列榜首；北京、上海依次以 2705 件、1024 件分列二、三位。排名第四至十位的分别是

① 中国国家知识产权局作为受理局受理的 PCT 申请。

江苏（915 件）、浙江（639 件）、山东（531 件）、湖南（448 件）、天津（304 件）、福建（266 件）、辽宁（244 件）（不含港澳台）。值得注意的是，2012 年我国 PCT 申请量排名前十位的省区市，其申请总量占全国 PCT 专利申请受理量的九成，进一步说明了沿海地区把增强自主创新能力作为调整经济结构、转变增长方式、提高国家竞争力的中心环节，科技创新能力有了明显的提高。

表 4　国内各地区 PCT 申请受理情况　（单位：件）

地区	2012 年	2011 年	2010 年	2009 年
广东	9211	8941	6678	4418
北京	2705	1862	1272	694
上海	1024	847	735	493
江苏	915	646	515	316
浙江	639	600	459	238
山东	531	412	282	126
湖南	448	405	174	47
台湾	370	358	294	269
天津	304	134	133	53
福建	266	319	268	143
辽宁	244	224	137	85
香港	243	238	250	242
四川	231	198	129	96
湖北	187	146	119	61
陕西	125	145	89	104
河南	118	72	77	32
重庆	99	106	61	27
安徽	86	100	86	55
河北	75	82	72	29
江西	62	28	13	18
黑龙江	45	30	34	28
山西	39	25	10	10
吉林	33	39	20	14
广西	26	36	21	10
新疆	25	21	10	7
贵州	21	9	21	11

续表

地区	2012年	2011年	2010年	2009年
内蒙古	21	7	3	6
云南	19	18	23	10
甘肃	13	18	16	2
宁夏	10	3	4	2
青海	5	1	1	3
澳门	4	2	4	0
海南	1	16	5	0
西藏	0	1	1	0
总计	18145	16089	12016	7649

（二）部分企业申请量位居世界前列，但优势企业数量不足

2012年世界PCT专利企业排名中，我国的中兴通讯股份有限公司、华为技术有限公司分列申请量的第1位和第4位，但是在世界PCT国际专利申请50强的企业中，日本企业有20家，美国企业有14家，德国企业有5家，中国企业仅有2家，且全部来自于数字通信领域的部分专利密集型企业，我国优势企业数量明显不足（见图3）。

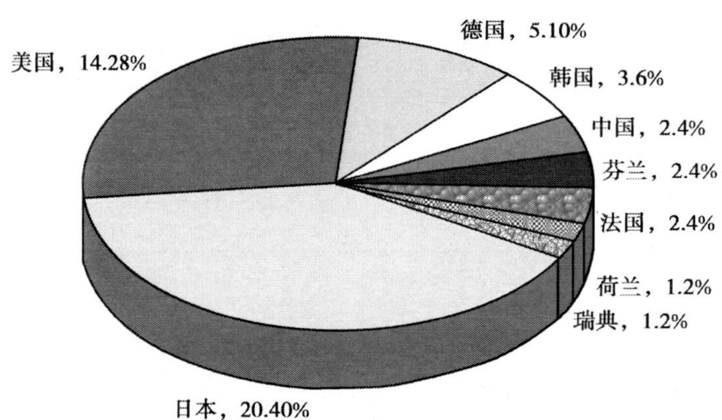

图3　企业申请前50名来源国百分比

（三）大学和科研机构创新能力明显不足

作为PCT国际申请总量世界第四的国家，中国仅有两所高校的PCT专利申请量能够跻身世界高校50强。我国高校和科研机构2012年PCT专利申请量与国际相关院校的差距说明，我国高校与科研单位的基础研究能力明显不足，其在创新型国家建设中的作用有待进一步提升。（刘畅）

发明专利：2012 年彰显五大趋势

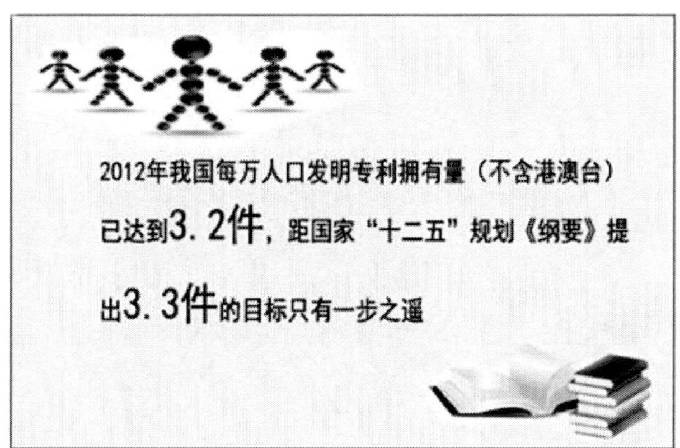

2012 年我国每百万人口发明专利拥有量

国家知识产权局公布的最新数据显示，2012 年，我国发明专利授权量再攀高峰。2012 年，我国共授权发明专利 21.7105 万件，同比增长 26.1% 。

深入解读 2012 年发明专利情况，有两个数据值得我们特别关注。一是截至 2012 年底，我国发明专利累计授权量超过百万大关，达到 111.1 万件，这是我国大力推进自主创新，实施知识产权战略创造出的辉煌成果；二是截至 2012 年底，我国每万人口发明专利拥有量（不含港澳台）已达到 3.2 件，距国家“十二五”规划《纲要》提出的每万人口发明专利拥有量达到 3.3 件的目标更为接近。

衡量一个国家的创新能力，发明专利是重要的评价指标之一。改革开放

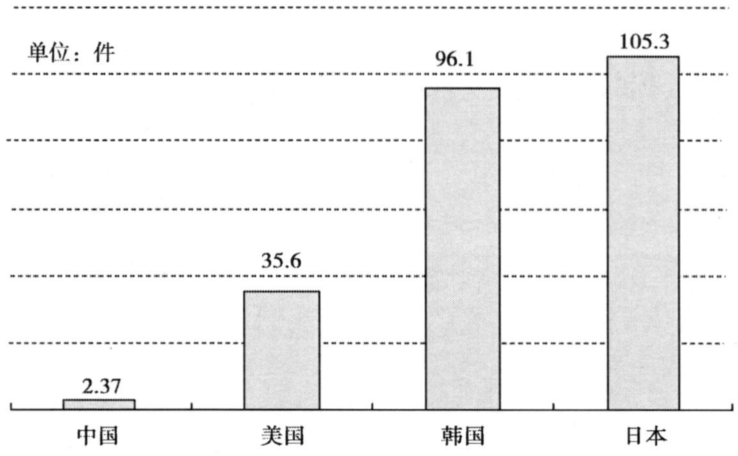

2011 年国内外每万人口发明专利拥有量对比

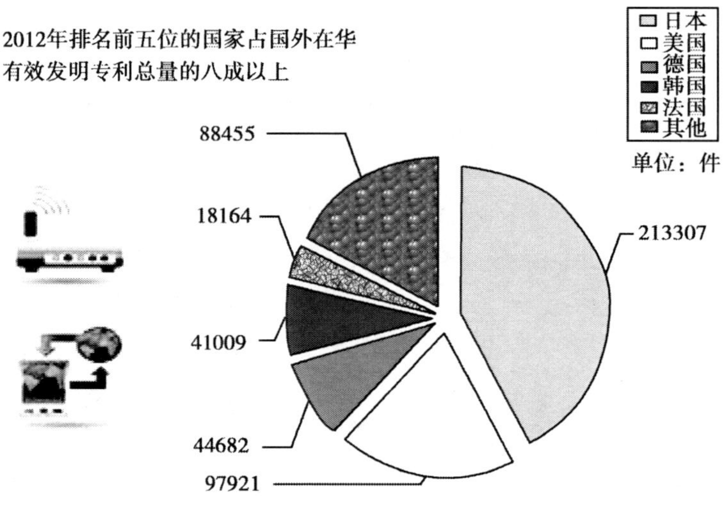

2012 年国外在华有效专利分布情况

以来，我国经济取得了令人瞩目的成绩，但是传统粗放式的发展模式制约着经济的进一步发展。加快转变经济发展方式，就必须从过去的要素驱动转变为创新驱动。而发明专利的增长，对于加快转变经济发展方式具有不可替代的推动作用。转变经济发展方式、建设创新型国家正是我国实施国家知识产权战略的主旨。

2012 年发明专利的多种数据背后，展现了当前我国专利发展的哪些趋势？这些新趋势对于我国进一步提升自主创新能力又有何启发？

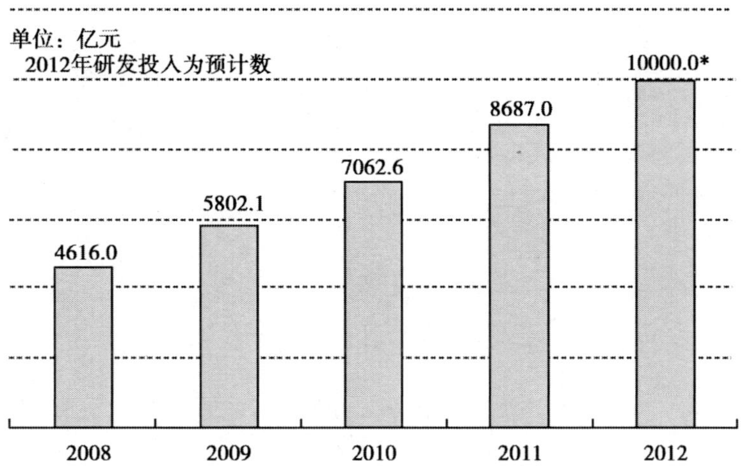

2008—2012 年全社会研发经费支出

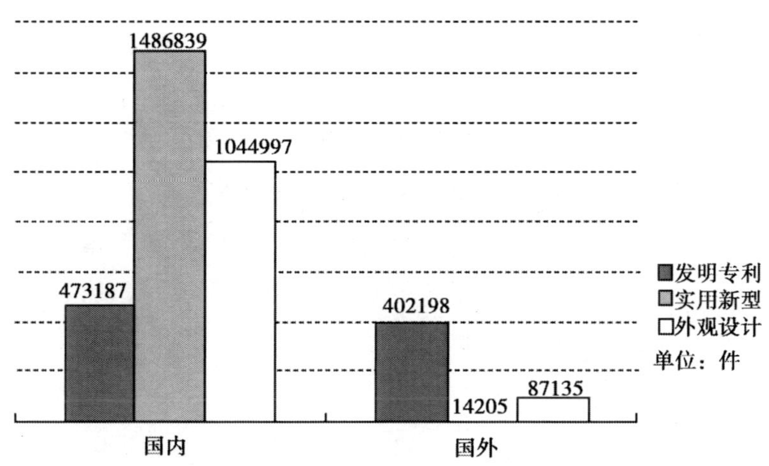

2012 年国内外三种有效专利结构分布情况

趋势一

从数量速度型转向质量效益型

仅用 27 年，我国发明专利累计授权量突破百万件

截至 2012 年底，我国发明专利累计授权量达到 111.1 万件。发明专利累计授权量突破 100 万件大关，我国仅用 27 年，成为世界上完成这一目标最快的国家。这表明通过实施知识产权战略，我国知识产权综合能力建设取得了巨大成效。当前，我国专利事业已进入推动国家核心竞争力提升、服务经济发展方式转变的新阶段，引导专利由数量速度型向质量效益型转变正逢

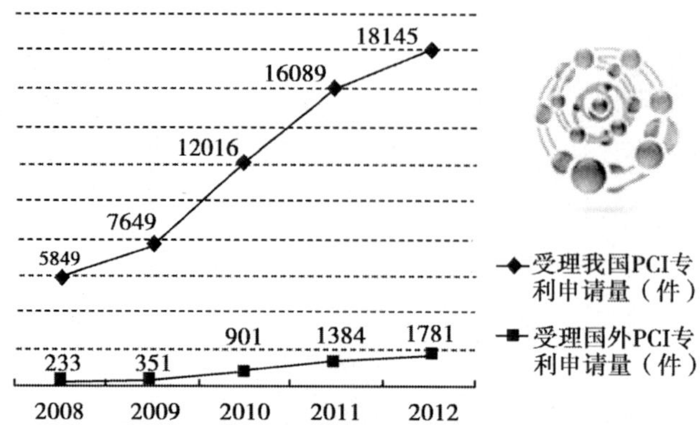

2008—2012 年我国 PCT 国际专利申请受理量

其时。

趋势二

企业创新主体地位逐步确立

发明专利授权中，企业所占比重达 54.7%

企业在我国技术创新中的主要力量地位不断巩固，企业发明专利布局规模化效应日益显现。2012 年，我国国内发明专利授权中，企业所占比重达到 54.7%，较上年提高 2.8 个百分点；发明专利授权数量超过 100 件的企业达到 49 家，比 2011 年增加 16.7%。我国专利制度在激发研发人员创新热情、促进经济依靠创新驱动方面不断发挥重要作用，推动我国以企业为主体的专利技术创新体系逐步建立。

趋势三

支撑经济发展作用日益显现

GDP、研发投入与发明专利授权量、拥有量高度相关

近 10 年来，我国的国内生产总值（GDP）、研发投入与国内发明专利授权量、拥有量都呈现出了较高的相关度。虽然，我国的专利质量与发达国家相比还有一定差距，但也涌现出一批高质量的核心技术专利。国家知识产权局与世界知识产权组织联合设置了“中国专利奖”，专门评选专利质量高、技术价值大、经济社会效益好的中国专利。2012 年第十四届中国专利奖共评选出 20 项中国专利金奖，5 项中国外观设计金奖，262 项中国专利优秀奖，44 项中国外观设计优秀奖。自实施日起至 2011 年底，获得金奖的 25

个项目新增销售额 1655 亿元，新增利润 346 亿元。

趋势四

专利授权分布集聚态势延续

中西部专利授权比重提高，但与东部相比差距仍很大

2012 年，我国发明专利授权中，东部地区 97570 件，占 67.8%；中部地区 15840 件，占 11.0%；西部地区 15769 件，占 11.0%；东北地区 7974 件，占 5.5%；港澳台地区 6694 件，占 4.7%，其中，东中西部所占比重分别略有提升，东北部及港澳台地区所占比重延续下降趋势。我国发明专利授权排名前十的省区市中，排名前 6 的均为东部沿海经济发达省（市区），这 6 个省（市区）占据了全国 31 个省（市区）发明专利授权总量的 64.8%；中西部地区发明专利授权所占比重虽逐年有所提高，但与东部地区相比，差距仍然很大。

趋势五

关键技术领域专利实力待加强

35 个技术领域中，国外在六个关键技术领域保有比重优势

尽管在我国发明专利授权中，国内所占比重不断提高，但在一些关键技术领域，我国的专利布局仍有待加强。据统计，在 2012 年世界知识产权组织划分的 35 个技术领域分类中，国外在光学、运输、音像技术、医药技术、半导体、发动机等技术领域的发明专利授权中仍保持优势。综合分析我国的专利情况，体现基础性、原创性的发明专利仍然比较少，我国发明专利的技术含量、复杂程度还比较低，在一些关键技术领域，国内拥有的发明专利还比较少，改进型发明占多数。这说明，我国的自主创新能力还有待加强，专利实力有待进一步提高。

（《经济日报》记者　鲍晓倩）

加快向专利强国迈进的步伐

——访国家知识产权局副局长贺化

记者：2012 年我国发明专利累计授权量突破 100 万件大关，用时 27 年，成为世界上完成这一目标最快的国家。您如何看待我国知识产权战略的实施效果？

贺化：国家知识产权战略是面向 2020 年指导知识产权工作的总纲领。战略实施近 5 年来，知识产权事业迈上一个大台阶。这 5 年来的主要任务是建体系、出政策、搭平台。在国务院有力领导和各部门的协作支持下，全国战略实施体系自上而下建立并逐渐完善，各地区各部门对知识产权战略越发重视，政策部署和工作推动力度不断加大，有力促进了我国知识产权事业的发展。通过加强审查管理，有效提升了专利的质量；通过加快立法，加强执法，加大对侵犯知识产权行为的打击力度，营造了保护创新的良好氛围；积极促进发明专利的运用，推动了国计民生重大项目和战略性新兴产业的发展；健全知识产权服务体系，培育服务机构，加快发展知识产权服务业，为转型升级增效益奠定了坚实的基础保障；加强知识产权宣传和教育，大力倡导知识产权文化建设，在全社会培育了良好的知识产权意识。

通过实施知识产权战略，知识产权事业发展呈现良好新局面。知识产权制度的推动力量已从主要应对外部压力转变为提升我国自主创新能力和产业竞争力的内在需要。政府知识产权工作的着力点，已从知识产权制度的构建转变成为引导并推动市场主体对知识产权制度的有效运用。社会各方也从单纯关注知识产权保护，朝着重视自主知识产权创造、运用以及追求知识产权质量和市场价值转变。这些可喜的变化，标志着我国知识产权事业已经进入一个新的发展阶段。

记者：当前，我国专利事业已进入推动国家核心竞争力提升、服务经济发展方式转变的新阶段。党的十八大报告提出，要实施创新驱动发展战略。应如何看待实施知识产权战略与建设创新型国家的关系？

贺化：世界科技、产业、经济发展数百年的历史表明，知识产权的发展与产业结构、经济结构调整密切相关，专利更常常表现为产业经济发展的先导，引领效果明显。要坚持促进创新驱动发展的知识产权工作定位。积极服务于创新驱动发展，不仅是知识产权作用于经济社会发展的切入点，也是知识产权事业自身发展的基础。

目前，我国知识产权活动已经进入一个历史活跃期，专利等知识产权持续快速增长。在准确把握形势的基础上，国家知识产权局将积极引导创新主体从追求知识产权数量向更加注重知识产权质量和效益的转变，不断提升知识产权工作自身科学发展的能力，更好地发挥知识产权促进经济社会发展的支撑作用。

记者：推进从资源要素驱动向创新要素驱动的转变，就必须不断提高知识产权的保护水平和能力，当前我国加强知识产权保护还需开展哪些工作？

贺化：加强知识产权保护，是推动经济发展方式转变的客观需要，是保障知识产权制度健康有序运行的关键环节，是知识产权体系全面发展的重要保证。中国知识产权保护状况的改善极大地增强了国外投资者的信心。目前，中国是世界上吸引外资最多的国家之一，全球500强企业中已有470多家在中国落户，中国在吸引外资方面已连续18年居发展中国家首位。

当前，为加强知识产权保护，需要完善知识产权法律法规体系建设，推动专利法修改进程；加强知识产权执法和维权援助工作，推进地方知识产权保护能力提升工作；不断完善知识产权保护工作机制，加大保护力度。

记者：根据世界知识产权组织发布的数据，2011年中国的发明专利申请量跃居世界首位。2012年我国专利申请量和授权量依然保持快速增长，今后，我国又该如何向专利强国迈进？

贺化：综合分析我国的发明专利情况，既有高新技术的重大突破，也有生活领域的技术改良，但体现基础性的、原创性的发明专利仍然比较少，在一些核心技术领域，国内拥有的专利还比较少，改进型发明还占多数。

建设专利强国，需要坚定不移地实施国家知识产权战略，紧密联系知识产权工作实际，稳中求进，大力加强全国知识产权工作六大支撑体系建设，研究并找准知识产权服务创新驱动发展战略的切入点和着力点，着重做好激励创造、有效运用、依法保护、科学管理等方面的工作。

2013年，在加强知识产权运用体系建设上，我们将重点发挥专利引导产业发展的作用，探索专利导航产业发展的有效模式，以试点示范园区为主要载体，建立专利分析与产业运行决策深度融合、专利运用对产业运行效益高度支撑的工作体系。探索建立“政产学研金介用”深度融合的专利协同运用模式，积极推动专利运用促进产业升级发展。

我们将加快知识产权商用化工作，完善知识产权投融资相关政策，会同银监会指导和支持商业银行出台业务指引，推动知识产权投融资业务常态化、多元化、协同化。搭建20个左右知识产权投融资服务平台。制定发布《企业知识产权管理规范》，给予培育基础较好的企业重点指导和服务。推动国家专利产业化基地机制建设和服务功能提升。规范全国专利技术展示交易中心管理，提升服务功能。

（《经济日报》记者　鲍晓倩）

最高法院公布 2012 年度十大知识产权案例

2013 年 4 月 22 日，在第 13 个世界知识产权日来临之际，最高人民法院在江苏苏州发布《中国法院知识产权司法保护状况（2012 年）》（即白皮书，下称白皮书），公布 2012 年中国法院知识产权司法保护十大案件和 50 个典型案例，并首次公布今年开始评选的 2012 年中国法院知识产权司法保护十大创新性案件。

白皮书内容显示，2012 年我国法院审理的知识产权案件数量快速增长，特别是知识产权刑事案件成倍增长。2012 年，地方各级人民法院共新收知识产权民事一审案件 8.7419 万件，比上年增长 45.99%；审结 8.3850 万件，比上年增长 44.07%。共新收知识产权行政一审案件 2928 件，比上年增长 20.35%；审结 2899 件，比上年增长 17.37%。共新收知识产权刑事一审案件 1.3104 万件，比上年增长 129.61%；审结 1.2794 万件，比上年增长 132.45%。

2012 年，最高人民法院先后发布了《关于审理因垄断行为引发的民事纠纷案件应用法律若干问题的规定》和《关于审理侵害信息网络传播权民事纠纷案件适用法律若干问题的规定》两部司法解释。同时，积极应对知识产权审判工作中出现的新情况、新问题，就知识产权审判实践中突出的热点难点问题组织开展专项调研，涉及药品说明书、卡拉 OK 著作权、戏剧作品著作权、非法抢注商标等问题，以便及时解决新型、疑难法律适用问题。

最高法院知识产权庭有关负责人表示，此次公布的十大案件、十大创新性案件和 50 个典型案例，是从各高级人民法院报送的 148 个案例以及最高法院 2012 年审结的 366 件知识产权案件中筛选出来的。值得注意的是，十大案件和十大创新性案件中既有最高法院审结的案件，也有地方各级人民法院审结的案件，而 50 个典型案例则全部是地方各级人民法院审结的案件。这集中反映出地方各级人民法院知识产权司法保护水平和能力的提高。这些案例都具有较强的法律适用的典型意义及较大的社会影响，不仅展示了中国法院知识产权司法保护工作的成绩和力度，同时也为当事人提供了可资借鉴的维权范本。

据介绍，十大案件的评选注重案件的社会影响力，而十大创新性案件的评选则主要是依据案件是否涉及新的法律领域或者新的法律问题，或者在法律适用上有新的思考，并且符合知识产权司法保护的政策导向。在这 10 个案件中，有的涉及当前知识产权司法保护的前沿问题，有的通过裁判对新出现的知识产权权利形式给予保护从而拓宽了知识产权司法保护领域，有的在纠纷最终处理方式上有所创新。

2012 年度中国法院知识产权司法保护十大案件

1. "IPAD" 商标权属纠纷案

2000 年，唯冠集团旗下的子公司分别在多个国家、地区注册了 iPad 商标，其中包括唯冠科技（深圳）有限公司在中国大陆注册的 iPad 商标。2009 年，苹果公司通过 IP 申请发展有限公司（下称 IP 公司）与唯冠集团旗下一家子公司——台湾唯冠公司达成协议，约定将 iPad 商标以 3.5 万英镑的价格转让给苹果公司。

2010 年 4 月 19 日，苹果公司、IP 公司向深圳市中级人民法院提起诉讼，请求确认唯冠科技（深圳）有限公司在中国大陆注册的"IPAD"商标归其所有并赔偿其损失 400 万元。

一审法院判决驳回了原告诉讼请求。该案最终经广东省高级人民法院促成双方以 6000 万美元达成调解。

【典型意义】苹果公司 ipad 产品是一款在市场上广受欢迎的产品，获得该商标对其来讲意义重大。而该案纠纷发生时，深圳唯冠公司濒临破产，涉及债权人多达数百人，最大的财产估值集中在 iPad 商标上。对双方来讲，调解是其解决纠纷的最佳方式。法院从这一基础出发，最终促成双方调解。该案的成功调解彻底解决双方在美国、中国香港以及内地的一系列纷争，向国际社会展现了我国日益成熟的知识产权制度和司法保护状况。

2. "三一" 驰名商标保护案

三一重工股份有限公司（下称三一重工）是"三一"文字注册商标专用权人。马鞍山市永合重工科技有限公司（原名马鞍山市三一重工机械制造有限公司，下称永合公司）未经三一重工公司许可，在其企业名称中冠以"三一"文字，并在其机床类产品、厂房外墙、广告宣传及网站首页中使用"三一重工"、"三一机床"等标识。三一重工据此提起商标侵权及不正当竞争诉讼。

湖南省长沙市中级人民法院一审判决永合公司停止商标侵权及不正当竞争行为并赔偿三一重工经济损失 40 万元。湖南省高级人民法院终审维持原判。

【典型意义】三一重工是国内知名企业，其所拥有的"三一"文字注册商标被相关公众广为知晓。永合公司在其机床类产品上突出使用"三一"标识，并在其企业名称中冠以"三一"文字。法院根据商标法的规定，依法认定三一重工拥有的"三一"文字注册商标为驰名商标，判定永合公司的行为构成商标侵权及不正当竞争。本案通过驰名商标的司法认定，有力地保护了商标权人的合法权益，对于维护正常的经济秩序，制止"傍名牌"、"搭便车"行为，促进知名企业的品牌建设具有积极的意义。

3. 计算机中文字库著作权纠纷案

北京北大方正电子有限公司（下称北大方正公司）是方正兰亭字库 V5.0 版中的方正北魏楷体 GBK 等 5 款方正字体的权利人。该公司认为暴雪娱乐股份有限公司（下称暴雪公司）旗下网络游戏《魔兽世界》的汉化版侵犯其计算机软件著作权以及其中每个汉字的美术作品著作权，据此向北京市高级人民法院提起诉讼，索赔 4.08 亿元。

北京高院一审判定侵权成立，判令暴雪公司等立即停止侵权并赔偿北大方正公司经济损失 140 万元。最高人民法院终审判决暴雪公司等立即停止侵权并赔偿北大方正公司经济损失 200 万元。

【典型意义】本案涉及到计算机中文字库的法律属性的认定。最高法院在本案中认为：方正兰亭字库应作为计算机软件而不是美术作品受到著作权法的保护。计算机中文字库运行后产生的单个汉字，只有具有著作权法意义上的独创性时方能认定其为美术作品。计算机中文字库运行后产生的单个汉字，无论其是否属于美术作品，均不能限制他人正当使用汉字来表达一定思想、传达一定信息的权利。

4. “葫芦娃”角色形象著作权权属纠纷案

胡进庆、吴云初是上海美术电影制片厂的职工，上个世纪 80 年代，上海美术电影制片厂指派胡进庆、吴云初担任系列动画片《葫芦兄弟》的造型设计，二人共同创作了“葫芦兄弟”角色造型形象。胡进庆、吴云初认为，“葫芦兄弟”形象作为美术作品可以独立于影片而由作者享有著作权，该美术作品属于一般职务作品，在双方未就著作权进行约定的情况下，“葫芦兄弟”角色造型形象的美术作品著作权应归二人所有，遂诉至上海市黄浦区人民法院。黄浦法院经审理驳回了两人的诉讼请求。上海市第二中级人民法院终审维持原判。

【典型意义】本案涉及动画造型著作权的认定，法人作品与职务作品、一般职务作品与特殊职务作品的比较和区分等法律问题以及计划经济时代著作权归属的问题。本案判决综合考虑了作品创作之时的特定历史条件和规章制度以及当事人的具体行为及其真实意思表示等各个层面，认定由单位职工创作的动画角色造型属于“特殊职务作品”，单位享有除署名权之外的著作权。这一方面符合公众对此类作品著作权归属的通常认识，另一方面也维护了文化产业的健康发展。

5. 涉及百度文库著作权纠纷案

韩寒为当代知名青年作家，其在百度文库中发现有多位网友将其代表作《像少年啦飞驰》（下称《像》书）上传至百度文库，供用户免费在线浏览和下载，其多次致函经营百度文库的北京百度网讯科技有限公司（下称百度公司）协商处理未果。韩寒认为百度公司侵犯了其《像》书的信息网络传播权，遂向北京市海淀区人民法院提起诉讼，请求立即停止侵权、采取有效措施制止侵权，关闭百度文库，赔礼道歉，赔偿经济损失 25.4 万元等。

海淀法院经审理，判决百度公司赔偿韩寒经济损失 3.98 万元。一审判决后，双方均未上诉。

【典型意义】本案是作家维权联盟与百度公司就文库模式发生冲突寻求司法解决的典型案件，广受各界关注。本案判决在论证信息存储空间网络服务商的过错时以“注意义务”为切入点，结合百度文库的客观现状、作者及作品的知名度、作者与百度公司就百度文库引发纠纷的协商情况等情节，审查百度公司是否采取了符合其身份、满足其预见水平和控制能力范围内的措施，并对百度公司所采取技术措施的妥当性进行了判断。判决肯定了百度公司为文库这一商业模式预防侵权所做的积极努力，但也指出其制止侵权应注重规范化管理，而不能依赖于应急措施和尚不完善的技术措施。本案判决意在平衡文化产品创作者、传播者以及公众的利益，促成权利人与网络企业的合作，实现互联网文化的繁荣。

6. CDMA/GSM 双模式移动通信方法专利侵权纠纷案

浙江华立通信集团有限公司（下称华立公司）系名称为“一种 GSM/CDMA 双模式移动通信的方法”的发明专利独占许可的被许可人。华立公司认为深圳三星科健移动通信技术有限公司（下称三星公司）制造、戴钢销售的 SCH-W579 手机的技术方案与其专利权所记载的技术方案相同，请求法院判令三星公司停止侵权、赔偿华立公司经济损失 5000 万元；戴钢停止销售侵权手机。

一审法院全部支持了华立公司的诉讼请求。浙江省高级人民法院终审判决撤销原审判决，驳回华立公司的诉讼请求。

【典型意义】本案是国际知名手机生产商被诉侵犯中国同行专利权第一案，诉讼请求和一审判赔数额均高达 5000 万元，受到国内外广泛关注。二审法院积极引导当事人举证质证，准确采用合理的比对方法，鼓励双方当事人聘请专家辅助人帮助其说明技术问题，并借助技术鉴定等事实查明机制，有效解决技术难题，正确适用相关法律，改判驳回了国内手机厂商的全部诉讼请求，平等保护了各方当事人的合法权益，营造了公平竞争的市场环境。

7. “泥人张”不正当竞争纠纷案

张明山在世时因精于捏塑被群众称为“泥人张”，其后代张铝、张宏岳继承和发展了家族的泥塑艺术。北京泥人张博古陶艺厂和北京泥人张艺术品有限公司分别于 1982 年 11 月和 1994 年 7 月成立，法定代表人均为张铁成，在经营中均使用了“泥人张”。“泥人张”传人向北京市第二中级人民法院提起诉讼，请求判令三被告停止侵权、赔礼道歉并赔偿经济损失 110 万元等。

北京二中院一审认定三被告侵权成立，须停止侵权、赔偿合理费用 1 万元。北京高院二审认为，张铁成使用“北京泥人张”有其合理依据，故判决三被告赔偿合理费用 1 万元、在“nirenzhang”域名前附加区别性标识，撤销了一审关于停止使用“泥人张”专有名称的判项。最高法院经再审，判决撤销二审判决，维持一审判决。

【典型意义】本案双方当事人主张的家族传承历史久远，涉及法律关系复杂，判决结果对于双方当事人有重大影响，因而受到了社会的广泛关注。再审判决书在全面充分清楚展现案情、事实和诉辩主张的基础上，准确适用法律，结合法理和情理，对通用称谓的认定、“泥人张”特定称谓体现的权益及保护、公开出版物记载内容真实性的审查判断、三被告是否构成不正当竞争等问题进行了深入分析，保证了裁判结果的说服力，取得了良好的法律效果。

8. 侵害姚明人格权及不正当竞争纠纷案

武汉云鹤大鲨鱼体育用品有限公司（下称云鹤公司）在未经姚明同意的情况下，将其姓名和肖像用于生产和销售的“姚明一代”产品及其宣传上，姚明认为其上述行为侵犯了姚明的人格权，亦构成不正当竞争，遂请求法院判令云鹤公司立即停止侵权，赔偿经济损失1000万元。

武汉市中级人民法院经审理，酌定云鹤公司赔偿姚明经济损失30万元。湖北省高级人民法院终审改判赔偿额为100万元。

【典型意义】人格权商品化问题一直是法学理论界与司法实务界探讨的热点。以姓名、肖像等主体的外在标志和表征为内容的人格权在商品经济社会呈现出巨大的商业价值，特别是名人的姓名和肖像。本案由于姚明本人的知名度及其影响力，备受媒体和社会关注。本案不仅通过适用反不正当竞争法对具有商业价值的、在商品经营中使用的自然人姓名、肖像等给予了保护，而且在确定赔偿数额上也相应选择适用了反不正当竞争法及其司法解释，对审理人格权与不正当竞争案件具有借鉴意义。

9. “乐活”商标侵权行政处罚案

苏州鼎盛食品有限公司（下称鼎盛公司）因商标侵权被苏州市工商行政管理局处以“责令停止侵权行为并罚款50万元”。鼎盛公司不服向苏州市政府申请行政复议，苏州市政府维持苏州工商局作出的工商处罚决定。鼎盛公司对此仍不服，向苏州市中级人民法院起诉。苏州中院经过审理维持了苏州工商局的处罚决定。鼎盛公司不服向江苏省高级人民法院上诉。江苏高院终审改判鼎盛公司停止侵权。

【典型意义】本案是江苏法院在知识产权“三合一”框架下，首例以司法判决方式对显失公正的行政处罚予以变更的知识产权行政案件。本案向知识产权行政执法机关作出如下指引：工商行政机关依法对行政相对人的商标侵权行为实施行政处罚时，应遵循过罚相当原则行使自由裁量权，即在保证行政管理目标实现的同时，兼顾保护行政相对人的合法权益，行政处罚以达到行政执法目的。

10. 网络游戏私服侵犯著作权案

2009年2月，赵学元、赵学保以营利为目的，未经《热血传奇》游戏中国运营商上海盛大网络发展有限公司许可，租用网络服务器，私自架设网络游戏服务器运营“热血传奇”，用银行卡绑定支付平台，供网络游戏玩家通过网银转帐、游戏点卡充值等方式付费。至案发，赵学元运营私服游戏的非法经营数额为62.9113万元，赵学保非法经营数额为7.9663万元。

连云港市中级人民法院判决赵学元、赵学保构成侵犯著作权罪，分别判处有期徒刑3年，并处罚金40万元、有期徒刑1年6个月，缓刑2年，并处罚金7万元等。江苏高院终审维持原判。

【典型意义】私自架设、租用网络游戏服务器从事“私服”活动是目前利用互联网实施侵犯著作权犯罪的主要手段之一。本案通过司法裁判准确界定了此类犯罪的性质，同时结合能够证实汇款方汇款性质的系列证据，对被告人非法经营数额作出准确认定，有效维护了网络游戏作品权利人的著作权，规范了互联网游戏经营行为，有力打击了犯罪。

（《中国知识产权报》记者魏小毛　祝文明）

全国知识产权保护最具影响力人物榜

2012年度全国知识产权保护重大事件、案件及有影响人物评选活动结果4月23日在北京揭晓。其中，上海大学知识产权学院院长陶鑫良、腾讯科技（深圳）有限公司原首席行政官陈一丹等12名候选人当选2012年度全国知识产权保护最具影响力人物。

具体当选人物名单及评语如下：

1. 陶鑫良，上海大学知识产权学院院长

陶鑫良从事知识产权教学、研究近30年，现担任国家知识产权专家咨询委员会委员、中国法学会知识产权法研究会副会长等职。2012年，作为国家版权局著作权法修改专家委员会委员，积极为商标法修改提供立法意见，作出了积极贡献。

2. 黄峰，四川省知识产权局局长

2012年，黄峰带领四川省知识产权局围绕工业强省、创新型四川建设，一手抓知识产权创造、促进自主创新，一手抓知识产权宣传执法、营造良好环境，取得显著成绩；她主持开展的《四川省中药行业知识产权战略研究》获全国优秀专利调查研究报告一等奖。

3. 尹志尧，中微半导体设备（上海）有限公司董事长兼首席执行官

2012年，尹志尧沉着应对中微公司在美遭遇的应材公司和科林研发两国际巨头的专利侵权诉讼，在美国提出反诉，并在中国国内提起不正当竞争诉讼，最终获胜，为中国企业依靠知识产权“走出去”写下了精彩一笔。

4. 陈学军，上海市工商行政管理局副局长

2012年，陈学军作为上海市工商局“双打”专项行动领导小组组长，带队深入推进“双打”专项行动，着力构建商标保护长效机制；他指导制定的上海市商标战略纲要和相关法律法规颁布实施。

5. 许瑞察，福建省泉州市工商局局长

2012年，许瑞察带领泉州市工商局与国家工商总局签订支持企业商标国际注册工作的协作备忘协议，建立了泉州商标馆和商标交易服务中心，25家企业获得商标专用权质押贷款6.958亿元，驰名商标拥有量达105件，居全国地级市首位。

6. 张树国，辽宁省工商局商标处处长

2012年，张树国荣获省“知识产权战略实施工作先进个人”称号；在他和同事们的努力下，辽宁全年新增驰名商标57件、马德里国际注册申请41件、地理标志商标16件，查处制售假冒伪劣商品案4439件，并搭建了辽宁驰著名商标展示平台，作出了突出成绩。

7. 陈一丹，腾讯科技（深圳）有限公司原首席行政官

2012年，在陈一丹的领导下，腾讯科技有限公司获得世界知识产权组织颁发的版权创意金奖；他倡导设立的深圳版权金奖成为国内首个城市版权表彰项目；作为国家版权局著作权法修改专家委员会委员，他对著作权法修改提出了真知灼见。

8. 王迁，华东政法大学知识产权学院教授

2012年，王迁作为著作权法修改专家委员会成员参与了著作权法修订工，他编著的《知识产权法教程》荣获上海市高校优秀教材二等奖；作为中国代表团成员，他参与了WIPO多次重要会议，为版权保护作出了积极贡献。

9. 万捷，雅昌集团有限公司董事长兼总裁

2012年，在万捷带领下，雅昌集团公司创建了全球最大的《中国艺术品数据库》，保护引述品版权资源，建立了艺术家数字资产管理系统，推动了艺术行业的知识产权保护。

10. 张伟，厦门海关法规处处长

2012年，张伟带领部门强化风险管理，狠抓专项整治，扎实推进知识产权海关保护工作，办理各类侵权案件284批次，涉案货值约1977万元，向公安机关通报侵权案件线索22起，取得明显成效。

11. 曾旭岩，广东省公安厅经侦总队知识产权犯罪侦查科科长

2012年，曾旭岩带领部门继续严厉打击制假售假犯罪行为，多措并举，扎实推进，指导各地侦破公安部督办案件38宗、大要案件1478宗，取得突出工作成效，得到上级领导的充分肯定。

12. 姚建军，陕西省西安市中级人民法院知识产权审判庭庭长

姚建军十多年如一日辛勤耕耘，他审理了美国通用电气公司与中国企业知识产权纠纷案等一批有影响的案件，其中多例入选《改革开放30年影响中国的100件典型案例》及《中国知识产权年鉴》，具有典型、代表意义。

（《中国知识产权报》记者崔静思）

十大全国知识产权保护重大案件出炉

由国家知识产权局、国家工商行政管理总局、国家版权局共同开展的2012年度全国知识产权保护重大事件、案件及有影响人物评选活动结果4月23日在北京揭晓。其中，同方威视在美专利申请抵触审查裁决中获胜、iPad商标纠纷达成和解等十大案件当选2012年度全国知识产权保护重大案件。

具体当选案件名单及评语如下：

1. 我国产业在磷酸铁锂专利无效行政诉讼案中获胜

2011年，国家知识产权局专利复审委员会对3家外资企业的磷酸铁锂电池技术专利宣告无效；2012年，北京一中院对该案作出维持复审委的判决，对中国磷酸铁锂电池产业的发展具有重大影响。

2. 同方威视公司在美专利申请抵触审查裁决中获胜

2012年4月30日，美国专利局对我国同方威视公司在美专利申请抵触程序做出裁决，同方威视获胜，极大增强了企业利用知识产权取得国际竞争优势的信心，为“走出去”企业提供了有益启示。

3. 大长江集团摩托车外观设计专利侵权纠纷得到快速调解

2012年，广州市知识产权局对大长江公司5件摩托车外观设计专利侵权纠纷进行积极调解，快速有效维护了当事人的合法权益，体现了行政执法的优势和行政保护力度的增强。

4. iPad商标纠纷达成和解

2012年6月，苹果公司与深圳唯冠就iPad商标在中国大陆所有权的诉讼在法院调解下达成和解，苹果支付6000万美元一揽子解决纠纷，该案引发高度关注，为社会公众上了一堂生动的知识产权知识普及课。

5. 国家工商总局商评委调解“PRTV”商标争议案件达和解

2012年，绝缘涂料“PRTV”商标权利人宋福如诉北京世纪航凯电力技术开发有限公司商标侵权，后者以PRTV为商品通用名抗辩；在商标评审委员会耐心工作下，当事人达成和解协议，成为商评委审理创新、行政为民的范例。

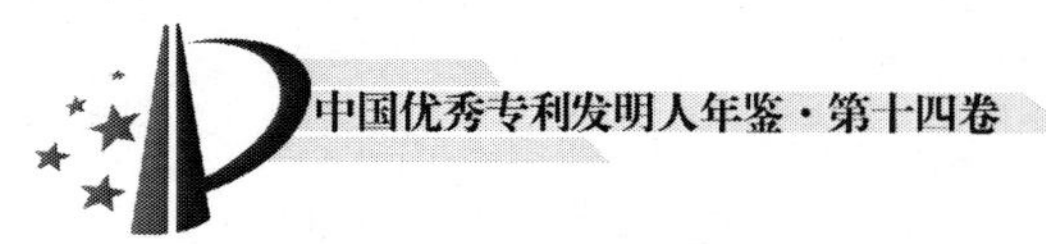

6. 广州市白云区尊尚皮具制品厂制售侵犯他人注册商标专用权皮具被联合查处

2012 年 6 月，广东工商部门联合广州市公安机关，查处尊尚皮具制品厂涉嫌制售假冒 GUCCI 等国际名牌皮具（箱包）案，涉案金额达 1.5 亿元，并移送检察机关审查起诉。该案是行政执法和刑事司法衔接的一个成功范例。

7. “杭州世纪联合网吧多媒体系统”侵犯著作权被查处

2012 年杭州滨江法院对杭州世纪联线网吧多媒体系统侵犯著作权案作出一审判决。该案由省版权局与公、检、法协同进行调查，对规范网络版权保护秩序起到了积极作用。

8. 《剑侠世界》网络游戏“私服”案

2012 年 1 月，北京市文化执法总队对《剑侠世界》网络游戏被盗版、在境外网站发现游戏“私服”案进行调查，成功办结首起涉“私服”网络游戏案；9 月，北京海淀法院对该案作出判决，震慑了文化领域违法犯罪活动。

9. 上海海关打击出口假冒轴承系列专案

2012 年 3 月，上海海关将先后查获的 7 批假冒轴承移送公安机关，保护了知识产权权利人合法权益，同时有效净化了轴承市场的经济秩序，实现了“查处一批案件、规范一个行业”的目标，具有示范意义。

10. 苏徽鲁豫等地公安机关开展打击假冒注册商标奶制品集群战役统一收网行动

2012 年，江苏、安徽、山东和河南等地公安机关联手开展打击假冒注册商标奶制品集群战役，对涉案目标实施精准打击，一举突破全案，共缴获假冒品牌奶制品、饮料等 90 余万件，涉案金额达 695 万元，铲除了犯罪毒瘤。

（国家知识产权局）

首批全国知识产权领军人才评审结果揭晓

国家知识产权局办公室 2012 年 12 月 28 日发布通知，公布了首批全国知识产权领军人才名单。贸促会直属企业香港专利公司副总经理郃红、贸促会专商所副所长龙传红等 81 人荣获“全国知识产权领军人才”称号。

国家知识产权局局领导李玉光、肖兴威、鲍红及其他全国知识产权领军人才评审委员会委员出席会议，副局长甘绍宁主持会议并作重要讲话。甘绍宁指出，全局要高度重视知识产权人才工作，以十八大精神为指导，按照党管人才的要求，进一步加强知识产权人才工作的组织领导；要加快知识产权人才政策措施的制定和出台，大力实施知识产权人才工程和计划，不断创新人才工作，强化知识产权人才体系建设；要把领军人才作为推动知识产权人才队伍建设的重点，充分发挥领军人才的引领示范作用，带动全国知识产权人才队伍的发展，实现高端引领、整体推进，为知识产权事业提供智力支持和人才保障。

经过评审，全国评选出知识产权行政管理与执法人才、企业知识产权人才、知识产权服务业人才、高等院校及科研机构知识产权人才 4 类首批知识产权领军人才共 81 名。

目前，全国基本形成了以领军人才、百名高层次人才、千名骨干人才和万名专业人才为纵向 4 个层级，以行政管理和执法、专利审查、服务业、企业、高校及科研院所知识产权人才为横向 5 个类别的梯次合理、门类齐全的知识产权人才队伍体系。全国各类知识产权专业人才已达 6 万多人。其中，专利审查人才 7 千多人，知识产权行政管理和执法人才 1 万多人，企事业单位知识产权人才 4 万多人，执业专利代理人约 8 千人。

全国知识产权领军人才是由全国知识产权局系统、国家知识产权战略实施工作部际联席会议成员单位、中国知识产权研究会、中华全国专利代理人协会、中国专利保护协会等渠道推荐的基础上，经专家评审委员会评审产生。根据《知识产权高层次人才引领计划实施方案》，“十二五”期间，在全国范围内将评选出来自知识产权行政管理与执法部门、企业知识产权部门、知识产权服务业、高等院校及科研机构，共 4 大类约 200 名领军人才组建全国知识产权领军人才库。

此次评审为首届，评选出全国知识产权领军人才 81 名，名单如下：

（按姓氏拼音排序，共 81 人）

知识产权行政管理与执法人才类（20 人）

陈仲伯　　湖南省知识产权局
董宏伟　　湖北省武汉市知识产权局
何志敏　　天津市知识产权局
黄　峰　　四川省知识产权局
黄丹萍　　福建省泉州市知识产权局
黄志臻　　江苏省知识产权局
李　剑　　最高人民法院知识产权庭
李　旭　　浙江省宁波市知识产权局
厉　宁　　广东省广州市知识产权局
刘纪雷　　河北省知识产权局
裴晓颖　　国家质量监督检验检疫总局
乔同勋　　新疆生产建设兵团知识产权局
石　村　　中央电视台
宋　健　　江苏省高级人民法院知识产权庭
陶凯元　　广东省知识产权局
汪　洪　　北京市知识产权局
谢商华　　四川省高级人民法院
徐友军　　广东省深圳市知识产权局
张　梅　　江苏省苏州市知识产权（版权）局
张跃进　　山东省知识产权局

企业知识产权人才类（20 人）

白宝国　　广东威创视讯科技股份有限公司
陈志强　　同方威视技术股份有限公司
代德建　　四川长虹电子集团有限公司
丁艳玲　　北新集团建材股份有限公司
杜永保　　中国航空工业知识产权管理办公室
段宝玲　　华北制药集团有限责任公司
付　江　　宝山钢铁股份有限公司
李　嘉　　中昊晨光化工研究院有限公司
李爱民　　中国中化集团公司
刘瑞旗　　恒源祥（集团）有限公司

罗秋林　　TCL集团工业研究院
王海波　　中兴通讯股份有限公司
王活涛　　腾讯科技（深圳）有限公司
王智彪　　重庆海扶医疗科技股份有限公司
吴齐芳　　东风汽车公司
杨　哲　　中国石油化工集团公司科技开发部
余少华　　武汉邮电科学研究院
赵　杰　　比亚迪股份有限公司
郑永锋　　天津天士力集团有限公司
邹文俊　　成都地奥制药集团有限公司/成都中医药大学

知识产权服务业人才类（20人）

党晓林　　北京三友知识产权代理有限公司
高尚梅　　核工业专利中心
郭书贵　　中国技术交易所有限公司
洪　昶　　重庆摩托车（汽车）知识产权信息中心
黄　晖　　北京万慧达知识产权代理有限公司
林柏楠　　北京市中咨律师事务所
刘伍堂　　连城资产评估有限公司
龙传红　　中国国际贸易促进委员会专利商标事务所
邵　伟　　永新专利商标代理有限公司
郤　红　　中国专利代理（香港）有限公司
王宏祥　　上海专利商标事务所有限公司
王正志　　北京高文律师事务所
魏庆华　　广东省知识产权研究与发展中心
谢顺星　　北京路浩知识产权代理有限公司
徐　宏　　成都九鼎天元知识产权代理有限公司
杨　梧　　北京市柳沈律师事务所
赵天武　　工业和信息化部电子科学技术情报研究所
郑特强　　隆天国际知识产权代理有限公司
朱显国　　南京理工大学专利中心
纵　刚　　上海盛知华知识产权服务有限公司

高等院校及科研机构知识产权人才类（21 人）

曹新明　　中南财经政法大学知识产权研究中心
冯晓青　　中国政法大学
郭　禾　　中国人民大学法学院
何炼红　　中南大学法学院
黄武双　　华东政法大学知识产权学院
黄玉烨　　中南财经政法大学知识产权研究中心
李春成　　天津市科学学研究所
李雨峰　　西南政法大学知识产权学院
刘　华　　华中师范大学法学院
刘海波　　中国科学院科技政策与管理科学研究所
刘晓海　　同济大学法学院/中德学院
宋　敏　　中国农业科学研究院农业知识产权研究中心
宋晓亭　　同济大学法学院/知识产权学院
唐　恒　　江苏大学/江苏省知识产权研究中心
肖冬梅　　湘潭大学知识产权学院
徐　瑄　　暨南大学法学院/知识产权学院
徐棣枫　　南京大学法学院
许春明　　上海大学知识产权学院
曾培芳　　南京理工大学知识产权学院
张伟君　　同济大学法学院/知识产权学院
朱谢群　　深圳大学法学院

（国家知识产权局）

回顾 2012 年知识产权社会热点

写在前面的话：

在历史的长河中，2012 年只是短短一瞬，与往年一样并无特别之处。但对中国来说，2012 年又是极不平常的一年。这一年，世界聚焦中国，伟大复兴的中国梦吸引了全球的目光。伟大复兴不是一句空谈的口号，而是需要实实在在的实力。这个实力的核心内容之一就是创新、科技、知识产权。

知识产权成为社会热点并非始于 2012 年。但 2012 年社会对知识产权关注的广度和深度却有了进一步提高：专利法、商标法与著作权法的新一轮修改引发社会广泛关注；国内大企业之间的知识产权争夺日益激烈；中外企业之间的知识产权较量轮番上演；互联网行业的不正当竞争引来广泛批评……

知识产权之所以如此引人关注，并非因为知识产权本身多么具有娱乐性，而是因为知识产权背后所蕴藏的巨大市场作用和经济价值得到充分释放和被发现。实质上，知识产权只是企业参与市场竞争的一种手段和工具，但这种手段和工具往往是决定企业生存和发展的核心力量。

知识产权话题成为社会热点，这是时代的进步，中国的骄傲。

话题一：苹果三星专利大战

2012 年 8 月 24 日，美国加州地方法院陪审团裁定三星公司产品侵犯苹果公司专利权，判赔 10.49 亿美元。可是，两个月之后，苹果公司的涉案关键专利被美国专利商标局初步宣告无效。

苹果去年真的很忙

如同从流放之地归来复仇的王子，一度失势的苹果公司在 21 世纪令人瞠目地夺回了科技商业帝国的王位，并构建起以知识产权制度为保障的生态系统，进入无形产品交付链中的每个角落；也像所有“故事还没完”的成人反转剧，这个苹果治下的帝国，却不是那个“人们从此幸福地生活下去”的仙境。

对上游供应商施行利润高压，对外部竞争者发起饱受争议的专利大战，对下游消费者继续传统的封闭统治，还有继任 CEO 蒂姆·库克的守成之态，都让不少人对苹果失望。再加上对供应厂雇工人权状况和环境污染状况的失察，以及作为 iTunes Store“商场”的主人，对“场内商铺”知识产权劣迹的漠视，则是在产品逻辑和商业逻辑之外，触及社会痛点的要害硬伤。

这一年苹果公司最忙碌的部门也许是法务：公司在美国、西北欧、东北亚全面卷入不同类型的知识产权纠纷，角色有原告也有被告，无数专利文件、商务合同和产品实物被送到法庭上作为呈堂证供。

在维基百科的“smartphone wars”（“智能手机战争”）词条里，2012 年又添数页记录，其中多半和苹果有关。在已故创始人史蒂夫·乔布斯“我愿拼尽最后一口气，花光苹果的 400 亿美元去打败安卓”的遗志之下，与安卓阵营主将三星公司的恶战是苹果花费最多气力的地方。当 10.49 亿美元的判决宣布时，世界哗然，业界啧然，一边是“圆角矩形也能算做专利?!”的质疑，一边是“我也得把专利支出加入财务计划”的领悟，还有自外于纷争与建制的观察：“专利制度使用到什么程度，才算是真正的激励创新?”

有法律体系不同的原因，也有地缘因素，跨国公司在中国的知识产权动作，无论是布局还是出手都要慢上一拍。这给中国企业赢得了喘息时间，也让已具先手意识的国内知识产权权利人找到了商战机会。年初，已经破产的深圳唯冠电子公司发现了苹果公司合同的破绽，在债权人的支持下发起了针对“iPad”商标在中国大陆使用权的诉讼，由于可能涉及产品禁售，这起事件远远超出了一般知识产权许可案件能够造成的影响。以硬证据计，苹果几无胜算，最终以 6000 万美元支付和解费用，为自己律师的失误再买了一次单。

若说苹果在这起纷争中颇似“被敲竹杠”因而收到不少舆论同情的话，在作家维权一案中坐在被告席上的苹果，体现出的就完全是“大佬”的权威和跨国公司的傲慢了。从电子书 App 的贩售中分走 30% 收入的苹果公司，在面对权利人的指责时，并未积极调查事实，成为盗版 App 制作者和权利人的中间调解人，而是利用技术优势造成的信息不对等阻碍权利人获得证据，利用在法律事务方面的丰富经验和强大的货币储备，用“拖字诀”消耗维权者的资金与锐气。尽管北京市二中院确认了苹果公司的侵权事实，但处理这起事件的过程却体现出，苹果并非在全世界都一致地扮演着“知识产权的良好利用者与捍卫者”的角色。

作为科技产品与公司指代的“苹果”已妇孺皆知，几乎要超过指代掉落在牛顿头上那种水果的优先级。作为“IP 牌桌”上的玩家，它的形象时明时暗，但谁都承认它是个高明的牌手。在美国专利商标局网站公开的苹果专利申请文件，有人通过它读出科技产品趋势，有人通过它学习专利申请的写作技巧，有人通过它研究如何组合专利才能发挥最大威力，也有人能够直接看出依附于上的商机，无论是对手还是观众都能从它身上学到东西。温家宝总理说，世界未来的竞争是知识产权的竞争，我想，身处这个发展中国家的每个人，都要感谢这位亲身示范“世界未来竞争”之法的老师。

话题二：创业板企业创新力

2012 年 7 月 31 日，中国证监会发布公告，神舟电脑在创业板上市请求获批。此消息随即引起投资界、企业界的强烈反响。许多人质疑，笔记本电脑市场格局在这 10 余年中发生了深刻变化，今天神舟电脑的成长性、创新性都不像是创业板鼓励上市的“两高六新”企业，而其研发实力存疑、专利久未出新等，更是为人所诟病。

创业板浴火能否重生?

“依稀记得当年神舟电脑刚刚面世的时候，被我们纷纷鄙视为山寨电脑，如今无论其外观还是价格，依然山寨无敌，但是四次 IPO 过会总算闯关成功，最可怕的是，此次集资

15亿，市盈率高达50倍！想钱想疯了吧？……没人会怀疑，这群家伙又要把创业板当他们自己的提款机了。”

在百度上搜索“神舟电脑”、“上市”关键词，四处质疑一片，这位网友的言辞可能有些激烈，但其对于深圳神舟电脑股份有限公司（下称神舟电脑）上市的态度可以说却代表了很多人的心声。更有网友仔细比对了2012年8月1日证监会公布的第四届创业板发审委委员候选人名单，发现上届委员无一留任，而在这之前一天，神舟电脑首发申请获得通过。有不少人认为，这样的结果值得玩味，因为运作上市本身存在着很多灰色地带，换届之时正是权利寻租的最理想时机。

“神舟电脑屡战屡败，屡败屡战，锲而不舍，四战得逞的事例，反映的不是神舟电脑的个案现象，而是我国创业板上市企业的通病痼疾。创新能力和发展潜力明显不足，未来迷茫，前景堪忧，居然还能‘过五关斩六将’上市，这反映出我国整个创业板上市机制以及体制的迷惑和无奈。”虽然已事隔半年，但上海大学知识产权学院院长陶鑫良谈起神舟电脑上市仍心绪难平。

一直关注创业板企业知识产权问题的华凯弘信咨询有限责任公司总经理邵男在对国内几大电脑生产厂商的专利情况进行检索分析之后发现，与华硕电脑、宏碁电脑、同方股份、联想等相比，神舟电脑无论是从专利数量上还是质量上，都和竞争对手相差甚远。她认为，神舟电脑如此固执地冲刺创业板，也许是看重了创业板的高市盈率，从而能够在股市上拿到更多的钱。

回顾我国当初推出创业板的初衷，主要目的是为了帮助成长性的科技创新型中小企业解决融资难的问题，培养一批中国本土具有高成长性的科技创新型企业。但当前创业板上市企业，很多创新能力不足，只管圈钱到手，不管持续发展，上市不久就举步维艰的现象却频频出现。创业板也因此被冠上“圈钱板”、“垃圾板”的帽子。

陶鑫良认为，对创业板上市企业审查的最重要内容之一，应当是其上市后的持续创新能力及其创业发展潜力，而考察创新能力和发展潜力的一个重要标准，就是拥有专利的数量和质量。当前的上市审查机制，缺乏对拟上市企业持续创新能力尤其是专利实力的系统审查与科学分析。这也是为什么创业板开板已届三年，但是业绩向好的已上市企业还不到六成、业绩变脸企业频现的重要原因所在。

华凯弘信提供的一份2012年登陆创业板企业专利情况的报告显示，2012年，共有74家企业登陆创业板，其中没有发明专利授权的企业有25家，占34%；发明专利授权量超过10件的企业仅11家，占15%。

这样的现实也许让人无奈，让人失望。但，事实是，翻过2012的日历，2013年，很多科技型中小企业仍走在冲刺创业板的路上，那里还有他们的梦。中国创业板，还需要在蹒跚中前行。

2013创业板，能在众人的期待中浴火重生吗？

话题三：专利质量

2012年5月，国家知识产权战略实施工作部际联席会议办公室发布了《2012年国家知识产权战略实施推进计划》，该计划共提出 8 个部分的发展要求，其中第一部分即是“提升知识产权质量”。

2012 年 12 月 11 日，世界知识产权组织（WIPO）在日内瓦发布了《2012 世界知识产权指数报告》。该报告显示，2011 年，中国已超越美国成为世界第一大发明专利申请国，中国近年来专利质量的提升愈发令世界瞩目。

2012 年 12 月 17 日，国家知识产权局首次以专利申请与审查为主题召开了全国性会议，会议总结了我国专利申请与审查质量提高的经验。

真金不怕火炼

2012 年末贺岁之际，世界知识产权组织发布的《2012 世界知识产权指数报告》又将专利质量再次推入公众视野。该报告显示，2011 年，中国受理的发明专利申请数量达 52.6 万件，同比增长 34.5%，中国已超越美国成为世界第一大发明专利申请国。

事实上，自专利法颁布实施以来，我国专利申请量和授权量就一直呈现快速增长态势。数据显示，“十一五”期间，我国共审结发明专利申请 76 万件、实用新型专利申请 119 万件和外观设计专利申请 138 万件，均接近“十五”期间审查结案量的 3 倍。在刚刚过去的 2012 年，国家知识产权局受理 3 种专利申请 205.1 万件，其中发明专利申请 65.3 万件，同比增长 24.0%；国内发明专利申请中，职务发明专利申请 42.8 万件，同比增长 32.1%；国内职务发明专利申请中，企业申请 31.6 万件，占 73.8%，同比增长 36.6%。截至 2012 年底，我国国内有效发明专利（不含港澳台）共计 43.5 万件，每万人口发明专利拥有量为 3.23 件，距离国家“十二五”规划纲要指标越来越近。

专利数量的大规模积累为专利质量的飞跃打下了坚实的基础。如今，世界专利大国身份已然确立，我国的专利工作已经从重数量向求质量、求效益迈出了坚定有力的步伐。

2002 年至 2011 年的 10 年间，我国专利申请质量稳步提升，专利结构不断优化，实现了国内发明专利申请量、授权量相对国外在华量的全面超越。同时，高新技术领域专利申请增长迅速。据统计，10 年来，中国高技术领域的专利申请量提高了近 10 倍，在 2011 年的中国发明专利申请中，国内在 35 个领域中已全面占优，所占比重均达 50% 以上，在数字通信、生物技术等部分高技术领域的创新能力显著提高。

与此同时，我国专利授权质量显著增强。相关统计数据显示，截至 2011 年底，中国维持 5 年以上的有效发明专利数量达到 22.0 万件，年均增速高达 40.6%，大量高技术水平的核心专利将为我国经济结构转型升级提供强大的推动力。

2008 年至 2012 年，国家知识产权局连续每年开展关于专利审查质量的公众满意度调查工作。调查结果显示，社会公众对我国专利审查质量的满意度逐年上升，2012 年满意度为 81.6，再次保持在满意区间。

专利数量和专利质量是衡量一个国家自主创新能力的主要标志，也是国家综合实力与竞争力的重要体现。近 10 年来，我国国内生产总值（GDP）、研发投入与国内发明专利授权量、拥有量都呈现出了较高相关度。这充分说明了我国专利制度已经有效地激发和保护了技术创新，大大促进了我国经济的发展。

回首来时路，我国自主创新能力大幅提升，企业创新热情被不断地激发；专利质量逐步提高，成为自主创新和经济社会发展的重要支撑——专利制度正沿着一条科学发展的道路前进，高质量的专利为专利事业的繁荣发展奠定了扎实基础。

话题四：专利代理

2012年8月，本报启动“2012年度优秀专利代理机构、优秀专利代理人”评选活动。

2012年，全国专利代理人资格考试通过率达到20%，通过率较2011年翻番。

截至2012年11月30日，专利代理行业执业专利代理人已达7990人、专利代理机构达921家，继续保持了每年10%的增幅。

2012年12月，民事诉讼法修改后，中华全国专利代理人协会向最高法院推荐专利诉讼案件专利代理人。

“金领”倍受关注

曾几何时，专利代理是一个知名度较低的行业。而随着企业创新意识、专利运用水平的不断提升，专利代理逐渐从幕后走到了台前，社会关注度日益提高，甚至被称作“金领”，学历高、门槛高、收入高的“三高”职业。

2012年，对于专利代理行业，是一个特殊的年份。这一年，本报启动了国内首次年度优秀专利代理机构、专利代理人评选活动。该活动通过树立标杆，明确核心价值导向，引导行业正风正气，不仅在国内专利界反响强烈，而且受到国外企业、代理机构的积极关注。

此外，全国专利代理人资格考试通过人数较2011年翻番等事件，都成为2012年业界所关注的热点话题，专利代理人的价值被更加充分地认识，专利代理机构的服务质量被更加关注。

发明本身创新水平以及专利申请文件的撰写水平，是决定专利质量的两个核心因素。由于需要掌握法律和外语等知识和专业技巧，申请文件一般需由专利代理人撰写。由于专利的价值通常在使用时，即后期的纠纷、转化、经营等环节才能显现，导致前期一些申请人在申请专利时，出于节省费用等原因，没有充分重视申请文件撰写的重要性，直接影响了后期专利使用效果，比如，一场维权官司的败诉、一个市场份额的丧失，甚至是一个企业的衰败。相反，前期高水平的申请文件撰写，会使得专利在后期企业维权、转让、交叉许可时，显示出较强的“杀伤力”，为企业抵御“千军万马”。

现在，国内很多企业的专利意识早已超越了它们对创新的重视和获取专利的阶段，而上升到如何盘活专利资产、运营专利的层次，通过许可、转让等方式，将专利经营作为企业创收的一条新途径；通过交叉许可、成立或加入专利池等方式，为企业获得与国内外领先企业同台竞争的砝码。而在这些过程中，专利的价值就会被放在放大镜下，细致而深入地审视。前期的撰写水平如何，直接决定着发明能否在这个阶段充分发挥它的作用，为企业创造价值。

国内某知名企业曾有过这样的经历，几年前，在与外商谈判时，其专利被合作方否定了一大半，细细查究原因，主要是前期专利申请撰写水平太低。该企业立刻下大决心，增加在专利申请上的人力和财力投入，选择更加优秀的专利代理机构合作。

除了上述原因，高端服务的市场需求越来越大，是专利代理行业更受关注的另一个重要原因。近年来，越来越多的中国企业走向国际市场，预警、评估、战略制定、并购咨询等高端服务的市场需求也随之增大。然而，专利高端服务需要高端人才，即具有专利申请文件撰写基础，熟知国内外法律、外语、技术，甚至贸易、管理、金融等知识的人才，才能完成。无疑，高水平的专利代理人是能满足这一需求的最佳人选。

优秀的专利代理人不仅能为客户做好专利申请等基础服务，还能提供延伸高端服务。比如很多公司在上市前，因专利纠纷而被起诉，导致上市进程遇阻。资深的专利代理人能够帮助和指导企业提早制定较好的方案，避免陷入纠纷，保证上市进程顺利完成。

作为一个朝阳产业，专利代理是创新链上的一个重要环节。这个环节的价值被充分重视和认可，实际上是我国企业对专利制度运用水平的提升。我们有理由相信，今年，随着客户更加关注质量，专利代理行业的竞争将更加激烈，其影响力也将继续提升。

话题五：专利拍卖

2012 年，美国著名的知识产权资本化综合性服务集团海洋托莫（ICAP Ocean Tomo）像往年一样在全球定期举办了专利拍卖会；欧洲、日本、印度等国家和地区也开始尝试专利拍卖。

2012 年 8 月至 12 月，深陷破产困境的柯达就其 1100 项数字成像专利进行拍卖，苹果、谷歌、RIM 和华为等 12 家公司组成一个团体参与交易，并同意以 5.25 亿美元的价格购买柯达专利。

2012 年 12 月，历时 4 个月的中科院计算所第二届暨中技所第三届专利拍卖会落幕。此界拍卖会采用了现场拍卖、网络竞价、动态报价以及议价成交等多种交易方式，共有来自全国各地近 40 家企业竞拍成功，成交率 37%，成交总金额达 425.5 万元。

为“千里马”寻找“伯乐”

技术交易就像是给“千里马”寻找“伯乐”，目前国内市场化的“寻找”方式主要以协议交易和谈判交易为主。在这两种方式中，常常出现专利技术供给方和需求方信息沟通不畅，导致专利技术转化率不高、所需时间较长的情况。而专利拍卖是把“千里马”通过市场公开竞价交易的方式来实现权利的转移，改变了传统的一对一的转让方式，具有覆盖面广、公平竞价、合理出售等特点，已成为目前国际上专利转让、专利交易的一种新模式。

专利拍卖最早于 2006 年出现在美国，当时，企业往往把竞拍到的专利技术用于产品生产或应对专利诉讼。如今，随着市场对专利拍卖的逐渐认同，专利拍卖在美国已成为一种较成熟的技术交易模式，欧洲、日本、印度等国家和地区也开始尝试这种新兴的技术交易手段。然而，专利拍卖的成交率一般都比较低，往往不到 10%。

尽管成交率不高，在我国也尚未得到有效运用，但作为传统技术交易方式的有效补充，中国技术交易所、中国科学院计算技术研究所在专利拍卖的探索之路上不断向前迈进：2010 年首届拍卖会“小试牛刀”，8 家企业最终竞得 28 件专利，成交率达 40%；第二届、第三届专利拍卖做了很多新尝试，在拍卖形式上采用了现场拍卖与网络动态报价相结合，这也是全球首个专利网络动态报价，吸引了国内外的广泛关注。

在拍卖现场，有种情形很是常见：一件专利标的，买方心理期望只有万元，而卖方可能起价就是百万元，买卖双方很难对于专利技术的价值达成一致，这就直接影响了专利拍卖的最终成交率。究其原因，专利权是一种非常复杂的权属，看不见、摸不着，从技术角度来说，它涉及技术内容，而技术内容无论是买方还是卖方都不能一目了然。另外，专利技术并不是拿来就能用的，需要配套条件，这就再度增加了它的复杂性，买方往往需要更多时间对标的进行评估和决策。除此之外，目前专利拍卖市场尚未成熟，买方对新模式尚处于观望状态，承受能力自然不会很高。

事实上，专利拍卖并不是专利技术交易和转让的主要渠道，因为专利技术有其特定目标群体，不是对所有的企业都具有相同价值。然而，虽不是百花苑中的主角，但专利技术交易方式需要百花齐放，专利拍卖这一新兴技术交易方式应该逐步走向成熟。

只有在“伯乐”对“千里马”的价值有深入了解时，拍卖的效果才可能达到最好。在这种情况下，国家应多鼓励专利拍卖这种形式，对敢于“领跑”的买卖双方给予政策方面的激励；知识产权管理部门应对知识产权服务机构给予扶持，使之充分发挥知识产权服务职能，为“伯乐”提供详细的专利法律状态、专利价值评估参考、实施转化等方面的信息，以便“伯乐”结合自身情况对专利技术的价值进行理性判断。同时，还要深入挖掘买方需求，吸引真正需要这些专利技术的企业参与竞拍，让“千里马”找到能实现它最大价值的“伯乐”。

话题六：重大科技成就

2012 年 6 月 24 日，中国载人宇宙飞船“神舟九号”与“天宫一号”成功实施太空手控交会对接。同一天，深海探测器“蛟龙号”进行第四次下潜试验，成功突破 7000 米深度，开创了人类深潜的新纪元。

飞天探海中国梦

时间回到 2012 年 6 月 24 日 11 时 55 分，当“神舟九号”与“天宫一号”完成手动精准对接的一刹那，很多中国人为之雀跃，这意味着中国人建立太空空间站的梦想又向前迈进了关键的一步。

细心的观众也许会发现，当我们在电视里看到“神九”与“天宫一号”一步步实现对接的时候，屏幕上出现了一个十字花的目标靶，它的作用是帮助航天员更加准确控制两者间的方向和距离，而在“神九”的顶端，被称为“神九”眼镜的 CDD 成像系统为保证顺利对接起到了关键作用。这项核心技术由哈尔滨工程大学和中国航天科技集团 502 所合作研制，研发人员在 CDD 摄像机光学镜头前端安装有一个相机滤光片，可以滤除杂光干扰，对完成目标的准确识别和位置参数的准确测量起到重要作用。

和“神九”一样，在“蛟龙”号潜水艇的各种零部件上，同样闪耀着自主创新的光辉。从方案设计、初步设计到详细设计，全部由我国工程技术人员自主完成。尤其是在潜水器上重要的核心部件——载人深潜器研制方面取得重大突破，自主设计并集成研制出了最大下潜深度为 7000 米级的载人深潜器，这也是目前世界上下潜最深的作业型载人潜水器。

航天飞船和载人潜水器都属于高技术结合体，是对一个国家综合国力和科技实力的一次全面检验。大到通讯保障系统，小到一个螺丝帽、轴承圈，都对产品质量和技术参数有着严格的要求。“神九”与“天宫”的成功对接，“蛟龙”号的成功深潜，不单单代表我国加入到了世界先进水平的行列中，更反映出我国的科技水平和自主创新能力又跃上了新的台阶。

科技创新，投入为先。随着国家对科技创新的重视，科技经费投入在国民经济的占比正逐步加大，有数据显示，2012 年，全社会科技投入有望达到 1 万亿元。此外，研发人员数量规模激增，企业科技人才已经成为研发活动的最主要执行者；发明专利申请量和授权量双双跃居世界前列……

科技研发软实力的提升，带动了一大批服务于经济社会发展的重大科技成果加速涌现，科技对经济社会发展的支撑引领作用愈加凸显。2012 年，我国自主创新取得一系列新成就，北斗区域卫星导航系统建成；自主研制的 13 吨级 AC313 大型民用直升机获中国民用航空局颁发的型号合格证；在世界上首次实现了抗疟药物青蒿素的高效人工合成；“重组戊型肝炎疫苗”，成为世界上首个获批上市的戊型肝炎疫苗；我国高寒地区修建的第一条高铁干线——哈大高铁开通运营……

创新是民族进步的灵魂，是国家兴旺发达的不竭动力。提高自主创新能力是国家发展战略的核心，关系到国家的前途命运和生存安危。我国在全面建设小康社会的攻坚阶段，应着力发展民生科技，让创新成果惠及更多百姓，让百姓在生活中体会到科技成果带来的方便与实惠。

话题七：海外并购

2012 年 1 月 30 日，三一重工旗下控股子公司三一德国有限公司斥资 3.24 亿欧元收购德国著名工程机械公司普茨迈斯特 90% 的股权。通过并购，三一重工获得普茨迈斯特约 200 件相关重要专利。

2012 年 7 月 23 日，中海油宣布以 151 亿美元，并购加拿大尼克森公司，这是中国企业迄今在海外获批的最大宗收购案。

2012 年 10 月 9 日，美国国会众议院情报委员会发布公告，称华为和中兴通讯可能对美国国家安全构成威胁，应当禁止其在美国的收购及交易活动。两家企业均回应称相关指控毫无根据。

好好算算专利账

对于三一重工集团来说，2012 年真可谓“开门见喜”。大手笔“拿下”普茨迈斯特，三一重工完成了“徒弟”对“师傅”的经典超越，也吹响了 2012 年中国企业海外并购大潮的“冲锋号”。

2012 年，中国企业在“走出去”的过程中，每一次的“华丽转身”都会引来无数的关注，而每一次“华丽转身”后的收获也毫无例外地成为热议的焦点。中国的“扬帆者”们，在为实现“走出去”的梦想而进行的海外并购中，到底收获了什么？销售渠道？品牌价值？专利技术……是的，可能兼而有之。但，我们要说的是后者。

改革开放30年，中国企业伴随着市场经济的发展一路走来，无论从哪方面看，取得的成绩都是有目共睹的，中国企业“走出去”的步伐也越来越快。而华为和中兴通讯，更因扮演着“走出去”的“急先锋”角色，而在美遭遇封杀。但这仅是个案，更多的中国企业和世界知名企业之间依然存在着差距。尤其是在核心专利技术方面，在很多领域，中国企业“追赶”的地位仍然没有改变。而并购，无疑是在较短时间内快速增强自身技术实力的一个捷径。

也正是因此，近年来一个逐渐明显的事实是：以获取对方专利为主要目的的海外并购正在中国企业身上越来越多地发生，并呈现出逐渐增多的趋势。

有着十多年海外并购知识产权事务处理经验的安理国际律师事务所上海代表处顾问律师程芳分析，出现这种趋势，是国际经济发展形势、中国企业转型需求以及“走出去”必然要求三大因素综合作用的结果。在当前全球经济低迷的情况下，中国原有的劳动密集型低附加值出口外销型企业普通遭遇“寒冬”，越来越多的跨国公司开始把劳动密集型产业向东南亚周边国家转移，中国企业要发展，要走向世界，必须转型升级，提高产品技术含量。而技术实力的提升，需要资金、人才、时间等多方面的积累。中国企业若有一定的资金，采用专利并购这个“短、平、快”的方法，可以使自己在较短的时间内跨上一个较高的平台。

然而，这还只是一个开始。对于中国企业而言，在庞杂的海外并购过程中“慧眼识金”，购买到自己心仪的专利，恐怕只能算“万里长征走完了第一步”，更巨大的工程还在后面。

“海外并购完成之后，中国企业不能简单地停留在把对方的专利拿过来一用了事，如何吸引、融合对方本土核心技术团队，如何完成对对方技术的改良、创新，也是中国企业需要认真考虑和解决的问题。”程芳告诉记者，任何一家技术实力雄厚的公司，都有一定的技术积淀，本土原有的核心技术团队对这些技术的理解无疑更深刻，如何利用他们保持住技术的承续性、在已有专利的基础上开掘更多新专利，增强创新能力，增强自主“造血”功能，同样至关重要。

除此之外，收购之后的整合、管理也是中国企业面临的一大挑战。由于中外文化的差异，中国公司很多都是“家长式管理”，而发达国家公司一般都有比较成熟的动作机制，有专业的职业经理人管理。并购之后，企业文化的冲撞是必然的，中国企业如何在这种冲撞中达到理解、兼容，使得企业的效力得到充分发挥，是需要下一番功夫的。

是的，一切才刚刚开始。

话题八：未来技术

2013年1月，中国首家3D打印体验馆在北京工业设计创意产业基地落户，一开张就引起了大批工业设计爱好者的关注，馆中样品五花八门，种类涉及日常消费品、建筑、电子元件等众多领域。

争上专利“角斗场”

时代风云变幻，科技复始更新。就在信息技术持续风起云涌之时，3D打印、平板电脑、纳米传感、热变电等新兴科技概念再掀热潮。而关注现代科技的人们也许要问，当新兴科技概念逐渐成为行业竞争热点，这些曾令我们期待的、或将改变时代的“未来技术”，它们的未来到底会怎样？在全球市场竞争的大潮中，我国企业又将怎样应对这些新兴科技的到来？

一般我们提到某项新兴技术，概念里都会惯性地想到美国等一些高科技发达国家。然而，当对这些新兴技术的掌握情况进行专利检索分析后我们常常发现，近年来，新兴技术的申请人开始越来越多地来自于中国。例如，近几年新兴的3D打印相关技术40%的专利申请、平板电脑相关技术94.9%的专利申请、纳米传感相关技术77.5%的专利申请、热变电相关技术60%的专利申请是由中国申请人所提交的。

据了解，在很多新兴技术领域，中国企业已具备了一定数量的基础技术，部分技术也已达到国际水平，但这是否就代表中国企业已经具有较强的国际竞争力了呢？相关产业专家认为，目前国内对新兴技术的研发和应用尚未成熟，企业掌握的核心专利也相对不足，在一些技术领域，我国企业还无法参与国际技术标准的制定。很多企业虽具有一定研发意识和研发能力，但缺乏合理的专利布局，且科技成果转化率相对较低，没有形成完善的产业链，企业大都在单打独斗，一阵热炒之后，行业难以持续协调地发展。

我们常说“知识改变命运”，同样，知识产权也改变着企业的命运。当一个创新的技术概念出现，不久就会在其相关的行业中成为企业专利竞争的热点。从企业的角度讲，决定产品技术含量和品牌竞争力的往往是企业所拥有的专利和技术。一个月前，美国科技杂志《IEEE Spectrum》公布了2012年全球企业专利实力排行榜，该榜主要基于企业的专利质量和数量，尽管中国企业在专利申请数量上领先，联想、华为也有上榜，但在许多分类领域，美国企业仍明显占据优势，微软在计算机软件领域居第一，谷歌则在通信互联网服务领域居第一。由此可见，微软Surface平板电脑、谷歌智能眼镜，这些看似瞬间诞生的未来科技产品背后，是企业缜密的专利部署和雄厚的专利实力在做支撑。

在技术竞争中，专利竞争影响着全球产业格局。我国企业应该在关注技术创新的同时，更加注重专利策略、做好专利部署；此外，还应发挥和利用国内产业联盟、行业协会的战略引导作用，逐步将我国的基础性专利纳入到国际标准中，在领域里建立可持续的竞争优势。正如苹果公司改变数字音乐播放器和智能手机行业的游戏规则那样，未来几年，中国企业也能在更多的领域取得新突破，凭借自主科技抢占未来产业的制高点，引领新兴产业实现爆发式的发展。我们期待这个时代的到来。

话题九：专利运营

2012年5月3日，由中关村发展集团、中国技术交易所等单位出资成立的北京知识产权运营管理有限公司挂牌成立，这是国内首家知识产权商用化公司。

2012年12月，飞利浦公司执行副总裁陆毕德Ruud Peters在媒体见面会上透露，由飞利浦等15家拥有蓝光必要专利厂商组建的蓝光专利池——One-Blue已经拥有超过8.3万件与光学存储有关的必要专利，共有42家厂商获得授权，其中14家来自中国。

专利江湖刀光剑影

“让专利动起来，在转移和流动中实现专利的商业价值。”如今，越来越多的人开始认为，如何将专利转化成真金白银是衡量一个专利好坏的重要依据。而专利运营作为实现这一目标的最佳途径，不仅为权利人创造了财富，也解决了专利的转化和应用等实际问题，可谓一举多得。

新加坡宇东集团是一家从事专利经营、专利战略规划、专利分析等多种业务的专业化知识产权服务机构，客户主要是世界500强公司。集团副总裁郭玮玲（Jasmine kway）在接受中国知识产权报记者采访时介绍说，公司不仅能够帮助有需求的企业获取有用的专利，还大量收购专利，通过资源整合，形成专利组合包。此外，公司还与高校、科研院所建立合作关系，就专利资产评估、产品研发等方面展开合作。

目前，宇东集团正在中国开疆拓土，挖掘专利运营资源。“早在2004年，我们便断定亚洲将出现一些不同寻常的变化。如我们所料，中国正在成为世界知识产权交易最为活跃的地区之一。”郭玮玲说。

随着经济全球化的迅猛发展，知识产权已成为企业参与市场竞争的重要武器，各家公司使出浑身解数，开始在专利上大做文章。全球知名厂商霍尼韦尔（Honeywell）专门成立了专利运营公司，负责全球管理霍尼韦尔公司的知识产权产品组合，为全球范围内的企业提供专利授权。飞利浦公司也毫不示弱，联合15家拥有蓝光必要专利厂商组建名为One-Blue的蓝光专利池，为蓝光生产企业提供一站式专利许可。另外，作为本土专利运营探路者的北京知识产权运营管理有限公司，尽管成立时间不长，但是依然在知识产权商业化运营的轨道中摸索前行。

从上述公司的发展选择来看，我们不难发现，创造专利的目的不是简单为了获得一张专利授权书，也不是企业用来扩大影响的宣传语，而在于如何更好地实现转化和流动。国际知识产权交易所总裁杰勒德·潘涅库克（Gerard Pannekoek）在接受中国知识产权报记者采访时认为，成熟的专利运营模式能够加速专利技术转让与创新，实现更为便捷、高效的市场流动性，从而提高专利技术的交易量，实现专利的商业价值。

然而，尽管专利运营呈现出规模化、规范化、高端化的发展趋势，但在繁华的背后，却也暗藏险境。不少人对专利运营中出现的非专利实施组织（NPE）的角色定位提出质疑。有观点认为，不少NPE打着收购专利的名义，实则利用这些专利以提起侵权诉讼为目的，用带有非法性和恶意性的方式获取巨额赔偿金，这种做法严重破坏和扰乱了专利市场的正常交易秩序。

也许在未来一段时间，对于NPE存在的功过是非的争论还将持续。但不管怎样，在这一结果尚无明确定论之前，专利运营的根基还需核心专利支撑。在NPE逐渐向中国蔓延和壮大的趋势下，国内企业需加以谨慎防范和应对，特别对于缺乏知识产权预警机制的企业，尤其要做好充分的应对准备，以避免给企业带来不可挽回的经济损失。

话题十：外企抢滩中国

2012年初，美国TAEUS公司在中国香港设立了办事处，以便多接触和了解中国知识

产权市场。

2012年12月，加拿大TechInsights公司位于上海市浦东新区张江集电港的中国新办公室正式启动。在此前两个月，该公司发布了首份关于30家中国半导体企业的知识产权概况与分析报告。

知识产权淘金之旅

“快来吧，这里遍地是黄金”，就像美洲大陆吸引淘金者蜂拥而至，中国的知识产权服务富矿，也迎来了诸多海外淘金者。

光头，西装，身材高大，走在中国朋友中间，美国军人出身的诺亚瑟（Arthur M. Nutter）非常显眼，即便是存在些许的语言障碍，诺亚瑟也会微笑着认真倾听对方说话，并把握每一个机会向人们介绍他的公司，介绍他的“专利书（PatentBook）”业务，在诺亚瑟眼中，中国的知识产权服务市场犹如一片沃土，他希望自己的公司能够快速扎根，并迅速成长。

诺亚瑟是TAEUS公司总裁兼首席执行官，他正在中国推广的“专利书”，是TAEUS首创并在打造的一个专利服务新概念。诺亚瑟告诉记者，“专利书”能够把涉及单个产品类别的几千件专利集中在一起，获得“专利书”的公司只需要一次性支付许可费就可以获得专利书中所有的专利的授权许可，“专利书在中国已经受到了很多不同的机构和公司的关注，LCD产品有望成为中国首份专利书。”诺亚瑟对“专利书”在中国的推广信心满满。

从纷纷在北京、上海、香港等地设立办事处，到收购中国公司快速打入中国市场，再到频繁地在中国上空飞来飞去……美国的专利外包服务公司TAEUS、知识产权服务机构奥睿律师事务所（Orrick）；加拿大的反向工程专家TechInsights；澳大利亚的骁盾知识产权事务所；日本的园田小林特许事务所等越来越多的海外知识产权服务公司都加快了抢滩中国的步伐。

中国的什么魔力吸引了诸多知识产权淘金者的蜂拥而来？首先，从全球专利申请第一大国，到全球发明专利申请第一大国，专利申请量的快速增长让海外机构看到了巨大的市场；其次，随着走出去步伐的加快，中国企业向外提交专利申请增多，贸易摩擦纠纷增加，中国亟需高端知识产权服务；此外，对更多中国企业而言，专利已经不再是企业装点门面炫耀实力的花瓶，而是切实能够为企业创造真金白银的富矿，国际化的知识产权竞争日益加剧，自然有更多玩家加入，或敌或友，都想分得一杯羹。

然而，淘金之旅也并非一片坦途。日本园田小林特许事务所所长园田吉隆就经常要为时局捏一把汗，而在打造一家在中国最知名的日本专利事务所的理想面前，园田吉隆仍坚定地看好中国市场。

毋庸置疑，就现代商业竞争逻辑而言，“狼来了”未必是坏事。一方面，中国的企业在需要知识产权服务时有了更多选择，国际化的高端服务是否物有所值市场自然会做出判断；另一方面，中国的知识产权服务机构有了强劲的竞争对手，与高手竞争，师夷长技，方能更强。淘金之旅带来的繁荣或将在知识产权领域重现，因为，知识产权事业繁荣最重要的推动力之一正是全球化竞争。

话题十一：知识产权修法

1. 2012 年底，国家版权局将再三修订后的著作权法修改草案正式提交国务院法制办。

2. 2012 年 12 月 24 日，在十一届全国人大常委会第三十次会议上，全国人大常委会对商标法修正案草案进行了首次审议。

3. 2012 年 8 月，国家知识产权局颁布了《中华人民共和国专利法修改草案（征求意见稿）》。

修法引社会广泛关注

为满足我国发展创新型国家的战略要求，加强知识产权保护工作，著作权法、商标法、专利法的修订工作正在有条不紊的进行着，这阵声势浩大的修法热潮引得各行业纷纷瞩目。

广泛参与，开创先河

总结去年著作权法修法工作，修订工作专家委员会成员之一、中南财经政法大学校长吴汉东用了八个字："主动修法，广泛参与。"国家版权局相关负责人同样表示："本次修法立足于我国著作权法律制度的实践，借鉴国际社会的成功做法，着力解决我国著作权保护实际工作中的突出问题，受到中外社会各界的广泛关注。"

著作权法第三次修订是我国立足本国实际发展需要做出的主动选择。我国著作权法于 1990 年审议通过后，曾进行过两次修订：一次是为了满足加入世界贸易组织的需要；一次是为了执行世界贸易组织关于中美知识产权争端案的裁决。区别于以往的"小修小补"，此次修订是我国从印刷时代进入网络时代后，根据自身现实需要进行的全面修法。当前，传统版权产业中盗版侵权行为屡禁不止、创新能力不足等老问题依然存在，新技术对于著作权法律制度又形成挑战。为解决新形势下创作者、传播者和公众使用者的利益分配和平衡问题，第三次著作权法修订在内容和形式上做出了很大调整。

此次修订力度之大令人关注，其在社会各届引发的热议和产生的影响，更是前所未有。产业界广泛参与，踊跃表达意见，甚至围绕集体管理组织延伸管理、网络著作权保护等热点问题公开论战。由此可见，著作权法调整的法律关系复杂，权利主体涉及广泛，法律的修订与社会各界利益息息相关，也可见，我国著作权法实施 20 余年的时间内，公众版权意识从无到有提升速度之快。第一稿公布后，社会各界共提交意见和建议 1600 多份。第二稿公布后，又提交意见和建议 217 份。对于业界不同意见甚至质疑，国家版权局始终坚持，凡是不同利益主体能形成基本共识的，都应采纳。国家版权局专门成立了修法专家委员会，平行委托相关教学科研机构起草专家建议稿，并通过网络、专函、媒体互动会等多种方式广泛征求意见，这被社会各界广泛认为开创了我国"开门立法、阳光立法"的先河。

有的放矢，各个击破

去年上半年，我国商标注册申请量累计突破千万大关，但随之而来的是我国商标纠纷案件数量的不断上升，不难看出，现行商标法有些内容已经难以适应实践的需要。针对商标法中的"软肋"，此次修改主要从"方便申请人注册"、"维护市场秩序"、"加强商标专用权保护”等三个方面着手，可谓是有的放矢，看点纷呈。

《中华人民共和国商标法》作为我国第一部知识产权领域的特别法，自1982年8月23日颁布至今，为促进我国经济发展发挥了重要作用。之后，为了适应社会经济发展不同阶段的要求，该法分别于1993年和2001年进行了两次修改。

司法实践中，与同仁堂“攀亲”这种类似的傍名牌现象屡见不鲜，也屡禁不止，对此，草案拟增加针对性规制条款，这将有望禁止将注册商标用作企业名称字号的行为。商标作为蕴含巨大价值的无形资产，成为了企业知识产权工作中最容易受伤的“部位”。草案拟引入惩罚性赔偿制度，侵权行为的赔偿上限将从50万元提高到100万元，意在尽力弥补企业因遭到商标侵权而蒙受的损失。除此之外，该草案有望进一步简化程序，缩短注册申请周期，方便申请人注册。

从源头抓起，做到有法可依是进行商标权保护的前提。新一轮修法工作针对现阶段社会主义市场经济体制下现行商标法力所不能及之处进行弥补与调整，将更进一步推动我国商标法律制度的完善，为商标权利人捍卫手中的商标提供更有力的“武器”来。

全面入手，加强保护

《中华人民共和国专利法》自1984年颁布至今，历经三次修改，在不同阶段为我国社会经济发展，提升我国自主创新水平方面具有重要引导作用。

2011年底，国家知识产权局启动了对专利法进行第四次修改的准备工作，并将“加强专利保护、加大执法力度”定位本次修法的核心内容。此次作为专利法的第四次修订，主要对加强行政执法和司法保护、增设处罚性赔偿制度等方面进行了修订，其中，中国政法大学教授冯晓青认为，增设处罚性赔偿制度的意义重大，旨在强化对侵权的威慑和打击力度。此次修法，将通过司法与行政相结合的形式，切实有效地为创新主体树立专利保护的信心，这将有助于激发企业的创新活力，为我国发展创新型国家打下良好的基础。

话题十二：国内企业专利之争

1. 2012年，中兴通讯与华为在深圳、西安等多地相继拉开专利战。国内两大IT巨头之间的专利较量如火如荼。

2. 格力与美的同处广东，多年的发展使二者成为国内空调市场的巨头，但二者为此相继展开了专利战，实际上专利竞争的背后是市场较量。

3. 2002年，国内11家著名制药企业围绕1件抗生素专利展开了长达10多年的诉讼，2012年这场官司终于尘埃落定。这场旷日持久的专利战反映了抗生素市场的企业竞争日趋激烈。

专利大战凸显专利意识觉醒

近年来，我国经济发展迅猛，很多民族品牌都在由中国制造向中国创造转化，在此过程中，涌现出了一大批登上国际舞台并担任主角的民族品牌，这不仅仅是企业的骄傲，更是民族工业的骄傲。

但是，随着国内各领域巨头的不断涌现，我们却看到了很多“同行相争”的事件发生。

无论是专利战从国外打到国内的中兴通讯和华为，还是陷入多起知识产权侵权诉讼的美的，亦或是不同领域爆发的专利权与商标权纠纷，2012 年，这些“大牌”的行业巨头们都以原告或者被告的身份出现在法庭之上。

其实，换个角度来看国内行业巨头相争的现象就会发现，这未必不是一件好事。企业在以往营销竞争、市场竞争的基础上，又将竞争目光投向了知识产权这个关系企业命脉的无形资产上，这不仅说明了企业发展的知识产权意识在提高，更是说明了企业在熟练地运用知识产权“武器”来捍卫自己的竞争地位，稳固自己的市场。

同一行业之间，企业竞争不可避免，良性的竞争自然会激励行业的发展。目前的知识产权竞争，更是说明中国企业已经将目光集聚至发展创新的新阶段。所以，从发展的眼光来看，行业内企业互相“掐架”，是一件利弊同存的事情，它可以使得企业更加认清自身的弱势，从而调整自己的发展策略。

“世界未来的竞争是知识产权的竞争”。如今，这已经成为包括不少行业巨头在内的企业持续发展的重要理念，面对层出不穷的新同行，如何能够巩固自己的市场地位，创新技术并加以合理运用无疑是最好的方法。为企业穿上知识产权的铠甲，并且高举知识产权武器，才能够劈荆斩棘，一路向前。

话题十三：中外专利较量

1. 用磷酸铁锂是最理想的电动车用动力电池，关于磷酸铁锂的专利争夺在全球愈演愈烈。中国电池工业协会对加拿大魁北克水电公司的磷酸铁锂相关专利提出无效请求。2012 年初，双方在北京市第一中级人民法院拉开了诉讼战。

2. 诺基亚向法院诉上海通讯技术有限公司专利侵权，华勤公司对诺基亚主张的 8 件专利全部提起无效宣告请求。2012 年，国家知识产权局专利复审委员会宣告诺基亚 3 件涉案专利无效。

3. 2012 年 8 月，美国国际贸易委员会对中兴、华为等多家企业生产的无线电子设备发起“337 调查”。2012 年，中国企业遭受美国“337 调查”13 起，在 13 起调查案件中，有 12 起是以专利侵权为诉由而发起的，占比超过 90% 。

4. 2012 年，上海中微半导体设备有限公司在美国遭遇专利侵权诉讼，美国应材公司和科林研发两家国际巨头接连向中微公司“发难”。面对指控，中微公司毫无畏惧，沉着应对，除了在美国提起反诉外，又在中国国内提起了不正当竞争诉讼，并最终取得了全面胜利。

在专利交锋中经历成长的烦恼

在“技术专利化——专利标准化——标准许可化”的今天，跨国专利诉讼已然成为国际垄断企业占领全球市场的绝招。因而，2012 年，一些跨国企业针对中国的专利战也愈演愈烈。他们或通过“圈地式”专利“先下手为强”，或采用普遍排除令将中国货阻挡于国门之外，或起诉技术密集型的代工企业，意图遏制整个产业发展。

然而，在与跨国企业的数度交锋中，国内企业亦领悟了一些诉讼策略，不再只是被动应诉，或不与交锋便认输之后缴纳巨额专利费。

例如，通过专利无效环节，中国电池工业协会与加拿大魁北克水电公司的专利纠纷，以及上海华勤通讯技术有限公司与诺基亚公司的专利纠纷，都在纠纷或诉讼环节争取了一些主动，并获得一定的成效。在加拿大的磷酸铁锂专利布局中，在行业协会的倡导下，一些业内骨干企业走在了一起，联起手来提起专利无效请求，为自己今后的发展走出了关键性的一步也取得了初步的胜利。华勤公司发现，诺基亚主张的多项专利实为基础专利，因而，华勤向复审委提起专利无效请求，并有3件专利无效获得支持，为自己之后的诉讼也树立了信心。

此外，对于国内企业而言，在跨国专利诉讼中，善于利用手中已有的专利牌也很重要。一般而言，与自己发生侵权之争的，往往是同行企业。通过专利交叉许可，将自己手中的专利与对方进行专利合作，这是和解的最佳方式，既可以继续使用技术，同时也免去了大量的诉讼费和许可费，何乐而不为。

除了积极应诉、寻求互赢的和解方式，一些企业亦采取主动出击的方式。比如中兴通讯，虽然在全球多个国家遭到诉讼，但其不仅进行专利分析，积极应诉，亦主动发起了一些知识产权诉讼，并取得了积极成效。

寻求行业协会的帮助或结成专利联盟对抗诉讼亦不失为应诉的一个有利尝试。在磷酸铁锂一案中，中国电池行业协会通过组织骨干企业、寻求法律援助、收集相关材料等，让业内企业联合起来，与国外相关企业形成有利的抗衡，避免个别企业孤军奋战胜诉渺茫。

发达国家在知识产权方面已经有上百年的历史，作为知识产权大国，对知识产权的运用已经上升到战略的高度，而我们国内企业的专利意识还很薄弱，面对跨国企业频频发起的专利战我们还缺少经验，但是要想在WTO的环境下生存，我们就必须掌握知识产权游戏规则，不仅要勇于直面突如其来的专利诉讼、积极应诉，更应该在平时注重专利申请和保护，防患于未然。

话题十四：名人姓名被抢注

1. 2012年2月，美国篮球传奇巨星、“飞人”——迈克尔·乔丹，公开指责中国福建的乔丹体育股份有限公司侵犯其姓名权。

2. 武汉云鹤大鲨鱼体育用品有限公司未经同意擅自生产和销售“姚明一代”产品，我国知名篮球运动员姚明向法院起诉被告侵犯其姓名权和肖像权。2012年9月，湖北省高级人民法院终审判决被告赔偿姚明经济损失100万元。

3. 我国著名跨栏运动员刘翔申请注册“刘翔”商标被驳，因为上海刘翔实业有限公司在26年前已经注册了“刘翔牌”商标。为此，经刘翔授权的耐克国际有限公司将国家工商行政管理总局商标评审委员会告上了法庭。

4. 2012年伦敦奥运会结束不久，“林丹”牌饲料、“叶诗文”牌泳衣等商标注册信息不断出现，奥运冠军的运动员姓名成为新的商标抢注热点。

5. 2012年10月，莫言获诺贝尔文学奖，莫言姓名成为商标抢注的热点。北京一工程师6年前注册的“莫言醉”白酒商标，转让价高达1000万人民币，其价值是当初注册花费的一万倍。

有多少名人为“名”所累

名牌、名人从来都是社会关注的焦点。名牌产品畅销，消费者信赖其质量和信誉；名人粉丝众多，大家喜欢其表演、运动。名牌的大事小事都是大事，名人的一举一动都是新闻。

名牌和名人的背后都有一个庞大的市场，蕴藏着巨大的利益。有利益就有市场，于是乎，和名牌、名人套近乎，千方百计牵扯出一点关系或关联，一直以来成为很多人追逐的目标。2012 年，这样的事件屡见不鲜，并且成为社会热点：本来和美国篮球明星迈克尔·乔丹没有半点关系，但是注册“乔丹”商标或以此作为企业名称之后，吸引了众多篮球迷的眼光，从而成为旗下产品的消费者；本来和我国篮球明星姚明没有关联，但注册“姚明一代”吸引众多姚明粉丝的目光；与莫言、林丹、叶诗文等都毫不沾边，以他们名字注册商标，就可以轻而易举地将自己的产品推销出去，或以高价转让商标……如此种种行为，真是一本万利的“好事”。

从 2012 年发生的抢注名人姓名权的事件或纠纷来看，不但有抢注国内名人姓名的案例，而且对国外的名人也不放过；不但抢注体育明星的姓名，文化名人的姓名也成为“香饽饽”；抢注商标不仅仅是为了推广自己的产品，而且也可以拿来转让，轻松净赚高额利润。总之一句话，没有什么付出，回报却很丰厚。这样的买卖，不去做才真是“傻子”！

纵观抢注名人姓名、侵犯名人姓名权的案例，大多分为以下几类：以名人的真实姓名作为商标注册；使用名人姓名的谐音或以变更拼音、相近字形等作商标注册；由于与名人重名，将自己姓名注册为商标；使用已故名人姓名申请商标注册；使用与名人姓名相关的形象因素申请商标注册，等等。虽然手段和表现形式花样众多，但本质都是一样的，就是尽量和名人姓名沾上边。

利用他人姓名申请注册商标实际是对他人姓名权的一种侵犯，姓名权是公民的人身权利，我国商标法有规定，申请注册商标不得侵犯他人的在先权利。商标注册必须正当合法，目的正当、形式合法和程序合法，这样的商标注册才是合法有效，以“傍名牌”、“傍名人”等方式来获取商标注册，从一开始就是不正当不合法的，因为这种行为是建立在侵犯名人姓名权的基础之上的。

以姓名、肖像等为内容的名人人格权在市场经济中呈现出巨大的商业价值，这些商业价值必须受到法律的保护，他人的不当攫取当然要受到法律的制止。尤其是当他人利用名人姓名注册为商标并生产销售劣质产品时，对名人的声誉造成了恶劣影响。但是就目前而言，名人以侵犯姓名权、肖像权等为由来对抗形式手段众多的商标抢注，显得有点力不从心，法院在判赔额的标准上也很难把握。这些问题的存在，对名人维权来说也是一大障碍，对侵权人来说，无异于一种纵容。

从这个角度来说，做名人也挺累的，为“名”所累！

话题十五：互联网企业不正当竞争

1. 2012 年 8 月，京东商城引爆与苏宁易购、国美电器等电商企业之间的价格大战。

2. 2012 年 8 月，360 进入搜索领域，引发百度强烈反应，由此引发了备受关注的“3B”大战。

打压对手 娱乐自己

近年来，国内的互联网产业得到了蓬勃发展，与之相对应的是互联网企业之间的竞争日趋激烈，呈白热化之势。2012 年，国内互联网企业之间爆发的几起影响广泛的事件尤其令人印象深刻，对于互联网企业未来发展也有一定警示意义。

互联网领域最激烈的竞争，莫过于电子商务企业之间的竞争。从兴起时成千上万的企业，到如今经过大浪淘沙留下的是诸如淘宝、京东等巨头。然而，即便是这些已经形成霸主地位的电商巨头们，依然没有放弃通过打压对手使自己渔利的机会。

2012 年 8 月中旬，国内电商巨头之一的京东商城 CEO 刘强东通过微博作出决定：京东大家电三年内零毛利！京东所有大家电保证比国美、苏宁连锁店便宜至少 10% 以上！由此引爆电商价格大战的导火索，引发了包括国美电器、苏宁易购等多家电商巨头跟进。一场波及面甚广的电商价格战全面开打，参与企业豪言不断，互放狠话，似乎不把对方压下去就不会停歇。

然而，价格战的发展充满了欺骗与谎言。巨头们承诺的大幅降价并没有出现，即使有些商品有所降价，也离公众期待很远。不仅如此，包括京东商城在内的多家企业被爆在价格战之前提升了部分商品价格，价格战之后的降价只是把提升的又降了回来，实际上并没有降价，价格战变成了口水战。

很快，这场价格战被监管部门叫停，相关企业因涉嫌虚假宣传和不正当竞争，被责令改正并向公众道歉。

电商价格战虽暂告一段落，但此事件中暴露出来的问题却不容回避，那就是国内电商企业同质化严重，产品相似程度较高且服务水平差异不大。靠制造噱头来炒作只能痛快一时，不仅面临违法风险，而且终将被消费者识破。只有做出自己的特色，并真正让利于消费者，才能在激烈的竞争中立于不败之地。

在国内搜索引擎领域，从谷歌退出后，百度成为了当之无愧的王者，一家独大，不容置疑。长期享受这种垄断地位的百度，2012 年突然遭遇了入侵者。2012 年 8 月 21 日，奇虎 360 将其旗下王牌产品之一 360 浏览器默认搜索引擎由谷歌正式替换为 360 综合搜索引擎。这个行为意味着奇虎 360 正式进军搜索引擎领域，想要虎口夺食的对象是强大的百度。由此，一场被称为互联网上的“3B 大战”就此爆发。

面对横空杀入的新对手，百度反应自然会很强烈，特别是看到这个入侵者是难缠且充满争议的奇虎 360 时。之后，百度便以侵犯著作权及不正当竞争为由，将奇虎 360 起诉到法院。该案至今尚未有结果。

“3B 大战”之所以引发广泛关注，是因为搜索引擎对人们的工作、生活至关重要，而且，当前搜索引擎存在的一些问题饱受诟病，比如钓鱼网站横行、竞价排名乱象等。当奇虎 360 以新鲜面孔出现时，公众有所期待，但因触动了既有市场占有者的利益，引发了较大的振动。

奇虎 360 进入搜索引擎领域对公众来说无疑是有益的，让用户有了更多的选择。但诚如专家所言，任何一种商业行为必须以遵守法律规范为前提，市场竞争不能侵犯他人合法权益。

话题十六："iPad" 商标之争

深圳唯冠科技有限公司起诉美国苹果公司侵犯其"iPad"商标权，该案件经过三次开庭，最终判定苹果侵权。2012 年 6 月，在广东省高院的主持下，苹果支付 6000 万美元一揽子解决该商标纠纷。

该是我的，就是我的

6000 万美元的分手费虽然不少，但对苹果来说却是个愿意欣然支付的代价。纠结许久的"iPad"商标之争终于在刚过去的 2012 年以温和的方式有了一个了结。在广东省高院的主持下，苹果和深圳唯冠终达成调解协议，苹果以 6000 万美元的价格换取了深圳唯冠将"iPad"商标出手，这无疑是最好的结局：苹果为自己进驻中国大陆市场扫清了障碍，深圳唯冠也拿到了丰厚的回报，作为中间人的法院也在未推翻一审判决的情况下化干戈为玉帛。这样三赢的结果也许是对这场旷日持久的拉锯战最好的终结。

这个案子涉及的问题很多，除了传统意义上的商标权利冲突问题外，媒体和学界还从我国的商标制度、商标转让程序、商标表见代理问题、关联企业商标利益分配等方面进行了剖析。而对许多与苹果相似的希望在中国大陆市场分得一杯羹的跨国公司而言，"iPad"之争无疑给了忽视中国商标市场本土环境的企业一记响亮的耳光。

当今世界已跨入全球化进程，拥有巨大消费群体和资源的中国大陆市场再也不是这个进程的旁观者了。作为企业形象识别系统中最重要的组成部分，商标策略是各个国外企业在进驻中国市场时必须要考虑的问题。各个国家对商标的取得、使用和转让都有不同的规制，即使在共同的知识产权协议框架内，不同的法律资源和本土文化都形成了各自商标制度所根植的不同土壤。

在"iPad"案件中，对于苹果而言，其所犯的本质错误就是忽视了不同法律文化间的冲突，苹果应该咨询中国专业代理机构或中国律师而不是通过英国律师进行商标权转让，这是苹果及苹果律师的疏忽和粗心。苹果公司想要取得"iPad"商标使用权，就一定要和商标的注册法人深圳唯冠公司达成协议。中国法律没有集体交易制度的规定，企业集团不能订立合同，只有集团中的子公司才具有独立的诉讼主体资格。子公司之间、子公司与母公司之间，都是独立的企业法人，身为子公司的台北唯冠，不能给同是子公司的深圳唯冠设定合同义务。对签约主体法人资格的失于考虑，正是导致了苹果此后在诉讼中陷于被动。

外国公司必须谨慎确定商标战略，尊重中国法律，为进入中国市场做好准备。正如博斯公司大中华区董事长谢祖墀认为，"苹果付出了学费，这个学费最好是为所有来中国的跨国公司支付的。"谢祖墀指出，全球化进程让跨国公司必须从法律上、社会上、文化心理上全方位地去了解它的每一个市场的商业生态。或许这方面全球的企业都应该向好莱坞学习经验，好莱坞大制作的电影在剧本创作阶段就会考虑预备上映的所有国家的言论控制程度和禁忌。

话题十七：王老吉与加多宝之争

围绕“王老吉”商标，广药集团与加多宝集团之间恩怨不断，一波未平一波又起，二者之争已经从单纯的商标权诉讼升级到专利权、商业秘密、包装装潢等全面争端。

如何才能不“怕”上火

随着法院驳回鸿道集团撤销“王老吉”商标仲裁裁决申请终审判决的作出，广药集团终于以胜利者的姿态赢得了“王老吉”的强势回归。这场热闹开场的商标之争，在经历了跌宕起伏的几轮较量之后，还是让广药集团和鸿道集团从最初的甜蜜走向了最终的决裂。最终，加多宝失去了苦心多年经营的品牌，而广药是否能让“王老吉”的辉煌延续，也需要更多探索，或许在这场战争里并没有真正的赢家。

可口可乐的前首席执行官曾经说过：如果世界各地的可口可乐厂房一夜之间被大火烧掉，但是只要我还有可口可乐这个品牌，那么明天，所有的厂房都将从废墟中建立起来。这就是品牌的魅力之所在。被誉为中国的可口可乐的“王老吉”无疑曾经创造过属于国人自己的品牌传奇。记忆中我们还可以想起汶川地震时“王老吉”豪捐亿元的慷慨，也从未有过哪种饮料制造了超市里卖断货的神话。可是如日中天的“王老吉”还是在商标注册人与使用人分离的利益冲突中显得日渐疲惫。

纷争已过，尘埃却未落定。双方又在知名商品特有装潢权、老字号品牌归属、广告语著作权等权益方面展开争夺。昔日“健力宝”的没落还让我们记忆犹新，今天“王老吉”在争夺中也已遍体鳞伤：和解没有希望，纠纷遥遥无期，长期积累起来的商誉正在流失、企业资源的大量无谓损耗、已有凉茶市场秩序的破坏，最重要的是消费者对“王老吉”民族品牌从信任到困惑的态度转变。商标或可经营，信赖利益的缺失却会成为不可挽回的痛楚。

在中国有个传统故事：两个女人都说孩子是自己亲生的，于是法官为了试探，就让她们抢孩子，谁抢到，孩子就是谁的。结果真正亲生的母亲舍不得抢，因为她怕孩子会在争抢中受伤。简单的故事却蕴藏着最质朴的哲理：没有哪个母亲不会顾及孩子的感受。现在的“王老吉”就像那个被抢的孩子，我们不知道两个深爱她的女人在争抢中是否也会担心孩子受伤？

一个品牌，是一个综合体，除了产品技术含量，还包括了营销策略、创意、诚信信誉，同时还包括了文化内涵，品牌也是企业文化内涵的外在表现。基于这些要素基础上的品牌建设，是一个长期过程，甚至长达十几年，几十年。我们不想看到已经做大做强的“王老吉”就这样在商业利益的争夺中毁于一旦。除了审慎的合同监管、严格的市场管理、公平合理的利益分配，我们更期待一个有利于民族品牌成长的健康商业环境。在据理力争之外，是否也应该多一分对品牌的尊重和爱护？

话题十八：《北京条约》

2012 年 6 月 26 日，世界知识产权组织“保护音像表演外交会议”，以正式签署《视听表演北京条约》（下称《北京条约》）为标志，在京落下帷幕。来自154个世界知识产权组织成员国和48个国际组织，共202个代表团721名代表经过讨论磋商，通过资格审查、条款修改等一系列建设性工作，成功签署《北京条约》，就此在我国诞生首个国际知识产权条约。

主动参与制定国际规则

《北京条约》是信息时代对表演者权利提供全面保护的国际条约。它赋予了电影等视听作品的表演者，依法享有许可或禁止他人使用其在表演作品时的形象、动作、声音等一系列表演活动的权利，为我国表演者提供了融入国际社会知识产权贸易的机遇。

条约的通过及加入，是国际贸易自由化发展的必然结果，是在信息高度发达的现代社会加强国际交往的必然要求，乃大势所趋。知识产权保护的地域性意味着其只在授予其权利的国家才能得到保护，进入其他国家的领域，其权利并不当然受到保护。但知识产权作为一种被国际社会普遍认可和接受的财产权利，如果一跨出国门就成为可以任人拿来自肥的唐僧肉，显然不利于知识产权领域的国际交流与合作，尤其是在知识产权贸易成为整个国际贸易的重要组成部分的现代社会，不保护依本国法产生的知识产权，也不符合建立国际贸易自由化体系的国际趋势。

加入北京条约，有利于增强我国电影表演者的权利，激发其创作热情，促进我国影视产业的发展。一直以来，我国电影表演者一旦同意拍摄电影，其就表演活动享有的经济权利就转让给了制片人，表演者的经济利益在于就其身价和市场而定的片酬。加入条约后，我国需要改变目前对电影作品表演者和录像制品表演者区别对待的现状，无论采取何种立法模式，都必须需要增强电影表演者的权利范围，使其至少有权利与制片人就其表演活动所享受的经济权利作出约定。

加入条约是我国在知识产权领域融入国际社会，改善我国知识产权保护国际形象的重要途径。我国的知识产权制度相对于发达国家而言，起步比较晚，在西方发达国家已经建立起一套成熟且行之有效的知识产权法律制度的时候，我国才开始进行有关知识产权的立法和司法实践。基础差、底子薄，导致侵权盗版肆虐问题严重，而影视产业相对薄弱的现状令我国知识产权相关法律的制定又不得不考虑保护民族产业，这引起了西方发达国家的诟病。侵权盗版现象损害了我国在知识产权国际保护领域的国际形象，直接影响了我国影视产业的国际投资环境。办好本次外交会议，在表演者权利保护方面做出积极姿态，是我国改善一直以来的侵权盗版大国形象的重要一环，是促进国际交往的关键步骤。

成功举办外交会议促成《北京条约》的签署，有利于增加我国在国际社会的规则制定权与谈判话语权。在知识产权国际保护制度的形成过程中，发达国家往往凭借其在知识产权领域的绝对优势，设定的国际保护范围宽、标准高，不太利于着发展中国家的经济利益。主动、积极并富有成效地办好本次会议，促成条约签署，用国际上通行的主权和人权标准增添对发展中国家的有利因素，争取到更多的规则制定权与谈判话语权。只有这样，我国才能在知识产权国际游戏中获得更多的利益。

话题十九：网络维权

2012 年 10 月 11 日，中国作家维权联盟诉苹果应用程序商店（App Store）侵犯著作权案，在北京市第二中级人民法院开庭，案件涉及李承鹏等 8 位作家的 34 部作品，索赔 1000 余万元。

9 月 17 日，韩寒诉百度文库侵权案宣判，韩寒的《像少年啦飞驰》等 3 部作品获赔 9.58 万元，至此，高举维权大旗的作家联盟获得初步胜利。

同年 9 月，盛大文学联合旗下百余位作家针对百度、搜狗等四大搜索引擎发起维权行动，引起业界广泛关注。10 月份，盛大文学与搜索引擎公司就网络版权保护达成合作，将共同抵制侵权盗版搜索。

“跳”出互联网维权

纵观 2012 年版权纠纷，以侵犯信息网络传播权案件最为典型，且大多集中在少数企业身上，比如百度文库系列案、谷歌图书搜索案、苹果应用商店案、豆丁网系列案等。

在北京市维诗律师事务所执行合伙人杨安进看来，法院在审理此种类型案件时，既要考虑个案涉及的法律问题，还要考虑这些企业的商业模式和当初开展此类业务时的主观意志，比如明知此类业务侵权，却仍旧开展；权利人维权时，也应具体情况具体分析，如果有的复制行为，客观上促进作品的传播，不必一定采取法律诉讼方式。

杨安进认为，由于资本天生具有逐利性，当获利高于风险时，一些公司可能就会视风险于不顾，开展业务。互联网环境下，一一取得作者授权，对于一家公司而言很困难，有些企业很可能明知侵权存在，仍然使用他人作品开展业务。这种“明知故犯”的行为具有“原罪”色彩，不应适用于“避风港”原则。为此，法院在审理此类案件时，不应只考虑法律问题和网络服务商上传单部作品时的主观意志状态，也应考虑涉案公司决定开展此类业务时是否有“原罪”色彩。如果涉案公司当初就有做好被诉讼的准备，应将“避风港”原则适用在非常严格的范围。

从权利人角度出发，杨安进认为，目前大多数权利人虽极力主张互联网环境下的维权，但其思维方式还停留在前互联网时代，没有超过法律问题综合看待互联网产业环境下作品传播的行为。因此，面对互联网环境下的侵权行为，权利人既要看到法律问题，也要看到背后涉及的商业模式，采取不同的维权策略。如果有的网站对作品的部分复制具有推荐性质，对作品的销售和传播有积极作用，或是对于作者而言，利大于弊，作者大可不必采取法律手段；如果一些网站对作品的复制具有明显的侵权意图，作者则可以采用法律手段来维权。

在互联网环境下，网络服务商、权利人、法院面对侵权行为，均应既立足法律问题，但又要跳出法律框架，从产业环境、商业模式、产生的实际影响等多个方面进行衡量，才能使各方的利益、风险达到更加均衡的状态。

话题二十：莫言获奖

2012年10月11日，瑞典诺贝尔委员会宣布，中国作家莫言获得2012年诺贝尔文学奖。莫言是首个获得诺贝尔文学奖的中国籍作家。

版权输出要靠软实力

莫言是在海外最具影响力的中国作家之一，在作品版权输出上更是居国内作家之首。即便如此，在欧美市场，莫言的书也很难称得上是畅销书。这几年，版权引进与输出之比不断缩小，但总体来讲，中国文学在国际市场上仍是小众市场，特别是现代文学在海外影响有限。新世界出版社有限责任公司版权部主任姜汉忠认为，中国图书版权输出，根源于中国文学的“走出去”，而文学的“走出去”，根源于一个国家经济实力的增长。

姜汉忠认为，抛开翻译与版权代理等版权输出中的老问题，图书版权输出乃至文化“走出去”的快慢、中国作品在世界影响力的大小，根源还在于国家经济发展水平的高低。在世界上，经济有影响力的国度，其文化才能有话语权，才能引起其他国家的读者的兴趣，才能占据大量市场份额。而打破中国图书版权输出困境，关键在于提升中国软实力，获得在国际上的话语权。基于此，图书版权输出不是一蹴而就的事情，应是一个自然而然的过程，要遵循本身发展规律。

在目前图书版权输出类别上，许多出版单位热衷于输出中药图书、“三字经”、“论语”等能反映中国传统文化的作品，但从实际效果看，并不尽人意。姜汉忠将向海外输出文化比作往一个杯子里装水。中国人会装入中药，但在国外，了解中药的人并不多。美国人则会装入可口可乐，这种商品符合全球消费者的胃口，因而占据了世界市场。也就是说，国外读者对中国的历史、文化、制度这些内容的兴趣并不大，相反，亲情、爱情这类题材却是世界范围内都能接受的。所以，要选择能让外国读者感兴趣、愿意接受的内容输出去，而不是一味将具有民族文化特色的内容强加于他们。

目前，我国图书版权输出过于急功近利，甚至无视“走出去”规律。中国作品“走出去”，要事先寻找“最大的公约数”，找到海外市场感兴趣的，让海外读者产生共鸣的作品。只有让好的内容来吸引国外读者，拉近距离，消除隔阂，才能循序渐进地打开海外市场。因此，“走出去”不是几年的时间就能实现的。如果没有全局观念，各主管部门不能相互配合，实现税收、海关、财政齐发力，中国图书、中国文学“走出去”必然行之不远。

话题二十一：视频网站

2012年3月12日，国内两大网络视频公司优酷和土豆共同宣布，优酷和土豆将以100%换股的方式合并，合并后的新公司将命名为优酷土豆股份有限公司，土豆将退市。

大乱之后必有大治

在行业普遍亏损、版权成本居高不下的背景下，优酷土豆牵手被业界赋予了极高的意义。它象征着国内网络视频行业将进入正版经营、强强联合的时代。

易观国际分析师张飙认为，优酷土豆合并更大程度上是双方出于市场竞争的考虑，版权只是其中一部分，更多的是从营收到品牌上的整合。

从互诉版权侵权到合并，优酷与土豆之间的恩恩怨怨在国内视频行业颇具代表性。近年来，随着主管部门对网络视频领域侵权盗版打击力度的加大，视频网站对正版内容的争夺日益激烈，从而带来大量的版权互诉。面对整个行业陷入版权混战的局面，主管部门加大了对视频网站的监管，要求企业严格自律等，对行业进行规范，多举措引导企业向互联网应用方面转变，探索建立行业发展新秩序。张飙认为，网络视频行业正版化需要一个过程。优酷、土豆由互诉侵权走向合作，有利于行业走出版权混战泥潭，推进整个行业的正版化。通过整合，不但能减少企业间的版权纠纷，缓解成本压力，同时也使其品牌形象得到提升，广告主对品牌视频媒体的投入也将逐渐增大，而中小视频厂商的发展空间将被进一步压缩，从而加快网络视频市场的洗牌，推进行业良性发展。

如今，网络视频行业的版权纠纷较前几年已大大减少，各家公司都将发展重点放在版权内容购买、自制内容打造、内容营销上。在版权购买上，不仅限于国内的作品，还将目光转向海外，纷纷引进美剧、韩剧等优质内容，满足广大网民的多样需求，提高用户粘度。在内容自制上，更是品种丰富，花色齐全，或进入产业链上游参与影视剧的制作，或直接操刀制作微电影。而自制网络综艺节目更是被各大网站看好，优酷推出《牛人盛典》、《我是传奇》等系列网络选秀节目，搜狐视频推出《大鹏嘚啵得》、56网推出《微博江湖》等，从内容到形式各具特点，形成差异化竞争，为网民提供丰富的节目内容。通过内容自制，不仅解决了版权问题，更是为网络视频公司带来丰厚广告收入。同时，各大网络视公司还积极进行版权营销，尝试网台联动、付费观看等模式，多途径地推进整个行业走上正版经营的道路。

（《中国知识产权报》通讯员　赵晓鹏　记者　姜旭　窦新颖）

2012年知识产权维权大事件回顾

2013年的钟声即将敲响，2012年的帷幕即将落下。回顾过去的这一年，我国知识产权事业继续保持良好发展势头，知识产权保护成效显著。权利人维权之路虽然艰辛，但痛并快乐着。

随着创新型国家建设的不断推进，国家知识产权战略的深入实施，国内企业越来越重视专利保护。2012年，我国专利领域的纠纷不断，大案要案频发，诉讼标的额越来越大，专利纠纷对企业甚至产业的发展影响越来越大。如围绕磷酸铁锂领域的专利争夺，堪称是专利领域纠纷的典型。采用磷酸铁锂作正极的锂离子电池被业界普遍认为是最理想的电动车用动力电池，因而关于磷酸铁锂的专利争夺在全球也愈演愈烈。中国是世界上三大锂离子电池生产国之一，如何在该领域内赢得先机，占据专利制高点，从而取得市场竞争优势，就成为摆在中国电池工业领域企业的急迫课题。

2012年，在中国企业不断“走出去”的过程中，在与国外跨国巨头们的专利博弈中，越来越多的国内企业开始高举法律武器积极应诉，并谱写了一篇篇胜利的乐章。如上海中微半导体设备有限公司在美国遭遇了专利侵权诉讼，面对指控，中微公司毫无畏惧，沉着应对，除了在美国提起反诉外，又在中国国内提起了不正当竞争诉讼。面对中微公司积极有效的反击，美国公司选择了撤诉，中微公司取得了全面胜利。

在这一年里，著作权纠纷在所有的知识产权纠纷中仍占据较大比重。与往年相比，侵犯信息网络传播权的行为依然成为主要案件，侵犯音乐、戏剧、曲艺、舞蹈类作品以及计算机软件类的案件也较多。此外，在这一年中，著作权案件也不断引发新问题，如涉案客体是否属于我国著作权法保护的“作品”范畴的讨论值得关注。

在商标领域，“傍名牌”、“傍名人”的现象导致纠纷不断。美国篮球传奇巨星、“飞人”——迈克尔·乔丹公开指责中国福建的乔丹体育股份有限公司侵犯其姓名权，该案旋即引起轩然大波：原来乔丹体育与乔丹没有半点关系！与美国“飞人”遭遇相同，“中国飞人”——我国著名跨栏运动员刘翔不能在服装类别上以自己的名字注册商标，因为一家企业在26年前已经注册了“刘翔牌”商标。面对这些纠纷，专家表示，国内一些热衷于“傍名人”的企业，可能会获得一些短期利益，但从长远来看都将得不偿失，特别是当“傍名人”的真相被公众知晓后，很明显会对其品牌带来负面影响。

2012年，除了有代表性的专利案件、商标案件和著作权案件之外，一些诸如商业秘密、不正当竞争等知识产权案件也不断涌现。商业秘密是企业重要的技术信息和经营信息，被视为企业知识产权的重要组成部分，往往成为企业之间竞争的重要手段。但是近年来越来越多的案例表明，以商业秘密侵权为借口，滥用公权力，通过刑事手段追究竞争对手领导人的刑事责任，然后通过民事途径索赔，从而达到完全击败竞争对手的目的，成为此类案件的基本“套路”。这种商业秘密纠纷泛刑事化的趋势引起了理论界和实务界的广泛关注。

被称为我国“经济宪法”的反垄断法自2008年8月正式实施以来已经4年多了，但反垄断法的一些规定具有较强的原则性和抽象性，无疑对反垄断法的实施造成了很大的障碍。2012年5月，最高人民法院正式发布了反垄断法司法解释，该司法解释对于指导人民法院正确适用反垄断法、依法制止垄断行为、保护和促进市场公平竞争具有重要意义。

专利纠纷：大案频发　意义深远

2012年，我国专利领域的纠纷不断，大案要案频发，诉讼标的额越来越高，专利纠纷对企业甚至产业的发展影响越来越大。随着中外经济贸易的不断深化，国内企业在“走出去”的过程中，遭遇越来越多的专利侵权诉讼。面对实力雄厚的境外公司专利侵权指控，越来越多的国内企业开始高举法律武器积极应诉，并谱写了一篇篇胜利的乐章。

采用磷酸铁锂作正极的锂离子电池被业界普遍认为是最理想的电动车用动力电池，因而关于磷酸铁锂的专利争夺在全球也愈演愈烈。中国是世界上三大锂离子电池生产国之一，因此中国也自然成了国外“大鳄”进行专利布局的主要国家。2008年加拿大魁北克水电公司等在华进行了专利“跑马圈地”。为维护中国相关产业的发展，中国电池工业协会组织国内该领域的骨干企业对外方的磷酸铁锂相关专利提出无效请求，国家知识产权局专利复审委员会经审理宣告其专利无效。磷酸铁锂专利无效案虽首战告捷，但我国企业还应加快自身相关专利申请，特别是国外专利申请布局，化被动为主动，才能在全球的磷酸铁锂专利战中占领一席之地。

2010年底，诺基亚起诉上海华勤通讯技术有限公司侵犯其8件专利权，索赔9000万元，并向国内近20家手机企业发出律师函。涉案专利属于通讯行业基础专利，诉讼结果将对国内手机产业产生重大影响。随后，华勤公司向国家知识产权局专利复审委员会提出专利无效宣告请求。2012年4月，专利复审委员会宣告诺基亚3件涉案专利无效，诺基亚因此撤回了起诉。此案显示，在面对跨国巨头提起的专利侵权纠纷时，应有充分深入的研究，勇于挑战，才能赢得诉讼。同时也应该看到，国内很多手机企业都拥有优秀的技术，但他们还没意识到将这些技术及时地形成自己的专利，未能凸显这些技术变成专利后的市场优势。

2000年广州威尔曼药业有限公司获得了“抗生素复合剂哌舒”的专利授权，之后，北京双鹤药业股份有限公司向国家知识产权局专利复审委员会提起专利权无效宣告请求。2003年，专利复审委员会经审查宣告该专利无效。于是，广州威尔曼公司将专利复审委员会诉至法院。该案历经一审、二审、再审，最高人民法院最终判决维持专利复审委员会的决定。该案是我国医药领域内具有较大影响的一起专利行政纠纷案件，涉及该领域内的诸多典型法律问题，广受业界关注，对于医药领域的专利申请、审查和保护均具有重要的指导意义。

上海中微半导体设备有限公司在美国遭遇了专利侵权诉讼，半导体行业三巨头之一的美国应用材料公司以中微公司侵犯其商业秘密为由向美国北加州联邦法院提起诉讼。面对指控，中微公司毫无畏惧，沉着应对，除了在美国向联邦法院提起反诉外，又向上海市第一中级人民法院起诉应材公司不正当竞争。面对中微公司积极有效的反击，应材公司选择了撤诉，中微公司取得了全面胜利。

针对国内企业知识产权保护意识和能力不足、专利权被侵犯时无力维权等问题，2012年，江苏省镇江市经国家知识产权局批准成为全国首家专利保险试点城市，政府以购买服务的方式向62家企业赠送专利维权托管服务，142件专利享受专利保险优惠费率和保费补贴。此政策的出台，无疑为企业专利维权提供了有力保障，帮助解决企业专利保护和管理的后顾之忧。

在行政执法方面，2012年10月，北京、天津、河北等九个省市知识产权局共同签订了专利执法协作协议，并正式启动执法协作信息交流平台。九省市执法协作为跨省市专利行政执法协作开辟了新的工作思路和手段。协作机制必将提高跨省市专利行政执法效率，为公众提供更大的便利。

专利纠纷行政调解和司法审判具有很强的互补性，目前我国专利法正在进行第四次修改，从根本上大力加强专利行政执法力度是我国现实的迫切需要。

著作权纠纷：新案迭出　类型集中

2012年，著作权纠纷在知识产权纠纷中仍占据较大比重，与往年相比，侵犯信息网络传播权的行为更为多见，侵犯音乐、戏剧、曲艺、舞蹈类作品以及计算机软件类的案件也较多。此外，在这一年中，著作权案件也不断引发新问题，如涉案客体是否属于我国著作权法保护的“作品”范畴的讨论值得关注。

由于上海众源网络有限公司未经原告许可，在其经营的PPS网络电视软件中向公众提供《花儿朵朵》节目等在线播放服务，侵害了原告的信息网络传播权。虽然一审法院与二审法院在节目性质的认定上产生了分歧，但无论涉案作品是属于电影作品还是录像制品，其权利人都享有信息网络传播权这一点都是毋庸置疑的。

目前，国内字库行业遭遇了前所未有的寒冬。据悉，中国大陆10人以上规模的数字化中文字体、字库设计研发企业仅剩寥寥几家，大多处于勉强维持状态，开发的数字化中文字体仅有421款，同时行业的凋零也导致了人才的大量流失。这些现象导致了中国大陆字体字库企业开发速度和开发款数远远不能满足相关产业的使用需求。因此，我国需要建立起符合中国国情和文化特点的汉字字库保护框架，完善对字体、字库保护的相关法律规定等，显得非常迫切。

随着网友质疑我国著名舞蹈艺术家杨丽萍的谢幕之作涉嫌侵权，大型舞剧《孔雀》的音乐使用是否经过了版权人授权和许可，因此杨丽萍被推到了舆论的风口浪尖上。根据我国著作权法的相关规定，属于商业演出的《孔雀》其中如果包含有未经授权而使用他人享有著作权的音乐作品的现象，则有侵权风险。该事件引发关于我国舞蹈配乐的版权问题，大型舞蹈作品容易被广大群众所熟知，其中相关配乐的知识产权问题不可小觑，应当杜绝随意援用音乐的习惯，防止侵权行为的发生。

广播体操在中国几乎家喻户晓，成为每个人学生时代不可磨灭的记忆。2012年底，北京市西城区人民法院审理了一起涉嫌对第九套广播体操侵权的案件，在一审判决中，法

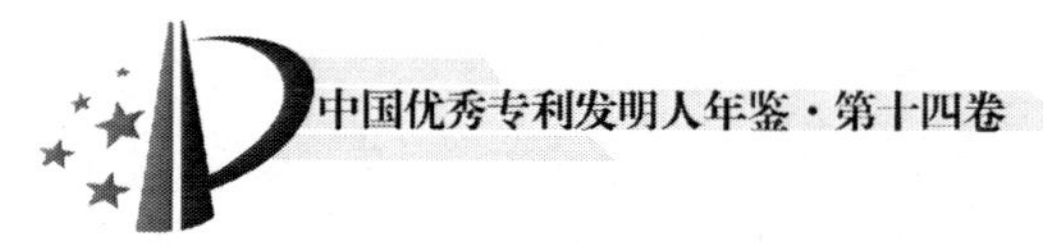

官认定第九套广播体操的肢体动作、整体编排及口令均不构成作品，不受我国著作权法保护；但其配乐作品享有著作权，应受到保护。这个审判结果引发了业内人士对广播体操的整体编排是否属于作品、广播体操是否应受著作权法保护的热烈讨论。

商标纠纷：意识高涨　维权主动

随着近年来人们知识产权意识的不断提升，商标权利人的维权意识也在不断高涨，商标领域出现了一股维权热潮。2012 年，一些有代表性的商标维权案件让人们看到了商标权人对于品牌保护的决心。

2012 年 2 月，美国篮球传奇巨星、“飞人”——迈克尔·乔丹称已在中国对乔丹体育股份有限公司提起法律诉讼，因为该公司在未经其授权的情况下，使用了他的姓名。该案旋即引起轩然大波：原来乔丹体育与乔丹没有半点关系！

与美国“飞人”遭遇相同，“中国飞人”——我国著名跨栏运动员刘翔享誉国内外，但不能在服装类别上以自己的名字注册商标，因为一家企业在 26 年前已经注册了“刘翔牌”商标。获得刘翔合法授权的耐克国际有限公司在我国申请注册“刘翔”商标被驳，向国家工商行政管理总局商标评审委员会申请复审仍被驳回，因此将商评委告上了法庭。刘翔能否跨过“刘翔牌”这道栏，让我们拭目以待。

在 2012 年 3 月举行的“瑞士巴塞尔国际钟表珠宝展”上，来自中国的天津海鸥手表业有限公司遭遇到了世界顶级手表品牌——瑞士斯沃琪集团旗下欧米茄公司的商标侵权指控。面对国际手表巨头的指控，海鸥公司并没有退缩，奋起抗争。终于，巴塞尔国际钟表珠宝展组委会知识产权委员会驳回了欧米茄公司的投诉。

国内电视节目市场全面开花，各类型的电视节目吸引着不同的观众群体。2012 年，一些电视节目名称也成为了商标纠纷的“主角”，引发人们关注。江苏卫视于 2010 年初推出的大型婚恋交友类节目《非诚勿扰》收视率不断攀升，但该节目被诉其名称侵犯了他人在第 45 类的交友服务和婚姻介绍所类别上的“非誠勿擾”商标。一档备受观众喜爱，并屡屡刷新省级卫视收视纪录的电视节目名称被诉侵犯商标权，引发了社会各界的关注。

意大利被称为“品牌之都”，许多国际知名的奢侈品品牌都来自意大利，标注“意大利品牌”的产品在消费者中深受欢迎。但是，目前中国市场上标注为意大利品牌的产品遍地开花，有多少是真正的意大利品牌？有多少其实是“挂羊头卖狗肉”欺骗消费者的呢？为此，意大利对外贸易委员会知识产权部北京工作室从 2011 年 7 月以来，陆续提交了几十家企业的名录给中国有关部门请求查处。对伪意大利品牌的揭露，不仅有效维护了消费者的利益，而且保护了国外品牌商的正当利益，体现了中国作为负责任大国的国际正面形象。

其他类型纠纷：案件新颖　广泛关注

2012 年，除了有代表性的专利案件、商标案件和著作权案件之外，一些诸如商业秘密、不正当竞争等“另类”知识产权案件也不断涌现，这些案件类型之新、影响力之大，让我们看到了知识产权这种无形资产在人们生活中的重要性。

被称为我国“经济宪法”的《中华人民共和国反垄断法》自2008年8月1日正式实施以来已经4年多了，反垄断民事诉讼已经成为人民法院的重要审判领域。但由于垄断民事案件通常疑难复杂，经济与法律问题相互交织，专业性很强，对企业和行业均有重大影响，而反垄断法的一些规定具有较强的原则性和抽象性，涉及人民法院的操作条款相对比较简单等。这些问题的存在，无疑对反垄断法的实施造成了很大的障碍。2012年5月，最高人民法院正式发布了《关于审理因垄断行为引发的民事纠纷案件应用法律若干问题的规定》，这是最高人民法院在反垄断审判领域出台的第一部司法解释。该司法解释对于指导人民法院正确适用反垄断法、依法制止垄断行为、保护和促进市场公平竞争具有重要意义。

商业秘密是企业重要的技术信息和经营信息，被视为企业知识产权的重要组成部分，往往成为企业之间竞争的重要手段。但是近年来越来越多的案例表明，以商业秘密侵权为借口，滥用公权力，通过刑事手段追究竞争对手领导人的刑事责任，然后通过民事途径索赔，从而达到完全击败竞争对手的目的，成为此类案件的基本“套路”。这种商业秘密纠纷泛刑事化的趋势引起了理论界和实务界的广泛关注。作为国内两家最大的维生素B5生产企业，鑫富药业与新发药业围绕商业秘密侵权问题展开了激烈对抗。2012年7月，来自国内知识产权领域和相关技术领域的专家齐聚北京，共同研讨，专家们纷纷表示，应准确把握商业秘密保护的合理界限。

商业秘密是企业的重要无形财产，2012年出现了一系列有代表性的商业秘密案件。国内医疗器械领域两家龙头企业之间的“掐架”不断升级，深圳迈瑞生物医疗电子股份有限公司诉深圳理邦精密仪器股份有限公司24种产品侵犯专利权及商业秘密，该案诉讼标的总额超过1亿元，对于在创业板上市伊始就深陷纠纷的理邦仪器公司来说无疑是压力巨大，并受到各方关注。

2012年，京东商城、苏宁易购、国美电器和当当网等几大商业巨头的“电商大战”引发了人们的广泛关注。在这场几大电商行业巨头点燃的价格战中，虽然不少消费者尝到了低价的甜头，但是这样的行为已经引发了人们的关注，很多人认为这已构成了不正当竞争，对于市场的良性发展很不利。

电商价格大战硝烟尚未散去，搜索服务领域烽火又起。奇虎360公司向国内搜索引擎绝对霸主百度发起了挑战，这场争夺被网友们称为“3B大战”。在互联网时代，人们对搜索服务的依赖程度非常之高。专家表示，百度与奇虎360之间的“3B大战”须正当竞争，同时必须要保证用户的使用不受影响，这才是每个互联网用户都关心的问题。

（《中国知识产权报》记者　魏小毛　张娣　实习记者　胡姝阳）

（二）部分省市知识产权状况和工作经验

广东：知识产权工作五年呈现十大亮点

亮点一：知识产权战略深入实施

获选理由：2007 年 11 月，广东省颁布《广东省知识产权战略纲要（2007—2020 年）》，2008 年 6 月，《国家知识产权战略纲要》颁布实施，两份知识产权纲领性文件引领广东省知识产权事业进入重要的战略发展期。五年来，通过全省知识产权人的不懈努力，全省 21 个地级以上市已全部出台本地区战略纲要或实施方案，形成了以战略促进知识产权事业全面发展的良好格局。

亮点二：知识产权政策法规措施不断完善

获选理由：2010 年 12 月，《广东省专利条例》经省人大常委会颁布后正式施行。2011 年 10 月，广东省第一个集专利、商标、版权等各知识产权门类的《广东省知识产权事业发展“十二五”规划》由省政府办公厅印发。2012 年 1 月，广东省委、省政府颁布《关于加快建设知识产权强省的决定》。10 月，《广东省展会专利保护办法》正式实施，12 月，广东省知识产权局等九部门联合出台《关于加快推进全省知识产权质押融资工作的若干意见》。知识产权政策法规措施的不断完善，为全省提高自主创新能力、转变经济发展方式营造良好的政策环境。

亮点三：专利质量不断提升

获选理由：截止 2012 年底，全省累计专利申请量 1336065 件、发明专利申请量 302678 件。有效发明专利量 78902 件，位居全国第一。发明专利授权量连续五年位居全国第一。PCT 国际专利申请量连续十一年居全国第一。根据国家知识产权局 2012 年 5 月 23 日发布的 2011 年全国地区专利综合实力排名，广东专利综合实力排名位居全国首位。经过五年的快速发展，广东在全国专利大省的地位进一步巩固，专利质量不断提升，为向知识产权强省跨越创造了重要的基础性条件。

亮点四：省部知识产权高层次战略合作成效显著

获选理由：省政府与国家知识产权局于2008年建立知识产权高层次战略合作关系。五年来，在合作框架协议下，成效极其显著。2008年，国家知识产权局在广东设立国家知识产权局专利复审委员会第一审理庭，2010年设立第二审理室；2011年，在北京地区之外设立第一个国家专利审查协作中心及第一个国家知识产权局（广东）专利信息传播利用基地；2010年和2012年批准成立两个国家知识产权培训（广东）基地；2012年，设立第一个国家知识产权局区域专利信息服务（广州）中心；2012年，双方共同创建全国首个知识产权服务业示范省。这一大批国家级基地、服务中心和合作活动在广东的开展，有力地推动了广东知识产权事业发展，促进了广东经济发展。

亮点五：专利运用工作取得重大突破

获选理由：五年来，广东省从营造环境入手，以促进专利技术实施和构建专利转化支撑体系为重点，以发展专利市场和提升专利运用能力为目标，积极探索实现知识产权价值的长效机制。国家工业设计与创意产业（顺德）基地建设稳步开展。国家专利产业化（广州数字家庭）试点基地建设快速推进。专利联盟专利标准化工作取得重大进展，顺德电压力锅专利联盟建成专利和标准“双联盟”。广州广州市、深圳市、东莞市、佛山市先后获批开展全国专利保险试点。知识产权质押融资工作成效显著，在佛山南海创建国家知识产权投融资（南海）综合试验区，广州、东莞获批开展国家知识产权质押融资试点，佛山顺德区获批开展国家知识产权投融资服务试点。截至2012年底，全省共拥有国家专利技术展示交易中心4家，国家专利产业化试点基地1个，国家工业设计与创意产业基地1个，国家专利工作交流站4家，国家知识产权示范企事业单位8家，国家知识产权示范创建企事业单位8家，国家知识产权试点园区3个，国家知识产权投融资综合试验区1个，国家知识产权投融资服务试点地区1个，国家专利保险试点地区4个，国家知识产权局专利巡回审查厅1个，全省已有近200家企业通过逾520项知识产权获得逾9.85亿元的知识产权质押贷款。

亮点六：知识产权保护体系逐步完善

获选理由：为改善营商环境、优化创新环境，五年来，广东省长期坚持日常执法与专项行动相结合，知识产权保护力度不断加大。根据国务院、省委省政府和国家知识产权局的部署，重点抓好“双打”、“三打两建”、“护航”等专项行动，着力加强广交会等重要会展知识产权保护，取得了显著成效。2008年至2012年，全省共立案处理各类专利纠纷案件1198件，结案950件；立案查处假冒专利案件745件，结案622件；通过指导各类会展和行业协会解决专利纠纷5720宗。全省“双打”专项行动成效得到国务院督查组和全国“双打”办“认识有高度，工作有力度，整治有广度，打击有深度，成效显著，多项工作走在全国前列”的高度评价。全省知识产权局系统“三打”工作成效获得了省领导的充分肯定，在全省“三打”专项行动全年绩效考评中，省知识产权局被评为优秀等次。在国家知识产权局开展的专利行政执法和知识产权维权援助举报投诉绩效考核中，广东省名列前茅。全省六个维权援助中心有效发挥服务作用，广东省建成了全国第一个单一行业知识产权快速维权机构——中国中山（灯饰）知识产权快速维权中心。

亮点七：知识产权专业服务水平不断提高

获选理由：五年来，广东省大力提升和发展知识产权服务能力。中介服务队伍不断发展壮大，在政府机构和市场主体之间的桥梁作用不断显现，专利代理机构和分支机构分别由2007年的78家和62家增长到2012年的113家和109家。2010年，启动“百所千企知识产权服务对接工程”，构建更加高效的知识产权服务平台。专利代办工作职能不断拓展，专利电子申请推广工作成效显著。专利信息化服务建设快速推进，2011年，实施战略性新兴产业专利信息资源开发利用计划深度开发专利信息，形成广东省战略性新兴产业专利分析及预警系列报告平台及品牌。5家知识产权服务机构入选国家知识产权局品牌服务机构培育单位。还先后开展国家知识产权局专利信息服务项目一批，加速推进专利信息与经济的融合，为社会提供更优质的公共服务。

亮点八：区域知识产权事业蓬勃发展

获选理由：五年来，广东省全面加强市县知识产权机构建设和工作发展，努力促进全省区域知识产权事业协调发展。2010年召开全省首次县域知识产权工作会议，出台《关于加强县级知识产权工作的若干意见》，努力强化对县级知识产权工作的指导和支持力度。截至目前，全省共拥有国家知识产权示范城市2个、工作示范城市2个、示范城市创建市1个（已通过验收）、试点城市3个，6个区被纳入国家知识产权强县工程，省级知识产权试点区域达103个，数量比2007年底翻了一番。通过实施区域知识产权发展计划，五年共安排专项经费支持市县开展知识产权专项工作330余项，促进全省市县知识产权工作不断迈上新台阶。

亮点九：全社会知识产权意识整体提高

获选理由：五年来，广东省深入开展知识产权宣传普及和教育培训活动，有效提高全社会知识产权意识。在每年“4·26”世界知识产权日活动中，打造了“广东省知识产权保护状况新闻发布会”、“知识产权联合执法”等系列品牌。广东省成立了4所知识产权学院和4所知识产权研究院（所）。建成广东省知识产权远程教育分平台。认定中小学知识产权教育示范学校30所，试点学校191所，累计受教育学生达数十万人次，中小学知识产权教育在全省呈现出日益普及的趋势。建设省知识产权培训基地6个。全省各类培训主体共组织举办培训班五百余期，培训人数十余万人次，培训对象覆盖各级党政机关、企事业单位、中介服务机构等多个行业和领域。全省13人入选国家知识产权专家库，11人入选国家知识产权领军人才，24人入选“百千万知识产权人才工程”百名高层次人才培养人选。

亮点十：知识产权国际交流与区域合作不断深化

获选理由：五年来，广东省不断深化知识产权国际交流与区域合作，广泛开展交流互访、国际研讨、境外培训等活动，与美、英、日、韩等20多个国家和地区的政府机构、社会团体、企业和服务机构建立合作关系，大力宣传广东省知识产权保护进展和成效，广东省知识产权工作的国际认知度和影响力不断提升。知识产权成为《粤港合作框架协议》和《粤澳合作框架协议》重要内容，粤港知识产权合作成效日益突出。对台知识产权合作不断加强，互访交流和培训教育活动深入开展。泛珠三角区域、粤哈及粤喀知识产权合作有效深化，十六省市、中南五省、粤闽沿海城市、粤渝、九省市等区域专利行政执法协作不断加强。

（广东省知识产权局）

陕西：大力加强知识产权保护

2012年，陕西省知识产权局按照十八大报告提出的“实施知识产权战略，加强知识产权保护”的要求，紧紧围绕省委省政府关于全面建设西部强省的工作目标，深入推进全省知识产权战略实施，有效激发陕西省各类市场主体创新活动，逐步完善知识产权保护体制机制，使知识产权工作成为转变经济发展方式、推动创新型陕西建设的重要支撑。

一、知识产权工作基本情况

实施知识产权战略以来，陕西省走出了一条知识产权数量持续增加、质量不断提升，知识产权与经济结合越来越紧密的创新之路。特色优势产业和战略性新兴产业专利实施率不断提高；企业专利产品产值大幅增长；商标战略实施步伐加快；企事业单位商标运营能力大大增强；软件正版化率逐年提高。全省知识产权保护环境日益优化，知识产权综合水平上了新台阶。

制度性推进知识产权战略实施工作。修订后的《陕西省专利条例》于2012年10月1日起实施，该条例全面涵盖了专利创造、运用、保护、管理、服务五个方面内容，更加注重专利运用。省政府办公厅《关于制订完善知识产权战略实施意见的通知》印发后，全省10个设区市和杨凌示范区全部出台了知识产权战略实施意见，明确了目标任务和具体政策措施。陕西省知识产权工作协调领导小组办公室编印了《2012年陕西省知识产权战略实施情况汇编》。陕西和甘肃两省知识产权局共同编制和出台了《关中—天水经济区知识产权工作发展规划》。

打击侵犯知识产权和制售假冒伪劣商品专项行动深度推进。按照《陕西省人民政府关于进一步做好打击侵犯知识产权和制售假冒伪劣商品工作的实施意见》要求，依法严厉打击侵权和犯罪活动，省商务厅组织开展生猪屠宰环节肉品质量安全专项整顿行动；省农业厅针对农药、种子和化肥等农资产品开展专项整治行动；省工商局针对商标假冒侵权行为开展了打击假冒伪劣商品专项行动；省质监局针对食品等七大类产品开展了“质监利剑”专项整治；省知识产权局积极开展知识产权执法维权“护航专项行动”，重点查处假冒专利案件；省药监局开展了药品生产流通领域集中整治行动，净化药品市场，确保公众用药安全。专项行动中共出动执法人员 17.5 万人次，查处各类侵犯知识产权和制售假冒伪劣商品案件近 1.18 万件，其中公安机关“破案会战”战果卓著，共破获制假售假案件 281 起，查获各类盗版、假冒、伪劣商品 30 万件（套），缴获各类制假包装材料 78 万件（套），抓获犯罪嫌疑人 369 人，执行逮捕 62 人，涉案价值 1.2 亿元，捣毁制假窝点 56 个，打掉犯罪团伙 38 个，移送起诉 72 案 126 人。

知识产权质押融资实现爆发式增长。省知识产权工作协调领导小组各有关成员单位及时出台鼓励政策，积极引导银企合作，在陕西开展知识产权质押融资业务的银行由 2011 年的 7 家增加到 14 家；通过专利权、商标权、著作权质押获得贷款的企业从 17 家增加到 62 家；融资金额从 2011 年的 1.17 亿元增长到 2012 年的 10.11 亿元，是 2011 年的 8.6 倍，2012 年陕西省知识产权质押融资额占到当年全国的 7%，实现原陕西省委赵乐际书记批示的“2012 年进一步推进知识产权质押融资”的要求。知识产权质押融资涉及电子、医药、机械、农业、影视文化等 8 个领域，覆盖了全省 9 个设区市，已成为科技型中小企业融资的新途径。

多层次开展知识产权宣传和培训。一是加大宣传。围绕 2012 年知识产权宣传周“培育知识产权文化，促进社会创新发展”为宣传主题，省知识产权局、省工商局、省版权局、省公安厅、省文化厅、省食品药品监督管理局联合举办了大型室外“天才创新家”宣传活动，并在全省组织开展了一系列知识产权宣传、服务活动。二是用好传媒。通过政府网站、中陕主流纸质和网络媒体及时、准确地发布知识产权政策、报道知识产权工作情况；通过政务微博进行政务公开，与公众加强互动与沟通；举办了 2011 年度陕西省知识产权保护状况新闻发布会。三是举办大赛。“高新杯”创新发明大赛激发了创新主体和市场主体的发明创造热情。省科学技术协会、省知识产权局共同开展了全省中小学知识产权宣传教育巡回讲座活动，扩大了全省中小学知识产权教育活动的影响力。四是高层培训，省委党校和省行政学院首次设置了知识产权专题培训课程，开办了中高层干部知识产权讲座，首次在中国知识产权培训中心为陕西企业培训知识产权高级管理人才。举办知识产权管理、专利行政执法等多期专业培训班。2012 全省累计举办各类知识产权培训班 90 多场次，培训人数 15000 多人次。

二、专利保护

2012 年陕西省专利申请 43608 件，居全国第十位，同比增长 35.3%；其中发明专利申请 17043 件，同比增长 30.7%，数量排名全国第九位（不含港、澳、台，下同），西部排名第一位。

创新主体注重申请专利，加强自身知识产权保护。通过实施专利数量与质量双提升工程，企业作为创新主体和市场主体的专利创造力大增，促进了全省专利申请 2010 年、2011 年和 2012 年三年分别跨过 2 万件、3 万件和 4 万件关口，实现自 2008 年起“两年翻一番”。与专利申请快速增长同步，专利质量不断提高，2012 年专利授权量 14908 件，2012 年陕西发明专利授权 4018 件，全国排名第九位，西部第二位；2012 年西安市发明专利授权 3475 件，在全国城市排名第六位，西部城市第一位，位居全国和西部前列。截至 2012 年底，全省共有有效发明专利 11316 件，全国排名第 10 位；每万人发明专利拥有量 3.02 件，全国排名第八位。

多措并举，专利行政执法工作取得新进展。省知识产权局与省高级人民法院共同签署了《知识产权保护合作备忘录》，旨在各司其职、优势互补，全面提升全省知识产权保护水平。制定了《关于加强专利行政执法工作的决定》、《陕西省知识产权举报投诉管理办法》，不断完善陕西省专利行政执法机制。采取省市联合执法、现场示范、检查督导、部门执法协作等专利执法形式，出动专利行政执法人员 359 人次，检查商场 63 次，检查商品 29006 件，受理专利案件 173 件，结案 132 件。完成光伏产业、晶闸管、连续油管、数控机床、新能源汽车电机驱动系统等 5 个专利预警分析，涉及陕西省特色优势产业和战略性新兴产业领域，截至 2012 年底共完成 17 项专利预警分析。

积极推进知识产权与经济的深度融合。深化实施专利技术产业化孵化计划、专利创业富民工程，加大对陕西省特色优势领域、战略性新兴产业的扶持，专利技术推介平台得到加强，以促进高校专利技术转移转化为重点，建立完善专利展示交易平台。除了通过“杨凌农高会”、“西洽会”展示专利技术和产品外，新建了“西安高新区知识产权展示交易网”，成功举办“高校专利项目推介对接会”。全年累计组织实体展示项目超过 600 余项，网上展示项目 2000 余项，促成了 10 余项专利技术项目转化。

国家统计局陕西调查总队抽样统计结果显示：2011 年陕西省有 2.5 万种产品具有专利，企业专利产品产值超过 3500 亿元，占到当年全省生产总值的 28%，专利企业经济发展速度明显高于全省企业平均水平，为企业经营发展提供了强大动力。

国家级试点项目取得新成果。陕西作为国家知识产权局 2012 年重大经济科技项目知识产权评议试点单位，通过做好制度设计、出台扶持政策、编制规程和指南、培训评议人才队伍，选择特色优势产业的车桥装备升级项目和战略性新兴产业领域的高功率半导体激光器项目，认真组织评议，为政府部门决策和企业选择项目提供知识产权有力支撑，及时提炼了“三环节紧扣破题，两路径结点立意”的陕西评议工作经验，并在全国重大经济科技活动知识产权评议试点工作会议上进行介绍。实施企业知识产权能力提升工程，参与制定国家标准——《企业知识产权管理规范》，并在 50 家陕西企业开展“贯标”试点，促进了企业知识产权管理升级，优化陕西知识产权优势企业培育工作。

全国首个知识产权公共服务标准体系在陕西诞生。专利信息检索、专利申请受理代办服务等五大类知识产权公共服务标准体系于2012年6月通过国家标准委员会验收，成为全国首个知识产权公共服务标准体系。省知识产权局全部对外公共服务类项目通过实行标准化管理，采取优化程序、规范行为来提高工作效率，代办处专利申请受理差错率降到万分之一以内，进入全国领先行列。

三、商标保护

2012年陕西省申请注册商标34031件，截至2012年底，全省累计有效注册商标86277件，拥有中国驰名商标58件，陕西省著名商标1865件，地理标志商标38件。

全省各级工商行政管理部门在专项行动中共出动执法人员35000余人次，检查经营主体42000余户，检查超市、批发零售市场、集贸市场31900余个次，整治重点区域550处，查处侵犯知识产权和制售假冒伪劣商品案件368件，其中涉外商标案件35件，中国驰名商标案件102件，为商标所有人和消费者挽回经济损失2000余万元。

引导企业运用商标战略开拓市场。加强对企业商标工作的指导。探索和建立流通领域商标使用长效监管机制，研发了商标监管信息化系统，依托陕西工商红盾信息网，开发相关软件，初步建立起了具有商标信息采集、处理和分析功能的商标数据库。

驰名商标工作实现“双突破”。第一个“突破”是“紫阳富硒茶”、“天驹”、“华山”、“常泰”、“大唐西市”、“金丝源”、“延长石油”、“西诺”、“羊老大”、“宝钛”、“凌云”、“城固柑桔”、“午子”、“平利绞股蓝”、“石羊图形”、“双西”、“胜利山”及“延川红枣”等18件商标被国家工商总局认定为“中国驰名商标”，是陕西省历史上一年中被认定最多的一次；第二个“突破”是咸阳、榆林、商洛、安康四市一举实现了驰名商标零的突破。

跨省合作打击商标侵权行为。立案调查外省企业侵权陕西汉德持有的中国驰名商标案中，与涉案两省当地工商部门协作办案，对涉嫌侵权装配生产车间、库房进行了现场检查，并对4辆侵权车辆进行了查封。有力地打击了商标侵权假冒行为，维护了商标权益人的合法权益和市场声誉，消除了假冒产品对消费者安全带来的潜在危险。

四、版权保护

2012年审核备案版权贸易合同224份，登记作品249件。

推进政府机关和企业软件正版化取得实效。一是推进省级机关软件正版化工作。与省财政厅等部门紧密协作，按照“集中采购、分别配给”的原则依法组织招标采购正版软件，采购操作系统软件3000套，办公软件16320套，省级机关97个单位提前完成了正版化整改任务，受到了国务院督查组的肯定。光明日报还对此进行了专访和报道。二是重点开展了市县软件正版化工作。西安等4个市（区）基本完成了整改任务，榆林、延安市落实了正版软件采购资金。三是企业软件正版化整改工作取得成效。通过检查指导、组织培训等方式，陕西出版集团等3家新闻出版行业企业软件正版化工作通过了国家版权局实地检查验收。

严厉打击侵权盗版，净化版权市场环境。开展了打击版权侵权假冒行为、打击网络侵权盗版“剑网行动”等专项行动，对省内5家视频网站进行版权重点监管。与省扫黄办联合，组织在西安市车站、旅游景点、购物等有关区域进行执法检查，查处侵权盗版非法活动。受理了微软公司侵权投诉案，查处了陕西石基西湖软件有限公司侵权案等一批案件。

以版权示范工作为抓手，促进版权产业发展。开展版权示范和调研工作。制订印发了《陕西省版权示范单位和示范园区（基地）管理办法》。组织申报全国版权示范城市、单位和园区以及正版化示范企业。进行加强版权行政管理和版权交易社会服务主题调研并形成调研报告。组织参加第19届北京国际图书博览会，陕西省全年图书版权引进224项，输出65项。组织召开版权交易与文化产业发展座谈会，指导支持陕西文化产业投资控股（集团）有限公司加快创建西部版权交易中心，探索、促进版权交易健康发展。

五、文化市场的知识产权保护

全省各级文化市场综合执法机构共出动执法人员2.7万余人次，检查互联网经营场所、音像书刊门店2239家次、游戏经营场所536家次，查处文化部通报的网络游戏侵权案件7起，有力地推动了文化市场知识产权保护工作。

对陕西省动漫市场进行专项整治。2012年2月14日，省文化厅、省工商局、省广电局、省新闻出版局、省版权局制订了《陕西省动漫市场专项整治行动实施方案》。要求各地认真组织，切实加强动漫市场整治，规范全省动漫市场经营秩序，保护动漫产品知识产权，特别是加强对重点动漫产品的保护。西安市文化市场行政执法总队对赛格、赛博、百脑汇等电脑软件比较集中的区域进行了彻底检查，查扣涉嫌盗版动漫音像制品1691盘，盗版儿童出版物185套，没收淫秽、暴力等动漫图书、期刊166本、涉嫌盗版人民币教具36套，盗版动漫图书1647册。

加强艺术品市场诚信体系建设。共录入登记艺术品经营单位332家，对陕西省艺术品市场进行摸底调研，考察艺术品展览、拍卖、复制品制作单位14家，引导艺术品理性消费和投资，指导市场规范繁荣发展。

六、地理标志保护产品和标准化

截至2012年底，全省的地理标志保护产品总数达到了43个。2012年，陕西省新增宝鸡辣椒、洋县红米、户县葡萄、灞桥樱桃、蒲城酥梨等5个地理标志保护产品。

做强产业技术标准，提升产业发展核心竞争力。省质量技术监督局与省知识产权局共同启动“专利标准化试点”工作；与省发展和改革委员会等10个部门共同发布《陕西省建立和实施战略性新兴产业技术标准体系工作方案》。制定国际标准2项，陕西省的国际标准达到21项，占全国的18.4%；制定国家标准15项，累计制定国家标准419项；制定行业标准27项，累计制定行业标准407项；转化科研成果27项，专利11项。

七、知识产权海关保护

组织开展打击侵犯知识产权和制售假冒伪劣商品专项行动。成立了专项行动领导小组。加大执法力度，强化执法协作，提升保护知识产权和规范进出口贸易秩序的水平，形成了打击进出境侵权商品的高压态势，查扣了一批侵犯知识产权的物品。开展内容丰富的活动，送法进企业。重点针对进出口企业、邮递和快件企业、加工贸易企业、报关企业进行宣传，向企业介绍如何保护好知识产权，同时也向企业展示海关在知识产权保护中取得的成绩。

八、医药领域知识产权保护

省食品药品监督管理局与省知识产权局共同维护陕西省医药企业知识产权合法权益，一是指导企业积极应对知识产权纠纷，协助延安常泰药业成功阻止外省竞争对手以专利侵权为由对陕西省企业畅销产品提起的禁产禁售诉讼；二是帮助企业合法取证，维护陕西汉王药业有限公司年销售额近1.5亿元、占公司总销售额70%以上的专利药品“强力定眩片”的合法权益；三是正确行使药品注册管理权限，维护了陕西海天制药有限公司的专利药品“四季抗病毒合剂”的注册权。

九、植物新品种保护

截至2012年底，全省累计申请品种权140件，获得品种授权61件。

全省农业系统共出动执法人员11270人（次），整顿市场3906个/次，检查企业7715个/次，检查门店4822个/次，查处各类农资违法案件79起，查获涉案种子60198公斤，受理举报案件82件，捣毁制假窝点1个，挽回经济损失610.73万元。

全面落实无种苗标签、无质量检验证、无检疫证的种苗一律不得销售、使用和调运的“一签两证”制度；二是实行“四不发”即：“检验人员不到现场检验不签发、检验不合格者不签发、批号不清或种苗来源不明不签发、非合法生产经营者不签发；三是推行“四见面”制度，即产苗单位、用苗单位、施工技术人员、检验员四见面，确保了主要造林树种种苗合格率达到了90%以上，种苗市场秩序得到了净化，合法权利得到有效保障。

十、知识产权司法保护

公、检、法机关分工负责，认真开展侵犯知识产权和制售假冒伪劣商品专项行动。

公安机关根据“多破案、办大案、办好案”的工作要求，严厉打击各类侵犯知识产权犯罪行为。在“破案会战”专项行动中，一举破获了西安市灞桥区咸宁东路24号灯泡厂存放假冒伪劣药品案件、朱员西制售假酒网络案件、吕天耿非法经营卷烟案件等一批大案要案。按照公安部统一部署，在陕西、福建、河南、山西4省8市协同开展的“3.27”假烟集群战役专项行动中，打掉了多个制售假冒香烟团伙，捣毁制假窝点3处，查获假烟存储窝点26处，收缴制假工具5套，涉案值上亿元，其中现场查获13个品牌假烟1049件，市场价值1300余万元。

检察机关认真部署，加强督导检查，深化打击效果。全省检察机关在打击侵犯知识产权犯罪活动中，主要采取了以下工作措施：一是成立了全省检察机关打击侵犯知识产权犯罪领导小组，做好侦查监督、公诉、反贪、渎职侵权检察等相关职能部门的统筹协调和工作衔接，顺畅了省、市、县三级检察机关业务领导，及时研究解决知识产权刑事案件中的新问题、新情况。二是认真做好行政执法与刑事司法相衔接工作，切实加强对行政执法机关移送涉嫌犯罪案件的监督，通过查阅行政执法案件台账和案卷，发现和摸排涉嫌侵犯知识产权犯罪线索，及时受理和审查行政执法机关移送案件，监督公安机关依法办案。三是与省知识产权工作协调领导小组有关成员单位加强工作协作，及时通报案件情况，提出知识产权保护的检察建议。全年共批捕侵犯知识产权犯罪37件63人，起诉38件72人。

人民法院推进审判机制创新，提高知识产权司法保护水平。全省各级法院共受理知识产权民事纠纷一审案件871件（含旧存31件），审结案件824件，其中调解、撤诉的案件512件，调撤率为62.1%。受理知识产权民事纠纷二审案件68件。受理刑事知识产权一审案件85件，受理刑事知识产权二审案件3件。

一是建立“三审合一”审判模式即知识产权民事、行政案件由省高级人民法院民三庭及各市中级人民法院有知识产权案件管辖权的审判庭审理；知识产权刑事案件，在合议时邀请知识产权审判庭一名审判人员列席。二是扎实开展“进农村、进社区、进企业、进学校、进军营”活动22次，邀请人大代表82人次、政协委员28人次、公民56人次参与调解。西安市中级人民法院每年组织到大专院校公开开庭审判典型知识产权案件。三是省高级人民法院与省知识产权局签署了《知识产权保护合作备忘录》，就加强宣传教育、推进业务交流等达成共识，共同提高知识产权案件审判水平。四是交流研讨，突破审判难点。为了适应审判工作需要，统一裁判尺度，加大指导协调力度，省高级人民法院多次举办全省知识产权审判工作座谈会，总结审判经验，及时解决案件审理中的突出问题。先后有多篇文章在《商业秘密司法保护实务》和陕西法院网等刊物、网络上发表。

（陕西省知识产权局）

四川：知识产权工作再创新高

2012 年，四川省各级知识产权局认真贯彻省委省政府“稳定增势、高位求进、加快发展”总体要求和科技成果转化“一号工程”总体部署，紧紧围绕做强做大具有自主知识产权、成长性好、市场空间大的产品、企业、产业，实施“三大工程”、落实“七大专项”，推进知识产权工作全面加强，知识产权工作再创新高。

2012 年，全省申请专利 66312 件，同比增长 33.33%。获得专利授权 42220 件，同比增长 48.42%。全省 PCT 专利申请 231 件，同比增长 16.67%。截至 12 月底，全省有效发明专利 13003 件，同比增长 40.40%，有效发明专利密度为 1.615 件/万人，同比增长 40.19%。至此，全省专利申请量自 2005 年首次突破万件大关后，从 2007 年开始已连续 5 年年均增长 1 万件以上。

法规政策进一步完善，为知识产权战略的深入实施提供有力支撑

《四川省专利保护条例》经省人大常委会审议通过修订、出台实施；知识产权纳入省委、省政府《深化科技体制改革加快创新驱动高地建设的意见》、《加强自主创新促进科技成果转化的意见》、《加快发展高技术服务业的实施意见》的重要措施，《关于加强战略性新兴产业知识产权工作的意见》经省政府常务会审议通过、省政府办公厅转发；《2012 年四川省知识产权战略纲要实施推进计划》经省知识产权工作领导小组审议通过，《2012 年四川省专利战略推进计划》由省政府办公厅印发；专利申请量、发明专利申请量、专利实施产值和专利执法保护纳入省委推动科技创新和成果转化督办目标。目前，全省有 8 个市州出台了知识产权战略纲要、发展规划或实施意见，泸州市、凉山州出台了专利战略，成都市修订了《科学技术奖励办法实施细则》，为全省知识产权工作快速发展提供政策支撑和制度保证。

试点示范不断深化，企业、园区、城市、县域知识产权知识产权能力进一步提升

在近年来开展知识产权“三推三促”行动的基础上，省局联合省经信委面向全省百亿企业、百亿园区，围绕战略性新兴产业重大产品，制定出台《战略性新兴产业重大产品知识产权保护工程实施方案》、《百亿企业知识产权优势培育工程实施方案》、《百亿园区知识产权示范工程实施方案》，“三大工程”全面启动实施，企业和产业园区知识产权试点示范向纵深发展。成德绵攀宜 5 个国家知识产权试点示范城市、11 个国家知识产权

强县工程试点和传统知识保护试点县工作深入推进。

一年来，全省第四批35家全国企事业单位知识产权试点工作全部通过验收，国家级试点示范企业达50家、省级达212家；全省第二批16家省级知识产权试点园区全部通过验收，成都高新区荣获国家知识产权示范园区、自贡高新区新增为国家试点园区，自贡高新区硬面新材料产业、广汉经开区石油天然气钻采设备产业组建了产业专利联盟；成都市荣获首批国家知识产权示范城市。成德绵攀宜5市申请专利57246件、占全省的86.33%，其中申请发明专利14328件、占全省的87.54%；5市获得专利授权37060件、占全省的87.78%，其中获得发明专利授权3861件、占全省的86.57%。全省企业专利申请量37742件、增长44.44%，占总申请量的56.92%；授权量24183件、增长55.79%，占总量57.28%以上，主体作用日益发挥。“7+3”和战略性新兴产业专利申请24912件、占全省企业专利申请总量的66.01%、增长52.54%。

专利运用与产业化迈上新台阶，积极促进科技成果转化

四川省局研究起草《四川省专利实施与产业化激励办法》上报省政府审定，探索建立专利实施与产业化激励机制；各市州出台实施科技成果转化工程的意见，把推进专利实施转化作为重要内容。省局与省经信委、省科技厅建立科技成果转化工作会商机制和联系评价机制；会同省发改委对全省600MW超临界循环流化床锅炉自主研究项目进行知识产权评议；进一步完善专利实施与促进专项资金项目计划、项目评审、项目管理、资金拨付工作措施，加大对优势特色产业和战略性新兴产业专利项目的支持力度；会同相关部门修订《四川省专利质押贷款办法》。

一年来，全省获批开展国家专利价值分析试点，继成都市之后，绵阳市获批全国知识产权质押融资试点和全国专利保险试点。全省荣获中国专利优秀奖15个。全省专利实施许可合同备案203份，涉及专利451件、金额4099.8万元；全省签订专利权质押登记合同25个，涉及专利62件，为55户企业融资2.67亿元。2012年省级专利实施与促进专项资金支持专利实施产业化项目258个，带动全省新增专利实施项目5487项，同比增长28.95%；新增产值1077.48亿元，同比增长24.35%；新增利税134.49亿元，同比增长27.66%。专利实施新增产值首破千亿大关，实施项目、产值增速明显加快，有力促进了科技成果转化。

专项行动深入开展，知识产权执法保护进一步加强

全省各级知识产权局深入开展“双打”和“护航”专项行动，加强市场检查，突出做好西博会等大型展会保护和重点企业海外专利维权援助，依法打击侵犯知识产权违法行为。省局印发《四川省专利行政执法督查督办工作办法》、《专利行政执法和知识产权维权援助举报投诉绩效考核评价工作的通知》，专利行政执法省市县联动机制、省内片区执法协作机制、省际合作机制进一步完善。省局与省高院、省工商局、省版权局制定《关于构建知识产权纠纷“大调解”工作体系的实施意见》，建立“诉调对接”机制，进一步加强行政执法与司法保护的衔接。省局和成都、德阳、绵阳、宜宾4市积极推进

“5·26”工程试点。

一年来，全省出动专利执法人员1893人次，开展执法检查726次，检查商业场所791个，检查商品26万件，开展大型展会执法保护15次，立案受理专利案件353件，结案340件，东电、丝丽雅、康弘等重点企业应对国内外专利纠纷工作取得积极进展，专利执法保护进一步加强，全省知识产权保护环境更加优化。

宣传培训不断深化，知识产权人才队伍建设取得新进展

全省各级知识产权局与全国同步开展“知识产权宣传周”和“中国专利周”四川地区宣传活动，继续发布《2012年四川省知识产权保护状况》白皮书和《2012年四川省知识产权保护典型案例》。开展《四川省专利保护条例》、《四川省专利战略》省内巡讲活动，继续面向全省产业园区和重点企业加强知识产权培训，开展全省国家知识产权强县工程试点县知识产权轮训，积极推进省高校知识产权教育培训，加强高层次知识产权人才培养。

一年来，全省知识产权宣传影响力进一步扩大，全社会知识产权意识进一步增强。四川大学获批建立国家知识产权培训（四川）基地，省局与省教育厅联合在西南交大建立四川省知识产权教育培训基地。全年开展14个省级重点培训项目，全省共举办各类培训班、专题讲座、报告会332期（个），培训县处级以上党政领导干部2813人（次），培训企事业单位专业技术人员、管理人员31290人（次）。全省入选国家知识产权专家人才库专家1人，国家知识产权领军人才6人，国家局专利信息领军人才和专利信息师资人才各2人。

专利信息和代理服务进一步加强，知识产权服务能力提高到新水平

大力推进全省专利信息传播与利用工作，省局与国家局文献部签署战略合作协议，积极争取获批建立国家专利信息传播与利用（四川）基地、国家知识产权局四川省专利信息服务中心。加快推进“7+3”产业和战略性新兴产业专利信息数据库建设。省局代办处开展全国试点，加强业务拓展。全省获批列入全国“促进专利代理行业加快发展试点”省，深化专利代理机构能力促进工作，进一步加强专利代理行业监管。

一年来，全省新建节能环保、新一代信息技术、新能源行业专利数据库3个、累计18个，新建和更新重点企业专利专题数据库15家、累计90多家。省局代办处全年受理专利申请45659件，同比增长49.86%；全省电子申请量59074件，电子申请率89%、排名全国第三；收缴专利费用12万余笔、5762万元，同比增长25.1%和29.4%；为全省企业办理优先审查86件、费用减缓4200多件。全省新增专利代理机构2家、达31家，分支机构9家，居西部第一。2家代理机构获批全国知识产权服务品牌机构。全省通过2012年全国专利代理人资格考试57人、同比增长90%，线下西部政策通过43人，共计新增100人。全省拥有专利代理人资格430多人、执业代理人189人。特别是在各级领导的关心支持下，经积极争取，中央编办批准在全省成都市建立国家知识产权局专利局专利审查协作四川中心。

（四川省知识产权局）

浙江：六招力促科技成果转化

多年来，浙江省科技成果的转移转化和产业化取得了明显成效。据国内技术合同认定登记年度报告统计，2011 年浙江省共输出技术合同 13858 项，成交金额 71.9 亿元；吸纳全国各地（含本省）技术 16220 项，成交金额 95.3 亿元，引进境外技术成交金额 16.94 亿元。吸纳技术的项数和成交金额均超过输出技术，反映出浙江的技术需求旺盛，吸纳能力较强。

一、制订政策措施，营造有利成果转化的环境氛围

浙江自 20 世纪 90 年代提出科教兴省战略以来，先后出台、修订《浙江省科学技术进步条例》、《浙江省促进科技成果转化条例》等多部科技法规。特别是 1998 年出台的《浙江省鼓励技术要素参与收益分配的若干规定》，明确提出鼓励技术要素以多种形式参与收益分配，积极推行技术入股，在工资、奖励等收益分配上向科技人员倾斜。科技成果完成单位转让或许可他人实施其职务成果的，应当从所得净收入中提取不低于 20% 的比例，奖励给该项科技成果完成者和成果转化的主要实施者。企业、高等学校、科研院所单位独立研究或与其他单位合作研究开发的科技成果转化成功投产后，单位应连续 5 年从实施该项科技成果新增留利中提取不低于 10% 的比例，奖励给该项科技成果完成者和成果转化的主要实施者。高新技术成果转化项目应提取不低于 20% 的比例进行奖励。2009 年，浙江又新设立了科技成果转化奖，印发《浙江省科技成果转化奖励办法》，重点对全省企业开展国内外产学研合作、引进消化吸收先进科技成果在浙江成功转化和产业化的项目进行奖励。这些法律、法规为促进浙江科技成果转化营造了良好的政策和法律环境。

二、确立企业主体地位，形成以市场为导向、产学研紧密结合的成果转化机制

“十一五”以来，浙江省委、省政府先后出台《关于加快提高自主创新能力建设创新型省份和科技强省的若干意见》、《自主创新能力提升行动计划

(2008—2012 年)》、《关于进一步支持企业技术创新加快科技成果产业化的若干意见》，提出建立健全并不断强化以企业为主体、产学研紧密结合的开放型区域创新体系。加大创新型企业培育力度、支持企业研发机构建设。加强以企业为主体的产学研用协同创新、加大政府对企业技术创新的投入、建立企业主导技术研发创新的体制，鼓励产学研合作和多学科交叉研究，充分利用国内外现有单项和分散技术，加强综合集成，加速创新成果的转化和产业化，实现技术创新、工艺创新、产品创新。在科技计划立项和科技经费配置上，优先向以企业为主体实施的产学研合作项目倾斜。目前，浙江省企业在科技投入、科技人员、研发机构、承担科技项目、获得专利上都已占到全省总量的 80%；新产品销售收入率和新产品利润率达到 50% 左右。企业已成为技术研发、成果应用和转化的主体。

三、设立成果转化专项，加大对科技成果转化和产业化的经费支持力度

“十一五”期间，浙江省科技计划体系中专门设立了国内科技合作与引进成果转化、农业科技成果转化、国际科技合作、专利等科技专项，重点对符合条件的产学研合作项目予以优先支持，吸引国内外科技创新成果在浙江转化和产业化。对由企业为主承担、预期可取得较好经济效益的科技成果转化和产业化项目，实行事后补助和贷款贴息，对因不可抗拒因素实施失败的项目给予风险补偿，补助经费最高可达项目研究投入的 30%；对实施成功并取得预期经济效益的项目以奖代补，补助经费最高可达项目研究投入的 15%。2009—2011 年，为国内科技合作与引进成果转化项目实际拨付经费总额累计近亿元。浙江省设立的 26 个重大科技专项，也大多以企业重大技术需求为导向，明确成果转化和产业化的目标要求。对具有明确市场应用前景的项目，浙江省科技厅确立企业牵头组织、高校和院所共同参与的项目实施机制，积极引导社会各类创新要素聚集到产业持续创新链上。

四、加快科技成果转化平台建设，提升科技中介机构服务能力

依托中国浙江网上技术市场和浙江科技信箱，抓紧筹建科技成果转化公共服务平台。平台着重技术转移转化、投融资、人才、政策等专项服务，为高校、院所科技成果转化和企业技术创新活动提供支持。同时，关注对科技中介机构的培

育和发展，努力提升其中介服务能力。先后出台《关于大力促进科技中介机构发展的若干意见》、《浙江省重点科技中介机构培育管理办法（试行)》等，计划到2015年，共培育和扶持发展100家左右技术转移等重点科技中介机构，以支持和深入推进浙江省产学研合作和技术成果的转移转化。今年8月下发的《关于进一步培育和规范浙江网上技术市场的若干意见》，对在培育网上技术市场主体、健全网上技术市场体系、强化网上技术市场功能、规范网上技术交易和加强对网上技术市场建设与发展的支持等5方面内容进行了规范，并规定对通过网上技术实现交易的项目，工作先进市、县（市、区）以及专业市场，优秀科技机构进行补助或奖励。

五、加强科技合作，引进共建各类创新平台和产学研联盟

近年来，深化同中科院、工程院、国防科技系统以及清华、北大等国内著名高校的全面科技合作与对接交流活动，积极参与长三角区域创新体系建设，加强与俄罗斯、欧美、日韩等科技强国的国际技术合作与交流。截至2011年底，浙江省累计引进共建了930家创新载体，共引进3000多项成果和专利，已投资102.4亿多元，共承担科研项目10387项，已完成6927项，获得授权发明专利1397项，2011年全年实现总收入1053.0亿元。其中，76%左右是由企业为主引进共建的。

六、组织实施十大科技成果转化推广工作，支撑经济转型升级和社会和谐发展浙江省科技厅联合相关部门，优选一批对产业转型升级有重要影响，近期能形成增长点的重要科技成果和共性技术，组织实施农业新品种示范，高效生态农业生产技术，农产品加工与安全技术，节能技术，现代纺织和皮塑生产技术、先进化工、建材生产技术，制造业信息化技术，减排技术，基层卫生适宜技术，服务业数字化技术等10大科技成果转化工程，加快浙江传统产业和民生科技水平的提升。

（浙江省科技厅）

天津：知识产权凸显活力

2013年4月23日，天津市政府新闻办召开新闻发布会，新闻发言人刘剑刚发布《2012年天津市知识产权发展状况白皮书》与《2012年天津市知识产权保护状况白皮书》，全面展示本市在知识产权创造、运用、保护、管理等方面的发展现状和取得的显著成效。近年来，本市全面深化实施天津知识产权战略纲要，不断加大知识产权创造、运用、保护和管理力度，知识产权工作体系进一步完善，知识产权的数量和质量同步提升，在经济社会发展中发挥了重要作用。

全市知识产权创造充满活力。2012年，全市专利创造能力快速提升，主要指标再创历史新高。全市专利申请4.15万件，专利授权突破2万件，有效专利达到5.2万多件，同比分别增长14.5%、43.1%、30.8%，专利授权和有效专利总量提前三年实现“十二五”规划目标。申请注册商标2.2万件，驰名商标新增34件，总量达到110件。审核登记图书涉外版权合同333个，176种产品获得天津名牌称号，新增植物新品种权申请28件。

自主知识产权运用成效日益显现。重大发明专利实施转化工作取得明显成效，2012年运用类试点企业累计达到60家，专利产品销售收入达82.6亿元，占总销售收入的69.3%。全市启动实施电动汽车、数字高端装备、新药创制等一批重大科技专项，承担实施国家重大科技专项、863计划、973计划、科技支撑计划等项目1000余项。推动专利转化平台建设，专利流转储备中心达到6家，全市520个单位进行专利交易1500余件，专利技术合同登记额3.3亿元。推进知识产权质押融资工作，全市专利权与商标权质押贷款总额达到11亿元。

企业知识产权主体培育成效明显。推进科技型中小企业专利“消零”行动，完善奖励措施和网络服务平台，累计2800家中小企业实现专利申请“零突破”，全市科技型中小企业拥有专利2.5万件，占全市专利拥有量比重突破50%。启动了科技型中小企业专利“排雷”行动，指导企业开展知识产权风险诊断评估，累计2650家企业开展了风险检查，提高了知识产权的保护能力。

知识产权执法保护不断加强。不断完善知识产权保护制度建设，颁布实施了《天津市第六届东亚运动会知识产权保护办法》，成为本市第一部关于运动会的知识产权保护法规；出台了《天津市商业流通领域专利商品监督管理办法》，推动商业流通领域建立专利商品监督机制。深入开展打击侵犯知识产权和制售假冒伪劣商品专项行动，共出动行政执法人员10万余人次，开展各类检查1万余次，立案1700余件，涉案总金额11.3亿元，捣毁窝点344个，罚没物品30多万件，在国务院“双打”绩效考核中获得满分。

（天津市知识产权局）

安徽：积极推动企业主导产业技术研发创新

安徽把科技创新和经济建设协同部署，共同推进，突出科技创新、体制机制创新双轮驱动，最大限度调动企业和科技人员技术创新积极性。目前，安徽省75%以上的科研机构、科技活动人员、研发经费、专利申请数和省级科技成果来自企业或由企业承担。安徽省企业技术创新能力居全国前10位，拥有25家国家级创新型（试点）企业、1617家国家高新技术企业。

一、支持企业加强技术创新政策环境逐步完善

出台一系列科技创新政策，全方位支持企业开展科技创新。引导企业加大研发投入，创新科技经费支持方式，发挥财政资金效益。通过加大政府财政科技投入，引导企业和全社会增加研发投入。引导企业人才培养和引进，在合芜蚌自主创新综合试验区针对特殊对象，实行特殊政策、特殊机制和特事特办，使试验区的人才政策机制不断创新，人才环境持续优化。引导企业创新体制机制，在合芜蚌自主创新综合试验区开展企业股权和分红激励政策试点，探索企业分配制度改革，建立有利于自主创新和科技成果转化的中长期激励机制。支持面向科技型中小企业的科技金融创新试点，设立了创业风险投资引导资金，加强省、市创业（风险）投资引导基金运作和管理，引导创业投资机构开展创投业务。设立小额贷款公司，支持合肥高新区进入全国代办股份转让系统扩大试点。支持研发创新资源整合，构建创新创业服务平台。支持建设服务中小科技企业的科技服务体系。截至2011年底，安徽省已建立各类科技企业孵化器51个、生产力促进中心86家、专利代理机构11家、科技信息服务机构14家。

二、企业主导产业技术创新能力显著提升

研发投入方面：参与研发的人员日益增多，2011年安徽省规模以上工业企业每万名从业人员中有312人参与研发活动，比上年净增71人。研发经费增速高位运行，2011年安徽省规模以上工业企业研发经费投入增速由2009年的30.4%提高到39.5%。创新载体建设力度加大，2011年共设立各类研发机构2051个，比上年净增399个，平均每百户企业建立16.8个研发机构；拥有研发机构的企业占企业总数的比例居全国首位。产学研合

作不断加强，安徽省80%以上的工业企业与高校院所建立了产学研合作关系，80%以上的省级科技攻关项目由产学研联合承担。安徽省自主创新已由过去高校院所扛大旗转变为以企业为主体的产学研联合创新。2011年安徽省规模以上工业企业与高校、科研机构共建175个经济实体和478个研发机构。研发产出方面：企业年专利申请量从2006年到2011年增长了近20倍，年均增长82.8%；占全省申请比重也由2006年的33%增至2011年的64%。2011年有3500家企业申请专利，超过2500家企业获得专利授权。

三、企业高水平研发中心建设取得积极进展

安徽大型高新技术企业基本上都形成了以国家级工程技术研究中心和国家级企业技术中心为核心，以院士工作站、博士后科研工作站、产学研实体为依托的技术创新体系。目前，安徽已建立各类省级以上研发机构1077个、其中省级以上工程技术研究中心276个（含国家级工程技术研究中心9个）、省级以上企业技术中心535家（含国家级企业技术中心27家）。27个国家级企业技术中心中有15个研发经费超亿元，其中奇瑞汽车、江淮汽车、中铁四局和海螺集团的国家级企业技术中心研发经费超5亿元；国家级企业技术中心新产品开发活跃，对推动企业产品更新换代、提升竞争能力贡献大，其中美菱股份、合锻机床、中天印染、科大讯飞4个国家级企业技术中心所在企业新产品销售收入占主营业务收入比重高达85%以上。

四、企业成为科技计划项目的参与主体

为突出企业创新主体地位，安徽省确立了科技重大专项和科技重大项目以企业技术创新需求为导向的立项机制。企业承担的国家级科技计划项目、省级科技计划项目的比重均有不同程度增长，企业研发主体地位正在凸显。2011年，安徽省企业承担的国家级、省级科技计划项目比重分别达到46%和72%，各比上年增长17%和2%，合芜蚌试验区和试点省专项资金项目企业承担项目比重从86%增至97%。

五、高新技术企业认定助推企业创新作用显著

自2008年实行新的《高新技术企业认定管理办法》以来，安徽省科技、财政、国税、地税四部门密切合作、大力协同，目前有效期内高新技术企业总数达1617家。2011年，营业总收入在1亿元以上的高新技术企业624家，10亿元以上的高新技术企业85家，上市高新技术企业54家，国家火炬计划重点高新技术企业69家，高新技术企业占全

省规模以上企业的13%；高新技术企业从事科技活动的人员占全部科技活动人员的24.5%；高新技术企业申请专利比上年增加39.1%，授权专利比上年增长27.8%。高新技术企业政策对安徽省经济的发展起到了积极的引领和促进作用，形成了以汽车、高端装备、新材料等领域为主体的高新技术产业格局，极大地促进了科技成果转化及产业化，推进了相关产业升级换代，提高了企业的自主创新能力。

六、国有企业在技术创新中发挥骨干领衔作用

近年来，安徽省国有企业通过不断加大科技研发投入，以引进、消化吸收、再创新途径广泛开展技术创新体系建设，着力培育核心竞争力，积极创建具有安徽特色的自主品牌，自主创新能力稳步提升。全省国有企业加强管理创新和机制创新，相当一批国有企业建立了以企业为主体、市场为导向、产学研相结合的技术创新机制，拥有一大批科技人才队伍，涌现出一批科技成果，形成了一批自主知识产权和知名品牌。

七、科技型中小企业是技术创新的重要主体和经济增长的重要推动力量

科技型中小企业占安徽省企业总数的90%以上，是安徽技术创新的主体和经济增长的重要力量。一些中小企业参与承担了863和973等国家科技计划项目；不少企业设立了自己的研发机构，部分企业还建立了企业博士后科研流动站，研发经费占销售额的比例不断提高，中小企业逐步成为吸引国内外高素质科技人才的重要基地。在政策引导和项目扶持下，一批具有创新实力和发展潜力的科技型中小企业快速发展，在各自行业领域内开花结果，原先少数企业的科技成果“盆景”正在演变为全省整体创新能力的“风景”。

（安徽省知识产权局）

江西：企业技术创新朝气蓬勃

为贯彻落实全国科技创新大会精神，进一步落实企业技术创新主体地位，江西省组织调研组，深入了解企业技术创新的发展情况，提出了有关政策建议。调研显示，近年来，在江西省委、省政府的高度重视下，江西省企业技术创新工作不断加强，极大促进了转型升级和发展方式转变。

一、企业技术创新工作现状

1. 创新氛围日益浓厚。实施科技创新“六个一”工程以来，科技引领转型、创新驱动赶超逐渐成为全省共识。江西省“十二五”各类发展规划均把促进企业技术创新作为重要指向。各地都出台了一系列扶持政策，从资金、人才、财税等方面给企业创新提供有利条件。

2. 企业技术创新体系逐步健全，企业创新能力普遍提升。技术创新公共服务平台建设加快推进，所有设区市、多数省级工业园区和产业基地均已建立技术创新中介服务机构，产学研合作不断深入，探索建立了江西省产学研合作示范基地等新模式与新机制。2011 年，江西省企业发经费支出占全省总量比例上升到 80.98%，企业成为江西省研究开发投入的主体；截至 2011 年底，江西省共培育认定高新技术企业 256 家、省级以上创新型企业 203 家，建立省级企业技术中心 122 个、省级重点实验室 66 个、省级工程技术研究中心 97 个，建立国家级研发机构 15 个，覆盖全省主要产业。

3. 企业技术创新取得明显成效。核心技术研究攻关得到进一步重视，形成了一批在国内或国际居于领先地位的新产品、新技术和新工艺，其中相当一部分达到了国际先进水平。光伏产业单位能耗指标处于国内领先水平，电池转换率保持国内先进水平，国家光伏知识产权信息中心落户新余；赛维 LDK 获批组建国家光伏工程技术研究中心；瑞晶公司多晶硅太阳能电池光电转换率国内领先；赛维 BEST 公司薄膜电池单片最大面积和光电转换率均为世界领先水平。半导体照明产业拥有自主知识产权的硅衬底原创技术；晶能光电获批组建国家硅基半导体照明工程技术研究中心。新能源汽车及动力电池产业在永磁电机、动力电池、正极材料和整车控制系统等关键技术研发上取得突破。

4. 有力支撑创新型江西建设。2012 年上半年，江西省 118 家省级技术中心所在企业实现主营业务收入 1754.4 亿元，占全省规模以上工业的 39.2%。2011 年省级开发和试产计划的 300 项新产品，共新增销售收入 500 亿元左右，创利税 30 亿元；企业承担国家重大科技专项、参与重大项目建设的能力不断提高；战略性新兴产业成为企业技术创新水平最高的领域，创新成果占 2011 年国家和省级自然科学奖、技术发明奖、科技进步奖项的 30%；初步形成了一批技术创新活跃、集群效应明显的产业基地，逾 2/3 的省级以上研发平台落户工业园区。江西区域创新能力总体水平迅速攀升，2011 年在全国的排序前移到 18 位，进步幅度位列全国第二，科技进步贡献率达到 50.1% 。

二、政策建议

1. 支持企业提升创新能力。大力推进创新型企业和企业技术中心建设，力争到“十二五”末，培育形成 200 户左右省级创新型企业群体，规模以上企业均建立技术中心，省级企业技术中心达到 160 家以上。每年优选一批省级创新型企业和企业技术中心创新能力建设项目，予以资金支持，促进企业研发机构上规模、上水平，积极创建国家级技术创新示范企业和技术创新平台。

2. 鼓励企业加快新产品开发。每年修订、发布企业技术创新重点方向，优选技术创新重点项目，制定企业技术创新年度计划，加强调度和支持；省级新产品从认定之日起，3 年内由受益财政按地方所得的 50% 扶持企业，专项用于加大研发投入；新产品投产后年销售收入超过 3000 万元并实现较好效益的，省财政专项资金给予技术研发、引进经费补助；加大优秀新产品研发人员表彰奖励力度。

3. 加强创新人才队伍建设。推动技术创新人才向企业汇集。支持企业与院校合作建立大学生见习基地、研究生教育创新中心，对到省内企业就业的高校毕业生，建立专门人才库，在落户、职称评定、子女入学等方面给予倾斜，发放津贴、培训及其他在职教育经费补助；允许和鼓励在赣高校、科研院所和国有事业、企业单位科技人员离岗创业或到企业任职；高校、科研院所和国有事业、企业单位职务发明成果的所得收益，按至少 60% 、最多 95% 的比例划归参与研发的科技人员及其团队；科技领军型创业人才创办的企业，知识产权等无形资产可按至少 50% 、最多 70% 的比例折算为技术股份。

4. 推进公共服务平台建设。在战略性新兴产业重点领域，组建产业联盟，建立一批行业技术服务平台；以江西省技术创新服务中心为载体，采取建设资金补助、参股跟进投资等方式，整合现有各级公共服务平台，吸引社会投资，引进和建设一批技术交易市场、产品认证中心、检验检测中心，健全完善企业技术创新支撑体系。以南昌核心增长极发展九江沿江开发、赣南原中央苏区振兴为重点，支持推动一批公共服务平台提升功能和市场化运作水平，探索向中小企业发放代金券，鼓励企业购买服务。利用江西省院士工作站、江西省技术创新服务中心，征集、资助一批关键、共性技术课题，依托龙头企业，实施攻关突破。

5. 加快技术创新成果产业化。与技术改造相结合，支持产业化重大项目实施。对国家重大科技成果转化项目，按中央财政资金的 10% 予以配套支持；组织实施江西省重大技术创新成果转化工程，对重大项目予以贴息或补助支持；发挥江西省战略性新兴产业投资引导资金作用，带动社会资金投入，支持一批重大项目。

6. 强化财税政策扶持引导。建立江西省企业技术创新资金，2012 年江西省财政安排 1.5 亿元，今后将逐年增加；提高省财政科技经费支持企业技术创新的比例。制定和进一步落实激励科技创新的政策。

（江西省科技厅）

湖北：技术“输出”大省向技术“吸纳”大省转变

近年来，湖北省委省政府高度重视科技成果转化，积极营造科技成果转化的政策环境，努力搭建平台，完善技术转移和服务体系，使科技成果转化工作取得突破性进展。2010 年以来，湖北全省技术吸纳水平有了较大提升，逐步由“技术输出大省”向“技术输出和吸纳并重的大省”转变。

一、基本做法

1. 树立导向，营造科技成果转化的良好环境

“十一五”以来，先后出台了《湖北省委、省政府关于增强自主创新能力，建设创新型湖北的决定》和《湖北省政府关于深化改革创新机制加速全省高新技术产业发展的意见》等一系列政策措施，修订了《湖北省科学技术进步条例》，特别规定了“4 个 70%”政策，即职务科技成果以技术转让、技术入股、出资入股、创办企业等各种形式实施转化时，成果主要完成人和为成果转化做出突出贡献的人员可享有 70% 以上的成果权益，为促进湖北省技术、人才、知识等科技资源与产业、资本土地等创新要素的深度结合，实现科技成果供给与需求、技术与资本的有效对接创造了良好的政策环境。

2. 夯实基础，健全科技成果应用转化服务载体

启动运行覆盖湖北全省的“科技成果一站式服务平台”，连接“大院大所大企业”、行业管理部门和市县科技成果管理服务体系，提供科技成果鉴定评价、登记、发布、统计、分析等网络化全方位服务，初步实现科技成果评价、登记及应用转化的集成管理。构建覆盖湖北全省、辐射华中地区的技术服务网络——“湖北省技术交易网”，自 2011 年正式运行以来，已征集了企业需求近千条，成为供需对接的有效平台。依托光谷联合产权交易所连续举办了 9 场湖北省重大科技成果推介拍卖会，该交易所逐步发展成湖北乃至中部地区科技成果转让、拍卖、招投标的交易中心。

3. 搭建平台，完善技术转移和服务体系

湖北建有国家级、省级工程中心、技术中心 160 家，各类示范生产力促进中心 72 个，各类科技企业孵化器 73 家，省级科技成果转化示范基地和技术转移示范机构 10 多个，国家技术转移示范机构 10 家，位居中部之首。湖北省登记注册的技术贸易机构和技术咨询机构有 4000 多家，具有附属中介服务功能的科研单位有近万家，基本上涵盖了所有科技类别和科技部门。湖北省已逐步形成以国家技术转移示范机构为核心，省级技术转移机构相支撑，连接各种科技中介机构和各类成果转化服务平台、覆盖全省的技术转移体系。在国际技术转移方面，建设了“亚太传统医药网（APTMNET)”、“欧洲创新投资网华中中心（EENCC)”和湖北中俄科技合作中心，为企业提供国际技术转移服务。

二、主要成效

长期以来，湖北一直是全国闻名的“技术输出大省”，近年来，这一状况开始转变。根据科技部发布的“全国技术市场统计年度报告”，2010 年湖北全省吸纳技术成交额达137.04 亿元，位居中部第 1，全国第 6；2011 年登记技术吸纳合同 7289 项，吸纳技术成交额 86.3 亿元，吸纳规模占中部地区吸纳总量的 1/4，位居中部第一、全国第十。两年平均登记吸纳合同 6940 项，平均吸纳技术成交额 111.67 亿元，分别较前 3 年年均值增长 148.8%、56.7%，湖北已成为全国重要技术吸纳地。2010 年，湖北技术吸纳规模首次超过输出规模（技术输出合同额为 90.72 亿元)，成为湖北省技术市场发展历程中的重要拐点。

1. 企业吸纳技术的动力和能力有较大提升

据统计，企业已成为湖北吸纳技术的主体，企业对技术需求持续增长，参与技术创新的能力也日渐提高。在 2011 年成交额居前的 100 家单位中，企业有 72 家，登记技术合同 1407 项，占企业合同总成交额的 86.6%。东风汽车有限公司、武汉铁路局、武汉凯迪电力股份有限公司等位居当年湖北省吸纳技术前十名企业，其中武汉铁路局、武汉凯迪电力股份有限公司单项技术的吸纳成交额分别高达 2.2 亿元和 1.7 亿元。

2. 武汉市吸纳技术成交额全国第三

武汉成为湖北省企业技术吸纳最强劲、最集中的区域在全国副省级城市中，武汉市吸纳技术成交额仅次于沈阳和南京，位列第三。武汉市吸纳技术成交额为 27.04 亿元，占湖北全省吸纳技术合同的 80% 以上。

3. 技术吸纳的领域主要集中在先进制造、城市建设与社会发展、电子信息技术等方面

从技术领域来看，先进制造领域成交金额 8.40 亿元，占总成交金额 26.96%；城市建设与社会发展领域，成交金额 6.17 亿元，占总成交金额 19.80%；电子信息技术领域，成交金额 5.94 亿元，占总成交金额 19.06%。从吸纳应用技术的来源看，湖北高校、科研机构等在省内应用转化的技术合同比例超过 50%。省内企业对外省技术消化吸收稳步提高，在吸纳技术总成交额中已占到 70% 以上，省外技术在省内转化的步伐明显加快。

（湖北省科技厅）

青海：多措并举推动科技与金融结合

青海积极开展科技与金融结合工作，完善科技金融结合政策体系的建设，积极开展科技与金融结合试点工作，优化科技型中小微企业融资渠道，推动科技创新与金融资本有机结合。

1. 加强政策体系建设。为全面贯彻落实《关于促进科技和金融结合加快实施自主创新战略的若干意见》，青海省制定了《青海省科技型中小企业创业投资引导基金管理暂行办法》，完善科技金融结合政策体系的建设。

2. 开展科技与金融结合试点工作。制定《青海省促进科技和金融结合试点工作方案》，以西宁国家经济技术开发区和柴达木循环经济试验区为试点，重点支持新能源、新材料、重型装备制造和生物制药行业。针对科技支撑引领经济发展中面临的新形势、新任务，通过创新财政科技投入方式，引导和促进银行业、证券业、保险业金融机构及创业投资等各类资本创新金融产品、改进服务模式、搭建服务平台，实现科创新链条与金融资本链条的有机结合。试点主要以“123”科技支撑工程为重点，在保持科技经费正常增长的前提下，统筹资金，优化资金支出结构。在政府引导资金的带动下，企业科技研发的投入不断增加，相继组建了一批国家和省级工程技术（研究）中心、重点实验室、企业技术中心、科技企业孵化器等科技平台，资源、技术、资金有效整合，自主创新能力明显提升。突破了一批制约青海省产业和企业发展的技术瓶颈。金融部门主动介入，与“123”科技支撑工程项目实施单位对接，为项目实施提供资金支持。2011 年开发银行青海省分行、中国银行青海省分行、工商银行青海省分行、建设银行青海省分行等金融部门共对 19 个“123”项目发放贷款 127.33 亿元。

3. 优化科技型中小微企业融资渠道，提升金融产品和服务方式。青海省财政厅和科技厅于 2009 年共同设立了青海省科技型中小企业创业投资引导基金，经过 2 年的努力，截至目前，该引导基金已形成 3 种引导基金。一是青海省华控科技创业投资基金。该基金旨在将清华大学的科技、人才优势，与青海省的独特资源优势、科技创新企业结合，培育全国领先的行业龙头企业，已对青海的近 30 家高新技术企业和科技型企业进行了调研和考察。二是青海欧瑞科技发展投资基金。该基金致力于扶持青海当地的高新技术企业、高成长性企业和科技创新性企业的发展，通过欧瑞投资的海外团队使这些企业面向全球资本市场融资实现境外上市。目前，已对青海省新能源环保、高新技术、青海特色资源、农业等方面近 100 家企业开展了考察与调研工作。三是青海汇富昆仑创业投资管理有限公司。它由引导基金与东方汇富创业投资管理有限公司共同出资设立，致力于支持小微企业的发展，解决高新技术企业、科技型企业、孵化器入孵企业融资难问题。

（青海省科技厅）

（三）重大展会

中国高交会

CHTF

"中国科技第一展"——中国国际高新技术成果交易会（简称高交会），是由中华人民共和国商务部、中华人民共和国科学技术部、中华人民共和国工业和信息化部、中华人民共和国国家发展和改革委员会、中华人民共和国教育部、中华人民共和国人力资源和社会保障部、中华人民共和国农业部、中华人民共和国国家知识产权局、中国科学院、中国工程院、深圳市人民政府主办，深圳市中国国际高新技术成果交易中心（深圳会展中心管理有限责任公司）承办，中国规模最大、最具影响力的科技类展会。

高交会设有"高新技术成果交易、高新技术专业产品展、论坛、super-SUPER 专题活动、高新技术人才与智力交流会、不落幕的交易会"六大板块，集成果交易、产品展示、高层论坛、项目招商、合作交流于一体，通过"官产学研资介"的有机结合，为海内外客商提供寻求项目、技术、产品、市场、资金、人才的便捷通道。

自 1999 年首届举办以来，高交会得到了中国各级政府的高度重视和大力支持，朱镕基、吴邦国、李长春、吴仪、曾培炎等国家领导人分别莅临了历届盛会。每届高交会均有全国 31 个省、自治区、直辖市、计划单列市和港澳台地区以及近 30 家中国著名高校参加展示交易洽谈；同时，高交会也得到了海内外高新技术企业的认可和欢迎，全球 50 多个国家的客商参加了历届高交会的展示、交易和洽谈，其中有美国、英国、德国、加拿大、澳大利亚、意大利、俄罗斯以及欧盟等近 30 个参展国家或国际组织，有微软、IBM、甲骨文、西门子、英国电讯、爱立信、菲利浦、SAP、索尼、三星等 40 多家国际知名跨国公司；来自全球的商政学界精英，如诺贝尔奖获得者、部长级以上政府官员、跨国公司总裁等 400 多人在高交会论坛上发表演讲；每届展会参观人数超过 50 万人，产品与技术交易额超过 130 亿美元。

高交会以"国家级、国际性、高水平、大规模、讲实效、专业化、不落幕"的特点，成为中国高新技术领域对外开放的重要窗口，在推动高新技术成果商品化、产业化、国际化以及促进国家、地区间的经济技术交流与合作中发挥着越来越重要的作用。

高交会会徽简释：

三只飞速盘旋的"大鹏鸟"和四颗象征智慧的"网络之星"与七条象征信息高速公路的光束，组合成一幅人造航天器在火箭的推动下穿越太空的天体运行图。

承办单位：深圳市中国国际高新技术成果交易中心（深圳会展中心管理有限责任公司）

全国人大常委会副委员长路甬祥宣布第十四届中国国际高新技术成果交易会开幕

举办时间： 每年 11 月 16 ~ 21 日
举办地点： 深圳会展中心

2012 年第十四届高交会是一届聚焦全球战略性新兴产业新成果，引领我国科技产业发展潮流的盛会。本届高交会以国家确定的七大战略性新兴产业为重点，汇聚了节能环保、新一代信息技术、生物、高端装备制造、新能源、新材料、新能源汽车等领域的海内外新技术、新产品，亮点迭出、精彩纷呈。其中有云计算、三网融合、4G、物联网、移动互联等新一代信息技术的热点；有 TD-LTE 在系统设备、芯片、终端、业务应用等全产业链的创新科技成果；有最新的智慧城市技术解决方案、基于三网融合的家庭健康管理系统等“智慧城市”、“感知中国”的最新成果和实践；以及新型能源、节能减排、农业科技、生态建设、环境保护等方面的新技术新成果，对产业和经济发展的引领导向作用更加突出。国家有关部委局院举办的国家工程研究中心建设 20 周年主题论坛、TD－LTE 产业发展论坛、三网融合高峰论坛等一系列论坛，以及北斗卫星应用产业化联盟启动仪式、中国软件名城授牌仪式等一系列重大发布、授牌活动，都体现了国家层面对战略性新兴产业的政策导向。

本届高交会是一届汇聚世界精英名贤，激发创新创业智慧的盛会。中国高新技术论坛邀请到多国政府部长级官员以及众多权威人士，解读世界科技产业变革和全球经济深度调整带来的机遇挑战，为我们深入了解国内外科技和经济发展新趋势提供了全方位视角，为促进科技创新、新兴产业发展和绿色低碳发展带来了创新理念，进一步坚定了我们加强合作、共同应对国际经济变局的决心和信心。国际货币基金组织、摩根大通等机构的知名嘉宾参加了“资本市场专场”，展望全球经济发展的趋势与投资方向。“中国创业家论坛”嘉宾解读国家相关政策，探寻小微企业创业之道。“低碳技术与新能源发展峰会”围绕新能源与节能环保产业融合发展、低碳技术创新与国际合作等前沿话题，进行了多维度的对话交流。国内外众多嘉宾在“深圳国际化城市建设研讨会”上，围绕深圳国际化城市建设进行综合讨论，发表自己的高见。来自武汉、成都、上海等30个国家高新区100余家高新技术企业的代表与韩国、比利时、以色列、意大利、美国等国代表参加了“建设世界一流高科技园区国际会议”，就信息通讯、计算机、节能环保、照明等领域的企业现状和产品进行了深入的探讨。各行业协会、学会、权威研究机构举办的一系列专业技术研讨交流会，汇聚了相关领域的国内外专家和行业领军企业领袖，成为行业内的重要思想盛宴。

本届高交会是一届唱响交流合作主旋律，实现各方互利共赢的盛会。共有67个国家和地区的111个代表团、2976家参展商、15533个项目和3132家投资商参加了本届高交会，其中89家跨国公司参展，海外参展净面积近10000m^2；入场人数达53.8万人次，专业观众人气指数达230，均比上届有所增长。近200家海内外媒体的约1500名记者参与报道了大会盛况。举办中国（深圳）科技推动外贸发展高端论坛、“深商e天下”深圳商品网上市场启动仪式和IEEE全球高新电子技术大会等一系列有关电子商务的活动，首次提出利用科技手段促进外贸的发展等新理念，对于促进外贸结构优化调整和电子商务加快发展，具有重要的现实意义。中外政要、大型企业、投资机构高层等高端人士参加“super-SUPER”系列专题活动、海外高新技术成果展、人才高交会以及海外买家采购洽谈会、项目配对洽谈会、新技术新产品发布等一系列活动，有效促进了技术与资本、人才与产业的对接，为海内外客商交流信息、拓展合作搭建了平台。大会期间，深圳与俄罗斯伊尔库茨克市签订了《友好交流合作备忘录》，双方缔结为友好交流城市。目前，深圳与世界上14个城市建立友好城市关系，与30个城市建立友好交流城市关系。可以说，本届高交会具有很高的专业水准，是国际化程度最高的一届展览，赢得了海内外的一致好评。

在本届高交会的筹备过程中，组委会于今年6月分别在以色列和匈牙利成功举办了高交会海外分会，为中外企业的交流合作搭建了有效渠道。高交会闭幕后，将继续通过海外分会、网上展会等“不落幕”的形式，为国内外广大展商、投资商搭建常年交易的平台。

（深圳市知识产权局）

北京科博会

中国北京国际科技产业博览会（简称“科博会”）是经国务院批准，由科技部、商务部、教育部、工信部、国资委、中国贸促会、国知局和北京市人民政府共同主办，每年5月定期在北京举办的大型国家级国际科技交流与合作的盛会。

科博会创办于1998年，当时定名为“中国北京高新技术产业国际周”，从2002年第五届起正式更名为科博会，迄今已连续举办十四届。其宗旨是促进高新技术产业的商品化、市场化和国际化。科博会的创办符合国家经济发展方向，集中体现了北京的优势和特色。她既是我国政府实施“科教兴国”、“科技兴贸”战略的具体举措，又体现了大力发展以高新技术为核心的首都经济的战略要求。经过十五年的积累和培育发展，科博会定位不断清晰，涉及领域不断拓宽，服务功能不断深化，国内外参与日益广泛，成为我国开展国际科技经贸交流的重要活动之一；并逐步发展成为国内外展示最新科技成果，传播前沿思想理念，发布产业政策信息，促进国际经济技术合作的专业化，国际化水平较高的标志性品牌活动。

科博会集展览、论坛会议和洽谈推介于一体，形成了展、论、谈紧密联系、相互呼应的运作体系。其中展览会主要突出自主创新、节能环保等相关领域的最新科技成果以及国家重点发展的高新技术相关产业，展出内容主要涉及消费电子与信息技术、循环经济与节能减排、新媒体技术、汽车科技、自主创新成果等领域。论坛会议依托北京的资源优势，集中体现思想性、前瞻性、国际性和权威性，形成了涉及国家发展规划、自主创新、能源战略、循环经济、金融创新等为主要内容的品牌活动。洽谈推介注重将“请进来”和“走出去”有机结合，注重做好项目需求方的组织，注重突出洽谈推介的专业性，形成涉及中国企业海外投资、科技成果推广与商务项目合作、国外政府采购和省市代表团系列推介签约活动。

科博会活动得到了国家领导的高度重视，也得到国内外高新技术业界的广泛参与。党和国家领导每届都出席科博会各类活动，通过参观展览、接见外宾和发表主题演讲，体现出党和政府对我国大力发展高新技术产业的决心。每届科博会期间，都有一批国际组织负责人、国外政府高层官员、国际知名专家、学者和企业家等在科博会论坛上发表演讲。自2003年第六届开始，国内33个省、自治区、直辖市连续八年参加科博会，香港、澳门特别行政区和台湾地区每年也都组织政府和科技经贸代表团参会。诺基亚、GE、施耐德等国际知名高科技企业，以及联想、四通、海尔、海信、长虹、首钢等国内高科技骨干企业都连续多届参加了展览会。自2011年开始，国务院国资委组织央企也参加了科博会。

据统计，前十五届科博会共吸引国内外各界人士达409.4万人次参会，各国或地区政府和科技经贸代表团组806个，先后有2.4万多家国内外高新技术企业和科研院所推出了高技术产品，展览总面积达79万平方米；共举办专题高层论坛178个，4107人次的境内外知名科学家、经济学家、诺贝尔奖获得者、全球500强企业首脑、世界著名金融投资机构高层决策人和政府部长到会演讲；举办经贸洽谈活动164场，来自国内外的9.3万多家企业参加了对口洽谈，累计签约项目4829个，协议总金额达5868.52亿元。

第十五届科博会落幕　签约总额超800亿元

历时6天的第15届北京国际科技产业博览会于2012年5月27日圆满落幕。据不完全统计，本届科博会期间，共签署科技合作、技术成果交易项目216个，协议总金额803亿元人民币，比上届增长35.9%。

本届科博会通过举办主题报告会和高新技术展览会、科技项目成果推介洽谈、论坛三大系列数十场活动，突出展示了以战略性新兴产业为主体、具有示范引领性的中国自主创新成果，收获了引领中国科技产业发展的前沿思想理念和经验，推动了一大批科技合作项目落地和科技产业的战略合作。

据悉，本届科博会受到海内外政府、科技界、产业界和金融界等相关行业的积极参与和热切关注。共有22万多人次参加科博会活动，其中，展览会人潮攒动，5天接待观众21万多人次；十余场项目推介交易活动气氛热烈，洽谈活跃，吸引了国内外4000多位客商踊跃参与；8场论坛受到业界热捧，208位来自国际组织、政府部门权威人士、国内外知名专家、学者、企业家登台演讲，听众达5800多人次。

据不完全统计，本届科博会期间，共签署科技合作、技术成果交易项目216个，协议总金额803亿元人民币，比上届增长35.9%。据初步统计，战略性新兴产业项目占比大，战略新兴产业签约项目50个，金额472.56亿元，占签约总金额近六成。本届科博会达成科技成果转让、合作项目90个，成交金额8.1亿元，占现场交易总额13.64亿元的五成以上。开发区、科技园区项目居多，集群化招商、产业链招商和产业功能区招商特点明显，园区达成落地项目68个，协议总金额604亿元，占签约总额的七成多。

本届科博会上，国家知识产权局组织的知识产权服务团队首次亮相，集中提供许可、评估、质押、转让、代理、托管等知识产权保护咨询服务。展会期间，共接待各界咨询5000余人次，知识产权的保护和专利产品成果转让成为咨询的热点。

北京亦庄经济技术开发区以57家核心企业和龙头项目为代表，园区移动通信产业集群、生物医药产业集群、云计算产业集群、数字显示产业链、汽车产业链整体展出，中国云产业园、数字电视产业园、生物医药产业园全新亮相，并一举签下北京产业金融总部基地与战略性新兴产业创新平台、北京电信数据中心等15个重大项目，以258亿元的签约额成为科博会上的大赢家。

中国国际专利技术与产品交易会

中国国际专利技术与产品交易会由国家知识产权局、辽宁省人民政府和中国国际贸易促进委员会共同主办，自2002年起，已成功举办7届。从2004年开始，由大连市人民政府承办。几年来，在各方的共同努力下，专交会规模不断扩大、层次明显提升、国际化氛围日益浓厚，共有来自30多个国家和地区的8000余家厂商、7万余项专利参展，参观洽谈人员达到70余万人次。专交会已成为我国专利技术领域规格最高、影响最大的国家级和国际化的品牌展会，为推动我国知识产权战略深入实施，促进专利技术商用化和产业化，扶持具有知识产权的高新技术产品的培育和发展，促进转变经济发展方式，实现创新型国家建设目标发挥重要作用。多年来，专交会在滨城大连的成功举办，也使大连成为国内外优秀专利技术与产品的集散地和辐射源，有效提升了城市的自主创新创造和知识转化运用能力，为大连市实现科学发展新跨越、率先实现老工业基地全面振兴提供了有力支撑。

国家知识产权局局长田力普参观专交会

2012年9月15日，由国家知识产权局、辽宁省人民政府和中国国际贸易促进委员会主办，大连市人民政府承办的2012年中国国际专利技术与产品交易会在世界博览广场开幕。国家知识产权局局长田力普致词并宣布专交会开幕，辽宁省委常委、大连市委书记唐军，辽宁省副省长滕卫平，大连市人大主任怀忠民，大连市政协主席刘俊文，大连市副市长曲晓飞等以及来自世界15个国家和地区、国内40个省市的来宾、参展团体、企业代表出席了开幕式。副省长滕卫平发表讲话，副市长曲晓飞致词。

本届专交会以贯彻落实《国家知识产权战略纲要》为主线，以提升自主创新水平为着力点，继续以打造国内一流、具有国际影响力的会展为目标，以“创新·创造”为主题，坚持“绿色创新，节能环保，和谐发展”的展会理念，在注重各行业专利技术、创新成果进行综合性展示的同时，突出绿色环保、科技民生等高科技领域专利技术与产品的对接和交流，通过开展富有成效的交易、交流活动，加速专利技术商用化与产业化，促进转变经济发展方式，培育新的经济增长点，为实现创新型国家的战略目标发挥积极的推动作用。

2012 年中国国际专利技术与产品交易会开幕

本届专交会为期三天，设 1000 个国际标准展位，其中国际展位 100 个，展览展示及主题活动面积 2 万平方米。展场设为国际展区、中国专利奖展区、主题活动展区、省市展区和项目对接洽谈区、大学生及青少年展区六大板块，特装比例达 80% 。展会期间还将举办国内外专利及高新技术推介会、产品发布会、专利技术对接签约及多种知识产权论坛等活动。本届专交会共吸引了来自 17 个国家和地区及 23 个省（市）自治区、44 个城市的 1700 余家企业和 5700 余项专利成果参展。开幕当天，部分科技企业与金融机构签署了融资协议，10 家国内外企业签署了 5 项创造力产业项目对接和合作协议，合同金额达到 3. 5 亿元。

在主题和内容设置上，今年专交会将紧密围绕创造力产业发展、战略性新兴产业发展以及经济结构和产业结构调整，在布局上强调创新、创制、创业、创意、创作五个方面，突出展会实效性、专业性和国际性。

与往届相比，今年专交会主要有以下几个方面的特点：

一是集中展示技术含量高、市场前景好的知识产权创新成果，特别是实施知识产权战略对促进经济社会发展带来的巨大成就。今年的专交会上，组织了 100 项近年来获得中国专利奖金奖和优秀奖的项目，以及北京、上海、广东、江苏、山东等 40 多个省、自治区、直辖市和副省级城市优秀专利奖项目 5000 余项集中展示，凸显知识产权在支持自主创新

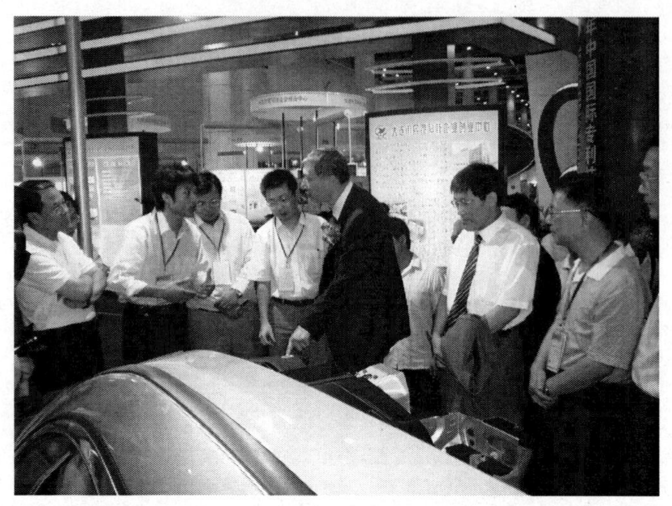

国家知识产权局田力普局长听取参展商的介绍

和促进经济可持续发展等方面所起到的重要作用。

二是展会内容紧跟当前创新促进发展的热点。2012 年专交会特别设立“大连市创造力产业”展示专区，对大连市技术研发、创意设计、信息服务、现代农业、生物医药、民生科技、公共安全等领域的高端创新、创制、创业、创意、创作成果重点展示，推动自主知识产权技术向现实生产力转化，促进和带动我国重点行业、领域及战略新兴产业自主创新能力发展。

三是展会服务更加全面细致。为鼓励实物参展，更好的提升展示效果，专交会组委会承担参展商的实物布置搬运、物品寄存等费用；免费提供新技术推介会、产品发布会、项目签约仪式的场地和人员服务；加大各级媒体对参展项目的宣传力度。“中国专交会”网站将对参展项目进行长期展示和网上交易，为参会客商做好后勤保障服务，促进自主创新项目转化，力求实效。

四是国际化、大众化、品牌化特色更加明显。今年专交会特设国际展区，进一步加大对海外客商的招展力度，邀请了欧美、韩国、俄罗斯等 20 个国家和地区展团参加。在鼓励高新技术领域发明创造同时，对优秀的非职务发明项目和青少年及大学生发明创造优秀项目，开设展示专区实行优惠或免费参展。同时，通过精心组织策划，充分利用中央及各级地方电视台、报纸、网站等新闻媒体进行广泛宣传，努力打造专交会响亮的国家级、国际化品牌。组委会还特别邀请中央电视台 10 套科教频道“我爱发明”栏目组来连参展，并现场策划一期主题节目。

五是首次实现网上展会与实体展会同步进行。专利技术与产品的展示与交易采取场馆和网上同时进行的方式，场馆主要采取展板、实物、模型等方式展出，网上以中国专交会网站（www. cipf. cn）和大连科技信息网（www. dlinfo. gov. cn）为平台进行展示和发布。网上展会将打破时间和空间的限制，模拟实体展会吸引更多参与者，真正打造“永不落幕的专交会”。

（大连市知识产权局）

第十届中国重庆高交会暨第六届国际军博会隆重开幕

2012 年 4 月 12 日，第十届中国重庆高新技术交易会暨第六届中国国际军民两用技术博览会在重庆开幕。此次盛会由科学技术部、工业和信息化部、中国科学院、中国工程院、中国发明协会和重庆市人民政府主办，解放军三总部协办，中共中央政治局委员、国务院副总理、重庆市委书记张德江，全国政协副主席、致公党中央主席、科技部部长万钢，重庆市政府市长黄奇帆等出席开幕典礼并讲话。

中共中央政治局委员、国务院副总理、重庆市委书记张德江宣布开幕。

张德江副总理、万钢部长等参观展会

全国政协副主席、致公党中央主席、科技部部长万钢在致辞中表示，当今世界高新技术产业已经成为支撑和引领经济社会发展的一支重要的力量，以高新技术突破为引领的新一轮的全球产业变革日渐突起，在应对国际金融危机，推动经济复苏中发挥了越来越重要的作用。重庆高交会及国际军博会规模不断扩大，效益日益显著，影响力逐年增加，已经成为国内最具规模和影响的军民两用技术专业交易会。并成为国内外高新技术交易的一个重要平台，成为国家支持西部大开发的一个重要载体。

重庆市政府市长黄奇帆在欢迎词中称，重庆高交会及国际军博会经过多年的精心推进，影响力不断增强，已发展成为具有一定影响的国际品牌、科技展会和中国最具规模的军民两用技术交易平台。本届展会盛况空前，来自 35 个国家和地区的 240 多家知名企业，

30多所著名高校参会，参展代表团达到180个，参展面积4.5万平方米，参展项目达到3.5万项。

出席开幕典礼的有科技部、工业与信息化部、中国科学院、中国工程院、中国发明协会的领导，解放军总参谋部、总装备部、军事科学院等有关单位的领导，部分省、自治区、直辖市、计划单列市、各大军工集团的领导，部分高等院校、科研机构、跨国公司和国外政府组团机构的负责人及代表，国内外专家、学者等。

开幕典礼后，张德江、万钢等参观了部分展台。

开幕典礼现场

当天在重庆国际会议展览中心多功能厅，还举行了第十届中国重庆高交会暨第六届国际军博会重大项目签约仪式，重庆超级计算中心项目、讯美电子全国营运总部项目等9个重大项目签约落户重庆，合同交易额达61.14亿元。

其中，重庆超级计算中心项目由市科委、两江新区管委会、曙光信息产业（北京）有限公司、中国科学院重庆绿色智能技术研究院四方共同出资12亿元建设。项目2015年建成后，将形成10亿亿次超级计算能力，使重庆拥有全球重要的超级计算公共基础平台，成为在超级计算领域世界领先的城市。《新型光电产业合作协议》及《高新光电显示设备生产及研发配套产业化基地项目投资协议》项目将在合川区江城工业园建设中国西部最大的裸眼3D显示设备生产基地。项目总投资20亿元，2016年建成后将年产100万台裸眼3D显示设备。

签约的重大项目还包括：《英国总领事馆文化教育处与重庆市科学技术研究院技术转让合作协议》、《中国兵器科学研究院与重庆市气象局共建人影平台战略合作协议》、《重庆海产品淡水养殖基地建设技术服务合同》、《摩托车智能化自动变速发动机合作合同》等。

据悉，重庆高交会首日共签约588项，成交额423.99亿元。其中，技术交易类项目537项，交易额24.17亿元；产业开发类项目51项，交易额399.82亿元。

第七届国际发明展览会暨国际教学新仪器新设备展览会

大会开幕式

经科学技术部批准，由中国发明协会、中国教育装备行业协会、发明者协会国际联合会（IFIA）、江苏省科学技术厅、苏州市人民政府共同主办，江苏省知识产权局、昆山市人民政府承办的第七届国际发明展览会暨国际教学新仪器和新设备展览会11月9日至12日在江苏省昆山国际会展中心举行。科技部原部长、中国发明协会理事长朱丽兰，国家科技部副部长陈小娅，国家知识产权局副局长鲍红，发明者协会国际联合会主席安德拉斯和解放军总装备部有关部门负责人等领导出席开幕式并为展览会开幕启动按钮。

据介绍，本届展会有来自30多个国家和地区的4000多个发明项目参展，吸引数万观众，成为近年来规模最大的一次发明专利成果及教学装备国际展示交易活动。展览会围绕“创新驱动，开放合作”主题，以“改善民生，可持续发展”为重点，展示了新发明、新技术、新产品，为开展技术贸易及相关合作搭建了平台，有效推动中国各地与各国发明界进一步合作与

中国发明协会理事长朱丽兰参观企业展位

交流。据了解，参展项目涉及工业、农业、节能环保、新能源、现代服务业等领域，突出了节能减排、服务民生、服务三农的新技术新产品，既有国家知识产权局、宝钢集团有限公司等国家有关部委和大型企业的项目，也有飞轮船、飞行汽车等群众性发明，还有民生、节能减排、环保、沙产业等领域近20个优秀项目的集中展示。展览会期间，还举行了发明者协会国际联合会（IFIA）全会、项目投资合作对接会、青少年创新论坛知识产权培训等活动。

国际教学新仪器新设备展览会突出“国际、科技、创新”特色，全面展示各级各类学校教学仪器新设备、教育教学资源、信息技术、后勤保障等方面的创新产品，同时举办全国教育装备工作会、教育装备国际化发展论坛等活动。

科技部原部长、中国发明协会理事长朱丽兰表示，本届展览会盛况空前，实现了推动国际交流、展示中国发明创新成果、促进成果产业化的预定目标。

本届展会共评出发明金奖591项、银奖542项、铜奖627项，以及由世界知识产权组织、发明者协会国际联合会、日内瓦国际新发明组委会、宝钢集团、中科招商等组织和单位设立的专项奖119项。

国际发明展览会自1988年首次举办以来，每4年举行一届，是促进国内外发明人交流与合作的重要平台。（陈建明）

第十一届中国专利高新技术产品博览会开幕

全国人大常委会原副委员长何鲁丽宣布博览会开幕

第十一届中国专利高新技术产品博览会盛大开幕

2012年6月26日，第十一届中国专利高新技术产品博览会在山东省济宁市曲阜孔子文化会展中心开幕。第十届全国人大常委会副委员长何鲁丽宣布博览会开幕。山东省委常委、副省长孙伟，国家知识产权局党组成员、副局长贺化，科

专博会上人头攒动

技部党组成员、科技日报社社长王志学，中科院党组成员、秘书长邓麦村，中国工程院党组成员、秘书长白玉良出席开幕式并致辞。

中国专利高新技术产品博览会已连续举办了十届。十多年来，规模不断扩大，规格不断提升，水平不断提高，成效不断显现，从起步到加速发展，创新要素不断聚集，会展品牌效应逐步显现，专利高新技术支撑服务经济转型发展的能力逐步增强，在促进产学研合作交流，推动我国专利技术市场化、产业化进程，加快科技成果向现实生产力转化，增强自主创新能力等方面发挥了积极作用，成为产学研合作创新的重要平台和科技会展知名品牌。

据了解，本届专博会为期三天，由国家知识产权局、科学技术部、中国科学院、中国工程院、山东省人民政府主办，科技部政策法规司、科技部火炬高技术产业开发中心、中国专利信息中心、山东省科技厅、山东省知识产权局、济宁市人民政府承办，国家“千人计划”专家联谊会给予大力支持。专博会坚持以“创新·合作·发展”为主题，突出“科技·人才·金融”要素的聚集，与往届相比，规格进一步提高，更加注重实效，增设了国家“千人计划”专家创新创业成果展、国家科技奖励成果展及海外科技成果展。本届博览会布置东西两个展厅，设置国际标准展位1200个，展出面积4万平方米，展览项目主要生物医药、新能源、新材料、生物医药、先进制造等高新技术成果和专利产品。本次博览会期间，还将进行专利高新技术成果推介及知识产权产品交易；举办院士论坛、风

高峰论坛，嘉宾对话

险投资高峰论坛和高层次人才创新创业论坛；举办人才招聘活动；举办科银企对接活动；院士济宁行活动；合作项目签约仪式等活动。

本届博览会邀请到参展单位420家，院士10名，专家、教授和专利持有人1200多名，落实特装展位42个，国际标准展位600余个。在上届专博会增设科技金融、科技人才展区的基础上，本届专博会增设国家“千人计划”专家创新创业成果、国家科技奖励成果展、海外科技成果展。中科院系统12个科研院所、清华大学、浙江大学、复旦大学、同济大学、上海交通大学、山东大学等60多所全国著名高校参展参会，收集8000多项最新科技成果。项目对接成效显著，向高校、科研单位提报技术难题180项，科银企对接项目110项，会前已对接达成合作项目120个，如辰欣药业与北京大学洽谈的“非洛地平缓释片处方研发”、兖州创佳玻纤公司与西北工业大学洽谈的“无碱玻璃纤维带”等，将有力促进企业技术创新和产品升级。博览会期间还将有大批技术项目对接转让。大会开幕式、院士论坛、风险投资高峰论坛、高层次人才创新创业论坛、科银企对接、人才招聘、院士济宁行等重点单项活动也都如火如荼。

各级领导高度重视，重点活动科学运筹高效运作。本届专博会的各项筹备工作，在各级领导的高度重视和亲自指挥下进行，各个阶段重点突出，各项重点活动任务明确，紧张有序，扎实推进。主题为“创新软实力与战略新兴产业”的院士论坛，将由中国科学院、中国工程院资深院士主讲，主题层次高、内容丰富，已纳入济宁市委中心理论组学习议程；国家“千人计划”专家联谊会将主持主题为“经济战略转型与高层次人才引领”的高层次人才创新创业论坛，中组部、科技部领导将参加该论坛；科技部火炬中心、中国科技金融促进会风险投资专业委员会将主办风险投资高峰论坛，同时启动“创业中国·未来之星”（济宁）评选活动。

服务企业创新需求，招展布展工作卓有成效。集中优势力量，采取登门招展、信函招展、集中招展、委托招展等多种形式，走高校，访院所，跑企业，引进最新成果，落实参展项目，精心搭建服务企业的合作平台。在4万平方米的设计展区中，设置国际标准展位600个，特装形式展位42个。将展出国家科技奖励成果、国家“千人计划”部分专家科技成果和中国科学院、清华大学、浙江大学等高校科研院所最新科技成果。并设立人才招聘、科技金融展区和技术交易洽谈区等。

加大调度力度，洽谈项目体现合作实效。在筹备工作中，把工作重点放在推动会前洽谈和调度对接项目上，增强专博会筹备工作的时效性。围绕济宁市产业发展状况，通过走出去、请进来两种方式，在北京、上海、深圳、西安四地先后组织专博会新闻发布会、产学研合作洽谈会、高层次人才座谈会和“走进名校人才招聘”等一系列活动，有力地推动地方企业与技术、金融、人才的对接。各县市区主要领导和分管领导也亲自带队走访高校、科研院所，寻求合作项目。中国科学院计算技术研究所、中国技术交易所等一批机构真正落户济宁，实现了科技合作的新突破。预计专博会期间签订技术合同和合作协议300余项，技术合同成交额5亿元以上。

注重实效　突出成果转化

科技金融人才“三位一体”推进产权交易

本届专博会的主题是“创新·合作·发展”，宗旨是全面落实科学发展观，加快经济发展方式转变，推进高新技术产业化步伐，促进企业自主创新、技术创新和专利技术、科技成果向现实生产力转化，掌握和拥有更多的自主知识产权，提高经济发展的核心竞争力。

活动的形式灵活多样，在开展专利高新技术成果推介、知识产权交易的同时，举办院士论坛、风险投资高峰论坛和高层次人才创新创业论坛，开展人才招聘、科银企对接和院士济宁行活动，将科技、金融、人才融为一体，提升专博会的针对性、时效性。专博会重点活动安排有七项。一是开幕式。国家领导人、国家部委领导，省、市领导，院士、来宾代表出席，并参观展览。二是专利高新技术成果推介及知识产权交易。高校科研院所、技术市场进行高新技术成果、专利产品推介和知识产权交易。三是举办院士论坛、风险投资高峰论坛和高层次人才创新创业论坛，邀请高层次专家演讲，提升创新、创业和资本市场的新理念。四是人才招聘活动。推介山东省和济宁市人才引进优惠政策，淮海经济区企事业单位人才需求，人才招聘洽谈和签约。五是科银企对接活动。各金融机构、投融资公司、担保机构展示科技金融服务产品，与高新技术企业、科技创新型企业进行对接洽谈。六是院士济宁行活动。中国科学院、中国工程院院士到济宁市企业考察指导，面对面解决技术难题，提供信息、服务和战略定位。七是合作项目签约仪式。

展览内容丰富多彩，展览项目主要有生物医药、新材料、新能源、先进制造等高新技术成果和专利产品等。展览规模扩大，展厅布置分东、西两个展厅，展出面积4万平方米。按照特装展位、异形展位和标准展位相结合、组团单位及参展项目所属领域分功能区进行布展。展览形式将根据项目、产品展示需要，展位可委托设计与自行设计，设置实物、样品、模型、展板、图片、音像、电视，声、光、电等现代科技手段相结合，展板彩色喷绘制作，图文并茂，体现浓厚的科技氛围。

本届专博会层次高、规模大、辐射广，主题鲜明，内容丰富，实用性强，与往届相比，具有四个新特点：一是规格进一步提高。科技部高度重视，作为主办单位参与举办本届专博会，提升了会展规格和影响力。二是内容更加丰富。设立国家科技奖励成果展、国家“千人计划”专家创新创业成果展，这将成为专博会的新亮点。三是更加注重实效。在展示科技成果的同时，建立专利、高新技术成果交易展区和平台，为“鲁南技术产权交易中心”和“中国技术交易所济宁工作站”揭牌，两个区域交易机构正式启动运营，培育技术与知识产权交易市场，打造“永不落幕的专博会”。四是拓展会展新思路。强化企业与资本市场深度融合，实现多元化融资；强化技术产权交易平台建设，实现规范化交易；强化引进高层次人才与团队，为提升自主创新能力提供智力支撑；强化展会品牌理念，努力形成专博会的独有特色。

（山东省济宁市知识产权局）

中国（南京）专利交易会效果显著

由国家知识产权局和江苏省人民政府主办、南京市人民政府和江苏省知识产权局承办的2012中国（南京）专利交易会于11月29日至12月5日在南京同期举办。开幕当天，在江苏省政府李学勇省长、江苏省委常委、南京市委书记杨卫泽等领导的陪同下，国家知识产权局田力普局长和参加第六届中国专利周活动的国家部委办局的领导、嘉宾参观了专利交易会的现场，并对南京专利交易活动的组织与参与给予高度评价。田局长指出，专利是培育和发展战略性新兴产业的关键，必须深入实施专利战略，加快将战略性新兴产业培育发展成先导产业和支柱产业，为加快转变经济发展方式、全面建成小康社会做出贡献。在参观中他表示，这次专利周与往届不同的显著特点就是主题鲜明，重点突出；承办方能别具一格，精心组织并利用这次专利周的机会，努力展示以节能环保领域专利及专利技术、产品为重点，推动高校、科研院所与企业开展专利运用与产业化对接合作，促进产学研用协同创新体系建设。

国家知识产权局局长田力普与李学勇省长参观2012年中国专利交易会

参加这次专利交易活动的单位有国家知识产权局、江苏省知识产权局、直辖市、副省级城市及江苏省内国家知识产权示范城市共24个城市，国内包括清华、南大等相关高等院校48家、中科院大化所、14所等科研院所16家，交通银行、天津交易所等金融、服务机构28家，三宝科技、精科集团等企业30家，参展可供交易的专利（项目）近15000项。参观人数超过2万人次。除国内高校院所推出的交易项目外，中国技术交易所、江苏（佰腾）专利运营中心、南京联合产权（科技）交易所在现场设立了交易区，国家专利技术（南京）展示交易中心在现场设立了国际专利技术交易区。专交会期间，4家科技银行为4家企业发放专利质押贷款1650万元；促成合作项目130项，意向金额3.1亿元，其中，国际技术交易项目28项，意向金额8200万元（人民币），成交39项，合同金额1.2亿元。

（南京市知识产权局　夏云聪）

三、表彰和奖励

（一）历年国家科技、发明、专利奖项统计

最高科学技术奖

该奖项于2000年设立，授予在当代科学技术前沿取得重大突破或者在科学技术发展中有卓越建树、在科学技术创新、科学技术成果转化和高技术产业化中创造巨大经济效益或者社会效益的科学技术工作者，每年授予人数不超过2名。

该奖项报请国家主席签署并颁发证书和奖金，奖金金额为500万元人民币。2013年1月18日，在人民大会堂颁发了2012年度国家科学技术奖。

2000年度国家最高科学技术奖获奖人

袁隆平院士

袁隆平，男，1930年9月出生于北京，1953年毕业于西南农学院农学系。毕业后，一直从事农业教育及杂交水稻研究。

1980—1981年赴美任国际水稻研究所技术指导。1982年任全国杂交水稻专家顾问组副组长。1991年受聘联合国粮农组织国际首席顾问。1995年被选为中国工程院院士。1971年至今任湖南农业科学院研究员，并任湖南省政协副主席、全国政协常委、国家杂交水稻工程技术研究中心主任。

袁隆平院士是世界著名的杂交水稻专家，是我国杂交水稻研究领域的开创者和带头人，为我国粮食生产和农业科学的发展做出了杰出贡献。他的主要成就表现在杂交水稻的研究、应用与推广方面。

七十年代初，袁隆平利用助手发现的天然雄性不育的“野败”作为杂交水稻的不育材料并发表了水稻杂种优势利用的观点，打破了世界性的自花授粉作物育种的禁区。七十年代中期，以他为首的科技攻关组完成了三系配套并培育成功杂交水稻，实现了杂交水稻的历史性突破。现我国杂交水稻的各个优良品种已占全国水稻种植面积的50%，平均增产20%。此后，他又提出“两系法亚种间杂种优势利用”的发展概念，国家“863”计

划据此将两系法列为重要项目，经项目组科技人员 6 年的刻苦研究，已掌握两系法技术，并推广种植，现占水稻面积的 10%，效果良好。

1997 年，他在国际“超级稻”的概念基础上，提出了“杂交水稻超高产育种”的技术路线，在实验田取得良好效果，亩产近 800 公斤，且米质类粳稻，引起国际上的高度重视。为进一步解决大面积、大幅度提高水稻产量难题奠定了基础。

在全国农业科技工作者的共同努力下，1976 年至 1999 年累计推广种植杂交水稻 35 亿多亩，增产稻谷 3500 亿公斤。近年来，全国杂交水稻年种植面积 2.3 亿亩左右，约占水稻总面积的 50%，产量占稻谷总产的近 60%，年增稻谷可养活 6000 万人口，社会和经济效益十分显著。

袁隆平院士热爱祖国、品德高尚，他的成就和贡献，在国内外产生了强烈反响。杂交水稻的研究成果获得我国迄今为止唯一的发明特等奖。并先后荣获联合国教科文组织、粮农组织等多项国际奖励。袁隆平虽已年届 70 岁，仍然一如既往地活跃在科研与生产实践的第一线，从不间断地进行着研究、实验与应用。

吴文俊院士在家中的
图书室里翻阅资料
（新华社记者吕全成摄）

吴文俊，男，1919 年 5 月出生于上海，1940 年毕业于上海交通大学数学系。

1946 年赴法国 Strassbourg 大学留学，获博士学位。1957 年被选为中国科学院学部委员（院士）。1990 年被第三世界科学院选为院士。

1952 年至 1979 年任中国科学院数学所副所长、研究员。1979 年至现在任中国科学院系统科学研究所副所长、名誉所长、研究员。

吴文俊院士是著名的数学家，他的研究工作涉及到数学的诸多领域。在多年的研究中取得了丰硕成果。其主要成就表现在拓扑学和数学机械化两个领域。他为拓扑学做了奠基性的工作。他的示性类和示嵌类研究被国际数学界称为“吴公式”、“吴示性类”、“吴示嵌类”，至今仍被国际同行广泛引用，影响深远，享誉世界。

70 年代后期，在计算机技术大发展的背景下，他继承和发展了中国古代数学的传统（即算法化思想），转而研究几何定理的机器证明，彻底改变了这个领域的面貌，是国际自动推理界先驱性的工作，被称为“吴方法”，产生了巨大影响。吴的研究取得了一系列国际领先成果并已应用于国际上当前流行的符号计算软件方面。

吴文俊院士热爱祖国，有高尚的科学道德，是数学界德高望重的前辈，至今仍在数学机械化研究的第一线。在 50 多年的研究工作中，他始终站在数学领域的前沿，做出了原创性研究成果，在国际上产生了重大影响。

2001 年度国家最高科学技术奖获奖人

王选院士

王选，男，1937 年 2 月出生于上海，1958 年毕业于北京大学数学力学系。后一直从事计算机领域的教育和研究工作。自 1975 年开始，他组织并进行了汉字激光照排和电子出版系统的研制工作。1984 年后被聘任为北京大学教授、计算机科学技术研究所所长。1992、1994 年先后被选为中国科学院、中国工程院院士。1995 年任北大方正技术研究院院长，方正控股有限公司董事局主席。王选院士是著名的计算机应用专家，主要致力于文字、图形、图象的计算机处理研究。1975 年开始主持我国计算机汉字激光照排系统和以后的电子出版系统的研究开发，跨越当时日本的光机式二代机和欧美的阴极射线管式三代机阶段，开创性地研制当时国外尚无商品的第四代激光照排系统，针对汉字印刷的特点和难点，发明了高分辨率字形的高倍率信息压缩技术和高速复原方法，率先设计出相应的专用芯片，在世界上首次使用控制信息（参数）描述笔划特性的方法，并取得欧洲和中国的相应发明专利。这些成果的产业化和应用，取消了我国沿用上百年的铅字印刷，推动了我国报业和印刷出版业的发展。同时，他又相继提出并领导研制了大屏幕中文报纸编排系统、彩色中文激光照排系统、远程传版技术和新闻采编流程管理系统等。这些成果达到国际先进水平，在国内外得到迅速的推广应用，使中国报业技术和应用水平处于世界最前列。王选院士于 2006 年 2 月 13 日去世。

八十年代初，王选院士便开始致力于研究成果的商品化、产业化工作，成功地闯出一条产学研紧密结合的市场化道路。使得汉字激光照排技术占领国内报业 99% 和书刊（黑白）出版业 90% 的市场，以及 80% 的海外华文报业市场，创造了巨大的经济和社会效益。

王选院士热爱祖国，热爱科技事业、积极培养人才。多年来，他始终站在当代科学技术前沿，积极推进技术成果的产业化和促进现代生产力的发展，为我国的科技进步做出重要贡献。

黄昆，男，1919 年 9 月出生于北京，1941 年毕业于燕京大学物理系。1945 年赴英国留学，1948 年获英国布里斯托（Bristol）大学哲学博士学位，1949—1951 年在英国利物浦大学理论物理系任博士后研究员，1951—1977 年在北京大学物理系任教授，1977—1983 年任中国科学院半导体研究所所长，1983 年至今，任名誉所长。他先后被选为中国科学院学部委员（院士）（1955 年），瑞典皇家科学院外籍院士（1980 年），第三世界科学院院士（1985 年）。1987—1991 年曾任中国物理学会理事长。2005 年 7 月 6 日去世。

黄昆院士是世界著名的物理学家，他对固体物理学作出了许多开拓性的重大贡献。是我国固体物理学和半导体物理学的奠基人之一。他从理论上预言了与晶格中杂质有关的 X

黄昆院士

光漫散射，以后被称为“黄散射”。这个理论在六十年代获实验证实，“黄散射”已发展成为一种能直接研究固体中微观缺陷的有效手段。他的多声子跃迁理论，以“黄一里斯因子”而著称于世。他提出关于描述晶体中光学位移、宏观电场与电极化三者关系的“黄方程”和由此引伸的电磁波与晶格振动的耦合，即后来称为极化元的重要概念。他与 M. Born 合著的《晶格动力学理论》一书，是一部有世界影响的经典性科学专著。他的理论对信息产业（特别是光电子产业）具有重要的现实指导意义，产生着越来越深远的影响。

半个世纪以来，他不仅对固体物理学做出了重要的贡献。同时，还对高等学校中普通物理、固体物理不口半导体物理的教学做出了十分重要的贡献。

黄昆院士热爱祖国，热爱科技事业。近年来，他与合作者对半导体超晶格的电子态和声子模开展了系统的富有成效的研究。为我国科技事业作出重要贡献。超晶格的电子态和声子模开展了系统的富有成效的研究。为我国科技事业作出重要贡献。

2002 年度国家最高科学技术奖获奖人

金怡濂院士

金怡濂，男，汉族，1929 年 9 月出生于天津市，1951 年毕业于清华大学电机系；1956—1958 年在苏联科学院精密机械与计算技术研究所进修；1994 年当选为中国工程院首批院士；1994—2000 年为中国工程院主席团成员和中国工程院信息与电子工程学部主任。现任国家并行计算机工程技术研究中心主任、研究员，中国计算机学会名誉理事。

金怡濂院士是我国高性能计算机领域的著名专家，是我国巨型计算机事业的开拓者之一。半个世纪以来，金怡濂作为技术开发的主要负责人，先后提出多种类型、各个时期居国内领先或国际先进水平的大型、巨型计算机系统的设计思想和技术方案，并组织科技人员共同刻苦攻关，予以实现，取得了一系列创造性、突破性的成果，为我国高性能计算机赶超世界先进水平做出了卓越贡献。

20 世纪 70 年代初，他主持了双机并行计算机系统的研制，在我国大型计算机系统中采用双机并行处理技术并获成功。80 年代中期，他提出了基于通用 CPU 芯片的大规模并行处理计算机设计思想和技术方案，实现了我国巨型计算机向大规模并行处理方向的发展。90 年代，他担任国家重点工程——“神威”巨型计算机系统总设计师，使我国高性能计算机峰值运算速度从每秒 10 亿次跨越到每秒 3000 亿次以上，实现了我国高性能计算机的历史性突破。随后，他继续担任新一代巨型计算机系统的总设计师，提出多项创新思想，为系统关键技术指标进入国际领先行列、再次实现我国高性能计算机的跨越发展做出杰出贡献。

“神威”计算机先后安装在北京高性能计算机应用中心和上海超级计算机中心。为气象气候、石油物探、生命科学、航空航天、材料工程、环境科学和基础科学等领域提供了不可缺少的高端计算工具，取得了显著效益，在我国经济建设和科学研究中发挥了重要的作用。

金怡濂院士热爱祖国，品格高尚。长期以来他一直致力于我国计算机事业，并为国家培养了众多优秀人才。目前仍工作在超级计算机研制的第一线。为推动我国科技进步做出重要贡献。

2003年度国家最高科学技术奖获奖人

刘东生，男，中共党员，1917年11月22日出生于辽宁省。1942年毕业于西南联合大学地质地理气象系，1980年当选中国科学院院士，1991年当选第三世界科学院院士，1996年当选欧亚科学院院士。现为中国科学院地质与地球物理研究所研究员。2008年3月6日去世。

刘东生院士

刘东生1946年参加工作，先后担任中国科学院地质研究所副研究员、研究员，中国科学院贵阳地球化学研究所研究员、第四纪地质研究室主任，国务院环境保护委员会专家小组组长，国际第四纪研究联合会主席，中国第四纪研究委员会主任和中国环境科学学会副主席等学术职务。

刘东生院士是我国地球环境科学研究领域的专家。近60年从事地学研究中，在中国的古脊椎动物学、第四纪地质学、环境科学和环境地质学、青藏高原与极地考察等科学研究领域中，特别是黄土研究方面取得了大量的研究成果，使中国在古全球变化研究领域中跻身世界前列。

从20世纪50年代起，刘东生院士对黄土高原进行了大量的野外考察和实验分析，完成了黄河中游黄土分布图、中国黄土分布图和多部专著，提出了有重要突破的“新风成学说”，把风成沉积作用从黄土高原顶部黄土层拓展到整个黄土序列，并把过去只强调搬运过程的风成作用扩展到物源－搬运－沉积－沉积后变化这一完整过程。

1958年，他从黄土地层研究中根据黄土与古土壤的多旋回特点，发现第四纪气候冷暖交替远不止四次，发展了传统的四次冰期学说，成为全球环境变化研究的一个重大转折，奠基了环境变化的“多旋回学说”。

20世纪80年代，他基于对中国黄土解释了250万年以来的气候变化历史，使黄土与深海沉积、极地冰芯并列成为全球环境变化研究的三大支柱，为全球气候变化研究做出了重要贡献。

1964年至今，他一直致力于青藏高原隆起与东亚环境演化的研究，把青藏高原研究同黄土高原研究结合起来，把固体岩石圈的演化同地球表层圈的演化结合起来，开辟了地球科学一个新的研究领域。20世纪90年代以来，地球系统各圈层相互作用已成为国际学术界的研究热点。

他在地球环境科学研究领域的理论贡献，被国际学术界公认。他发表的文章被SCI论文引用2800多次，2002年获国际“泰勒环境成就奖”。同时，他的研究成果对黄土高原水土保持、植被重建以及东部沙地治理等，具有重要的理论指导作用。

他热爱祖国，奉献于地球科学事业，在学术生涯中，孜孜不倦，努力进取，团结奋进，做出了重大的科学贡献。他为国家培养了许多人才，在他们之中，有些人已经成为我国地球环境科学研究的骨干。他领导建立了多学科交叉的现代化科学实验室，已成为我国及国际第四纪环境科学的研究中心之一。他的工作推动了地球环境科学的发展，使我国第四纪地质学与环境地质学立于国际地球科学的前沿。

王永志院士

王永志，男，中共党员，1932年11月17日出生于辽宁省。1952年考入清华大学航空系，1961年毕业于莫斯科航空学院（Moscow Aviation Institute）导弹设计专业，1992年当选国际宇航科学院院士、俄罗斯宇航科学院外籍院士，1994年5月当选中国工程院首批院士，现在中国人民解放军总装备部工作。

王永志1961年回国以来一直从事航天技术工作，先后担任中国运载火箭技术研究院总体设计部总体设计室主任、总体设计部副主任、主任，中国运载火箭技术研究院副院长、院长。曾任洲际火箭副总设计师、第二代液体战略火箭总设计师、固体战略火箭和地地战术火箭总设计师和研制总指挥，长征二号E捆绑式运载火箭等型号总指挥，航空航天部科技委副主任、运载火箭系列总设计师、地地火箭系列总设计师，1992年11月至今任中国载人航天工程总设计师。

王永志是航天技术专家，是我国载人航天工程的开创者之一和学术技术带头人。40多年来在我国战略火箭、地地战术火箭以及运载火箭的研制工作中做出了突出的贡献，特别是在载人航天工程中做出了重大贡献。

他在科学技术上的突出贡献主要有：

20世纪60年代、70年代他作为重要的技术骨干，参加了我国第一代战略火箭的研制工作，在中近程、中程和洲际火箭的研制工作中为增大射程，提高实用性能，解决了大量的技术问题。

20世纪80年代，他是第二代战略火箭研制的主要技术带头人，在新型液体远程和固体远程两种战略火箭以及地地战术火箭的研制中，为实现火箭技术更新换代做出了重要贡献。

20世纪80年代，他主持完成了长征二号E大推力捆绑火箭研制任务。研制时间仅为18个月，首次发射取得成功，使中国火箭近地轨道运载能力一举由2.5吨提高到9.2吨，实现了火箭技术的巨大突破。

1992 年以来，他为中国载人航天工程的研制工作呕心沥血，为 2003 年 10 月 16 日首次载人航天飞行圆满成功、实现载人航天的历史性突破，做出了巨大贡献。

1987 年起，他作为“863”航天领域专家委员会成员，参与制定我国载人航天的发展蓝图。1992 年 1 月，他被任命为载人航天工程技术、经济可行性论证组组长，主持拟制了该工程七大系统的技术途径和主要技术方案。1992 年 8、9 月，他代表论证组先后向中央汇报了工程主要技术方案和“三步走”的发展战略，均被肯定。工程立项后，他即被任命为中国载人航天工程的总设计师。他主持了工程方案设计、初样研制、试（正）样研制和无人飞行试验，以及首次载人航天飞行的技术工作，在总体技术方案制定、提出对各系统技术要求、关键技术攻关、重大问题处理等方面起到了关键作用，做了大量开创性工作。

他是工程的技术总负责人，既能充分发扬技术民主，又较好地把握了大局，将一大批热爱祖国、技术过硬的科技人才团结在一起，继承和发扬“两弹一星”精神，形成了一支优秀的航天科技群体。他是这一群体的杰出代表。

王永志院士热爱祖国，将祖国的利益放在第一位。在老一辈专家的悉心培养下，成长为国际知名的航天技术专家。40 多年来，始终奋斗在研制试验的第一线，树立了较高的威信，为祖国的国防现代化建设和航天科技事业做出了杰出的贡献。于 1978 年获全国科学大会奖，1985 年获国家科学技术进步奖特等奖，1997 年获国家科学技术进步奖一等奖两项，1999 年获解放军专业技术重大贡献奖。

2005 年度国家最高科学技术奖获奖人

吴孟超，男，1922 年 8 月出生于福建省，1949 年毕业于同济大学医学院，获学士学位；肝脏外科学家，中国科学院院士；现为中国人民解放军第二军医大学东方肝胆外科医院院长、东方肝胆外科研究所所长；曾任第二军医大学副校长、中华医学会副会长、解放军医学科学技术委员会副主任等；12 次担任“国际肝炎肝癌会议”等重要学术会议的主席或共同主席。

吴孟超院士

吴孟超院士的主要科学技术成就如下：

1. 创立了肝脏外科的关键理论和技术体系。他 1956 年起从事肝脏外科事业。为奠定肝脏外科的基础，从 1958 年起，他进行了肝脏解剖的研究，在建立人体肝脏灌注腐蚀模型并进行详尽观察研究和外科实践的基础上，创造性地提出了“五叶四段”的解剖学理论；为解决肝脏手术出血这一重要难题，在动物实验和临床探索的基础上，建立了“常温下间歇肝门阻断”的肝脏止血技术；为掌握肝脏术后生化代谢的改变以降低手术死亡率，通过临床和肝脏生化研究发现了“正常和肝硬化肝脏术后生化代谢规律”，并据此提出了纠正肝癌术后常见的致命性生化代谢紊乱的新策略；为进一步扩大肝脏外科手术适应症，提高肝脏外科治疗水平，他率先成功施行了以中肝叶切除为代表的一系列标志性手术。以上述工作为基础，创立了独具特色的肝脏外科关键理论和技术，建立了我国肝脏外科的学科体系，并使之逐步发展、壮大。

2. 开辟了肝癌基础与临床研究的新领域。他针对肝癌发现时晚期多、巨大且不能切除者居多的特点，提出“二期手术”的概念，即对巨大肝癌先经综合治疗，待肿瘤缩小后再行手术切除，为晚期肝癌的治疗开辟了一条新的治疗途径；针对肝癌术后复发多、但又缺乏有效治疗的特点，率先提出“肝癌复发再手术”的观点，显著延长了肝癌患者的生存时间；针对我国肝癌合并肝硬化多，术后极易导致肝功能衰竭的特点，提出肝癌的局部根治性治疗策略，使肝癌外科的疗效和安全性得到有机统一。上述研究使肝癌术后5年生存率由60~70年代的16.0%，上升到80年代的30.6%和90年代以来的48.6%，不断丰富和发展了我国的肝脏外科事业。为了提高我国肝脏外科的科学研究水平，使肝脏外科事业持续、深入的发展，吴孟超院士组建了国际上规模最大的肝脏外科专业研究所，牵头指导了一系列具有国际先进水平的基础研究工作，研制了细胞融合和双特异性单抗修饰两种肿瘤疫苗，发明了携带抗癌基因的增殖性病毒载体等，研究结果发表于《Science》、《Nature Med》、《Hepatology》、《Oncogene》、《Cancer Research》等学术刊物。

3. 创建了世界上规模最大的肝脏疾病研究和诊疗中心，培养了大批高层次专业人才。他领导的学科规模从一个“三人研究小组”发展到目前的三级甲等专科医院和肝胆外科研究所，成为国际上规模最大的肝胆疾病诊疗中心和科研基地；设立吴孟超肝胆外科医学基金，奖励为我国肝胆外科事业作出卓著贡献的杰出人才和创新性研究；培养了大批高层次专门人才。通过他和同行们的共同努力，推动了国内外肝脏外科的发展，多数肝癌外科治疗的理论和技术原创于我国，使我国在该领域的研究和诊治水平居国际领先地位。

吴孟超院士从事肝脏外科领域研究近五十年来，发表学术论文796篇，主编《黄家驷外科学》、《Primary Liver Cancer》等专著15部，获得国家、军队、省部级科技奖励26项，获中央军委授予的“模范医学专家”称号和国际肝胆胰协会授予的“杰出成就奖”等荣誉26项。

吴孟超院士热爱祖国，热爱中国共产党，热爱医学事业。他医术精湛，医德高尚，在国际肝胆外科界享有较高的威望。他教书育人，提携后骏，培养出大批肝胆外科专家。他年逾八十，仍然奋斗在医疗、教学、科研一线，为发展肝胆外科事业、更多地解除患者病痛而辛勤工作。

叶笃正，男，1916年2月出生于天津市，1948年11月在美国芝加哥大学获博士学位；气象学家，中国科学院院士；历任中国科学院地球物理研究所研究员、室主任，大气物理研究所研究员、所长，中国科学院副院长等职；现任中国科学院特邀顾问，中国科学院大气物理研究所名誉所长；美国气象学会荣誉会员；英国皇家气象学会会员；芬兰科学院外籍院士；曾在许多国际国内学术组织中担任重要职务。

叶笃正院士的主要科学技术成就如下：

叶笃正院士

1. 开创青藏高原气象学。叶笃正首先发现围绕青藏高原的南支急流、北支急流及它们汇合成为北半球最强大的急流，严重地影响着东亚天气和气候；他与国外气候学家 Flohn 各自指出了青藏高原在夏季是大气的一个巨大热源，叶笃正还首先指出青藏高原冬季是冷源；他同时还深入地研究了夏季青藏高原热源及其对东亚大气环流的影响。由于他的研究工作，国际上才接受了大地形热力作用的概念，为青藏高原气象学的建立奠定了科学基础。

2. 创立大气长波能量频散理论。提出了大气平面 Rossby 波的能量频散理论，从理论上证明了西风环流中的能量可按远大于风速的群速度向下游（或上游）传播，为现代大气长波的预报提供了理论基础；同时，也对阻塞高压天气系统的生成、维持和移动给出一种动力学解释。这个理论 31 年后才由 B. Hoskins 的“大圆理论”所推广，成为对遥相关和遥响应的理论解释。

3. 创立东亚大气环流和季节突变理论。叶笃正与陶诗言等发现东亚和北美环流在过渡季节（六月和十月）有急剧变化的现象，这一发现对我国天气预报有重要意义。他们还发现阻塞形势的建立和崩溃常伴随着大范围环流形势的强烈转变，它的长期维持则带来大范围气候反常现象，从而证明了阻塞高压在持续异常天气预报中的重要性。这些发现和理论成为研究东亚气象学问题的重要文献，奠定了我国天气预报的重要基础。国外的学者在 10 多年后，由于 1976 年冬季北美出现极其寒冷的天气，才开始提出各种系统理论，并形成了一个重要的研究方向。

4. 创立大气运动的适应尺度理论。大气环流中究竟是气压场还是风场为主导是学术界长期争论的问题，也是天气预报的关键之一。叶笃正等通过一系列工作建立了大气运动适应尺度理论：对不同空间尺度的运动都存在着特征尺度，当实际运动的空间尺度大于这个特征尺度时，气压场起主导作用；当运动的空间尺度小于特征尺度时，风场起主导作用；对中小尺度的大气运动，同样存在适应问题。这个独创的理论完善了大气运动各分量的相互作用过程的物理解释，在天气预报业务上有重要的应用。

5. 开拓全球变化科学新领域。上世纪 70 年代末至 80 年代，叶笃正积极组织并领导我国开始气候变化的研究。他积极参加全球变化科学组织（IGBP）的创立，并发挥了重要作用，并贡献了一系列科学思想，如：气候和植被过渡带的敏感性、全球变化中大气化学的作用和“有序人类活动”适应全球变化等。他通过模拟计算后指出，大范围的灌溉对气候和水文的影响时间可长达 3-6 个月，从而证明了人类活动对气候的影响的可能性（被称为“陆面记忆”）。

6. 对我国现代气象业务事业发展的卓越贡献。叶笃正的理论研究成果对提高气象业务水平起到重要作用，有些至今仍在发挥作用，如大气长波能量频散理论在业务天气预报中俗称为“上游效应”；阻塞高压形成和维持的理论，一直是业务上对持续异常天气预报的重要理论基础；青藏高原气象学理论，在中国气象业务中不仅是天气预报的重要基础之一，更是气候预报的主要基础；大气运动的风场和气压场的适应的尺度理论至今仍是天气分析和预报的主要理论基础之一。此外，他积极参与和指导建立中国气象业务系统，为中国气象局的“气象中心”、“气候中心”和“信息中心”的建立做出了实质性贡献。

叶笃正院士热爱祖国，热爱气象科学事业，孜孜不倦，努力进取，敢于创新，作出了重大的科学贡献。他在气象学和全球变化科学上的理论贡献，被国际学术界公认并得到高度评价。他培养的几代气象工作者，分别成为各个时期中国气象科研和业务发展的骨干力量。

2006年度国家最高科学技术奖获奖人

李振声院士

李振声，男，1931年2月出生于山东省。1951年毕业于山东农学院。先后在中国科学院遗传选种实验馆、中国科学院西北农业生物研究所、中国科学院陕西省西北植物研究所、中国科学院遗传与发育生物学研究所从事小麦遗传育种研究。曾任中国科学院陕西省西北植物研究所所长，中国科学院西安分院、陕西省科学院院长，陕西省科协主席，中国科学院副院长，中国科协副主席、中国遗传学会理事长等职。1990年入选第三世界科学院院士，1991年入选中科院院士。先后获全国科学大会奖、国家技术发明一等奖、陈嘉庚农业科学奖、何梁何利科技进步奖、中华农业英才奖等。

在55年的科学生涯中，李振声院士主要从事小麦遗传与远缘杂交育种研究，取得了令人瞩目的科学成就，同时开展了农业发展战略研究。

系统研究了小麦与偃麦草远缘杂交并育成了“小偃”系列品种。五十年代初，我国北方冬麦区条锈病大流行，造成严重减产。为了寻找新抗源，李振声带领课题组开展了以长穗偃麦草为主的远缘杂交研究，经过二十多年的努力，育成了小偃4号、5号、6号等高产、抗病、优质小麦品种。其中仅小偃6号就累计推广达1.5亿亩，增产80亿斤，开创了小麦远缘杂交品种在生产上大面积推广的先例。小偃6号已成为我国小麦育种的重要骨干亲本，其衍生品种有40余个，累计推广3亿多亩。

创建了蓝粒单体小麦和染色体工程育种新系统。为了有目的、快速地将外源基因导入小麦，他用远缘杂交获得的“小偃蓝粒”育成了以种子蓝色为遗传标记的蓝粒单体小麦和自花结实的缺体小麦系统，并建立了快速选育小麦异代换系的新方法—缺体回交法，为小麦染色体工程育种开辟了一条新途径。这项原创性成果为他赢得了广泛的国际声誉。

开创了小麦磷、氮营养高效利用的育种新方向。上世纪90年代初，他从我国人多地少、资源不足的国情出发，开辟了提高氮、磷吸收和利用效率的小麦育种新领域，提出了以“少投入、多产出、保护环境、持续发展”为目标的育种新方向。通过系统鉴定筛选氮磷高效小麦种质资源，深入研究其生理机制与遗传基础，培育出可高效利用土壤氮磷营养的小麦新品种，并大面积推广。

李振声院士还是我国有重要影响的农业发展战略专家。1987年提出黄淮海中低产田治理的建议并在中国科学院率先组织实施了“农业黄淮海战役”，为促进我国粮食增产发挥了带动作用。1995 年，他提出新增粮食 1000 亿斤的潜力与对策，受到国家领导人的重视。在 1999—2003 年我国粮食生产出现连续 5 年减产时，他又及时提出了争取三年实现粮食恢复性增长的建议。

李振声院士热爱祖国，品德高尚，毕生奉献于小麦远缘杂交遗传与育种研究，为我国粮食安全、农业科技进步和农业可持续发展做出了杰出的贡献，培养了一大批学术带头人和科技骨干，现活跃在农业科研第一线，继续为我国农业的可持续发展做贡献。

2007 年度国家最高科学技术奖获奖人

吴征镒，男，1916 年 6 月出生，研究员，1955 年 6 月当选为中国科学院院士，现为资深院士、中国科学院昆明植物研究所名誉所长。

吴征镒院士

吴征镒院士是著名植物学家，从事植物学研究和教学七十年，是我国植物分类学、植物系统学、植物区系地理学、植物多样性保护以及植物资源研究的著名学者。

《中国植物志》是表征我国高等植物特征与分布最完整的著作，是三代植物学家集体工作的结晶，吴征镒院士在其中发挥了最为关键的作用，做出了特殊贡献。

吴征镒院士参加并领导中国植物资源考察，开展植物系统分类研究，发表和参与发表的植物新分类群 1766 个，是中国植物学家发现和命名植物最多的一位，改变了中国植物主要由外国学者命名的历史。他系统全面地回答了中国现有植物的种类和分布问题，摸清了中国植物资源的基本家底。提出“被子植物八纲系统”的新观点。

吴征镒院士在植物区系地理学方面，科学地划分了中国植物属和科的分布区类型并阐明了其历史来源，形成了独创性的区系地理研究方法和学术思想。提出中国植物区系的热带亲缘，完成中国植物区系区划，为资源保护和国土整治提供了科学依据；修改了世界陆地植物分区系统，为植物区系区划和生物多样性研究及保护做出了重要贡献。

吴征镒院士参加并领导了中国植物资源的有效保护与合理利用的理论研究与实践。建国之初，他负责橡胶宜林地的考察，与其他科学家共同解决了我国橡胶种植的一些关键技术难题，使国家急需的战略物资紧缺得到缓解。推动了我国植物资源的寻找、开发利用以及引种驯化等工作。他提出的建立“自然保护区”和“野生种质资源库”的建议得到党和政府的高度重视并施行，为我国生物多样性的保护和资源可持续利用做出了前瞻性的部署。

吴征镒院士编著了《中国植物志》（包括英文版）、《云南植物志》和《中国植被》等专著 20 余部，发表论文 140 余篇，其中 SCI 收录 75 篇（部）；先后获得国家科技奖 6

项、国际奖 1 项及全国科学大会先进工作者等荣誉称号。

吴征镒院士治学严谨，所培养的一大批优秀的年轻科学家，如今已是活跃于相关领域的学术带头人和骨干。目前，吴征镒院士仍然工作在科研第一线，2007 年 1 月还出任《中华大典·生物典》主编，近年来仍在发表重要学术论著。

吴征镒院士知识渊博，是国际知名的植物学家，为现代植物学在中国的发展以及植物资源的保护和利用做出了基础性、开拓性、前瞻性的重要贡献。

闵恩泽院士

闵恩泽，男，1924 年 2 月出生，教授级高工，1980 年当选为中国科学院院士，1994 年当选为中国工程院院士，1993 年当选为第三世界科学院院士，现为资深院士、中国石油化工股份有限公司石油化工科学研究院高级顾问。

闵恩泽院士主要从事石油炼制催化剂制造技术领域研究，是我国炼油催化应用科学的奠基者，石油化工技术自主创新的先行者，绿色化学的开拓者，在国内外石油化工界享有崇高的声誉。

20 世纪 60 年代初，他参加并指导完成了移动床催化裂化小球硅铝催化剂，流化床催化裂化微球硅铝催化剂，铂重整催化剂和固定床烯烃叠合磷酸硅藻土催化剂制备技术的消化吸收再创新和产业化，打破了国外技术封锁，满足了国家的急需，为我国炼油催化剂制造技术奠定了基础。

20 世纪 70 年代，他指导开发成功的 Y-7 型低成本半合成分子筛催化剂获 1985 年国家科技进步奖二等奖，还开发成功了渣油催化裂化催化剂及其重要活性组分超稳 Y 型分子筛、稀土 Y 型分子筛，以及钼镍磷加氢精制催化剂，使我国炼油催化剂迎头赶上世界先进水平，并在多套工业装置推广应用，实现了我国炼油催化剂跨越式发展。

20 世纪 80 年代以来，他从战略高度出发，重视基础研究，亲自组织指导了多项催化新材料，新反应工程和新反应的导向性基础研究工作，是我国石油化工技术创新的先行者。经过二十多年的努力，在一些领域已取得了重大突破。其中，他指导开发成功的 ZRP 分子筛被评为 1995 年中国十大科技成就之一，支撑了“重油裂解制取低碳烯烃新工艺（DCC）”的成功开发，满足了我国炼油工业的发展和油品升级换代的需要。

他主持的“环境友好石油化工催化化学和反应工程”项目推动了我国绿色化学研究的广泛开展，“非晶态合金催化剂和磁稳定床反应工艺的创新与集成”在国际上首次得到工业应用，获得 2005 年国家技术发明奖一等奖。

二十多年来，闵恩泽院士在国内外共申请发明专利 205 件，已授权 140 件（国外授权 32 件）；出版专著 6 部，发表论文 233 篇，其中 SCI 收录 78 篇；先后获得国家科技奖 8 项及全国科学大会先进工作者等荣誉称号。

闵恩泽院士是德高望重的著名专家，为我国石油化工工业培养了大批科技人才，凝聚了产学研相结合的科技创新团队，并仍工作在科研第一线。

2008年度国家最高科学技术奖获奖人

徐光宪院士

徐光宪，男，1920年11月生于浙江省绍兴市，北京大学教授，1980年被增选为中国科学院学部委员，是我国著名的化学家和教育家。由教育部推荐。

徐光宪院士1951年在美国哥伦比亚大学获得博士学位后，旋即回国投入社会主义建设。他创建了北京大学稀土化学研究中心和稀土材料化学及应用国家重点实验室，先后担任主任、学术委员会主任和名誉主任。他曾任第4届亚洲化学联合会主席、中国化学会第22届理事长、中国稀土学会副理事长和名誉副理事长、国家自然科学基金委员会第一、二届化学科学部主任。

徐光宪院士始终坚持“立足基础研究，面向国家目标”的研究理念，将国家重大需求和学科发展前沿紧密结合，在稀土分离理论及其应用、稀土理论和配位化学、核燃料化学等方面做出了重要的科学贡献。

稀土元素在诸多功能材料中扮演着无可替代的主角，被美、日等国列为本世纪的战略元素。我国几代领导人都十分重视稀土科学事业和产业的发展。小平同志指出：“中东有石油，中国有稀土，中国的稀土资源占世界已知储量的百分之八十，其地位可与中东的石油相比，具有极其重要的战略意义，一定要把稀土的事情办好，把我国的稀土优势发挥出来。”

徐光宪院士基于对稀土化学键、配位化学和物质结构等基本规律的深刻认识，发现了稀土溶剂萃取体系具有“恒定混合萃取比”基本规律，在20世纪70年代建立了具有普适性的串级萃取理论。该理论已广泛应用于我国稀土分离工业，彻底改变了稀土分离工艺从研制到应用的试验放大模式，实现了设计参数到工业生产的“一步放大”，引导了我国稀土分离科技和产业的全面革新，使我国实现了从稀土资源大国到生产和应用大国的飞跃，为稀土功能材料和器件的发展提供了物质保证，大大地提高了我国稀土产业的国际竞争力。串级萃取理论的广泛应用提升了我国在国际稀土分离科技和产业竞争中的地位，迫使国外稀土垄断企业纷纷减产和停产。

作为一名化学教育家，他撰写了《物质结构》和《量子化学—基本原理和从头计算法》等重要教材。其中《物质结构》自1959出版以来，已修订再版印刷了20余万册，迄今依然是化学领域的重要教学参考书，教育和培养了我国几代化学工作者。该书1988年荣获全国高等学校优秀教材特等奖，是化学领域唯一获此殊荣的教材。

几十年来，徐光宪院士已发表期刊论文560余篇，论文被他人正面引用2200余次。他不仅培养了博士生和硕士生近百人，还为我国稀土产业界培养了大批工程技术人员。

徐光宪院士曾先后获得了国家自然科学二等奖（1987年）和三等奖（1987年）、国家科技进步二等奖（1998 年）和三等奖（1991 年）、何梁何利基金科技进步奖（1994 年）和科技成就奖（2005 年），以及多项省部级科技奖励。

徐光宪院士知识渊博。他热爱祖国、奉献科学、服务人民，至今仍活跃于科研和教育第一线。

王忠诚院士

王忠诚，男，1925 年 12 月生于山东省烟台市，1950 年毕业于北京大学医学院，1994 年当选为中国工程院院士。现为北京市神经外科研究所教授、所长、首都医科大学附属北京天坛医院名誉院长、首都医科大学神经外科学院院长、中国医学科学院神经科学研究所所长。由北京市推荐。

王忠诚是新中国培养的第一代神经外科专家，也是我国神经外科的开拓者之一。在半个世纪的医学生涯中，他为我国神经外科事业的发展壮大、走向世界做出了创新性贡献。

他率先提出了“脑干和脊髓具有可塑性”的观点，总结出一套不同脑干肿瘤采取不同手术入路的理论和方法，这些理论要点对打开医学界的“禁区”——脑干肿瘤手术，起到了决定性的作用。在这一理论指导下，迄今已施行手术 1100 余例，手术死亡率低于 1.0%，手术质量和数量居世界领先。

在发现脑干具有可塑性的基础上，他又悉心研究脊髓结构及功能，通过大量动物实验和数十年的临床实践，得出“脊髓对于慢性的肿瘤压迫也同样具有可塑性”的结论。迄今他带领团队已施行髓内肿瘤手术 2500 余例，无一例死亡和手术致残，手术水平居世界领先。他提出的“脊髓缺血预适应“的观点，对防止脊髓内肿瘤术后瘫痪起到了关键性作用，病人的生存质量得到很大提高。

他率先提出了“大型血管母细胞瘤术后可产生正常灌注压突破”的观点，利用术前供瘤血管栓塞、术中亚低温等措施，有效地预防了“正常灌注突破现象”的发生，使手术死亡率降至 4.3%，并极大降低了手术致残率，而该项手术死亡率国际综合组报道高达 24%。

20 世纪 50 年代，王忠诚为提高神经外科诊疗水平，在缺少资料及设备的情况下研究脑血管造影术，忍受了大剂量放射线照射，6 次肺炎，身体受到严重摧残，积累了 2500 余份病例，编著了我国第一部神经外科专著《脑血管造影术》并荣获“全国科学大会奖”，使当时的神经外科诊断水平发生了质的飞跃。20 世纪 60 年代，他首先在国内采用并推广显微神经外科技术，施行逾千例动脉瘤手术，使该病死亡率由 10% 降到 2% 以下。20 世纪 70 年代，他率先在国内开展并推广颅脑显微手术，第一次利用显微外科技术完全切除垂体腺瘤并保留患者的正常垂体功能。20 世纪 80 年代，他摘除了直径为 9cm 的巨大动脉瘤，至今为世界罕见。

他带领他的团队建立了神经外科手术新方法，解决了神经外科领域众多世界性难题，极大地提高了脑干肿瘤、脊髓内肿瘤、丘脑肿瘤、颅底中线肿瘤等疑难脑病疗效，让患者术后基本享有正常人的生活质量，把我国神经外科整体水平带入世界先进行列。

王忠诚院士牵头组建了“中华医学会神经外科分会”，创办《中华神经外科杂志》，统一了全国神经外科疾病诊断标准。他创建并扩建了北京市神经外科研究所和天坛医院，使之成为亚洲最大的神经外科基地。他带领学生研制成功了国产导管、球囊栓塞等七种材料，填补了我国这方面的空白。他领导并组织我国神经流行病学的调查工作，为党和国家制定预防政策提供了依据。

从医 60 年来，他发表学术论文 290 余篇，出版专著 20 余部；荣获 66 项科研成果奖，其中国家级奖项 8 项、部市级奖项 30 项。1997 年荣获“何梁何利科学与技术成就奖”，2000 年荣获全国卫生系统最高奖“白求恩奖章”，2001 年荣获世界神经外科学会联合会颁发的“最高荣誉奖章”。2006 年在“亚大颅底神经外科大会”上，荣获“领导促进颅底外科贡献奖”。

近年他又创立了世界华人神经外科协会，并成功召开了三届世界华人神经外科会议，如今他仍然工作在医疗、教学和科研一线，为患者、为学生、为医学事业奋斗拼搏。

2009 年度国家最高科学技术奖获奖人

孙家栋，男，1929 年 4 月出生，辽宁省复县人。1958 年毕业于前苏联儒可夫斯基空军工程学院飞机设计专业。历任七机部五院（现中国空间技术研究院）副院长、院长，七机部总工程师，航天部副部长，航空航天部副部长。现任中国航天科技集团公司高级技术顾问。他是我国著名的航天技术专家，是我国人造卫星技术和深空探测技术的开创者之一。1985 年获 2 项国家科学技术进步奖特等奖，1991 年当选为中国科学院院士，1999 年荣获“两弹一星”功勋奖章。

孙家栋院士

他为我国突破卫星基本技术、卫星返回技术、地球静止轨道卫星发射和定点技术、导航卫星组网技术和深空探测基本技术做出了重大贡献；为创建和发展我国人造卫星总体技术、卫星航天工程管理技术和深空探测技术，做出了系统的、创造性的成就和贡献。

他主持完成了我国第一颗人造卫星、第一颗返回式卫星和第一颗静止轨道试验通信卫星的总体设计，领导卫星研制和发射的技术管理工作，在解决重大工程技术问题上发挥了指导和决策作用，使我国成为少数几个拥有相关技术的国家。

他担任东方红三号通信广播卫星、风云二号静止气象卫星、中巴资源卫星等 3 个我国第二代应用卫星航天工程的总设计师，负责 3 个工程大系统的总体设计、技术决策和技术协调，主持解决了一系列重大工程技术问题，3 个卫星航天工程均取得圆满成功。

他担任我国北斗卫星导航系统一代和二代工程总设计师，作了多项重要决策，主持解决多项重大工程技术问题。北斗导航一代系统实现了三颗卫星组网应用。目前，北斗导航二代系统正在部署中。

他是我国月球探测的主要倡导者之一，提出了2020年前我国月球探测工程分三个阶段的实施方案，明确了我国月球探测的发展方向、目标和路线图。他担任月球探测一期工程的总设计师，提出了工程研制的指导思想，确定了工程目标和工程总体方案，对工程各大系统的技术途径作出重要决策，主持解决了多项关键技术问题。嫦娥一号月球探测卫星成功发射，在一年工作寿命内实现了全部工程目标与科学目标，并实现可控撞月。我国月球探测一期工程获得圆满成功。

孙家栋50年来倾注于中国的航天事业，参与创造了中国航天史上多个第一的辉煌，为我国航天事业做出了重大贡献，现在继续活跃在我国航天技术的前沿领域。他为人正直，顾全大局，并十分重视人才培养，通过航天工程实践，培养了一批优秀的航天科技人才。

谷超豪院士

谷超豪，男，1926年5月出生于浙江温州，1948年毕业于浙江大学，1959年获前苏联莫斯科大学物理—数学科学博士学位。1980年当选为中国科学院学部委员（院士）。曾任复旦大学副校长、中国科技大学校长。现为复旦大学数学研究所名誉所长。2012年6月24日去世。

谷超豪是著名的数学家，在当今核心数学前沿最活跃的三个分支——微分几何、偏微分方程和数学物理及其交汇点上做出了重要贡献。

谷超豪早期从事微分几何的研究，是苏步青教授所领导的中国微分几何学派的中坚，在一般空间微分几何学的研究中取得了系统和重要的研究成果。他的博士论文《无限连续变换拟群》被认为是继20世纪伟大几何学家E. 嘉当之后，第一个对这一领域做出的重要推进。

上世纪50年代后期，谷超豪敏锐地注意到与高速飞行器设计相关的数学理论研究既是国防建设的需要，也是数学发展的重要方向。他将主要精力转向偏微分方程的研究，为解决超音速空气动力学中的若干重要数学问题做出了先驱性的工作，所提出的方法和技巧为后续的研究提供了重要途径。

在混合型方程研究中，他首先发展了K. O. 弗里得里斯所提出的正对称方程组的高阶可微分解的理论，并将其应用于多个自变数的混合型方程，发现了一系列重要的新现象，深刻地揭示了混合型方程的本质，把多元混合型方程的理论推进到一个崭新的阶段。

杨振宁和R. 米尔斯提出的规范场理论是物理学中一项极为重要的成果。1974年，谷超豪在与杨振宁合作时，他最早得到经典规范场初始值问题解的存在性，对经典规范场的数学理论做出了突出贡献。后来谷超豪又给出了所有可能的球对称的规范场的表示；首次将纤维丛上的和乐群的理论应用于闭环路位相因子的研究，揭示了规范场的数学本质，并应邀在著名数学物理杂志《物理报告》上发表专辑。

刻划规范场及基本粒子的 -模型是闵科夫斯基空间到黎曼流形的调和映照。1980年，谷超豪用独特的微分几何的技巧，证明了 1 +1 维调和映照整体解的存在性。揭示了：若 1 +1 维 -模型在某一时刻没有奇性，则在过去和未来均不会有奇性。他的这一突破性的工作引发了众多国际顶尖数学家的关注和后续研究，形成被国际学术界称为“波映照”的研究方向。

谷超豪发表数学论文 130 篇（其中独立发表 100 篇），在国际著名出版社 Springer 合作出版专著两部。曾获国家自然科学奖 2 项和何梁何利基金科技成就奖。在 2002 年国际数学家大会上，国际数学家联盟主席帕利斯教授把谷超豪列为培育中国现代数学之树的极少数数学家之一。

谷超豪一贯坚持教学与科研相结合，在教书育人方面也做出了重要贡献。几十年来，他为我国培养了一批数学人才，其中有 3 位先后当选中国科学院院士。

2010 年度国家最高科学技术奖获奖人

王振义院士

王振义，男，1924 年 11 月出生于上海。1948 年毕业于震旦大学医学院，获医学博士学位。曾任上海第二医科大学校长等职，现为上海交通大学医学院附属瑞金医院终身教授。1994 年当选为中国工程院院士。

作为一名血液学专家，王振义院士在 60 余年的从医生涯中，为医学实践和理论创新作出了重大贡献，他成功实现了将恶性细胞改造为良性细胞的白血病临床治疗新策略，奠定了诱导分化理论的临床基础；确立了急性早幼粒细胞白血病治疗的“上海方案”，阐明了其遗传学基础与分子机制，树立了基础与临床结合的成功典范；建立了我国血栓与止血的临床应用研究体系。

急性早幼粒细胞白血病（APL）是临床表现最为凶险的一种白血病类型，其缓解率低、死亡率高。传统化疗在杀死白血病细胞的同时，对正常细胞也具有杀伤作用，会加剧出血，导致早期死亡。王振义院士依据诱导分化学说，在大量实验的基础上提出了治疗 APL 的诱导分化疗法，证明采用全反式维甲酸可以将恶性早幼粒白血病细胞诱导分化为良性细胞，引起了国内外医学界的高度关注，并得到了国际同行的广泛证实。2009 年美国“临床指南”将全反式维甲酸治疗 APL 定为规范性治疗方案。在有效缓解治疗 APL 的基础上，王振义院士不断优化治疗方案，发现联合应用维甲酸和氧化砷治疗 APL，可使五年生存率上升至 95% ，从而使 APL 成为第一个可治愈的成人白血病。为此，国际血液学界特将此方案誉为“上海方案”。在临床治疗获得成功的同时，王振义院士又揭示了全反式维甲酸诱导分化 APL 是一种针对致癌蛋白分子的“靶向治疗”方法。维甲酸的应用开拓了人类治疗肿瘤的新思路与新途径；“上海方案”是诱导分化学说的具体体现，是靶向治疗的成功范例。

1988年，王振义院士在《Blood》上发表的第一篇论文，迄今已被广泛他引1700多次，为全球引证率最高和最具有影响的代表论文之一。1994年，王振义院士获得国际肿瘤学界的最高奖——凯特林奖。此外，他还获得瑞士布鲁巴赫肿瘤研究奖、法国台尔杜加世界奖、美国血液学会“海姆瓦塞曼”奖、求是杰出科学家奖、首届“何梁何利科技奖”等。

王振义院士医德高尚，取得了一系列具有国际影响的科研成果，为国家培养了一批优秀的血液学专业人才，至今仍工作在医、教、研第一线。

师昌绪院士

师昌绪，男，1920年11月出生于河北省徐水县。1945年毕业于国立西北工学院。1952年，在美国欧特丹大学获冶金学博士学位。在麻省理工学院工作3年，同时积极参与争取回国斗争，1955年回国后，在沈阳中国科学院金属研究所工作。曾任金属研究所所长、中国科学院技术科学部主任、国家自然科学基金委员会副主任、中国工程院副院长等职，现为国家自然科学基金委员会特邀顾问、中国科学院金属研究所名誉所长。他是我国著名的材料科学家。1980年当选为中国科学院院士，1994年当选为中国工程院院士。

多年来，师昌绪院士一直致力于材料科学研究与工程应用工作，在国内率先开展了高温合金及新型合金钢等材料的研究与开发。高温合金是航空发动机的核心材料，20世纪60年代，我国战机发动机急需高性能的高温合金叶片，他率队研制的铸造九孔高温合金涡轮叶片，解决了一系列技术难题，使我国航空发动机涡轮叶片由锻造到铸造、由实心到空心迈上两个新台阶，成为继美国之后第二个自主开发该关键材料技术的国家，迄今为止已大量应用于我国战机发动机，于1985年获国家科技进步奖一等奖。他在金属凝固理论方面发展了低偏析合金技术，通过有效控制微量元素以降低合金凝固偏析。在此基础上，中国科学院金属研究所科研人员在他的指导下，正研发应用于各类飞机发动机和大型燃气轮机定向、单晶等系列高温合金和复杂型腔的铸造技术。他还根据我国资源情况开发出多种节约镍铬的合金钢，解决了当时我国工业所需。

师昌绪院士组建了中国科学院金属腐蚀与防护研究所，领导建立了全国自然环境腐蚀站网，为我国材料研究与工程应用提供了大量基础性数据。他大力提倡传统材料与新材料研究、基础研究与应用研究并重，促进了我国材料研究的可持续发展；他推动了我国材料疲劳与断裂、非晶纳米晶等学科的发展；他提出我国应大力发展镁合金，倡导并参与我国高强碳纤维的研发与应用。

师昌绪院士对国家科技政策的制定及科技机构的设置和发展作出了重要贡献。他倡导并参与了中国工程院的建立；多次主持制定全国材料领域发展规划；开创了中国科学院技术科学部主动咨询模式；建言大飞机等国家重大科技工程的立项实施。他还十分重视学会和出版工作，创建了“中国材料研究学会”和“中国生物材料委员会”，创办或主编了《材料科学技术学报》（英文）、《自然科学进展》（中英文）、《金属学报》（中英文）等5个高水平刊物。

师昌绪院士在国际材料科学领域享有很高声誉，多次担任国际材料领域学术会议主席或顾问。曾获得国家科学技术奖7项，1998年获得国际材料研究联合会颁发的“实用材料创新奖”。由于他在高温合金的成就和材料界的领导地位，美国矿物、冶金与材料学会（TMS）授予他荣誉会员。

师昌绪院士非常重视人才培养，在他领导的研究团队中，多人已成为材料领域的学术带头人。

2011年度国家最高科学技术奖获奖人

吴良镛，男，1922年5月出生于江苏省南京市。1944年毕业于中央大学建筑系。1946年协助梁思成创建清华大学建筑系。1949年毕业于美国匡溪艺术学院，获硕士学位。1950年回国投身新中国建设。1980年当选中国科学院院士，1995年当选中国工程院院士。曾任清华大学建筑系主任、中国建筑学会副理事长、中国城市规划学会理事长，以及国际建筑师协会副主席、世界人居学会主席等职。现任清华大学建筑与城市研究所所长、人居环境研究中心主任。

吴良镛院士

吴良镛院士是我国著名的建筑学家、城乡规划学家和教育家，人居环境科学的创建者。

他长期从事建筑与城乡规划基础理论、工程实践和学科发展研究，针对我国城镇化进程中建设规模大、速度快、涉及面广等特点，创立了人居环境科学及其理论框架。该理论以有序空间和宜居环境为目标，提出了以人为核心的人居环境建设原则、层次和系统，发展了区域协调论、有机更新论、地域建筑论等创新理论；以整体论的融贯综合思想，提出了面向复杂问题、建立科学共同体、形成共同纲领的技术路线，突破了原有专业分割和局限，建立了一套以人居环境建设为核心的空间规划设计方法和实践模式。该理论发展了整合人居环境核心学科——建筑学、城乡规划学、风景园林学的科学方法，受到国际建筑界的普遍认可，在1999年国际建筑师协会通过的《北京宪章》中得到充分体现。

他运用人居环境科学理论，成功开展了从区域、城市到建筑、园林等多尺度多类型的规划设计研究与实践，在京津冀、长三角、滇西北等地取得一系列前瞻性、示范性的规划建设成果；主持开展京津冀城乡空间发展规划研究，对2004年北京城市总体规划修编、天津总体规划修编等起到重要作用，在实践中取得的创新方法，被纳入《城市规划编制办法》，有力推进了城乡建设的科学发展；主持完成北京菊儿胡同四合院工程，推动了从

“大拆大建”到“有机更新”的政策转变，为达成从“个体保护”到“整体保护”的社会共识，做出了重大贡献；主持设计曲阜孔子研究院等建筑，创造出一批传统文化内涵和现代艺术整体性相统一的建筑。

吴良镛院士是新中国建筑教育的奠基人之一，六十五年来胸怀祖国，心系人民，呕心沥血，勤耕不辍，为城乡建设领域培养了大批骨干人才。他先后获得世界人居奖、国际建筑师协会屈米奖、亚洲建筑师协会金奖、陈嘉庚科学奖、何梁何利奖以及美、法、俄等国授予的多个荣誉称号。

谢家麟院士

谢家麟，男，1920 年 8 月出生于哈尔滨市。1943 年毕业于燕京大学物理系。1951 年在美国斯坦福大学获博士学位，回国途中受阻。1955 年冲破重重阻力回国，先后在中国科学院原子能研究所和高能物理研究所工作。曾任高能物理研究所副所长、“八七工程”加速器总设计师、北京正负电子对撞机工程经理等职。1980 年当选为中国科学院院士，先后获国家科学技术进步奖特等奖等 11 项奖励。

谢家麟院士是国际著名物理学家，我国粒子加速器事业的开拓者和奠基人。

1955 年在芝加哥医学中心，他担任首席物理学家，研制成功世界上第一台以高能电子治疗深度肿瘤的加速器，开拓了电子束治疗癌症的新领域。

1955 年回国开展加速器研究，他带领团队从研制基本关键部件做起，奋斗八年，建成我国第一台高能量电子直线加速器，跨越式地赶上国际先进水平。该加速器建成即投入国防建设使用，为两弹研制做出了重要贡献；同时发展了大功率速调管、加速管和微波管等一系列先进技术，带动了我国加速器事业的发展。

上世纪 80 年代，他领导北京正负电子对撞机的设计和建设。他组织数十次研讨，反复权衡比较质子打静止靶和正负电子对撞，最终确定 2. 2GeV 的正负电子对撞机和“一机两用”的方案，既为高能物理提供实验装置，也为同步辐射提供了应用平台。在方案设计过程中，他提出六条原则成功指导了对撞机设计，指导完成速调管、加速管、能量倍增器、正电子源和高频腔等加速器关键核心技术的创新性研制。谢家麟和工程指挥部带领工程团队精心设计、精心建设，于 1988 年高质量完成了建设任务，创造了国际加速器建设史上的奇迹，我国从此在 τ-粲物理研究领域占据了国际领先地位。

上世纪 90 年代，他提出开展自由电子激光研究的 863 项目建议。他科学决策，选用经过考验的先进技术，制定热阴极微波电子枪注入器、波荡器和光学谐振腔等核心设备的技术方案，提出采用“前馈控制”，提高直线加速器的束流稳定性，带领团队突破性地解决了一系列关键技术问题。北京自由电子激光装置成为亚洲第一台产生激光并实现饱和振荡的装置，使中国成为继美国及西欧后实现红外自由电子激光饱和振荡的国家，奠定了我国自由电子激光发展的基础。

2000 年，谢家麟院士提出速调管同时作为微波源和电子源的紧凑型电子直线加速器的创新性构想，将电子直线加速器几十年沿用的三大系统精简为两个系统。经过四年努力，研制成功世界上第一台紧凑型新型加速器样机，验证了设计的可行性，并申请了国家专利。

他十分重视和关注我国加速器发展战略，多次就中长期发展规划提出重要建议和指导意见，对促进我国加速器领域的发展发挥了重大作用。

谢家麟院士爱国敬业，求实创新，学风严谨，淡泊名利，毕生奉献于粒子加速器研究，培养了一大批加速器技术专业人才，为我国粒子加速器从无到有并跻身世界前沿发挥了至关重要的作用。他仍活跃在加速器科学技术研究的前沿，为我国高能物理和加速器事业的持续发展做贡献。

2012 年度国家最高科学技术奖获奖人

郑哲敏，男，1924 年 10 月出生于山东省济南市。1947 年毕业于清华大学机械工程系，1948—1952 年在美国加州理工学院机械工程系学习，先后获得硕士、博士学位。1955 年回国后在中国科学院力学研究所工作至今，历任室主任、副所长、所长等职，现任所学术委员会名誉主任。1980 年当选中国科学院院士，1993 年当选美国工程院外籍院士，1994 年当选中国工程院院士。

郑哲敏院士

郑哲敏院士是国际著名力学家，我国爆炸力学的奠基人和开拓者之一，中国力学学科建设与发展的组织者和领导者之一。

郑哲敏院士阐明了爆炸成形的机理和模型律，解决了火箭重要部件的加工难题，发展了一门新的力学分支学科——爆炸力学。他长期主持力学学科发展规划的制定，倡导建立了多个新的力学分支学科，做出了重要的学术贡献。

在地下核爆炸效应的研究中，郑哲敏院士与合作者一起提出了流体弹塑性模型。该模型将爆炸及冲击荷载作用下介质的流体、固体特性及运动规律用统一的方程表述，堪称爆炸力学的学科标志，可准确预测地下核试验压力衰减规律，为我国首次地下核爆当量预报做出了贡献。

在穿破甲研究方面，郑哲敏院士带领团队开创性地提出了射流开坑、准定常侵彻、靶板强度作用的相关理论；得到了穿甲相似律和比国际流行的 Tate 公式更为有效的穿甲模型；建立了破甲弹高速流拉断的理论；建立了金属装甲破甲机理模型和破甲相似律，获得了比国际公认的 Eichelberger 公式更符合实际的侵彻公式。这些工作为我国相关武器的设计与效应评估提供了坚实的力学基础。

基于流体弹塑性理论，郑哲敏院士还开辟了爆炸加工、瓦斯突出、爆炸处理水下软基等关键技术领域，解决了重大工程建设中的核心难题，得到了广泛的应用。此外，在材料力学的研究中，他提出的硬度表征标度理论，在国际上有重要影响，并以他与合作者的姓氏命名为 C-C 方法。

作为中国力学界在国际上的代表，他积极参加和组织有关方面的国际交流，促进国际合作，显著提高了中国力学在国际上的地位。

郑哲敏院士心系祖国，始终以国家需求为己任，呕心沥血，严谨创新，团结奋进，平易近人，培养了大批力学领域的杰出人才。他现在仍致力于自己喜爱的科研工作，一如既往地关心着力学学科和国家相关重大工程技术的发展。

王小谟院士

王小谟，男，1938 年 11 月出生于上海。1961 年毕业于北京工业学院（现北京理工大学），曾任电子工业部 38 所所长、信息产业部电子科学研究院常务副院长等职，现为中国电子科技集团公司电子科学研究院科技委副主任。1995 年当选中国工程院院士。

王小谟院士是我国著名雷达专家，现代预警机事业的开拓者和奠基人。

多年来，王小谟院士致力于雷达技术研究与工程应用。20 世纪 60 年代，他瞄准国际雷达技术前沿领域，主持研制成功我国第一部三坐标雷达，达到国际先进水平。20 世纪 80 年代，他主持开展低空雷达技术攻关，研制成功我国第一部中低空兼顾雷达，并在国际雷达装备同台竞技中为国产雷达赢得了世界声誉。

预警机是信息化战争的核心装备。1990 年海湾战争后，国家决定通过对外合作解决预警机装备急需。王小谟院士担任中方总设计师，主持系统总体设计，在世界上首次提出基于二维有源相控阵体制的三面阵背负罩新型预警机工程方案。同时，带领和组织国内研发团队同步开展研制工作，掌握预警机设计方法和主要关键技术，锻炼和培养技术队伍，为我国自行研制预警机奠定了坚实基础。

国产预警机正式立项后，王小谟院士主动推荐优秀年轻专家担任总设计师，自己担任总顾问，倾心指导年轻的总师们确定总体技术方案，开展技术攻关、系统集成和试验试飞方案等重大工程研制事项，为我国首型预警机的研制成功做出了重要贡献。

针对我国国情，王小谟院士率先提出开展轻型预警机的预先研究，并主持制定了技术方案，为国家决策研制轻型预警机创造了条件。他还提出利用国产飞机实现预警机出口的设想，并担任原型机总设计师，主持完成了原型样机设计与制造，推动实现了我国预警机装备出口。他作为课题负责人，主持完成了数字阵列雷达预警机地面样机技术攻关，为研制新型预警机奠定了基础。

王小谟院士学术造诣深厚，甘为人梯，重视对年轻人的培养。他先后培养出 18 位我国预警机系统或雷达系统总设计师。目前他仍坚持工作在科研一线，谋划和推动我国预警机事业发展。

中国专利奖

为鼓励和表彰积极运用知识产权制度、推动技术创新和促进经济社会发展做出突出贡献的专利权人、发明人和设计人，国家知识产权局与世界知识产权组织自1989年起共同开展中国专利奖评选工作，至今已成功举办了十四届，共评选出190项中国专利金奖、15项中国外观设计金奖、1585项中国专利优秀奖和111项中国外观设计优秀奖。

二十多年来，中国专利奖在国内和国际上的影响力不断提升，得到社会各界越来越广泛的关注。为加强中国专利奖评选工作，经国家知识产权局和世界知识产权组织研究，及国务院纠正行业不正之风办公室批准，从2010年起中国专利奖评选周期由原两年一届调整为一年一届，并增设中国外观设计金奖和中国外观设计优秀奖。

2012年度开展的第十四届中国专利奖评选活动，经各地知识产权局、国务院有关部门和单位、有关全国性行业协会，以及中国科学院院士和中国工程院院士推荐，由中国专利奖评审委员会评审、国家知识产权局和世界知识产权组织审核，共评选出中国专利金奖20项，中国外观设计金奖5项，中国专利优秀奖262项，中国外观设计优秀奖44项。这些获奖项目覆盖范围广泛、产业结构合理，表现出知识技术密集、权利归属明确，资源消耗降低、综合效益良好的突出特点。仅就经济效益而言，自专利实施之日起至2011年底，第十四届中国专利奖25项金奖项目新增销售额1655亿元，新增利润346亿元。

1989年第一届专利金奖项目名单

- 1 高分辨率汉字字形发生器
- 2 氟塑料合金制造及应用
- 3 磁团聚重选分选机
- 4 一种馏分油加氢精制催化剂
- 5 序列脉冲激光瞬态全息摄影仪
- 6 低合金耐大气腐蚀钢
- 7 带火焰稳定器的煤粉燃烧器
- 8 花式纱线及纺捻方法和设备
- 9 中高碳空冷贝氏体钢
- 10 塔式造粒旋转喷头

1991 年第二届专利金奖项目名单

- 1 反应堆控制棒用封孔式水力步进缸
- 2 离子注入半导体瞬时退火设备
- 3 新型粉状硝铵炸药的制造方法与工艺
- 4 靠岸声纳
- 5 天然金刚石拉丝模及其制造方法
- 6 一种农药杀虫杀螨剂——灭杀毙
- 7 合成氨生产方法及其合成反应器
- 8 制取低碳烯烃的烃类催化转化方法
- 9 步行坐底式钻井平台
- 10 作物增产菌及其选育与发酵工艺

1993 年第三届专利金奖项目名单

- 1 熔盐籽晶法生长低温相偏硼酸钡单晶
- 2 水下淤泥质软基的爆炸处理法
- 3 一种飞秒扫描变像管
- 4 山楂蜜汁饮料的加工方法
- 5 一种超短波测控用多频天线
- 6 顺反体高效氯氰菊酯制造方法的改进
- 7 一种石脑油重整催化剂
- 8 铬-稀土鞣革废铬液封闭式循环工艺
- 9 大节距扭绞型钢索的制造方法和设备
- 10 马铃薯脱毒微型种薯的生产方法
- 11 错齿单侧刃工作丝锥
- 12 植物纤维物料热压成型机
- 13 摩托车

1995年第四届专利金奖项目名单

- 1 三环式减速（或增速）传动装置
- 2 一种天然椰子汁（奶）饮料的制造方法
- 3 内弯弧形筋片扁环填料
- 4 激光振荡放大链同步自动控制装置
- 5 双一次风通道煤粉主燃烧器及设计和改造四角切向燃烧器的方法
- 6 液压蓄能石油修井机或钻井机
- 7 一种新杀虫杀螨剂的制备方法
- 8 改进的竹材胶合板制造工艺方法
- 9 石油烃的催化转化方法
- 10 气体电离型高能X、γ辐射成象阵列控测装置
- 11 多功能活鱼运输箱
- 12 氰化贵液碳纤维电积提金槽
- 13 抽油烟机

1997年第五届专利金奖项目名单

- 1 氧化亚铁基氨合成催化剂及制备方法
- 2 四硼酸锂（LBO）单晶的坩埚下降法生长
- 3 储油岩油气组份的定量分析方法
- 4 电磁动态塑化挤出方法及设备
- 5 丙烯腈流化床催化剂
- 6 藿香正气液体口服制剂的制备方法
- 7 精密水准仪综合检验仪
- 8 阻抗匹配平衡变压器
- 9 高重频调制多脉冲YAG激光刻花系统及加工方法
- 10 西瓜一代杂种的育种方法
- 11 全自动清污滤水器
- 12 盖板花真空抄针和肤皮分离装置

1999 年第六届专利金奖项目名单

- 1. 用三硼酸锂单晶体制造的非线性光学器件
- 2. 一种消瘤药——甲硝唑氨酸的合成方法
- 3. 补肾防喘片的制备方法
- 4. 用于烷基芳烃的脱氢催化剂
- 5. 一种直接以磷矿粉为磷源的粒状--合肥料的生产方法
- 6. 轻质微孔硝酸铵混合物及其制法
- 7. 甘蓝型低芥中硫油菜三系杂交育种技术
- 8. 蜂窝式除尘器
- 9. 一种制备重组链激酶的方法
- 10. 一种柠檬酸或柠檬酸钠的制备方法
- 11. 管道不停输带压筒式封堵机
- 12. 全烧高炉煤气的高温高压电站锅炉

2001 年第七届专利金奖项目名单

- 1 夹片式群锚拉索及安装方法
- 2 一种交流变极电机
- 3 新型重组人肿瘤坏死因子衍生物及其制法
- 4 编码杀虫蛋白质融合基因和表达载体及其应用
- 5 马传染性贫血病驴白细胞弱毒株及其培育方法
- 6 含氟二苯基丙烯酰胺类杀菌剂
- 7 光卤石生产氯化钾工艺
- 8 具有智能天线的时分双工同步码分多址无线通信系统及其通信方法
- 9 铜基无银无镉低压电工触头合金材料
- 10 按工艺要求定滚筒类飞剪机构参数的方法
- 11 带状光缆
- 12 摩托车

2003年第八届专利金奖项目名单

第八届中国专利金奖项目名单

序号	专利号	发明创造名称	专利权人	发明人（设计人）
1	93103361.6	低能离子束细胞修饰技术和装置	中国科学院等离子体物理研究所	余增亮　何建军　杨剑波 吴跃进　陈备久　周　骏 沈玉琴　孙洪奎　尹载群
2	93116639.X	一种覆膜砂配制工艺	北京仁创科技有限公司	秦升益
3	95100519.7	利用彩色影像三基色差分进行火灾探测与定位的方法	中国科学技术大学	袁宏永　范维澄　王清安
4	97103669.1	自动设置CPU参数值的个人计算机	联想集团公司	贺志强　万长青　殷卫国
5	99109341.0	炔烃选择加氢催化剂	中国石油化工集团公司、中国石油化工集团公司北京化工研究院	戴　伟　朱　警　李贺龙 郭彦来　穆　玮　彭　晖 陈　新
6	99109676.2	强化烧结法氧化铝生产工艺	中国长城铝业公司中州铝厂、中南工业大学	李小斌　张宝琦　程裕国 邱忠甫　彭志宏　林奇文 刘桂华　刘祥民　季成诺 刘亚平　李国兵　韩　敏 王　玉　李旺兴　赵东锋 张文豪　娄东民　梁大伟 吴长河　郝红杰　李培增 权　昆　刘　毅　吴国建 黄绍胜　葛小雷　李太昌 李海明　孙建峰　韩黎明
7	99116636.1	植物蛋白质合成丝及其制造方法	李官奇	李官奇
8	99117043.1	GSM基站单载频分集接收机	深圳市中兴通讯股份有限公司	陈尚文　朱晓冬　史天任 叶四清　朱小红
9	99123762.5	采用闪速存储器作内存的智能卡集成电路	大唐电信科技股份有限公司微电子分公司、清华大学	魏少军　杨延辉

续表

序号	专利号	发明创造名称	专利权人	发明人（设计人）
10	99126240.9	一种可组合移动的集装箱检测系统	清华大学、清华同方威视技术股份有限公司	康克军　高文焕　张化一　苗齐田　唐传祥　陈志强　李荐民　李元景　刘以农　李君利　程建平
11	01124001.6	丙型肝炎全病毒及其体外细胞培养方法	杨凌岱鹰生物工程股份有限公司	唐恒立　楚雍烈　张树林　郭文侠
12	98208664.4	大型球墨离心铸管机	新兴铸管（集团）有限责任公司	范英俊　陈宝玉　徐顺友　王玉珠　王海良
13	00243046.0	用于开关电器机构上的脱扣器	中国电力科学研究院	王承玉　顾　宁　杨海芳　孙　岗

2005年第九届专利金奖项目名单

序号	专利号	发明创造名称	专利权人	发明人
1	99100669.0	一种荧光定量聚合酶链式反应方法及其试剂盒	中山大学达安基因股份有限公司	程　钢
2	99816331.7	二维控制挠曲度的轧机	郑红专　赵林珍	郑红专　赵林珍
3	00123597.4	数字信息传输方法及其地面数字多媒体电视广播系统	清华大学	杨　林　杨知行
4	02139508.X	一种无线局域网移动设备安全接入及数据保密通信的方法	西安西电捷通无线网络通信有限公司	铁满霞　唐厚俭　张变玲　张　宁　叶续茂
5	01127557.X	一种双向洗涤方法及其洗衣机	海尔集团公司、青岛海尔洗衣机有限公司	张智春　吕佩师　华泽珍　许　升　迟宗锐
6	03121882.2	一种复合多金属氧化物催化剂及制备方法	中国石油天然气股份有限公司	郭耀星　朱金明　蒋满俐　卫淑娟　杨柏平　牛笑梅
7	95104992.5	内联式非晶硅太阳能电池及制造方法	李　毅	李　毅　周起才　丁孔贤　郑泽文　周帅先　陈　刚　何承义
8	97112239.3	一种重质馏份油中压加氢裂化方法	中国石油化工集团公司、中国石化集团石油化工科学研究院	章砚萍　石玉林　熊震林　史建文　聂　红　石亚华　朱义勤　胡志海

续表

序号	专利号	发明创造名称	专利权人	发明人
9	99117391.0	一种微生物及其生产生物杀线虫制剂的方法	云南大学	张克勤
10	03116437.4	(3aS，6aR)-1，3-二苄基-四氢-4H-呋喃并[3，4-d]-咪唑-2，4(1H)-二酮(I)的合成方法	复旦大学	陈芬儿
11	96116637.1	脉冲氙灯及其制备方法	中国科学院上海光学精密机械研究所	汤星里　袁才来　乐耀康　蒋宝财　赵金娣　姜月芳
12	98117324.1	数据通信通道及公务通道保护设备	华为技术有限公司	邹世敏
13	00226984.8	组合式生物芯片	中国人民解放军第四军医大学	闫小君　郭晏海
14	01230521.9	墨盒装置	珠海天威飞马打印耗材有限公司	萧庆国　李　宇
15	200330117882.2	电脑机箱（锐翔A系列）	惠州市TCL电脑科技有限责任公司	孔洪强

2007年第十届中国专利金奖项目名单

序号	专利号	发明名称	专利权人	发明人
1	00107569.1	生产内皮抑制素的方法	烟台麦得津生物工程股份有限公司	罗永章、周　兵
2	02135611.4	一种油压双动铝型材挤压　生产系统	张修基	张培良、张培栋、苏振佳
3	02111693.8	一种新的化合物异甘草酸镁及其生产方法和用途	江苏正大天晴药业股份有限公司	吴锡铭、王　佩
4	03146170.0	一种在网络接入设备上实现PPPoA到PPPoE转换的方法	华为技术有限公司	陈武茂、张世发、谢卫平
5	00135897.9	大容量不间断电源	广东志成冠军电子实业有限公司	李民英、周志文

续表

序号	专利号	发明名称	专利权人	发明人
6	200410002010.5	一种正负离子型双金属催化剂及制备方法和应用	中国科学院化学研究所、江苏索普（集团）有限公司	袁国卿、钱庆利、潘平来、石秀丽、张抒峰、邵守言、凌晨
7	03117204.0	栅式位移传感器	重庆工学院	彭东林、谭为民、张兴红、刘小康
8	99120250.3	噻唑烷类衍生物及其医药用途	太极集团有限公司	李松、谢云德、张涛
9	00127434.1	甲苯与碳九及其以上重质芳烃歧化和烷基转移工艺	中国石油化工股份有限公司、中国石油化工股份有限公司上海石油化工研究院	孔德金、李华英、郭宏利、阮畋
10	01136694.X	一种用于直拉硅单晶制备中的掺杂方法及其装置	北京有色金属研究总院；有研半导体材料股份有限公司	屠海令、秦福、周旗钢、张果虎、方锋、吴志强、戴小林
11	200510042495.5	制冷系统用铜铝组合管路及其制备方法	左铁军、赵越	赵越、左铁军
12	91106006.5	中空纤维膜分离器环氧封头的制备	中国科学院大连化学物理研究所	蒋国梁、刘万春、沈淑兰、任常青、李廷文、孙乐喜、陈勇
13	02142889.1	枸杞酒的生产方法	宁夏香山酒业（集团）有限公司	张金山、齐晓民、任贵军
14	02203117.0	一种直接点燃煤粉锅炉的等离子体点火装置	烟台龙源电力技术有限公司	王爱生、唐宏、王雨蓬、纪书信、田东、王公林、任伟武、张晓勇、邵瑞虎、马双
15	200530096843.8	轿车	沈阳华晨金杯汽车有限公司	王玉君

2009 年第十一届中国专利奖金奖项目

序号	申请号	专利名称	专利权人	发明人
1	01132074.5	肿瘤坏死因子受体可溶部分的重组基因，及其融合基因与产物	上海中信国健药业有限公司	郭亚军、王　皓、马　菁、徐身东
2	200510132289.3	应用于分组网络的基于 H.323 协议的终端接入方法	中兴通讯股份有限公司	卢　忱、张　亮、李广峰、禹　忠、权　炜
3	200610127652.7	一种用射线对液态物品进行安全检查的方法及设备	同方威视技术股份有限公司、清华大学	胡海峰、李元景、康克军、陈志强、刘以农、李玉兰、张　丽、吴万龙、赵自然、罗希雷、桑　斌
4	200630101181.3	轿　车	中国第一汽车集团公司	王跃建、于彦颖、张　旭、戴大力、孙　军、郭茂林、张晓明、宋子利
5	200510064688.0	一种可控串联补偿晶闸管的电子触发系统	中国电力科学研究院	任孟干、汤广福、武守远、蓝元良、燕　犨、柴　斌
6	200510020003.2	提高含铜取向硅钢电磁性能和底层质量的生产方法	武汉钢铁（集团）公司	应　宏、邓崎琳、毛炯辉、徐慧英、张　翔、黄煊官、钟光明、曹　阳、方泽民、骆忠汉、傅连春、曾　武、鲁　军、石生德、周　涛、梁宗仁、王雄奎、裴大荣、肖　敏、魏京桥
7	200510063255.3	一种产生调频网点的方法和装置	北京北大方正电子有限公司、北京大学	刘志红、陈　峰、杨　斌
8	200610049158.3	激光气体分析系统的标定方法	聚光科技（杭州）有限公司	顾海涛、王　健、李　鹰
9	00245222.7	半连续离心纺丝机每锭多离心缸及其控制结构	宜宾丝丽雅股份有限公司	冯　涛、廖周荣、段太刚、谢增颖
10	02139929.8	宽带码分多址移动通信系统的功率控制方法	中兴通讯股份有限公司	柯雅珠、窦建武、续　斌
11	200510034435.9	一种基于服务器端\客户端结构远程显示处理方法	广东威创视讯科技股份有限公司	卢如西、潘远雄、白宝国
12	01114785.7	可直接焊漆包线的点电焊机	杨仕桐	杨仕桐

续表

序号	申请号	专利名称	专利权人	发明人
13	02146699.8	超高分子量聚丙烯酰胺合成工艺技术中的水解方法	中国石油天然气股份有限公司	周云霞、刘福民、张跃虎、杨洪孝、秦学峰、云 飞、金龙渊
14	200410049491.5	一种特大抗挠变梳型桥梁伸缩缝装置	徐 斌	徐 斌
15	03115270.8	毒死蜱的生产方法	浙江工业大学	徐振元、许丹倩、戴金贵

2010年第十二届中国专利金奖项目

序号	专利号	专利名称	发明人	专利权人
1	00122430.1	可平滑扩容的数据通信系统	邓抄军	华为技术有限公司
2	02809057.8	含铂、锡的多金属重整催化剂及其制备与应用	马爱增、潘锦程、杨森年	中国石油化工股份有限公司、中国石油化工股份有限公司石油化工科学研究院
3	200710035310.7	一种混凝土输送泵的节能控制方法	易小刚、陈 林、谭凌群、尹新和、钟社山	三一重工股份有限公司
4	200510041714.8	一种适合有线和无线网络的接入认证方法	赖晓龙、曹 军、郭 宏、黄振海、张变玲	西安西电捷通无线网络通信有限公司
5	200510106007.2	铝电解系列不停电停(开)电解槽的装置及方法	梁学民、孙立锦、马路平	郑州中实赛尔科技有限公司
6	200810057016.0	有机电致发光器件	邱 勇、吴空物、张国辉、段 炼	清华大学、北京维信诺科技有限公司、昆山维信诺显示技术有限公司
7	02153312.1	一种治疗心脑血管疾病的药物组合物及其制备方法	蔡剑前	菏泽步长制药有限公司
8	02204874.X	铜板复合孔型冷却壁	佘克事、佘京鹏	汕头华兴冶金设备股份有限公司

续表

序号	专利号	专利名称	发明人	专利权人
9	01127894.3	一种人血管内皮细胞生长抑制因子的重组病毒	黄文林	黄文林
10	200710077121.6	一种核电机组的控制系统及其监控方法和子系统	王玉良、宫广臣、吴月军、舒　亮、黄远征	大亚湾核电运营管理有限责任公司
11	00110773.9	板材无模多点成形装置	李明哲、苏世忠、付文智、蔡中义、刘纯国、陈建军、隋　振、李东平、陈庆敏、闫雪萍、李湘吉、严庆光	吉林大学
12	200410000154.7	电力系统潮流分网并行计算方法	周孝信、吴中习、郭　剑、李亚楼、田　芳	中国电力科学研究院
13	02114471.0	抗人肝癌单克隆抗体HAB18轻、重链可变区基因及其应用	陈志南、邢金良、张思河	陈志南
14	200510077351.3	在通信设备间产生相同随机数的方法及系统	孙宏宇	腾讯科技（深圳）有限公司
15	200510122898.0	一种能防除连作作物枯萎病的拮抗菌及其微生物有机肥料	沈其荣、杨兴明、黄启为、徐阳春	江苏新天地生物肥料工程中心有限公司

2010年第十二届中国外观设计金奖项目

序号	专利号	专利名称	发明人	专利权人
1	200830155617.6	手表（Z070）	孙　磊、姚　斌	深圳市飞亚达（集团）股份有限公司
2	200830241258.6	沙发（1009）	顾江生	浙江顾家工艺沙发制造有限公司
3	200630008799.5	重型卡车	王金玉、林梅友	北汽福田汽车股份有限公司
4	200830046664.7	电压力锅（MY-CS20）	蔡　骅、尹团晖	美的集团有限公司
5	200830085026.6	笔记本电脑（U110）	蔡　潇、张祥营	联想（北京）有限公司

2011年第十三届中国专利金奖项目

序号	专利号	专利名称	专利权人	发明人
1	200510115380.4	一种多频点小区中混合自动重传请求的实现方法	中兴通讯股份有限公司	马子江、马志锋、张银成、杨学君
2	00816450.9	全硫化可控粒径粉末橡胶及其制备方法和用途	中国石油化工集团公司、中国石油化工股份有限公司北京化工研究院	乔金梁、魏根栓、张晓红、张师军、高建明、张　薇、刘轶群、李久强、张凤茹、邵静波、翟仁立、闫坤凯、尹　华
3	200610171588.2	采用低偏和保偏混合光路的光纤陀螺	北京航天时代光电科技有限公司	王　巍、杨清生、张志鑫、秦伟亮、李永兵、丁东发、于海成、刘绍辉、张俊杰、徐宇新、王学锋、臧　华、黄　磊
4	200810084676.8	可动力换挡多挡变速器	潍坊盛瑞动力机械科技有限公司、变速器研发有限公司	皮特·谭伯格
5	200710086549.7	猪繁殖与呼吸综合征疫苗、制备方法及应用	中国动物疫病预防控制中心	田克恭
6	200610063617.3	液晶电视背光控制系统及方法	深圳TCL工业研究院有限公司	闫晓林、冯万良、施建华、王　晖
7	200710122589.2	甘薯吸收根－块根功能分离栽培方法	中国农业科学院农业环境与可持续发展研究所	杨其长、汪晓云、魏灵玲、刘文科、程瑞锋
8	200510095898.6	多声道数字音频编码设备及其方法	广州广晟数码技术有限公司	游余立
9	02151018.0	一种网络设备的管理方法	华为技术有限公司	罗洁雯、胡安平、马海寅

续表

序号	专利号	专利名称	专利权人	发明人
10	200510040261.7	集成电路或分立元件平面凸点式封装工艺及其封装结构	江苏长电科技股份有限公司	王新潮、于燮康、梁志忠、谢洁人、陶玉娟、葛海波、王　达
11	200710064232.3	由甲醇或/和二甲醚生产低碳烯烃的方法	中国科学院大连化学物理研究所	齐　越、刘中民、吕志辉、王　华、何长青、许　磊、张今令、王贤高
12	200610032361.X	用于抑制混凝土泵车臂架振动的方法及装置	三一重工股份有限公司	易小刚、刘永红、彭国成、郭承志、缪雄辉
13	200710010030.0	一种通过高速纺丝制造抗菌聚酰胺纤维的方法	辽宁银珠化纺集团有限公司	杜　选、邹　琳、潘秀英、姜立鹏、孟庆夫、胡翱翔、张君龙、陈　克
14	200310119336.1	丁苯酞软胶囊及其制备工艺	石药集团中奇制药技术（石家庄）有限公司、石药集团恩必普药业有限公司	李建青、白　敏、郭文敏、陈素锐、刘立云、周桂荣
15	200820202989.4	基于GPS语音导航技术的车载音频处理装置	惠州市德赛汽车电子有限公司	陈　贺

2011年第十三届中国外观设计金奖项目

序号	专利号	专利名称	专利权人	设计人
1	200930204932.8	笔记本电脑（Zsd）	联想（北京）有限公司	何舒荣
2	200730285323.0	巷道掘进机	三一重型装备有限公司	毛中吾、汪晓光、刘　华、陈慧丹
3	200830294263.3	制氧机（7F-5A）	江苏鱼跃医疗设备股份有限公司	吴光明
4	200930188271.4	婴儿车	中山市隆成日用制品有限公司	杨正帆、游永富
5	201030228295.0	摩托车	力帆实业（集团）股份有限公司	邓小毛、何长渝、刘　彬

2012年第十四届中国专利金奖项目名单

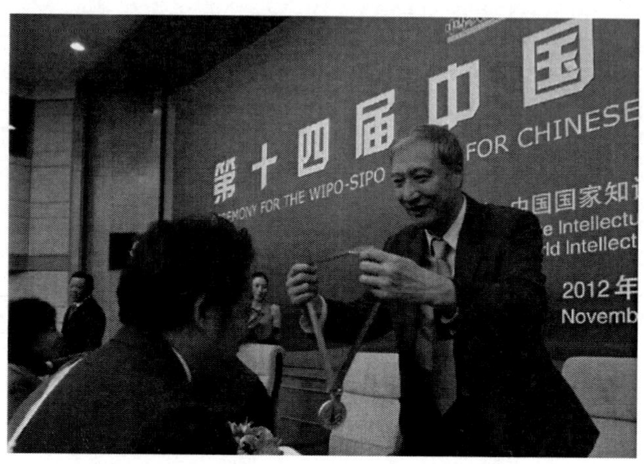

国家知识产权局局长田力普给获奖发明人颁奖

序号	专利号	专利名称	专利权人	发明人
1	200410070249.6	一种煤炭直接液化的方法	神华集团有限责任公司、中国神华煤制油化工有限公司	张玉卓、舒歌平、金嘉璐、崔民利、吴秀章、任相坤、徐耀武、梁仕普、黄剑薇、袁　明、高聚忠、朱豫飞
2	97106448.2	苯和乙烯制乙苯的烷基化方法	中国石油化工总公司、中国石油化工总公司上海石油化工研究院	杨为民、孙洪敏、唐玉民、陆敏侠、朱慧芬、薛立新
3	02822218.0	戊型肝炎病毒单克隆抗体及其用途	北京万泰生物药业股份有限公司、厦门大学	夏宁邵、张　军、顾　颖、李少伟、葛胜祥、何志强
4	200810056896.X	薄膜晶体管液晶显示器的驱动装置	北京京东方光电科技有限公司	高文宝、殷新社、肖向春
5	95110947.2	电力系统暂态稳定在线监视和预防控制的方法	国电自动化研究院	薛禹胜

续表

序号	专利号	专利名称	专利权人	发明人
6	00800297.5	物理层与网络层侧设备间传输数据的数据传输装置和方法	信息产业部武汉邮电科学研究院	余少华
7	201010145312.3	动力单元及其控制方法	中联重科股份有限公司	詹纯新、刘　权、高一平、黎伟福、王少军、周　红
8	03108814.7	新型作为酪氨酸激酶抑制剂的稠合的喹唑啉衍生物	浙江贝达药业有限公司	张晓东、谢国建、查理斯·大卫斯、陈振庄、陈　行
9	200810052528.8	薯类原料酒精生产方法	天津大学	张敏华、吕惠生、董秀芹、李永辉、欧阳胜利、钱胜华、张志强、刘宗章
10	200810134726.9	一种直线感应电机恒转差频率矢量控制方法及系统	株洲南车时代电气股份有限公司	刘可安、尚　敬、杨大成、梅文庆
11	200410014776.5	组合式自拆装平衡重装置	徐州重型机械有限公司	史先信、闫丽娟、单增海、曹立峰、赵庆利
12	200620136205.3	特高压自耦变压器	西安西电变压器有限责任公司	谢庆峰、韩晓东
13	200920237392.8	室外天线	杨瑞雄	杨瑞雄
14	200610069763.7	一种交捻竹节纱的生产方法	山东岱银纺织集团股份有限公司	赵焕臣、李广军、谢松才、刘　涛、王长青、于传文、刘灿庆
15	200810100225.9	两步发酵法生产可食用纤维素	钟春燕	钟春燕
16	200610011944.4	产生具有不同能量的X射线的设备、方法及材料识别系统	清华大学、同方威视技术股份有限公司	刘耀红、唐传祥、陈志强、陈怀璧、刘晋升、高建军
17	200410080196.6	时隙码分多址系统多小区联合检测方法	电信科学技术研究院	王映民、钟　南、任世岩、刘　宁

续表

序号	专利号	专利名称	专利权人	发明人
18	02100176.6	气相双动态固态发酵方法及其发酵装置	中国科学院过程工程研究所	陈洪章、李佐虎
19	00109588.9	一种己内酰胺加氢精制方法	中国石油化工股份有限公司、中国石油化工股份有限公司石油化工科学研究院	孟祥堃、宗保宁、慕旭宏、王　宣、张晓昕、闵恩泽
20	200710019441.6	极坐标数控高效铣、滚齿复合机床	南京工大数控科技有限公司	黄筱调、洪荣晶、方成刚、于春建

2012年第十四届中国外观设计金奖项目名单

序号	专利号	专利名称	专利权人	设计人
1	200930382460.5	冰箱（三门）	海尔集团公司、青岛海尔股份有限公司	王　健、郭　健、李晓峰、蒲显开
2	201030167792.4	平弯组合钢化玻璃炉	洛阳兰迪玻璃机器股份有限公司	赵海洋、张克治
3	03336167.3	客车（f）	郑州宇通客车股份有限公司	吴晓光、徐　辉、马春新、于　伟、李正平、李广玉
4	200530049075.0	起重机	中联重科股份有限公司	易　军、赵　钢、熊　凯、李　琼、周月芳
5	201030234585.6	空调室内机（分体壁挂式10-76）	珠海格力电器股份有限公司	张　辉、李　亮、吴欢龙、陈绍林、徐美双、龙　腾、靳　岚、杨俭群、古汤汤、王现林

发明创业奖

“发明创业奖”于2005年由国家科技部批准，由中国发明协会设立，是首个为发明家设立的国家最高奖项。奖项的评选受到国家科学技术部、中华全国总工会、国家知识产权局等机关部委及各有关组织支持。至2012年已评选出七届。

奖项的评审由中国发明协会评审委员会负责，成立之初评审委员会共有18人，由两院院士和相关领域的专家组成。2005年10月评选出首批50名获奖人员，其中，有10名获得特等奖，并获“当代发明家”荣誉称号和5万元人民币的奖励。

发明创业奖贯彻落实尊重劳动、尊重知识、尊重人才、尊重创造的方针，表彰既做出技术发明又在创业、产业化中取得显著经济效益或社会效益的发明者，宣传他们的创新创业事迹，以调动群众发明创业的积极性，增强全社会的创造活力，促进发明成果的转化实施，为大力推动自主科技创新奠定雄厚的社会基础，为建设创新型国家做出贡献。

评审贯彻“公平、公正、公开”和“不唯学历、不唯职称、不唯资历、不唯身份，注重参评者的技术水平和实际能力、贡献、业绩和本人的政治思想品德表现”原则，评选范围包括香港、澳门特别行政区和台湾地区在内的全国各行各业的发明创业者；在中国工作的外国公民，以自己的发明创业为提高我国的创新能力做出突出贡献者。

每届“发明创业奖”获奖人数不超过50名；其中成绩特别突出的获特等奖并被授予“当代发明家”荣誉称号，人数不超过10名。

中国发明协会向获奖者颁发奖牌和证书，并对获奖者的业绩和经验进行宣传；对有关项目举办对接会，帮助有关企业做大做强；并优先从“发明创业奖”获得者中挑选、推荐下年度的国家科技奖候选人。

第一届“发明创业奖”获奖者名单

1. “发明创业奖”特等奖及“当代发明家”荣誉称号获得者名单

王　衡　　山西建华化工厂
王永民　　中国王码集团
包起帆　　上海国际港务（集团）股份有限公司
刘迎建　　汉王科技有限公司
汤　帜　　北京大学计算机科学技术研究所
张耀明　　南京春辉科技实业有限公司
肖龙旭　　第二炮兵装备研究院
陈　晓　　武汉钢铁（集团）公司
郁　竑　　上海宝钢建筑工程设计研究院
殷志强　　清华大学清华阳光能源有限责任公司

2. “发明创业奖”获奖者名单

史光辉　　北京华雄应用科学研究所
田宝武　　爱贝企业股份有限公司（台湾）
石同生　　包头市同生太阳能设备有限责任公司
任世瑶　　上海交通大学机械动力工程学院
任金生　　石家庄高新技术创业服务中心
全观友　　广东移动通信有限责任公司中山分公司

刘献刚　　江西中恒建设集团公司珠海分公司
吕佩师　　青岛海尔洗衣机有限公司
孙连桂　　北京伊济源面神经学研究院
朱　鹏　　马佐里（东台）纺机有限公司
许云生　　上海依福瑞实业有限公司
吴泉发　　福建华强防火涂料厂
张金山　　宁夏红枸杞产业集团有限公司
张新申　　四川大学
李加林　　浙江理工大学、杭州中纺技术开发有限公司
李振国　　牡丹江友搏药业有限责任公司
杨延辉　　大唐微电子技术有限公司
杨桂生　　上海杰事杰新材料股份有限公司
邱则有　　长沙巨星轻质建材股份有限公司
陆中选　　南宁众选窗业有限公司
陆婉英　　中国高科集团股份有限公司、上海高科生物工程有限公司
陈宝元　　河南中包科技有限公司
陈鸿章　　天津三吉清洗润滑防锈有限公司
陈锦标　　宝加环保科技有限公司（香港）
林常德　　泉州市伟阳精细化工研究所
罗仁全　　新疆第三机床厂
侯立安　　第二炮兵工程设计研究院
侯喜林　　南京农业大学园艺学院
姜立人　　昆明立兴科技开发有限责任公司
战嘉瑾　　海信集团有限公司
荣命哲　　西安交通大学电气工程学院
赵章光　　北京章光 101 集团
徐世明　　北京大学安康药物研究院
徐汉虹　　华南农业大学
莫志深　　中科院长春应用化学研究所
钱　浚　　合肥钱氏银光塑料有限公司
曹树梁　　山东省科学院新材料研究所
曹培生　　培生工作室
曾麟沛　　一力（澳门）科技实验室
雷菊芳　　甘肃奇正实业集团有限公司

第二届“发明创业奖”获奖者名单

1. “发明创业奖”特等奖及“当代发明家”荣誉称号获得者：

姓名	单位	地区
陈大同	展讯通信有限公司	上海市
曹善文	济南朝晖科技有限公司	山东省
王子纯	江苏东强股份有限公司	江苏省
安继刚	清华大学核能与新能源技术研究院	北京市
钟志华	湖南大学	湖南省
黄培劲	海南神农大丰种业科技股份有限公司	海南省
刘　旭	桂林制药责任有限公司	广西
马伟明	海军工程大学电力电子技术研究所	总装备部
李官奇	河南省滑县华康实业有限公司	河南省

2. “发明创业奖”获得者：

姓名	单位	地区
吴以岭	河北以岭医药集团有限公司	河北省
谢德隆	上海市中药研究所	上海市
陈芬儿	复旦大学化学系	上海市
钱　锋	华东理工大学	上海市
王筱均	上海浦清管道工程服务有限公司	上海市
刘昌胜	上海瑞邦生物材料有限公司	上海市
何云鹏	青岛海信信芯科技有限公司	山东省
陈林森	苏州大学信息光学工程研究所	

	苏州苏大维格数码光学有限公司	江苏省
张恒立	包头文鑫实业有限公司	内蒙古
秦升益	北京仁创科技集团有限公司	北京市
程　京	清华大学	北京市
周秉锋	北京大学计算机科学技术研究所	北京市
周贤宾	北京航空航天大学	北京市
阎楚良	中国农业机械化科学研究院	北京市
肖志国	大连路明科技集团有限公司	辽宁省
刘相华	东北大学轧制技术及连轧自动化国家重点实验室	辽宁省
郑全录	东欧集团有限公司	辽宁省
金　磊	长春金赛药业有限责任公司	吉林省
金钦汉	吉林大学	吉林省
马成果	黑龙江双锅锅炉股份有限公司	黑龙江
朱建勋	中材科技股份有限公司（南京玻璃纤维研究设计院）	江苏省
葛玉明	高邮市平安开沟机制造厂	江苏省
毛松柏	南化集团研究院	江苏省
陈　波	南京大地水刀有限公司	江苏省
焦发兆	安徽同发设备股份有限公司	安徽省
喻子达	海尔集团公司	山东省
王旭宁	山东九阳小家电有限公司	山东省
李正名	南开大学	天津市
黄作兴	江南阀门有限公司	浙江省
丁荣吾	福建大地生态科技实业有限公司	福建省
何继善	中南大学	湖南省
朱　皖	长城信息产业股份有限公司	湖南省
邹德骏	邹德骏科技发展有限公司	广东省
周维海	南宁市科康生物科技有限责任公司	广　西
陈　庆	成都新柯力化工科技有限公司	四川省
朱兆云	云南省药物研究所	云南省
李　晟	天水华圆制药设备科技有限责任公司	甘肃省
林大泽	西部矿业有限责任公司	青海省
周　著	新疆农业大学水利与土木工程学院	新　疆
刘　峰	空军装备研究院航空装备研究所	总装备部
蔡锦祯	中国防蚀有限公司	台北市

第三届“发明创业奖”获奖者名单

（以姓氏笔画为序）

“第三届发明创业奖”部分获奖代表

1. “发明创业奖”特等奖及“当代发明家”荣誉称号获得者

王耀南　湖南大学　湖南省
邢子文　西安交通大学　陕西省
吴以岭　河北以岭医药集团　河北省
张全兴　南京大学　江苏省
李殿荣　陕西省杂交油菜研究中心　陕西省
杨知行　清华大学　北京市
陈代杰　上海医药工业研究院　上海市
祖元刚　东北林业大学　黑龙江省
褚仁远　复旦大学附属眼耳鼻喉科医院　上海市
蔡伟民　上海交通大学　上海市

2. “发明创业奖”获得者

丁红心　浙江莹冠塑胶科技有限公司　浙江省
尹衍升　中国海洋大学　山东省
王明江　徐州江昕轮胎有限公司　江苏省
王　健　聚光科技（杭州）有限公司　浙江省
王卿芳　浙江芳华文化艺术有限公司　浙江省

王继武	甘肃金桥水科技集团	甘肃省
任其龙	浙江大学	浙江省
刘从华	中国石油天然气股份有限公司兰州化工研究中心	甘肃省
刘渝兴	武汉武钢工程技术集团计控公司	湖北省
朱学纯	西南铝业（集团）有限责任公司	重庆市
宋德荣	第二炮兵工程设计研究院	解放军
张　力	北京三晶科技集团有限公司	北京市
李　浩	国投新疆罗布泊钾盐有限责任公司	新疆
李浩然	浙江大学	浙江省
杨仕桐	广州微点焊设备有限公司	广东省
肖　伟	江苏康缘药业股份有限公司	江苏省
肖克建	江苏兴荣高新科技股分有限公司	江苏省
苏光大	清华大学	北京市
邱盛雄	台湾传喜生化科技集团	台湾省
陈[illegible]参	盈创（叠高）实业有限公司	香港
陈书明	国防科技大学	解放军
陈良刚	海南立昇净水科技实业有限公司	海南省
周　宁	贵州同济堂制药有限公司	贵州省
庞新梅（女）	中国石油天然气股份有限公司兰州化工研究中心	甘肃省
郑化安	西北化工研究院	陕西省
修涞贵	修正药业集团股份有限公司	吉林省
姚泉洪	上海市农业科学院	上海市
战金龙	攀钢（集团）公司钢铁研究院	四川省
施凤鸣	三星电梯有限公司	江苏省
赵洪恩	大连市水产研究所	辽宁省
唐　波	山东师范大学	山东省
桂明英（女）	中华全国供销合作总社昆明食用菌研究所	云南省
盖国胜	清华大学	北京市
阎　超	上海通微分析技术有限公司	上海市
黄　鸣	皇明太阳能集团有限公司	山东省
董铁望	天津戈德思创防伪技术有限公司	天津市
蒋远华	湖北宜化集团有限责任公司	湖北省
蒙瑞基	广西正财科技投资有限公司	广西省
蔡小兵	贵州汇通华城楼宇科技有限公司	贵州省
蹇锡高	大连理工大学	辽宁省

第四届“发明创业奖”获奖者名单

（以姓氏笔画为序）

1. “发明创业奖”特等奖及“当代发明家”荣誉称号获得者

孔利明	上海宝钢股份公司宝钢分公司运输部	上海市
吕　剑	兵器工业第204研究所	陕西省
李维德	上海宏源照明电器有限公司	上海市
李登海	山东登海种业股份有限公司	山东省
孟跃中	中山大学环境材料研究所	广东省
郭忠诚	昆明理工大学 昆明理工恒达科技有限公司	云南省
郭鸿宝	陕西坚瑞消防股份有限公司	陕西省
褚祥诚	清华大学材料科学与工程系	北京市

2. “发明创业奖”获得者

于德海	大连光洋科技工程有限公司	大连市
王秀芝	兵器工业集团第213所	陕西省
王明根	江苏天雨环保集团有限公司	江苏省
王俊斗	赤峰市民兴工贸有限公司	内蒙古
代旭升	胜利油田分公司东辛采油厂采油工矿	山东省

任洪强	南京大学环境工程系	江苏省
孙飘扬	江苏恒瑞医药股份有限公司	江苏省
朱先德	湖南三德科技发展有限公司	湖南省
何辅云	合肥工业大学计算机与信息学院	安徽省
宋木清	武汉钢铁股份公司质量检验中心	武汉市
宋耀祖	清华大学工程学系	北京市
张坤树	中山科学研究院三誉研究开发有限公司	台北市
张衍国	清华大学热能工程系	北京市
李庆诚	天津津科电子有限公司	天津市
杜时贵	浙江工业职业技术学院	浙江省
杨建国	巨力索具股份有限公司	河北省
杨悦俭	浙江省农业科学院蔬菜研究所	浙江省
沈福昌	江苏福昌环保科技集团有限公司	江苏省
邹远东	武汉九生堂生物工程有限公司	武汉市
陈凤仪	广西绿科垃圾净化设备有限责任公司	广西
陈　昌	番禺珠江钢管有限公司	广东省
陈　薇	军事医学科学院微生物流行病研究所	解放军
周震涛	华南理工大学材料科学与工程学院	广东省
孟庆长	中国第一汽车集团公司铸造公司有色铸造厂	吉林省
林纪功	陕西宝深建材机械（集团）有限公司	陕西省
柳长庆	辽宁聚龙金融设备股份有限公司	辽宁省
赵劲霖	石家庄蠡玉科技开发有限公司	河北省
晏国新	上海攀大木棉科技应用有限公司	上海市
徐道华	福州金源泉科技有限公司	福州市
郭毅军	重庆西山科技有限公司	重庆市
高光勇	重庆山外山科技有限公司	重庆市
康玉范	哈尔滨天硕建材工业有限公司	黑龙江
梁　健	沈阳飞行船数码喷印设备有限公司	辽宁省
黄上立	深圳市安培龙敏感技术有限公司	深圳市
温克仁	福建德化第五瓷厂	福建省
蒋汉生	上海之合玻璃钢有限公司	上海市
褚建君	上海交通大学生命科学技术学院	上海市
滕召胜	湖南大学	湖南省
魏学峰	金宇保灵生物药品有限公司	内蒙古

第五届“发明创业奖”获奖者名单

（以姓氏笔画为序）

1. “发明创业奖”特等奖及“当代发明家”荣誉称号获得者

王康健　宝钢集团有限公司
史玉升　华中科技大学
李明哲　吉林大学
陈小龙　中科院物理所
欧阳晓平　西北核技术研究所
罗　安　湖南大学电气与信息工程学院
姚学玲（女）　西安交通大学电气工程学院
高雄厚　中国石油兰州化工研究中心
梁增基　陕西省长武县农业技术推广中心
龚一航　东方通信股份有限公司

2. “发明创业奖”获得者

于春江　吉林一正药业集团有限公司
王开运　山东农业大学
王　剑　北京大学计算机研究所
付长彪　河北京城市政工程有限公司、承德潮河源房地产开发有限公司
冯冬芹　浙江中控技术股份有限公司
史作清　南开大学高分子所、南开和成公司

田启祥　总装备部工程兵科研一所
田原宇　山东科技大学
刘明华　福州大学环境与资源学院
朱建华　宁波邦达实业有限公司
许开华　深圳格林美高新技术股份有限公司
许杏桃　江苏泰州供电公司
闫子鹏　河南省滑县粮机厂、北京华康希望生物科技有限公司
何浩明　贵阳瓮福（集团）有限责任公司
何　飚　佛山金葵子植物营养有限公司
余本友　浏阳市余氏科技环保烟花厂
吴家友　南京巨澜科技开发有限责任公司
宋章根　江苏宏鑫旋转补偿器科技有限公司
张永生　解放军信息工程大学测绘学院
张祥华　无锡爱邦辐射技术有限公司
苏薇薇（女）　中山大学
邹光友　四川光友薯业有限公司
陆静梅（女）　东北师范大学生命科学学院
陈永辅　扬州恒信仪表有限公司
陈军科　杭州海康威视数字技术股份有限公司
陈利明　江苏八达重工机械有限公司
陈建民　复旦大学环境科学与工程系
陈　荣　澳门资讯顾问公司
陈寅明　江西剑光节能科技有限公司
林宜龙　格兰达技术（深圳）有限公司
欧维隆　辽宁永昌环境清洁设备制造有限公司
姚君山　上海航天设备制造总厂
姜建新　江苏江南生物科技有限公司
洪泉益　泉州市铁通电子设备有限公司
项青松　浙江 001 集团有限公司
凌建军　江苏凌志环保有限公司
徐士龙　上海港湾软地基处理工程有限公司
梁国正　苏州大学
董再发　福建省石狮市永前建材有限公司
蒋新东　山东星发农业科技股份有限公司

第六届“发明创业奖”获奖者名单

（以姓氏笔画为序）

全国人大副委员长陈至立与第六届“发明创业奖”获奖者亲切握手

1. “发明创业奖”特等奖及“当代发明家”荣誉称号获得者

丁冉峰　北京金伟晖工程技术有限公司
王　超　河海大学
左铁军　青岛市海青机械总厂
张志炳　南京大学
张喜田　施慧达药业集团（吉林）有限公司
陈志杰　空军装备研究院
周兆英　清华大学
徐滨士　装甲兵工程学院
袁素珍　湖南神力实业有限公司
程玉全　陕西皇城玉全机械制造（集团）有限公司

2. “发明创业奖”获得者

丁宏标　中国农业科学院饲料研究所
丁晓纪　北京师范大学核科学与技术学院
于爱民　长春吉大·小天鹅仪器有限公司
马德银　北大国际医院集团西南合成制药股份有限公司

王士元　　河北英利能源（中国）有限公司
王伟修　　山东龙口中际电工机械有限公司
付亚荣　　中国石油天然气股份有限公司华北油田分公司第五采油厂
冯殿齐　　山东泰安市泰山林业科学研究院
卢明立　　江苏天明机械集团有限公司
龙英才　　复旦大学化学系
刘怀平　　江苏科行环境工程技术有限公司
刘松林　　贵州瓮福蓝天氟化工股份有限公司
孙克祯　　大连柴油添加剂加工厂（退休）
孙绣芳　　辽宁人天科技有限公司
庄大建　　广东金刚玻璃科技股份有限公司
何秀院　　太原理工大学／山西鸿昌农工贸科技有限公司
余炎雄　　广东省汕头市超声仪器研究所有限公司
吴方伯　　湖南大学
宋福如　　河北硅谷化工有限公司
李国庆　　北京城建设计研究总院有限责任公司
李　松　　军事医学科学院
杨光圣　　华中农业大学
杨庆利　　山东省花生研究所
杨忠义　　深圳杨士柔光电子科技有限公司
苏　建　　吉林大学
陈　杰　　上海神舟汽车设计开发有限公司
陈瑞文　　品岱股份有限公司-JW 生态工法研究室（台湾、台北）
周晓奇　　西北化工研究院
尚文智　　陕西省神木县三江煤化工有限责任公司
林铸明　　总装工程兵科研一所
苗进之　　河南省开仑化工有限责任公司
俞耀庭　　南开大学
姜天信　　山东新北洋信息技术股份有限公司
赵广钧　　吉林意达生物技术有限公司
章传华　　重庆医科大学附一院（退休）
黄永伟　　江苏省华扬太阳能有限公司
黄嘉鸿　　福建泰克通信有限公司
傅太平　　泉州市天龙环境工程有限公司
蔡亚平　　湖南益阳瑞亚高科纺织有限公司
潘树明　　北京有色金属研究总院（退休）

第七届“发明创业奖”

全国人大副委员长路甬祥接见获奖及参会代表

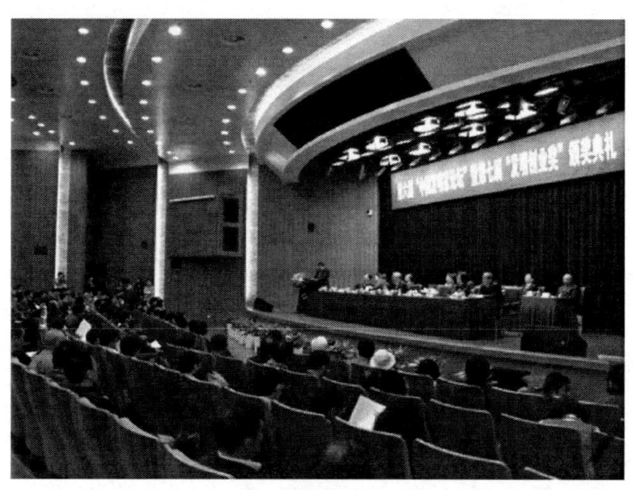

颁奖典礼

由中国发明协会、国家科学技术奖励工作办公室、科技日报社、中国知识产权报社共同主办的第六届“中国发明家论坛”开幕式暨第七届“发明创业奖”颁奖典礼2012年4月26日在中国科技会堂举行。

全国人大常委会副委员长路甬祥，中国科协副主席书记处书记程东红，科学技术部副部长王伟中，国家知识产权局副局长鲍红，全国妇联以及全国总工会的相关领导出席了会议，并与近300名来自全国各地发明人代表和“发明创业奖”获奖者合影留念。

大会由中国发明协会理事长朱丽兰主持。中国发明协会常务副理事长邢胜才宣读了“发明创业奖”表彰决定。中国发明协会副理事长兼秘书长鹿大汉宣读了中国发明协会第六届理事会倡议书。科学技术部副部长王伟中作了重要讲话。发明创业奖代表做了发言。

全国人大副委员长路甬祥作了关于“中国发明家的历史使命”的重要讲话，他站在国家和世界全局的高度，从历史的发展趋势分析了我们面临的国际科技经济发展的形势，让我们更明确了我们发明工作者的历史使命，给我们提出了我们面临的责任和任务。

“发明创业奖”是经国家奖励办批准，由中国发明协会在2005年设立的奖项，主要奖励有重要技术发明和创新，有自主知识产权并在产业化应用方面作出突出贡献的发明人。马世宁等50位同志获得第七届发明创业奖，马兰等10位同志获得发明创业奖特等奖，同时被授予“当代发明家”荣誉称号。

同期举办的第六届“中国发明家论坛”是在科学技术部、国家知识产权局、中华全国总工会，中国科协等部门大力支持下召开的。

本届论坛的主题是：“自主创新开拓发展”。论坛目的是学习先进，坚持科技创新、提高创业能力，使发明成果得到有效转化；树立知识产权意识，增强企业在经济大潮中的竞争力；促进青少年发明创造，普及知识产权知识，培育创新型人才。论坛期间还举办中小学创新教育研讨会，组织全国发明创新教育工作做得好的中小学领导研讨如何启发广大青少年参与发明创新活动，普及知识产权知识。

论坛上，与会代表在良好、热烈的气氛中积极沟通、充分交流。众多与会代表纷纷表示，今后将更好的利用中国发明家论坛这个平台，开拓创新，共创未来。

会议希望广大发明人积极行动起来，勇于创新，勇于开拓，为转变经济增长方式、调整产业结构，为保持国民经济平稳较快发展做出更大的贡献。

特　等　奖

序号	姓名	所在单位	推荐单位
1	马　兰（女）	防化研究院	国防专利局
2	王新花（女）	泰安市泰山林业科学研究院	泰安市发明协会
3	付亚荣	中国石油天然气股份有限公司华北油田分公司第五采油厂	中国石油天然气股份有限公司华北油田分公司第五采油厂
4	齐嵩宇	中国第一汽车集团公司	中国机械冶金职工技术协会
5	闫楚良	北京飞机强度研究所	北京飞机强度研究所
6	李家民	四川沱牌舍得集团有限公司	四川沱牌舍得集团有限公司
7	汪　玉	海军装备研究院	国防专利局
8	欧　珠	西藏大学	西藏大学
9	赵　涛	山东步长制药有限公司	山东省知识产权局
10	梁顺琴（女）	中国石油石油化工研究院兰州化工研究中心	甘肃省发明协会

发明创业奖

序号	姓名	所在单位	推荐单位
11	马世宁	装甲兵工程学院	国防专利局
12	王伟均	济宁市任城区宏伟机械技术研发中心	山东济宁济光机械技术研发公司
13	王志新	上海交通大学	上海交通大学
14	王明孝	中国人民解放军68029部队	国防专利局
15	王金龙	解放军理工大学	国防专利局
16	王厚德	武汉市远荣生物工程研究所	自荐
17	王煊军	第二炮兵工程学院	国防专利局
18	冯顺山	北京理工大学	北京理工大学
19	朱昌林	长春百克生物科技股份公司	长春市知识产权局
20	伦慧东	唐山佳技复合管材有限公司	唐山佳技复合管材有限公司
21	刘汉龙	南京河海科技有限公司	河海大学
22	刘淑芬（女）	吉林大学	长春市知识产权局
23	孙兆军	宁夏大学新技术应用研究开发中心	宁夏大学
24	李　波（女）	莱州明波水产有限公司	山东发明协会
25	李明华	山东罗欣药业股份有限公司	山东发明协会
26	李建隆	青岛科技大学 青岛生产力促进中心	青岛发明协会
27	李祥庆	江阴市向阳科技有限公司	江苏省发明协会
28	来辉武	陕西咸阳505集团公司	陕西咸阳505集团公司
29	肖公平	湘潭市恒欣实业有限公司	湖南省发明协会
30	吴萌岭	上海庞丰交通设备科技有限公司	上海庞丰交通设备科技有限公司
31	何　堤	黑龙江省农业机械工程科学研究院	黑龙江省农业机械工程科学研究院
32	张宝贵	北京宝贵石艺科技有限公司	北京宝贵石艺科技有限公司
33	张维勇	上海济辰节能科技有限公司	上海发明协会
34	张朝亮	北京龙凤书画院	中国毛泽东手书馆

续表

序号	姓名	所在单位	推荐单位
35	张群刚	三门峡恒生科技研发有限公司	本单位
36	陈其钢	新疆中亚食品研发中心（有限公司）	新疆中亚食品研发中心（有限公司）
37	陈泽智	南京大学	南京大学
38	周建明	襄阳精信汇明化工有限责任公司	湖北襄阳精信汇明化工有限责任公司
39	郝巴雅斯胡良	内蒙古鄂托克前旗农牧业局	中国发明与专利杂志社
40	郭　凯	陕西天宝大豆食品技术研究所	陕西省发明协会
41	陶松垒	浙江科技学院建筑工程学院	浙江科技学院
42	黄永定	湖北华扬太阳能集团有限公司	湖北省知识产权局
43	梅家昌	云南悦欣建材有限公司	云南悦欣建材有限公司
44	蒋韵坚	泉州七洋机电有限公司	福建省发明协会
45	韩九强	西安交通大学	西安交通大学
46	曾晓红（女）	福建省泉州市创意集团有限公司	泉州职工技术协会
47	曾祥炜	四川孚硌技术开发有限公司	发明创业促进中心
48	廖大林	濮阳市信宇石油机械化工有限公司	河南濮阳市信宇石油机械化工有限公司
49	缪　谦	中国电力科学研究院	中国电力科学研究院
50	戴　伟	新疆希望电子有限公司	新疆希望电子有限公司

（二）各地 2011—2012 年发明、专利奖项介绍

北京市发明专利奖

为鼓励创新成果取得专利权，提高发明专利质量，促进发明专利的实施和商用化，表彰为北京市经济、社会发展做出突出贡献的专利权人和发明人，北京市政府批准设立北京市发明专利奖。北京市政府办公厅发布了《北京市发明专利奖励办法》（京政办发〔2007〕33 号），其中第二条规定，北京市发明专利奖是市政府为评选表彰在北京市行政区域内具有重大经济社会效益的发明专利而设立的专项奖励项目，于 2008 年 1 月 1 日起开始实施，每两年评选一次。该奖项既是省级地方政府奖，又是省部级奖励。

为做好评选工作，北京市政府成立由市知识产权局、市人保局、市财政局、市发改委、市教委、市科委、市经信委、市农委等部门组成的市发明专利奖评选工作领导小组，下设评选办公室。评选办公室设在市知识产权局，负责市发明专利奖的组织、协调和管理工作。

北京市发明专利奖设一、二、三等奖，其中：

1. 一等奖 5 项，每项奖励人民币 20 万元；
2. 二等奖 15 项，每项奖励人民币 10 万元；
3. 三等奖 30 项，每项奖励人民币 5 万元。

对北京市国民经济和社会发展有重大贡献的发明专利授予特等奖，授奖数 1 项，奖励人民币 100 万元。

第二届北京市发明专利奖获奖项目名单

序号	专利名称	专利号	专利权人	发明人	所属专业	获奖等级
1	猪繁殖与呼吸综合征疫苗、制备方法及应用	ZL200710086549.7	中国动物疫病预防控制中心	田克恭	农林牧食	一等奖
2	铜矿石的联合堆浸工艺	ZL03137338.0	北京有色金属研究总院	阮仁满、温建康、宋永胜、姚国成、郑　其、李宏煦	化工、冶金、材料	一等奖
3	一种基于双反馈的误差扩散调频挂网方法	ZL200510068127.8	北大方正电子有限公司北京、北京大学	李海峰	计算机自动化	一等奖
4	一种有机电致发光器件	ZL200710065095.5	清华大学、北京维信诺科技有限公司	邱　勇、谢　静、高裕弟、段　炼	电子通讯	一等奖
5	铸型数控切削加工成形机	ZL200710145753.1	机械科学研究总院先进制造技术研究中心	单忠德、李新亚、战　丽、董晓丽	轻纺、机械	一等奖
6	一种序列特异性寡核苷酸探针及其应用	ZL200610002863.8	博奥生物有限公司、清华大学	高华方、李　泽、王　栋、刘彦华、刘　湘、江扬洲、李　丽、赵传赞、兰更欣、过　涛、蔡　斌、程　京	医药、中医及医疗器械	二等奖
7	电感耦合线圈及其电感耦合等离子体装置	ZL200510008776.9	北京北方微电子基地设备工艺研究中心有限责任公司	宋巧丽、李东三、孙　岩	电子通讯	二等奖
8	用于回旋管的传导冷却超导磁体系统	ZL200610113548.2	中国科学院电工研究所	王秋良、戴银明、赵保志、宋守森、王厚生、胡新宁	仪器仪表	二等奖

续表

序号	专利名称	专利号	专利权人	发明人	所属专业	获奖等级
9	外滤式袋式除尘器及其清灰方法	ZL200710128409.1	彭志民、赵健飞	彭志民	城建、环保	二等奖
10	一种同时实现热调节和热计量的方法	ZL200610114686.2	清华大学	江　亿、刘兰斌、付　林	城建、环保	二等奖
11	一种基于规则的全天候智能视频分析监控方法	ZL200710064387.7	中国科学院自动化研究所	谭铁牛、黄凯奇、王亮生、王时全、黄永祯	计算机自动化	二等奖
12	时隙码分多址系统多码集信道估计方法	ZL03100670.1	大唐移动通信设备有限公司	王映民、任世岩	电子通讯	二等奖
13	纯水力自动充气与搅拌装置及其使用该装置净化水的方法	ZL02104240.3	北京华特克林科技有限公司	孙厚钧	城建、环保	二等奖
14	复合闪烁磁场精选机	ZL200310103252.9	首钢总公司	郝树华、卞春富、周玉贵	化工、冶金、材料	二等奖
15	一种植物生长调节剂组合微乳剂及其制备方法和用途	ZL200510090044	中国农业大学	段留生、李召虎、翟志席、张明才、田晓莉、何钟佩、董学会	农林牧食	二等奖
16	利用数据处理终端控制数码显微镜输出图像的方法	ZL200610113625.4	北京华旗资讯数码科技有限公司	周朝晖	电子通讯	二等奖
17	一种纳米钴粉的制备方法	ZL200610067164.1	北京工业大学	聂祚仁、席晓丽、蒋亚宝、童培云、左铁镛	化工、冶金、材料	二等奖
18	漫射靶及应用该漫射靶的激光光束诊断系统及其诊断方法	ZL200310115298.2	北京光电技术研究所	陆耀东、王　昊、史红民	仪器仪表	二等奖
19	钴酸锂材料的制备方法	ZL200310123900.7	北京当升材料科技股份有限公司	白厚善、陈彦彬	化工、冶金、材料	二等奖

续表

序号	专利名称	专利号	专利权人	发明人	所属专业	获奖等级
20	文档处理系统和文档处理方法	ZL2005101310720	北京书生国际信息技术有限公司	王东临、郭　旭、刘昌伟、姜海峰	计算机自动化	二等奖
21	一种外科手术用可拆卸切割多用剪	ZL200610011931. 7	张毓笠、史文勇、罗晓宁	史文勇、周兆英、罗晓宁、张毓笠	医药、中医及医疗器械	三等奖
22	一种聚氨酯胶布的生产方法	ZL200610112002. 5	北京五洲燕阳特种纺织品有限公司	董安礼、陈恩祥、董　凡、刘艳秀、姬惠元、郭良印、安　康	轻纺、机械	三等奖
23	红花总黄色素及其制备方法和应用	ZL99123713. 7	北京市心肺血管疾病研究所	金　鸣、李家实、王玉芹、臧宝霞、杨树东、陈文梅、吴　伟、朴永哲、李金荣、李蔚然	医药、中医及医疗器械	三等奖
24	室温条件下甲醛气体氧化催化剂	ZL200410047973. 7	中国科学院生态环境研究中心	贺　泓、石晓燕、张长斌	城建、环保	三等奖
25	按相补偿阻抗继电器保护装置及其方法	ZL03153450. 3	北京四方继保自动化股份有限公司	黄少锋、陶惠良、张月品、杜兆强、张效宇	电子通讯	三等奖
26	一种保障存储网络数据安全的方法及装置	ZL200510011667. 2	北京邦诺存储科技有限公司	祝夭龙、熊　晖、严　杰	电子通讯	三等奖
27	一种防冻降雾节水型冷却塔	ZL200610088863. 4	清华大学	吴晓敏、张天敏、姚　奇、戴万田	轻纺、机械	三等奖
28	无线通信系统无线资源占用算法	ZL200410082398. 4	中国移动通信集团设计院有限公司	张淑伟、高　鹏、马华兴	电子通讯	三等奖
29	磁性液体密封装置中密封组件的装配方法	ZL200710099490. 5	北京交通大学	李德才、王淑珍	轻纺、机械	三等奖

续表

序号	专利名称	专利号	专利权人	发明人	所属专业	获奖等级
30	单层双向双索幕墙支撑结构及安装方法	ZL2007101436959	北京江河幕墙股份有限公司	魏东海、张克敏、闫世印、王　斌	城建、环保	三等奖
31	一种 RISC 处理器及其寄存器标志位处理方法	ZL200710308571. 1	中国科学院计算技术研究所	胡伟武、李晓钰、李国杰	计算机自动化	三等奖
32	一种选择性脱硫的密相干塔装置	ZL200610089328	北京科技大学	宋存义、杨天钧、陈凯华、左海滨	城建、环保	三等奖
33	太空舱舱门开关操作装置	ZL200610113020. 5	北京航空航天大学	丁希仑、张武翔、田　娜、刘志全、闫德元、游　巍	仪器仪表	三等奖
34	岩沥青复合改性剂及其制备方法以及用途	ZL200710120677. 9	交通部公路科学研究院、上海交通大学	曹东伟、刘清泉、王仕峰	城建、环保	三等奖
35	玉米真实性检测试剂盒及其检测方法	Z0L 20061065734. 3	北京市农林科学院	王凤格、赵久然、郭景伦	农林牧食	三等奖
36	一种安全芯片及基于该芯片的信息安全处理设备和方法	ZL03138380. 7	联想（北京）有限公司	韦　卫	计算机自动化	三等奖
37	一种海量数据加载和查询的方法	ZL200810102121. 1	北京锐安科技有限公司	朱贺军	计算机自动化	三等奖
38	基于多层螺旋 CT 的人体索条状组织同层显示成像方法	ZL200610165128. 9	林井副、李燕英	林井副、李燕英	医药、中医及医疗器械	三等奖
39	一种基于双库协同机制的 KDD * 方法及系统	ZL01145080. 0	北京科技大学	杨炳儒	计算机自动化	三等奖
40	甾体类激素-碱性磷酸酶结合物制备方法	ZL03110098. 8	北京科美东雅生物技术有限公司	李振甲	医药、中医及医疗器械	三等奖

续表

序号	专利名称	专利号	专利权人	发明人	所属专业	获奖等级
41	一种从废水中回收环氧氯丙烷的工艺	ZL200610096477. x	蓝星化工新材料股份有限公司无锡树脂厂	冯雪峰、朱菊芬、章全民、吴　俊、周雁新	化工、冶金、材料	三等奖
42	原子吸收分光光度计扣背景钨灯联合调制测控方法及装置	ZL02159506. 2	北京瑞利分析仪器有限公司	武进田	仪器仪表	三等奖
43	聚阴离子纤维素的低浴比捏合法生产	ZL200710100295. X	北京理工大学、北京北方世纪纤维素技术开发有限公司	邵自强、王飞俊	化工、冶金、材料	三等奖
44	具有改善胃肠道功能的保健茶及其制备方法	ZL200610083789. 7	北京澳特舒尔保健品开发有限公司	赵一弘	医药、中医及医疗器械	三等奖
45	用于创建和部署网状网络的方法和系统	ZL2005800008360	阿德利亚科技（北京）有限责任公司	赵福勇、王晓东、吴　方	电子通讯	三等奖
46	一种非皂化磷类混合萃取剂萃取分离稀土元素的工艺	ZL200510137231. 8	有研稀土新材料股份有限公司	黄小卫、李建宁、彭新林、龙志奇、朱兆武、崔大立、赵　娜、刘　营、李红卫、张国成	化工、冶金、材料	三等奖
47	采用薯类原料制备乙醇的方法	ZL200810055658	中粮集团有限公司	岳国君、姜　勇、刘志民、邓立康、刘晓峰、张永新、郝小明	化工、冶金、材料	三等奖
48	一种视音频与图形分离播出系统	ZL200710177636. 3	新奥特（北京）视频技术有限公司	任乐时、徐晓展、孙季川、李　涛、曹志强、王堃越	电子通讯	三等奖
49	用于机车无线数字综合预警系统的数字通讯设备及方法	ZL200310101791. 9	北京世纪东方国铁科技股份有限公司	田秀臣、葛鹰龙、李富超、刘燕妮、冷盛翔	电子通讯	三等奖
50	一种环保型可燃粉体洁净气化装置	ZL200510053511. 0	北京航天万源煤化工工程技术有限公司	卢正滔、王明坤、姜从斌、钱永康	化工、冶金、材料	三等奖

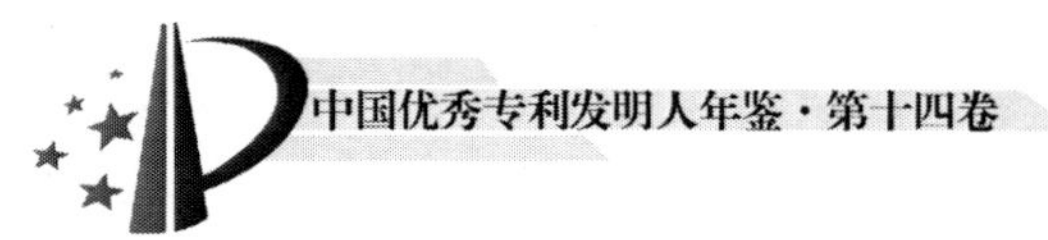

北京青少年科技创新大赛

北京青少年科技创新大赛是一项大型的具有示范意义的科技活动，集中展示了目前北京中小学各类科技活动优秀成果，其根本宗旨在于推动青少年科技活动的蓬勃开展，培养青少年的创新精神和实践能力，提高青少年的科技素质，鼓励优秀人才的涌现。该赛事已连续举办了33届，对于增强青少年的科技创新能力发挥了积极作用。为支持青少年科技创新活动，培养后备人才，目前，中国科学院、北大、清华等高校108个重点实验室，近300名院士、专家长期直接指导青少年科技创新活动。

“大赛”包括竞赛活动和展示活动两个系列。作为全国青少年科技创新大赛和英特尔国际科学与工程大奖赛的联席赛事，大赛评委会推选出参加以上两项赛事的候选项目。

自2003年起，开始有外国师生和科技团体代表参加该赛事，每年都有越来越多的国际代表队走进这项赛事，这促进了北京市与国外科技组织在青少年科技教育领域的交流与合作，为增进世界各国青少年之间的友谊做出了突出贡献。

2013年3月21~24日，以“发现科学的乐趣”为主题的第33届北京青少年科技创新大赛在北京市顺义区牛栏山第一中学举行。来自国际14支代表队和北京市18支代表队的青少年科技爱好者展开了各项角逐，用他们独到的创新思维，勾勒出未来智慧生活的图景。

青少年创新大赛成为中外科技爱好者交流的平台

颁奖嘉宾给获奖者杨东麟颁奖

现场还颁发了优秀项目一等奖92项、二等奖109项，国际优秀项目一等奖15项，二等奖16项，以及十佳科技教师奖及北汽专项奖。20位来自实验室和基地学校的代表领取了北京青少年科技后备人才早期培养计划科研实践基地牌匾和基地学校校牌。

本次大赛是教育部规定高考加分“瘦身”后迎来的“首战”。从2013年起，北京市创新大赛获得一等奖的学生将不再享受高考加分、保送政策。全国青少年科技创新大赛保送政策也随之取消，但从本次大赛的参与人数和竞技项目种类上看，青少年参与科技创新大赛的热情未减。越来越多的青少年科技比赛逐渐淡化了“功利”的因素，回归了兴趣本身。

参加本次创新大赛初赛活动的学生达30余万人。经学校推荐、区县评审，共有1785项优秀学生竞赛作品参加市级初评、201个项目进入终评答辩、10项青少年科技实践活动及30幅少年儿童科学幻想绘画参加终评展示，各区县在初赛基础上均有项目进入市级决赛。来自美国、德国、丹麦、韩国等11个国家和中国香港特别行政区的14个代表团、31个国际项目全程参与大赛。竞赛类项目按13个学科进行公开展示和答辩，由学科专家组成评审委员会，分为5个评审组本着公开、公正、公平的原则对参评项目进行分类评审，现场评出各类奖项。最终，大赛共评出青少年科技创新成果项目一等奖92项、二等奖193项、三等奖256项。

第33届北京青少年科技创新大赛科技创新成果
（中学项目）一等奖获奖名单

序号	项目标题	学科分类	成员
1	一种求二进制数余数方法的研究	数学	施彦培
2	模拟生态系统的设计与实现	计算机科学	段清楠
3	北京市第一七一中学高中生课外阅读状况调查报告	行为与社会科学	李思轩
4	PhyMO：交互式物理实验仿真软件	物理	彭　博
5	探索史前超新星记录——安徽凌家滩出土玉板上八角星图案新解	地球与空间科学	杨鸣涛
6	北京天坛公园八处区域土壤铅含量及污染评价	环境科学	晁夕又
7	先天性厚甲症家系致病基因的定位和突变鉴定	生物化学	邢碧颖
8	金溶胶的丁达尔现象探究	化学	刘雨鑫
9	光周期在布氏田鼠繁殖周期中的作用分析	动物学	闫　明、窦浩轩
10	海洋真菌中抗结核化合物的分离与结构研究	微生物学	宋梓浩
11	会报警的食品安全储运箱	工程学	茹　一、施　漪、闫齐谕
12	“数字精灵”可重构机器人	工程学	于宛禾、冯　诺、杜睿琦
13	智能公交站提示牌	工程学	王亦晗、朱　翔、胡炜轩
14	智能家居快递服务箱	工程学	郑一铭
15	篮球比赛中犯规战术应用时机的探讨	数学	李砚池

续表

序号	项目标题	学科分类	成员
16	自行车道的行车环境及其改善措施	行为与社会科学	史心茗
17	北京繁华地段停车场智能化水平分析及优化建议	行为与社会科学	刘梦琪
18	关于北京市部分城区自行车泊车情况的调研报告	行为与社会科学	洪家慧
19	北京市小汽车生态驾驶行为现状及潜力评估	行为与社会科学	刘宏一
20	探究中西近代浪漫主义诗歌的继承关系及差异	行为与社会科学	刘韫嘉
21	美国总统选举对中美关系的影响	行为与社会科学	高　昂
22	基于新型时分复用原理增大全息重建像尺寸方法的设计与研究	物理	高翔宇
23	南极德雷克海峡海水剖面元素变化规律及意义	地球与空间科学	杨智健
24	食双星 DS Psc 的观测及光变分析	地球与空间科学	张定一
25	混合菌群利用不同碳源合成 PHA 的规律研究	环境科学	汤胤晖
26	抗牛奶中解抗剂（β-内酰胺酶 βeta-Lactamase）多克隆抗体的研制	医学与健康学	李梓滔
27	Slit 二等奖基因沉默小鼠基因型鉴定的条件优化	医学与健康学	俞晓谕
28	细胞穿透肽与小鼠胰岛素原融合表达载体的构建及表达——粘膜给药新途径初探	生物化学	孙森淼
29	酱油中铁元素含量的研究	化学	屈雨蒙
30	盐酸克伦特罗（常见瘦肉精）的可视化检测研究	化学	张心怡
31	八种不同类型植物提取液对蚜虫存活率的影响	动物学	王月林、王笑晗、崔馨蕊
32	外源激素对试管苗花芽分化的影响	植物学	王映真
33	最早红杉属植物的表皮特征及其生存环境初步探索	植物学	马西薇、乔中天
34	饮用水管网中微生物群落特征研究	微生物学	唐子博
35	油气井投捞式注水技术原理的分析	工程学	李雪莱
36	新型短距起降飞行器	工程学	赵嘉珩
37	可分离式连续体机械臂	工程学	陈杰昊
38	具有自动切换功能的耳机音箱	工程学	王乐凡
39	城市轨道交通智能客流引导系统	工程学	高源清
40	基于移动平台下的服装图像检索应用软件开发	计算机科学	王鹭点
41	关于北京市望京地区公交站牌的调查分析	行为与社会科学	陈肇晖、刘雨晨

续表

序号	项目标题	学科分类	成员
42	树木年轮中的音乐开发	行为与社会科学	丁昱文、杨　帆
43	外来宠物变成外来入侵物种的风险研究	行为与社会科学	那金宇、曹　聪、何东亮
44	生物表面活性剂对提高胰蛋白酶活性的探究	生物化学	王娇娇、石涵颖、余　盈
45	路面积水远程报警及自动排水系统	工程学	杨东麟
46	波浪式能帮助病人自动翻身与训练的健康床	工程学	孙金钊
47	基于 Android 平台的智能手机入侵检测系统	计算机科学	王天时
48	北京城市雕塑现状的调查与思考	行为与社会科学	王抱朴
49	教育机构对房价房租的影响	行为与社会科学	林家宁
50	微博中的谣言传播及应对机制	行为与社会科学	王昕阳
51	一种测量太阳表面温度的新方法	地球与空间科学	董月峤
52	北京十三种行道树叶片滞尘能力与表皮毛形态的关系研究	环境科学	张　简
53	生物淋滤技术浸提回收电镀镍渣中有价金属镍	环境科学	辛　琦
54	香叶天竺葵对 PM 二等奖 .5 飘尘净化作用及机理的研究	环境科学	李竹轩
55	盐度影响嗜盐菌群降解多环芳烃的机制的研究	环境科学	王　悦
56	北方地区土壤中镉的生物有效性调控研究	环境科学	张子倩、王元哲
57	α-synuclein 过表达对多巴胺递质合成与释放的影响	生物化学	何佳铭
58	聚苯并咪唑基质子交换膜的制备与应用	化学	葛雨菲
59	中国中生代脉翅目昆虫翅斑多样性研究及其叶状拟态的生物学意义	动物学	傅　彤
60	胞内共生菌 Wolbachia 新超组 M 的发现及其在蚜虫中的感染	动物学	楼亚萌
61	市售酸奶中乳酸菌的分子鉴定与耐药性分析	微生物学	王秋涯、高可心
62	自发电城市道路安全定位报警器	工程学	刘依宁
63	自寻迹微动机器人	工程学	曹沛晴
64	高透明节能贴膜玻璃	工程学	徐文琪
65	助老助残机器人	工程学	马泽峰
66	管道循环式半导体制冷凝水装置的研制	工程学	施一泓
67	自主导航的球形轮避障机器人	工程学	雷金周、吕宁一、李一锦
68	视障者出行智能引导器	工程学	荣之昊
69	北京市地铁的分布合理性研究及分布设想	行为与社会科学	陈思飞、党彬玉

续表

序号	项目标题	学科分类	成员
70	通州区房地产价格变化及多方影响因素	行为与社会科学	姚顺宇
71	鲤春病毒血症病毒快速检测技术的建立及应用	微生物学	刘世宇、丁丹蕾、苑芳晴
72	双谐振特斯拉线圈制作及应用的探索	工程学	董泊宁、王乃轩、张　德
73	大兴四中学生社交能力状况调查	行为与社会科学	贾纯予
74	寄宿制高中生节水意识、用水结构及水能关系研究	行为与社会科学	黄国鸾、崔佳宁
75	南美斑潜蝇在北京郊区对常见蔬菜的选择性研究	动物学	史宇彤、李鹏颖、秦　乐
76	不同蜂在温室杏园的传粉生态学比较	植物学	廉宇佳、饶　暄、康昕然
77	镁合金的新型焊接方法	工程学	王子珺
78	八足仿生机器人研制	工程学	白润豪、何　姗、马一珺
79	适宜加工软包装即食栗仁的怀柔板栗主栽品种评价	植物学	石佳慧、石梓瑄、刘卉宾
80	关于乡村养老问题的调研	行为与社会科学	许孟翟
81	镀银纤维电磁辐射防护织物屏蔽性能稳定性研究	物理	贾思然
82	北京夏季地表臭氧污染分布规律与指示植物筛选研究	环境科学	陈梓睿
83	海藻酸钠止血组合物筛选及止血机理的初步研究	医学与健康学	于明鑫
84	清开灵对脑缺血大鼠神经细胞间隙谷氨酸含量的影响	医学与健康学	邬金洋
85	城市智能公交“下一趟公交”到站查询系统结构与功能设计	工程学	龚啸峰
86	油松悬浮细胞同步化技术的优化研究	植物学	韩　树、孟祥雁
87	用于口内三维测量的牙模整体取景装置	工程学	李思民
88	超声波耦合剂自动加温进给装置	工程学	段一维
89	一种能实时监测河海波浪浪高及频率的测量装置	工程学	王梓辰
90	基于多元传感技术的光伏智能窗户	工程学	杨文思
91	智能追光系统	工程学	赵若辰、金钰皓、段梦琦
92	防滑落智能载物台	工程学	董大铭、崔于晴

天津市专利奖

天津市专利奖（以下简称专利奖）由天津市人民政府授予在专利创造和运用中取得显著成效的天津市专利权人和发明人（设计人）。专利奖设天津市专利金奖和天津市专利优秀奖，每年评选一次，每次授奖总数不超过50项，具体授奖数根据当年具体情况确定。

参加专利奖评审的专利（以下简称参评专利），是指由国家知识产权局专利局授权并实施且有效的专利。专利权人、发明人（设计人）参评以当年度国家知识产权局专利局出具的专利登记簿副本的记载为准。

（一）天津市专利金奖

1. 发明专利或实用新型专利为产品的核心技术专利，技术方案新颖，创新性强，技术水平高，对促进本领域的技术进步与创新有突出作用。外观设计专利在产品形状、图案、色彩方面设计有突出特点，具备创新程度高、产品质量安全可靠、实用性强等特征。

2. 专利权人围绕参评专利拥有较多的专利或专利申请，形成较为完善的专利保护群。

3. 参评专利已取得显著的经济效益或社会效益，对行业技术进步、产业结构调整或社会进步有重大意义。

（二）天津市专利优秀奖

1. 发明专利或实用新型专利为产品的关键技术专利，技术方案新颖，创新性强，技术水平高，对促进本领域的技术进步与创新有明显作用。外观设计专利在产品形状、图案、色彩方面设计有明显特点，具备创新程度较高、产品质量安全可靠、实用性强等特征。

2. 专利权人围绕参评专利拥有一些专利或专利申请，形成专利保护群。

3. 参评专利已取得较好的经济效益或社会效益，对行业的技术进步、产业结构调整或社会进步有较大意义。

专利奖获奖项目名单报经市人民政府批准后，由天津市知识产权局向社会公布，并负责组织表彰活动，表彰奖励所需资金由市知识产权专项资金统筹安排。

对获奖的专利权人、发明人（设计人），其所在单位或上级主管部门可另行给予适当奖励；获得专利奖的专利可优先推荐申报中国专利奖。

2012 年度天津市专利奖获奖名单

一、专利金奖

序号	专利名称	专利号	专利权人	发明人（设计人）
1	薯类原料酒精生产新方法	ZL200810052528.8	天津大学	张敏华、吕惠生、董秀芹、李永辉、欧阳胜利、钱胜华、张志强、刘宗章
2	一种双陀飞轮机械手表的行星轮系	ZL200910069528.3	天津海鸥表业集团有限公司	曹维峰、辛　浩、周文霞
3	高负荷高收率苯气相氧化制顺丁烯二酸酐的催化剂	ZL200810053455.4	天津市渤化中河化工有限公司 天津市天环精细化工研究所	姚少华、李宏勤、武学军、毛　磊、张玉山
4	非侵入式用电设备单元电流在线量测方法	ZL200910069133.3	天津天大求实电力新技术股份有限公司	余贻鑫、黎　鹏、葛少云、黄纯华
5	一种制备 <110> 区熔硅单晶的方法	ZL201010529132.5	天津市环欧半导体材料技术有限公司	高树良、王彦君、张雪囡、王　岩、汪雨田、王聚安、李　翔、沈浩平
6	巨型工程子午线轮胎钢丝帘布裁断机	ZL200810053419.8	天津赛象科技股份有限公司	张芝泉、张建浩
7	一种抗氧抗铜剂的制备方法	ZL200810053501.0	利安隆（天津）化工有限公司	云会霞、李海平、孙春光、汤翠祥、徐　丁
8	一种生产低碳拉丝用盘条的工艺	ZL200710057854.3	天津钢铁有限公司	曾小平、王永然、李树庆、侯　葵、王宝明、蔡振胜、任茂勇、李召岭
9	吸油纤维及其制造方法	ZL200410019338.8	天津工业大学	肖长发、封　严、安树林、贾广霞、张宇峰
10	多功能综合寿命试验台及其控制方法	ZL200710057767.8	天津市百利电气有限公司	史　祺、王铁镰、陈　军、牛占清
11	一种噻吨酮-2-羧酸酯光引发剂	ZL200410093977.9	天津久日化学股份有限公司	解敏雨
12	数控弧齿锥齿轮研齿机加载制动扭矩装置及其控制方法	ZL200810153331.3	天津第一机床总厂	冯玉英、刘新瑞
13	包装彩盒（15 年帝王风范）	ZL201030542671.3	天津津酒集团有限公司	李　凯

二、专利优秀奖

序号	专利名称	专利号	专利权人	发明人（设计人）
1	氯化钾及副产品的制备方法	200910070218.3	天津长芦海晶集团有限公司	王世忠、祝宝举、陈世祥、薄一年、廉洪生
2	用于液压机自动检测上模贴紧状态的控制机构	200710061203.1	天津市天锻压力机有限公司	田立红
3	低速潜油电机的一种定子绕组结构	200810053265.2	天津荣亨集团股份有限公司	庄朝荣、周伯飞、董树东、韦雅珍
4	传热管与管板弹性连接密封圈	03257898.9	国家海洋局天津海水淡化与综合利用研究所	阮国岭、吕庆春、王　晖、曹军瑞
5	40吨高强度轻型双颚矿石抓斗	200720095286.1	天津港第五港埠公司 天津五洋港口机械有限公司	张凤强、张卫兵、何　佳、张元龄、张　宁
6	一种中药血必净注射液的质量检测方法	200710000288.2	天津红日药业股份有限公司	姚小青
7	一种移动存储介质单向导入设备	200910070353.8	天津光电通信技术有限公司	薄连安、刘凤新、于　涛、李　扬、吴淑艳、邓林玲
8	用电渣熔铸-熔焊工艺制造大直径内燃机曲轴的方法	200710056694.0	天津市三焱电渣钢有限公司	金传培、金文权、金维春
9	基于分区负荷空间上电压稳定域的电压安全监控方法	200810052480.0	天津大学	王成山、范孟华
10	一种硫化氢抑制剂及其治理油田硫化氢的方法	200710060094.1	天津亿利科能源科技发展股份有限公司	付瑞琴、赵秀兰
11	基于装配约束的合边模具干涉检查方法	200910067762.2	天津汽车模具股份有限公司	常　青、王紫铱、李文德、李洪旭、胡　萌
12	瘫痪病人辅助神经信道恢复系统	200610129880.8	天津大学	明　东、程龙龙、万柏坤
13	一种高压电机圈式线圈渐进下线方法	200910070515.8	天津市天发重型水电设备制造有限公司	苏宝训、李效革
14	超薄区熔硅抛光片的抛光工艺	201010249548.1	天津中环领先材料技术有限公司	时金侠、武　卫、曲　涛
15	截面为三角形钢筋桁架的自动焊机	200810172519.2	建科机械（天津）股份有限公司	陈振东
16	汽车用燃油胶管的乙烯丙烯酸酯橡胶配方	200910229005.0	天津鹏翎胶管股份有限公司	张洪起、薛俊芳

续表

序号	专利名称	专利号	专利权人	发明人（设计人）
17	集装箱车辆运载双箱的分箱计重方法	200810023461.5	天津港（集团）有限公司 梅特勒-托利多（常州）称重设备系统有限公司 梅特勒-托利多（常州）测量技术有限公司 梅特勒-托利多（常州）精密仪器有限公司	余　知、吴慧芳、肖　扬、李宝元、冯天宏、杨建伟、王永奎、王亚臣、李　勋、张明江、杜　明、马全胜、李太林、蔡　强、黄　栋、孙　东、查玉娟、庄志刚、奚　峰
18	轻型六瓣抓斗装置	200920098017.X	天津港中煤华能煤码头有限公司	方　胜、朱连义、金学智、康建桥、田保东、肖　宏

甘肃省科学技术奖

甘肃省科学技术奖是由甘肃省政府设立的，授予在科学发现、技术发明、技术开发、科技成果转化与推广、高新技术产业化及重大工程等方面为甘肃省经济、社会发展做出突出贡献的国内外公民或者组织。甘肃省科学技术厅负责全省科学技术奖评审的组织工作。

2012年甘肃省科学技术奖奖金额为：一等奖4万元，二等奖2万元，三等奖1万元。

2012年度甘肃省科学技术奖获奖名单

自然科学奖

一等奖

2012-Z1-001 沙尘与云和降水相互作用及对西北干旱气候影响的研究
推荐单位：兰州大学
主要完成人：黄建平、王式功、王天河、陈　斌、王金艳

2012-Z1-002 中国干旱区关键地表过程及其调控研究
推荐单位：中国科学院兰州分院
主要完成人：董治宝、冯　起、曹世雄、文　军、杨　保

技术发明奖

一等奖

2012-F1-001 高选择性乙烯精制催化剂开发及工业应用

推荐单位：中国石油天然气股份有限公司兰州化工研究中心

主要完成人：谭都平、车春霞、梁　琨、梁玉龙、颉　伟、张　峰

科技进步奖

一等奖

2012-J1-001 湿陷性黄土地区高速铁路地基路基沉降控制技术的研究与应用

推荐单位：中铁西北科学研究院有限公司

主要完成人：屈耀辉、王小军、武小鹏、米维军、魏永梁、熊治文、王秉勇、杨印海、刘　高、谌文武、达益正、楚华栋

主要完成单位：中铁西北科学研究院有限公司

2012-J1-002 马铃薯新品种庄薯3号选育与示范推广

推荐单位：甘肃省农牧厅

主要完成人：吴永斌、熊春蓉、苏小龙、杨富安、马淑珍、谢永贤、马强强、李高社、马元久、徐　军、魏　敏、胡智军、李顺乾

主要完成单位：庄浪县农业技术推广中心、甘肃省农业技术推广总站

2012-J1-003 鄂尔多斯盆地石油资源动态评价及勘探潜力分析

推荐单位：中国石油天然气股份有限公司长庆油田分公司

主要完成人：冉新权、杨　华、付金华、席胜利、姚泾利、刘显阳、罗安湘、王克、邓秀芹、刘　鑫、梁鸿军、张雪峰、庞锦莲

主要完成单位：中国石油天然气股份有限公司长庆油田分公司、低渗透油气田勘探开发国家工程实验室

2012-J1-004 高原环境对胃癌发生的影响及临床诊疗新策略的研究

推荐单位：甘肃省医学会

主要完成人：李玉民、黄晓俊、李　平、何雯婷、金安琴、刘　涛、张有成、王琛、李　汛、徐创贵、许有信、周文策、张军强

主要完成单位：兰州大学第二医院

2012-J1-005 煤炭储运过程中扬尘覆盖剂及喷洒设备

推荐单位：兰州高新技术产业开发区管理委员会

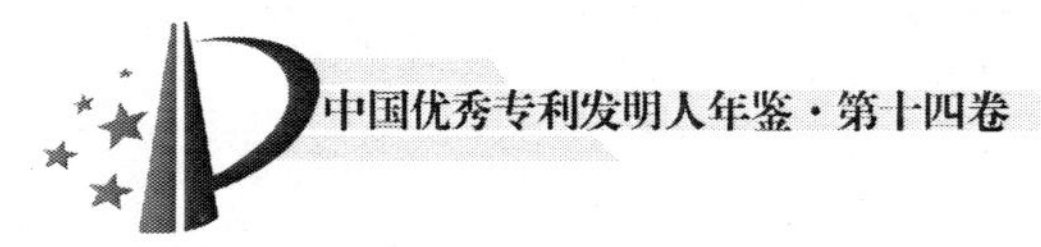

主要完成人：蔡觉先、董　波、任恩恩、杨子江、郭玉华、李　旭、温克学、马树峰、石　磊、王　浩、李颖泉、刘振芳、张国珍

主要完成单位：兰州交通大学、兰州天际环境保护有限公司

2012-J1-006 甘肃省区域地质和区域矿产重大问题研究及应用

推荐单位：甘肃省国土资源厅

主要完成人：张新虎、梁明宏、刘建宏、丁仁平、李通国、贾志磊、张　翔、张本旗、赵彦庆、张兴华、沈清杰、张　铖、赵保青

主要完成单位：甘肃省地质矿产勘查开发局、甘肃省地质调查院

2012-J1-007 甘肃肉牛主产区玉米秸秆饲料化及品质育肥技术体系研究与应用

推荐单位：甘肃省教育厅

主要完成人：吴建平、李文彬、雷赵民、司克辉、赵生国、王欣荣、汪晓娟、魏玉兵、杨建春、张永东、李三禄、徐建峰、闫晓波

主要完成单位：甘肃农业大学、平凉红牛集团、张掖市畜牧兽医局、甘州区平山湖蒙古族乡畜牧兽医站、张掖市畜牧管理站、中国人民解放军兰州军区司令部直属工作部、平凉市牛产业开发办公室

2012-J1-008 铁路自律服务及安全检测系统关键技术研究及应用

推荐单位：甘肃省教育厅

主要完成人：党建武、赵庶旭、王阳萍、闵永智、孙　奇、王海涌、刁　宁、张振海、苏　毅、杜永文、王坚生、李　珺、刘晓娟

主要完成单位：兰州交通大学

2012-J1-009 甘肃石窟寺及古代壁画生物病害机理与防治技术研究

推荐单位：甘肃省文化厅

主要完成人：汪万福、冯虎元、武发思、李红寿、张国彬、赵林毅、马赞峰、裴强强、邱　飞、贺东鹏

主要完成单位：敦煌研究院、兰州大学

2012-J1-010 45MN 快速锻造液压机组研制

推荐单位：兰州兰石集团有限公司

主要完成人：高俊峰、何琪功、靳　龙、周亚宁、魏运华、陈柏金、苏铁明、芦光荣、向树民、王拴庆、魏端勋、孙　茂、杨　晋

主要完成单位：兰州兰石重工有限公司、华中科技大学、兰州交通大学

陕西省专利奖

陕西省专利奖和陕西省优秀发明人是由陕西省人力资源和社会保障厅、陕西省知识产权局共同设立的，授予在科学发现、技术发明、技术开发、科技成果转化与推广、高新技术产业化及重大工程等方面为陕西省经济、社会发展做出突出贡献的国内外公民或者组织。

陕西省专利奖设一、二、三等奖。一等奖奖金 5 万元；二等奖奖金 3 万元；三等奖奖金 1 万元。

2012 年度陕西省专利奖获奖项目名单

一等奖（9 项）

项目编号	发明名称	专利号	申报单位（专利权人）	发明人（设计人）
12-1-1	自适应零时差过电流保护方法	200410073435.5	西安交通大学	张爱民、张　杭、耿英三、陈德桂
12-1-2	基于伪码测距的无线电高度表及伪码测高方法	200810017687.4	陕西长岭电子科技有限责任公司	范振林、张宝会、席睿波
12-1-3	甲醇或二甲醚转化制丙烯的方法	200710143259.1	陕西煤化工技术工程中心有限公司	王　华、刘中民、吕志辉、齐　越、张今令、袁翠峪、李　冰
12-1-4	一种钛阳极槽的焊接方法	201010178785.3	西安航天远征流体控制股份有限公司	李文孝、杨　芬、刘社龙
12-1-5	一种治疗癌瘤的中药制剂及制备方法	200510071081.5	杨凌东科麦迪森制药有限公司	赵东科
12-1-6	成分及组织可控的激光立体成形方法	02114474.5	西安铂力特激光成形技术有限公司 西北工业大学	黄卫东、林　鑫、王　猛
12-1-7	一种调节氢气露点还原氧化钼的方法	200710179662.X	金堆城钼业股份有限公司	刘俊怀、王仙琴
12-1-8	特高压自耦变压器	200620136205.3	西安西电变压器有限责任公司	谢庆峰、韩晓东
12-1-9	中高温煤焦油加氢裂化工艺	200410043708.1	陕西煤业化工集团神木天元化工有限公司	王守峰、吕子胜

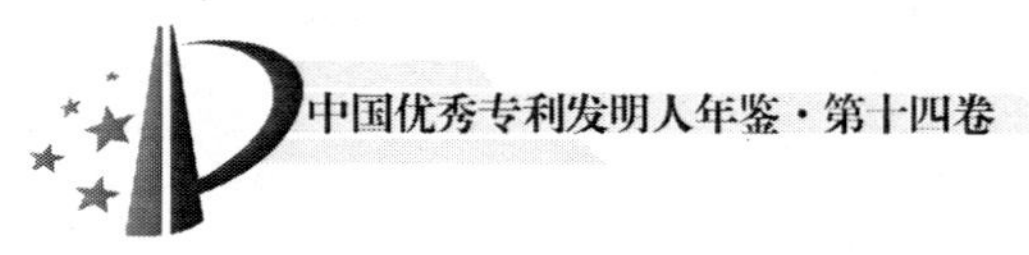

二等奖（12 项）

项目编号	发明名称	专利号	申报单位（专利权人）	发明人（设计人）
12-2-1	有效成分龙胆总甙在制备促进胃肠消化功能的药物中的应用	97108434.3	西安正大制药有限公司	孙文基、高　海、卫筱榆、何　莉
12-2-2	橇装增压集成方法	200810232291.1	西安长庆科技工程有限责任公司	郭亚红、何宗平、杨世海、王文武、何茂林、姚光蓉、张丽娟、徐　东
12-2-3	一种治疗崩漏、呕血及便血的药物	200510096362.6	西安千禾药业有限责任公司	任建国、胡笑歌
12-2-4	多核驱动的多级增压组合式消防排烟装置	201010277144.3	陕西银河消防科技装备有限公司 陕西凌云电器集团有限公司	刘　典、程尤佳
12-2-5	伞齿棘轮补充装置	200910258808.9	中铁电气化局集团宝鸡器材有限公司	余福鼎、李增勤、龚建刚、杨小林、王红喜、张旭峰、杜　敏、陈永瑞、赵金凤、李　昱、王永义、王展翔
12-2-6	一种真空蠕变校形炉	201020214751.0	宝钛集团有限公司	任连保、唐守斌、于润康、张文政、高　颀、李万明、石明柱、杨军辉、王　俭、李献军、赵　辉
12-2-7	叠阵阵列液体制冷半导体激光器及其制备方法	200910023748.2	西安炬光科技有限公司	刘兴胜
12-2-8	一种木瓜红枣保健果酒的制备方法	200710017748.2	白河天裕农业高新技术有限公司	翟文俊
12-2-9	箔式线圈绕制机中带材张力装置	200720126441.1	西安启源机电装备股份有限公司	屈东发
12-2-10	一种芽孢杆菌生物菌肥胶囊	201120255573.0	杨凌绿都生物科技有限公司	杨　轩、杨长锁
12-2-11	锆及锆合金大型铸件的生产方法	201010529358.5	西安泵阀总厂有限公司	黄湘云、朱　广
12-2-12	氢氧焰断火切割方法及装置	200910302855.9	陕西华秦科技实业公司	折生阳、孙纪洲、李　建、王彦东

三等奖（14 项）

项目编号	发明名称	专利号	申报单位（专利权人）	发明人（设计人）
12-3-1	基于 FPGA 的高精度时差校准方法	200810227779.5	中国航天科技集团公司第五研究院第五 O 四研究所	钟兴旺、韩　虹、吴化军、张赤萍、陈思宏
12-3-2	聚酰亚胺薄膜基底应变计	200720126148.5	中航电测仪器股份有限公司	晏志鹏、纪　纲、王智勇、康学军、刘　鹏、张　勋、赵家辉
12-3-3	一种带有分支分配功能的 EOC 设备	201120237274.4	陕西天思信息科技有限公司	袁　麓、方　勇、张安堂、陈　琨、许艾明
12-3-4	切边圆盘剪重叠量调整装置的制造方法和装配工艺	201010134480.2	中国重型机械研究院	景群平、王社昌、张勇安、周德奇、任玉成
12-3-5	一种治疗急性咽喉炎的中药及其制备方法	200410038245.X	西安碑林药业股份有限公司	黄小华、傅　彬、赵　彤
12-3-6	一种用于治疗胆道系统疾患的中药组合物及其制备方法和其用途	200510106284.3	陕西汉王药业有限公司	陈　敏、雷明新、田惠玲、许惠芳、赵　斌、王　娟
12-3-7	一种热电偶保护管的生产工艺	200710199299.8	西安鑫龙机械铸造有限公司	闫　河、闫惠来
12-3-8	湿法炼锌的中性浸出方法	200810232654.1	汉中八一锌业有限责任公司	黄　斌、王　瑜
12-3-9	基于总线技术的重型汽车 CAN 控制系统柔性配置方法	200910021032.9	西安智源电气有限公司、陕西重型汽车有限公司	潘景文、白浩博、姚建军、王小峰、李爱军、秦贵波、贾玉健、王　斌、戴鹏程、陈振华、马天娇
12-3-10	一种去除果汁中残留农药的装置	201020179413.8	西安蓝晓科技新材料股份有限公司	寇晓康、王日升、关利敏、李　彦
12-3-11	车载 GPS 监控机	201020577017.0	陕西凌云电器集团有限公司 陕西凌华电子有限公司	谷　卓、陈　亮、董峰军、南　妮、崔剑锋、姚　广、许会玲、孙新元

续表

项目编号	发明名称	专利号	申报单位（专利权人）	发明人（设计人）
12-3-12	一种高纯度四钼酸铵的制备方法	201110173530. 2	西部鑫兴金属材料有限公司	冯宝奇、白宏斌、马高峰、王子川、郭金亮、谢亚宁、雷　宁、董　永、王　伟、薛丽颖
12-3-13	负居里点正温度系数 PTCR 热敏电阻元件	200710018369. 5	陕西华龙敏感电子元件有限责任公司	陈玉富、牛顺祥
12-3-14	运动地板	201020127510. 2	陕西博盈美达体育科技发展有限公司	李楚杭、岑海超

优秀发明人（15 人）

孙建西　西安达刚路面机械股份有限公司董事长
孙鸿声　西安陕鼓动力股份有限公司研发部部长
王虎儒　西安新竹防灾救生设备有限公司董事长
孟树锋　铜川市陶瓷研究所所长
张钢柱　西安天厚滤清技术有限责任公司董事长
王定亚　宝鸡石油机械公司研究院副院长
刘　升　西安奇维测控科技公司总经理
张　钊　安康平利县百草堂生物科技有限公司总经理
尚文智　神木三江煤化工公司董事长
程玉全　宝鸡皇城玉全机械制造公司董事长
李　毅　中铁宝桥集团副总经理、总工程师
支录奎　省公安厅科技处副调研员
田惠玲　陕西汉王药业公司副总工程师
赵　炜　西安宝莱特光电科技有限公司总经理
苏西安　西安申科电子研究所技术员

四川成都市科学技术奖

成都市科学技术奖（包括成都市科学技术杰出贡献奖、成都市科学技术进步奖和成都市专利奖，以下分别简称杰出贡献奖、进步奖、专利奖）授予在推动成都市科学技术进步、促进本市知识产权保护与发展及通过科学技术对本市经济、社会发展做出突出贡献的单位及个人。

成都市科学技术奖励委员会（以下简称奖励委员会）负责成都市科学技术奖励的宏观管理及指导，成都市科技行政管理部门负责本市科学技术奖的评审组织工作。

杰出贡献奖每两年评选一次，每次授予人数不超过3名，不分等级。进步奖每年评审一次，每年奖励项目总数不超过100项，分为特等奖、一等奖、二等奖和三等奖，其中特等奖不超过1项，一等奖不超过10项，二等奖以上不超过40项。进步奖单项授奖人数及授奖单位数实行限额：特等奖的人数不超过12名，单位不超过15个；一等奖的人数不超过9名，单位不超过12个；二等奖的人数不超过7名，单位不超过8个；三等奖的人数不超过5名，单位不超过5个。专利奖每年评审一次，每年奖励项目总数不超过60项，分为金奖、银奖、优秀奖，其中金奖不超过5项，银奖以上不超过20项。专利奖获奖单位及个人为该专利的专利权人及发明人。

成都市科学技术奖由市政府颁发证书及奖金。杰出贡献奖奖金数额为50万元。进步奖奖金数额分别为特等奖10万元；一等奖6万元；二等奖3万元；三等奖1万元。专利奖奖金数额分别为金奖6万元；银奖3万元；优秀奖1万元。成都市科学技术奖评选、评审工作经费由市财政按每年10万元拨给。

2011 年度成都市专利奖

金奖（共 3 项）

序号	专利名称	专利号	专利权人	发明（设计人）
1	莱鲍迪甙 A 的提取方法	ZL200610022507.2	成都华高药业有限公司	阳明福、华　君、秦　岭、许　庆
2	可靠耦合 DFB 激光器同轴光收发器件发射光功率的方法	ZL200810147958.8	成都优博创技术有限公司	张银宝、邹　渊、周庭铭、姜先刚
3	一种应用于 DDS 的相位幅度转换方法及系统	ZL200810046103.6	成都国腾电子技术股份有限公司	辜　波

银奖（共 7 项）

序号	专利名称	专利号	专利权人	发明（设计人）
4	路由器和网桥互连的数据发送和接收方法	ZL200510020322.3	迈普通信技术股份有限公司	黄居贵
5	单组分室温快速硫化脱醇型硅酮结构密封胶及其制造方法	ZL 200710048349.2	成都硅宝科技股份有限公司	袁素兰、王有治、卢　麟、邹百军
6	全长螺旋锚杆压力注浆装置及施工工艺	ZL201010101099.6	成都现代万通锚固技术有限公司	牛建文、吴　航、郭　强、谢志萍、王英芳
7	丙烯酸酯合成增稠剂及其制备方法	ZL200910060109.3	成都德美精英化工有限公司	刘　钢、孙　萍、刘武强
8	一种用于高速铁路的声屏障	ZL 200910312614.2	成都市新筑路桥机械股份有限公司	陆　云、党吉奎、邱廷琦、何宜江、尚如忠、李龙凌
9	氧化锌晶格载银无机抗菌剂及其制备方法	ZL200510115039.9	西南交通大学	周祚万、罗雁冰、王　凯、刘国梅
10	一种治疗高血压和高血脂的中药及其制备方法	ZL200410022217.9	成都康弘制药有限公司	郭礼新

优秀奖（共21项）

序号	专利名称	专利号	专利权人	发明（设计人）
11	血多肽及其制备方法和用途	ZL 200810045089.8	四川省中医药科学院	罗　霞、许晓燕、费小凡、曹定知、杨士明、江　南、余梦瑶、曾　瑾、叶利明
12	双冷源飞机地面节能环保空调机组	ZL200910059574.5	四川华盛强航空地面设备有限公司	孙志强、任　民、卜训滨
13	还原炉热能综合利用系统	ZL201020297870.7	天威四川硅业有限责任公司	洪　浩、姜　勇、钟　翔、阎冶智、陈　川、陈少华
14	复合涂层的硬盘驱动器主轴电机部件及其复合涂覆方法	ZL200710049351.1	成都银河磁体股份有限公司	何金洲、戴　炎
15	一种用于柔性制造系统的RGV实时动态调度系统	ZL200720082666.1	四川普什宁江机床有限公司	熊楗洲、刘　斌
16	枸橼酸莫沙必利的制药用配方	ZL01133743.5	成都康弘药业集团股份有限公司	柯尊洪
17	轨道交通双极隔离开关电动控制装置	ZL200810045464.9	成都通力集团股份有限公司	魏以德、王　斌
18	·种催化剂煅烧盒	ZL201020670125.2	成都东方凯特瑞环保催化剂有限责任公司	冷洪川、艾生炳、梁　材
19	一种混凝土防腐气密剂组合物及其制备方法	ZL200510134496.2	四川铁科新型材料有限公司	苏筲斌
20	高性能环保硝基清面漆及其制备方法	ZL200810046571.3	紫荆花制漆（成都）有限公司	刘伟平、庄文东、张文彬、李　彪、叶维建
21	鱼腥草滴眼液及其制备方法	ZL200610021199.1	四川升和药业股份有限公司	郭成辉、杨用祥
22	一种LED照明灯具	ZL200710049618.7	四川新力光源有限公司	罗文正、张　明
23	远程抄表系统的保护方法与电子式保护装置	ZL200910058626.7	成都千嘉科技有限公司	赵　勇、雷新民
24	一种由万寿菊干花制备叶黄素晶体的方法	ZL200510022402.2	成都枫澜科技有限公司	李　巍、李剑锋
25	[2-[5-(2-氯代吡啶氧基)]甲基]氮杂环丁烷多肽衍生物及其应用	ZL02113590.8	成都圣诺科技发展有限公司	文永均、谢期林、韩五成
26	饲料用脱毒菜籽蛋白粉制造工艺	ZL200810069791.8	四川中牧饲料制造有限公司、重庆大学	孙　烽、周小华、蔡怀德、贺　爽、金　挺、苏霞利、廖妙飞、陈　林

续表

序号	专利名称	专利号	专利权人	发明（设计人）
27	精密小模数蜗杆加工方法	ZL200910263458.5	都江堰宁江宗汇精密小型蜗杆有限责任公司	王宗毅
28	利用带私有信息的 NIT 表管理终端接收节目参数的方法	ZL200810045276.6	四川金网通电子科技有限公司	刘海润、陈文英
29	一种节能的保温自喷采卤装置	ZL200910059852.1	邛崃市鸿丰钾矿肥有限责任公司	杨建元、胡永宏、夏新宇、王福友、徐德安、魏　俊
30	风场监控系统	ZL200910059133.5	成都阜特科技有限公司	张宇行
31	用于血液净化治疗的血液置换基础液	ZL 200610020548.8	成都青山利康药业有限公司	唐万欣、付　平、文艳秋、刘先蓉、陶　冶、杨　炯、王　原

河北省知识产权优势培育工程专利奖

河北省知识产权优势培育工程专利奖（以下简称河北省专利奖）每年评选一次。奖励经费由河北省知识产权专项资金列支。河北省知识产权局负责专利奖评选的日常管理工作。河北省专利奖设一、二、三等奖和优秀奖，其中：一等奖不超过 3 项；二等奖不超过 5 项；三等奖不超过 10 项；优秀奖不超过 20 项。奖励内容有：

（一）由省知识产权优势培育工程联合组织单位共同对获奖项目的专利权人和发明人、设计人给予通报表彰，并颁发奖牌、证书和奖金。奖金应全部用于获奖项目的专利发明人、设计人和在组织实施专利转化中做出突出贡献的人员的奖励。

（二）对获得省专利奖二等奖以上且符合有关申报条件的专利，优先推荐申报中国专利奖。

（三）对获奖项目和单位在新闻媒体上公布，并结合省知识产权优势培育工程的实施给予重点扶持。

（四）获奖单位应对获奖项目的专利发明人、设计人给予奖励，并将获奖结果记入本人档案作为职务晋升的主要依据。

（五）对在省专利奖评选工作中成绩突出的有关部门、单位，给予表彰奖励。

2012年河北省知识产权优势培育工程专利奖

一等奖（3项）

序号	项目名称及	专利号	专利权人	发明人
1	金属载体型消氢催化剂	200510085393.1	中国船舶重工集团公司第七一八研究所	朱　敏、赵罗生、赵新国、王新喜、金至嘉、祝维燕、陶好训、沈耀雄
2	一种治疗冠心病心绞痛的中药组合物及其制备方法	200410048292.2	石家庄以岭药业股份有限公司	吴以岭
3	奥拉西坦制剂及制备方法	200710139317.3	石药集团欧意药业有限公司	郭卫芹、张　育、李国聪

二等奖（5项）

序号	项目名称	专利号	专利权人	发明人
4	一种由万寿菊油树脂制备高纯度叶黄素晶体的方法	200710185292.0	晨光生物科技集团股份有限公司	连运河、齐立军
5	三氟化氮气体的纯化方法	200510085395.0	中国船舶重工集团公司第七一八研究所	付　嫚、李本东、隋希平
6	卫材用高白度粘胶短纤维及其生产工艺	200410092441.5	唐山三友集团兴达化纤有限公司	么志义、李晓明、张会平、于捍江、李方荣、高孝义、孙林东、郑晓晨、关绍宏
7	一种高强度X80钢螺旋焊管制造方法	200710185347.8	中国石油集团渤海石油装备制造有限公司华油钢管有限公司	王晓香、王　旭、申立群、田　鹏、高俊星、侯永高、王　晨、王庆国
8	一种盐酸多柔比星脂质体注射剂及其制备工艺	200910074450.4	石药集团中奇制药技术（石家庄）有限公司	李春雷、王金戍、张　莉、李彦辉、张　兰、郭文敏、申东民、王世霞、王彩霞、梁　敏

三等奖（10 项）

序号	项目名称	专利号	专利权人	发明人
9	多段盘式风力发电机	201120094975.7	赵　欣	赵　欣
10	一种可提高清开灵氨基酸含量的制备方法	200810079708.5	神威药业有限公司	李振江、陈　钟、卢树杰、张维库、徐桂超、姜　海
11	一种球墨铸铁管的接口结构	200910263813.9	新兴铸管股份有限公司	张同波、李　军、刘志丽、董建忠、符　坚、杨楚谋、徐　军、刘俊锋、叶卫合、闫国栋、宋　斌
12	一种变压器排油注氮灭火装置	200610102360.8	保定天威集团有限公司	范　会、周爱纯、李亚卿、张国贞
13	大厚度加氢反应器卷筒设备用钢板及其生产方法	200910312460.7	舞阳钢铁有限责任公司 河北钢铁集团有限公司	龙　杰、谢良法、赵文忠、宋向前、王志明、王会岭、袁锦程、罗君高、吴天育、何广霞、陈俊奇、齐　燕、孔祥丽、温　冰、李海荣、秦红新
14	一种高交换容量树脂催化剂及其制备方法	200310123894.5	凯瑞化工股份有限公司	刘文飞、高永福、高永林、张　勇
15	连铸机动态轻压下控制系统	201120080591.X	河北钢铁股份有限公司邯郸分公司	胡志刚、顾少伟、李金波、郭　辉、王庆峰、胡进洲、范　佳、朱开军
16	高速动车组底架组焊装置	200910078169.8	唐山轨道客车有限责任公司	杨卫刚、李永军
17	利用含钒炉渣进行钒合金化增钒精炼方法	201010132856.6	河北钢铁股份有限公司承德分公司	杜建良、韩春良、翁玉娟、王金星
18	一种利用数学模型指导回收转炉煤气的方法	200910175429.3	邯钢集团邯宝钢铁有限公司 河北钢铁集团有限公司	彭兆丰、李付俊、周美清

优秀奖（20 项）

序号	专利名称	专利号	专利权人	发明人
19	一种蓄热式辊底加热炉	201010110775.6	河北钢铁股份有限公司唐山分公司	史东日、耿立唐、丁国伟、胡德红、张兆利、杜秀珍、王春峰
20	自粘聚合物改性沥青复合抗根防水卷材及制备方法	200810180507.4	唐山德生防水材料有限公司	李德生、弭明新
21	一种治疗骨质疏松的中药组合物及其制备方法	200610057363.4	邯郸摩罗丹药业股份有限公司	李　恩、陈致憋、李春雷
22	一种预合金胎体粉末	200910073657.X	博深工具股份有限公司	李忠林、王成军、孟凡爱、时会彬、祁　勇
23	可调全层施肥装置	201120098253.9	河北农业大学 河北农哈哈机械集团有限公司	张晋国、赵　金、张焕民、孙　楠、赵　翔、王彦波、薛世川
24	四柱直导杆挡墙式充填液压支架	201020150317.0	河北天择重型机械有限公司	邵太升、张步勤、董久赤、李玉泉、王翠芬、梁香过、崔　涛、宋正廷、赵连忠、袁立军、史泽坡、胡美红、范子国、刘　刚、闫鸿山
25	分离提取沙棘果油的方法	200910223945.9	承德宇航人高山植物应用技术有限责任公司	刘春海、姚玉军、岳丽华
26	一种捆绑式高压气体长管半挂车	200910241305.0	新兴能源装备股份有限公司	杨　彬、武常生、杜丽敏、杨利芬、杜美婷
27	胎心音、心跳波形和心率值同步存储回放的方法	201010259496.6	秦皇岛市康泰医学系统有限公司	胡　坤、王国宾、孟　倩、侯丽亚
28	电网无功补偿装置	200920103520.X	河北旭辉电气股份有限公司	李瑞桂、张旭辉
29	一种预防和治疗骨质疏松的药物组合物	200910221638.7	石家庄藏诺生物科技有限公司	王智森、高　飞、赵正平、吴存虎、赵献超
30	一种新型结构的轮胎式提梁机	200620024519.4	秦皇岛天业通联重工股份有限公司	王金祥、黄耀怡、覃艳明、刘培勇、王智勇、陈　刚

续表

序号	专利名称	专利号	专利权人	发明人
31	一种复合门窗的转角拼樘料	201010267313.5	河北奥润顺达窗业有限公司	赵及建、焦长龙、韦守军、赵长青、杨连飞、魏贺东、张　司、刘　爽
32	一种新型叠层复振筛	200920101935.3	唐山陆凯科技有限公司	李传曾、刘树玉
33	一种振动混流干燥装置	200920271829.X	唐山市神州机械有限公司	李功民、李　珊、李　婧
34	治疗牛、羊、猪附红细胞体疾病的药物	200810132630.9	赵志敏、赵童娟、王全兴、王　莉、刘云娣	赵志敏、赵童娟、王全兴、王　莉、刘云娣
35	软煤巷道高压涌水条件下快速构筑水闸墙的方法	200610012790.0	宋彦波	宋彦波、高京泽
36	一种梁式石灰窑	201120175375.3	石家庄市新华工业炉有限公司	贾会平、杨贵民、刘树立
37	一种高效率的座便器高压成型机	201010202170.X	唐山惠达陶瓷（集团）股份有限公司	王彦庆、吴萍萍、杜伟建、韩士玖、董亚臣、刘忠军、李美蓉
38	以活性炭为载体的磺化酞氰钴催化剂的制备方法	200710062515.4	承德绿世界活性炭有限公司	凌凤军、祁项超、刘连浦

山东省专利奖

山东省知识产权局负责山东省专利奖评审的组织管理工作，注重发明创造技术（设计）水平与社会效益和经济效益相结合。

山东省专利奖评选活动每年举办一次，设一等奖、二等奖、三等奖。一等奖不超过10项，二等奖不超过20项，三等奖不超过60项。

奖励包括：

（一）由山东省知识产权局发文公布，向获奖项目的发明人或设计人颁发奖牌和证书，并按有关规定向专利权人对付奖金。

（二）对于获奖的发明人或设计人，所在单位应将其获奖情况及相关业绩记入本人档案，并作为考核、晋升、聘任技术职务的依据之一。

（三）对于获奖的项目，专利权人可以在其产品上标注奖项名称及获奖时间。

（四）获得专利奖二等奖以上的项目具备推荐中国专利奖的资格。

第十三届山东省专利奖

一等奖（16 项）

序号	专利名称	专利号	专利权人
1	一种脱细胞真皮基质	ZL200510126108.6	烟台正海生物技术有限公司
2	热采井注蒸汽氮气泡沫调剖工艺方法	ZL200710013650.X	中国石化股份胜利油田分公司孤岛采油厂
3	锂-二硫化亚铁一次性扣式电池的制备方法	ZL200510045551.0	山东神工海特电子科技有限公司
4	一种注射用兰索拉唑冻干粉及其制备方法	ZL200810001185.2	山东罗欣药业股份有限公司
5	一种下辊中心距可调的三辊卷板机	ZL200910157502.4	泰安华鲁锻压机床有限公司
6	一种悬式绝缘子	ZL200910168508.1	淄博泰光电力器材厂国家电网公司
7	硬质聚氯乙烯用超高分子量高塑化度高亮度加工改性剂	ZL200710015974.7	山东瑞丰高分子材料股份有限公司
8	废石就地回填并能提高矿石回收率的采矿方法	ZL200910016248.6	山东黄金矿业（莱州）有限公司焦家金矿
9	一种发电厂水汽系统结垢成分中硫酸根离子的测定方法	ZL201010574937.1	山东电力研究院
10	一种催化氧化体系及其在他唑巴坦合成中的应用	ZL200810238478.2	齐鲁天和惠世制药有限公司
11	环己酮生产系统尾气的处理方法	ZL200710113096.2	山东洪业化工集团有限公司
12	一种腐植酸包膜控释肥	ZL200810139611.9	山东金正大生态工程股份有限公司
13	一种瓷塑高分子复合材料的配方及制备方法	ZL200910014308.0	山东华之业新材料科技有限公司
14	编组运坯机	ZL200810140148.X	山东矿机迈科建材机械有限公司
15	瓶盖装箱机自动控制系统	ZL200810238770.4	山东丽鹏股份有限公司
16	白酒曲药制作无线测温系统	ZL201120416477.X	古贝春集团有限公司；北京旗硕基业科技有限责任公司

二等奖（29 项）

序号	专利名称	专利号	专利权人
1	循环式永磁搅拌器	200610068544.7	山东华特磁电科技股份有限公司
2	一种采用巨藻制备海藻酸钠的方法	200810126715.6	青岛聚大洋海藻工业有限公司
3	一种罗哌卡因及其可药用盐冻干粉针剂的制备方法	200710013027.4	辰欣药业股份有限公司
4	电气化铁路接触网支柱专用 H 型钢及其制备工艺	200810014489.2	山东钢铁股份有限公司
5	离心式永磁起动发电装置	200510044107.7	山东理工大学
6	一种不对称药物控释涂层冠脉内支架	200780050848.3	山东瑞安泰医疗技术有限公司
7	一种精喹禾灵的合成方法	200910016867.5	山东京博控股发展有限公司；京博农化科技股份有限公司
8	一种注射用还原型谷胱甘肽的冻干方法	201110004370.9	山东绿叶制药有限公司；南京绿叶思科药业有限公司
9	基于变电站巡检机器人变电站设备外观异常识别方法	201010507122.1	山东鲁能智能技术有限公司
10	一种高效空调换热器翅片及换热器	201010207922.1	海信（山东）空调有限公司
11	一种重组人粒细胞集落刺激因子的生产方法	200510045388.8	山东泉港药业有限公司
12	连续法生产岩棉彩钢夹芯板用双组份环保聚氨酯胶粘剂及其制备方法	201010130647.8	山东东大一诺威新材料有限公司
13	一种杀菌防冻害复合叶面肥及其制备方法	200810158353.9	菏泽开发区曹州农用化学有限公司
14	万能起重机吊臂标准节组装焊接工装	200910014599.3	山东丰汇设备技术有限公司
15	一种免烧型多孔水渣滤料及其制备方法	200810138260.X	济南大学
16	一种低温法从矿石中提锂的生产工艺	201010564914.2	山东瑞福锂业有限公司
17	一种硫化锌长余辉发光粉的制备工艺方法	200810158687.6	潍坊大耀新材料有限公司；山东省路桥集团有限公司
18	基于 PID 集成控制的避难室或救生舱综合生命保障装置	201120247013.0	山东国泰科技有限公司
19	一种生产铸钢丸用的离心机	201010520523.0	山东开泰抛丸机械有限公司

续表

序号	专利名称	专利号	专利权人
20	具有絮状层解功能的全尾矿砂浆充填塔	200810139350.0	山东黄金矿业（莱州）有限公司三山岛金矿
21	一种高炉除尘灰的综合处理方法	200910018403.8	莱芜市泰山焦化有限公司
22	就地热再生复拌机专用底盘	200910215437.6	山东省路桥集团有限公司
23	易清洗豆浆机	200710116040.2	九阳股份有限公司
24	一种采集图像的方法和设备	200710165501.5	山东新北洋信息技术股份有限公司
25	具有高密封性的平板显示产品	200910037977.X	青岛恒佳塑业有限公司
26	激光高速球形夜视仪	201010224588.0	山东神戎电子股份有限公司
27	一种酒精糟渣干燥方法及蒸汽管回转式干燥机	200410075832.6	肥城金塔机械有限公司
28	沸腾孵化式鱼粉低温干燥工艺	200710114552.5	山东亿恺仓储工程有限公司
29	Outlast 空调纤维/Newdal 纤维纺制混纺纱的方法	201010518045.X	山东昊龙集团有限公司

安徽省专利金奖

安徽省专利奖是为表彰在本省行政区域内，取得突出经济和社会效益的发明专利产业化项目实施单位而设立的专项奖。安徽省知识产权局负责办理评奖的日常事务性工作。

安徽省专利奖每年评选一次，设安徽省专利金奖、安徽省专利优秀奖。每年授奖总数不超过40项，其中金奖项目不超过10项。

安徽省知识产权局对获奖项目单位颁发奖牌和证书并给予资助。

首届安徽省专利金奖获奖项目

序号	专利号	专利名称	实施单位	发明人
1	200810030335.2	一种具有新型油路的发动机	奇瑞汽车股份有限公司	赵远征、刘文军
2	200710024859.6	沿空留巷Y型通风采空区顶板卸压瓦斯抽采的方法	淮南矿业（集团）有限责任公司	袁　亮、程　桦、李　平、张士环、卢　平、郑　群、周德昶、廖斌琛、柏发松、汪经业、夏抗生、姚尚文
3	200910185567.X	自适应工业机器人抓具存放装置	安徽巨一自动化装备有限公司	林巨广、王庆华、马振飞、韩　慧、胡育松、邱　峰、李治浩、柏龙驭
4	200610039679.0	一种综合运用语音识别、语音学知识及汉语方言分析的语音评测方法	安徽科大讯飞信息科技股份有限公司	魏　思、刘庆升、王仁华
5	200610039771.7	承压设备风险评价中以剩余寿命为表征参量的失效概率评价方法	合肥通用机械研究院	陈学东、艾志斌、杨铁成、王　冰、关卫和、顾望平、陈　钢、金维亚、陆兴培
6	200810244741.9	一种制备附着在触摸屏上绝缘膜的方法	芜湖长信科技股份有限公司	陈　奇、沈　励、许沭华、石富银、迟晓晖
7	200910144737.X	乳化沥青砂浆的制备方法	中铁四局集团有限公司	闫子才、宿　万、黄玉华、王宇峰、黄　海
8	200910116711.4	一种低聚合度的聚醋酸乙烯及其聚合方法	安徽皖维高新材料股份有限公司	吴福胜、高申宝、李　泰、徐凌云、陈　俊

首届安徽省专利优秀奖获奖项目

序号	专利号	专利名称	实施单位	发明人
1	200710191974.2	超大型炼钢转炉的组合安装方法	中国十七冶集团有限公司	胡明德、李中元、史朝华、施光涛、刘少美、吴　强、尹万云、范田华、倪淑梅、庞遵富、王黎明、朱道付、桂光红
2	200510133944.7	一种集成电路自动冲切成型设备	铜陵中发三佳科技股份有限公司	刘正龙
3	200910144708.3	一种小定量液体农药软包装复合材料	黄山永新股份有限公司	江继忠、鲍祖本、方秀华、潘　健、汪学文、陈付兵、周黎丽
4	200710175807.9	小管棚超前注浆法	中煤第三建设（集团）有限责任公司	冯旭东、刘玉柱
5	200610040066.9	两线数字式超声波传感器	合肥昌辉汽车电子有限公司	许永华、戚利民
6	200810136526.7	可编程分段式电流控制装置	安徽鑫龙电器股份有限公司	束龙胜、张全有、宛玉超
7	200910184973.4	光伏并网逆变系统中的一种非主动扰动最大功率跟踪方法	安徽颐和新能源科技股份有限	苏建徽、汪海宁、马志保、周　伟、谢富华、梁雨生、姚　俊、彭　凯、瞿晓丽
8	03158323.7	调频广播精密同步覆盖系统	安徽省广电数码科技有限公司	黄　伟、方荣江、洪　雷
9	201010109511.9	煤气发生炉和煤气生产方法	马鞍山科达洁能股份有限公司	武　桢、李庆民、白　勇、彭　虎、邵俊杰
10	201010608423.3	精喹禾灵的制备方法	安徽丰乐农化有限责任公司	赵国平、沈良红、周康伦、陈克付、金劲松、章昆仑、林昌志、王多斌、温　冬、胡志国、苏朝辉
11	200910085718.4	一种赖氨酸菌体的分离方法	中粮生物化学（安徽）股份有限公司	周永生、顾宗池、王　勇、满　云
12	200910116818.9	用于PU硬泡的环保型高效多元混合发泡剂	合肥美的荣事达电冰箱有限公司	文　坚、曹家汉、王海超、任媛媛
13	201010294742.9	灭草松的制备方法	合肥星宇化学有限责任公司	何普泉、姚海波、王　龙、周　林、王兰兰、王传品
14	200810233952.2	垃圾焚烧炉尾气处理装置	安徽盛运机械股份有限公司	开晓胜

续表

序号	专利号	专利名称	实施单位	发明人
15	200610038146. 0	冶金污泥管道输送处理方法及装置	马鞍山钢铁股份有限公司	金　俊、胡夏雨、刘自民
16	200910116979. 8	金属矿用高压辊磨机	中钢集团安徽天源科技股份有限公司	洪石笙、赵松年、徐亦元、李书会、杜祥忠、曹国旗、朱宇光、宋晓刚
17	200910144359. 5	一种盐酸林可霉素的生产方法及其装置	安徽省皖北药业股份有限公司	黄　伟、夏守友、祖路明
18	200910116030. 8	一种拉米夫定片剂及其制备方法	安徽贝克生物制药有限公司	邢怀阳、操　铖、金忠红、刘　斌、郭翠平、沈蔡月
19	99816512. 3	一种缓释植入体及其制备方法	芜湖先声中人药业有限公司	许健健、王世亮

江苏省专利项目奖

江苏省知识产权局负责专利奖评选的日常管理工作，江苏省专利奖评选活动每两年举办一次。每届专利奖设专利金奖 10 ~ 30 项、优秀奖若干项。评选领导小组确定每届专利奖的具体数目。

江苏省知识产权局对获奖项目颁发奖牌和证书并给予奖励；在新闻媒体上公布，并在展览交易、推广转让等方面给予扶持；并优先推荐参加中国专利奖的评选。获奖项目，专利权人可在其产品上标注江苏省专利金奖或优秀奖项目的字样及获奖年月。

江苏省知识产权局、江苏省财政厅共同举办了第七届江苏省专利奖评选活动，共评选出 10 项专利项目金奖、50 项专利项目优秀奖，对荣获专利项目金奖的单位奖励人民币 8 万元。

本届专利奖参评项目 147 项，其中发明专利 112 项，占 76%，企业专利 135 项，占 92%。本届获奖的 60 个专利项目，基本涵盖了江苏省主要技术领域，且专利技术的转化实施产生了良好的社会效益和经济效益：累计新增销售收入达 342 亿元、新增利润 71 亿元、新增出口额 22. 8 亿美元，并在促进技术进步、保护生态环境和自然资源、改善医疗条件和提高人民物质文化生活水平、引领消费习惯等方面做出了显著贡献。江苏省从本届专利项目金奖和优秀项目中，遴选部分项目参加第十三届中国专利奖评选，荣获中国专利金奖 1 项、中国外观设计金奖 1 项、中国专利优秀奖 9 项和中国外观设计优秀奖 4 项，获奖数量创历史新高。

第七届江苏省专利项目金奖获奖名单

序号	专利名称	专利号	专利权人
1	集成电路或分立元件平面凸点式封装工艺及其封装结构	ZL200510040261.7	江苏长电科技股份有限公司
2	在聚乙二醇体系中低温制取纳米二氧化钛晶体的方法	ZL200510040367.7	南京理工大学
3	一种制备瑞格列奈的方法	ZL200710103833.0	江苏豪森药业股份有限公司
4	切向喂入轴流脱粒分离装置	ZL200610038924.6	江苏大学
5	纺织面料的一种防污、防水、免烫后整理方法	ZL200710131633.6	江苏联发纺织股份有限公司
6	一种消色差变色银衍射图像的制作方法	ZL200610038417.2	苏州大学；苏州苏大维格光电科技股份有限公司
7	灰毡毛忍冬活性总皂苷提取物及其制备方法和用途	ZL200610039294.4	江苏省中国科学院植物研究所
8	滩涂海水吹填围堤合拢龙口	ZL200920045349.1	如东县水利电力建筑工程有限责任公司
9	变斜率的比率差动保护方法	ZL02138170.4	南京南瑞继保电气有限公司
10	LED 手术灯灯头	ZL201030124855.8	南京迈瑞生物医疗电子有限公司

上海市发明创造专利奖

上海市专利奖表彰奖励在上海市发明创造活动中作出突出贡献，取得专利的个人和组织。奖励委员会由上海市人力资源和社会保障局、上海市知识产权局以及上海市公务员局共同组建，上海市知识产权局负责上海市发明创造专利奖励的日常管理工作。

第六届上海市发明创造专利奖共设三个奖项：发明专利奖、实用新型专利奖和外观设计专利奖。发明专利奖设一等奖、二等奖、三等奖三个等级，实用新型专利奖、外观设计专利奖不设等级。

在实施重大专项、重大工程项目中，作出重大技术创新，形成核心自主知识产权的专利项目可优先考虑。

上海市专利奖奖励委员会负责对获奖的公民、组织进行表彰奖励，颁发奖牌、奖励证书和奖金。

第六届上海市发明创造专利奖获奖项目

一等奖

序号	专利名称	专利号	专利权人	发明人
1	一种高强度13Cr油套管用钢及其制造方法	200610031066.2	宝山钢铁股份有限公司	张忠铧、徐文亮
2	城市轨道交通信号系统中对列车位置实现动态跟踪的方法	200810200487.2	卡斯柯信号有限公司	钱　江、颜红慧
3	药物洗脱支架	200410053179.3	微创医疗器械（上海）有限公司	唐智荣、兆　恒、罗七一、张　一
4	水溶性医用几丁糖制剂及制备方法	00111646.0	上海其胜生物制剂有限公司	侯春林、顾其胜

二等奖

序号	专利名称	专利号	专利权人	发明人
1	大跨度大纵深空间钢结构的矩阵式顶推安装法	200410017043.7	上海市机械施工有限公司	吴欣之、王云飞、朱伟新、陈晓明、许　勇、袁　鼎、应建华、倪洪革
2	低铁损高磁感冷轧无取向电工钢板的生产方法	200510027404.0	宝山钢铁股份有限公司	李国保、王　波、刘献东、张丕军、张文学、陈　晓
3	油污泥的异密度循环流化床燃烧处理方法	200410089304.6	上海交通大学	姜秀民、韩向新、于立军、王　辉、张超群、刘建国、崔志刚、任庚坡
4	快速“高真空击密法”软地基处理工法	01127046.2	上海港湾软地基处理工程（集团）有限公司	徐士龙
5	带有集装箱定位和电子封条的集装箱电子标签	200610118433.2	上海国际港务（集团）股份有限公司	包起帆、李建华、高永庠、董庭龙
6	棉及其混纺织物印染前处理的一浴法连续生产工艺	03150594.5	上海市纺织科学研究院	张　庆、沈安京、杨志云
7	一种生产（甲基）丙烯酸和（甲基）丙烯酸酯的新方法	200710046322.X	上海华谊丙烯酸有限公司	邵敬铭、印　俊、刘书举、褚小东、徐圣娴
8	生产普伐他汀钠的微生物和方法	03141475.3	上海天伟生物制药有限公司	梅民权、季晓铭、高霄梁、郑扶桑、陈　懿

实用新型专利奖

序号	专利名称	专利号	专利权人	发明人
1	钢水真空精炼顶吹多功能枪	200620040038.2	宝钢工程技术集团有限公司	吴坚华、潘　仲、徐汉明、吴　杰、王家敏
2	应用于燃煤发电机组的脱硫烟气余热回收系统	200720076530.X	上海外高桥第三发电有限责任公司	冯伟忠
3	环锭细纱机的集体落纱装置	200420110365.1	上海二纺机股份有限公司	毛阿平
4	具有自动清洁功能的缝纫机针板	200820152487.5	中国标准缝纫机公司上海惠工缝纫机三厂	杨根民、赵春花、朱伟青
5	汽车动力转向器转阀总成	200420114778.7	上海采埃孚转向机有限公司	周中坚、唐少波
6	椎体扩张球囊导管	200620041715.2	上海凯利泰医疗科技有限公司	章伟青
7	有载分接开关分接变换操作的控制机构及其控制方法	200620039252.6	上海华明电力设备制造有限公司	肖日明
8	分立通道电缆测试平台	200420037547.0	上海电缆研究所；上海赛克力光电缆有限责任公司	江　斌、李春锋、依晓春
9	太阳电池及组件隐裂检测装置	200720074233.1	上海太阳能工程技术研究中心有限公司	刘小宇、李红波
10	一种多芯光纤旋转接头	200820156428.5	中国电子科技集团公司第二十三研究所；上海科明传输技术有限公司	万　华、王　芳、柳吉铭
11	真空助力器	200820151403.6	上海汽车制动系统有限公司	葛　宏、马　闯、朱晓东、熊　伟、罗东强、卜凡斌
12	高效吸尘车	2006200423702	上海神舟汽车设计开发有限公司	陈　杰、张卫华、汪　澍
13	螺旋槽双梯型波刃叶根铣刀	2007200723237	上海电气电站设备有限公司	潘礼和、王春复
14	一种石油、天然气钻井用闸板防喷器	200520040531.X	上海神开石油设备有限公司	姚胥源、施俊宝
15	一种离心式风机中压中流量叶轮	200720070994.X	上海通用风机股份有限公司	龚兴龙、陆　伟
16	一种采浆离心机漏液报警装置	200820060212.9	上海达华医疗器械有限公司	陈　华
17	一种大功率电机双层同心式绕组结构	200520041668.7	上海电器科学研究所（集团）有限公司	李秀英
18	微机低压电动机保护监控装置	02266572.2	上海华建电力设备有限公司	王晓辉、王　琦、刘尧华、胡　静

续表

序号	专利名称	专利号	专利权人	发明人
19	一种安全型计算机联锁系统	200820158152.4	卡斯柯信号有限公司	凌祝军、唐　俊、董高云、师秀霞、姜坚华、潘　雷
20	一种具有高空间分辨率高速度的光纤测温传感系统	200820054896.1	上海华魏自动化设备有限公司	周正仙
21	基于FPGA高速图像采集功能清分机	200820157951.X	上海古鳌电子机械有限公司	陈崇军、郑渊博、周学军
22	太阳能路灯	200820152744.5	上海宏源照明电器有限公司	王欢君、张秋玲、汪毓秦、张立诚

外观专利奖

序号	专利名称	专利号	专利权人	发明人
1	包装瓶（佰草集霜）	200730085180.9	上海家化联合股份有限公司	徐　军、石　芸、沈晓明
2	杯子（HVC002-55）	200530041259.2	上海宏晨家庭用品有限公司	何军良

湖北省优秀专利项目奖

湖北省优秀专利项目奖是湖北省知识产权局为鼓励和表彰在湖北省行政区域内具有重大经济社会效益的专利技术而设立的专项奖励项目，评选工作由湖北省知识产权局统一组织领导，每年评选一次。专利奖设优秀专利项目奖10项和优秀外观设计专利项目奖5项。由湖北省知识产权局向获奖的专利权人颁发证书和奖金，对获奖项目向社会予以公布。

第四届湖北省优秀专利项目奖名单

优秀专利项目奖

序号	申报单位	专利名称	专利号
1	葛洲坝集团试验检测有限公司	新老混凝土结合界面密合剂	200710051814.8
2	湖北三环锻造有限公司	中重型汽车转向节模锻挤压复合工艺	200910063132.8
3	武汉光迅科技有限公司	无热阵列波导光栅的应力补偿方法及其光栅	200610125587.4
4	武汉国想电力科技股份有限公司	零过渡过程触发二控三电容投切方法及装置	97109354.7
5	江汉石油钻头股份有限公司	滚滑复合轴承	99116490.3
6	湖北三丰智能输送装备股份有限公司	重载双轨矩形输送系统	201010184376.4
7	黄石东贝电器股份有限公司	一种全封闭制冷压缩机用小槽形电机定子冲片	200710051375.0
8	湖北盛佳电器设备有限公司	用电现场智能管理装置	200710093762.0
9	湖北祥云（集团）化工股份有限公司	湿法磷酸连续生产工业级磷酸一铵的工艺	200810196872.4
10	武汉理工大学	电动汽车电机自动变速控制系统	200910061843.1

优秀外观设计专利项目奖

序号	申报单位	专利名称	专利号
1	东风汽车有限公司	驾驶室（D310）	200530026154.X
2	武汉冠利达必是食品有限公司	包装袋（热干面）	200830078463.5
3	武汉市科达云石护理材料有限公司	包装箱（大力士云石胶 B）	200930116243.1
4	鄂州市兴方磨具有限公司	碾米砂辊（1）	200930225053.3
5	国网电力科学研究院武汉南瑞有限责任公司	风光互补照明系统（优雅风帆型）	201030132474.4

湖南省专利奖

湖南省专利奖是湖南省知识产权局为鼓励和表彰在湖南省行政区域内具有重大经济社会效益的专利技术而设立的专项奖励项目，评选工作由湖南省知识产权局统一组织领导，每两年评选一次，每次评选出的“专利金奖”以10项为限，“专利优秀奖”以20项为限。湖南省知识产权局对获得“专利金奖”的项目颁发奖牌、奖金和荣誉证书，并优先推荐参加国家知识产权局组织的“中国专利奖”的评选；对获得“专利优秀奖”的项目颁发奖金和荣誉证书；对优秀组织单位给予表彰。湖南省专利奖奖励经费在省财政的知识产权事业费中支出。

2012年度湖南省专利奖

湖南省专利奖一等奖项目

序号	专利名称	专利号	专利权人
1	动力单元及其控制方法	201010145312.3	中联重科股份有限公司
2	一种直线感应电机恒转差频率矢量控制方法及系统	200810134726.9	株洲南车时代电气股份有限公司
3	一种从乙酸与混合C4反应后的混合物中分离乙酸仲丁酯的方法	200710200148.X	湖南中创化工股份有限公司
4	起重机液压系统液压油分配控制装置	200810007802.X	湖南三一起重机械有限公司
5	邓恩桉组培育苗方法	02114142.8	湖南省森林植物园

湖南省专利奖二等奖项目

序号	专利名称	专利号	专利权人
1	一种机车过分相控制方法	201010148383.9	南车株洲电力机车有限公司
2	应用长晶体的钢水液位检测装置	200510119746.5	田志恒

（续表）

序号	专利名称	专利号	专利权人
3	一种铁心饼结构	200510070637.9	特变电工衡阳变压器有限公司
4	萃取精馏法分离呋喃酚中的邻苯二酚	200810031942.0	国家农药创制工程技术研究中心
5	竹纤维与苎麻纤维混纺面料及其生产方法	200610031680.9	湖南瑞亚高科集团有限公司
6	兆瓦级以上双馈异步风力发电机	200720064994.9	湘潭电机股份有限公司
7	青藤碱缓释剂及其制备方法	98125657.0	湖南正清制药集团股份有限公司
8	奥美拉唑肠溶微丸及其制备方法	200610136867.5	康普药业股份有限公司
9	一种猕猴桃果粒果汁饮料的加工工艺方法	200610031235.2	湖南老爹农业科技开发股份有限公司 湖南省猕猴桃产业化工程技术研究中心
10	铁锈红色工业纸板的染色工艺	200810143486.9	湖南广信电工科技股份有限公司

福建省专利奖

福建省专利奖是福建省人民政府为表彰在福建省内产生显著经济社会效益的中国专利而设立的专项奖励项目。福建省知识产权局负责该奖的组织、协调和日常管理工作。该奖每年评审一次，奖励经费由福建省专利发展专项资金列支。福建省专利奖设特等奖和一、二、三等奖，其中：（一）特等奖 1 项，奖励人民币 30 万元；（二）一等奖不超过 3 项，每项奖励人民币 10 万元；（三）二等奖不超过 10 项，每项奖励人民币 5 万元；（四）三等奖不超过 30 项，每项奖励人民币 3 万元。获中国专利金奖的，按特等奖给予奖励；获中国专利优秀奖的，按一等奖给予奖励。

福建省人民政府向获奖的专利权人颁发奖牌和奖金，对奖获项目的发明人或设计人颁发证书，并通过新闻媒体予以公布。获奖专利权人为单位的，单位应当相应给予发明人或设计人奖励。对诚实守信、优质服务的专利代理机构，相关部门可结合福建省实际，制定相关奖励、激励政策。对获得福建省专利奖二等奖以上且符合有关申报条件的专利，由评审办公室优先推荐申报中国专利奖。

2012年度福建省专利奖获奖名单

特等奖（1项）

专利名称	专利号	专利权人	发明（设计）人
具有反射层的三结太阳电池及其制造方法	200810072025.7	厦门乾照光电股份有限公司	张银桥、蔡建九、张双翔、王向武

一等奖（3项）

专利名称	专利号	专利权人	发明（设计）人
一种低SO3含量浮法玻璃的制造方法	201010119085.7	株洲旗滨集团股份有限公司、漳州旗滨玻璃有限公司	俞其兵、邵景楚、官立民、施敖荣、郭建峰
环卫车道路刷洗装置	200710009232.3	福建龙马环卫装备股份有限公司	李小冰
一种废钨回收钨酸钠中除铬的方法	200810072201.7	厦门钨业股份有限公司	宋　阜、苏志宏、朱桂荣

二等奖（10项）

专利名称	专利号	专利权人	发明（设计）人
矩阵式二维条码解码芯片及其解码方法	201010189048.3	福建新大陆电脑股份有限公司	孙亚力、陈文传、郭　栋、杨　韬
一种基于无掩模转移光子晶体结构的GaN基薄膜LED的制造方法	200910019198.7	厦门市三安光电科技有限公司	吴志强、林雪娇、潘群峰、叶孟欣、黄慧君
食用菌混合料冲压式自动套袋、装料、扎口机	200610135294.4	涂选来	涂选来、涂春生
快速换模构造	200820145916.6	瑞之路（厦门）眼镜科技有限公司	周贤建
制砖机的夹砖器	200710008577.7	福建海源自动化机械股份有限公司	李良光、王　琳
含六价铬废渣的铬分离回收法	200610135382.4	中国科学院福建物质结构研究所	林　璋、刘伟珍、黄　丰、廖逸群、庄赞勇

续表

专利名称	专利号	专利权人	发明（设计）人
非水溶液锂-二硫化铁一次电池	200610078374.0	福建南平南孚电池有限公司	张清顺、常海涛、赵　洋、陈进添、余佑锋、陈美娟
一种马尾松溶解浆的制备方法	200810071819.1	福建省南纸股份有限公司	吴冰文、林孝帮、叶世城、郑　飞
一种单主机多系统的实现方法	200910112336.6	福建升腾资讯有限公司	张　辉
一种谷氨酸钠的生产工艺	200710090106.5	福建省建阳武夷味精有限公司、江南大学	王为民、李友明、彭奇均

三等奖（29 项）

专利名称	专利号	专利权人	发明（设计）人
温度对比法检测交、直流电流的控制电路	200810072199.3	漳州国绿太阳能科技有限公司	曾少南
一种治疗便秘的胶囊生产工艺	200710009182.9	福州辰星药业有限公司	余祥彬
狭缝式涂布模具及其制造方法	200710009230.4	泉州新日成热熔胶设备有限公司	黄向明、陈伯陵、吴炳基
用霍尔传感器直测提前角的电控 VE 分配泵	200910111716.8	福建省莆田市中涵机动力有限公司	王九如
红外感应的蓝牙无钥匙汽车防盗器	200810072043.5	福州名品电子科技有限公司	沈　文、黄雁飞、曾海沧、魏青松、吴　强、池哲炤、曹祥生
带横向切割锯片的矿山采石机	200710009193.7	林天华	林天华
冲压加工用的片料毛坯送料设备	201010228609.6	陈石云	陈石云
一种阻尼装置	200710009545.9	石狮市鑫达工业有限公司	周　杰、彭治权
抗腐蚀性预应力混凝土管桩基础	200910111965.7	福建省大地管桩有限公司	黄海燕、冯小朗、杨金辉
一种碱性无氰镀锌镀液中添加剂浓度的定量测试方法	200810139011.2	宏正（福建）化学品有限公司	叶金堆
矿用聚乙烯管材组合物	200810071606.9	福建恒杰塑业新材料有限公司	王存奇
一种 K 金艺雕复镶方法	200910112439.2	张国王	张国王
一种复合芯材真空绝热板及其制备方法	200910112614.8	福建赛特新材股份有限公司	汪坤明、胡永年、洪国莹

续表

专利名称	专利号	专利权人	发明（设计）人
一种强力透气纤维鞋中底材料及制造方法	201010230325.0	福建鑫华股份有限公司	瞿北斗、曾鹏程、郭秉臣、蔡　剑、乔　娟
用于改善滤料表面的涂层组合物及用其形成涂层的方法	200810071470.1	厦门三维丝环保股份有限公司	罗祥波、罗章生、丘国强、蔡伟龙、郑锦森
一种高强度高延伸率铝合金及其制备方法	200910112338.5	福建省南平铝业有限公司、中南大学	杨伏良、林光磊、易丹青、李文意、陈　伟、王蔚臻、郑云鹏、张国鹏、廖儒福、马　政、闵爱武、党小荔、周本国
提高电熔氧化锆发色红度的方法	200810071948.0	福建三祥工业新材料有限公司	程诗忠、叶旦旺、朱忠雄
抵抗电动斥力的电磁继电器	200710008565.4	厦门宏发电力电器有限公司	冯邦永
一种交换机堆叠系统中报文处理的方法及交换机设备	200710187279.9	福建星网锐捷网络有限公司	王肖军
长波红外两档视场跟踪测量镜头	201010504100.X	福建福光数码科技有限公司	林春生、屈立辉、刘　辉、周宝藏
一种螺旋型节能灯灯管快速涂粉工艺	200810071608.8	福建永德吉灯业股份有限公司	赖勇清
内网安全综合管理的网络接入控制方法	201010300360.5	福建伊时代信息科技股份有限公司	许元进、黄聪泉、杨小焰、吴滨华、肖　健
基于CT增强扫描技术的肝脏分段装置与方法	200910112112.5	厦门强本科技有限公司、厦门大学	王博亮、黄晓阳、黄绍辉
浓香型铁观音的生产方法	201010245727.8	福建八马茶业有限公司	王文礼
一种冷溶白茶粉的加工方法	200710140565.X	大闽食品（漳州）有限公司	蒋艾青、岳鹏翔、欧阳晓江
乌鳢免疫促长配合饲料及其制备方法	200810071685.3	福建正源饲料有限公司	胡玉水
单孔单把碗盆龙头（JY00226）	201030507084.0	泉州中宇卫浴科技实业有限公司	韦　安
牙齿地图	200930174215.5	姚　军	姚　军
鲍鱼养殖箱（4）	201030193778.1	宁德市海洋技术开发有限公司	陈妙祥、柯才焕、王志勇、骆　轩

广东省专利奖

广东省专利奖是广东省政府为鼓励和表彰在湖南省行政区域内具有重大经济社会效益的专利技术而设立的专项奖励项目，由广东省知识产权局、省人力资源社会保障厅组成广东专利奖评奖委员会。广东省知识产权局负责该奖的组织、协调和日常管理工作。

广东专利奖每年评选一次，设金奖和优秀奖，金奖控制在 15 项以内，优秀奖控制在 55 项以内。评奖委员会对获得广东专利奖的专利权人或实施单位颁发证书和奖金，对获奖项目的发明人或设计人颁发证书。在媒体上公布获奖项目和单位，对其进行广泛宣传，扩大影响。

2011 年广东专利金奖获奖项目名单

序号	项目名称	专利号	发明人/设计人	申报单位
1	使数字家庭网络的终端可播放多种媒体格式的装置及方法	200610034686.1	罗笑南、林　业	中山大学
2	一种网络设备的管理方法	02151018.0	罗洁雯、胡安平、马海寅	华为技术有限公司
3	多声道数字音频编码设备及其方法	200510095898.6	游余立	广州广晟数码技术有限公司
4	用于锡膏印刷的 L 型双镜头图像采集装置	200610123893.4	张宪民、邝泳聪、卢盛林、吴晖辉、李华会	华南理工大学
5	一种薄规格热轧钢板的轧制操作方法	200610124133.5	沈训良、陈顺安、童红飞、周杨勇、李皋辉、罗永俊	广州珠江钢铁有限责任公司
6	一种单级离心泵	200510088931.2	梁元敏、梁东贤、任宏启、姚宁海、彭少华、霍春源	阳江市新力工业有限公司
7	废纸造纸废水的处理方法	200410051230.7	万金泉、马邕文	华南理工大学

续表

序号	项目名称	专利号	发明人/设计人	申报单位
8	一种以裂解 C9 为原料制备石油树脂的方法	200710028386.7	许长春、阚一群、何　开、孙永利、穆智宇	广东新华粤石化股份有限公司
9	一种具有抑制腐败作用的低值鱼蛋白深度酶解的方法	200410026619.6	赵谋明、刘通讯、林伟锋、赵强忠、崔　春	华南理工大学
10	治疗禽流感的中药组合物、制备方法及其用途	200610001538.X	陶德胜、曾永清、曹　晖、管　轶	丽珠医药集团股份有限公司
11	便携式彩超（DC-3A）	200630016007.9	周　翔	深圳迈瑞生物医疗电子股份有限公司
12	滑盖手机（老人机）	200930168302.X	陆　晏	深圳市嘉兰图设计有限公司
13	婴儿车	200930188271.4	杨正帆、游永富	中山市隆成日用制品有限公司

四、其他优秀专利发明人

北京光影梦幻公司

发明名称：一种雕塑或构筑物动态环绕照明方法

专利（申请）号：201210232463.1

发明简介：本发明涉及一种雕塑或构筑物的动态环绕照明技术，特别是体现城市地标性的雕塑或构筑物主题的理念和形象的动态环绕照明方法。

目前，在城市景观照明工程的规划设计和具体施工过程中，对艺术性构筑物特别是城市地标性雕塑或构筑物的照明基本上采用泛光装饰照明手法，即通过在构筑物周边及个别内部区域大量使用大功率投光灯或泛光灯的泛光照明技术将该构筑物打亮，从而达到夜景亮化的目的。

随着科技进步和经济发展，单纯依靠安装大批量、大功率投光灯或泛光灯等照明灯具进行泛光照明技术，将雕塑或构筑物打亮的夜景照明方法，既增加了灯具使用数量，增加建设成本，又造成了大量的能量消耗和光污染，产生的夜景照明效果固定而僵化，远远不能满足夜景照明的动态化、艺术化，并体现雕塑或构筑物主题理念和形象的需要。为解决现有雕塑或构筑物装饰照明技术存在的上述问题，本发明提出一种用于雕塑或构筑物动态环绕照明方法，采用定向染色投光照明方式，以实现雕塑或构筑物的夜间动态环绕照明，美化城市，节约能源，消除光污染。

通过驱动程序控制多组发光投光单元向被照载体投光发光，可以在被照载体表面任意选择发光分区和七彩颜色，色彩还能够定时或不定时自动循环渐变，实现整个动态环绕照明的自动化控制；利用本发明提供的色彩可变，发光区域可预先编排的照明思路和手段，将不同场景编入程序，根据需要自动灵活切换，在美化夜景照明的同时，做到了节约能源，保护环境，消除光污染。

转让及合作意向：推广应用

通信地址：北京市朝阳区北四环东路6号院7号楼

邮政编码：100028

电　　话：010-84562206

E－mail：bjgymh@126.com

毕绚宣

女，10岁，学生

发明名称：可以移动的房子

专利（申请）号：201120452551.3

发明简介：本实用新型公开了一种可以移动的房子，包括房体、客厅、卧室、书房、卫生间、驾驶舱、避难室、自动伸缩车轮和拖车挂钩，在房体内设有客厅、卧室、书房、卫生间、驾驶舱和避难室，在房体的下面设有自动伸缩车轮，在房体的一侧端设有拖车挂钩。本实用新型的结构新颖，方便人们享受生活，免除搬运的烦恼。为了稳固，防止在移动时侧翻以及抵挡龙卷风、地震等自然灾害带来的损伤，整体建造的底部呈金字塔形。房子外部整体包围厚厚的塑胶，以防移动时碰撞损伤。房子底部设有可自如伸缩的车轮（链条），防止移动时对路面造成破坏。房子内部底部为宽敞的驾驶舱；中间部分为避难室；中上部为生活区，分为客厅、卧室、书房、卫生间等。

通信地址：天津市滨海新区塘沽崇安里10号（新村街道办事处）

邮政编码：300450

电　　话：13002273777

E－mail：xiaorui.8866@163.com

才振军

男，大本学历，高级工程师

发明名称： 轻质墙体板材

专利（申请）号： 201220054283.4

发明简介： 本实用新型提供了一种轻质墙体板材，这种材料质轻，取放和连接方便并可防火，内部的填充材料与外表材料结合强度高。其技术方案是：轻质墙体板材由表面基材和内部填充料组成，表面基材由耐高温 pvc 材料制成，其断面呈近似长方形，两条长边是墙体材料的墙面，两条短边上分别有在形状上可以互相咬合的突起和凹槽。在长方形里面有增加强度的内腔隔断。在表面基材近似长方形断面的壳体内填充有与表面基材黏结牢固的轻质阻燃树脂。

轻质墙体板材质轻、阻燃、强度好。制成长条形板材，整体尺寸可根据施工条件进行调整，其制作、取放、运输、安装都方便，提高了效率，降低了成本。

通信地址： 新疆奎屯市玛纳斯南街 8 号

邮政编码： 833214

电　　话： 13809923456

曹宏州

男，46 岁，本科，高级工程师

发明名称： 一种具有上下出水通道的冷热水混水阀体

专利（申请）号： 201210357785.9

发明简介： 本发明公开了一种具有上下出水通道的冷热水混水阀体，包括大体为十字型的阀壳，阀壳的左臂和右臂的中间设有进水通道，阀壳的上臂和下臂的中间设有相互隔离的出水通道，左右臂和上下臂的连接处设有阀芯安装通道，左臂和右臂的进水通道通过阀芯安装通道相连通，阀芯安装通道的底部设有阀芯定位隔板，阀芯定位隔板的后面与阀壳之间连接有后隔板，阀芯定位隔板端面的上下侧各设有一个使阀芯安装通道与上臂的出水通道和下臂的出水通道相连通的通孔，阀芯定位隔板端面的左右侧各设有一个阀芯定位孔，左右阀芯定位孔的下端分别与左臂的进水通道和右臂的进水通道相连通。本发明具有上下同时出水的功能，阀体使用的可靠性较高，已投入实际应用半年，新增利润 10 万元。

通信地址： 福建省泉州市南安市仑苍镇大宇工业园

邮政编码： 362304

电　　话： 18859560881

E - mail： janesterry@163.com

曹佐国

男，38 岁，大专

发明名称： 净水器滤芯寿命自动提醒控制系统

专利（申请）号： 201220049486.4

发明简介： 净水设备中的滤芯的使用环境直接影响到其过滤的效果，滤芯需要定时更换。目前净水器的滤芯寿命主要通过累计流量或使用一定的时间来进行估算，但由于水质的差异导致误差非常大。若提早更换滤芯易造成浪费；若滤芯更换滞后，用户将会喝到被污染的水，带来安全隐患。

针对现有技术的不足，本实用新型提供了一种净水器的滤芯寿命到期后自动断水提示更换滤芯的滤芯寿命提醒控制系统。

该系统中设有的滤芯包括：设置于入水端和净水器之间的电磁阀；设置于所述电磁阀与净水器之间的水流检测单元；以及一控制主板，控制主板上设有一处理器，处理器与电磁阀、水流检测单元分别电性连接。水流检测单元包括水轮、设置在水轮上的磁铁以及设置于水轮外侧的感应元件，感应元件与处理器电性连接。该系统还包括一个与处理器电性连接的 LED 或 LCD 显示屏和报警器。

本控制系统优点在于：通过在净水器上增加一个滤芯寿命自动控制装置，根据水质情况，具体设置净水器滤芯的寿命值，当流经滤芯的水量达到预先的设定值时，净水器的入水端处的电磁阀将自动切断供水，用户将不能使用过滤水，真正确保用户不饮用滤芯过期的过滤水，确保健康。

通信地址： 广州市番禺区南村镇塘东工业园 A 幢 502 号

邮政编码： 511442

电　　话： 13760769403

E - mail： CZG_ 9401@ 163. com

柴贵景

男，57 岁，律师，经济师

发明名称： 双螺旋盘碟形飞行器

专利（申请）号： 201210099079. 9 及申请号：201210291738. 9

发明简介： 本发明提供了一种双螺旋盘碟形飞行器及该飞行器实现转向、平移、飞行、平衡的操纵和驱动装置即飞行控制系统。

双螺旋盘碟形飞行器由机身、上下螺旋盘和飞行控制系统组成。全部升力来自于螺旋盘。核心技术是螺旋盘叶片整体覆盖空域技术，螺旋盘在高速旋转的情况下能够把其所占领空域的空气基本无泄漏的加以利用，也就是说螺旋盘在高速旋转的状态下实际产生的风速和理论风速基本一致。

发动机带动下螺旋盘旋转，下螺旋盘通过过轮带动上螺旋盘做反向旋转。上下螺旋盘都产生向下的风力。设计双螺旋盘的主要目的是为了防止机身随同单螺旋盘旋转所产生的扭力转动。在螺旋盘的下部机身的左右两侧各设计安装了一个负责转向、平移的风孔，机身前后两端各设计安装了一个负责飞行、平衡的风孔，风孔内安装有风叶，通过转动风叶，只需一个动力就能完成起飞、降落、转向、平移及飞行等一系列飞行动作，且普通发动机足可胜任。

该飞行器完全摆脱了仿生学的惯性思维模式，且根本无需考虑空气阻力，是速度快、节能、噪音低、制造简单且成本低的全新碟形结构，可以广泛用于旅游服务、交通、农业及国防等领域。

转让及合作意向：许可生产和技术入股。

通信地址： 山西省长治市太行西街 159 号 21 号楼 3 单元 102

邮政编码： 046011

电　　话： 0355-2081493　13008077609

E - mail： 249460855@ qq. com

常大勇

男，48 岁，博士，高级工程师

发明名称： 一种叶面钙肥

专利（申请）号： 200810159730. 0

发明简介： 本专利涉及一种生物技术产品，该产品国际领先，被国内专家学者确认为革命性创新产品。该产品不是直接向果面上喷施钙肥，而是将叶面的钙转移到果实中，因此不受套袋限制，从而解决了套袋苹果二次膨大期缺钙问题。该技术已经通过省级鉴定，为山东省农业科技成果转化资金支持项目，技术监督局与农业局绿色农业指定收录产品，并获烟台市技术发明奖，中国国际专利博览会金奖。

备　注：常大勇，留学博士，烟台市学术带头人，市长对接专家，烟台市留学回国先进个人，莱山区政协常委。已申请专利 9 项，科研成果 50 多项。

转让及合作意向：转让费 200 万元。

通信地址： 烟台市莱山区东兴路 16 号固特丽公司

邮政编码： 264003

电　　话： 13583579998

电子邮箱： ytgoodly@ 163. com

车延治

男，69 岁，大专，工程师

发明名称：国际健康棋

专利（申请）号：201130356112.8

发明简介：国际健康棋为智力、知识型棋类，棋子用图形表示，集科学、竞技、趣味和艺术于一体，除具有智力型棋类的竞技娱乐功能外，还能增强健康知识，有利于人们建立健康的生活方式，提高自我保健能力。该棋玩法新颖独特，将健康知识融入棋艺技术之中，使人耳目一新，展现了健康棋特有的文化内涵。该棋分“有益健康”和“有害健康”两类棋子，整个下棋过程，“有益健康”棋子始终不丢，“有害健康”棋子将被吃掉。下棋，就可懂得怎样保持健康和增进健康，防止或减少疾病的发生。该棋是健康教育的好形式，它的推广将产生很好的社会效益。

国际健康棋从 1993 年开始设计，先后获得几次专利证书，期间一直广泛征求意见并不断改进。1999 年该专利获第七届中国专利技术博览会金奖，在此基础上，该棋历经近 20 年的研究改进，现在已具有很强的竞技性，上手易学，男女老少皆可掌握，耐人寻味，展现了健康棋健康向上、倡导科学的娱乐氛围。

通信地址：山东省青岛市市北区浮山后四小区 18 号楼 3 单元 401

邮政编码：266035

电　　话：0532-88756798

E - mail：Liubingwei77@163.com

陈国富

男，68 岁，大学

发明名称：具有高频、低频端补偿的高保真度无分频器音箱

专利（申请）号：200810070300.1

发明简介：为了制造价格便宜的高质量高保真度的音箱，十多年前发明人提出了不用分频器制作高保真度音箱的技术（94103477.1），即用为数众多的普通扬声器替代价格昂贵的高级扬声器（其原理是：小振幅振动不产生非线谐波失真，并且频率失真与相位失真亦很低），同时利用高、低扬声器的连接方式实现自动分频，这样就安全避开了使用分频器带来的诸多缺点。但是经长期实践发现在频率 20Hz ~ 80Hz 低频端及 8kHz 以上高频端不理想。经长期研究后，该发明人找到了解决上述困难的方法及关键元件——具有高频、低频端补偿的高保真度无分频器音箱（200810070300.1），采用补偿技术与独创的补偿元件（磁力储能电感），不仅解决了上述困难，而且全面提升了无分频器高保真度音箱的保真度等级。用屏蔽线绕制的电感置于强磁场中，当 20Hz ~ 80Hz 的低频电流通过网线时将受到磁场力作用，但网线是固定的，因而该作用转化为负性电阻。由于电路上电感与扬声器的音圈串联，使扬声器的力阻变小，机械品质因素提高，即使普通的低频扬声器的低频性能大为改善，极大地增强了 20Hz ~ 80Hz 之低音。另外，对音频屏蔽线而言，由于自身的结构，既能通过网线传播电流，同时将电磁波场集中于屏蔽线中传播，通过交连作用，高频讯号进入芯线，将芯线中的高音频讯号转入到高音扬声器，这样，屏蔽线的芯线实现了对 8kHz 以上高端音频讯号的补偿。本发明能够以简单的工艺、价格低廉的大宗国产元件制造出超越分频器音箱的高保真及顶级高保真度的无分频器音箱。

通信地址：重庆北碚西南大学物理系

邮政编码：400715

电　　话：023-68252941

E - mail：Sunnychen@qq.com

陈国民

男，56 岁，大专学历，高级工程师

发明名称：一种银行存取款通用 IC 电子印鉴章及其存取款机

专利（申请）号：201110101578.2

发明简介：本发明属节能减排项目，公开了一种银行存取款通用 IC 电子印鉴章，包括有机玻璃柱体、IC 芯片和磁体。同时，本发明还公开了一种与 IC 电子印鉴章配套使用的存取款机。本发明采用有机玻璃作为主体材料，材料成本低，使得该电子印鉴章除了具有目前 IC 卡所具有功能外，总成本极低，推广使用价值大，可进一步推广到城市一卡通更新。

备　注：陈国民，现为中冶建工集团技术中心课题组专家成员之一，重庆市建设技术发展中心首席高级技术专家。

转让及合作意向：一次性转让或转让 + 技术入股。

通信地址：重庆市九龙坡区冶金三村 11 栋 5 号

邮政编码：400051

电　　话：18696662119

E - mail：mcckmc@163.com

陈浩宇

男，33 岁，博士，副教授

发明名称：一种新型脉络膜新生血管基因治疗药物及其用途

专利（申请）号：201210396470.5

发明简介：本发明公开了一种新型脉络膜新生血管基因治疗药物 Epo-siRNA，所述药物 Epo-siRNA是以 RNA 干扰技术为基础，从 GenBank 中获得 Epo 基因的 cDNA 序列，根据 siRNA 靶序列选择的基本原则，针对 Epo 基因设计的长度为 21 个核苷酸的 siRNA，所述药物 Epo-siRNA 的 5' 端有两个脱氧核糖核苷酸为单链悬挂状态，所述药物 Epo-siRNA 进行了甲基化修饰。本发明所述 Epo-siRNA 能够高效特意地降低靶 mRNA 和靶蛋白水平，抑制率达 40%，有效抑制脉络膜新生血管的形成。另外，本发明还公开了所述脉络膜新生血管基因治疗药物 Epo-siRNA 在用于制备治疗脉络膜新生血管疾病的药物中的用途。

通信地址：广东省汕头市东厦北路汕头国际眼科中心

邮政编码：515000

电　　话：0754-88393560

E - mail：drchenhaoyu@gmail.com

陈　贺

本科，主任工程师

发明名称：基于 GPS 语音导航技术的车载音频处理装置

专利（申请）号：200820202989.4

发明简介：本专利提供了一种基于 GPS 语音导航技术的车载音频处理装置，包括 MCU、与 MCU 连接的音频开关模块、与音频开关输入端/输出端分别连接的其他模拟音频输入模块、模拟音频输出模块；还包括 GPS 导航语音输入模块，此模块设置有数字音频接口，该数字音频接口通过导航语音检测电路与 MCU 连接，同时数字音频接口通过导航语音延时电路与音频开关输入端连接。本专利在车载音响系统中实现了对各种多媒体音频和 GPS 导航音频信号之间的自由切换，集 GPS 语音导航功能和多媒体娱乐功能于一体；同时，音频切换功能的实现可由公司自主完成，缩短了开发流程，节约时间及成本。

目前，依托该方案技术的车载音响导航产品，以其稳定的产品性能及安全可靠的产品质量先后通过了欧洲 CE、E-mark、RoHS 等权威认证，产品远销中亚、中东、欧洲等40多个国家和地区。

自2009年9月产品量产开始，截止到2010年底，产量高达115184台，新增利润额673万元，新增出口额13476万元，为企业创造了新的经济增长点。由此可见，本技术方案的开发及实施不但增强了企业的核心竞争力及相对优势，且提高了企业的盈利能力，为企业带来可观而持续的经济效益。

备　注：本专利获得了由国家知识产权局和联合国世界知识产权组织（WIPO）共同联名颁发的第十三届中国专利金奖，这是我国于1989年设立中国专利奖以来，第一个汽车电子方面的专利金奖，第三个汽车领域的专利金奖。

通信地址：广东省惠州市仲恺高新技术产业开发区15号小区

邮政编码：516006

电　　话：0752-7833916

陈家宏

男，53岁，本科，教授级高工

发明名称：电网雷害分布确定方法

专利（申请）号：200810047398.9

发明简介：本发明属防雷技术领域，是一种有效获取电网雷害分布、描述不同区域电网发生雷击闪络风险概率的新技术。本发明对雷电自动监测数据进行处理建立数据库，以地理信息系统和数据库为分析平台，采用网格法统计雷电参数，针对地面物体的抵御雷击能力及其特征，设定物体雷害的典型判据，获得相应物体的雷害分布。针对现有技术只反映了雷电活动，却未能考虑地面物体本身的耐雷性能，本专利创新性地提出了电网雷害分布思想和方法，综合考虑雷电活动及属性、电网结构与绝缘水平、地形地貌特征、运行经验，建立了电网绕击雷害分布和电网反击雷害分布模型，填补了世界空白。

至目前为止，专利权人已依据本专利技术对全国数十多个网省（市）电力公司高压/超高压电网进行电网雷害分布图研制、输电线路雷击闪络风险评估、差异化防雷设计、防雷改造、防雷综合治理等工作。基于此专利技术进行的防雷效果显著提高，防雷措施的针对性和技术经济性显著增强，雷击跳闸率下降，供电可靠性增加，检修工作量显著减小，已为国网公司节约数亿元。

本专利结合雷电特征和地面物体雷击抵御特性提出了可反映不同性质雷害分布的技术，扭转被动局面，实现电网主动性雷电防护。其成果应用提高了防雷配置的针对性和技术经济性，为电力系统节约了投资，加强了抗雷击风险能力，降低了雷击跳闸率，对保障能源安全和社会稳定有重要意义。

通信地址：湖北省武汉市洪山区珞喻路143#

邮政编码：430074

电　　话：027-59839878，13507132963

E－mail：moqing@ sgepri. sgcc. com. cn

陈建元

男，53岁，技师

发明名称：一种非完整凹球面球径尺寸的准确测量方法

专利（申请）号：201210265554.5

发明简介：本发明涉及一种对非完整凹球面球径尺寸的快速准确测量的检具及检测方法，并开发了高效测量软件，设计了一套非完整凹球面球径尺寸快速测量装置，并对检测装置的设计原理、制作过程及在加工中的具体使用方法、数据处理进行了详尽描述。本发明设计的测量装置对非完整凹球面球径尺寸进行检测，方便快捷，不但解决了高精度非完整凹球面球径尺寸的准确测量，而且简化了测量方法，提高了检测效率和精度。此外通过调整测量装置，能实现多种零件、多种非完整凹球面球径尺寸的定量、快速、准确测量。

非完整凹球面球径尺寸的快速测量装置由钢

球、数显高度尺、测量平板或机床工作台、计算机组成。

本发明结合测量软件使用，创新点在于巧妙地将传统的手工操作与计算机软件相结合，运用先进的测量方法，达到快速、准确对非完整凹球面球径尺寸进行检测。

转让及合作意向：同意转让及合作。

通信地址：北京市丰台区2559信箱中国航空工业集团公司北京航空精密机械研究所

邮政编码：100076

电　　话：13161779095

E－mail：Chenyi1986518@126.com

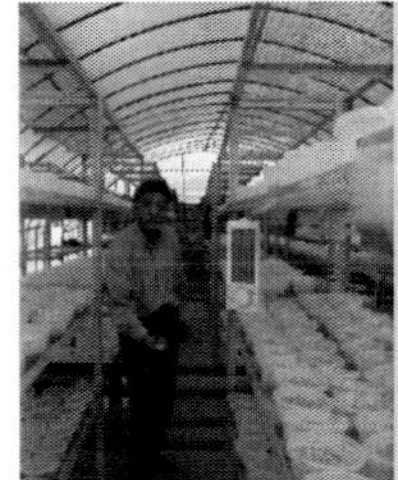

陈烈涛

男，65岁，大学，高级工程师

发明名称：智能化多效虹吸凝水蒸汽回收机

专利（申请）号：201220077854.6

发明简介：智能化多效虹吸凝水蒸汽回收机涉及一个汽液贮灌，属于压力容器，需委托锅炉厂或化工机械厂制造；将智能化多效虹吸凝水蒸汽回收机安装在凝结水管路上即构成相变循环传热系统，其安装过程涉及工业管道安装，需与具有相关资质的单位（如锅炉安装队）协作；又涉及智能控制电气仪表。因此，适合于运用合同能源管理新机制的节能服务单位或锅炉企业、化机制造企业、智能控制行业接产/合作。本项目属于通用机械行业，节能减排产品，可应用于工业、农业、生活各领域。

由锅炉与用热设备通过蒸汽流道与凝水流道互相联通，在凝水流道上安装智能化多效虹吸凝水蒸汽回收机，并按系统用热工艺选择配置入网器、集合疏水器等配件，革除传统疏水阀，用集合疏水控制器充当安全装置，用复合贮罐高效分离再生蒸汽，用特种泵耐高温防汽蚀保密封，以泵虹吸回收凝水回锅炉，以排汽背压/蒸喷虹吸回收再生蒸汽分级利用，以变流量连续输水适应变工况，智能化控制运行，凝水顺畅转移，无余热排放，对于等压/非等压锅炉供热系统都可实现相变循环运行，成为真正意义的闭式回收系统，节能减排效果最佳。若回收至除氧器/软水箱等无压设备加热则免用泵，可通过物联网操作平台进行远程监控操作。

转让及合作意向：本项目技术转让，普通许可转让费20～40万元，独家许可转让费400万元。对有能力促成合同契约的个人，赠送本专利转让收入的分配权。

备　注：多项专利投入实际生产；美国爱迪生发明中心授予金质勋章；香港专利事业促进委员会授予中华专利技术发展成就奖；第五届中国·海峡项目成果交易会金奖。

通信地址：福建省三明市中山路303栋608信箱

邮政编码：365001

电　　话：0598-8333379　13015688256

E－mail：smjieda@163.com

陈林豪

男，57岁，大专，医师

发明名称：一种治疗卵巢癌晚期的中药水丸制剂

专利（申请）号：201210395594.1

发明简介：本发明涉及中医成药，尤其是一种治疗卵巢癌晚期的中药水丸制剂。卵巢癌是妇科难治之症，不容易早期发现，一经发现则基本上是晚期。而晚期患者预后较差，术后易复发。本发明对症治疗和随症加减运用自如，相得益彰，诸药合用共奏行气活血、软坚消癥、利湿化痰、解毒散结之功。其疗效优于西医化疗方法，能够对症加减应用，减轻患者症状，提高患者生存质量，延长晚期癌症患者存活期。

发明名称：一种治疗晚期肝癌的中药水丸制剂

专利（申请）号：201210395594.1

发明简介：本发明涉及中医成药，尤其是一种治疗中晚期肝癌的中药水丸制剂。使用本发明对症治疗，可提高疗效，改善生存质量，延长生存期。本发明可起到保护肝细胞，减轻化疗毒副作用，提高免疫功能，抑杀癌细胞作用。

通信地址：浙江省义乌市民主路西巷1弄6号
邮政编码：322006
电　　话：13958411114　0579-85833617
E - mail：2549305341@ qq. com

陈明才
男，50岁，硕士，工程师

发明名称：配电现场作业智能监管系统

专利（申请）号：201210108944. 1

发明简介：目前，电力公司营配系统相关业务信息系统主要实现了管理信息化，但应用范围仍未延伸到电力生产和营销作业现场。这就造成了作业人员无法实时获取作业任务、指引、表单、地理位置等相关作业信息；作业结果也无法及时传输到电力公司相应的信息管理系统；协同工作人员及管理人员不能及时得知任务处理情况及结果。这将影响到智能配电网信息化管理的建设。

配电现场作业智能监管系统采用了现代信息、通信、控制和管理技术，将GPS或北斗星定位技术与GPRS/CDMA/3G/4G/WiMAX/Wi-Fi无线连网技术结合起来，准确无误地传输现场作业信息，实现智能电网的信息化管理达到末端，完成现场作业监管的实时性和准确性。

该系统的关键技术包括：GPS定位技术、GPRS/CDMA/3G/4G/WiMAX/Wi-Fi移动无线连网技术、RFID电子标签技术、物联网技术、图像处理技术、安全认证技术、软件总线技术等。

本专利将物联网技术应用到配电现场作业中，实现信息流的双向实时交互。

通信地址：江苏省南京市鼓楼区金城花园46号502室
邮政编码：210003
电　　话：025-58828900
E - mail：18061881200@ 189. cn

陈铭深
男，26岁，高中，董事

发明名称：木屋墙件

专利（申请）号：201130367788. 7

发明简介：木屋墙件。外表弧形防腐呈竹绿色，里面平板环保天然木色。厚度85mm，高度70mm（不计算榫头），两端全防腐、进入100mm定尺咬级宽度与深度精确，纵横连扣叠成的木屋稳固安全，暴风地震不易摧毁。木材吸热性大，墙体85mm厚度具有冬暖夏凉之感，少用空调和涂料，尽显大自然环保之美。

外弧防腐内板光滑的专利墙件，轻巧灵活造出的木屋立体几何感强而美观，施工方便清洁，可多次拆卸异地再安装，是度假、休闲家居佳作。

该木屋在广东省人民政府主办的外博会上获“外博会之星”最佳展示奖。广东东莞、中山、广州番禺、云浮已有用户成交。

转让及合作意向：在全国各省市寻求一家合作单位。

通信地址：广东深郁南县都城镇平江路
邮政编码：527199
电　　话：0766-7315019
E - mail：ynsnp@ cngarden. com

陈培杰
男，74岁，大专，经济师

发明名称：交通路口三环道安全岛

专利（申请）号：201010570916. 2

发明简介：交通路口三环道安全岛，进岛内的车辆在三种不同颜色的环道上运行，替代现行红绿黄灯的职能。一环道为黄白色，是车辆进岛的第一环道，又是出岛的最后环道。二环道为绿白色，是直行、左拐、掉头车运行环道。三环道为全绿色，是掉头车运行环道。凡是岛内的车辆法定统一右行。非机动车道、人行道为黑白色，是机动车道最外侧的辅道。各干道的中线与黑白道相交部位特设橘黄色三角区，为礼让机动车的候车区。两道分离运行解决了多年二者产生事故的隐患。以上各条构思符合交通规章，能缓解疏通车辆拥挤堵塞，有安全运行的可行性，又节能、省时、环保。

通讯地址： 天津市北辰区引河南里 8 号楼 3 门 6002 号

邮政编码： 300400

电　　话： 13512258012

陈骑龙

男，25 岁，大专

发明名称： 一种治疗晚期肺癌的中药水丸制剂

专利（申请）号： 201210482400.1

发明简介： 本发明涉及一种治疗晚期肺癌的中药水丸制剂，其治疗晚期肺癌患者，能达到患者长期带瘤生存的目的，不仅能延长存活期，提高生存质量，缓解症状，对稳定病情也有明显的作用，个别病例能达到完全治疗的目的。

通信地址： 浙江省义乌市民主路西巷 1 弄 6 号

邮政编码： 322006

电　　话： 13958411114　0579-85833617

E－mail： 430068425@qq.com

陈启康

男，60 岁，本科，研究员

发明名称： 海涂大米草与水稻属间远缘杂交育种方法

专利（申请）号： 200710019635.6

发明简介： 2005 年～2012 年，发掘大米草耐盐、水稻高产优异基因资源，开展海涂大米草与水稻属间远缘杂交育种研究，2011 年承担并完成国家自然科学基金面上项目。选育出大米草与水稻远缘杂交的米草稻新品系 2 个，亩（1/15 公顷）产稻谷 453kg～502kg，海涂累计种植 2000 多亩；每亩当季收获米草稻种籽 400kg，种籽 10 元/kg，亩产值 4000 元；秋季种植耐盐小麦，亩产值 800 多元，海涂盐碱地年亩新增产值 4800 多元。

我国盐碱地面积 5.5 亿亩，可耕地已逼近 18 亿亩红线。本专利为盐生植物在遗传改良中应用提供理论和技术支撑，解决盐碱地改良和耐盐作物品种问题，同时又增加了农民收入，还美化了环境，对于资源利用、农业增效、粮食安全、耕地战略等方面有着重要的科学意义，具有广阔的应用前景。

备　注：陈启康，全国农业科普先进工作者，创建了中国第一个海滨牧场，获奖 20 项，获发明专利 4 项，发表论文 60 篇。

通信地址： 江苏南通市崇川区健康路健康公寓 2-202

邮政编码： 226001

电　　话： 13515206693

E－mail： Chqk58@sohu.com

陈　庆

男，53岁，大学，高级工程师

个人简介：陈庆，成都新柯力化工科技有限公司总经理，中国发明协会会员，中国降解塑料协会理事，中国塑料加工工业协会改性塑料专业委员会会员，《塑料工业》杂志编委，生物淀粉基塑料国家标准（GB/T 4012—2010）起草单位人之一，在生物降解淀粉塑料研究、开发、技术转让和产业化领域取得显著成果。他从1993年至今共申请中国发明专利37项，其中有20项已获得授权。自1994年以来，他将生物降解塑料专利技术推广至30多家国内外企业（含台湾地区），建立了1500吨/年~5000吨/年的生物降解淀粉塑料工业化生产线，投资方累计总投资达3亿多元，创造产值10多亿元；并推广至国外马来西亚、印度尼西亚、泰国和新加坡等国家，形成了3万吨/年的生产规模，产值2亿多美元。自2009年始，他又研发了环保石头纸系列和绿色节能建材系列专利技术，已建成千吨/年的生产线并向市场推广。

他曾获美国国际专利技术博览会金奖（1994年）、中国专利技术博览会金奖（1994年）、中国发明金奖（1994年），发明创业奖（2006年），四川省中小企业科技创新奖（2005年）、成都市政府专利奖（2009年、2011年）等荣誉，并在国家级核心期刊上发表了30多篇学术性文章。

通信地址：四川省成都市青羊区蛟龙工业港东海路4座成都新柯力化工科技有限公司
邮政编码：610091
电　　话：028-87070127
E - mail：cdnewkeli@163.com

陈荣富

男，63岁

发明名称：一种水箱喷雾式除油烟机

专利（申请）号：201220026875.5

发明简介：本实用新型提供了一种水箱喷雾式除油烟机，来清除这些有害物质。它的工作原理是：高压水泵把混合有药液的清洗水变为雾状，把混合有油烟、灰尘、有害微粒的废气清洗干净，再经箱内若干隔油隔水网过滤排出清洁的空气；清洗水在清洗箱底部的排水孔流回清洗水收集箱，再循环使用。浮在水面的油烟，在定时入水电煲作用下，随水位上升溢出清洗水收集箱外，进入地下污水处理渠。

水箱喷雾式除油烟机可广泛适用于下列场所：

（一）采用燃煤、天然气、燃油的各种火电厂，其烟囱尾气中含有大量灰尘，微粒及各种化学物质，往往通过高耸的烟囱把它们送上高空，但这种高空排放方式不能解决根本问题，一场大雨大雪，这些有害物质又回落地面，为害更大，且加剧了温室效应。

（二）各种化工厂的废气排放，可有针对性地配用化学药品，中和分解毒性，更加环保。

（三）清除各种饭店酒楼厨房的油烟废气，非常高效。

本产品可制造成各种形状的小型移动器具，方便各种场合使用。

备　注：陈荣富，广东省台山市人，1981年移居澳门，创办澳门友记电机冷气工程有限公司。在澳门三十多年中接触各国先进的工艺、设备及其自动控制系统，积累了深厚的机电知识及经验，2012年他取得两项专利，“一种水技术雾式除油烟机”和“一种LED节能灯具”。

通信地址：澳门深巷仔15号地下B友记电机冷气工程有限公司
电　　话：0853-66699316　66928853　66127874
传　　真：0853-28371570

E - mail：cheng. b8972@ grnail. com

陈　森

男，70 岁，中专，高级兽医师

发明名称：结石丸

专利（申请）号：201210395986. 8

发明简介：本发明涉及一种治疗结石病的丸药，以生长在深山老林之中贵重草药组成的秘方为基础，经发明人在使用实践中多次改正后的"结石丸"效果更好（胆道、尿道、肾的结石病都可以治疗），用现代制作工艺，体积更小，服用更方便，成本更低，深受病人的欢迎。

据统计，近几年服用"结石丸"的病人有 15000 余人，其中有效率为 95% 以上，排净结石的占 80% 以上，效果显著。

通信地址：浙江省义乌市上溪镇黄山四村
邮政编码：322006
电　　话：15325795211

陈小林

男，43 岁，本科，工程师

发明名称：蓄电池组串联并联转换装置

专利（申请）号：201210078146. 9

发明简介：把直流串联转换成直流并联充电，并断开串联放电，减少了蓄电池组内间的内耗和电阻，充电不必多次循环节省充电时间，解决在充电时产生不必要放电，增加使用次数，解决在串联放电状态充电插座容易受尘和短路的问题，有效地保障了充电插座清洁和安全，也保障机器人、电动车、电动装置和控制系统等应用系统在充电时的安全，可广泛用于电动车、机器人、电瓶车和电池车的充电转换。

通信地址：浙江省湖州市凤凰街道
邮政编码：313000
电　　话：15305721572
E - mail：Yierp@ 126. com

陈协露

男，49 岁，大专，农艺师

发明名称：利用柠檬酸来处理生活垃圾中的重金属的淋洗装置

专利（申请）号：201210193177. 9

发明简介：本发明提供了一种利用柠檬酸来处理生活垃圾中的重金属的淋洗装置。把过滤网输送带机架安装成 10 ~ 15°角，便于输送带的运转，减轻电动机的负载。本发明能连续不间断运行，处理量大，维护方便，维护成本低；本技术采用双层滚轮带动，对履带式过滤网输送带无损伤，实现多重保护，增加过滤网输送带的使用寿命。

通信地址：广西壮族自治区来宾市兴宾区文明路 61 号
邮政编码：546100
电　　话：0772-4285332
E - mail：trny@ vip. qq. com

陈雄晖

男，43 岁，本科，总经理

发明名称：餐厨垃圾废水处理一体化设备和方法

专利（申请）号：201310042534. 6

发明简介：本发明公开了一种用于餐厨废水处理设备的空气排放除臭装置，包括密闭箱体和臭气流通管组件。该臭气流通管组件设有活性炭过滤器，一端连接排风系统管道且另一端连接密闭箱体；餐厨废水处理设备设于密闭箱体中，从而防止餐厨废水的臭味传到密闭箱体外；并设有固液分离区和油水分区，在两区对应位置设有通气孔，使固液分离区的臭气和油水分区的臭气传至臭气流通管组件。通过采用以上结构，保证了室内设备的环境气味得以有效控制；通过排风系统管道的负压抽除气味，同时通过活性碳的过滤和净化；降低了对大气环境的污染。

通信地址： 广东省广州市白云区丛云路 810 号贯耳永泰大厦 7 楼 702 房

邮政编码： 510440

电　　话： 020-86386081

E - mail： Xh5570@ huy100. com

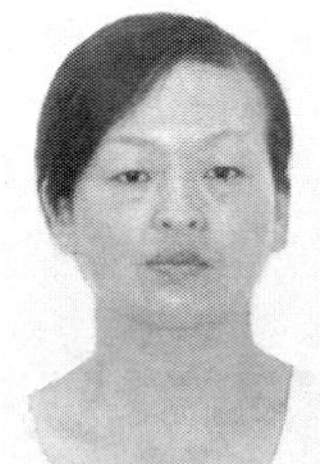

陈彦春

女，32 岁，小学

发明名称： 自助循环式洗水池节水设备

专利（申请）号： 201220346646. 1

发明简介： 本实用新型由深浅洗水池，两个自来水进水口，储水箱和连接管线组成，用于解决厨房洗水池严重浪费水源的问题。该设备的突出特点是有深浅两个洗水池，两个池底各有两个出水口，一个出水口通下水道，另一个通储水箱。通过浅池和深池两次使用，还比较清澈的洗涤水可以回收到设有刹车轮子的储水箱里面，用于家庭擦拖地面，浇花养草，冲洗马桶等。同样的一盆水，可以使用 3 次，简单而有效，将有可能改变现存的厨房用水模式。

通信地址： 上海市银都路永联七村丁家库 32 号

邮政编码： 201108

电　　话： 13818705963

E - mail： Yanchun1979@ 163. com

陈文彬

男，53 岁，大专，工程师

发明名称： 一种水轮机式海浪发电设备

专利（申请）号： 201220106154. 5

发明简介： 本发明具有以下特点：1. 波浪能转换效率高，达 200% 以上，世界上平均只有 10% ~ 35% 的转换效率；2. 波浪利用率高；3. 从波浪到发电机轴旋转的环节很少；4. 抗风浪能力强，12 级台风下仍能发电；本发明的发电防波堤本来就沉在海底，所以无惧翻沉；5. 成本低，由于本发明环节少，只使用简单的齿轮和轴承转动；6. 使中国沿海的商业化波浪发电成为可能；7. 让防波堤产生经济效益，防波堤能够发电，就会产生经济效益，不再是无效的投资。

通信地址： 广州市中山四路 108 号 403 房

邮政编码： 510030

电　　话： 020-83362010

E - mail： 2270181172@ qq. com

陈文祥

男，57 岁，高中，技师

发明名称： 一种紫薇景观大树的快速培育种植方法

专利（申请）号： 201210241432. 2

发明简介： 本发明公开了一种紫薇景观大树的快速培育种植方法，特征是：选择一个高近 2 米，下端直径 0. 2 ~ 0. 4 米，上端直径 0. 15 ~ 0. 35 米的易腐杂木木桩作为树轴模型，将 2 ~ 3 年生的无分枝紫薇树苗紧密围绕树轴模型定植在地中，相邻的树干彼此靠紧，用塑料薄膜将其严密裹覆固定在树轴模型上，当年 6 月中下旬去掉薄膜，深秋时用新薄膜再次裹覆，次年6月中下旬去掉薄膜，深秋时用新薄膜再次裹覆，第三年6月中下旬，去掉裹覆和绑缚的全部薄膜。整个培植期间均按照紫薇人工栽培技术的常规管理方法实施肥水管理。本发明可在三年内快速培育山紫薇景观大树，其胸径大小可以预先根据选树轴模型直径的大小而设计，培植出的景观大树树干光滑直立，主枝造型优美，栽培成活率达100%。

转让及合作意向：专利转让费面议。

通信地址： 陕西省汉中市略阳县黑河镇岩房坝村岩房坝组

邮政编码： 724300

电　　话： 18391616563

E－mail： 1223938499@qq.com

陈张亮

男，60岁，大专，工程师

发明名称： 三圈双滚道回转支承

专利（申请）号： 201110158796.X

发明简介： 本发明公开了一种三圈双滚道回转支承，包括外圈、中圈和内圈。所述外圈环状内壁设有半圆形或V形沟槽，与中圈环状外壁稍下位置所设的半圆形或V形沟槽组合成环状圆筒形或正方形外滚道；所述中圈环状内壁稍上位置设有半圆形或V形沟槽，与内圈环状外壁所设的半圆形或V形沟槽组合成环状圆筒形或正方形内滚道；所述外滚道和内滚道内，排列钢球或交叉排列短圆柱形滚柱以及相应的隔离块。所述三圈上均设有安装孔和密封设施。所述中圈和无齿轮的内外圈上设有装填孔、堵头和穿销，并且设有若干加油孔和油嘴。

本发明所述环状正方形滚道内，可单独排列钢球和交叉排列短圆柱形滚柱，也可按设计顺序混合排列钢球和交叉滚柱。

本发明可以有一只圈带齿轮，外圈带外齿轮或者内圈带内齿轮，但不能内外圈同时带齿轮。

本发明适宜需要固定中圈，使内外两圈同时进行双回转的特殊主机设备采用。

通信地址： 安徽省枞阳县长江路78号安徽枞晨回转支承有限公司

邮政编码： 246700

电　　话： 0556-2824788，13855629098

E－mail： Czl9098@126.com

陈致憨

女，61岁，大学，高级会计师、高级经营师

发明名称： 治疗胃炎的药物组合物、制备方法、用途和质量控制方法

专利（申请）号： 03121887.3

发明简介： 治疗胃炎的药物组合物、制备方法、用途和质量控制方法的发明专利，其专利产品包括摩罗丹（大、小蜜丸）、摩罗口服液、摩罗丹浓缩丸等不同剂型的系列产品。

摩罗丹执行卫生部药品标准中药成方制剂第十六册（中药保护品种分册），2009年河北省药品检验所推荐摩罗丹标准进入《中国药典》2010年版增补本。摩罗口服液执行国家食品药品监督管理局标准，标准编号WS-10644（ZD-0644）-2002。摩罗丹浓缩丸执行国家食品药品监督管理局标准，标准编号：YBZ00182009。

摩罗丹具有和胃降逆、健脾消胀、通络定痛的功效，用于慢性萎缩性胃炎具胃痛、胀满、痞闷、纳呆、嗳气、烧心，舌质红或紫暗或有瘀点瘀斑、苔少或无，脉细或涩等症。摩罗丹多次获得河北省消费者信得过产品称号，中国中医药科学院西苑医院已将摩罗丹列为治疗和预防胃癌的研究药物。

专利产品摩罗丹以茯苓、泽泻、百合等十八味药材为主要原料，年用量1175吨左右，2011年，摩罗丹销售收入9738万元。

通信地址： 河北邯郸工业园区309国道18号

邮政编码： 056005

电　　话： 0310-8036999-8882

E－mail： hdzyjszx@126.com

程玉全

男，60 岁，大学，高级工程师

发明名称：烧结保温空心砌块挤出成型模具

专利（申请）号：200910023769.4

发明简介：烧结保温空心砌块真空成型机是国家“十一五”科技支撑计划项目，由西安墙体材料研究设计院联合几家科研单位共同实施，陕西省新型砖瓦装备工程技术研究中心、陕西皇城玉全机械制造（集团）有限公司承担其主机的研发与试制任务。该项目 2010 年 4 月 9 日通过了国家科技部和建设部的联合验收，其设备达到了国际先进水平，共申报了 10 项专利，其中发明专利 7 项，已授权 2 项。2011 年，该设备在山东威海举办的第 20 届“全国发明展览会”上被评为“金奖”。同年，陕西皇城玉全机械制造（集团）有限公司投资 5500 万元，建设烧结保温空心砌块真空成型机产业化生产基地，预计到 2015 年，可年产成套设备 50 台（套），年产值可达到 1 亿元。

备　注：程玉全，为陕西省中小企业创新研发中心主任，从事砖瓦装备研究 40 多年，有很深的理论基础和实践经验，先后研发了 36 种系列、68 种规格的砖瓦机械产品，覆盖非真空、真空，软塑、半硬塑、硬塑等多个规格型号，拥有自主知识产权 64 项，先后荣获国家、省、市、县表彰奖励 60 多项，近年来，先后获得第九届全国“创业之星”、第六届全国“发明创业奖”特等奖、“当代发明家”等荣誉。

通信地址：陕西省宝鸡市眉县马家镇工业园区陕西皇城玉全机械制造（集团）有限公司

邮政编码：722301

电　　话：0917-5667657

E - mail：xmb5667657@163.com

程永科

男，38 岁，研究生，工程师

发明名称：双缸多条半硬塑真空挤出机

专利（申请）号：201010593132.1

发明简介：双缸多条半硬塑真空挤出机是陕西皇城玉全机械制造（集团）有限公司和陕西省新型砖瓦装备工程技术研究中心于 2010 年自主研发的一种低能耗、高产出的新型真空挤出机，它改变了传统的真空挤出机只有单缸单出口的模式，设计制造出双轴双缸多出口多出条的新型制砖机，在使用功率不变的情况下，根据客户需要，可一次出坯条 2～6 根，提高产量 2～4 倍，年产量可达到 1.5 亿块左右，相当于 10～15 个小型砖厂一年的总产量，该设备在第 20 届山东威海市举办的全国发明展览会上荣获“银奖”。

该产品已批量生产投入市场，得到用户的普遍好评。

通信地址：陕西省宝鸡市眉县马家镇工业园区陕西皇城玉全机械制造（集团）有限公司

邮政编码：722301

电　　话：0917-5667657

E - mail：xmb5667657@163.com

储晓雷

男，39 岁，本科，中级工程师

发明名称：植物温室建筑屋顶混凝土构件架

专利（申请）号：201200235586.0

发明简介：本项目为 8m 跨半地下室以钢筋混凝土拱形架，可代替竹子结构、钢结构、铝合金结构，可承受 40kg/m^2 雪荷载，上方覆盖草帘、塑料布，造价便宜，耐腐蚀经久耐用保温的优点，用于蔬菜、苗圃企业，反季节蔬菜、花卉生长、育苗育种，可产生良好的经济效益和社会效益，前景十分广阔。

通信地址： 江苏省海安县海安镇中坝北路 69 号南通华新建工集团有限公司

邮政编码： 226600

电　　话： 15262690316

E - mail： 1479007163@ qq. com

崔有贵

男，31 岁，大学，工程师

发明名称： 余热锅炉烟气脱硝装置

专利（申请）号： 201110437588. 3

发明简介： 本实用新型公开了一种余热锅炉烟气脱硝装置，属于工业尾气净化设备领域，包括设于余热锅炉内的蒸发器，其沿烟气流程的通道有多级受热面，并沿烟气方向温度逐渐降低；还包括脱硝反应器、还原剂注射系统，以及为还原剂注射系统提供还原剂的制备系统。脱硝反应器内设有催化剂，脱硝反应器设于蒸发器某相邻两级受热面之间，该两级受热面间的温度为脱硝催化剂的最佳反应温度。还原剂注射系统在烟气流程通道断面均匀喷射还原剂，其按烟气流程方向设于脱硝反应器上游并与脱硝反应器间间隔若干级受热面。本实用新型可以解决燃气轮机联合循环机组及工业余热锅炉烟气中 NOx 的排放问题，适应低尘、低 NOx 浓度、高脱硝效率的 SCR 脱硝要求。

通信地址： 四川省成都高新西区西芯大道 18 号东方锅炉技术中心

邮政编码： 611731

电　　话： 13880083024

E - mail： 13880083024@ 163. com

邓复兴

男，67 岁，高中学历，医生

发明名称： 一种治疗风湿骨病专用药

专利（申请）号： 201210237807. 8

发明简介： 专利人临床实用 20 多年，对颈椎病、腰椎间盘突出、增生、膨出、内突、椎管狭窄、强直性脊柱炎及四肢麻木、股骨头病的诊治颇有心得，发明了这种治愈率高，副作用小，安全卫生，方便而实惠的外用药贴，结合中医对脊柱病学科的研究，能够彻底治愈脊柱病。

通信地址： 河南省宝丰县利民路 84 号（复兴堂）

邮政编码： 467400

电　　话： 13503416485

邓抄军

男，硕士，工程师，技术总监

发明名称： 可平滑扩容的数据通信系统

专利（申请）号： 00122430. 1

发明简介： 该项专利技术所解决的是传统路由器系统在扩容时必须进行整体更新的难题。在此技术之前，对路由器系统设备进行扩容的成本比较高，要扩大容量，就要把整机全部更换。而本获奖专利率先实现了将多个路由器机框的交换网进行互联，通过光纤和中心级联框实现通信和高速报文交换，这样就突破了一个机框的容量瓶颈，能够把多台独立路由器机框作为一台路由器进行业务运行和管理（包括数据平面和控制平面的完全融合）。

采用此专利技术的产品叫做“华为 NE5000E 核心路由器”，从 2004 年到 2009 年底，该路由器销售额超过 18 亿元。这一产品正在为 45 家位列全球前 50 强的通信运营商提供服务，累计出口额

2.56 亿元，实现利润约 2.67 亿元。

这一专利技术被业界视为突破传统的里程碑级发明。通过 NE5000E 核心路由器，华为公司首家发布了跨 IP 和光领域的端到端 100G 解决方案，该产品的 16 + 64 集群系统能力扩容到 200T，该产品的 16 + 64（64 个路由框 + 16 个中心级联框）集群系统能力扩容到 200T，较上一代产品最高的 640Gbps 提高了 312.5 倍。该专利于 2007 年获得深圳市专利金奖；采用该专利设计的华为 NE5000E 核心路由器于 2008 年荣获 InfoVision 大奖，被业界誉为“超宽带时代的网络基石”；2010 年 6 月该路由器获得国家科技进步二等奖。

通信地址： 深圳市龙岗区坂田华为基地总部办公楼知识产权部

邮政编码： 518129

电　　话： 15818663569

丁　胜

男，72 岁，中专，退休

发明名称： 一种可移动式浮舟水轮发电机组

专利（申请）号： 201220103134.2

发明简介： 本实用新型是一种可移动式浮舟水轮发电机组，利用流动水的浅表水面能进行发电。浮舟体装有平台，轴的两端通过键固定水轮，轴固定在平台上，轴的中间位置固定有锥齿轮，与锥齿相啮合，锥齿固定在短轴上，短轴固定在平台上。短轴、离合器、调速器、发电机都通过联轴器相连。本实用新型具有结构简单、制造使用成本低、移动方便、不占土地、不修大坝、安装快、维护方便、节省人力、无污染等优点，不限地区，可在无电区、地震救灾区、农牧区使用，可为地质、气象、建筑、桥梁、日常生活等提供用电，还可一船多机与国家电网并网，川流不息、昼夜发电，为人类造福。

通信地址： 青海西宁城西五四大街 37 号力盟居贤楼 1 单元 1266 号

邮政编码： 810000

电　　话： 0971-5312248　13997127398

丁太信

男，62 岁，高中，技师

发明名称： 一种防止螺杆脱落装置

专利（申请）号： 201220476394.4

发明简介： 适用于采用螺母旋转、螺杆作直线上下往复运动的机械式平衡吊和轻小型起重机。

主动件传动螺母旋转运动时，从动件螺杆作直线上下往复运动。螺杆最上端与吊臂铰链连接，实现了升降运动。

因受吊臂重量的作用力和被起吊重物的作用力使螺杆始终承受向上的拉力。螺杆梯形牙上侧面和传动螺母梯形牙下侧面是承载牙侧，始终处于无间隙工作状态。即使传动螺母反向（即向左旋转重物降落时）旋转，也不会产生轴向窜动现象，根据这一特性，在传动螺母下端装配 1 件浮动螺母。浮动螺母内孔与传动螺母外径为间隙配合，在传动螺母外壳上固定 2 个 M5 × 10 锥端紧定螺钉，使浮动螺母随传动螺母同步旋转，并随传动螺母梯形螺纹磨损量同步向上移动，当传动螺母梯形螺纹磨损到不能承载负荷时，浮动螺母 A 面与传动螺母下端 B 面贴紧，致使 2 个 M5 螺钉被切断，使浮动螺母和传动螺母分离，浮动螺母相对螺杆的旋转运动瞬间转换为相对静止状态，浮动螺母瞬间自然的转换为锁紧螺母锁定了螺杆，螺杆停止向上移动。

通信地址： 河南省焦作市焦东南路 22 号

邮政编码： 454000

电　　话： 0391-3900259

董洪利

男，51 岁，高中

发明名称：全自动水泥煤灰发泡保温板预混浇注装置

专利（申请）号：201220430160.6

发明简介：随着实心粘土砖、泡沫塑料的禁用，材料轻质、A 级防火、黏结力强、低碳利废、无毒无害、节能环保、抗高低温性好、耐腐蚀、抗紫外线照射、耐候性、耐久性好的发泡水泥保温板的需求巨大，现有的手工或半自动化的落后工艺已经成为行业发展的制约，满足不了市场的巨大需求。

本实用新型的目的是提供一种全自动水泥煤灰发泡保温板的预混料浇注装置。采用该装置制造的发泡水泥保温板的设备在生产过程中衔接紧凑，机械自动化程度高，生产周期短，对环境污染小，生产成本低，适合规模化生产，满足市场需求。

通信地址：山东省滨州市邹平县长山镇黄王村
邮政编码：256207
电　　话：15865202388
E－mail：Jinkun88881818@qq.com

董久赤

男，54 岁，本科，高级工程师

发明名称：综采数字化无人工作面控制系统

专利（申请）号：201020660941.5

发明简介：综采数字化无人工作面控制系统选用大功率交流变频电牵引采煤机，增设双向犁煤装置以提高装煤效果，采煤机实现记忆截割和自动调高控制，具备远程数据传输和监控功能；采用两柱双伸缩掩护式液压支架，除满足薄煤层矿压要求外，其选配的高可靠性电液控制技术，实现液压支架自动跟机推溜、降架、拉架、升架和远程检测等功能，并保证三机配套的合理和最小过机空间；选用中双链中部槽封底式铸焊刮板机，降低机头、中部槽和卸载高度以适应薄煤层工作面的需要；设计铰接式电缆拖槽，既有足够的空间容纳弯曲的电缆，防止运行中电缆损坏，又可方便行人；选用超低照度和高分辨率的摄像仪，多画面分割、跟机切换，在工作面无人操作情况下完成三机设备跟踪监视和全煤壁煤岩界面辨识；在远离工作面的地方设置集中监控室，实现远程控制，保证工作面“三机”协调运行。

该技术在邯郸市大力矿业有限公司 5301 工作面应用并取得成功。工作面长度 52m，煤层厚度 0.6m，采高 1.0m，工作面割底砟 0.2m 左右，该综采无人工作面平均日进达到 6m，日产原煤 412 吨，最高日进 10m，日产原煤 687 吨，最高月产可达 20610 吨，具备年产 22 万吨的生产能力，且提高了开采效率，降低劳动强度，避免煤矿重、特大事故发生。

通信地址：河北省邯郸市峰峰矿区鼓山中街 2 号
河北天择重型机械有限公司
邮政编码：056200
电　　话：0310-5282092
E－mail：ffjxzc@vip.163.com

董晓宇

女，39 岁，博士学历，讲师

发明名称：一株酿酒酵母菌及其在乙醇发酵中的应用

专利（申请）号：201210292455.6

发明简介：本发明公开了一株酿酒酵母，它涉及一种微生物。它从酵母浸粉中分离获得，应用于微生物转化葡萄糖生产乙醇，解决目前发酵过程中较高浓度葡萄糖抑制菌体生产乙醇能力的问题。菌株 DL5168 保藏于中国微生物菌种保藏管理委员会普通微生物中心，保藏号为 CGMCC No.6184。本发明还公开了该菌株 26S rDNA D1/D2 区序列（SEQ ID NO.1），并且经序列比对证明该段序列与酿酒酵母

26S rDNA D1/D2 区序列同源性为 100%。本发明的酿酒酵母 DL5168 发酵葡萄糖生产乙醇的最终浓度和转化率分别为 112.9g/L 和 0.63g/g，比模式菌 GGM-CC No. 2.604 分别高出 36% 和 37%。该菌在微生物生产乙醇方面具有良好应用前景。

通信地址：辽宁大连经济技术开发区学府大街 10 号大连大学生命科学与技术学院

邮政编码：116622

电　　话：13942627212

E - mail：dongxiaoyu0411@ yahoo. com. cn

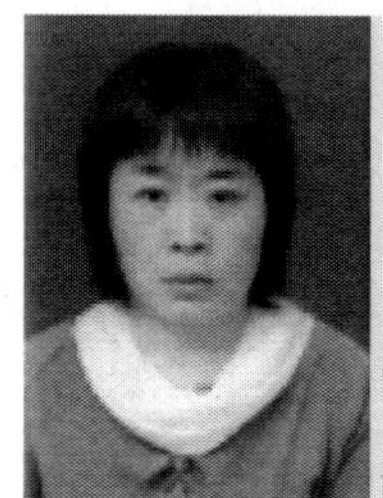

杜金兰

发明名称：硬顶敞篷车自动车顶

专利（申请）号：200920266015.7

发明简介：1. 硬顶敞篷车自动车顶采用一体技术，使得车内垂直高度增加，车内空间随之增加，可做单排座也可以做成双排座。2. 增加了后备箱设备，使车内活动区域与后备箱内其他储物空间隔离，使得货物的取放更加方便。3. 由于弧形车顶滑行，降低了车顶移动高度，即使高速行驶也能启动车顶，不会被掀翻。4. 能够单独设置在无顶敞篷车上，清洗时防止水进入车内，提高性能保护。5. 门窗可做成固定的，也可做成上下移动的。6. 发明人只设计硬顶敞篷车顶与后备箱。车上其他配件可随便调整。

本实用新型不局限于上述实施方式，不论在其形状或者结构上做任何变化，凡是利用上述的硬顶敞篷车自动车顶都是本实用新型的一种变化，均应认为落在本实用新型保护范围之内。

电　　话：18706631836

杜　康

男，21 岁，本科

发明名称：荧光羽毛球

专利（申请）号：201220492495.0

发明简介：本实用新型涉及一种羽毛球，主要适用于光线较弱或者黑暗环境条件。本发明的主要创新之处在于，在羽毛球的球体部分填充可以发光的物质，使其变成可以发光的球体，羽毛球的羽翼用荧光颜料染色。

本发明产品操作原理为，在使用时，通过球拍击打羽毛球球体，球体部分填充的化学物质得到混合，随即发生化学反应，通过化学能向光能转变，羽毛球球体便发出荧光。荧光映在被荧光颜料染色的羽翼上，整个羽毛球便实现荧光效果。而且，通过在羽毛球球体填充不同颜色的荧光颜料，羽毛球就能发出不同颜色的荧光。

本荧光羽毛球，弥补了传统羽毛球不适合在弱光环境下使用的缺陷，可以满足夜晚弱光或者黑暗环境下打球的需求，而且极具娱乐性和观赏性。

备　注：杜康，在校学生，2012 年参与校企合作科研项目“爆轰法生产纳米氧化钛”。目前个人一共向国家知识产权局提交 3 项实用新型和 3 项发明专利申请，已经获得 2 项专利证书。

通信地址：江苏省南京市玄武区孝陵卫 200 号南京理工大学 12 舍 510 室

邮政编码：210094

电　　话：15050561007

E - mail：dukang007@ hotmail. com

段贤伍

男，39 岁，本科，工程师

发明名称：谷物干燥机的分体式干燥箱进出风道

专利（申请）号：201220445054.5

发明简介：由于现代农业机械化的需求不断增长，大规模晒场已不适用于现代化的作业，谷物干燥行业全球化前景看好。本设计专利提出一种新型分体式干燥箱进出风道，可用于大吨位批式循环粮食干燥机分体式干燥箱结构。模块化设计的进风箱、出风箱与多个干燥箱交替布置，进风口和出风口位置上下交替布置，在进风口和出风口附近分别设置进风道和出风道，其特点在于热风流动均匀，没有死角，保证了多个干燥箱对粮食均匀干燥加工的要求，结构简单，易于模块化的配置多种规格的产品设计。

通信地址：安徽省六安市经济开发区皋城东路安徽辰宇机械科技有限公司

邮政编码：201108

电　　话：0564－3630308

E－mail：ahchenyu668@163.com

范家闩

男，43 岁，本科，高级工程师

发明名称：一种高压直流到交流变换的换流器

专利（申请）号：201210382174.X

发明简介：本发明技术描述了一种应用于柔性直流输电（或轻型直流输电、新型直流输电）系统中，将高压直流电能转换为正弦交流电能的换流器拓扑结构，它规避了模块化多电平 MMC 换流器中控制电路设计难度大的问题，解决了两电平换流器中 IGBT 直接串联的动静态均压吸收电路的功耗大和实现困难的技术难题，将多种成熟可靠的功能拓扑进行组合，形成新的换流器拓扑结构，实现将高压直流电能转换为正弦交流电能的功能，且降低换流器的制作难度并提高可靠性。同时，本发明还克服现有技术中，在需要电气隔离、或者输入电压和输出电压之间不匹配的情况下，需要使用体积大的工频变压器等技术问题。本发明的技术方案如下图，其中 DC/DC 输入级采用谐振软开关技术，串联 IGBT 工作于零电流开关状态，均压损耗低，DC/AC 输出级采用典型的单元级联多电平架构，控制简便且没有均压的问题，整个换流器系统实现容易，可靠性高。

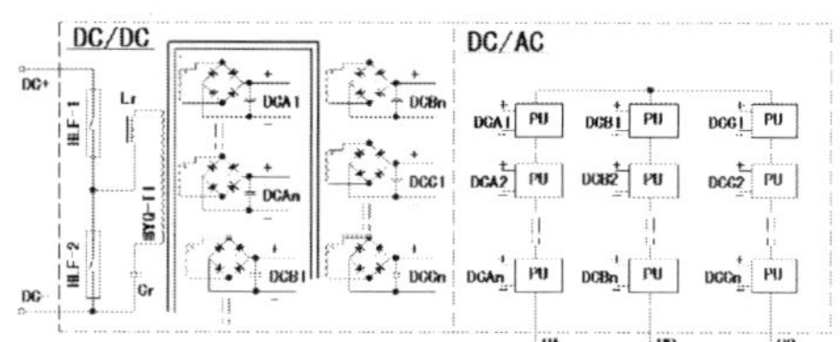

按照本发明技术制作的高压直流到交流变换的换流器可以应用于以下场合：海上或陆地上大规模发电并网；大功率高压电动机驱动用高压变频器；海岛或海上钻井平台供电；城市配电网；超高压直流输电；不同频率电网间互联；其它。

通信地址：广东省深圳市南山区创世纪滨海花园 6 栋 22E

邮政编码：518054

电　　话：13622349528

E－mail：fjs9090@sina.com

方顺成

男，46 岁，大专，工程师

发明名称：一种果葡糖浆的制备方法

专利（申请）号：201210371227.8

发明简介：本发明涉及一种果葡糖浆的制备方法，包括：配制淀粉乳，加入 α-淀粉酶，进行喷射液化，然后进行水解反应，反应液经闪蒸处理得到液化液，同时收集闪蒸蒸汽余热；向液化液中加入葡萄糖糖化酶，将糖化后的物料依次经过有机膜过滤，离子交换除盐和蒸发浓缩，得到折光率为38%~45%的反应液，其中蒸发浓缩的热量由闪蒸蒸汽余热提供；将反应液利用葡萄糖异构酶异构化，离子交换除盐、脱色、MVR蒸发浓缩得到果葡糖浆。

本发明采用有机膜进行除蛋白过滤，减少了一次脱色，降低了活性炭的使用量，节约了果葡糖浆的使用成本；一次蒸发浓缩所需的热量采用闪蒸蒸汽余热，不消耗生蒸汽，降低了总能耗，进一步降低了生产成本。

通信地址： 浙江省开化县华埠镇华工路18号
邮政编码： 324302
电　　话： 13757016092
E - mail： Hkfsc1@163.com

方锡元
男，72岁，本科，高级工程师

发明名称： 自动跟踪太阳的回转底盘

专利（申请）号： 201010575748.6

发明简介： 本发明下部的水平回转包括基座、回转支承、驱动齿轮、减速机、直流电机和自动控制器。将回转支承的无齿圈固定在基座上，使驱动齿轮与回转支承活动齿圈相啮合。上部的俯仰回转包括主辅双立柱、回转驱动机构、横轴及光照物支架等。主、辅立柱对称设置在回转支承的活动齿圈上。主立柱的顶端直立回转驱动机构，辅立柱的顶端配设小轴承。回转驱动机构是用超小型回转支承辅以蜗轮、蜗杆、微型动力及自动控制器等组合成的一体化总成。将横轴穿过回转驱动机构和小轴承，随活动的外齿圈一同转动，并且带动联接在横轴上的光照物支架。

本发明水平回转部分瞄准太阳运行的方位角，每天从东到西转动小于180°；俯仰回转部分瞄准太阳运行的高低角，每天从低到高、再到低，转动小于90°，以达到精确跟踪太阳的目的。

本发明可广泛应用于太阳能光伏和热发电。光照物支架所支撑的，可以是光伏电池组件或高倍聚光光伏电池，也可以是塔式热发电的定日镜或碟式热发电的聚光抛物镜，还可以是其他光照器物。

备　注：方锡元，公司副董事长、党支部书记，有专利30余件，获省科研成果2项、市县科技奖3项。

通信地址： 安徽省安庆市枞阳县长江路78号安徽枞晨回转支承有限公司
邮政编码： 246700
电　　话： 0556-2824999
E - mail： fangxiyuang@sina.com

方有泉
男，39岁，大专

发明名称： 一种涂装线防掉油渣装置

专利（申请）号： 201120269768.0

发明简介： 在涂装领域，吊空式轨道输送线是应用最为常见的设备，具有高效率、低成本、自动化程度高等特点。这种涂装流水线是由链条按照预定轨道进行输送，中间起润滑作用的是高温油脂，高温油脂经过长期的高温烘烤后与轨道内摩擦产生的铁屑以及粉尘混合产生颗粒状的黑色油渣，而传统吊空线的两个吊盘之间没有任何装置对下落的粉尘颗粒进行防护，在快速的输送过程中油渣直接掉落于喷涂的工件上，造成污染，严重影响产品质量和生产效率。本实用新型专利公开了一种涂装线防掉油渣装置，其特征在于所述装置包括主钩、副钩、挡板和旋转吊盘，所述主钩的中间和副钩的下端均设置有横杆，挡板上设置有圆孔，主钩和副钩上端穿过挡板的圆孔后挂在轨道上，挡板挂在主钩和副钩的横杆上，所述旋转吊盘与主钩下端连接。本实用新型结构简单，使用灵活方便，能有效防止油渣的掉落，提高产品质量和生产效率。

通信地址： 广东省佛山市顺德区龙江镇联塑科技实业有限公司B区技术部
邮政编码： 528319

电　　话：13542538001
E - mail：fyq1688@126. com

鄜　庆

男，50岁，本科，高级工程师

发明名称：斗拱柱

专利（申请）号：201130019554. 3

发明简介：本外观设计专利适用于满足大型园林景区和公共广场等区域的景观需求，以继承、保护古典文化为前提，结合现代科技技术进行提升、创新，融中华历史文化风韵为创作元素，创造性地将传统美学和现代前沿科技融为一体，美观、大气且寓意独特。

整个设计由柱头、柱身及石材基座组成。除基座为青灰色外，整体色彩为朱红色；柱头以中华古典建筑特有的斗拱构件为原型，在继承传统风格的基础上变异柱头构件造型，增加体量感；柱身表面辅以拥有自主知识产权的环幕 LED 可塑柱型多媒体显示屏。白天作为艺术建筑景观，夜间通过多媒体 LED 显示屏显示的各种影像形成奇幻效果，提升了环境气氛，提高了观赏性。

本作品可根据环境条件、效果要求、寓意要求，单独、成组和组合排列使用。

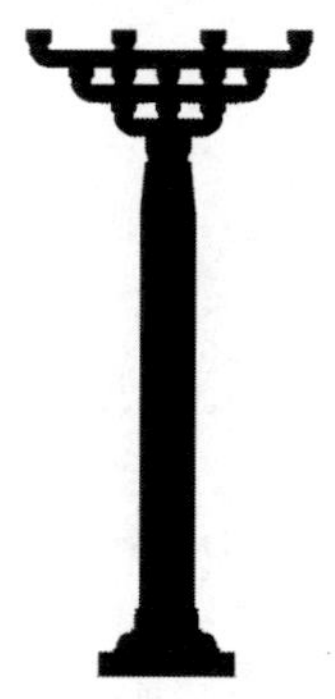

转让及合作意向：推广应用。

通信地址：北京市朝阳区北四环东路6号院7号楼
邮政编码：100028

电　　话：010-84562206
E - mail：bjgymh@126. com

冯增方

男，69岁，高中，村医

发明名称：一种预防癌症的中药及其制备方法

专利（申请）号：201310008831. 9

发明简介：随着研究的认识逐步深入，在多年的临床实践活动中观察发现，癌症发生具有缺乏症的特性。缺乏症都有一个特征，发病时间长，补充缺失物质后药到病除，立竿见影。本发明涉及一种预防癌症的中药，以老中药派上新用途。其组方原则是：主要成分富含氨基酸，富含多种保护因子，具有清热解毒、理气和中的作用。利用中医针对癌症的发病机理的特长，精选配制。本发明是癌症的克星，具有简、便、验三大特点。本发明采用预防癌症的药物配方及传统中药材，汲取古今验方秘方，按国家中药制剂标准研制合成，在治愈小病的同时，能够有效预防癌症的发生。

通信地址：河北省赞皇县龙门乡布谷庄
邮政编码：051230
电　　话：0311-84261535，15081800692
E - mail：fengzengfang@163. com

傅德才

男，73岁，退休工人

发明名称：明路多用防护伞

专利（申请）号：201020570531. 1

发明简介：本专利创新技术是：在伞面上方，在伞面外下沿粘贴反光膜，处国内较好的水平。

本专利技术设计简单、构思新巧、美丽大方。制做此伞材料来源广泛易得，成本低廉，投资少、见效快、回报高，原伞业厂家只需投资几万元就可取得高效回报。此产品推向世界出口创汇效果更好，把此产品生产销往世界各地前景无量。

转让及合作意向：专利技术一次性转让。

通信地址：辽宁省瓦房店市岗店办事处姜洼村

邮政编码：116300

电　　话：13591391229

傅凤义

男，79 岁，铆工技师

发明名称：一种消除金属油罐罐底焊接变形的新方法

专利（申请）号：201310050350.4

发明简介：本发明涉及机械加工领域，具体地说是涉及一种消除金属油罐罐底板焊接后产生严重变形的焊接新方法。本发明包括如下步骤：1）排板步骤；2）罐底板与罐壁板焊接步骤。将罐底板与罐壁板外侧角焊缝焊接，再将罐底板与罐壁板内侧角焊缝焊接；3）罐底板顺序焊接步骤。本发明是施工前按罐底圆面积绘制好排板图，纵横焊缝按顺序先后施焊，并计算出收缩率，留足搭接余量，解决了施焊时板与板之间受热胀冷缩作用力所产生的滑移变量及应力集中的危害，可有效地消除累积应力。本发明适用于 $500m^3$ ~ $10000m^3$ 金属储油罐的制造与加工。

转让及合作意向：转让。

备　注：退休后任青海省西宁市老年科技工作者协会专家会员。

通信地址：青海省西宁市城北区小桥大街 19 号康宁小区 11 号楼 122 室

邮政编码：810003

电　　话：0971—5135276

E - mail：1452812181@ qq. com

傅经纬

男，76 岁，本科

发明名称：一种复合蛇皮京胡及其制作

专利（申请）号：201210318731.1

发明简介：现有京胡发音用皮主要来自乌梢蛇皮，由于货源紧缺，价格昂贵，形成制琴颈瓶。据不完全统计，我国每年需要 2 万多条长 4 米以上的大乌梢蛇皮供制京胡使用。为了解决这个尖锐矛盾，以利国粹京戏的发展，圈内大师们曾不断努力攻关，寻找出路，但收效甚微，望洋兴叹。社会上有许多塌皮京胡，等待修复，像婴儿嗷嗷待哺。

本发明针对上述问题，提供了一种采用中小乌梢蛇皮（1.4 公斤以上）复合蛙皮，成功攻克了这一难关，找到了出路，又确保了京胡传统本色的韵味，用容易得到的中小乌梢蛇代替了大乌梢蛇（2.5 公斤以上）。用生物杂交复合的优势理论，破解了这一难题。

转让及合作意向：可转让，也可入股（占总股本 30%），各种合作皆可商谈。

通信地址：江西省赣州市章贡区濂溪路 55 号 1 单元 601 室

邮政编码：341000

电　　话：15970079534

E - mail：6473018@ qq. com

高　宾

男，50 岁，本科，高级工程师

发明名称：具有散热系统的动力电池组

专利（申请）号：201010606793.3

发明简介：本发明涉及一种具有散热系统的动力电池组，具体涉及电动汽车用动力电池组或全封闭环境下的动力电池组，特别是车用和舰船用的动力电池组，此类动力电池组对于温度均衡性要求较高，且不能有半点温差变化，否则会直接影响电池组的电性能一致性，从而影响电池组的使用效果和使用寿命。

本发明填补了行业背景技术中的不足之处，特别是在电动汽车动力电池冷却散热均衡系统的技术发展方向取得了重要突破。该专利产品已用于中试生产之中，即将大批量进入市场。

备　注：发明人曾任加拿大戴尔维动力系统公司驻中国首席代表，现任河北海达峰新能源科技有限公司董事兼总经理。现为中国化学与物理电源行业协会理事、中国轻型电动车专委会委员，曾获十几项国家专利，有多篇论文及研究报告发表。

通信地址： 河北省衡水市桃城区胜利西路 2589 号厂房

邮政编码： 053000

电　　话： 18962820568

E - mail： bingao@ 126. com

高全财

男，29 岁，大专，高级工程师

发明名称： 一种净水厂设备

专利（申请）号： 201120439232. 9

发明简介： 目前，已有和在建的净水厂大部分都采用传统的絮凝、沉淀、过滤工艺，单体占地面积非常大，投资成本升高，操作也比较繁琐；即使有些采用了一体式的净水设备，但是由于还是采用传统的过滤工艺，在雨季来临或者原水发生重大改变时，出水水质往往会发生改变，这也是在夏天多雨季节我们水龙头里面会流出混浊自来水的原因。本发明装置将各处理单元合理置为一体，机构紧凑、占地面积小；同时可以利用自身处理过的水对膜单元进行全自动冲洗和排污，不需外接水源；过滤单元独有的 1 + N 组合，保证设备 24 小时不间断供水的能力；清水仓内部防腐采用特殊深度防腐处理工艺，保证设备防腐的效果和使用寿命；本设备清水仓内置供水泵组，从而改变了传统型水厂必须建造清水池和供水泵房这一传统工艺，大大节约了占地面积和实际投资成本；由于采用先进的处理工艺，较传统的一体式净水设备和快速滤池工艺，具有出水水质稳定，质量高，水质口感好，安全性高等优点，特别适用广大城镇、农村饮用水厂以及应对各种自然灾害期间针对各种复杂水质的优秀生活饮用水设备。

通信地址： 山东省枣庄市山亭区龙珠百合花苑小区 9 号楼中 101 室

邮政编码： 277200

电　　话： 13365326222

E - mail： 17795259@ qq. com

耿韩博

男，32 岁，本科

发明名称： 法器灯

专利（申请）号： 201230359742. 5

发明简介： 本专利作品为外观设计专利，主要适用于宗教景区、庙宇等场所的景观需求。

该外观设计由烛台、烛身和烛身内藏灯芯组成，烛身色彩为朱红色。白天作为艺术建筑景观，夜间通过灯光透照，提升环境气氛和观赏性。

本外观设计可根据环境条件、效果要求，单独、成组和组合排列使用。

转让及合作意向：推广应用。

通信地址： 北京市朝阳区北四环东路6号院7号楼
邮政编码： 100028
电　　话： 010-84562206
E-mail： bjgymh@126.com

宫建野
男，42岁，初中

发明名称： 水吸式防尘器

专利（申请）号： 201220274879.5

发明简介： 水吸式防尘器由进气导流罩、防尘器主体、吸管室、吸管、橡胶口罩依次连接组成。它的工作原理是氧气先经过进气导流罩处的海绵做初级过滤，再通过防尘器主体内的水和隔板上的小孔来净化吸入的氧气，经水净化后的氧气再通过吸管室内的纤维绵做终级净化处理。

此防尘器的主要特征是以水净化氧气中的灰尘，它结构简单，防尘效果好，可重复使用，是一种新型防尘器具，它可用于工业和矿业生产使用中的劳动保护，也可使用在其它有粉尘的地方。正所谓：小小水吸防尘器，粉尘做业用水吸。有它护行你健康，以免尘肺病榻上。

通信地址： 吉林省江源区砟子邮局转宫建野
邮政编码： 134701
电　　话： 13843962489

苟小平
男，35岁，大学本科，讲师

发明名称： 肩关节柔韧训练两手握杆绕环距离测量器

专利（申请）号： 102526967A

发明简况： 本发明涉及一种肩关节柔韧训练两手握杆绕环距离测量器。目前，国内外没有专门针对肩关节训练的专业训练器材，各种健身广场配备了很多肩关节训练器材，大多为单圆面两手握在其圆环的手把上进行转肩训练的器材，其高度较大，虽然能够适合广大群众成年人娱乐和健身的需要，但是不能适合少年儿童训练的需要，尤其是对肩关节柔韧素质要求较高的体育专业人员，没有实际的训练意义。为了准确地测量练习者肩部绕环时柔韧的程度，发明人专门制作设计了肩关节柔韧训练两手握杆绕环距离测量器。

转让及合作意向：在全国各省市寻求一家合作单位。

通信地址： 甘肃省庆阳市陇东学院体育学院
邮政编码： 745000
电　　话： 15193643578
E-mail： gouxiaoping12@sohu.com

郭　有
男，47岁，大学本科，教授级高级工程师

发明名称： 漂浮散热装置

专利（申请）号： 201210237531.3

发明简介： 本发明涉及废水处理技术，特别涉及一种适合在核/火电厂、钢铁厂、化工厂等向水体排放超过环境水温限值废水（下称超温水）的场合使用的漂浮散热装置，亦可用于鱼塘等水体的降温和增氧。

工程实践中为了使部分超温水冷却满足相关要求后再排入到水体或回用，通常在陆域设置专用冷却塔、冷却池和喷水池，这将增加征地面积，同时投资和电耗也将大幅增加。

漂浮散热装置装置包括：浮体机构、超温水提升机构及超温水喷射机构，可充分利用水体水面设置散热装置，进行水体散热，满足排放或回用要求。

该装置的优势是：模块化配置，安装、维修方便，结构简单，造价低；可有效减轻超温水排放对排放口附近水环境、水生态和水产养殖的影响，满足环保水温和温升要求；可实现养鱼池的降温和增氧，保证夏季池内鱼类的正常生长；可充分利用排水渠、池水面设置散热漂浮装置，节约征地费用；提升泵、喷射装置、浮体机构形成有机整体，降低配水管投资和水泵电耗。

转让及合作意向：同意转让及合作。

通信地址：北京市海淀区地锦路中关村环保科技示范园国核电力院

邮政编码：100095

电　　话：010-58342641　18910852641

E - mail：Guoyou@ snpdri. com

郭建斌

男，41 岁，本科

发明名称：一种车用线盘

专利（申请）号：201310012458. 4

发明简介：该车用线盘在汽车抛锚的情况下，可以自我解救于危难，是一系列车用自救装备其中之一。

该线盘固定在左右侧两个驱动轮盘上，通过汽车自身的扭力使线盘和其它固定物形成很好的牵引效果，拉短距离，出泥潭、出深坑、出低洼、上陡坡，形成一种给力的自救形态。

发明名称：一种两用洗车水管

专利（申请）号：201310010717. X

发明简介：两用洗车水管具有四大特点：一、可以做软牵引；二、洗、喷、拖一体；三、安全系数高；四、抗压力强。

该两用洗车水管内软外刚，柔韧密闭，可以用来洗车，也可用来做汽车的软牵引。三个可拆解洗头，合洗、喷、拖多种功能于一体，使用方便，具有不怕碾压、抗压力强、不怕晒、防风化等优点。

转让及合作意向：1. 初步意向 50 万转让；2. 合作开发 30% 利润。

通信地址：山西省长治市英雄路 68 号长治市政府机关事务管理局

邮政编码：046000

电　　话：115535563222

E - mail：854643755@ qq. com

韩昌盛

男，44 岁，大专，科员

发明名称：增力机

专利（申请）号：201010540390. 3

发明简介：增力机是采用电动机带动发电机发电的一项关键技术，由壳体和机心两部份组成，机心由 4 ~ 6 台机组组成，每台机组由两组齿轮和四块档箱组成。轮组 I 由 3 ~ 6 个齿轮 O_1 组成，中心齿轮为主动轮，由轴 L_1 连接固定转动，同时驱动四周齿轮转动，四周的齿轮为从动轮。轮组 II 由 2 ~ 5 个齿轮 O_2 与中心齿轮 O_3 组成，O_2 为主动轮，O_3 为从动轮。轮组 I 的从动轮与轮组 II 的主动轮 O_2 由轴 L_1 连接固定转动，同时驱动 O_3 转动。O_3 由 L_2 与第二台机组的主动轮连接固定转动。三个齿轮的大小比例为：R_1-10mm ≤ R_2 ≤ R_1-5mm，$R_3 = 2R_1 - R_2$，四块档箱固定两组齿轮组成一台机组，4 ~ 6 台机组重叠作业，主动轮转速降低 60% ~79%，传动比从 6 增大到 22，这便于采用小功率高转速的电动机带动大功率低转速的发电机发电，使电能成为可循环使用的再生能源。人类所需用电可直接采用电动机带动的发电机发电，将电能逐级扩大，特别是机动车辆、船舶等运输工具可直接采用电动机取代热机作为动力，形成纯电动力格局。

通信地址：贵州省兴义市 00934 信箱

邮政编码：562400

电　　话：15870385488　13885907198

韩　超

女，40岁，大学本科，工程师

发明名称： 数据机房空调系统双冷凝器节能装置

专利（申请）号： 201120407735.8

发明简介： 针对数据机房精密空调机组全年运行能源消耗高的一种解决方案。对现有风冷型恒温恒湿机组进行技术改进，提供了一种数据机房空调机组双冷凝器节能装置，在室外温度较高的季节利用水冷冷凝器运行，在室外温度较低的季节利用风冷冷凝器运行，使之全年都运行在制冷能效高的范围，来实现节能。

夏季室外环境温度较高，风冷冷凝室外机组周围环境温度达到35℃以上，而壳管式水冷冷凝器的进水温度只有30℃，这种情况下壳管式水冷冷凝器运行制冷比风冷冷凝器运行制冷机组运行能效比提高，相同制冷量情况下机组压缩机的运行能耗降低，故夏季壳管式水冷冷凝器运行制冷节能。当过渡季节和冬季风冷冷凝器运行制冷时机组能效比反而高，故过渡季节和冬季机组风冷冷凝器运行制冷。根据季节转换和气温变化采用不同的冷凝器制冷运行，机组始终在最高的能效比运行，充分体现在双冷凝器恒温恒湿空调系统的节能优势。

本专利还解决了机房空调节能中存在的以下难题：数据机房风冷型恒温恒湿机房空调，风冷冷凝器安装集中，存在风冷冷凝器气流短路现象，夏季室外温度较高时空调设备运行不稳定，经常高压报警问题；还解决了室外冷凝风机运转噪音大，扰乱附近居民的正常生活的问题。

通信地址： 上海市宁夏路627号4号楼上海阿尔西空调系统服务有限公司

邮政编码： 200063

电　　话： 13817637894

E－mail： han-chao@air-sys.com

韩继伟

男，32岁，硕士

发明名称： 笔记本电脑便携式适配器

专利（申请）号： 201120302606.2

发明简介： 目前正在使用的适配器由交流输入电源线、变压设备、直流输出电源线串联成。这种适配器的交流输入电源线、直流输出电源线都有2米长，携带极不方便，放在桌上一堆电源线也不美观。本实用新型提供一种适配器，该适配器不仅携带方便而且美观。

转让及合作意向：同意转让及合作。

通信地址： 江苏省徐州市大学路1号中国矿业大学南湖校区研二楼2-501

邮政编码： 221116

电　　话： 13775968689

E－mail： xzhjwei2005@126.com

何荣旺

男，34岁，硕士，中级工程师

发明名称： 一种婴儿洗头洗澡盆

专利（申请）号： 201220124427.9

发明简介： 本实用新型提供一种方便婴幼儿洗头和洗澡的设备，简称婴儿洗头洗澡盆。

该洗头洗澡盆可以让婴儿躺着洗头，甚至洗澡，很好地解决了婴幼儿洗头时，洗头液容易流进眼睛的健康问题，同时用这种设备给婴幼儿洗头洗澡，只需要一个人完成，保证了婴幼儿洗头洗澡的健康安全需求，又节约了人力，提高了洗头洗澡效率。

目前国内外市场，均没有这样的婴儿洗头洗澡盆，市场前景巨大，并且造福国内外婴幼儿。

转让及合作意向：专利转让，或者技术入股

备　注：何荣旺为北京交通大学硕士研究生，热爱发明和创新。曾获99“创维杯”全国大学生数学建模竞赛二等奖。

通信地址：北京市通州区玉桥南里36号楼423号
邮政编码：101101
电　　话：13520166013
E - mail：herongwang@ sina. com

何万斌
男，58岁，中专

发明名称：日历仪

专利（申请）号：201130392824. 5

发明简介：本外观设计“日历仪”涉及一种集地球围绕太阳自转、公转所产生的昼、夜、四季更替运行规律于一体。把日历（即日、月、二十四节气、一年365天）排列在太阳直射地球一周年不同纬度位置按比例缩小的地球模型上，能适应全世界通用的永久性台式日历。

该“日历仪”配二龙为支脚，使整体造型为“二龙戏珠”，既有“盆景的艺术价值”，又有“日历的实用价值”。

该“日历仪”（设置语音报时间、播日期）可作教学仪、办公室、宾馆、会客厅、家庭台式日历。微型外观可作小轿车商标、电视台台标。巨型特制可作城市大型独立外景。

涉及产业领域有：金、银、塑料等铸造行业；玉石、珠宝雕刻行业；高档石材拼凑行业；彩瓷烧造行业；木雕、根雕制作等行业。

转让及合作意向：独占实施许可、普通实施许可、合作开发均可。

通信地址：湖北省崇阳县凯鸿国际华城3区18号楼一单元502室
邮政编码：437500
电　　话：13545594938
E - mail：1446255248@ qq. com

贺成艳
女，27岁，博士，助理研究员

发明名称：高性能导航卫星空间信号质量评估方法

专利（申请）号：201210552698. 9

发明简介：本发明专利涉及一种信号评估方法。

本发明紧密结合我国卫星导航系统建设和发展过程中的重要需求，深入研究了空间导航信号的生成、空间传播效应、地面接收处理等多个环节对导航信号质量的影响，并提出了一套较完善的卫星导航信号质量评估方法，涵盖了评估信号质量的各个方面，可应用于全球卫星导航系统（包括我国BeiDou、美国GPS、欧盟Galileo等）接收信号的分析处理，通过实时监测评估接收导航信号质量，评估系统服务性能，评估卫星各种异常情况。本专利开展的对GNSS全球卫星导航系统空间信号质量评估方法的研究，其成果在我国北斗卫星导航系统的信号设计、信号体制验证、性能指标评估、完好性监测、卫星故障快速定位等方面，将发挥非常重要的作用。其成果不仅可以推动我国卫星导航信号体制设计和评估理论的发展，得到准确的信号质量评估结果，还可为系统的维护和管理提供决策支持信息，保证系统的高质量服务，有利于提高北斗卫星导航系统在国际上的竞争力，具有重要的经济和战略意义。

备　注：发明人主要从事信号质量监测与评估、信号体制方面的研究工作。目前参与并负责了多项项目的申报及研究工作，主要有973、863、重大专项项目、中国科学院方向性项目、国家自然科学基金、西部之光、中科院青年人才专项资助等项目等。截至目前，在国内外重要期刊和会议上发表学术论文近20篇，申请获准软件著作权4项，联合申请国防专利、发明专利和国家自然科学基金项目共3项。

通信地址：陕西西安市临潼区书院东路 3 号中科院国家授时中心
邮政编码：710600
电　　话：15829380087
E - mail：hechengyan@ ntsc. ac. cn

侯思正
男，58 岁，高中，中级职称

发明名称：秸秆燃料土暖气
专利（申请）号：201220050218. 4
发明简介：本专利是利用卧式隐形炉的独特设计，适用于我国北方农村的性能优良、成本低、环保新型的暖气装置，属于民用取暖技术领域。

本实用新型结构简单，安全性高；秸秆不用加工和转化，直接烧，升温快，热能利用率高，保温时间长，早晚各烧一次（20 ~ 30 分钟）；主要作用式室内取暖，可供 20 ~ 150 平方米室内面积保持室温在 15℃ ~ 20℃，并且可以加热饮用水，也可用于热炕。

安装成本和维护成本低，不用电、煤，使用秸秆燃料，降低了成本。

减少秸秆污染，为国家节约煤炭，减少二氧化碳排放；使用可循环秸秆燃料，环保节能，可作为新农村建设推广民用取暖项目。因环保节能的特性，生产厂商与消费者均可申请国家环保补贴。

该专利技术已经实践应用，已安装实施 30 多户，反映效果良好，深受客户欢迎；可在秦岭—淮河一线以北的半取暖区和取暖区的广大北方农村地区尤其是新农村建设中推广。

转让及合作意向：正寻求大中型国有企业或民营企业（暖气散热器行业或相近行业）专利转让或生产技术许可转让。

通信地址：山东省庆云县尚堂镇朱家村
邮政编码：253700
电　　话：13820171025
E - mail：seafishman@ hotmail. com

黄柏林
男，61 岁，硕士，高级工程师

发明名称：滚筒式露天连续采煤机
专利（申请）号：200720101132. 9
发明简介：滚筒式露天采煤机是全连续开采的关键设备，露天采煤机的研究，包括研究、设计大功率截割机构，滚筒转速、滚筒切割速度等的相互关系和最佳配置；研究截割机构在采煤过程中长期经受冲击载荷作用下运行的可靠性；研究在高寒地区冬季作业中的可靠性；研究采用遥控技术实现离机操作，改善操作性能，提高生产效率。该实用新型主要有如下创新点：对所采煤层不需穿孔爆破；采出的煤粒度均匀，不需进行破碎；可选择性的开采断层、夹层和薄煤层，提高回收率；可实现破碎、装载、转载连续化作业；成功研究了采用前置式可调高滚筒截割机构切割煤层，滚筒横向布置，截幅较宽（5 米以上）的露天采煤机；采用先进视频监控系统、PLC 集中电气控制系统，设备运行可靠；采用由负载敏感泵、比例放大器、比例多路阀等组成先进的液压控制系统，从而动作平稳、安全、高效。

河北天择公司生产的露天采煤机已先后销售到黑河宋集屯露天煤矿、内蒙古宝日希勒露天煤矿、锡盟白音华露天煤矿、新疆广汇露天煤矿、新疆北山露天煤矿等矿区，随着露天煤矿的发展

和需求，以及露天采煤工艺配套装备的研发，露天采煤机在露天采煤产业正在逐步发挥越来越重要的作用。

备　注：可调高滚筒式露天采煤机项目曾获河北省科学技术三等奖、河北省知识产权优势企事业培育工程专利三等奖、河北省煤炭科学技术三等奖、邯郸市科学技术奖一等奖。

通信地址： 河北省邯郸市峰峰矿区鼓山中街 2 号
河北天择重型机械有限公司

邮政编码： 056200

电　　话： 0310-5282092

E － mail： ffjxzc@ vip. 163. com

黄炳军

男，55 岁，大专

发明名称： 三花消痔丸治痔疮

专利（申请）号： 201310019562. 6

发明简介： 专利人从医三十多年，开始是用普通的方法治痔漏，主要以疮治，并随症有痛止痛，出血止血，虚则加补，有虫兼杀，但是疗效不显著，常有复发。术从巧中生，精自苦中来，多方选药，多药炼方，冥思苦索，三十年铸一剑，终于成功，博众家之长自创“三花消痔丸”。轻者服药五天，重者八天，一至三天症状缓解，痔体逐渐吸收消失趋向康复，兼有其他杂症及体质虚弱者治疗期加长。

开方以来，治例成千，高效神速，十服九愈不复发，颇有实效。

通信地址： 广西壮族自治区武宣县东方镇卫生院
中医科上棉卫生所

邮政编码： 545908

电　　话： 1397720202457

E － mail： H1397720202457@ 163. com

黄成辉

男，22 岁，本科

发明名称： 一种具有智能检测和选择性过滤功能的空气净化装置

专利（申请）号： 201220107108. 7

发明简介： 中国知识产权局的公开号为 1712103 的空气净化器及其控制方法的设计方案，可以根据检测到的污染等级与第一参考值比较来进行空气净化。但是，由于过滤的单元只是对污染等级的分类选择相应的工作模式，而缺乏对空气中污染气体种类的分辨能力，导致在处在相同污染等级下的任何种类污染气体污染空气是都采用相同的工作模式，过滤净化不具有选择性、针对性。

本实用新型属于空气净化设备领域，具体涉及一种具有智能检测和选择性过滤功能的空气净化装置，包括筒状过滤通道、过滤网、滤网电机、空气传感器、风扇和控制电路。所述装置能够自动检测并选择性地只启用检测到的有害气体对应的过滤网，从而过滤目标气体。同时，该装置可以使无对应有害气体的过滤材料处于关闭状态，这样可以避免过滤材料不必要的加厚，减小空气通过阻力，降低排风扇负荷，节约能源。

通信地址： 北京市昌平区中国石油大学（北京）
润杰学生公寓 1 号楼 150 室

邮政编码： 102200

电　　话： 15210941374

E － mail： hchdyx2010@ qq. com

黄崇华

男，47 岁，高中

发明名称：智能车牌系统

专利（申请）号：201210566444.2

发明简介：智能车牌系统和车辆识别方法（已公布）为 LED 电子智能车牌。它由车内智能芯片卡控制发动机启动，控制 LED 车牌发光。车牌由芯片、LED 字块、线路板等整体注塑形成，具有转向、刹车指示，显示保险、年检、限行等状态（LED 发不同颜色的光），车牌中的芯片具有车辆信息（如汽车发动机号、车架号、车主信息等）、ETC、GPS 等现代科技所能具有的许多功能。车内芯片卡由车辆管理相关部门读写，由车辆所有权人独有（如同行驶证），芯片卡插入车内智能识别系统（读卡器），读卡器读取正确信息后，导通汽车启动系统（与汽车电子钥匙控制系统连接，组成双保险），芯片卡与车牌芯片信息一致，车牌 LED 字发光；信息不符，车牌 LED 不发光；车辆尾号限行时，车牌会发不同颜色光警示；保险、年检未完成，同样发不同光警示；芯片、集成电路、LED 模块、读卡器、磁卡、型注塑机等，从技术、设备、成本角度看，造假要难得太多了；盗窃车辆也比较困难，若不是同时窃得车主手中的智能卡，车牌无法点亮，刚开走就会被发现，不管是警察还是老百姓都能一目了然，既方便有关部门管理，又方便群众的监督。

通信地址：浙江省永康市舟山镇舟山二村鱼池街北三弄 136 号

邮政编码：321300

电　　话：18600125218

E - mail：huafangzhh@163.com

黄崇华

男，47 岁，高中

发明名称：具有紧急制动功能的油门系统

专利（申请）号：201210543490.0

发明简介：本发明涉及汽车领域，属于一种具有紧急制动功能的油门系统，在驾驶者遇到突发状况紧急刹车，却误把油门当刹车踩的状态下，能瞬间断开油门，使油门回到怠速状态，并立即启动制动系统。

通常的安全带式的制动只能锁住油门，使油门不继续多加油，而继续保持原有的供油状态，因而不可能达到制动的目的；另外用速度传感器，且不说传感器的敏感度如何，就单说传感器的信号识别、接收、运算、传递到执行，这一系列过程下来，需要一定的时间，事故可能已经发生了，就如同我们的汽车倒车雷达一样，当倒车速度稍快点的情况下，当我们听到雷达报警声的时候，我们也同时听到了汽车的碰撞声。

本发明采用的是机械直接传动的方式，利用自然界中的一个原理，界定区分是正常加油还是急刹车，正常加油行驶不受任何影响，正常刹车或正常急刹车同样不受任何影响，只有在错把油门当刹车的情况下，这一系统才会启动。并且，还能防止飙车行为。

本发明只需在现有的汽车油门踏板下，加装或改装这一系统即可，原有的刹车不受影响，刹车还是刹车，油门还是油门，原来的习惯也不用改变，却能在出错的时候，改变结果，挽救许多不幸的事件发生。

转让及合作意向：除上述两项专列外，专利发明人还有：可折叠的方向盘（申请号：201210465856.7）、多开式合页（申请号：201210408325.4）、折叠梯（申请号：2201210403062.8）等多项专利发明，有意者可来函来电洽谈。

通信地址：浙江省永康市舟山镇舟山二村鱼池街北三弄 136 号

邮政编码：321300

电　　话：18600125218

E - mail：huafangzhh@163.com

黄光智

67岁，大专

发明名称：一种采用自来水制造磁化高氧水的装置

专利（申请）号：200710028169.8

发明简介：本发明采用直接溶氧的方法制造高氧水。自来水及类似净化水源经过精密净化后，以医用纯氧或者纯度90%以上的纯净氧气为氧源，采用装置水流喷射混溶的方法增加饮用水中溶解氧。本发明的设备正在申报世界各国发明专利。

采用该设备生产的高氧水，水中的溶解氧浓度直观可见，溶解氧浓度超过常温水的溶解氧5~8倍，瓶内壁有明显微小氧气泡，浓度达到每升40~60毫克以上。高氧水设备的型号分为制氧式和瓶氧式；瓶氧式又分用电和不用电2种；高氧水设备的规格按产水量分为0.5m^3/h、1.0m^3/h、2.0m^3/h、3.0m^3/h和5.0m^3/h；也可按用户要求设计、制造。制氧式由制氧器、净水器、溶氧器、储水罐、连接管路、仪器、仪表及控制电器组成。不用电瓶氧式由氧气及减压、调压器、净水器、溶氧器、储水罐、连接管路及仪表组成，适用于产水量1.0m^3/h以下的规格。用电瓶氧式由氧气及减压、调压器、进水泵、净水器、溶氧器、循环增压泵、储水罐、连接管路仪器、仪表及控制电器组成，适用于产水量2.0m^3/h以上的规格。

该设备具有结构直观、性能可靠、无环境污染、溶解氧浓度在线监测、操作方法简便，方便维护以及采用自来水、可以不再用电的特点。

备　注：黄光智，2002年开发国内首创的强制驱动电梯，先后组建了上海渴望电梯公司和上海多倍客电梯公司并申请发明专利3项，实用新型专利4项；2004年起先后被广东佛山、广州、浙江慈溪等多家企业聘为总工程师。研制微孔管烧结滤芯、新型磁化器、超高氧水机多项；期间为单位申请发明专利和实用新型专利60多项。

通信地址：广东省佛山市南海区桂城南桂东路花苑广场小区29座208号

邮政编码：528200

电　　话：13202923746

E - mail：huanggong588@163.com

黄立海

男，66岁，大学，经济师，工程师

发明名称：垃圾振荡筛分设备

专利（申请）号：201220333004.8

发明简介：本实用新型提供了一种垃圾振荡筛分设备，它包括轨道、筛子、弹簧、支撑装置，所述支撑装置由高至低排布设置，所述轨道铺装在支撑装置上，所述筛子通过弹簧固装在轨道顶部；该垃圾振荡筛分设备投资小，费用低，解决了有机物和无机物的分离问题，筛分出来的有机物如塑料、电池、橡胶、皮革、纺织类等又形成另外的产业链，实现了将垃圾无害化、资源化和生态化的解决目标。同时避免了垃圾填埋残留着大量的细菌、病毒，还潜伏着沼气重金属和纽扣电池等污染隐患；避免了垃圾焚烧产生二恶英等问题。

通信地址：北京市马家堡西里23号楼7门201

邮政编码：100077

电　　话：15811300640

E - mail：jcmytm@126.com

黄文林

男，60 岁，博士，博士生导师

发明名称：一种人血管内皮细胞生长抑制因子的重组病毒

专利（申请）号：01127894.3

发明简介：该专利技术采用改进的第二代重组腺病毒为载体，来携带人内皮抑素基因，可在多种细胞中高效表达具有高生物学活性的内皮细胞增殖和新生血管生成，阻断肿瘤组织血管供应，从而达到抑制肿瘤生长、诱导肿瘤细胞凋亡的目的。

病人只需要每周注射一两次，就能保持有效的药物浓度，而且该产品制造工艺相当简单，克服了蛋白质产品不稳定、半衰期短、成本高等缺点，所以是大多数患者能够接受并有能力支付的治疗手段。“重组人内皮抑素腺病毒注射液”目前已完成临床前、临床Ⅰ期和临床Ⅱ期试验，试验结果均证实了该注射液是一个具有良好应用前景的抗肿瘤药物。

该专利技术于 2010 年 11 月 12 日荣获中国第十二届专利金奖。并以此为基础开发出具有自主知识产权的抗肿瘤新生血管新药——重组人内皮抑素腺病毒（Ad-hEndo）注射液，《Lancet Oncol》杂志对该产品给予了高度评价，《科学》杂志也把该产品列为中国基因治疗的代表性成果。

备　注：黄文林，肿瘤学、分子病毒学家，国家“973”传染病领域专家，千人计划创业人才入选者，享受政府特殊津贴。长期从事基因治疗和肿瘤新型药物研究，在病毒基因表达调控、病毒与宿主相互作用、新型载体及基因药物转化研究等方面做出了引人注目的成绩，发现了腺病毒基因表达调控、病毒（腺病毒、HIV-1 和 N1H1）与宿主之间相互作用的重要分子机制；获得了基因治疗药效学优于蛋白质药物的系统实验证据；研制出了一种低免疫原性和 3 种肿瘤靶向性的新型基因治疗载体；建立和规范了基因治疗药物临床前、临床研究标准，并进行了 2 种基因治疗药物的临床转化研究，取得了系列成果，其专利“肿瘤基因治疗的基础和关键技术研究”获得 2010 年广东省科技进步一等奖、教育部自然科学一等奖。

转让及合作意向：现已转让给广州达博公司将其开发成抗肿瘤新药。

通信地址：广州市科学城国际企业孵化器 A 区 201 室

邮政编码：510063

电　　话：15813315864

黄文龙

男，72 岁，大专学历，高级工程师

发明名称：污水导流槽吸滤系统

专利（申请）号：201210046666.1

发明简介：本项目是提供污水分流导流槽吸滤装置，可事先去除难生化降解的较大颗粒的固态污染物、杂物（大部分属碳基物质，可加以利用）等。污水导流槽吸滤装置，提供压差强制吸滤的完整工作机构，包括两主辊及滤布之间的导流槽滤布底负压吸滤箱导流槽上的衡水器和主辊滤布下方的刮泥板及螺旋出渣槽等等机构。整个系统由变频控制电机驱动，在每单位的 COD 可去除 70% 以上，并可实现污水处理零排放及资源回收利用。使用该项目在设施建设中可至少节省费用 25%。

备　注：黄文龙，曾任石狮市星光机械电子研究所所长，福建大拇指环保公司总工程师。

通信地址：福建省泉州市石狮市湖兴路 68 号泉州天伟环保科技工程有限公司

邮政编码：362700

电　　话：0595-88736687

E - mail：qztwhb@163.com

黄正义

男，65 岁，研究生，高级工程师，高级运营师

发明名称：太阳能微能耗电梯

专利（申请）号：200910152990. X

发明简介：本发明专利由变频器、sin/cos 编码器超级能源载体组成，核心技术如下：

1. 在直流母线上创新设计了采用纳米超薄技术制成的超级能源载体，并利用超级能源载体把电梯发电状态时的电能储存起来，为电梯电动运行自动提供电能输出，实现了电能的循环再利用，还免除了逆变损耗和逆变的高次谐波的污染，使电梯达到绿色环保，能耗低、污染少的理想效果。

2. 对能源载体实施实时监控、计算，当能源载体能量消耗到一特定值时，自动启动清洁能源（如太阳能等）适时给能源载体快速补充，使之保持有效的电能输出。

3. 把电梯专用的交—直—交变频器改为直—交变频器；或把电梯专用变频器改为四象限变频器则更为理想。

备　注：黄正义，拥有发明专利和实用新型专利十余项，曾荣获浙江省发明专利选拔赛银奖、宁波市优秀民营科技实业家称号。

通信地址：宁波市高塘路 129 弄 13 号 106 室

邮政编码：315010

电　　话：13336611356

E - mail：373559576@ qq. com，
huangzhengyi@ lincolnelevator. cn

黄志宽

男，72 岁，中专，中教一级

发明名称：洗衣机抖动式洗涤装置

专利（申请）号：201110411863. 4

发明简介：一种洗衣机抖动式洗涤装置，由电机、齿轮、杠杆、夹衣架、抖动杠等组成。在洗衣机洗涤桶下方设置一电机，洗衣桶的一侧，设置减速齿轮，一根偏心钉连接在减速齿轮偏心的位置上，连杠一端连在偏心钉上，另一端向上延伸与洗涤桶上方的杠杆相连，洗涤桶内是连接在抖动杆上的两组夹衣架，抖动杆的上端连在杠杆端上。

电机转动使连在减速齿轮偏心钉上的连杆做上下运动，并能通过杠杆带动抖动杆及夹衣架做上下运动，夹在两组夹衣架间衣物随着在洗涤桶内上下抖动，衣物中各部分会充分受到水的冲刷洗涤，衣物不会卷扭成团，夹衣松紧度可调。洗衣过程中无需变换电机的转动方向，可实现多角度轻松洗衣，没有死角，衣服洗得更干净，既节能又节水，经济与社会效益高，市场前景广阔。

通信地址：广西德宝县竹荣新街

邮政编码：533701

电　　话：0776-3979676

姬云峰

男，74 岁，本科，高级工程师

发明名称：一种平衡爆破方法

专利（申请）号：ZL201010513832. 5

发明简介：目前冷却塔的拆除方法均采用定向倒塌爆破法，即在冷却塔底部某处开挖一个爆破切口，通过引爆使冷却塔失衡，在自身重力作用下冷却塔上部开始倾倒，翻转倒地然后解体。

这种爆破方法仅适用于冷却塔周围场地宽阔的情况，且爆破时产生的飞石及高压气流对四周设施容易造成损坏。

本发明中的平衡爆破法是指在对被爆建筑物实施爆破过程中，在未完成爆破前，能够使整个被爆物体的受力系统始终相对地处于平衡状态的爆破方法。该爆破方法主要用于冷却塔原地坍塌爆破拆除施工中，还可用于水压爆破。

该方法包括以下步骤：（1）在冷却塔圈梁及其上部筒体开挖减荷窗，在减荷窗上部开挖解体窗；（2）在人字支腿上和圈梁上设有开挖减荷窗的部位布设炮孔；（3）在上述炮孔中安装塑料导爆管雷管和炸药，在关于冷却塔底部圆心中心对称的两点同时引爆。

采用本发明的方法可有效避免在冷却塔定向爆破倾倒时直接砸坏四周设施和引起的飞石及高压气流对四周设施的损坏，能适用于各种复杂条件下的冷却塔爆破拆除，并可节约工程投资，加快工程进度。

通讯地址： 河南省郑州市管城区东大街59号福华大厦A座26层D室

邮政编码： 450000

电　　话： 13938456939

纪新刚

男，39岁

发明名称： 便携式水切割系统

专利（申请）号： 200920009741.0

发明简介： 便携式水切割系统是采用先进的设计理念，运用低压前混式水切割技术研发而成。与国内外传统水切割设备相比，它的切割能力与大型设备基本相同，体积、重量均下降90%以上；并采用特殊的软管连接技术，可实现远程操控，较原有设备更具有灵活性及良好的处突反应能力。又因其压力最大值（50兆帕）远低于国际通认安全阈值（236.7兆帕），不仅对物体的冲击力相对减少，保证了切割面的光滑平整，而且将势能冲力能量所造成的危险性和不确定性降到了最低，安全系数大幅提高。作业过程无明显温度变化，无火花、明火、静电产生，在危险品和废旧爆炸物品处理领域及救援和破障工作中具有其它切割设备无法比拟的优势。

经过近十年的不断研发，产品本身及配套工装已完成系列化，可替代已有多套设备，实现一机多能。

通信地址： 河北省保定市北市区卢庄村锐迅安防特种技术开发有限公司

邮政编码： 071000

电　　话： 0312—2113333

E - mail： xiahuapingsdf@126.com

贾会平

男，51岁，大专，高级工程师

发明名称： 一种烧制石灰的窑

专利（申请）号： 200820078007.5

发明简介： 本实用新型涉及一种烧制石灰的窑，主要包括窑体和配套系统，窑体内设有预热区、煅烧区和冷却区。煅烧区装有上、下两层燃烧梁，燃烧梁内有燃料管路和空气通道。预热区和冷却区设有抽吸梁，燃烧梁和抽吸梁设有冷却系统。使用本专利技术，石灰石物料煅烧更加充分、均匀，石灰产品的活性度高，质量好。通过烟气与助燃空气换热，充分利用余热，减少了废气排放，节省能源约25%。

该技术也先后在印度、约旦、泰国和阿联酋申请专利，并已在泰国取得专利权。以本专利项目为核心技术的HLM双梁活性石灰窑，具有热耗低、石灰活性高、燃料适应性强、结构简单和造价低等优点广泛应用于冶金、化工、建材、石化、制药和化肥等行业，销往全国各地，并远销于阿联酋、印度和泰国等，到目前为止已在国内外设计安装200多座石灰窑，占领中国70%以上的活性石灰窑市场。

本实用新型专利获2011年度河北省知识产权优势培育工程专利奖优秀奖。

备　注：贯会平，公司总经理，同时也是科研带头人，带领团队攻克技术难关，研发的领域涉及各种工业炉窑、熔融炼铁、煤气化工程、垃圾焚烧技术和太阳能利用技术等。2003年以来共申请中国专利82件，其中发明专利54件，实用新型28件，已授权发明专利25件，授权实用新型专利27件。国外专利5件，包括1件PCT专利。专利号为200320111077.3的“内外加热式石灰炉”实用新型专利获2005年中国专利20年优秀成果展金奖。

通信地址：石家庄市栾城县窦妪镇装备制造基地新华路6号
邮政编码：051431
电　　话：13703317263
E - mail：zicha@ sina. com

姜海湖
男，37岁，初中，农民

发明名称：海水吸取的方法及输送装置
专利（申请）号：201210408607.4
发明简介：本发明公开了一种海水吸取的方法及输送装置，涉及海水利用领域，它包括一端向下延伸到大海深处的海水总管，所述的海水总管的近海岸处设有至少一根与大气直接连通的大气连通管，它的连通口必须要低于最低潮位，大气连通管上端口必须要高出最高潮位，海水总管在低位蓄水池中的端口必须要低于最低潮位，大气连通管的上端口装有透气盖，海水总管上装有闸板阀一、排气阀、注水阀、闸板阀二、粗滤清器和细滤清器，使海水总管上的闸板阀一和闸板阀二都处在最低潮位以下，海水总管注满海水后，在涨潮过程中先打开闸板阀一后打开闸板阀二，实现了不耗能将大量优质的低温深层海水引入到陆地。

转让及合作意向：具体面议。

通信地址：山东省烟台市芝罘区翠园小区5-2-7
邮政编码：264000
电　　话：15253523428
E - mail：1140018049@ qq. com

姜金仲
男，55岁，博士，教授

发明名称：胎茶及其生产方法
专利（申请）号：201110296888.4
发明简介：“胎茶”是指用子叶或2片大真叶前的茶树实生苗作为制茶原料而制成的茶叶；根据生产胎茶时使用的幼苗状态及幼苗组分，胎茶分为四种：胎冠、胎蝶、胎珠及胎尖。胎茶的生产过程主要包括以下几个主要环节：茶树种子采集、茶树种子实生苗的设施栽培、茶树子叶苗或真叶苗的茶叶加工。胎茶具有如下优点：为珍贵的特有茶叶类型；营养及生物活性物质含量高，其L-茶氨酸含量比传统茶叶高1~2倍；新鲜的视觉效果。该专利推广应用可以为茶叶种子开发利用开辟一条新路子，同时，也可丰富茶叶品种、提高茶农收入。

发明名称：红外线光电输液终止报警器
专利（申请）号：01252056.X
发明简介：红外线光电输液终止报警器包括红外线发生电路和红外线接收电路，各电路装配在一输液瓶吊架上，上述红外线发生电路的红外线发光管和红外线接收电路的红外线光电管相对安装于吊架上输液瓶瓶颈对应位置的两侧。当输液液面低于预先设定的光电管所处的液面高度时，本报警器可自动报警，提醒护理人员或病人本人及时采取措施，方便实用，有一定的推广价值。

备　注：发明人为贵州省生物资源开发利用特色重点实验室主任。曾获梁希林业科学技术奖二等奖一项，山西省科学技术奖一项，获得专利2项。

通信地址：贵阳市乌当区高新路 115 号贵州师范学院
邮政编码：550018
电　　话：15985177841
E － mail：jjz9911@163.com

康月波
男，57 岁，大专

发明名称：轨道交通列车系统

专利（申请）号：201210290796.X

发明简介：本发明公开了一种轨道交通列车系统，其包括：至少一列包括若干母车厢和若干中介子车厢的列车，及一固定于站台的列车行驶轨道上方的悬挂式吊放运载装置，每一所述中介子车厢与所述列车之间设有一升降装置；所述若干中介子车厢包括若干第一中介子车厢和若干第二中介子车厢，所述悬挂式吊放运载装置用于将所述第一中介子车厢从所述列车吊至站台，以及将所述第二中介子车厢从站台吊回至所述列车。本发明轨道交通列车系统大大加快了列车的行驶速度，省去了上下车所需的停留时间。同时也满足了每位乘客直达目的地，中途无停留的快速出行的愿望。

通信地址：上海市闵行区浦江镇江协路 151 号
邮政编码：201112
电　　话：13816938293
E － mail：wefmnb@126.com

柯任可
男，68 岁，大学，保健专家

发明名称：一种具有滋补强身的药物组合物

专利（申请）号：201310069215.4

发明简介：本发明公开了一种具有滋补强身的药物组合物，属于中成药制备技术领域。所述药物组合物能够调理脏腑、健脾胃、益肝肾、补精气、充脑发荣、活血行气、通经活络、强筋骨、祛风除湿，改善亚健康状态，增加食欲，充沛精力，焕发机体细胞的青春活力，延缓机体细胞衰老，达到身体强壮的治疗目的。

本专利技术成熟，效果优异，理论古老，产品新颖，服用简单方便，起到防病、治病、保健的作用。而且生产技术易于掌握，有利于技术接受方消化吸收，可尽快形成生产能力。

转让及合作意向：专利权转让，转让费一次性结算，具体可商议。

通信地址：广西北海市侨港镇红棉路 5 号三和中医诊所
邮政编码：536008
电　　话：13877903965
E － mail：583581485@qq.com

兰海宽
男，36 岁，大专，工程师

发明名称：一种悬臂式掘进机

专利（申请）号：200920297057.7

发明简介：本发明公开了一种全自动智能液压煤矿悬臂式小型掘进机，包括其控制系统。其控制系统以嵌入式计算机和 PLC 组成的上下位机的计算机控制系统为主要组成部分，并与液压系统配合操作，可实现整机的各种生产作业。操作

形式有手动、远程遥控、地面计算机远程控制三

种控制方式。该产品可以实现掘进现场的无人值守，真正实现掘进工作面的自动化。控制掘进机截割头动作的液压装置，具体为一种利用掘进机油源作为动力油，利用电磁阀作为截割头换向的控制元件，通过电磁阀的换向来实现掘进机截割头的升降和回转动作的液压装置。该液压装置设有平衡阀、电磁阀、压力传感阀、单向阀；进油口通过管路经一压力传感阀连至一电磁阀，该电磁阀输出端通过管路经一平衡阀接截割头升降油缸；进油口通过管路经另一压力传感阀连至另一电磁阀，该电磁阀输出端通过管路经另一平衡阀接截割头回转油缸。在原有掘进机的基础上增加控制系统，对原掘进机的使用和技术参数没有任何影响，提高掘进机截割底煤的工作效率，降低操作者的工作难度。

备　注：发明人为青年企业家，中国发明协会会员，2010 年 4 月被评为平顶山市首届十大杰出青年和十大自主创新优秀青年，拥有多项发明专利。

通信地址：河南省平顶山市新华区姚孟火车站东300 米大杨玻璃厂东隔壁

邮政编码：467000

电　　话：15038841111

E - mail：Lad369@163.com

李炳杰

男，50 岁，大学，高级工程师

发明名称：多功能保健型电风扇

专利（申请）号：201120571880.X

发明简介：该电风扇功能齐全（加湿、调温、清香、提神、驱虫、灭蚊）、结构简单、造型美观、造价低廉；有助于改善环境条件和利于身体健康的优点；在生产上迫在眉睫，将在满足人们要求的同时，给生产厂家带来巨大效益。

该电风扇，在前罩上设置了诱蚊气体发生器、驱蚊气体发生器、香水气体发生器、水气释放窗、负离子发生器和发热元件；在底座上设有盛水瓶，该盛水瓶里设有水气发生器，该盛水瓶的水气通过管道连接到风扇前罩上的水气释放窗释放；在后罩上还设置有灭蚊的电网，该灭蚊电网里还设有诱虫灯管。该风扇上所有功能可通过按钮或遥控分别控制，从而实现了人们对学习工作生活环境的舒适要求。

该电风扇已于 2012 年在中华人民共和国国家知识产权局《实用新型专利公报》（2012 年第 45 期）上公开发布。

转让及合作意向：欢迎全国各厂家联系和洽谈授权实施。

通信地址：广西北海市国土资源局

邮政编码：536000

电　　话：13317798955

E - mail：lbj2005-1@126.com

李成刚

男，42 岁，本科，中级工程师

发明名称：一种便携式刻录机（卡拉 OK 录唱机）

专利（申请）号：201220387847.6

发明简介：本发明是将音乐和人声结合为一体，刻录到可改写 CD、VCD 或可改写 DVD。

本发明的电器接口是：

一、输入接口

包括左声道输入接口；右声道输入接口；影像输入接口；麦克风接口 2 个。

1. 左右声道的输入接口可以是：录音机、收音机、磁带随身听、CD 及 DVD 随身听、音响、MP3、MP4、CD 机、VCD 机、DVD 机和 USB 等。

2. 影像的输入接口为 VCD、DVD、电视机、MP4、手机、带摄像的数码相机、（数码）摄像机等。

3. 麦克风输入口两个。

二、输出接口

1. 左右声道的输出接口是音频左右信号线、USB 线等。

2. 影像输出接口为电视机 RF 信号输入、S 端子、USB 等。

本专利获得广东省韶关市武江区优秀专利奖励 500 元，韶关市区优秀专利奖励 1200 元。

有兴趣的厂家可签署合同谈转让条件。1. CD、VCD 唱录机 45 万元；2. DVD 唱录机 45 万元。若有意买断请再议。

通信地址：广东省韶关市武江区工业东路 46 号 3 栋 105

邮政编码：512026

电　　话：18038907127；0751-8775608

E - mail：Myroad2008@ sina. com

李　纯

男，57 岁，大学，教授，高级工程师

发明名称：一种降低煤沥青含量生产碳素制品的方法

专利（申请）号：201110206623.0

发明简介：本发明是一项新思维、新观念、新技术、新方法、新工艺的碳素生产技术领域的发明专利，以蜂窝、海绵、松散状石油焦、沥青焦、鳞片状石墨为原料，进行高致密碳素制品的各向异性化创新，在保留现有碳素生产线工艺的基础上，达到国际最先进碳素制品的发明。选择的原材料廉价，采用的工艺流程和设备简单、节能、高效，生产出的碳素制品先进。以≤30mm 自然粒度石油焦为主要原料，14% 0.08mm 石油焦粉加入量，14% 煤沥青加入量，采用振动成型，可以生产出体积密度≥1.65g/cm^3 各向异性的预焙阳极碳素制品，创造出世界的奇迹。本专利对推动冶金、碳素工业的发展具有如下特点：减少能源、设备、人工费用 10%；沥青烟气排放量减少 30%；粉尘污染减少 40%；生产成本降低 10%；预焙阳极使用中的电耗和碳排放量减少 15%。全国每年减少 300 万吨碳排放量，实现增效 200 亿元。因此本项技术体现出节能、减排、降碳、增效成果，具有国际市场竞争能力。

通信地址：辽宁省鞍山市铁东区和平路 51 栋 3 单元 5 层 59 号

邮政编码：114010

电　　话：13998036857

E - mail：5545033@ 163. com

李传军

男，47 岁，本科，食品工程师

发明名称：一种豆腐乳的加工方法

专利（申请）号：201210210897.1

发明简介：本发明涉及一种豆腐乳的加工方法。选取秦巴山区的优质大豆为原料，大豆经浸泡、磨浆、过滤、煮沸，用凝聚剂点浆，制成白豆腐，接种后进行发酵，制得豆腐乳坯，杀菌后均匀撒满混合调味粉、食盐等，装瓶后，送入保温室进行第二次发酵。

红豆腐是一种传统发酵食品，民间作坊式加工方法是将大豆做成白豆腐，然后再做成豆腐乳胚料，经发酵、配以作料、装坛再发酵而制成，整个过程要 60 天左右。这种方法存在诸多缺陷，白豆腐制作过程中，所用凝固剂多为卤水或石灰水，致使“豆腐中有小毒”（《本草纲目》记载）；加工的各环节中，病菌污染严重，卫生指数难以达标；豆腐乳的质量不稳定，保质期短，口感和色泽不稳定；生产周期长，成本较高。

本发明目的在于克服现有技术存在的缺陷，提出的一种生产周期短、可实现规模化生产的豆腐乳的加工方法，用该方法能够生产出质量稳定、绿色健康的豆腐乳。本发明实现了技术向规模化生产的转变，为企业的发展奠定了坚实的技术基础，实现了红豆腐的产业化经营。

通信地址：陕西省汉中市镇巴长兴实业有限责任公司

邮政编码：723600

电　　话：18729622220

E - mail：779217646@ qq. com

李丹天

男，21 岁，本科在读

发明名称：新型安全型插座

专利（申请）号：201120008624. X

发明简介：本实用新型涉及一种新型安全型插座。该新型插座是在普通的插座的插口上设置防护盖，可有效的防止水或其他杂物进入插孔。

其特征在于它由插座、防护盖、转轴和手动推钮组成，如附图所示（1-插座，2-防护盖，3-手动推钮，4-插孔，5-转轴）。

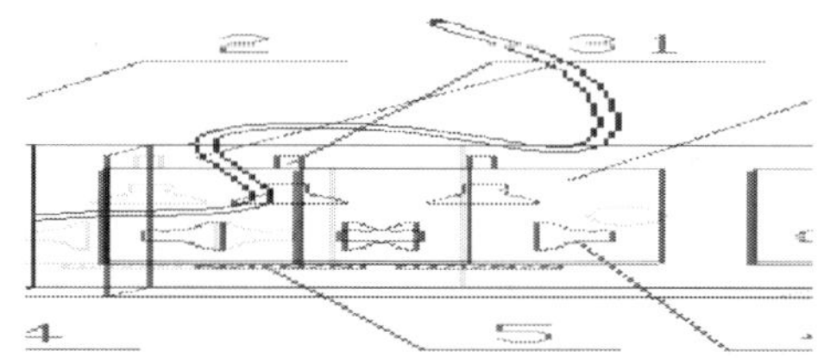

所述的防护盖的一侧通过转轴与插座连接，防护盖盖在插座的插孔上，防护盖的另一侧设置有手动推钮；所述的转轴上设有小型弹簧；通过手动推钮掀开防护盖，将电器的插头插在相应的插孔上；不使用时，将防护盖全部合上。

所述的防护盖、转轴和手动推钮全部是采用绝缘材料制成。插座的防护盖上可以根据实际的需求设计艺术性图片，增加其审美性和吸引性。

通信地址：湖北省武汉市青山区和平大道 947 号武汉科技大学资源与环境工程学院安全工程 1002 班

邮政编码：430081

电　　话：13297078892

E - mail：1419451862@ qq. com

李　发

男，72岁，大专，政工师

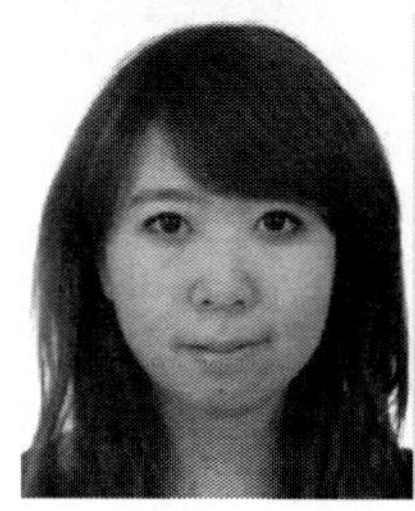

蒋乔一

女，24岁，大学

发明名称：一种红景天中药益寿丸及其制备方法

专利（申请）号：201210597979.6

发明简介：本发明涉及一种红景天中药益寿丸及其制备方法，其特征在于：A. 选取如下重量组份的原料：炮制精选后的红景天96～9600份、雪莲花90～9000份，冬虫夏草1～20份、当归86～8600份、黑大豆80～8000份、酒80～8000份、空心胶囊适量或蜂蜜12800～23000份、麻油26～46份；B. 将红景天、雪莲花、冬虫夏草、当归分别拣选、清洁、制粉，置于净器待用；C. 将黑大豆拣选，先用水淘洗，晒烘干，再用酒淘洗，晒烘干，制粉，置于净器待用；D. 将红景天粉、雪莲花粉、冬虫夏草粉、当归粉、黑大豆粉，共置于一个容器，混匀，装入空心胶囊或用蜜制丸，即得红景天中药益寿丸；能制备红景天中药益寿酒；本发明的中药也能作保健品使用。有益效果是：原料成份多属珍稀野生名贵药材，滋阴补阳，调养五脏，年轻益寿，补气和血，通脉平喘，除寒壮阳，调经止血，补肾益肝，调和脾胃，抗疲劳，抗糖尿病，抗癌，抗微波辐射，抗高海拔疾病，治肺病、肾病、阳痿、肝脏病、高血压、低血压、骨关节疾病、对于气虚血淤，胸痹心痛，中风偏瘫，倦怠气喘，伤病产后康复等有明显或良好的疗效。

转让及合作意向：可面议。

备　注：李发，国企退休干部，在《冶金档案》发表论文，著作2篇，论文获奖，申请虫草保健酒等9件发明专利，已授权2件。

通信地址：河北省唐山市开平区马家沟增华楼5楼1门201

邮政编码：063021

电　　话：15231543726

E－mail：875861891@qq.com

李光能

男，32岁，初中，组培员

发明名称：一种大型履带式河道截流发电船

专利（申请）号：201310069039.4

发明简介：本发明涉及一种大型履带式河道截流发电船，无需筑坝、不用移流、是以截流形式获取水流的推动力，实现低成本高效益水能开发利用目标。

发明内容：在两边河岸上制作河岸基座，用两条钢绳一头固定在河岸基座上、另一头固定在两条导流承载船前端的外侧，两船中间固定着大型履带式水利机组，在履带式水利机组上设有轨道、履带，在履带上安装着带 n 个带活节和 n 条可曲折拉杆的 n 个挡水板，水流被导流汇集后冲动挡水板时，履带可以在有上下轨轮的 n 条双面轨道上顺水流滑行、带动动力输出轮旋转，经变速系统变速带动高压直流发电机产生电能。与老式无坝履带式流水发电装置相比，减去了液压能转换、调控系统，降低了能量的消耗，增加了导流承载船，提高了水能的利用率，同时还能保护机组并可升降机组以使其可停止运转，为维修保养提供便利。重新设计了双面轨道增加了降噪胶质轨面、轨轮，提高了运转性能，使原来最大只能做十米级规模的老式机组，扩大十倍规模变成现实。

本发明能在世界各地大小江河流速达到1米/秒以上的流域，量身制造设置安装，配以直流变频控电设备，能获得衡稳的交流电源并网发电，配以抽水设备能用于灌溉，其在做功的同时还起到了疏通河道的作用，能取代大、中、小筑坝式电站，经粗略估计在同一条江道上，建造五至十台本机组，其发电量等于或大于在此建造筑坝式电站的发电量，建造成本则不超过筑坝式电站的50%，而且其装机条件广装机量大，能够实现获取整条流域水能的50%以上的目标，实现节能环保发电。

通信地址：云南省临沧市耿马傣族佤族自治县孟定镇中缅路148号

邮政编码：677500

电　　话：15987253511

E - mail：15987253511@139.com

李红文

女，45岁，本科，主管护师

发明名称：软质腰带式引流设备固定器

专利（申请）号：201120530696.0

发明简介：软质腰带式引流设备固定器是一种特别适合术后患者使用的简便的医疗卫生设施，该设施主要由四个部分组成：

（1）软质腰带：用双层纯棉花布料缝制而成，宽6cm长100cm～150cm（大、中、小三型），其中间有柔软支撑物（软质人造革）。

（2）软质布圈：用双层宽1cm长14cm的纯棉布缝制布圈1～3个套在腰带上，根据需要确定个数。

（3）魔术子母扣：母扣面25cm，子扣面10cm，分别缝制在软质腰带的两端。

（4）弹簧式长环形挂钩：根据需要1～3个不等，用时将挂钩套在布圈上，直接将引流设备与挂钩连接在一起。

将该设施的两端对折后，粘贴牢固，围于患者的腰间，布圈穿在腰带上，金属挂钩与小布圈相连接，将患者引流设备挂于金属钩上。

其优点是：在保证患者术区引流通畅及功能位的前提下，解放家属及患者的双手，方便患者行动，使之能生活自理；还具有结构简单实用，柔软舒适、美观大方、易于拆洗等优点，具有较好的使用和推广价值。

通信地址：河北省沧州市中心医院肿瘤外三科

邮政编码：061001

电　　话：13315777885

E - mail：lhwsyj@163.com

李　辉

男，33岁，本科

发明名称：轴流风扇转轴平衡装置

专利（申请）号：201210184097.7

发明简介：本发明公开了一种轴流风扇转轴平衡装置，包括风扇壳体、扇叶，其特征在于：在风扇壳体的芯套上设有两个轴承，轴承与芯套之间为间隙配合；扇叶轴安装在轴承上，扇叶轴与轴承之间为间隙配合；在两个轴承之间设有压力弹簧A，在上轴承与扇叶之间设有压力弹簧B；扇叶轴尾部设有挡圈，该挡圈防止扇叶轴窜出轴承；所述的芯套的顶端与底端设有定位卡扣，该定位卡扣将轴承限制在芯套内。本发明采用了扇叶间隙配合以及弹簧补偿误差的结构，消除了由于外界的冲击以及零部件的形状、位置尺寸等的误差所造成的扇叶的晃动、震动以及噪音等问题，提高了扇叶的转动精度以及平衡性，保证了产品质量，延长了产品的使用寿命。

通信地址：广东省肇庆市端州区二塔路东（塘尾村）1号1栋

邮政编码：526040

电　　话：0758-2785388

E - mail：fenghualihui@126.com

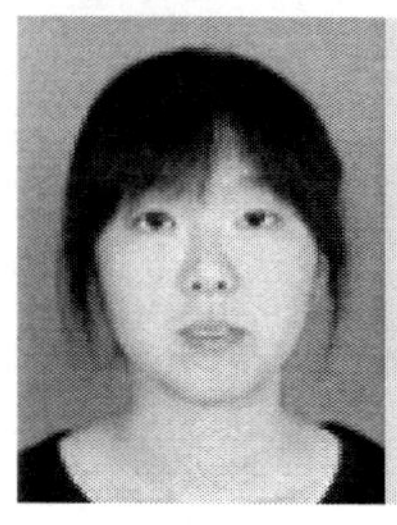

李　吉

女，27 岁，本科，初级工程师

发明名称： 一种实现晶体硅电池组件电位诱发衰减合格的工艺

专利（申请）号： 201210411634.7

发明简介： 本发明公开了一种实现晶体硅电池组件电位诱发衰减合格的工艺，通过在晶体硅基体正面形成叠层复合膜的方式，实现晶体硅电池组件电位诱发衰减合格，具体工艺含以下步骤：选取经过前处理的晶体硅基体，采用管式 PECVD 工艺先在晶体硅基体正面沉积形成第一介质膜 SiO_2，接着在第一介质膜 SiO_2 上沉积形成 SiO_2/SiN_x 叠层复合膜，晶体硅基体再经后续常规工序，获得电位诱发衰减合格的晶体硅电池。本发明通过在原有 SiNx 工艺基础上增加 SiO_2 镀膜工艺，提高了硅片表面的钝化效果，同时优化了光路，提升了电池片品质，实现了电池组件 PID 合格，并且本发明工艺简单，与现有产线兼容性好，工业化可行性强，适合大规模推广使用。

在其他相同的电池生产工艺条件下，PID Free 工艺对电池的效率进一步提升，短路电流和开路电池提升都很明显，效率能提高约 0.07%。

通信地址： 河北省邢台市宁晋县晶龙大街 267 号
邮政编码： 055550
电　　话： 15512865379
E－mail： liji@jasolar.com

李金根

男，76 岁，大本学历，副教授

发明名称： 用钨靶 X 线对乳癌等软组织疾病的诊断方法

专利（申请）号： 201110041385.2

发明简介： 乳癌等软组织疾病，困扰着世界各国政府，迫切期盼尽早解决。如用钨靶 X 线和硒同素异晶平板探测器组合，能把 2mm 左右的软组织病灶清晰呈现，因为 2mm 左右的病灶属微小癌、小小癌范畴，手术后就能痊愈，患者的生命真正得到了挽救，对世界来说一年就有数十万妇女获得新生。有了数字感光材料和数字放射成像方法（DCR），中国人就可以创立自己的医学影像系统 DCR，这完全是自主创新，自成体系，并拥有全部自主知识产权和掌控 DCR 系统的全部核心技术。

通信地址： 上海青浦华新镇嘉松中路 1138 号南门弄内第四幢
邮政编码： 201708
电　　话： 021-59790961
E－mail： 123962086@qq.com

李克金

男，58 岁，高中

发明名称： 治疗风湿和类风湿疾病的药物

专利（申请）号： 201210306124.3

发明简介： 本发明专利针对现有中药制剂在治疗风湿和类风湿疾病中的不足，提供一种副作用小、适应症广、疗效显著的治疗风湿和类风湿疾病的药物，技术领先，生产中基本没有污染。药物：具有祛风湿、止痹痛、养血活血、通络滋阴、补肾强身功能，适用于治疗风寒湿痹、风湿热痹滞留的手足麻木、筋骨疼痛、腰膝无力及关节肿大、变形、屈伸不利等病症。治疗方便，治愈后不易复发，坚持使用可逐渐治愈风湿和类风湿疾病。特点：1. 成药为中草药，安全无毒副作用，疗效短，治疗效果显著；2. 生产成本较低，所需药材易买、易栽，成本低廉，投资少，见效快。

备　注：该专利药物用白鼠实验三年，大狗实验二年，与人体实践中差异性较大，勿盲目使用。

转让及合作意向：项目可行性市场数据分析报告已做好，还可融资自建制药厂。

通信地址：河南省信阳市息县城关北大街红星路35号

邮政编码：464300

电　　话：15837685466

李　理

男，54岁，大专，工程师

发明名称：定向强化辐射工业炉窑传热元件

专利（申请）号：201220155683.4

发明简介：本专利是针对现有工业炉窑传热元件热辐射量不高和难以形成定向辐射的不足，提供一种定向强化辐射工业炉窑传热元件，为一空腔式耐火材料，内有储热微孔并含有储热添加剂作为改进。其外形为圆锥形或四方形。

强化辐射传热技术三大功能：

1. 增大炉膛面积：炉膛内科学布置传热元件后，使得炉膛面积增加一倍左右。相当于在原有炉膛空间下增加了炉墙和炉顶表面积，增强了辐射换热面积，工件获得的热量也相应提高。

2. 提高炉膛黑度：根据不同炉型结构，经过精密的设计和计算，高发射率传热元件 $\varepsilon=0.95$，依据热射线的能量分布——Lambert 定律，安装在炉衬的适当部位，形成红外线的定向发射。从而提高了炉衬的黑度，强化炉内的辐射传热，增大炉内辐射系数，有助于热量的充分利用。

3. 增加辐照度：传热元件将炉膛内漫射状的热射线从无序调控到有序，直接射向工件，提高了热射线的到位率，加强了工件或辐射面的有效吸收，强化炉内的热交换过程，使工件被迅速加热，缩短了生产周期，提高了炉子的热效率。

强化辐射传热技术节能效果

乙烯裂解炉节能率：5%～10%；电阻炉节电率：15%～25%。

加热炉节气率：12%～20%；燃气（油）炉节油率：12%～20%。

转让及合作意向：愿与有诚意的节能服务公司进行各种形式的合作。

通信地址：广西壮族自治区南宁市江南区星光大道223号荣宝华C1-3-216室

邮政编码：530022

电　　话：18978963610

E-mail：lili0388@163.com

李　宁

男，54岁，大学，教授，高级工程师

发明名称：高海拔地区人员休整与生活富氧房

专利（申请）号：201210561386.4

发明简介：本发明公开了一种高海拔地区人员休整与生活富氧房，包括密闭的房体。所述房体上设有密闭门，所述房体内设有用于调节室内空气含氧量的富氧装置、用于调节室内空气温度湿度的空调系统和用于调节室内空气压力的气压调节装置。

本发明的高海拔地区人员休整与生活富氧房，通过在房体内设置富氧装置，能够增加室内空气中的氧含量；通过设置空调系统，能够调节室内空气的温度和湿度；通过设置气压调节装置，能够调节室内空气压力；将室内空气中的氧含量、温度、湿度和压力均调节为与低海拔地区相同，能够为出现高原反应的患者提供一个稳定的休整和生活场所，使低海拔地区居住的人员能够长期在高海拔地区生活和工作。

通信地址：重庆市沙坪坝区新桥正街新桥医院高压氧科
邮政编码：400037
电　　话：023-68755640
E - mail：Li_ ning@ tmmu. edu. cn

李　沛
女，29岁，硕士，中级

发明名称：杯垫（2）
专利（申请）号：201230222086. 4
发明简介：本专利从中国传统文化理念出发，结合艺术设计语言中的点、线、面构成原理，进行图案符号设计，疏密结合，层次清晰。图案设计错落有致，使杯垫不仅具备使用功能，更能体现视觉艺术效果。

通信地址：上海市嘉定区胜辛北路1661号上海师范大学天华学院艺术系
邮政编码：201815
电　　话：021-39966666/ 18930865917
E - mail：pacywu@ 126. com

李巧理
女，40岁，本科，中学教师

发明名称：省力易洁软面平板拖把
专利（申请）号：201220209443. 8
发明简介：本实用新型涉及一种省力易洁软面平板拖把，其特征在于：在触地面的前后两边固定两条加厚柔软的物质，使其前后两边凸起中间凹陷，用以减小受力面积，同时增强其弹性及可变形性。因受力面积小能用不大的压力产生较大的压强，从而达到省力的目的。弹性好易形变，容易清洁地板并能深入清洁地板的凹槽部位，从而达到易洁的目的，又减少了对拖布和地板的摩损。

小变动大作用。使受力面积变小而又有弹性就有了良性循环的开始，拖把推着前进时受力点会集中在最前沿，很轻松地洁净地板，且速度快比扫一遍地的时间还省，污物只聚集在最前边的一条线上只须用手或小刷子除去，不必清洗拖布，还可以调换方向或将拖布换一面继续使用，清洁一中等面积套房可以只洗一次拖布，一脸盆水就够了。因为触地面柔软而有弹性，用普通拖布就很好了，也容易清洗，还可根据地板材质和气候特征自由调节拖布的干湿度，真是随心所欲，运用自如，真正做到了省力、省时、省水，且结构简单、经久耐用、灵活方便，真是一款节能环保、利国利民的好拖把。

通信地址：福建省顺昌县水岸帝景5幢202室
邮政编码：353200
电　　话：15959762116
E - mail：fjscykzx@ 163. com

李巧巧
女，24岁，本科

发明名称：棉花下促上控高产种植方法
专利（申请）号：201210024206. 9
发明简介：本发明涉及一种棉花种植方法，特别是涉及棉花下促上控的高产种植方法。棉花要想达到更高产，必须地上、地下部分处于最佳状态，下促就是地下部土壤进行促进，上控就是控制地上部分植株向有利于超高产方向转化，人为的进行控制调节使其合理密植，通风透光，排灌方便。本发明专利超高产模式具体有以下十个方面的改革：

1. 由浅旋耕改为深耕。

2. 由传统施肥改为配方施全元素生物有机菌肥。

3. 由平地栽培改为起垄覆膜栽培。

4. 由大小行改为宽单行缩株精播 121 种植模式。

5. 化控方面：①由各分期化控改为全程化控；②由被动化控改为主动化控。

6. 由被动防治害虫，改为主动防控。

7. 由单户防治改为联防联治。

8. 由长期单一用药改为药剂轮换交替使用。

9. 由缺肥喷叶面肥改为打顶就喷叶面肥。

10. 由人力改为机械：从用人力播种到喷除草剂，覆地膜，中耕、除草、施肥，棉田喷药等，都改为机械化作业，降低劳动强度，降低劳动成本，提高生产率。

采用高科技手段，提高产量，提高质量，这就是本发明的与众不同，也就是本专利的精髓。

通信地址：山东嘉祥县仲山清寺嘉祥县高效农业研究会

邮政编码：272409

电　　话：13705376682

E－mail：1137851657@ qq. com

李勤生

女，74 岁

发明名称：一种人造生物膜及制备方法

专利（申请）号：200610124636. 2

发明简介：人造生物膜是以生态学原理为指导的仿生产品，采用创新的制膜技术，使产品具有不流失、高效、超长效、可重复使用等特点，在污染水体治理中有独特优势。有三种基本剂型产品，适用于不同治理对象（如湖泊、河流等）。人造生物膜适用于污染水体原位修复，可节省大量基建投资；也可与水处理设施和配套使用，提高其净化效率。

人造生物膜应用范围广泛。治理制药废水严重污染水环境取得良好效果，大幅度降低其中的 COD、氨氮、臭气，提高透明度，保持时间超过 14 个月；高效安全去除养殖水体中氨氮、亚硝态氮、有机物和淤泥；在富营养化水体、高浓度发酵废水和养猪污水处理，以及水产养殖水体净化方面均取得了良好效果。

中央电视台科技之光栏目曾有“清污高手——人造生物膜”的专题报道。人造生物膜获 2009 年武汉市科技进步奖；2010 年获科技部创新基金立项，同年武汉市颁发自主创新产品证书，列入政府优先采购产品目录。人造生物膜漂浮悬挂式装置实用新型专利 2010 年授权。人造生物膜产业化及推广应用入选 2011 年武汉市 3551 人才计划项目。2012 年该产品获环境友好型技术产品证书。

备　注：李勤生，从事微生物学基础和应用研究工作 50 余年，发表科技论文 70 余篇，合作专著 4 册，专利 5 项。

通信地址：武汉东湖高新技术开发区光谷软件园 E3-703

邮政编码：430000

电　　话：13971192467

E－mail：liwang@ ihb. ac. cn

李诗昌

男，48 岁，博士后，高级工程师

发明名称：新一代环保型特种表面合金催化液

专利（申请）号：201210549461. 5

发明简介：北京中科创新科技发展中心参照国外表面处理的先进技术，结合我国的原材料市场，在中国科学院、化工部、冶金部及科技部等有关部门的协助下，经多年大力研发，成功研制出一种环保金属表面处理技术——“新一代环保型特种表面合金催化液”技术。

该技术克服了电镀在使用中的缺点，有绿色环保、节能降耗、工艺简单、成本低廉、耐磨、耐腐蚀性强等诸多优点，得到业内人士的一致赞誉。

该技术是利用化学置换反应，通过渗透加沉积，与工件本身发生反应，形成新的合金层，因此结合力极强，在350~400MPa情形下，不起皮、不脱落，性能非常稳定。采用科学的化学检测方法，可以反复添加，循环使用，从而极大降低了生产成本，仅为电镀镍的1/2，电镀铬的1/3，不锈钢的1/4。原材料全部采用常见易购化工原料，且80%以上为食品级添加剂，适用于食品、医疗等领域，且符合欧盟ROSH标准。

转让及合作意向：本中心对外咨询和转让该技术，合作方式可选，分为：普通转让、独家转让和国际转让，具体合作方式可以面议。

通信地址：北京市石景山区玉泉路玉泉大厦709室
邮政编码：100049
电　　话：010-88258039

李顺意

23岁，本科

发明名称：新型实用网蝇拍

专利（申请）号：201120364586.1

发明简介：本实用新型涉及一种新型实用网蝇拍，它包括拍体和拍柄。拍体是由左连接件、右连接件和拍体的零件连接组成的椭圆形的网状拍体。拍柄设置在左连接件与右连接件的连接处，和拍体形成整体。

其优势是一种特殊结构形状的新型实用网蝇拍，可在任何地点对蚊蝇进行拍打，在拍打的地点不造成有污染的痕迹，体现了新颖、环保、结构简单、经济实用。

通信地址：山西省侯马市红军街平阳厂22甲1单元3号
邮政编码：043002
电　　话：13303573238
E－mail：1434062256@qq.com

李伟雄

男，56岁，大专学历，安全健康管理体系内部审核员

发明名称：一种安全防撞沙桶

专利（申请）号：201220292931.X

发明简介：传统防撞沙桶多以塑料为原料，反光效果以及抗压、抗震效果差，导致了一件件的交通事故；而且在风吹雨淋下极易老化和破碎，损坏率高，若受到撞击很难再次使用。本实用新型的目的是针对上述缺陷，提供一种坚固耐用、抗压抗震的安全防撞沙桶。

为实现上述目的，本实用新型采用如下技术方案：安全防撞沙桶包括规格一致的报废旧车轮胎若干、固定螺丝四只、正方形固定铁板一块、金属板一块、红白相间反光膜一块、固定铁支两支、若干加固螺丝以及螺母。固定铁板上设有4个正方形分布的安装孔；固定螺丝通过这些安装孔穿过报废旧车轮胎，并结合固定铁支和螺母进行固定连接，其中若干报废旧车轮胎是整齐地叠在一起，两支固定铁支十字型交叉焊接固定，金属板包在报废旧车轮胎外面，反光膜覆在金属板表层；加固螺丝穿过反光膜和金属板通过螺母固定连接。

所述安全防撞沙桶结合沙粒投入使用具有以下优点：1、合理利用报废轮胎资源，投入使用的重复使用率高，符合节约能源和绿色环保的要求；2、材料资源充足，成本相对较低；3、具有坚固耐用、抗压抗震的特点，降低交通事故的严重程度。

通信地址：广东省佛山市高明区荷香路645号
邮政编码：528500
电　　话：13925957808

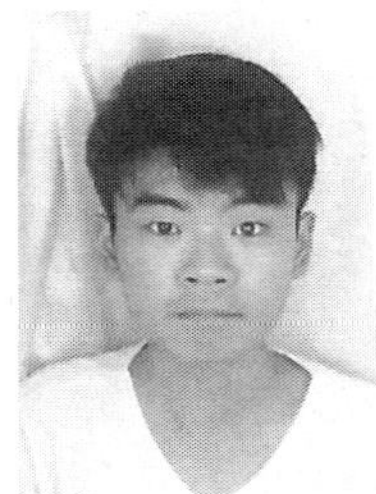

李文星

发明名称：一种推拉式组合黑板

专利（申请）号：201120376532.7

发明简介：传统的黑板是固定的，通常教室两侧的学生看不清黑板较远侧的内容，增加了学生斜视的机率。另外现有黑板为单一板面，面积有限，易造成了教学的不便。

本实用新型涉及一种黑板，特别涉及一种推拉式组合黑板。包括小黑板和黑板框架，其特征是：所述小黑板至少有两块，每两块组成一整块组合黑板，小黑板呈叠加式推拉连接，其上下边缘都设有凹槽，黑板框架设有与小黑板相同数量且稳合的滑道，小黑板分别卡装在滑道上，黑板框架下侧设有集尘槽；小黑板由黑色或其他颜色硬质塑料制成，其左右边框一侧都设有暗把手，左边框或右边框背面内侧设有竖形凹槽，内有竖条毛刷或海绵作黑板擦；黑板框架的滑道上均匀分布有漏粉孔。本实用新型的有益效果是：结构简单，功能多样，使用方便，能充分利用黑板空间，扩大黑板书写面积，方便学生看清黑板内容，容易清洁板面，提高教学效率。

通信地址：山东省菏泽市牡丹区丹阳路1580号菏泽供电公司家属院

邮政编码：274000

电　　话：13518605590

E－mail：13518605590@139.com

李显俊

男，74岁，大专学历，高级工程师

发明名称：水煤浆锅炉供汽工程自适应三分控制系统集成

专利（申请）号：201110078556.9

发明简介：本专利控制系统涉及一种能够适应过程或环境条件变化，自动调整控制器参数的控制系统。因为大多数工业过程是非线性的并具有时变特征，要满足稳定运行和适应过程特性的变化，必须及时对被控过程输入输出进行测量和评价，并及时进行最优先指标的比较和评价，及时指示自动调整机构进行控制参数调整，使控制系统能够在最优状态下运行。

通信地址：福建省厦门市海沧区南海路689号厦门鸿益顺环保科技有限公司

邮政编码：361000

电　　话：0592-6585576

E－mail：flyhys@163.com

李兴贵

男，66岁，大学，工程师

发明名称：一种坐卧两用客车

专利（申请）号：201120383038.3

发明简介：主要结构特点：双层卧铺，下层设可变形的移动坐椅和固定坐椅，一纵排中，固定坐椅在前，移动坐椅和固定坐椅相间分布，并且所有一纵排移动坐椅安装在一个移动坐椅固定板上，由气缸驱动前后移动。由坐姿变换为卧姿时，所有一纵排移动坐椅前移至卧姿位置，将固定坐椅的靠背移作安全脚蹬，前后两坐椅间的间隙用抬起下铺活动板填满，一个移动坐椅和一个固定坐椅即变形为一个下卧铺；上层设卧铺，将上层卧铺安装于车厢顶板、车厢后板、两侧板，车厢内无立柱，在坐姿时，将上层卧铺用气缸驱动上移不坐人。坐、卧姿的变换主要由气动并辅助于手工完成，一辆大客车一次变换一个人操作约十分钟，载客人数与相同长度的卧铺客车相同，乘客卧姿时与现有双层卧铺客车半躺式的舒适度相同，乘客坐姿时与现有坐位客车舒适度相同，适用于旅游客车和长途客车，提高旅客乘车生活质量。

通信地址： 安徽合肥绩溪路 251 号省外贸职工小区六幢 106 室

邮政编码： 230022

电　　话： 15255101678

E - mail： 1710606828@ qq. com

李月秋

女，50 岁，大专

王媚娟

女，23 岁，大专

发明名称： 超能治病机

专利（申请）号： 201210000412. 6

发明简介： 本发明的要点就在于简单地解决了人类最大的难题——疾病，特别是癌症。超能治病机可以吸病毒、吸病菌，使其离开人体，从而达到治病作用，它主要用于对人体各种疾病的治疗和预防。

适用范围：动物、植物、食物，可改善室内空气，用了吸力（抽力）能量学说，更健康，更放心。

通信地址： 四川省江油市中坝镇新华路中段 360 号 10 幢 1 单元 3 楼 5 号

邮政编码： 621700

电　　话： 15508002376

E - mail： 13120259830@ 163. com

李兆华

男，54 岁，中专，工程师

发明名称： 古树名木防雷装置

专利（申请）号： 201220571567. 0

发明简介： 雷击古树名木时，易产生旁侧闪击、地电位反击等次生灾害，对公共安全造成严重威胁。目前古树名木使用的防雷装置其避雷针采用全金属体，无独立支撑杆，固定方式采用圆形金属线，一次性直接固定在树杆上，松紧不可调，易对古树名木的皮质层和韧质部造成损伤，检查维护不方便。其次是引流线无绝缘护套，由于电流的集肤效应，雷电流易产生沿面放电，降低了防雷功能。特别是未考虑雷击放电过程中产生的次生灾害的防护，装置中均未设置雷电针数器、断接卡、警示标志和安全护栏，致使防雷功能缺失，留下雷灾隐患。

针对现有装置的不足，本实用新型专利涉及一种古树名木的防雷击装置。其装置由避雷针、支撑杆、抱箍、引流线、断接卡，雷电计数器，警示标志，安全护栏和接地体构成。避雷针的固定方式采用伸缩型抱箍，具有延展性。当雷击古树名木时，由防雷装置的避雷针，尖端接闪雷电，利用引流线将雷电流引导至接地体，消耗和泄放雷电能量，保护古树名木，经雷电计数器，记录雷击次数，并通过警示标志和安全护栏，警示行人，保护公共安全。

该防雷装置具有体积小、重量轻、安装拆卸方便、通用性强等特点。适用于单株、多株古树名木的防雷保护，同样适用于高大树木的防雷保护。

备　注：李兆华，长期从事雷电科学与防护技术研究工作，荣获云南省人民政府嘉奖，云南省标准化创新贡献奖等，被省市安监局聘为技术专家。

通信地址：云南省昆明市西昌路77号云南省雷电中心

邮政编码：650034

电　　话：13908808663

E－mail：LZH1333@126.com

李镇奇

男，57岁，高中，助工

发明名称：多功能拖拉机

专利（申请）号：201220599984.6

发明简介：目前社会上耕整机、微耕机品种繁多，而目前均是用于一年两稻耕耙田单一的农作业，使用率为20天/年，其余时间均为闲置。为发挥其一机多用的效果，更多地用于其它农作业服务，一年四季都发挥其作用，现发明人发明了一种不改变发动机及底盘的位置，只改变胶轮变铁轮，安上旋耕刀及附件装置，拆解安装方便，即成一种可自走式喷灌喷药，既能犁耙、旋耕、旱地可翻地开沟的自卸前后驱动农用运输，可使多功能拖拉机如虎添翼，对农业作出更大的贡献。

通信地址：广西梧州苍梧县龙圩镇沿江路172号

邮政编码：543100

电　　话：15277441138

厉黎明

发明名称：一种多功能循环床柜

专利（申请）号：201020296274.7

发明简介：本实用新型涉及一种多功能循环床柜，有节能、节空间，还有多功能的优点。它的上层是床，床垫的下面是柜子和浴室。其中床垫是利用冷热水（空气）来调节温度，使人睡在上面有冬暖夏凉的效果。床垫中间有解小便口，再结合整体式卫生间，功能更齐全。柜子有存挂衣服和藏被子的功能，其中床头柜能藏鞋子。

发明名称：免水蹲便器

专利（申请）号：201020513691.2

发明简介：本专利主要有节水的优点。它能够实现不用水、不用电、不用气来解决大小便。它能90度折叠，使用时放平，按钮合上。使用后踩一下按钮，会弹回竖着的状态。利用这一动力把粪排到粪池连接器。它能用不锈钢、陶器、塑料等材料来制作。

通信地址：浙江省东阳市横店镇官桥村387号

邮政编码：322118

电　　话：13335977012

梁昌锐

男，76岁，大本学历，高级工程师

发明名称：电阻应变计用UV胶盖面及其手动/自动喷胶固化系统

专利（申请）号：201220094988.9

发明简介：本专利是对现有电阻应变计盖面材料、设备和工艺方法等全面的变革。本专利的主要优点在于可采用自动化的喷胶设备，可以大大提高电阻应变计的生产效率；采用UV胶盖面就可以省去现行的热固化材料的盖面胶要加热加压固化工艺，可以减少应变计在生产过程中产生的内应力；选用好的UV胶还可以改善盖面胶的防护性能。

通信地址：南京市江宁区马浦街32号

邮政编码：211106

电　　话：025-52105245-817

E－mail：liangcr@transcell.com.cn

梁志海

男，57岁，博士，高级工程师

发明名称： 刮板输送机中部槽的整体铸造方法

专利（申请）号： 200510012961.5

发明简介： 刮板输送机全铸无焊接中部槽采用先进的特殊真空铸造工艺，综合性能优异。由于不需要考虑金属焊接，在制造材料中充分选用最有效的合金成份组合，使中部槽达到很高的结构强度（σb≥1400MPa）和整体耐磨、耐腐蚀性，有效解决了全铸无焊接中部槽成型难题、塌箱问题、局部翘曲变形问题、碳缺陷及夹砂缺陷以及整体强度和耐磨性等问题，提高了开采效率，降低了吨煤开采成本，同时使用报废的中部槽可重新回收利用，节约资源，符合循环经济模式。该产品已申请专利9项，其中获得授权的有发明专利1项，实用新型专利8项。

本产品经过了小试、中试阶段，2010年底正式进入了批量化生产阶段。

备　注：梁志海，河北冀凯实业集团有限公司集团副总，在国家级刊物《铸造》、《有色金属》发表《多元低合金耐磨铸铁》、《挤压铸造铜闸块》等学术论文。研制成功“多元低合金耐磨铸铁”（国际先进水平）、“高韧性抗磨铸铁”，2011年获得河北省知识产权优势企事业培育工程专利奖三等奖。

通信地址： 河北省石家庄国家高新技术产业开发区黄河大道89号

邮政编码： 050035

电　　话： 0311-85323699

E－mail： jikailzh@163.com

廖宝书

男，56岁，高中学历

发明名称： 万向风车

专利（申请）号： 201210414834.8

发明简介： 1. 基本原理：

打破风车叶轮上固定扇叶的常规思维，通过风吹轴叶翻转使叶轮获得周而复始的动力，从而使流体能量利用最大化。

2. 技术关键：

啮合式合页水平轴叶设置两组垂直交差组合，通过风吹合页翻转，一端合页合拢，而同时另一端合页张开，则张开的合页顺风被吹走，合拢的合页逆风而行，两组设置交替运行，推动叶轮周而复始地转动，顺风张开的合叶被风推动力最大，同时逆风合拢的合叶阻力最小，从而使叶轮获得最大流体动力。

3. 主要创新：

（1）叶轴两端叶片从叶轴心向外互相垂直伸出；

（2）上、下叶轴通过齿轮啮合组成合页形式；

（3）不用风舵或电控，任意方向的来风，都能同时吹翻开与合的两轴啮合合页，使叶轮获得最大的流体动力。

（4）叶轮顺或反时针转，由设置叶片伸出的方向决定。

专利技术投资效益及应用前景分析：

（1）投资效益：投资小、能效高，平稳、安全、耐用，实用与观赏性结合，群众普及和专业大功率风力发电都适合。

（2）应用前景：3～4级风能正常工作，适用6级风以下的广大地区。屋顶、山岭顶、河湖岸边等风口均可推广安装。特大风时，可以降下叶轮保护风车。

（3）领域扩展：该技术同时适用于河流、洋流的流体动力。

通信地址： 广西鹿寨县建中西路工业园区盛兴纸业加工厂

邮政编码：545600
电　　话：13517622567　07726818788
E - mail：13517622567@163.com

廖光大

发明名称：翻板式表层水自动引流装置

专利（申请）号：201220374288.5

发明简介：本专利涉及一种自动排放表层水进行灌溉的专用装置。它由升降机构、闸门、门框、浮标、重力游车和导轨等部分组成。其工作原理是：若干闸门同一铅垂面安装并在一定距离与重力游车轨道平行。接通电源后，启闭机带动重力游车下降，游车上的拨轮通过拨叉将闸门拨转而开门放水；随游车下降，浮标中的浮子触头因浮力而上升并触及断开电源行程开关时，断开电源后重力游车停止下降；随着放水而水位下降，浮子触头因重力自动下降并触及接通电源行程开关时，此时又接通了电源，游车继续下降，这是开门放水过程。要关闸门时，重力游车上升（此时启闭机不受浮子上的行程开关限制），游车上的拨轮通过拨叉，将闸门反方拨转，此时闸门也就随之关闭。

本专利的有益效果在于：1. 采用表层水进行农业灌溉，有利于农作物的生长和产量的提高；2. 采用电气控制自动排放，能够节省人力；3. 由于打开闸门放水的水头较低，所以消耗的能源较少；4. 结构简单、紧凑，易于维护和保养。

通信地址：四川省自贡市马吃水紫荆花都 3-2-1 号
邮政编码：643000
电　　话：15388290678
E - mail：dy3101527@126.com

廖选茂

男，28 岁，硕士研究生，助理工程师

发明名称：焊接清理器

专利（申请）号：201220403313.8

发明简介：本实用新型涉及一种焊接清理器，包括手柄、设置在手柄一端的钢刷及设置在手柄另一端的扁铲和尖铲。本实用新型的焊接清理器不仅无需使用额外能源，且同一焊接清理器上同时设置钢刷、扁铲和尖铲，可适应多种清理情况，无需更换扁铲的类型，使用简单方便。

通信地址：广东省深圳是福田区泰然八路 29 号水松大厦 17A
邮政编码：518040
电　　话：13823786425
E - mail：liaoxuanmao@163.com

林树芳

男，58 岁，大专，高级工程师

发明名称：红豆杉全株无毒提取口服抗癌制剂

专利（申请）号：201210030328.9

发明简介：红豆杉全株生性微毒，提取纯化后的紫杉醇精品堪称剧毒。虽然对治疗各种晚期和联合化疗失败的晚后期各种癌症患者有极其显著的治疗效果，但毒副作用不小。业内专家称，紫杉醇必毒，无毒也就失去了抑癌活性。但据实验证明，无毒的紫杉醇比有毒的紫杉醇还要好。

本发明采用的先进的 16 步法乙醇提取工艺，口服抗癌制剂在国内外亦属首创。16 步法的提取工艺能够清除红豆杉中 98% 以上的剧毒物质“豆杉精油”，还能清除原料中的细菌、病毒、热源和内毒素，这为今后利用红豆杉提取无毒的紫杉醇粗品原料的工业化生产和临床制剂的应用，提供了可靠的技术路线支撑。

无毒的紫杉醇粗品制剂原料是在 2010 年 6 月～2011 年 5 月，经几十次反复试验、研究探讨获得成功的。为了证实该原料的毒性及药理作用，先后进行了十几次的动物与人给药试验。实验证明因它无毒副作用，不会给患者造成二次伤害，而且口服安全，抑癌效果极为显著，要优于有毒的精品紫杉醇。

转让及合作意向：目前正面向国内外招商！

通信地址： 内蒙古赤峰市元宝山区平庄村 128 号特种药物研究室

邮政编码： 024076

电　　话： 18647699573

E－mail： Linlaoshi201005@163.com

林永军

男，50 岁，大专学历，高级工程师

发明名称： 轻质抗震组装楼房

专利（申请）号： 200810109696.6

发明简介： 本项目从结构学着手，使材料性能得到充分发挥，楼房自重大大减轻；不仅节省了材料用量和工时，促进建筑工业化并降低了工程造价，同时使得楼房的抗震防火等安全性能及节能环保等实用性能得到极大提高，性价比得以较大提升。

另外，本项目还具有隔音性能好，使用面积率高，节约土地资源和矿山资源等优势；在城镇发展中，有效降低城建施工的能耗和损耗。

与现有的钢筋混凝土结构相比，同等条件下，钢材用量可节约 30% 左右，用工可节约 50% 左右，造价可降低 30% 左右，工期可缩短 50% 以上。

本项目 2012 年 4 月获得“中国移动 G3 杯”暨第六届北京发明创新大赛铜奖。

项目目前已经制作成功了组件样品，但由于资金问题，尚未建造样品楼房和转化实施。

备　注：林永军，现为北京某国企国家注册监理工程师、招标师，从事工程项目监理工作，申报有 20 多项专利，其中 6 项专利已获授权。

通信地址： 河南省封丘县南关西街 37 号（林业局家属院）林廷章转

邮政编码： 453300

电　　话： 13683560690

E－mail： LYJ21CS@126.com

凌春林

男，66 岁，高中

发明名称： 民航机安全装置

专利（申请）号： 201110169994.6

发明简介： 民航机安全装置是弧线形状的独立乘客机舱，装在民航机的整体壳体内，不影响飞机的结构强度。当民航机飞行遇到故障时，驾驶员将双控制开关启动，使乘客舱和飞机整体自动脱开（然后驾驶员的座椅才能弹出机外）；一旦自动脱机失灵，乘客舱乘客可自已手动来使乘客舱脱离整体飞机，能像滑翔机一样平安降落。如降落到海里，就像一只小船，每个乘客配有新型的救生装置，不会使海水浸入，以免在寒冷的冬天，人被冻死。该装置还考虑到空中闪电和在起飞、降落时的意外故障的保护。

通信地址： 浙江省嘉兴市万历路百妙公寓 14 幢 501 室

邮政编码： 314001

电　　话： 18267355776

凌如文

男，21岁，本科

发明名称：苞菊（胎菊）茶及其加工方法

专利（申请）号：200510040362.4

发明简介：本发明涉及一种菊花茶及其加工方法，其特点是：该菊花茶的菊花是含苞欲放的苞菊（胎菊）。本发明的加工方法的特点是：采摘花蕾开口时的菊花为原料，清水洗净，经微波杀青，经热风气流烘干后包装，或采用经蒸汽杀青，再经热风气流烘干后包装的加工方法。本发明由于是采用含菊欲放的菊花为原料，因此，果实鲜嫩，营养成份高，口感优于花瓣完全开放时的菊花；由于菊花处于含苞欲放，因此，使得加工时其花辨不易脱落，经加工后的花形完整率高，能达到色、香、味不变，同时花朵不受开花后的空气中灰尘及有害的化学成份污染。

本专利是对几千年来菊花产品的创新，自发明时年产500公斤，每年以几何级数增长，至2012年，国内年产胎菊3000多吨干品，每年带动几万农户致富，每年农民种植胎菊收入6亿元以上，累计带动增长农民收入60亿元以上，发明人被花农誉为“菊花特色产业发展的小袁隆平”。

通信地址：江苏省射阳县洋马镇药材工业园

邮政编码：224335

电　　话：13485225728

E－mail：Tmjhjs@163.com

凌祝军

男，51岁，本科，高级工程师

发明名称：一种安全型计算机联锁系统

专利（申请）号：200820158152.4

发明简介：本专利提供的一种安全型计算机联锁系统，是在一般的“2取2”硬件冗余结构基础上，采用NISAL（数字集成安全保障）技术，在采用“双断稳态输出技术”，“双通道相异软件二取二安全运算的组织故障安全技术”、“数字集成安全保证逻辑技术”的基础上，增加了独立的“故障－安全”校验用CPU模块，从而确保了整个系统的高安全性。该系统采用“采集信息共享”、“双系并行输出控制”等冗余技术，提高了系统的可靠性和可用性。该系统具有“电子向导式”系统诊断、“开放式联锁应用软件CAD设计”等手段，便于维护和设计。

该项专利提供的系统作为国内首个具有自主知识产权的、通过产品级国际第三方独立SIL4级安全认证的“2乘2取2”计算机联锁系统，开发了特有的安全计算机技术，并将现代计算机网络技术、通信技术、数据库技术与轨道交通安全控制需求相结合，形成了满足轨道交通特有的、故障安全的、成熟的信号系统，适用于城市轨道交通、高速铁路、客运专线、地方铁路等场所的信号安全控制，该专利的开发完成突破了国外技术垄断，在城市轨道交通、普速铁路、高速铁路项目中得到了广泛的应用，成功应用于沪杭高铁、上海枢纽、北京地铁、上海地铁等众多项目，取得了显著的社会、经济效益。

备　注：凌祝军，曾任职于卡斯柯信号有限公司，担任联锁技术总监职位；现任职于华为技术有限公司，担任CTO职位。2008年，作为开发负责人完成的iLOCK型计算机联锁系统列入上海市高新技术成果转化项目；2009年，作为开发负责人完成的iLOCK型计算机联锁系统在铁路和城市轨道交通中的推广和应用获得上海市科技进步二等奖；2011年，作为开发负责人完成的一种安全型计算机联锁系统获得第六届上海市发明创造专利奖实用新型专利奖。

通信地址：上海市西藏北路489号

邮政编码：200071

电　　话：13901815715

E－mail：bartonling@163.com

刘爱生

男，大学

发明名称：电动修改字画擦除笔

专利（申请）号：201120073729.3

发明简介：一种电动修改字画擦除笔，包括：空心笔杆、擦头，其特征在于：所述的空心笔杆内前后分别设置电机、电池，所述的电机动力输出轴与空心笔杆的前端壳体动配合，电机动力输出轴通过连接副与擦头固接、插接或螺接；所述的空心笔杆由前空心笔杆与后空心笔杆螺接或插接构成；所述的后空心笔杆后部固定电池弹簧固定片，电池弹簧固定片通过弹性开关片与活动触点固接，活动触点与电机的正极连接板上下对应并与前空心笔杆活动配合；电机的负极与电池负极连接。它能够高效的修改擦除画面上或文章上的错误，且不含任何毒性元素，避免了对周围环境的污染，有利人身的健康。当擦拭错误字符和图形时，非常方便快捷，而且擦拭后不会在画面上或文章上留下明显的涂改痕迹。

通信地址：北京市朝阳区芍药居 20 号院 3 号楼 2008 室

邮政编码：100029

电　　话：010-84623668　13901292382

E-mail：Liuaisheng2012@163.com

刘　宾

男，36 岁，博士后

发明名称：一种用于滤纸干血片的蛋白洗脱液

专利（申请）号：201210189829.1

发明简介：本发明公开了一种高效蛋白洗脱液，该洗脱液包含表面活性剂、稳定剂、辅助稳定剂和缓冲液。作为优选，本发明所述蛋白洗脱液还包含防腐剂。本发明所述蛋白洗脱液能有效洗脱滤纸干血片上的蛋白，并能显著降低全血中其他物质对免疫检测的干扰，而且具有针对性强、成本低、易于配置的特点，在以蛋白为检测标志物，采用免疫检测技术的新生儿疾病筛查上具有广泛应用前景。

通信地址：北京市北京经济技术开发区永昌北路 24 号

邮政编码：100176

电　　话：13810147318

E-mail：Ph.d.liu@hotmail.com

刘朝寿

男，71 岁，本科，教授级高级工程师

发明名称：启动电机磁钢固定结构

专利（申请）号：201220222918.7

发明简介：本实用新型提供了一种安装磁钢便捷的启动电机磁钢固定结构。技术方案关键：在电机机壳内设有支架，在支架上对称安装有两块磁钢，磁钢的外圆弧面与电机机壳的内壁紧密贴合。装配时先将磁钢安装到支架上，再用定位工装以过盈配合的方式将支架连同磁钢压入电机机壳内，简单快捷，安装牢靠。

支架通过注塑成型，外圆周面与电机机壳内壁贴合，两块磁钢卡装在两个卡脚之间。该结构加工制作容易，用料少重量轻，成本与采用粘接剂大致相当。机壳内壁有对称的楔形凸台限位。该结构既能限制支架轴向位移，也能限制其径向位移，确保装配的牢靠性。本实用新型的有益效果是：1. 不用黏结剂，不会影响操作工人的身体健康，环保。2. 生产周期很短，紧固磁钢全过程时间在 20 秒内，可立即充磁上流水线。3. 用取拔器能整体取出磁钢，磁钢不会破碎也无胶痕，磁钢还可以再使用。4. 无粘接剂胶痕，机壳口上和内壁无需清洁。5. 支架采用塑性材料，很轻用量也少，成本低。

该专利已在重庆麦田机电有限公司批量生产，获得可观的经济效益。

通信地址： 重庆市北碚歇马重庆麦田机电有限公司

邮政编码： 400712

电　　话： 13509415995

E - mail： liuchaoshou2@163.com

刘进安

男，71岁，本科，高级工程师

发明名称： 一种智能方向里程牌及实现坐标转换的方法

专利（申请）号： 201210250484.6

发明简介： 本发明提供了一种智能方向里程牌及实现坐标转换的方法，属于测量定位领域。本发明不改变门牌号，将所述智能方向里程牌设置在城市设备的门牌号旁，或者设置在可以移动的城市设备里，其包括经纬度坐标获取装置、坐标转换装置和显示装置；所述经纬度坐标获取装置用于获得城市设备的经纬度坐标；所述坐标转换装置用于将所述城市设备的经纬度坐标转换成该城市设备的方向里程坐标；所述显示装置用于显示所述城市设备的方向里程坐标；所述方向里程坐标为二维坐标。利用本发明不用改变门牌号，实现了对门牌号、楼牌号的方便、快捷、准确查找。

通信地址： 北京市朝阳区西坝河东里2号院UHN国际村6号楼1单元2703室

邮政编码： 100028

电　　话： 010-51300954

E - mail： liujinan2005@163.com

刘景强

男，25岁，本科

发明名称： 护尖圆珠

专利（申请）号： 201210421496.0

发明简介： 本实用新型用简单的装置来解决圆珠笔尖易损坏的问题，用薄壁塑料管和弹簧装在带有凸起像耳朵似的能卡住弹簧的那种圆珠笔芯（后面简称带耳朵的圆珠笔芯）来缓冲部分冲击解决圆珠笔尖易损坏问题。在这里薄壁塑料管的内直径和弹簧内直径相等且略大约笔芯外直径，笔芯耳朵能挡住弹簧，笔筒要使上图装置能装进去，装进笔筒时弹簧压缩1/3左右，薄壁塑料管的长度 加1/3弹簧长度要大于等于笔芯耳朵 到非笔尖一端的距离。当圆珠笔笔尖碰到硬物时使弹簧压缩从而缓冲掉施加在笔尖的作用力起到保护笔尖滚珠的作用。

通信地址： 山东省济南市济微路106号济南大学西校区

邮政编码： 250116

电　　话： 15288847831

E - mail： 573810903@qq.com

刘　俐

女，49岁，本科，主管护师

发明名称： 阴囊托罩

专利（申请）号： 201220282466.1

发明简介： 在进行痔疮，肛瘘等肛周手术时，常采用截石位，但阴囊和阴茎自然下垂会遮挡手术部位。目前处理方法一般有两种：一种是由患者用手将阴囊和阴茎托起，但容易疲劳、随时会滑落，污染术野。另一种是由护士戴消毒手套，将患者的阴囊和阴茎托起，浪费人力物力。

新型阴囊托罩，包括托罩、连接部和固定带，固定带和托罩分别设置于连接部的上、下两端，且为一体结构，在托罩的口部设置有松紧。托罩包裹阴囊后向上拉动，当阴囊和阴茎处于合适位置时，由固定带固定，托罩口设置松紧带使其大小可调，增加适用范围。连接部和固定带也设置有松紧带，使其大小也可调，适合不同体型的患者。连接部上端宽度大于下端的宽度，增大了连接部面积，贴合于耻骨联合和下腹部，更好固定阴茎，防止阴茎滑落。固定带上装有粘贴片，使用时能方便快捷地将固定带固定于合适的位置。材料采用无纺布，成本低、柔软、透气性好。

本实用新型适合各种体型的患者，佩戴和脱下都很方便。结构简单，成本低，可制作成一次性产品，卫生安全，有效杜绝交叉感染。

转让及合作意向：共同开发。

通信地址：成都市四川大学华西医院疼痛病房
邮政编码：610041
电　　话：18980601581
E - mail：Liuli-hsy@ 163. com

刘联和
男，74 岁，大学，高级工程师

发明名称：电力变电站“0、1 状态逻辑识别点保护群”继电保护技术方法

专利（申请）号：201210226181.0

发明简介：现有微机保护技术突出以“软件取代硬件”解决有接点逻辑可靠性差的问题，本专利是数字化共性技术理念与保护专业个性技术理念平等融合而产生的继电保护原理体制的升华。由主体变压器、母线、输电线路三种保护装置“不同形态、独自支撑”提升为“规范划一、互助共享”理念：由被保护装置处采集的信息经逻辑识别与共享判断确定故障点，从而实现可靠、有效的继电保护系统。

由精细定量运算转变观念为严格定性逻辑识别，不受互感器饱和影响，提高了可靠系数与灵敏度综合要求的“安全裕度”空间，自身接线与加工简约，复故障的逻辑识别简明，全面提高了速动性、灵敏性、安全可靠性，也提升了快速处理故障恢复运行的能力。

突出高安全可靠、速动与灵敏性，等价一套保护设备容量超越现行主保护、近后备、远后备三套保护品质，等价一个保护单元超越传统九个保护单元，突出根除既有原理体制遗留的繁复、局限性弊病。

易于实施和应用：在实施层面，精简优化相对容易实施，既有专业企业都能生产；在应用现场，可先与现有装置并列运行，实践检验后批量生产、推广应用。无任何风险，经济效益好。

备　注：感谢西南交大潘启敬老教授、李群湛教授等老同事的支持与帮助！

通信地址：河北省保定市瑞祥大街 163 号 5-1-102 舍
邮政编码：071027
电　　话：0312-7538328
E - mail：hbbdllh@ 163. com

刘美华
女，33 岁，本科，工程师

发明名称：一种制取车用汽、柴油的设备

专利（申请）号：201210213670.2

发明简介：本发明可将各类农作物秸秆和工业废弃物（城市垃圾、污水处理厂干化污泥）等一切废弃有机物，在反应器内快速加热后，与注入的纳米聚相催化剂混合进入内旋式和双回程管式脉冲反应器，进行催化裂化反应（加氢去氧）重组后，快速一步法制得生物质车用汽柴油、生物炭和可燃气体等高附加值的

可再生能源。其中生物质汽油、柴油，可直接在内燃机车上代替石化燃料油燃烧使用，并且可有效降低汽车尾气排放；获得的活性炭既可二次燃烧做功，也可作为商品出售；产生的可燃气体回收后用来进行发电，作为生产过程中加热和动力及照明使用。

本发明不但能将工农业废弃物转化成高附加值的生物质能源，还为农民每亩地提高了500多元的经济收入，同时又增加了农民的再就业。

转让及合作意向：愿意转让或合作。

通信地址： 郑州市高新技术开发区瑞达路96号创业中心二号楼A917、918室

邮政编码： 450000

电　　话： 15225186280

E－mail： 15225186280@126.com

刘民成

男，49岁

发明名称： 气液二介清洁装置

专利（申请）号： 2012201599469

发明简介： 一种节能清洁装置，采用气体、液体二种介质进行吹洗、冲洗清洁，首先是气体（空气）以一定压力进行吹洗，将大部分污物排出，然后液体（自来水）以一定压力对所有表面进行冲洗清洁，由于气体的吹洗清洁作用，节约了一部分自来水，可显著减少自来水消耗量，达到节能减排目的；同时，液体以一定压力对所有表面进行冲洗清洁，所有污染物质全部冲洗干净，无任何异味杂质残留，节水50%甚至更高，可适用于清洁汽车、马桶、玻璃等。该装置主要由空气增压部分、压力液体冲洗部分、水量调节装置、冲洗储水部分和吹吸管组成，工作时（以清洁马桶污水为例），首先是压缩空气吹洗马桶底部下水管道内污水，然后自来水进入增压室加压冲洗马桶表面并排至下水管道。该装置结构简单、实现成本低，操作方便，节能减排效果明显，具有较高的应用推广价值。

转让及合作意向：愿意转让或合作。

通信地址： 郑州市高新技术开发区瑞达路96号创业中心二号楼A917、918室

邮政编码： 450000

电　　话： 15225186280

E－mail： Liumincheng@sina.com

刘　明

男，56岁，大专

发明名称： 室外星云灯

专利（申请）号： 201120041179.7

发明简介： 本实用新型涉及一种制造全彩渐变的照明灯具，它适用于城市公共广场、园林、水景、舞台、剧场、体育场馆、娱乐场所等场所的夜间艺术、景观照明需要。

随着城市夜间景观照明表现方式的多样化，需要一种能制造多彩光晕、体现太空星云效果的灯具。

本实用新型结构新颖，构思巧妙，形状独特，防水耐压。既可作为景观小品增加景区的特色，又可制造出独特的灯光视觉效果。

本作品可根据环境条件、效果要求，成组或多组合排列使用。

转让及合作意向：推广应用。

通信地址： 北京市朝阳区北四环东路6号院7号楼

邮政编码： 100028

电　　话： 010-84562206

E－mail： bjgymh@126.com

刘培林

男，35 岁，大专

发明名称：固定式带式输送机自动调偏托辊

专利（申请）号：201210308082.7

发明简介：固定式带式输送机自动调偏托辊是由特殊设计的固定式带式输送机槽型托辊组件和左右两侧的液压缸、液压油管及液压缸固定装置组装而成。

工作原理：当运行中的固定式带式输送机胶带向左侧（或右侧）跑偏时，输送机胶带必然会带动托辊组件的左侧（或右侧）托辊沿运行方向向前倾斜，右侧（或左侧）托辊向后倾斜，同时向前倾斜的托辊带动左侧（或右侧）液压缸的活塞杆向前伸出。这时左侧（或右侧）液压缸前半部的油压经活塞挤压而升高，并将压力升高的液压油自动输向右侧（或左侧）液压缸的后半部，推动右侧（或左侧）活塞杆向前伸出，迫使托辊组件的右侧（或左侧）托辊向前倾斜，左侧（或右侧）托辊向后倾斜，带动跑偏了的胶带回到正常运行位置。反之亦然，从而保证了胶带跑偏时的自动调整。

通信地址：山东省邹城市宏河路世纪花苑 13 号楼 4 单元 302

邮政编码：273500

电　　话：15865376797

E－mail：4690850038@qq.com

康殿英

男，68 岁，大专学历，高级工程师

刘　坡

男，63 岁

发明名称：床上两件套（床罩.被套）

专利（申请）号：201130406474.3

发明简介：本专利是一幅图案，该图案是以中国人传统喜爱的“龙”、“凤”为主题元素，设计成“百龙贺喜”、“百鸟朝凤”两幅图案。寓意为方方正正，圆圆满满，红红火火，龙凤呈祥。两幅图案合二为一，为“龙凤呈祥”的整体寓意，单独使用为“百龙贺喜”、“百鸟朝凤”的独立图案，既可整体使用亦可单独使用。

通信地址：保定市朝阳北大街 899 号同美 A 座 15 楼

邮政编码：071051

电　　话：0312-5882886

E－mail：zhonghuawenren@126.com

刘乔祎

男，17 岁

发明名称：一种磁吸附式擦黑板爬壁机器人

专利（申请）号：201220085584.3

发明简介：本专利是一种磁吸附式擦黑板爬壁机器人。该装置由吸附系统、驱动系统、控制系统、清洗系统组成，采用可调间隙式永磁吸附方式，圆形最小转弯半径设计，同步带轮传动，具有结构简单、操作灵活、工作效果好的特点，还应用计算机自控技术，以单片机传感器实现了机器人运行的自适应调节，自动识别黑板边缘、自动转向、行进中自动纠正移动偏差，实现了计算机自控，全自动化操作。

通信地址：北京市朝阳区慧忠北里304楼1604号
邮政编码：100012
电　　话：13911115898
E－mail：Lyh9@hotmail.com

刘润民
男，56岁，中专，工程师

发明名称：一种多用直流源互补脉冲检测线

专利（申请）号：201120338728.7

发明简介：CL312三相电能表校验仪在周期检定时，由于有些脉冲输出插口采用的是无源脉冲输出，在检定时必须外加一个直流电源，而且接线麻烦，容易接错。

本实用新型所要解决的技术问题是提供一种多用直流源互补脉冲检测线，能够提高检测效率，有效避免误接。

本人经试验利用同一校验仪的脉冲输入插口的直流电源，互补到脉冲输出插口中，使问题得到了解决。同时，在检定CL111、CL311和CL311V2标准电能表时也可用此线进行脉冲采集并对外进行输出。

本实用新型采用的技术方案是：一种多用直流源互补脉冲检测线，包括脉冲输入插头、脉冲输出插头、限流电阻以及第一至第四脉冲线；所述脉冲输入插头输出端连接第一脉冲线和第二脉冲线，所述第一脉冲线末端连接限流电阻；所述脉冲输出插头输入端连接第三脉冲线和第四脉冲线；所述限流电阻末端与所述第三脉冲线连接，所述第二脉冲线末端和第四脉冲线连接；所述第三脉冲线和第四脉冲线末端作为脉冲输出端。

通信地址：河北省石家庄市体育南大街238号电力公司电力科学研究院
邮政编码：050021
电　　话：10311-85182278
E－mail：hbdyylrm@163.com

刘善江
男，51岁

发明名称：一种水性金属构件用防腐浸渍漆及其制造方法

专利（申请）号：200910009233.7

发明简介：国内的金属防护漆多为溶剂型涂料，不仅污染环境，而且危害施工人员健康，而有些水性产品其产品性能不稳定，不能满足市场需求。国外产品价格较高，不能大面积推广使用。

水性金属防护漆采用高性能水性醇酸树脂为成膜物质，添加功能性防锈颜料与助剂，通过全封闭式的涂料生产技术及工艺，采用静电喷涂的方式，使得漆膜的性能达到最优。产品按照企业标准《Q/CYQ 01—2010水性工业漆》检测，VOC及重金属含量低于国家相关环境指标，漆膜的硬度、柔韧性、附着力等各项物理性能满足用户需求，耐盐雾性远高于现有市场产品性能，具有优异的防护性能。

水性金属防护漆率先在国内实现了水性涂料的静电喷涂，涂装效率高。产品的VOC及重金属含量低于国家相关环境指标，漆膜的耐盐雾性达400小时，在国内同类产品中处于领先水平。

通信地址：河北保定晨阳大街1号晨阳工业园区
邮政编码：072550
电　　话：0312-8667222
E－mail：Chenyangjszx@163.com

刘羡塘

男，81 岁，大学，应用研究员

发明名称：改进的节水型厕所冲便器

专利（申请）号：201220056890.4

发明简介：目前，市场销售的数量可观的节水厕所冲便器，虽然区分了大小便用水量，但由于结构不合理，水流量不达标、浪费水、冲净效果差。本专利以流体动力学为基础，系统的创建了冲便器的四个理论模型：1. 两个冲便器流体动力原理模型；2. 冲便器排水口阻力（湍流）模型；3. 冲便器排水口顺流（即层流）模型。经反复科学试验，对原冲便器进行了脱胎换骨的创新改进，提出了“使水流形成层流的阀座固紧结构的”三个设计实施方案。为保护本专利的八项创新，在“证书”的“权利要求书”中提出了八项权利要求。

本实用新型的具体优势为：1. 一个按钮按需制动，体现了个性化设计；2. 节水 30% 以上；3. 冲水阻力减少 40% 以上，提高冲水流量，冲净效果好；4. 以流体动力学为依据，具有科学性、经济性、实用性和推广价值。

转让的前提：企业应具备开发本专利产品的主观能动性和基本条件，特别是能认真贯彻邓小平提出的海尔高起点起步创业实施的战略方针，并坚持走创新之路，创世界品牌的雄心。

备　注：刘羡塘，2005 年曾获青岛市“十佳节水方案第一名、优秀奖”。

通信地址：青岛市香港东路 79 号淘金花园 7 号楼 3 单元 302

邮政编码：266071

电　　话：0532-88014685　15610450189

E - mail：cnqdcc6666@163.com

刘星群

男，47 岁，博士，高级工程师

发明名称：一种触杀型无毒快速杀虫剂

专利（申请）号：200510019341.4

发明简介：该杀虫剂是由食用油或矿物油加工成的，易溶于水，且具有强附着力的物理性能的杀虫剂。它的水溶液粘附在害虫体表面后，会牢固地堵塞害虫众多而微小的呼吸孔，使害虫断氧而快速死亡。该杀虫剂对人、畜、禽、鱼、蛙无害，残留物易降解成肥料。

用途：食用油型杀虫剂主要应用于蔬、瓜、果、花卉等草本植物上多种害虫的灭杀。矿物油型杀虫剂应用在林、果、茶和家养动物体表面上各类害虫的灭杀。

前景：该杀虫剂的生产投资小，产品成本低，应用范围广，且对害虫不产生耐药性，不污染环境，前景乐观。

通信地址：武汉市青山区武东路 1 号房产公司

邮政编码：430084

电　　话：027-61230058

刘雨康

男，22 岁，本科

发明名称：游戏椅

专利（申请）号：201210229894.2

发明简介：本发明涉及一种游戏椅，是指利用人体在一定空间的运动与计算机中光标的移动正相关来操作游戏的装置，属于娱乐机械制造技术领域。主要有手脚驱动传动部分，两个摇摆机构、控制输出部分及显示器组成。椅子与四杆机构的一个连架杆固定，人坐在椅子上用手驱动手轮，通过一系列的传动，去驱动此四杆机构的连杆，实现了座椅的上下摆动。将这种上下运动的机械信号通过传感器输入到显示器，显示器中的光标就和人体运动正相关。同理，左右运动也是如此。两个方向的合运动就会实现光标在显示屏幕中任意移动。因此，可以实现控制操作某些游戏的功能。如此，利用此装置摆脱了传统的坐立式玩游戏，而把人整个身体与电子游戏有机的融入到一起，实现了娱乐游戏与运动的结合。

通信地址： 陕西省西安市未央大学园区陕西科技大学机电学院

邮政编码： 710021

电　　话： 15353570623

E - mail： 705417691@qq.com

刘志万

男，76 岁，大学，教授级高级工程师

发明名称： 电力设备绝缘性能测试方法

专利（申请）号： 201210277506.0

发明简介： 本方法有别于以吸收比和极化指数为判别指标的传统间接判别方法，独创一种高压电力设备（试品）绝缘特征参数测算方法和绝缘试验参考判据。采用高压电力设备绝缘测试用智能高压兆欧表对试品施加直流高电压，依据测试现场某一特定时间段采集的试品电流数据，借助线性回归经典方法，开拓特定程式，以较短的时间获取足够精确的数据，可以获得被测试品的真实绝缘电阻值，并推算出试品的一组绝缘特征参数，进而探索各绝缘特征参数与试品绝缘状况的相关性。本发明创建了一种试品绝缘试验参考判据，拓展获取试品绝缘性能信息的能力，为全面分析和评估试品的绝缘性能提供一种新思路和新方法。

备　注：刘志万，1987 年起主持电力系统设备绝缘性能测试用数字式高压兆欧表的系列化研制、定型和开发。专著 6 种，发表论文 60 余篇，获国家专利 8 项。

通信地址： 安徽合肥市金寨路 96 号中国科学技术大学老干部处 0333 信箱

邮政编码： 230026

电　　话： 0551-62922771

E - mail： hf2922771@126.com

卢　军

男，54 岁，大专

发明名称： 恒力弹簧技术

专利（申请）号： 201110375748.6

发明简介： 一种恒力弹簧技术，将弹性钢丝线径和圆弧形圈径同步由大变小地绕制或由大变小再由小变大地周期性绕制，并使由大变小的钢丝各截面线径 4 次方与之同步由大变小对应的圈径 3 次方比值恒定，即弹簧劲度系数 k 在绕制的弹簧各个部位都是相同的，由此绕制出的中空或非中空盘形、圆柱形拉簧和塔形、锥形、橄榄形、菱形的压簧能以较小的空间、较小的力变化获得较大行程的恒力。

凡具有该技术特征的各种恒力弹簧，可作为相关产品的零部小件或零部大件来使用，与目前公知的恒力弹簧相比更具恒力特征且在行程上更具优势，能满足与此相关的各种技术人员对恒力的严格要求和设计需要。由于该恒力弹簧技术是基础性发明，涉及各行各业，可应用在科教实验、机械设计、仪器仪表和生活用品、风能和海浪的能量存储转换等各个方面。

转让及合作意向：期待国内有关各方能积极参与合作。

通信地址： 上海市宝山区宝林五村 17 号 103 室

邮政编码： 201999

电　　话： 13301928121

E - mail： best-top@citiz.net

罗洁雯
硕士，工程师

发明名称：一种网络设备的管理方法

专利（申请）号：02151018.0

发明简介：本发明提供一种网络设备的管理方法，在按照本发明的网络设备管理方法中，多个网络设备组成一个集群，其中至少一个网络设备被设定为集群管理设备并且配置公有 IP 地址，其它网络设备由所述集群管理设备配置和更新私有 IP 地址和路由，对集群内设备进行管理。

与现有技术相比，本发明技术方案既解决了大量耗费 IP 地址问题，又解决了网络设备不易管理问题，极大地降低了运营商和企业用户的运维成本，减少了运营商和企业用户 IP 地址费用的支出，减少了 IP 地址资源紧张的问题，并且提高了运营商网络管理水平。

华为交换机出货量累计达 400 万台；根据独立第三方 Infonetics 的权威统计，在 2010 年全球 SP CES 交换机市场，华为交换机的市场份额高达 24.3%，居全球第二；在全球获得中国电信、中国移动、中国联通、NMN、俄罗斯远东电信、印度 Reliance 等国内外运营商的广泛认可及大规模商用。

该专利已在中国大陆、中国香港、美国、日本、澳大利亚、英国、法国、德国、西班牙等主要法域进行了专利布局，并在上述法域都顺利获得专利授权；该专利方案被我国 CCSA 标准所采纳，成为国内行业标准，通过专利标准化实现权利人利益的最大化。

通信地址：深圳龙岗坂田华为基地总部办公楼知识产权部
邮政编码：518129
电　　话：0755-28357052

罗天乐
男，44 岁，本科，副总工程师

发明名称：低压配电台区综合监控系统

专利（申请）号：201210587251.5

发明简介：应用先进技术和无线网络，实现农村综合台区的负荷电流（A、B、C、N）、功率因数、电网漏电电流、有功、无功、三相负荷不平衡度和变压器油温的实时在线监测，为供电检修部门提供检修依据，实现低压电网的状态检修，软件部分可以对漏电保护器动作状况、一段时间内漏电值变化进行在线监控，对超过规定漏电值（可人为设定）的台区报警提示。对台区安全（误入安全间隔、盗窃）现象，红外探测，视频拍照，声光警示，信息立即传给相关人员，图片可传至监控计算机和智能手机上，非智能手机可短信提示相关人员。

通信地址：天津市武清区雍阳西道 673 号天津市武清供电有限公司
邮政编码：301700
电　　话：13512019102
E-mail：luotianle@126.com

骆燕胜
男，52 岁，本科、教授级高级工程师

发明名称：单片机 64D 半自动机

专利（申请）号：201210166356.3

发明简介：单片机 64D 半自动机仿真继电半自动闭塞所有逻辑关系，关键是找出所有的触发事件。每件触发事件对应于一个软件处理模块。在判断 13 个继电器状态时，根据实际情况减少判断继电器的数量，简化判断条件。软件开发会简单很多，不确定性会大大下降。单片机 64D 半自动机可以广泛的运用于我国的单线铁路。单片机64D半自动机可适用于现有的各种数据通信技术，不需要光电转换，减少故障点。单片机64D半自动机可缩短现场施工调试工期，便于维修和更换，提高铁路运输效率。

采用单片机64D半自动机，可以增加双套冗余、通道检测、报警、记录回放等新增功能，并且两站间单片机不用正负直流脉冲，而是通过串口通信交换信息，因此可以适用于任何站间数据通道（64K音频电话线通道，2M数字通道，光缆通道，数字无线通道400M、800M、2.4G频段），根据现场通道的情况可以增加通道冗余功能，减少通道故障对运输的影响，增高其可靠性。

通信地址： 江苏省南京市浦口区顶山镇珍珠南路65号

邮政编码： 210031

电　　话： 025-68533178　13951716837

E - mail： luoyansheng@ sina. com

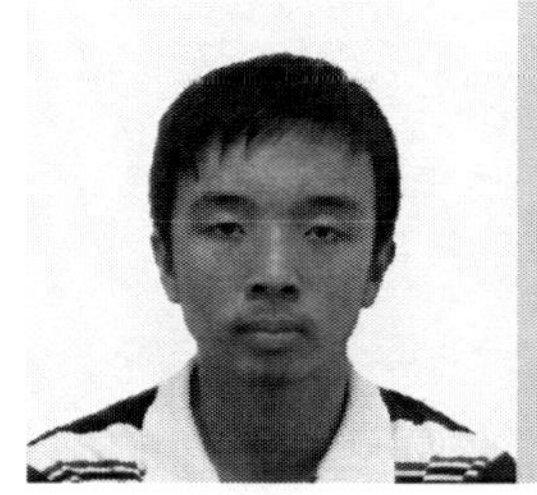

吕帅林

男，16岁，学生

发明名称： 一种课桌

专利（申请）号： 201220200934.6

发明简介： 本实用型课桌提供了可升降桌面并具有一定倾斜角度的课桌，以满足不同身高的学生，为他们的学习提供方便。本实用新型课桌通过连接轴插入设在课桌支架上不同高度的槽孔内实现桌面的升降；通过链接在课桌支架上的钢支架的不同卡位调整桌面的倾斜度。课桌由木支架、桌面体（含箱体及上翻板）、钢支架、圆钢轴等四部分组成。其特征是通过圆钢轴将木支架、桌面体固定连接，通过螺母卡位，再用链接在支架上的钢支架固定并调整桌面角度。木支架上设有槽孔，通过圆钢轴与桌面体相连，并用螺母或卡子定位。钢支架用于支撑桌面体下部卡槽，固定桌面体。桌面体由文具箱体及翻转桌面构成；文具箱体为铁制，底部设多卡槽，后部设一对对称的圆槽孔。这样，通过圆钢轴调节桌面体高度，通过钢支架的不同卡位调节桌面体角度，提高使用者的舒适度。本实用新型结构简单、操作方便，有利于学生保持长期正确的坐姿。

通信地址： 辽宁省沈阳市沈河区东滨河路134甲4-141（中辽国际花园）

邮政编码： 110016

电　　话： 13904054389　13840501129

E - mail： 1049527610@ qq. com

吕锡明

男，50岁

发明名称： 门窗遥控报警装置

专利（申请）号： 201220284377.0

发明简介： 本实用新型涉及一种报警装置，尤其是一种门窗遥控报警装置，属于家居安防技术领域。本实用新型在门窗或围墙上安装触发报警装置，通过触发报警装置能触发大灯驱动控制电路、第一声光报警器或小灯驱动控制电路、第二声光报警器，当通过遥控器关断电源本体时，能切断所有的报警装置，也可以通过开关关断报警大灯或小灯或声光报警器。本专利技术不怕贼破坏，如电线被剪断、短路等，它都会在第一时间报警。本实用专利结构简单紧凑，安装使用方便，报警安全可靠，适用广泛。

转让及合作意向：转让或合作均可。

通信地址： 江苏省无锡市崇安区进海里7-3号101室

邮政编码： 214026

电　　话： 13338105709

E - mail： 170351744@ qq. com

马国庆

男，31 岁，本科，助理工程师

发明名称： 手动式感烟、燃气探测器试验装置

专利（申请）号： 201220328831.8

发明简介： 本实用新型公开了一种能对感烟探测器、可燃气体探测器进行试验的检测装置。传统的检测装备主要通过燃烧烟棒产生烟气，并在风扇的吹动下将烟吹出。而风扇是由电机驱动，电机在启动、运转过程中有火花产生，在禁止烟火的易燃易爆场所就无法使用，并且由于采用电池供电，使用时间受到电池容量的限制，而且装备重量重，组装、拆卸费时费力，感烟探测器检测装备检测单一，对可燃气体探测器不能进行检测，而专用的可燃气体探测器检测装备结构复杂，不易维修。

本发明携带轻便、组装快捷、维修简便，无需借助于电机、电池等耗电设备和可燃物，在操作过程中不会产生火花，适合在禁止烟火场所进行烟气模拟试验。既可以对感烟探测器检测，也可以对可燃气体探测器检测，提高了工作效率，降低了劳动强度，为使用者的实用提供了方便，可广泛应用于建筑工程消防设施检测、消防监督检查、企事业单位内部消防安全自查等。

通信地址： 宁夏银川市西夏区同心南路开元路口处消防队

邮政编码： 750021

电　　话： 13995283070

E - mail： mgq119@163.com

马显进

77 岁，初中，退休工人

发明名称： 哮喘病药

专利（申请）号： 201210312890.0

发明简介： 治疗哮喘病的药由三组药组成：第一组是化风丹，化风丹是古人公开药方，它是治疗十几种慢性病的主方，能清除肺部及气管中的垃圾和毒素；第二组是草药，能消炎、提神、增强抵抗力；第三组是陈香、蝙蝠、壁虎三味药用酒泡制的，具有少量毒性，以毒攻毒，排除肺部及气管中的毒素。技术特点：每个月第一组服用一次，第二组五天，第三组五天，连续服用三个月。

通信地址： 云南省德宏州盈江县太平镇国营农场岸坎分队一队

邮政编码： 679300

电　　话： 15987897220

马子江

男，45 岁，硕士，工程师

发明名称： 一种多频点小区中混合自动重传请求的实现方法

专利（申请）号： 200510115380.4

发明简介： 3GPP HSDPA 技术可以满足用户日益增长的对高速分组数据业务的需求，提高第三代移动通信网络对高速数据业务的支持能力。在这种情况下，需要对具有我国自主知识产权的 TD-SCDMA 标准进行相应的增强，以保证 TD-SCDMA 技术的性能在相关方面有同等的提升，从而保持持续的竞争力。

本专利的核心思想，即采用多个 HARQ 子实体以实现多频点 HARQ 功能也被其他移动通讯系统所采纳，如：在 LTE 中，R10 的载波聚合功能也采用了类似的子 HARQ 实体的方法。本专利提供了一种多频点 HSDPA 技术中的 HARQ 实体的实现方法，提出了一种针对多个频点上都配置了 HS-PDSCH 信道，在 HARQ 实体中通过为这些频点都单独配置一个 HARQ 子实体，每个 HARQ 子实体独立地完成 HARQ 进程，从而兼容目前协议，并可以很好地实现多频点小区中 HARQ 实体的功能。

本专利是实现 TD-SCDMA 多频点 HSDPA 组网的核心专利，并被国内中国通信标准化协会行业标准和 3GPP 国际标准所采纳。该专利技术涉及到 RNC、基站和终端的改进，中兴通讯基于此专利及相关专利开发的 TD-SCDMA 多频点 HSDPA 的系统设备和终端，率先突破了多频点网络中 HSDPA 功能的技术难点，增强了中兴通讯的系统设备和终端产品在市场的竞争力。在从 2007 年到 2010 年的中国移动前四期招标中，中兴通讯的系统设备份额占整个招标份额的 1/3，终端份额占整个招标份额的 1/2。

备　注：马子江，代表中兴通讯多年来参加 CCSA、3GPP 等标准组织 TD-SCDMA 和 LTE 相关标准制订，累计递交国际提案 150 余篇，40 余篇获得通过，推进 20 多项含中兴通讯专利的无线技术进入 3GPP 标准，成为基本专利。先后获得 2010 年第十二届国家专利优秀奖，中国通信标准化协会科学技术一等奖，以及中兴通讯“十佳专利发明人”、标准先进个人等荣誉。

通信地址：江苏南京雨花台区软件大道 50 号
邮政编码：210012
电　　话：13062567672

孟　军

发明名称：一种多功能毛笔

专利（申请）号：201230457281.5

发明简介：多功能毛笔的设计，保留了传统毛笔的书写功能，集形状的美感、实用、观赏、收藏、把玩、保健等休闲功能于一体。多功能毛笔将毛笔头、毛笔杆配合连接，该连接方式可任意更换不同毛质、不同大小的笔头。笔杆能长期使用收藏，经常手搓笔杆按摩手上穴位起到保健作用，还能使笔杆光亮包浆，也可使用橄榄油养护增强光泽效果。

多功能毛笔采用贵州特有的特色木制材料，加工后的毛笔乡野气息浓厚，呈现出民族民间的大雅风范和地域文化内涵。既可彰显书法大师风范，又能满足普通大众对中国书法艺术的猎奇、探索、热爱。

通信地址：贵州省贵阳市乌当区教育局
邮政编码：550018
电　　话：13608558280

孟建军

男，62 岁，大专

发明名称：新民族弓弦乐器·汉琴

专利（申请）号：201210502968.5

发明简介：本专利发明涉及一种全新的民族弓弦乐器，适用于各种乐曲的独奏、合奏及各种戏曲、歌曲的伴奏。

该乐器系综合中西弓弦乐器结构特点而创造，由龙头形旋钮总成、杆身、琴码托弦结构、发音筒、连接筒、扩音筒等依次连接所组成的整体结构。

该乐器系有：高音汉琴、中音汉琴、次中音汉琴、低音汉琴组成的弓弦乐器系列。较现有民族弓弦乐器，该乐器在高音区和低音区分别增加一根弦，扩展了音域，较二胡而言增加了八度音，使其对各类乐曲的演奏表现力大大增强，比较好地解决了演奏很多种乐曲时或乐曲变调以后易产生的丢音现象之问题，而且变调更顺畅便捷。

该乐器独创的琴码托弦结构延生一种既保留了中国民族弓弦乐器（如二胡）的拉奏方法，又融进了西洋弓弦乐器（如小提琴）的拉奏方法的中西合璧的全新拉奏方法。根据需要还可以拉奏双音。

该乐器在发音筒的基础上又增加一扩音筒，使发出的声音在留存接近人声的基础上更加优美悦耳，且彻底解决了狼音问题。

通信地址：湖北省武汉市沌口经济技术开发区水木清华小区17栋1单元401室
邮政编码：430056
电　　话：13647234175
E-mail：maimj@qq.com

牟秀元
79岁，初中

发明名称：污水厌氧处理循环经济工艺系统

专利（申请）号：201010042026.4

发明简介：该专利是一项污水处理系统，以全封闭形式利用太阳能增温运行，不受外界气候影响，确保全年水质稳定达标排放。污水的厌氧处理和后处理自成体系，处理回用水供工农业应用，是一个循经济应用系统。

主要创新点：（1）采用折流式殊导流厌氧反应器（201210027068.X）。（2）循环经济链：污水厌氧处理产沼气；沼气净化产多种化工产品；净化沼气发电和生活民用；剩余污泥产有机肥；净化水质植物做养猪青饲料；养猪为市场提供肉食品；污水处理后可用于生产无土栽培蔬菜花果；达标排放水供工业回用和用农业灌溉；工艺系统污染物循环为厌氧反应器提供原料。由此，物质被周而复始的循环利用，从而形成可持续发展的污水厌氧处理循环经济工艺系统。（3）高效益。循环经济的最大特点是每种产品的原料来源于上道工序的副产物，无需额外投入，低投入高产出，低成本高效益，适宜于非工业废水的污水处理。

备　注：牟秀元，曾参加抗美援朝，近年已申请多项国家专利并获得6项授权，现有意转让专利权和实施许可。

通信地址：重庆市万州区周家坝黑龙江路6号
邮政编码：404130
电　　话：023-58370432　15223701969
E-mail：gw272009jy91@sina.com

倪贵林
男，57岁，本科，副教授

发明名称：卷轮车式悬棺升吊装置

专利（申请）号：201210070832.1

发明简介：本装置是由卷轮车、吊篮车、平衡梁和绞车组成。

1. 工作原理与创新点

1）卷轮车是由大、小卷轮及卷轮轴组成，拉动预先缠绕在大卷轮上的动力绳索时，就会产生上升动力带动卷轮车、吊篮车和悬棺上升；

2）吊篮车是由车架及吊篮车轮组成，能攀越山坡和突出山体等障碍、保护悬棺不被碰坏；

3）平衡梁是由木梁和滑轮组成，是保证升吊装置和悬棺水平上升的基本装置；

4）绞车是由单绞轴、双卷绳组成，这样的结构设计具有牵引绳索和拉拽定向的双重作用。

2. 功能特点

1）攀越障碍。悬棺升吊可轻而易举地攀爬山坡和攀越突出崖体；2）重载升吊。最大可升吊重量达1000kg左右的悬棺；3）超高升吊。可轻易地把悬棺升吊到100米~200米的高度；4）快速升吊。悬棺的升吊速度可达5米/秒~10米/秒；

5）直接进洞。地面操作人员可利用装置直接把悬棺送入悬崖高处的山洞内；6）运、吊兼能。既可以升吊悬棺，还具有在外力拉动下进行自由移动和运输悬棺的功能；7）操作安全。悬棺的升吊属于无高空危险作业的安全作业模式；8）远距作业。地面操作人员可远离山崖几十米甚至更远，避免山石等坠落物伤人。

本发明所设计的装置可破解悬棺升吊之谜，也可应用于现代工程施工和旅游表演。

转让及合作意向：专利权转让，转让费面谈。

通信地址：沈阳市苏家屯区枫杨路 186 号
邮政编码：110101
电　　话：13998813055
E - mail：13998813055@163.com

聂大林
男，43 岁，本科，副主任医师

发明名称：一次性尿道扩张器

专利（申请）号：201220286124.7

发明简介：尿道扩张术是治疗尿道狭窄的主要方法，设计一种一次性双腔尿道扩张器是为了更好的治疗尿道狭窄，同时此扩张器在泌尿外科结石手术中的应用和输尿管狭窄的应用都有一定的作用。

转让及合作意向：1. 初步意向 50 万转让；2. 合作开发 30% 利润。

通信地址：湖南省耒阳市人民医院泌尿外科
邮政编码：421800
电　　话：18711461488
E - mail：862536559@qq.com

牛慧强
33 岁，高中，电梯维修工程师

发明名称：听看读写板

专利（申请）号：201220408346.1

发明简介：本实用新型公开了一种听看读写板，包括写字板和操作面板；操作面板的内部设有语音播报存储模块，其中包括存储卡、录音模块和语音播报模块；录音模块通过 A/D 转换器与存储卡连接，存储卡通过 D/A 转换器与语音播报模块连接；操作面板上设有录音按钮和语音播报按钮。

所述写字板为可随意擦字的磁力写字板。

通信地址：河北省石家庄市元氏县前仙乡前仙村
邮政编码：051130
电　　话：13933039971
E - mail：duanyunliuyue@126.com

农利安
男，53 岁，高中

发明名称：微型前驾驶式耕田机

专利（申请）号：201220219837.1

发明简介：微型前驾驶式耕田机能解决以往的耕田机笨重大型、价格昂贵、农户难买得起的问题。1. 此微型机只须一人扶着机手驾驶，即可摆脱脚陷深田的体力劳动；2. 最具特点的是本机分前后两部分，前设有防下沉装置和方向盘驾驶装置，深田泥潭都可闯不会沉机，坐住耕田如开小车一样轻松就能把田耕好，高档位行驶，耕田快速，四十分钟能耕一亩田，日能耕十多亩，做到省油、省时、省力；3. 设计力学合理，本机日常行走，上落田头安全可靠，男女老少皆会驾驶，适合年迈体弱的农民使用；4. 总机价 3 ~4 千元之间，一般农民买得起，可走进农村的千家万户。

通信地址：广西平南大洲镇供月村盆冲屯
邮政编码：537309
电　　话：0775-7608170
E - mail：ling@kolvin.com

欧胜军
男，31岁，初中，个体

发明名称：钳型卷筒纸取芯器

专利（申请）号：201120467391.X

发明简介：钳型卷筒纸取芯器适用于家庭，不论卷筒纸芯口是否变形也不用作任何调节，直接把钳型卷筒纸取芯器放入卷筒纸芯口内任意位置，稍用力一拉，就可以快速高效的完整取出纸芯，并且老人小孩都能熟练操作，是日常生活当中必不可少的小帮手，它具有结构简单、成本低廉、实用等特点，推广性极强。

通信地址：湖南省永州市宁远县隔洞村七组
邮政编码：425600
电　　话：13638411611
E - mail：moxxj@163.com

潘胜荣
男，80岁，中专，高级工程师

发明名称：葛根茶

专利（申请）号：201110187627.9

发明简介：葛根茶产品是一种用水提取葛根异黄酮精制而成的保健饮品。其中异黄酮含量每克达30～80毫克，还富含硒元素。异黄酮有扩张血管、降底血压改善心肌代谢、保护缺铁心肌、舒张脑血管促进脑循环、改善微循环障碍、延缓衰老和美容的作用。葛根异黄酮能显著抑制酷氨发酶的催化活性，中断黑色素氧化过程，抑制黑色素的发生与形成，从而防止黄褐斑、日晒斑等色素沉积，还能促进女性丰胸，对美容具有更明显的效果。

通信地址：贵州省榕江县北门路293号
邮政编码：557200
电　　话：15085290857
E - mail：Fangfang9833@126.com

潘永娥
女，25岁，本科，技术员

发明名称：一种直拉法生长单晶硅用石墨件的清洗方法

专利（申请）号：201210232539.0

发明简介：本发明公开了一种直拉法生产单晶硅用石墨件还原延长使用寿命的方法，解决了现有技术中无法除去石墨件腐蚀层，导致使用寿命短，生产成本较大的问题。本发明的有益效果是：1）通过将SiC在高温下发生反应，减少SiC对石墨件与石英坩埚的腐蚀，延长石墨件的使用寿命15～30炉。2）适用范围广，即适用于单晶炉中的各个石墨件的清洗。

通信地址：宁夏隆基硅材料有限公司
邮政编码：750001
电　　话：13519251661
E - mail：panye@longi-silicon.com

裴润有

男，50 岁，博士，高级工程师

发明名称： 油田油气站场油气混输控制装置

专利（申请）号： 201120039691.8

发明简介： 本实用新型涉及一种原油混输控制技术，特别是原油外输、井组计量和加热的油田油气站场油气混输控制装置，它包括：总机关、收球筒、加热炉、气液分离器、缓冲罐、混输泵和应急罐，总机关来油经收球筒与加热炉管道连接，其特征是：加热炉与第一电动三通控制阀通过油由管道连接，第一电动三通控制阀一方面与缓冲罐管道连接，由缓冲罐通过管道与气液分离器连接，由气液分离器进行油气分离，气液分离器再通过管道与加热炉连接；另一方面第一电动三通控制阀通过管道与混输泵管道连接，由混输泵进行油气混输。它控制方便、节省人力、降低了生产运行成本。

通信地址： 西安市经开区风和路长庆技术检测中心

邮政编码： 710018

电　　话： 029-86599329

E - mail： cq2005_ hj@ 163. com

彭树万

男，75 岁，本科

发明名称： 连铸中间包防湍流冲击垫

专利（申请）号： 02284182.2

发明简介： 连铸中间包防湍流冲击垫属连铸中间包内功能型浇注耐火材料制品。具有高强度、抗冲刷、耐高温、热稳定性良好的特性。

它的独特形状设计，属国内首创。

使用连铸中间包防湍流冲击垫后，有利于钢液的合理流动，可消耗掉从钢包长水口冲出的钢水注流的动能，降低钢流速度，延缓钢水在中间包内的停留时间，防止湍流的产生；整个浇注过程，中间包钢液平静，减少钢水二次氧化，不易产生卷渣，有利于中间包内的较大尺寸夹杂物上浮分离，降低钢液内的总氧含量，有利于控制中间包钢水增氮，提高钢水纯净度，改善连铸坯表面质量，扩大新钢种开发，增强市场竞争力。保护中间包内壁，延长中间包工作内衬的使用寿命，减少钢液飞溅，减少中间包水口堵塞、结渣现象，增加操作环境的安全性。

该专利技术无论板坯、方坯连铸机的中间包，均可按具体中间包的注流冲击区进行设计。

连铸中间包防湍流冲击垫适用于绝热板中间包内衬、涂料中间包内衬。

该专利技术已在国内某大型钢厂批量使用。

备　注：彭树万，原冶金部武汉冶金设备制造公司总设计师兼冶金设备设计研究所所长。

通信地址： 湖北省武汉市青山区红钢城 19-85-4

邮政编码： 430080

电　　话： 13517107649

E - mail： 764715413@ qq. com

偏允让

男，78 岁，本科，高级工程师

发明名称： 风力发电站

专利（申请）号： 201220317797.4

发明简介： 风力蓄能发电站采用了自重轻、受风面积大的帆式风轮，能够在各种风速条件下发电，不会出现弃风现象，发电时间长，风能利用系数高，发电成本低，环保没有噪音。

本发明的构造和优点为：

1. 采用铝镁合金帆式风轮。风的能量密度低，而且全年大部分都是低风速时间，按阻力法设计才能捕捉大量风能。铝镁合金不生锈、比重轻，能够提高有效力矩，降低成本。

2. 设有风导向装置。由于有风导向装置，风只能吹向产生正向力矩的一侧，不会吹向产生反向力矩的一侧，有效功率大。

3. 采用剪力墙支撑结构。剪力墙支撑结构受力性能好，能够承受较大的横向力，建设成本低，能够降低造价。

4. 永磁发电机。在竖轴的下端，安装了一台稀土元素的永磁发电机，并配置了一个变速装置，将转速由 60 转提高到 1500 转，以加快切割磁力线的速度，减小发电机体积，降低成本。

5. 采用热蓄能技术。当电网不需要电时如低谷电时间，我们就用光电制热技术将电转化为热能，此项技术热效率能够达到95%，将一种介质加热到300℃左右，储存起来。当电网需要电时，再通过蒸汽发生器产生过热蒸汽，用汽轮发电机发电。这样在无风天气也可发电，能实现按需发电。

通信地址：北京西城区西直门内大街 188 号楼 101 号
邮政编码：100035
电　　话：13801197047
E － mail：Pyr16@ 126. com

钱　江

男，51 岁，本科，高级工程师

发明名称：城市轨道交通信号系统中对列车位置实现动态跟踪的方法

专利（申请）号：200810200487. 2

发明简介：本方法实现了一种基于列车 CBTC 精确位置报告的列车跟踪处理算法，根据 CBTC 轨旁自动列车防护系统（ATP）或车载系统向 ATS 报告的列车地理位置信息，转换为对应的逻辑位置信息，为行车调度指挥人员提供列车位置的精确显示，并对列车的运动方向，前后车次序，到站发车情况进行判断，实现后续自动控制功能。

该发明创造性的提出根据跟踪精度要求划分虚拟逻辑区段，并将列车原始地理位置数据通过优化算法转换为列车逻辑区段显示。实现了跟踪精度和运算负荷的均衡，获得比传统 ATS 产品高得多的跟踪精度，并且跟踪响应速度快。

该算法同时兼容失去 CBTC 精确位置报告后采用的后备列车检测手段，当主用的 CBTC 列车精确位置报告无法获得时，算法可以自动兼容传统固定闭塞区段的跟踪方式，实行两种跟踪处理的自动切换。

应用该专利的卡斯柯 ATS 系统产品在国内地铁市场得到大规模运用。截至目前，已开通北京二号线，北京机场线，上海 10 号线等项目。

备　注：钱江，从事 ATS 软件开发和项目实施超过 10 年，曾担任上海地铁一号线北延伸、天津地铁一号线、北京地铁二号线、北京机场线 ATS 软件项目经理，从 2007 年开始担任 ATS 产品经理。其主持研发的 iTS-500 产品获得 2009 年上海市科技进步一等奖，上海市自主创新产品称号，相关发明专利获得上海市发明创造专利一等奖。

通信地址：上海市西藏北路 489 号 11 号楼 7 楼
邮政编码：200071
电　　话：021-56637080-8785
E － mail：qianjiang@ casco. com. cn

钱立虎

男，38 岁，高中，电工

发明名称：有氧多功能自发电转筒走步机

专利（申请）号：201120401106. 4

发明简介：此款健身器是一款产能、蓄能的健身器，不需要外来电源，是有氧自发电走步机，集节能、环保、娱乐为一体，在健身娱乐的同时也能产生电，用于简单的家庭生活用电。在家庭停电时和用电不便的场所，能方便地提供小功率的用电。

本发明组合新颖，实用性强。其最大特点是：有氧运动健身，不用剧烈和大负荷的运动，更符合人体在运动三十分钟以上，脂肪自然燃烧的科学性，特别适合日渐增多的“胖族”群体，因为它提供的是一种大多数人可以接受的走步锻炼，同时也能足底按摩；在随意即兴的娱乐之中就能达到健身的效果，并且能将运动者在运动中产生的动能转化成电能存储起来。

通信地址：北京市朝阳区双龙南里7门503

邮政编码：100122

电　　话：18701018218

E - mail：snow198644@163.com

任步海

男，53，大学

发明名称：一种调节血糖、血脂的复合矿物质晶体

专利（申请）号：201010290626.2

发明简介：本发明专利是一种调节血糖、血脂的复合矿物质晶体，具有下列优点：

1. 在水中浸泡一段时间后，可释放出特定的“+”和“-”元素离子，经常饮用，对调节血糖、血脂，补充人体特殊微量元素和电解质，增强人体胰岛细胞活性，调节平衡血液pH值，提高人体免疫力，减少及降低糖尿病并发症有着重要意义。

2. 经常饮用可改善血液质量，降低血液粘度，清除血管内壁微小栓塞，改善血管通透性，增加血液流通量，分解、降低、减少血液中的脂质物，达到少吃药或不吃药而能降糖、降脂及降血压的积极效果。

3. 使用简单、方便、安全，不伤肝肾，对人体无任何毒副作用。

4. 不刺激肠胃，口感舒适，大多数人士都乐意接受。

5. 降糖、降脂、降血压效果好，只要坚持饮用，就会产生非常好的效果，而且不反弹，也不用服用其他药物。

通信地址：重庆市北部新区金开大道66号协信汤城1107号

邮政编码：40000

电　　话：13983678068

E - mail：Rbh818@163.com

任瑞刚

男，57岁，本科，高级工程师

发明名称：一种降低冶金球团膨润土用量的生产工艺方法

专利（申请）号：200710110882.7

发明简介：采用本专利技术，一是可使全国大部分的钙基膨润土通过钠化达到或超过国家一级标准；二是在造球喷水中加入有机黏结剂；三是在球团原料中添加赤铁矿细粉，可使目前球团膨润土用量降低50%以上，可提高成球速度30%以上，可降低球团生产成本2~30元/吨。

在全国，球团年产量有统计的达到1.0亿吨（无统计的球团产量不低于3000万吨），有统计的平均膨润土用量达2.2%，即冶金球团用膨润土300万多吨/年。膨润土主要是由硅铝组成，在高炉冶炼造渣过程中需2.5倍的灰石或白云石中和反应，所以降低一吨入高炉的膨润土，可减少2.5吨灰石或白云石用量，可减少0.1吨左右的煤炭，在全国使用本技术后可减少100多万吨膨润土进入高炉，可节能减排10多万吨标煤，减少CO_2排放500多万吨。并且每加工一吨膨润土需耗电60度，全国减少100万吨膨润土加工可节电6000万kWh。

本项目技术成熟，是球团生产用户和膨润土生产企业双赢的技术。2011年推广两家，产值200万元。

备　注：任瑞刚，电子专业和市场营销专业双学历，现任宣化县中冶科技有限公司董事长。冶金球团高级工程师，中国膨润土专业委员会专家组成员、中国球团技术协调组成员、中国非金属矿业协会、中国金属学会会员，国家、省多项专项专家库成员，2011年度张家口市优秀科技工

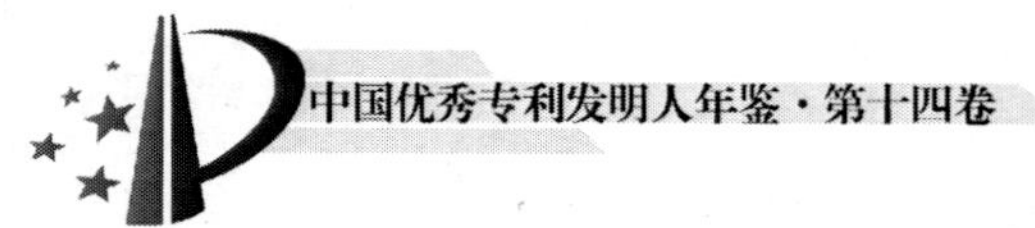

作者。先后在全国性专业杂志上和全国专业会议上发表论文20多篇，拥有专利7项，其中发明专利6项，实用新型1项。

通信地址：河北省宣化县洋河南镇宣钢农场宣化县中冶科技有限公司

邮政编码：075100

电　　话：13323235168

E - mail：13323235168@126.com

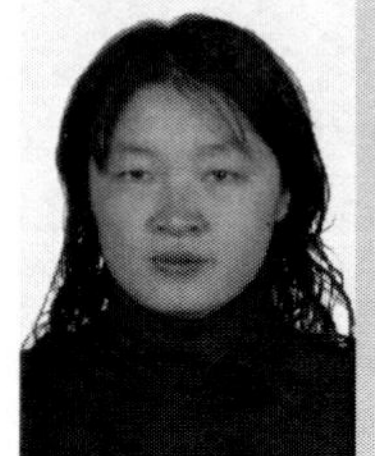

任香娣

女，37岁，硕士，主管护师

发明名称：一种新生儿护理车

专利（申请）号：201120481724.4

发明简介：本实用新型公开了一种新生儿护理车，属于护理装置，主要解决新生婴儿的护理问题。其结构包括车架和固定在车架上的工作台，其特征是，所述的工作台上设有分别盛放电子秤和湿巾盒的凹槽，工作台四周设有护栏；所述的护栏的前侧栏杆上设有扶手，后侧栏杆上挂有储物筐，左方栏杆上挂有小篮筐；所述的工作台下方设有抽屉，抽屉内设有隔断；所述的车架底部固定设有万向轮；所述的万向轮的上方设有固定在车架上的底盘。因为该新生儿护理车上设有各种操作用品，所以它减少了医护人员的工作量，节省了时间，提高了工作效率，同时，它还有利于医护人员医护质量的提高，可适用于医院等医疗场所。

通信地址：山东省济南市槐荫区经五路324号

邮政编码：250021

电　　话：15168887379

E - mail：renxiangdi@126.com

沈景哲

男，44岁，中专

发明名称：舵轮餐桌

专利（申请）号：201230215153.X

发明简介：本外观设计产品的用途：桌子为双层玻璃板面，上层以舵轮样式的结构支撑，作为普通餐桌使用，还可做装饰摆设。保存完好的老舵轮，经过专业修旧修复，消毒清洗以及细致的打磨，经久耐用，粗犷古朴，别具风味。

通信地址：天津市经济技术开发区第二大街东方名居77-2603

邮政编码：300457

电　　话：022-25712241

E - mail：SHEN_ JZ2000@hotmail.com

沈立夫

男，63岁，大专，高级工程师

发明名称：投放式无线电中继机

专利（申请）号：201110460539.1

发明简介：本发明涉及一种无线电应急通信，作为应急通信时将本装置用直升飞机牵挂投放，也可以车辆运输，人背马驮放置地形至高点，用以快速布设中继基站，以适应自然灾害、突发性事件和战争的紧急需要。

本发明设计了投放式无线电中继机的不倒翁状容器，将无线电中继器和太阳能风力互补发电或燃料电池发电系统、天线、蓄电器组合成一体化，（市电发电自动切换）以及用直升飞机投放的方式方法，构成投放式无线电中继机的发明。

本产品放大改进型分别设计成为一体化的GSM CDMA 3G、对讲机集群、图象、气象、水文、环境、地震、导航、灯塔、核生化无人科学观测站、中继站、直放站、微蜂窝基站。同时也是移动固定可迁移式一体化整体基站。

转让及合作意向：合作。

备　注：沈立夫，有30多年通信技术经验，获1项部级2项省级科技成果，申报专利10个，荣获全国五一劳动奖章、全国先进工作者、云南省劳模称号。

通信地址： 云南昆明

电　　话： 0871-66729915　15368089915

E - mail： ylj_ 1818@126. com

沈雪严

男，24岁，本科

发明名称： 组合扳手

专利（申请）号： 201120051514. 1

发明简介： 采用模块化组合式的扳手设计，充分利用了扳手的手臂空间，可以根据不同需要选择适当的组合顺序，模块采用铸造技术加工而成，在模块相接处有磁铁相连，确保使用时的牢固性，模块通过滑道与把手紧密结合，便于更换，把手整体设计节省材料，美观经济，舒适度和便捷度有了创新性的突破。

在2010—2011年河北省第二届大学生工业设计创新大赛中，该发明获一等奖和最受媒体关注奖。

通信地址： 河北省邢台市巨鹿经济开发区河北喜德来家具有限公司研发部

邮政编码： 055250

电　　话： 13081009798　15833909094

E - mail： 846372189@qq. com

宋明富

男，69岁，本科，高级工程师

发明名称： 铀钚双燃料球床型反应堆

专利（申请）号： Zl 201220195082. 6

发明简介： 本专利涉及一项高科技能源项目。北京中创多维科技发展中心研究发明的“第五代超安全核电站”是第五代超安全核电站系列发明专利的总称，和“不停堆添加核燃料球床型反应堆”、“铀钚双燃料球床型反应堆”等专利，是重要的、技术领先的、有完全自主核心知识产权的高科技能源项目。

发明人担任中国创业协会会长、北京中创多维科技发展中心董事长、第五代超安全核电站首席发明家。

通信地址： 北京市西城区真武庙三里2号楼3门301室

邮政编码： 100045

电　　话： 010-68018643

E - mail： 1091612600@qq. com

苏海芳

女，38岁，硕士，工程师

发明名称： 一种智能化光纤复合架空相线接头盒

专利（申请）号： 201200205861. X

发明简介： 本实用新型专利公开了一种智能化光纤复合架空相线接头盒，该接头盒所要解决的技术问题是克服现有技术的传统的接头盒无法实现中间塔上光纤引出，无法达到智能控制塔架上开关通断的功能的问题。它提供一种光纤复合架空相线接头盒，把传统的上接头盒、下接头盒和中间接头盒结合成V型结构，本实用新型操作方便、结构稳定，能同时实现智能控制塔上输电开关的通断的功能与通讯光纤引出的功能。

通信地址： 广东省东莞市寮步镇华南工业园金富东路特发信息光通信产业园
邮政编码： 523400
电　　话： 13600447851
E－mail： suhf@ sdgi. com. cn

苏景红

男，39 岁，本科，工程师

发明名称： 一种激光机上料挡板

专利（申请）号： 201220514429. 9

发明简介： 本实用新型公开了一种激光机上料挡板，包括挡板本体。本实用新型提供的太阳能电池芯片激光机上料挡板将原来长方形太阳能电池芯片激光机上料挡板的橡胶块改成具有 15°～25°斜度的楔形上料挡板的橡胶块，从而避免了因摩擦力过大而导致气缸卡死的情况，同时也避免了气缸的下降带动芯片与气浮板磕碰对芯片和气浮板造成负面影响。

本实用新型结构简单、设计合理、能有效保护气浮板，提高太阳能电池芯片良率等特点。目前在广东汉能光伏有限公司 24 台激光机（激光薄膜刻划机和激光扫边机）上使用，效果良好。正在向汉能控股集团下属 8 个基地公司推广使用。

通信地址： 广东省河源市高新技术开发区高新五路
邮政编码： 517000
电　　话： 18998767209
E－mail： sujinghong@ hanergy. com

苏西安

男，56 岁，硕士，硕士生导师

发明人简介： 苏西安，主要负责电子工程和汽车相关发明创造，包括使用新型及外观设计等，并为全国大中型新兴企业提供专利技术支持和咨询保护工作。他 1990 年获得西安市工会专利技术会先进个人奖；2010 年获得海峡两岸技术成果金奖；自 2010 年连续 3 年荣获“陕西省优秀发明人”称号，多次得到省市及国家级专利专项资金资助。其专利主要有“气动汽车发动机与电动汽车效能控制电路” 201110394427. 0 与 201110394401. 6。其专利合计：实现销售收入 8500 万元，利润 2512 万元，税金 2095 万元。

通信地址： 陕西省西安市高新区锦业路 69 号西安市申科电子研究所
邮政编码： 710073
电　　话： 029-88786277
E－mail： Sk029@ 126. com

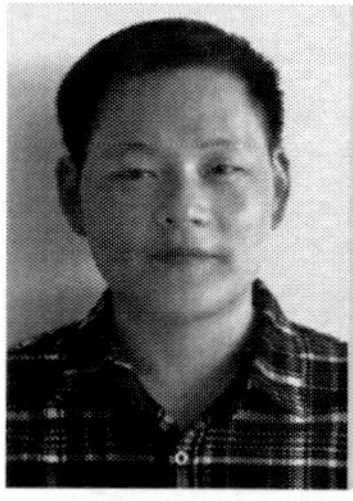

孙成虎

男，30 岁，大学

发明名称： 一种静电吸附喷雾器

专利（申请）号： 201210140409. 4

发明简介： 在蔬菜、林木等的生长过程中，往往需要采用农药喷雾器来灭杀害虫。现有喷雾器存在的问题在于：其喷洒出来的药液在重力作用下下坠滴落，导致药液的浪费，而一些果实背部、下部很难被药液覆盖，想要对这些部位进行害虫灭杀，不仅需要消耗更多的药液，导致环境污染，还需要耗费更多人力物力，亟待改进。

针对现有技术存在的问题，本发明的目的在于提出一种静电吸附喷雾器。本发明采用以下技术方案：

一种静电吸附喷雾器，包括储液室、驱使药液喷出的动力机构，电源设备给静电发生器供电，静电发生器使经由出液管道的药液带静电。喷洒出来的药液带上静电，而喷出的药液颗粒极小，在静电作用下，通过静电吸附作用，药液就会全方位的吸附到果实表面，不仅可以减少药液的浪费，防止环境污染，还可以节省人力物力。

出液管道由软管和硬质管组成，软管连通储液室，硬质管连通喷头，硬质管上设有手柄。

动力机构为电泵，电源设备给电泵供电。

电源设备为蓄电装置，在储液室侧部/下部开设置放静电发生器、蓄电装置的设备室。

给蓄电装置设置充电插头、电量指示灯。

在手柄上设有控制开关和调速器。

通信地址： 安徽省天长市西城开发区高新技术中心 C 座四层

邮政编码： 239300

电　　话： 15855009674

E - mail： Hu_ 6958@ sina. com

孙德祥

男，46 岁，大专，科员

发明名称： 一种以黄砂为主料免烧成型多功能材料

专利（申请）号： 201210336924. X

发明简介： 本发明属于建筑材料领域，具体涉及一种以黄砂为主料免烧成型多功能材料及其制备方法。

长期以来，自然界中的黄砂，尤其是沙漠地带的黄砂资源丰富，产品利用率很低，只有通过开发利用，变废为宝，才符合我们今天节能环保的新主题。目前生产的一些建筑材料需要破山开采，对自然环境破坏严重，造成水土流失，这些材料制作的地板（面）砖用于工厂、学校、车站、广场等公共场所的铺设，由于不渗水、易滑，对人民生活、工作造成许多不安全的隐患。同时我们生活中可用的花盆大都是陶瓷或塑料花盆，这类花盆透气性能差，不利于植物生长；制作时需要烧制，工艺复杂、成本较高，易造成对环境的严重污染。

本发明的目的在于克服现有技术存在的缺陷，提供一种利用黄沙为主料免烧制作建筑材料、花盆材料的方法。其特征在于通过物理发泡技术制作发泡剂为黏合料，之后按一定比例将黄沙和黏合料按一定比例生产制作各种新型建筑材料，满足社会对环保、节能、治理沙漠的需求，产生更大的社会效益。

通信地址： 甘肃省白银市平川区兴平南路地税局

邮政编码： 730913

电　　话： 13649300631

孙慧斌

男，39 岁，大专，农艺师

发明名称： 一种蚕种场用桑叶漂洗后脱水甩干装置

专利（申请）号： 201210214691. 6

发明简介： 桑叶从桑树上采摘下来，带有虫子、虫卵、灰尘等杂物，需要对其进行清洗后才能使用，但家蚕食下清洗的湿桑叶后对其发育影响较大，容易引发各种蚕病。因此，需要一种蚕种场用桑叶漂洗后脱水甩干装置。

本发明包括位于底部的支撑座、固定在支撑座上方的清洗外筒、固定在支撑座一侧的电机、与电机相连的传动装置和与传动装置相连的清洗内筒，清洗内筒上均匀布有多个小孔，清洗外筒下方设有排水口，传动装置的一端通过固定板固定在支撑座上。电机上方设有遮雨板，可以用于挡雨和放东西。支撑座通过固定链固定在地上。

本发明在工作时，将桑叶放入清洗内筒内，电机带动传动装置带动清洗内筒旋转，对清洗内筒内的桑叶进行清洗，桑叶上的杂物通过小孔从排水口流出，电机上的遮雨板可防止电机被雨淋，同时遮雨台也可放置桑叶的收集箱等操作用具。

通过该技术的推广应用，能够有效控制各种病源菌通过蚕食下进行传播扩散，进一步提高蚕种生产数量和质量。

通信地址：江苏省南通市海安县老坝港镇海蚕新村 008 号（通海桥南首）
邮政编码：226634
电　　话：0513-88267756　13813747599
E - mail：hashb@ 139. com

孙宏宇
男，47 岁，博士，高工

发明名称：在通信设备间产生相同随机数的方法及系统

专利（申请）号：200510077351. 3

发明简介：本技术主要解决了现有技术中多个通信设备间传递随机数存在占用大量网络资源和安全性差的问题。该方法由一个通信设备在本设备保存的数据选用表中选择一个或多个数据，并通知其余通信设备分别从各自保存的、且与所述数据选用表相同的数据选用表中进行相同的选择；各通信设备分别根据所述一个或多个数据和相同的随机种子，利用相同的随机数生成算法生成随机数。本技术同时还提供了一种可在通信设备间产生相同随机数的通信系统。

由于在生成随机数时，本项目技术方案仅需传送随机种子和位数较少的数据的索引，因此，在大量的通信设备均要得到相同随机数据的情况下，本项目技术方案能够大幅度的降低数据传送量，节约网络资源，尤其是网络带宽；由于本项目技术方案传送的索引也是随机的，而且也不用索引的数值来产生随机数，索引所对应的数据并不在网络上传送，因此，可以提高数据安全性，从而防止数据被轻易截获破解。

本项目技术应用于游戏产品中，直接带来了腾讯网络游戏注册用户数及月活跃用户数和相关产品经济效益的提升，截至 2009 年 12 月，腾讯网络游戏注册用户超过 5 个亿，月活跃用户数接近 2 亿。根据腾讯集团公开的经营业绩显示，2009 年第四季度，网络游戏的收入已达到 15. 55 亿元人民币，与 2008 年第三季度相比，同比增长 132%。

本技术将系统置于客户端的技术系统配置，避免了大量服务器和带宽投入，减少了硬件的使用数量，节能效果明显；同时有效减少网络广告垃圾，净化用户网络环境，促进了网游行业整体健康发展。再次，该专利技术的实施在很大程度上保证了网络数据传输的安全，对用户、网络运营者、社会都有着极为重要的意义。

通信地址：深圳市南山区科技园科技中一路腾讯大厦
邮政编码：518057
电　　话：0755-86013388-83601

孙伟力
男，48 岁，硕士学历，高级工程师

发明名称：一种针对 IP 地址段扫描发现特定网站的方法、多级路由模式下计算机上网身份识别的方法、盛世光明系列产品外观专利

专利（申请）号：200910142862. 7、200910148738. 1、201030222131. 7

发明简介：一种针对 IP 地址段扫描发现特定网站的方法，多级路由模式下计算机上网身份识别的方法，盛世光明系列产品外观专利，设计开发“盛世光明新农村合作医疗管理系统”、“网路神警家庭上网小卫士”、“网路神警上网行为监管系统”、“网路神警网络安全监管系统”、“教育办公自动化平台软件”等系统软件。这些科技成果已经取得产业化发展，获得了丰硕的经济成果和广泛的社会影响。

通信地址：海淀区嘉华大厦 D 座 408 室
邮政编码：100084
电　　话：13581876027
E - mail：dzx02076@ 163. com

孙志远

男，12 岁，学生

发明名称：家用空调在制冷状态下的节能改造

专利（申请）号：201110143207.0

发明简介：在不改变空调外观和不增加空调能耗的基础上，对空调进行简单的改造，使空调比改造前更加节能。

空调的室外机冷凝器安装时比室内蒸发器低。打开空调室外机的外壳，取一根长相当直径 0.8cm 的 PVC 软管，把管子一头密封好，在密封管子的一头整齐均匀的扎上一排小洞，长度与冷凝器的散热片相当，把扎有小洞一头的管子绑在空调冷凝上，洞口朝下。把空调室内机冷凝水出水管与室外机的冷凝器连接起来。当空调在制冷状态下，室内空气在轴流风机的作用下在蒸发器上流通进行热交换，遇冷就会结成冷凝水，冷凝水就会从蒸发器上掉落在蒸发器的水槽里，当冷凝水越积越多的时候，冷凝水就会顺着排水管流到连接好绑在室外冷凝器上的排水管上，利用水流的压力差把冷凝水均匀地喷洒到冷凝器上。由于冷凝水的温度只有 8℃～10℃，而蒸发器的出风口的温度有 40℃左右，瞬间就可以把冷凝器的温度降下来。在散热风扇的作用下使冷凝水在冷凝器上蒸发，把冷凝器上的热量带走，使得冷凝器再次降温，从而提高室外机冷凝器的散热效果，使空调冷凝器的散热能力大大加强。室外冷凝器的散热效果越好，室内机蒸发器制冷效果就越好，也就越节能。

转让及合作意向：同意转让，面谈。

通信地址：广东省珠海市香洲区银桦路 500 号广东广播电视网络股份有限公司珠海分公司网络运维部

邮政编码：519001

电　　话：15692038083

E－mail：280663536@qq.com

汤学忠

男，58 岁，本科，总经理

发明名称：模成型垫块与钢质压变锁定联接结构

专利（申请）号：201220342752.7

发明简介：本专利是设计及制造一种模成型垫块与钢质压变锁钉的联接结构，它包括模成型垫块与钢质压变锁钉两部分，其中模成型垫块采用再生混杂塑料或塑料为原料，也可采用塑木由热料入模压成型。模成型垫块的四边角设有锁钉槽，并与钢质压变锁钉匹配。钢质压变锁钉采用钢质薄板经冲压成型制成，其形状为三面二角形，上面锥形齿中间设有增强筋，齿端有倒角，以利进入木质面板，并起到弯接作用，下部椎体分成三级，每级的锥度相同，每锥节两边有二个斜钉角，钉角外撑有 45°角度，其下椎部中间有加强筋，下椎部低端中间有凸齿，凸齿端面有倒角。模成型垫块在实际运用中要求与木质板两面同时连接时，可采用设双向锁钉槽，多面连接时同样可设多面锁定槽。

本项目在采用模成型垫块、专用钢质压变锁钉与木质板件压合后可牢固连接，免除了圆钉与镙钉的使用，不但提高了其装配效益和经济效益，也提高了产品的质量及外观度，而且降低了成本，同时更有利于环保。

备　注：汤学忠，多年从事塑木材料及环保材料的相关研究，自 2002 年以来曾获得过此行业的多项相关专利。

通信地址：上海市嘉定区安亭镇墨玉路 185 号 505 室

邮政编码：201805

电　　话：021-39197411

E－mail：T7938@126.com

唐道助

男，79 岁，本科，高级工程师

发明名称：一种家用商用多功能直饮机

专利（申请）号：201120285186.1

发明简介：

一、机型：1）家用机：有吊板组装机和箱体组装机。2）商用机：有吊板组装机和柜式 + 自动售水器组装机，可满足社会各类用户需求。

二、水质特性：以本专利的各种功能滤芯，生产无菌无害的安全净水为基础，同时具有小分子团活水（又称磁化水、活性水、频谱水），矿化离子水，弱碱性水（又称电解水），负电位降低；并符合直饮水相关标准。

三、独有功能

1）开放式设计、通用型外壳和采用活折卸式结构，改变了常用的一次性滤芯更换法，更符合低碳减排要求。

2）克服了在活性炭滤芯中的细菌繁殖孳生问题，也不存在致癌物生成，极大延长了滤芯的使用寿命。

3）采用清洗和再生技术（设置有专用再生装置），可多次再生，重复使用，就可实现一种不换滤芯的多功能水直饮机。

4）强力磁化活水器还可用于家庭电热水器、太阳能热水器、单户采暖锅炉系统，可防止结垢，免清洗，也提高了热效率。

四、实施情况

该水机经多年试用，性能良好，再生装置经试验符合要求；强力磁化活水器已制作模具，可批量生产。有样机 20 余台，可扩大试用。

五、投资效益

家用机原材料组合件成本费 <500 元/台；市场销售价 4800 元 /台（参考市场单功能电介水机售价 6000 ~ 9800 元/台，频谱水机 5800 元/台），获利十分惊人。

1. 转让　面议协商。

2. 合作　参考入股比例 28%；要求投资方安排专利方经理、财会人员各一名。

通信地址：北京市房山区新镇东平街 11 楼 103 号
邮政编码：102413
电　　话：15810994672
E - mail：Tach_ 005@ sohu. com

唐　建

男，32 岁，大专，高级勾兑师

发明名称：黑酒及其加工工艺

专利（申请）号：201210060537.8

发明简介：一种黑酒及其加工工艺，属于果汁酒及其制备技术领域，其酿酒原料按质量百分比为：黑糯米 58 份、黑芝麻 12 份、核桃 6.8 份、黑枣干品 13.2 份、无花果干品 5.6 份、紫桑果干品 4.4 份。先蒸煮、之后加 10 份糖化发酵剂和 20 份配料、发酵，再之后压榨，最后装存制得。本发明获取了生态健康粮食和水果的有效成分，经第三军医大学预防医学系检验，这种黑酒营养丰富，含大量维生素、16 种氨基酸及多种人体需要的微量元素等。该酒的酒精度低，而制作过程中所用糖化发酵剂、复杂的酶系，各种微生物的代谢产物以及它们在酿造过程中种种作用，使该酒具有特殊色、香、味，且制作过程开放式、高浓度、较低温、长时间的糖化发酵并行，因而发酵醪不易酸败。

红花唐黑酒产品由宜宾中健酒业有限公司具体运营开发，经有关部门检验，产品符合有关法规和质量标准的规定。本产品入选了四川省质量振兴榜，获中国新技术、新产品交易博览会金奖，同时获得世界发明家国际协会“国际发明金奖”，被评为“四川省群众喜爱商品”。该公司还荣获了中国酒文化研究会颁发的“中国酒业二十一世纪之星金奖”。

备　注：唐建，现任中华唐氏总会副会长，中健酒业董事长，唐酒集团董事长。

通信地址：广东省深圳市福田区车公庙创新科技大厦 1706

邮政编码： 518048
电　　话： 13350606999
E － mail： 476661027@ qq. com

唐　柯
男，49 岁，高中，测试技师

发明名称： 多功能井口连接头（采油井采油树配件）

专利（申请）号： 201220555910. 2

发明简介： 由于传统井口对盘丢失严重，给正常测试、洗井工作带来极大不便，因此日常生产活动中需要额外携带井口对盘，而传统井口对盘功能单一，安装费时费力，工件本身比较笨重且加工成本高，安装后仍然避免不了再次丢失的风险，特研制多功能井口连接装置。

本专利通过使用利用反向井口采油树闸门丝扣原理设计的多功能井口连接头，代替传统上对盘→上钢圈→对对盘→紧螺栓工作模式，从而达到在不影响工作质量及安全操作的前提下简化工作流程、降本增效的目的。另外此工件为便携化多用途设计（可与 250 卡瓦配套使用，使 350 井口直接与 250 临时闸门连接）且安装拆卸简便，随车配备，作业结束即卸下取走，避免对盘丢失问题。

实验效果达到预期目标，简化 5 步工作流程，缩短测试工时 30% 以上。

转让及合作意向：1. 具有合格有效的企业法人营业执照，且经营范围符合本招标项目要求，注册资金不低于 100 万元人民币的生产商；

2. 具备有效的中国石油天然气集团公司物资供应商相应准入产品资质。

通信地址： 吉林省松原市吉林油田公司乾安采油厂
邮政编码： 131400
电　　话： 13843841723
E － mail： 496904375@ qq. com

唐满江
男，64 岁，大专，咨询师

发明人简介： 曾任湖南省永州市科技局工业计划科长，市生产力促进中心主任。已获得 15 项专利权。其中 1986 年申报的窗帘简易拉线开闭装置（专利号 86207822）被应用制成百页窗帘在全国各地销售；1994 年，发明一种数码信息快速查找手册及其编撰方法，并采用此方法编撰出《中国专利法律状况手册》，该书由中国专利局马连元副局长作序，是我国第一部查找专利法律状况的工具书；2005 年设计申报一种二氧化锰焙烧炉专利（专利号 200520052813. 1），与企业合作实施，获得国家拨给 100 万元资金支持。2008 年以来，先后研发出五项关于玉米脱粒机的专利技术，实施投产后，产品已销至全国各地，深受用户欢迎。此新型玉米脱粒机项目，2011 年，国家农业部 1531 号文件公告，进入国家支持推广的农业机械产品目录；2012 年参加湖南创富大赛，获得大湘南赛区前三强，进入湖南省前十名行列。

通信地址： 湖南省永州市冷水滩区凤凰园湖南省永州市科技局
邮政编码： 425000
电　　话： 13638416250
E － mail： tmj0325@ sina. com

唐廷安
男，72 岁，大专，工程师，经济师

发明名称： 航空航天弹道暗物质高压激波发动机

专利（申请）号： 201110290195. 4

发明简介： 该发动机启动瞬间能生成层出不穷的引力波。引力波有多种复杂的效应，其中之一便是时空引力“弯曲”效应（也称剪切效应或透镜现象）。引力波初速时含有时空“弯曲”能量，引力波是以光速传播。由于引力波随着发动机瞬间以无比快的循环周期性地变化，那么时空间弯曲循环的弯曲以波的方式在发动机尾喷管射出，而能量也会不断在周围时空区域分布。引力波这种效应导致的时空引力“弯曲”，而这些弯曲又会相互作用，这种自相作用，是因时空的弯曲本身就是一种能量，与引力波本身携带的能量发生相互作用，会产生自己的引力场，因此会导致下一层时空引力弯曲。这种弯曲效应，通过局部扩张飞行器后部的时空和收缩飞行器前部的时空，使时空引力“弯曲”效应区内的飞行器从后端向前端跨越。这个缔造的时空引力“弯曲”，其实际结果是，使飞行器以前所未有的高超声速越过，而不是飞行。从而，处于该时空引力“弯曲”区之外的人们能够观察到飞行器以从未有过的、极其快速的高超声速飞行。同时引力波效应能触发强大的高压激波。

引力效应使飞行器区域的时空弯曲，不是动量推进和能量运动，使飞行器以极其快的高超声速飞行。最有效的是，需要具有“神奇性质”的物质来弯曲时空。根据广义相对论，弯曲时空需要极大的质能，本专利以改变发动机的几何形状神奇地克服了能量问题。

通信地址： 四川省攀枝花市攀枝花大道南段1号金龙巷38号3栋1单元

邮政编码： 617026

电　　话： 18782356215

唐伟东

男，45岁，本科，副主任医师

发明名称： 用于治疗手癣、足癣、甲癣的足癣粉及制备方法

专利（申请）号： 201210543336.3

发明简介： 本发明的目的在于提供一种毒副作用小、治疗效果显著、患者容易接受的用于治疗手足癣及甲癣的中西药结合外用药及其制备方法。本发明提供的这种外用药包括以下原料：水杨酸、硼砂、苯甲酸、呋喃西林、氧化锌、石膏、枯矾、滑石粉、沸石，具有远红外辐射和药物功能的双重作用，因而对治疗手癣、足癣和甲癣具有显著的医疗作用。对比目前市场上各种各类泡脚产品，有独特优势，除脚臭、脚汗快，一次性治愈。治疗足癣、甲癣有效率达100%，比达克宁软膏效果还好，经临床800多例验证，治愈不复发。本产品投产后市场潜力巨大。

备　注：唐伟东，中华医学会皮肤科分会会员，从事医学临床工作二十多年，擅长皮肤病的临床研究治疗。工作以来共有20多篇医学论文在省级以上医学刊物发表。其中《中医辨证分型治疗慢性荨麻疹86例》和《局封结合口服曲尼司特治疗瘢痕疙瘩的疗效观察》被评为国际优秀论文，载入世界名人录；《中医辨证分型施治配合保留灌肠治疗慢性前列腺炎疗效观察》获中国第二届名医论坛优秀奖，并有多项发明成果问世，已申请2项专利。

通信地址： 广西南宁市白沙大道35号南国花园商城C1-11

邮政编码： 530045

电　　话： 13877916799

E－mail： 18977919608@126.com

田锡义

男，76岁，大专，高级工程师

发明名称： 二甲基硫醚及甲硫醇的制备方法

专利（申请）号： 98114291.5

发明简介： 本专利是利用不纯硫化氢废气（H_2S含量30%～99%）与甲醇为原料，在活性氧化铝催化下，反应温度在300℃～450℃下反应，生成甲硫醇或甲硫醚，经冷凝、分水、精馏得成品。该发明是综合利用副产和废气硫化氢，制造甲硫醚，经氧化生产二甲基亚砜，已经投入万吨规模生产证明，产品质量合格，工艺成熟，效益

显著。并且可以生产甲硫醇，进而生产蛋氨酸。具有重要经济效益和社会效益。

备 注：田锡义，一生从事化工科研、教育、生产、工程设计，荣获科研成果6项，发明专利及实用新型专利4项，发表科技论文21篇，先后主持设计建成大小化工装置五十余套；特别是专长有机硫化物研究，研究成功并建成二甲基亚砜装置12套、二甲基砜2套及甲硫醚、甲硫醇等装置。

通信地址：辽宁省大连市沙河口区宏业街62-3-301

邮政编码：116021

电　　话：13942612808

E－mail：qq5025@ sina. com

田　阳

男，22岁，本科

发明名称：桌椅套件

专利（申请）号：201130010113.7

发明简介：本外观设计产品由套件1桌子、套件2座椅组成；座椅的闭合状态，顶视图，侧视图都为不同形态的高脚杯形态，半打开的状态既不失杯子的形态，又为座椅增加了亮点。在2010～2011年河北省第二届大学生工业设计创新大赛中，该发明获一等奖和最受媒体关注奖。

通信地址：河北省保定市朝阳南大街2266号保定长城汽车股份有限公司

邮政编码：066004

电　　话：15033588612

E－mail：136642298@ qq. com

田振民

男，46岁，本科，总工程师

发明名称：高分散性型ADCA发泡剂及其制备方法与应用

专利（申请）号：201210529325. X

发明简介：本发明涉及一种高分散性型ADCA发泡剂，其是选择一种或多种表面活性剂与ADCA以一定比例组合。同时，该高分散性型ADCA发泡剂进一步添加惰性无机化合物的组分。本发明提供的发泡剂在聚合物内能完全按比例分散开，使得发泡后的聚合物均匀无孔洞、表面光滑。本发明提供的发泡剂是环境友好型的，能用于高级运动鞋专用品、百叶窗、墙纸、PVC、TPR、PS等的发泡。

通信地址：山东省枣庄市市中区西王庄乡中泰精细化工园

邮政编码：277100

电　　话：18265288278

E－mail：zhuomengg@ 126. com

汪达明

男，68岁，大专，工程师

发明名称：汽车发电机定子铁芯卷叠设备传动机构的改进

专利（申请）号：201220081729. 2

发明简介：本实用新型涉及一种汽车发电机定子铁芯卷叠设备传动机构制作改进方法。原主传动部位采用F206单向向心球轴承，箱体上有6根传动轴，12个轴承孔；孔的加工尺寸$\Phi60 \pm 0.005mm$；孔距加工尺寸$112.5 \pm 0.01mm$，加工精度高加工工艺复杂难度大，孔距尺寸难以保证，装配时齿轮间隙无法调整，造成工作时积累误差

大，影响了机械工作精度，降低了产品的加工质量。

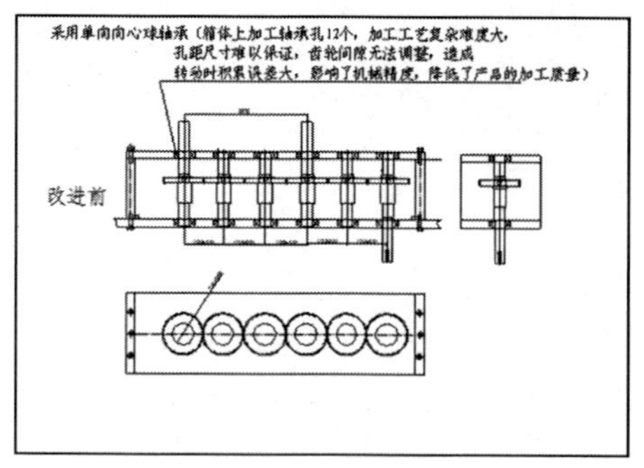

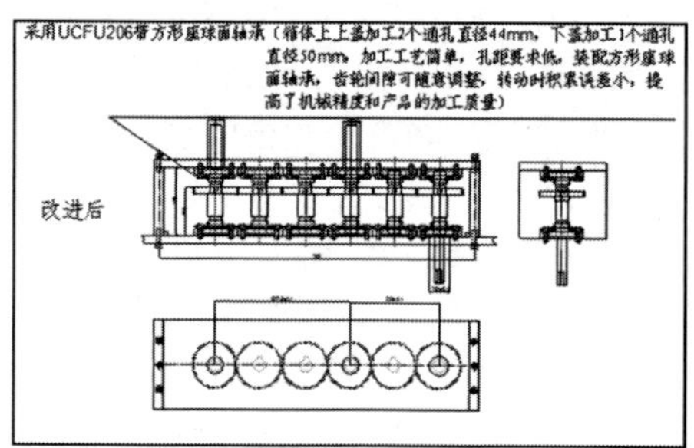

经过分析对现有传动机构进行了改进，采用UCFU206带方形座球面轴承加工装配，工艺简单，这样在箱体上和工作台上不需加工轴承孔，在制作时只需在工作台和箱体上按轴承座与工作台和箱体连接即可，其特征在于：采用带方形座球面轴承加工装配时能保证齿轮的间隙，可进行自由调节，提高了装配精度，传动积累误差极小，在生产过程中能保证定子铁芯的工艺要求和加工精度。

通信地址：上海市奉贤区奉城镇新奉公路3109号
邮政编码：201409
电　　话：021-67558193 13585836264
E－mail：Daming. wang@ shenyiauto. com

汪家琳

男，47岁，自由设计、自由撰稿人，非职务发明人

发明名称：全能全自动车辆保安器

专利（申请）号：200510113027.2

发明简介：全能全自动车辆保安器是在车辆上设置由凸透镜、光电管感应障碍物，力敏电阻、555集成电路人体感应器感应司机疲劳，热敏电阻感应车辆故障，加速度失衡测定仪感应车辆失衡，红外线接收头、话筒感应会车、超车、追尾及雨、雾、黑夜时的车辆，将它们混联于3AX复合管与3BX放大器中，由主动控制UA表和特种可左右控制UA表分别监控。当车辆即将或者正在面临危险时，危险报警喇叭、前后报警灯、室内警示灯、扬声器、电磁振动提醒仪工作警示一并自动熄火刹车，车前护垫、车身护垫缓冲排障、防陷减震，保护人、车、障碍物安全；或者电喇叭鸣笛，左右转向灯亮灯，左右轮电磁阀使车辆转向避让会车、超车、追尾的车辆，从而抑制、减少、减轻了交通事故。它广泛适应于一切机动车辆。

本专利已在全国推广，有几家企业准备接产、实施。现愿意向诚信有实力的从事车辆安全（系统）产品生产的企业、汽车制造厂转让实施权，技术入股：首付入门费50万元人民币，使用费按每一年度毛销售额的7%定期支付。

备　注：汪家琳，已获多项国家专利授权，其中3项实用新型专利，2项发明专利。

通信地址：安徽省桐城市新渡镇云水村张仓6号
邮政编码：231471
电　　话：13865109981
E－mail：13865109981@ 163. com

汪志成
男，31 岁，博士，讲师

发明名称：污水自循环超声波清洗机

专利（申请）号：201210364337.1

发明简介：一种污水自循环超声波清洗机，包括机壳、机架、超声波清洗槽。超声波清洗槽的超声波换能器贴在清洗槽内壁上，机架的下端安装有由吸水泵、过滤器、出水泵组成的污水过滤循环系统。吸水泵的进口、出水泵的出口通过水管接入超声波清洗槽中，机架的上端安装有挤干系统，挤干系统包括推杆、活动挤水滚子、固定挤水滚子，活动挤水滚子与支撑杆固接。支撑杆套装在活动挤水滚子侧架的腰形孔内，推杆与活动挤水滚子侧架相连。本发明的污水自循环超声波清洗机功能丰富、使用廉价，便于随身携带，清洗干净方便，清洗效果好，自动化程度较高、具有较好的实用价值。

转让及合作意向：同意合作。

通信地址：江西省南昌市昌北经开区广兰大道 418 号东华理工大学
邮政编码：330013
电　　话：15079061621
E - mail：wzc_ 1982@126.com

王　兵
男，55 岁，大专，高级工程师

发明名称：钢管试压用封闭定位装置

专利（申请）号：20092001686.8

发明简介：承压钢管广泛的应用于石油化工、机械制造、冶炼，锻压及民用等多个行业的设备制造。承压钢管大多数都批量使用，在安装制造前、后，一般都按要求进行承压试验。钢管试压用封闭定位装置就是解决承压钢管在安装或装焊前的承压试验。此装置是将四根钢管同时定位安装，一次性试压，采取上、下各两根钢管并行排列，钢管两端采用整体装卡密封，其中一端设有注水及排水管路，注水管路与水泵连接；排水管路与胶管连接，并将水直接排到水泵内。通过装卡密封对钢管两端施加压力，使其达到控制水压外泄和密封的目的。使用时，将四根钢管摆放在固定的托架上，然后，钢管连同托架一起按放到钢管试压用封闭定位装置上，装卡密封，注水加压，等达到规定的水压时，停泵保压。如果无任何问题，可排水泄压。此装置制作成系列规格，可满足 $\phi20\sim\phi200$ 承压钢管打压试验。适用于高、中、低压钢管的承压检测试验。可实现水、气等介质的压力试验。此装置结构简单，容易操作，制造成本低，效率高，适合于现场安装施工。此装置在换热器承压钢管的水压试验中，取得了显著的效果。

备　注：王兵，多年来从事焊接与冷（机加）工艺方案的制定及工装辅具的设计工作，已完成多项专利，曾多次获得省、市、企业科技成果奖。

通信地址：大连甘井子区大连湾棉花岛棉港路 1 号
邮政编码：116113
电　　话：13942688345
E - mail：wbwy126@126.com

王　冰
男，45 岁，本科，工程师

发明名称：旋转磁疗装置

专利（申请）号：201120370548.7

发明简介：此专利为旋转磁疗装置，用此装置做成的旋磁能量椅或旋磁能量床通过恒定磁场低频旋转，产生完全覆盖人体的磁场，能完全穿透人体，使人体完全置身于极性交替变化的主体磁场中，用按摩椅或按摩床作为载体，起到了对人体磁疗保健作用。

其磁力线最大拱高 100cm 以上，以减少磁场穿透人体后的磁通损失。磁场覆盖范围 Φ200cm 以上，保证了磁场完全覆盖人体，另外其核心优势还在于作用于人体的工作表面磁通总量大大增加，其磁疗保健效果显著提高。

适用人群：

1. 免疫力低下人群，提高免疫力，促进血液循环，改善人体内环境。2. 骨质疏松患者，预防、改善骨质疏松。3. 风湿性关节炎、类风湿性关节炎、骨性关节炎患者、颈椎病等骨病患者。4. 失眠健忘患者，提高睡眠质量、增强记忆力。5. 糖质皮质激素引起的股骨头坏死患者。6. 男性前列腺炎患者，女性盆腔炎、乳腺增生患者。7. 因缺磁引起的亚健康人群。

通信地址： 深圳市宝安区石岩街道水田三民工业园 B 栋 4 楼
邮政编码： 518108
电　　话： 0755-29168582 13828790448
E － mail： szfkd 2008@ 163. com

王成虎

男，64 岁，本科学历，高级工程师

发明名称： 金属隔膜截止阀

专利（申请）号： 201220034477. 8

发明简况： 手动截止阀的螺杆借螺纹在阀盖中旋转而上下移动，实现截止阀的开启和关闭。为了防止介质从间隙中流出，在阀盖中放置填料室，在填料室中填满富有弹性的软性填料，使螺杆在阀盖中旋转而不泄露。这种截止阀的螺杆与阀盖之间密封结构是动密封结构，在经常开启和关闭的场合中使用可靠性差，难以保证零泄露。后来出现了封闭式截止阀，在阀体内增加了弹性橡胶密封隔膜，隔膜的周边用阀盖紧压在阀体上，但这对高温高压的场合不能使用。针对上述不足，提出一种密封可靠的金属隔膜截止阀，特别适用于高温高压且要求零泄露的场合。

通信地址： 江苏省扬中市油坊镇长旺西街 58 号
邮政编码： 212216
电　　话： 0511-88358165
E － mail： wang. chenghu@ 163. com

王春复

男，48 岁，大学，高级工程师

发明名称： 螺旋槽双梯型波刃叶根铣刀

专利（申请）号： 200720072323. 7

发明简介： 本实用新型采用一定前角的刀刃，切削效果好；采用一定螺旋角，切削刀刃长度比现有技术中直槽式铣刀的刀刃长，切削刀刃没有全部参加切削，切削液容易渗入，使得铣刀使用寿命长。采用波型刃口，使刃口应力分散，切削振动小，切进能力强，切削厚度大，切屑为厚而短的碎屑，排屑顺畅，工作效率高。该铣刀将叶片的叶根和叶片中间体、内背弧、叶顶部分一并在数控加工中心完成，不仅缩短了叶片制造工艺流程，而且实现了一人操作多机的生产格局，大大提高了生产效率。使用了该技术，叶片制造加工的工作效率得到了显著的提升，同时也对改善劳动条件产生了积极影响。

通信地址： 上海市闵行区江川路 333 号汽轮机厂
邮政编码： 200240
电　　话： 021-64358331-2946
E － mail： yangkn@ shanghai-electric. com

王高宏

男，42 岁，工程硕士，研究员

高级工程师

发明名称：新型复合射孔器

专利（申请）号：201120011443.2

发明简介：本实用新型公开了一种新型复合射孔器，包括射孔枪。射孔枪内设有射孔弹弹架和起爆系统，射孔弹弹架内装有射孔弹，在射孔枪外壳上套装有若干个内装复合药的复合射孔器药环；或者是射孔弹弹架由复合射孔器药环制作而成，除首尾定位环采用金属或可燃材料结构外，其余全部用复合药注装成型。本实用新型可以在很大程度上去除射孔压实带和近井地带污染，压裂效果显著，产品安全性好。

新型复合射孔器是根据油田生产需要及对以往的复合射孔技术进一步改进、优化而研制的新产品，应用于油田开发增产、增效的一项新技术。2012 年成功开发了与该项目相匹配的复合射孔弹，南京理工化工材料检测服务有限公司完成了复合射孔弹危险等级分项试验，货物运输条件鉴定为爆炸品 1.4D。

公司愿与各大油田精诚合作，发展共赢，共同为中国油气田开发事业做出更大的贡献。

通信地址：山西省太原市西留路 18 号山西江阳兴安民爆器材有限公司研发中心

邮政编码：030041

电　　话：0351-2814031

E－mail：sxjymys@126.com

王建军

男，49 岁，大学，总工

发明名称：环保型 CT 金属 X 线管

专利（申请）号：201120538951.6

发明简介：该专利产品是高附加值易耗的高科技产品，主要应用于医学影像领域和安全检查领域，如各大中型医疗机构、机场、地铁等。

本专利克服国外技术中存在的诸多不足之处，突破国外对中国的技术封锁，填补了国内空白。目前国内还未有其他企业可批量制造该高科技产品，我公司已成功将专利技术转换成生产力，为国家节约外汇支出，还可出口创汇。

该技术优势在于以下几点：1. 绿色环保，射线辐射少，对人体危害小；2. 兼容性好，可以与其它各整机制造商配套互换；3. 性能稳定，使用寿命长。

备　注：发明人在此领域共获得国家专利局颁发的 6 项专利。

通信地址：北京市东城区干面胡同 18 号

邮政编码：100101

电　　话：13901185558

E－mail：nagohans@263.net

王　平

男，56 岁，大专，工艺美术师

发明名称：变距轮椅

专利（申请）号：201120362983.5

发明简介：变距轮椅是可变宽窄可变长短、室内外兼用、窄路小门方便进出的轮椅。较之普通轮椅扩大了使用范围，提高了安全性能。扶手是“可变动轮椅扶手”，使用者单独上下轮椅非常方便，室内使用变窄变短灵活，室外使用放大尺度更安全，遇窄路小门（如要入火车车厢，狭小卫生间）使用者坐在轮椅上可方便调窄使用。完全靠轮椅代步者使用变距轮椅可单独出行或旅游，提高生活质量。

发明人是完全靠轮椅代步的残疾人，使用轮椅近四十年，发现普通轮椅不合理处和缺点，根据多年生活和工作体会发明了变距轮椅，设计理念是本着让残疾人独立的原则，从上下轮椅、开门、关门、行进携物、室内室外、坡道路况、公共设施、跨越障碍等因素综合考虑，尽量让使用者在不需要他人帮助的情况下生活得更好。

发明者主要从事木雕，虽靠轮椅代步干的却是体力活，使用变距轮椅后工作生活状况改变了很多，事业上也取得了较大成绩，获得了国际、国内及省市级不少奖励和荣誉。

变距轮椅结构简单合理，便于生产制造，既可像普通轮椅一样大轮万向手驱，又可加导向手摇或电动，老弱病残都很适合。

在车站或机场用于服务残疾人的轮椅可直接把人送到车厢或机舱，社会效益和经济效益都会很好。

转让及合作意向：专利权转让，独家许可，技术入股均可。

备　注：发明人为靠轮椅代步的雕塑工作者，获中国第十三届工艺美术大师展“银奖”；第四届中国“艺鼎杯”木雕现场大赛“银奖”；被授予“2012年度中国木雕”榜眼。

通信地址：山西省临汾市花果街16号

邮政编码：041000

电　　话：0357-2169136

E－mail：2694673733@qq.com

王瑞峰

男，47岁，本科，高级工程师

发明名称：模组化的LED路灯

专利（申请）号：201120577304.6

发明简介：随着LED照明技术的不断进步和发展，LED路灯日益彰显出替代传统路灯照明的优势，具有高光效、长寿命、高显指、易调控、节能、环保等诸多优点，在城市道路照明领域得到广泛推广应用。目前市场上广泛使用的LED路灯大多是整体结构，这种结构既不方便规模化生产，同时也给日后的路灯维护工作带来了不小的困扰，使得维护成本大大提高。

本实用新型提供了一种模组化的LED路灯。该路灯将光源和电源均实现了模组化结构设计，每个光源模组和电源模组都是相互独立的，可以对其中任一个模组单独生产、单独维护，在满足了模组化规模生产的同时，也简化了日后的维护与保养，提高了生产效率的同时降低了维护成本，并且适当地调整光源模组分布还可以延伸出多款路灯型号，使LED路灯能够得到更合理的应用，为其大面积推广打下了坚实的基础。

通信地址：广东省东莞市常平镇朗洲村东莞东海龙环保科技有限公司

邮政编码：523589

电　　话：13537370861

E－mail：245381486@qq.com

王善新
46岁，本科，工程师

发明名称：刮板输送机牵引链掐接装置

专利（申请）号：201220551241.1

发明简介：刮板输送机牵引链掐接装置，包括左右两个对称设置的横梁，两个横梁之间设有千斤顶，千斤顶包括液压缸和活塞杆，一个横梁与液压缸底部连接，另一个横梁与活塞杆外端连接，横梁的上、下两侧分别设有用于挂住链条的挂钩，液压缸通过高压油管与手动液压泵连接，管路上设有换向阀；换向阀上设有液压表；管路为高压油管。

本实用新型结构简单、功能实用，有利于安全生产，充分保证了操作人员人身安全，避免了挤伤事故的发生；可减少操作人员；有利于设备管理，避免了电动机的频繁起动和反复操作换向开关，机电设备和开关免遭烧毁；缩短了操作时间，提高了劳动效率；降低维修人员的劳动强度；制造简单，搬运灵活，操作方便，实用性强。

适用于边双链刮板输送机的牵引链的掐接。

发明名称：一种井下翻矸装置

专利（申请）号：201220551057.7

发明简介：立井井筒施工完毕后，转为平巷施工，工序转换需要对提升系统进行改装，改装需要投入大量的资金和设备，而且时间长。对于工序转换后，工程量不大，改装系统很不经济时，可以在井下安装简易翻矸装置来满足巷道施工需要。

特点：1. 改造简单，无须改绞，无须增加措施工程；投入少，仅增加了临时溜槽，可以通过矿车来解决出矸环节的储矸能力问题，比二次改绞节约了大量的时间，节省了大量的投资，可以加快巷道施工进度。矿车前倾式翻矸架安装简单，可以形成自动翻矸系统，吊桶落到卸矸位置即可接矸，节省了稳罐时间，提高了提升效率，整个提升系统不需做大的改造。

2. 待井下巷道工程结束，一次性拆除，拆除容易。

通信地址：河南省平顶山市建设路东段南4号院
邮政编码：467000
电　　话：15836936118
E-mail：wangsx63910@qq.com

王士元
男，47岁，大专，高级工程师

发明名称：交通管理系统的时间同步控制装置

专利（申请）号：201010579772.7

发明简介：本装置包括负责接收解调时间信号的时间接收模块、对时间信号进行同步控制的控制模块和发送驱动信号的发送模块，接收解调时间信号的时间接收模块和对时间信号进行同步控制的控制模块相连，对时间信号进行同步控制的控制模块和发送驱动信号的发送模块相连。该装置能够提高原有时间同步控制装置的时间精密度，降低装置的运行成本。

交通管理系统的接收机可接收到用于授时的准确至纳米级的时间信息，能为系统的准确工作提供可靠的时间保障，为在交通管理领域的应用和检测提供高精度的时间数据支持。利用无线电台时间授时中心发送的长波低频率授时信号对控制系统进行同步控制；在中国境外地区使用本产品时，其整体系统自动获取转换到格林威治标准时间进行正常工作，其接受仅为一个简单的电路，可以分别安装在各个系统中，控制系统内部设置简单的专用的长波低频接收机即可，无须再另外增加其它时钟电路及设备，安装使用方便且不易受外界各种因素干扰，可以应用在各种工作条件下。

由于本项目设计有可靠的无线接收控制以及驱动系统，可以方便地对所有独立安装以及在移动工作状态下的交通管理系统直接进行驱动控制，设备响应速度快，无时滞等不良工作情况。

备　注：王士元，现任保定维特瑞交通设施工程有限责任公司、保定维特瑞光电能源科技有限公司、维特瑞科技（美国）有限公司董事长兼总工程师，多次荣获保定市优秀科技工作者、新世纪学术带头人等称号。在国内进行了首次晶体硅太阳能电池在无人机领域应用研究推广工作；发明了太阳能光伏电池在机动车上节能降耗的应用、低耗能无排放物理法对报废太阳能电池组件进行分解回收等技术；参与国家“973”重大科研项目1次，获国家第六届发明创业奖1项、河北省科技成果15项、省部级科技进步奖4项、市级科技奖励10项，授权受理发明专利、实用新型专利、国防专利、国际专利160余项，获得软件著作权4项，发表论文40余篇。

通信地址：保定市七一东路民营科技产业园腾飞路893号

邮政编码：071000

电　　话：0312-5916380

E－mail：vtrqgb@ sina. cn

王晓进

男，55岁，教授

发明名称：个人加密身份证

专利（申请）号：200810197953. 6

发明简介：针对现有身份征身份证个人信息有限的不足加以改正，其技术方案是：

1. 将原有的汉字全明码改为“部份明码”，即改为黑色圆点（暗码）。

2. 增加地域性标志（如：武汉人，用黄鹤楼表示）、民俗生肖、家族血脉［血统、血脉走向与遗传、姓氏（排行）、血型及DNA信息］、兄弟姊妹排行（用数字表示）；身高（用数字表示）；肤色（用颜色表示）、防伪条形码等基本信息。

3. 原来的个人身份证的正面底图“长城”不变，反面用身份证拥有者的地域性图案为底图。(如武汉市黄鹤楼图案占整版面的三分之二，一寸照片占六分之一，生肖图占六分之一。

本发明的积极效果是：增加个人信息保密度，保护个人隐私；有效防止或减少身份证相关的违法犯罪；由于采用了多重密码设计，减少了身份证重复的可能性。

1. 加入“地域性标志”、“民族生肖属性”、“家族血脉信息”、“防伪条形码”等信息，对国人和青少年进行爱国教育，弘扬民族精神及民族文化。

2. 促使国人认识自己的姓氏文化、血脉走向与遗传、姓氏（排行）、血型及DNA信息、家宗家谱。

3. 进一步地加强身份证的安全防伪性、私密性。

4. 在身份证上标明个人血型后，为在突发事件输血时提供了参考依据。

备　注：王晓进，现任武汉大学工程训练中心高级指导教师，教授，主授“形状加工”和“智慧加工”（创新与实践及创新与创造）等课程。中国发明家协会会员；武汉发明协会理事；湖北省“五一”劳动奖章获得者，省部级劳模，享受政府津贴。先后发明创造数百余项，已获得国家专利160项，与别人合作申请专利数百项，指导学生创新实践后申请专利2000余项。

通信地址：湖北省武汉市武昌区珞珈山街武汉大学工程训练中心

邮政编码：430072

电　　话：13607145067

E－mail：wangxiaojin3292@ sina. com

王孝良

男，70岁，大学，高级工程师

发明名称：预防疾病与保护功能健康乳罩

专利（申请）号：2011205195633

发明简介：本实用新型专利涉及一种预防疾病与保护功能的健康乳罩。

目前市场上流行的传统乳罩无不是“按住乳

房”、“镇压式”保护，“按住”向后向下有挤有压有摩擦，致使乳头、乳晕结节、乳房体压回肉里、压向外开、压向下垂，限制了乳房的生长发育，阻断了乳房自身防病抑病的生理功能，灭失退化了乳房的性参与能力。本专利改变以上传统乳罩的弊病，无挤压、无摩擦，立竿见影，使乳房向前向上正常生长发育，使乳房健康坚挺，塑形美体，有利于婴儿哺乳、夫妻性福。

通信地址：吉林省通化市东昌区滨海佳园 B 座 702 室

邮政编码：134000

电　　话：0435-3222564　15943507157

E - mail：405798323@ qq. com

王玉良

50 岁，大学，高级工程师

发明名称：一种核电机组的控制系统及其监控方法和子系统

专利（申请）号：200710077121. 6

发明简介：CPR1000（中国广东核电集团公司自主创新形成的“二代加”百万千瓦级压水堆）采用了数字化控制系统技术，其“人—机接口”（指核电站操纵人员与核电站设备之间）技术具有灵活的可开发性。本专利的技术方案包括状态显示装置、主操作步骤显示装置、详细操作步骤显示装置和工艺操作画面显示装置。各装置之间通过分工协作，帮助操纵员完成反应堆和汽轮发电机组的控制。本专利技术又称为多主屏设计原则（母专利），它与其它附属设计原则（子专利）共同构成了 CPR1000 核电 DCS 人—机接口技术的核心。该技术主要通过对核电站的运行任务进行分析，并考虑人因工程因素，做到人与机器的优势互补，使操纵人员在面临各种可能的工况或任务时，能够快速获得通过屏幕组合形成的“最佳所需”。本专利已走在世界核电数字化控制系统技术的最前列。除成功应用于岭东核电站项目外，还成功移植至辽宁红沿河核电站、福建宁德核电站及广东阳江核电站等，并将移植至后续采用 CPR1000 技术方案建设的所有核电机组。由于专利技术的广泛应用及产品的标准化，大大降低了 CPR1000 机组的建设及运营成本，提高了其竞争力。随着 CPR1000 批量化生产，将为中广核集团及大亚湾核电运营公司带来巨大的市场分额。

备　注：王玉良，中国广东核电工程设计有限公司总体设计所副总工程师。

通信地址：深圳市保安区龙华民治馨园 23 栋 2 号

邮政编码：518100

电　　话：0755-84432818

王峥轲

男，26 岁，研究生，研究科长

王东生

发明名称：超微粒子三防整理剂

专利（申请）号：201210184067. 6

发明简介：本专利为碳六三防整理剂，是绿色生态型的环保防水拒油生产技术，并得到众多厂家的好评，日产量 1000kg，2012 年 10 月生产商将全世界绝大部分的碳八、碳六三防整理剂生产商的产品进行比较，相同用量比例，防泼水效果最优异，市面成本最低，打破多年来国内被高碳三防整理剂垄断的防水剂市场；当今世界正在发展低碳经济，因此势在必行，此技术在全球率先实现了以六碳取代八碳的三防整理剂技术，真正实现到了“平价六碳三防”的设想！

转让及合作意向：欢迎各界朋友来投资磋商。

通信地址：浙江省嵊州市罗柱岙工业园区嵊州市润达助剂厂

邮政编码：312400
电　　话：13606577205
E－mail：funt3@163. com

王志坚

男，39 岁，博士，高级职称

发明名称：一种自动上下料的双机械手系统

专利（申请）号：201220336571. 9

发明简介：本发明公开了一种自动上下料的双机械手系统，包括：上下料机械手，双驱直线电机，机械手固定框架，控制系统，机架。上、下料机械手分别与机械手固定框架固定连接，双驱直线电机的初极、次极分别与机架、机械手固定框架固定连接，次级套在初级上，双驱直线电机的初极在机架上，双驱直线电机的次极在机械手固定框架下面，控制系统固定在机架的侧面，机械手固定框架通过机加前面与顶面上的两个运动导轨与机架相连。该直线电机驱动的双机械手系统，结构紧凑、具有极好的刚性和稳定性；操作时无噪音、运动平滑，具有极佳的动态响应特性；直线电机的高速度和双机械手并行工作相结合，进一步提高了工作效率，非常适合高速、高精度的加工设备。

通信地址：浙江省宁波市鄞州区学士路 298 号科创大厦 611 室
邮政编码：315100
电　　话：13736176496
E－mail：Zhijianwang0627@hotmail. com

韦淇峰

男，32 岁，大学，高级工程师

发明名称：一种纤维板使用的高效环保阻燃剂及制备方法

专利（申请）号：201210462804. 4

发明简介：本发明公开了一种纤维板使用的高效环保阻燃剂及制备方法，该阻燃剂由甲醛、双氰胺、磷酸二氢铵、硼酸锌、氨水、三乙醇胺、有机溶剂、交联剂及水组成。本发明制备的阻燃剂无卤低毒无腐蚀性，热稳定性好、阻燃效率高、抑烟性强。纤维板生产利用该阻燃剂 80～250kg/m^3 与摩尔比为 1. 0～1. 18 脲醛树脂或改性脲醛树脂混合搅拌均匀或单独从热磨喷放管施加可制成阻燃纤维板，其阻燃性能达到国标 GB/T 8624—2006 标准规定的 B 与 C 级，物理力学性能达到国标 GB/T 11718—2009 标准，甲醛释放量完全达到 GB 18580—2001E1 或欧洲 E0 级。人造板制胶车间即可满足生产条件，实用性强，施加方便。

备　注：韦淇峰，主要从事木材胶黏剂及功能型人造板制备技术研究及生产工作，曾获得广西壮族自治区 2009 年度新产品优秀成果奖三等奖 1 项，南宁市科技进步奖二等奖 1 项。

通信地址：南宁市良庆区银海大道 1233 号
邮政编码：530221
电　　话：0771-4010308
E－mail：wqf1688@126. com

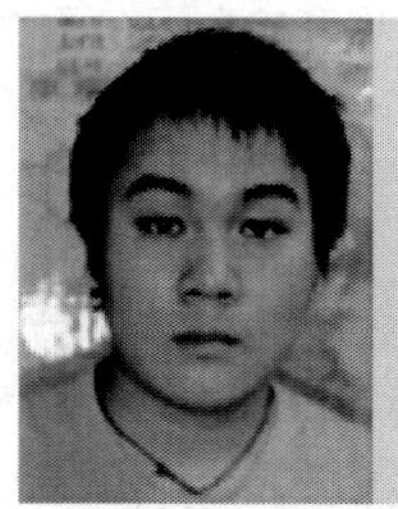

吴宸至

男，18 岁，中学

发明名称： 偏心轮发电机

专利（申请号）： 20110046700.0

发明简介： 本发明涉及到能源和通讯领域。它的工作原理是：在外力振动的作用下，偏心轮带动发电机转子转动从而发出电流。在手机或电池上装上本发明的微型振动式发电机，由于手机是带在身上，人活动就可以是微型发动机的偏心锤摆动从而带动微型发电机的转子与定子位移而产生三相交流电，通过全波整流后给大容量电容器或者电池充电，本发明只要用悬浮物托在液体的波浪上就是一个波浪发电机，用于海上航标指示灯的不间断、免维护自供电；将本发明的液面波浪发电机集群将是海洋发电基地。它比风力发电机更加低成本易实施免维护，并且电流平稳、强劲、高效率。

本发明可以开发许多种成品如：自供电手机、海浪发电站、自主行走的船、自生动力潜艇、自供电航标等成品。

通信地址： 湖南省郴州市工商行政管理局城前岭分局工会

邮政编码： 423000

电　　话： 1351735164

E - mail： 455266419@qq.com

吴　春

男，45 岁，本科，工程师

发明名称： 一种伸缩式喷水清洗刷

专利（申请）号： 201220273988.5

发明简介： 本实用新型专利涉及一种清洗用具，特别涉及对车辆、门窗、护栏、家庭厨房、卫生间等能方便清洗的多功能可伸缩喷水清洗刷。

本喷水清洗刷结构简单，使用非常方便，清洗时可以很轻松地随时伸缩，水流通过挡水片成扇形喷射，面积大且均匀，清洗范围大、效率高、省水、省力；另外当旋开挡水片时则具有类似高压水枪的功能，可冲洗泥沙、杂物等。

本清洗刷是一款节能环保型的可伸缩喷水清洗刷。刷毛采用进口材质，细柔而有韧性，经久耐用，不沾油污，不伤车漆，洗完后只需用水冲一下即干净如新。刷杆采用轻型环保材料，使用轻巧、简便。使用本刷洗车不需要任何洗车液就可轻松快速地将车身外部清洗干净。

通信地址： 江西九江市浔阳区南湖花园别墅 B2

邮政编码： 332000

电　　话： 13970217713

E - mail： wcwc_818@163.com

吴汉民

男，62 岁，企业家

发明名称： 锥形同向双螺杆挤出机

专利（申请）号： 200510118915.3

发明简介： 锥形同向双螺杆产品在 2008 年进行专利产业化运作以来，以其高产量、低能耗的优异性能得到了客户的一致肯定。近年来产品市场占在率不断提升，经济效益逐年提高，除在广东、浙江、山东、江苏等主要市场热销外，产品更是远销台湾、泰国、印度、俄罗斯、非洲等海外市场，并取得了很好的社会效益。2010 年吴汉民被国家标委会定为“锥形同向双螺杆”国家行业标准第一起草人。同年，吴汉民又被国家工信部公告为《锥形同向双螺杆挤出机》第二批工业标准修订计划第一起草人，这是舟山市首个块状产业质量提升联盟标准上升为行业标准，也是舟山市首个将发明专利转化为行业标准的企业发明人。

备　注： 吴汉民，2008 年获得舟山市科学技术进步奖三等奖，2009 年获得舟山市定海区科学技术奖二等奖，浙江省科学技术奖三等奖；“2010年舟山市有突出贡献优秀专业技术人才”称号；至今为止授权发明专利3项，实用专利19项。

通信地址： 浙江省舟山市定海区盐仓街道临欣路3号

邮政编码： 316041

电　　话： 0580-8891168

E - mail： tongfajx@ 126. com

吴厚林

男，55岁，大学，教授

发明名称： 一种自助租借自驾车辆管理系统和方法

专利（申请）号： 201210032965. X

发明简介： 本发明提供了一种自助租借自驾车辆管理系统和方法，该管理系统基于GPS/GSM定位系统、移动通讯系统、互联网络和IC卡等技术，由管理中心系统、城市管理中心系统、用户IC卡管理系统、车载智能管理终端系统、还（停）车场管理系统和网络预约与需求信息查询系统组成。管理方法包括用户IC卡管理、租借准驾验证管理、自驾流程管理、事故处理机制和还车流程管理。本发明实现了自助租借自驾车辆，可在全国范围内实施，用户手持一张储存有身份证、驾驶证、指纹和预存费用信息的用户IC卡，就能在网络覆盖范围内的任何一个租借车还（停）车场随时随地自行租借、途中转租和还车，并实现电子货币实时结算、随时充值，从而使租车、还车结算方便快捷，安全可靠。

备　注：吴厚林，中国发明协会会员，浙江省流行色协会常务理事。主要从事服装设计、服装CAD、服装生产技术的教学、科研工作；爱好发明创造，已获得十余项发明专利授权。

通信地址： 杭州市西湖区留和路翰墨香林苑13幢1-901室

邮政编码： 310023

电　　话： 0571-85070560　13396811505

E - mail： ywilling@ 163. com

吴少强

男，37岁，研究生，中级职称

发明名称： 后张预应力构件塑料波纹管穿管机

专利（申请）号： 201220626412. 2

发明简介： 后张预应力技术越来越多地应用于各种大型建筑中。目前，后张预应力预埋管埋设主要是靠人工将绑扎好的钢筋骨架通过扳、撬、砸等外力使钢筋发生局部塑性变形，使预埋管通过图纸设计的位置，由于钢筋骨架的钢筋较多，并且纵横交错，特别是在框架结构中的梁柱节点，梁与柱的钢筋在此交汇，穿管工作非常困难，工作效率很低，对绑扎好的钢筋骨架无辜破坏较大，并且很难控制线形的准确位置。

后张预应力构件塑料波纹管穿管机是一种施工机械，它由动力部分、传动部分、工作部分组成，工作部分带有钻头，钻头旋转时，在欲穿管部位的钢筋会嵌入钻头上设有的螺旋凹槽中，随着不断旋转，更多的钢筋被嵌入螺旋凹槽内，不仅给钻头提供前进的动力，而且使钢筋逐步发生塑性变形，达到波纹管要求的直径，波纹管与钻头同步旋转，可以减少穿管阻力，到达设计位置后，拆下钻头，将波纹管留在原处，穿管工作完成。

通信地址： 甘肃省兰州市城关区小稍门外280号昌运大厦15D

邮政编码： 730030

电　　话： 15101269960

E - mail： 491916127@ qq. com

吴秀臣
男，大专，高级工程师，高级经济师

发明名称： 蓄热式步进底加热炉

专利（申请）号： 201220404288.5

发明简介： 本实用新型具体公开了一种蓄热式步进底加热炉，包括烧嘴和加热炉。其特征在于：烧嘴在加热炉的两侧；加热炉为步进底加热炉，包括炉头、炉体、炉顶、炉墙、炉尾和炉底，炉底包括三个静止炉底、两个活动炉底和炉底支架、两边两个静止炉底的固定炉底预埋件基础上的炉柱子及平钢板和立钢板，中间静止炉底也是固定在炉中央独立基础预埋件上；两个活动炉底分别在中间静炉底两侧，上活动炉底和下活动炉底的两侧分别有一条水梁，一条水封及水封槽，水梁内的冷却水和水封槽内的水统一循环由储水池来实现。

本实用新型的有益效果是解决能源消耗过大和工人劳动力强度过大的问题。该新型炉子的主要技术优点是：①预热空气温度不低于1100℃；②排烟温度不高于100℃，对大气降低了影响，对热能增加了利用；③只需 ф400～ф600mm 直径的钢管高于车间顶部3m的烟囱即可，既降低了工程投资，又缩短了建设周期；④只有两侧的观察孔，操作人员为3人，而且炉子密封好，热量流失少，吨钢加热成本降低25%，这已经被实践证明的数据；⑤烟气横向流动。炉尾流失烟气温度在80℃～100℃，在尾部又加水箱，用余热加温的水可以用于工人洗浴之用；⑥烧嘴是由直径 ф17mmAl_2O_3 陶瓷蓄热球来蓄热，通过换向阀每个烧嘴工作3分钟后，另一个烧嘴开始工作，而且管坯平行直线运动表面气氛尽量保持还原气氛，减少钢表面高温氧化，烧损控制在1%～1.5%之间，充分利用原材料，而每个加热段均采用PLC温度自动控制，使温度直观化、数字化，避免了钢坯蠕化现象，提高了产品质量；⑦采用直径 ф17mmAl_2O_3 陶瓷蓄热球蓄热，不仅比蜂窝体蓄热寿命长，而且成本低，换向时间为3min，延长了换向阀的使用寿命。

通信地址： 聊城东昌府区侯营镇田庄
邮政编码： 252000
电　　话： 13863583450
E－mail： treade@163.com

吴跃富
男，44岁，大专

发明名称： 改进的节水型厕所冲便器

专利（申请）号： 2012 2 0056890.4

发明简介： 本实用新型涉及一种加湿暖风炉，内胆外设有中层套胆，中层套胆外设有外层套胆，在内胆下设有通风玛钢炉条，上部设有玛钢散热管，在内胆上方还设有二次燃烧室，二次燃烧室左边设有水箱和热风出口，水箱外设有加水口、舍内辅助加湿口，水箱内设有水箱加热管，热风出口内部设有热风加热管，水箱左边设有烟尘出口，外层套胆上面设有蜗牛鼓风机连接口，鼓风机连接口上方设有二次燃烧室散热进风通道，由引风机引风助燃，炉温超过50℃以后，鼓风机把冷风送至外层套胆与中层套胆之间的风道，分别送至内胆表面、通风炉条和玛钢散热管，热风通过出风口由热风带送至养殖舍。本实用新型具有热交换频率高，升温快、噪声小，不漏烟，保温节能效果好和操作简单、维护方便的特点。

本实用新型是专为畜禽舍量身定做的供暖设备，具有以下显著优点：

（一）独创性的三层套胆结构与复合散热管有机结合，内胆选用耐烧的的高号钢材，厚度可达18mm，无耐火砖，增加了内胆的使用寿命和热传递速度。外设两层套胆，既保证了热量的外散，又为热交换提供了足够的空间。炉条采用高号无缝厚壁钢管，通过管内通风可充分把炉条内的热量散发出来，同时又延长了炉条的使用寿命。

（二）炉胆上方还设有二次高温燃烧室，通过向燃烧室内喷蒸汽助燃，可把未燃烧的碳末、CO、H_2S 等充分燃烧，既防止了烟道堵塞，又降

低了有害气体的排放量。环保程度大大提高,

(三)热风出口出设有雾化系统,增加棚舍内湿度。

(四)烟道设有散热器,减少热量损失;又有引风机,避免漏烟,还可用于育雏室换气。

(五)炉体主风机可以内外循环交替使用,做到保湿节能与供应新鲜空气有机结合。

(六)本设备能使温度、湿度、通风、换气完美结合,且维护方便,自动化控制,操作简单,真正实现了懒汉操作,使您的养殖变得更轻松,更成功。

通信地址: 山东省昌邑市北孟镇

邮政编码: 261318

电　　话: 13356721788

E - mail: 13356721788@163.com

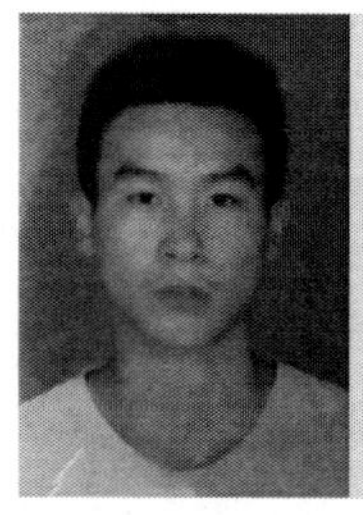

阎清山

男,21 岁,大学

发明名称: 新型黑板粉笔盒套装

专利(申请)号: 201220198187.7

发明简介: 本实用新型涉及一种教学用具,尤其是一种新型现代黑板粉笔盒套装,由粉笔盒和黑板组成。粉笔盒上方有不同颜色的铵钮,轻轻一按就会出现一根对应颜色的粉笔。粉笔盒上方设置了一个粉笔头的回收口,下方还有一个“抽屉式”的活动口,能防止粉笔头到处乱扔,还可回收利用。

此黑板具有以下几大特点:1. 节省了上课的宝贵时间,只要一个按钮就自动把黑板擦干净;完全做到无尘;不会出现因使用时间久而导致黑板上始终有擦不干净的污渍出现;不会因为书写内容广而使手臂抬高而举酸了的情况。

此黑板是由以下几种物品的原理组合:传送带;擦皮鞋的鞋油;擦汽车前挡风玻璃的雨刷;电动机;洗碗机中抽取消毒液和干燥液的小抽水等一些小元件组成。

通信地址: 湖北省武汉市华中师范大学武汉传媒学院传媒工程系电信一班

邮政编码: 430205

电　　话: 15623546160

E - mail: 1936780610@ qq. com

夏君生

男,76 岁,大学,工程师

发明名称: 立式高效节能(两用)锅炉

专利(申请)号: 201110164549.3

发明简介: 立式锅炉因应用领域广、投资少、占地少等优点颇受欢迎,但传统立式锅炉能源利用率低、热损大、能耗高和污染问题未能很好解决。本发明突破传统立式锅炉吸热面积小、热利用率低的瓶颈,升温快、耗能少、热损小、经济效益好,符合低碳环保、节能减排的发展趋势,是企事业单位、居民小区、洗浴等行业用热用汽首选。

该炉设计理念先进、结构新颖,在设计中采用安装一至多个高温环形水套,吸热面积大增。同时在炉外安装温水循环大水套,吸收余热,保内温、不散热、不烫人。

水套处在火焰包围中,热量在多个水套间换热,多次在环形水套上下、内外折返达到烟筒,出口不烫手。

水先进入炉外围温水微循环水套,吸收内板余热后进入内炉高温环形水套,循环一周快速升温,最后进入高温炉胆生汽或热水进入暖气。如改成蒸汽方式,调整阀门即可。

由于节煤,锅炉房占地面积小等优点,为用户带来了显著的经济效益,1 台/年可节约资金万元以上。

生产制造:锅炉主体采用钢板焊接,锅炉外围微循环水套及炉内高温环形水套分别焊接组装,工艺简便,成本低。

转让及合作意向:同意转让。

通信地址: 河北省衡水市康宁街 59 号 2 号楼 7 单

元 102 室
邮政编码：053000
电　　话：13131803982
E - mail：hsgbdsxtl@163.com

肖　毅
男，70 岁，大专，中教高级

发明名称：多声道高分子塑板二胡

专利（申请）号：201210292931.4

发明简介：本发明专利提供了一种解决传统二胡使用蛇皮作为发音振动膜而产生的与生态保护的矛盾，同时解决了蛇皮二胡容易产生杂音及其音质会受气候温度、湿度的变化而变化等问题。

本发明的核心技术“发音振动组合膜”和设在琴筒、琴杆内的多个共鸣腔和出音口的整合应用，使本新型二胡的发音音质纯净，音色与蛇皮二胡接近，响度与蛇皮二胡相当。另外还有独特的凤形琴头，它有方便勾挂琴弓的功能；独特的微调装置，它不会勾挂断琴弓上的马尾线；在底托上增安装的倒钩扣，使之扣在演奏者的腰带上，无论站立或坐势拉琴，琴位都能非常稳固。

该新型二胡的制作材料已完全不用动物皮革和木材，而是取用适宜的高分子塑材和少量钢材，它们都先经由专业厂家机械化生产为成品配件，然后只需把数件配件进行组装即完成制作。显然这样的制作方式，既能大大降低生产成本，又能有力确保产品的质量。本发明专利由湖南长沙市金蛇狂舞民族有限公司投资开发，现已生产出了大人型与儿童型两种款式的产品。

通信地址：广西柳州市鹅山路三区 26 栋 1-14 号
邮政编码：545007
电　　话：15877267051
E - mail：2215219772@qq.com

谢德渊
男，49 岁，本科，高级工程师

发明名称：以黔江正阳砂岩为主要材料生产加气混凝土的方法

专利（申请）号：201210350169.0

发明简介：本发明属于建筑材料领域内加气混凝土技术，其特征在于以重庆市黔江区正阳地域的砂岩作为硅质材料和发气材料，避免了从外地购买灰沙和铝粉，减少了运输和能源消耗，节省了成本；同时，该加气混凝土具有导热系数低，不燃烧、耐候性能好、强度高、黏结性能佳、施工简便等优越特点，特别是发泡加气后形成密集的小型密闭孔，在降低导热系数、降低自重、提高保温性能的同时，降低了材料的使用量，节约了施工成本；适合用于各类建筑墙体保温材料，具有广阔的市场前景。

通信地址：重庆市黔江区新华大道中段 2 号华弘集团六楼
邮政编码：400900
电　　话：023-79225855　15223951062
E - mail：w89610180@qq.com

忻煜楷
男，13 岁，小学

发明名称：一种带音乐的儿童理发刀

专利（申请）号：201220571097.8

发明简介：这是一款针对五岁及五岁以下年龄段的儿童使用的理发刀。这款理发刀给普通理发刀增加了一项音乐播放功能，这样可以分散儿童的注意力，避免儿童在理发过程中听到理发刀发出的噪音而哭闹，使理发师不好理发。

通信地址：浙江省湖州市南浔区练市镇花林万亿

发蛋糕房
邮政编码：313013
电　　话：13002616254
E - mail：3392449102@ qq. com

邢小刚
男，24岁，本科，学生

发明名称：盲人用电源插座
专利（申请）号：201120037073. X
发明简介：每个小插座可以小范围的滑动，解决了遇到特大插头的拥挤问题。小插座与底座采用封闭绝缘线连接，既安全又保证了小插座可以在底座上小范围的滑动。特大的开关按钮，按钮开与关的落差很大，方便盲人识别。每个小插座都设有插头导引滑道，盲人在使用时先用插头的金属片找到插座边上的滑道口，然后便可安全、准确的将金属片引入插孔。三角插头可以先将前端翘起，使其不会影响另外两个电极金属片滑入插孔，待两个电极金属片被引入插孔时，地线金属片便可准确的插入地线插孔。插排线采用分段可拆装结构，解决了因电线过长导致的凌乱或电线不够长的问题。

2011年3月，“盲人专用插排”获河北省第二届大学生工业设计创新大赛三等奖。

备　注：邢小刚，2010年6月，与其他四人合作设计的“救援绳索攀爬器”荣获河北省大学生机械创新设计大赛三等奖；“‘水’卫浴洁具系列”获唐山市首届“华丽杯”卫生洁具陶瓷设计大赛优秀奖；2010年12月，“小户型专用整体橱柜”获河北联合大学第七届校园“挑战杯”大学生科技作品大赛一等奖；“嫁接式电池充电箱”获三等奖；2012年4月，“‘积木’集成茶道桌”获河北联合大学首届大学生工业设计大赛一等奖。

通信地址：河北省唐山市新华西道46号河北联合大学
邮政编码：063009
电　　话：13785567791　13613232842
E - mail：xingganglove@ 126. com

熊家木
男，52岁，大专，中医师

发明名称：针刀取栓五项系列法
专利（申请）号：201110132369. 4
发明简介：本发明涉及中医自然疗法领域，属于传统医学刺络放血中的一种，加上多年实施中的探讨，独创出一套完善的针刀微创取栓系列方法——熊氏针刀取栓法，结合吃药、微创、震动、止血、食疗五项系列技术为一体的独家方案，舌下可取出一公斤左右的血液中垃圾（血栓、血瘀、血粘稠等），对三高等症有明显改善，能预防众多疾病，如心、脑梗、中风、老年痴呆等症；取过栓后的大脑气血畅通，重新回到十几年前的记忆思维。本技术对四十岁以上者可防可治，并可预防脑疾病。

通信地址：北京丰台区分钟寺199号江海公寓201室
邮政编码：100078
电　　话：13581816812
E - mail：307727023@ qq. com

徐海燕
女，36岁，博士，教授

发明名称：一种纳米晶 Cu_2O 薄膜的制备方法
专利（申请）号：201210252813. 0
发明简介：“一种纳米晶 Cu_2O 薄膜的制备方法”属于半导体领域。现有方法一般对设备要求较高，需要比较复杂的程序，而最终难以控制成本，这会严重影响 Cu_2O 薄膜的应用范围。本发明

提供的纳米晶 Cu_2O 薄膜的制备方法，其特征在于包括以下步骤：分别按照硫酸铜、抗坏血酸钠、柠檬酸三钠的摩尔浓度比范围为 12∶8～36∶6，将抗坏血酸钠、柠檬酸三钠溶液分别加入硫酸铜溶液中，使充分络合；调节溶液 pH 值至 8.0～9.3；置于 60℃～90℃水浴温度中反应 1.5h～2.5h；反应结束后经冲洗、烘干后，即得所需产物。该方法采用相对于阳极氧化法、热氧化法、溅射法和化学气相沉积法等方法更加简易的化学浴沉积方法，大大简化了制备工艺，而且所得产物均匀致密。

通信地址：安徽省合肥市经开区紫云路 292 号安徽建筑工业学院
邮政编码：230022
电　　话：13514971927
E－mail：xuhaiyan@ aiai. edu. cn

徐　信
男，73 岁，本科，副教授

发明名称：一种音视频语音处理与检索的系统

专利（申请）号：201220227996.6

发明简介：本实用新型提供了一种音视频语音处理与检索的系统，包括采集设备、音视频信息处理计算机、音视频信息检索计算机。该系统通过安装音视频采集设备来即时记录音视频信息，并将信息提供给音视频信息处理计算机进行处理。本实用新型的优点在于：能够让没有接受过计算机键盘专业训练的普通文秘人员快速处理音视频语音信息并将其转换为文本，并能够通过文本信息精确定位检索原始对应的音视频信息，达到音、视、文信息一体化。

该专利技术广泛应用于各类专业会议及需要将音视频语音信息进行文本转换和对音视频语音信息精确定位检索的领域。

通信地址：北京昌平区北农路 7 号北京农学院
邮政编码：102206
电　　话：18610590576
E－mail：Asdy0309@ sohu. com

徐云鹏
男，35 岁，硕士，总经理

发明名称：微流控芯片的夹持装置

专利（申请）号：201210548787.6

发明简介：本发明提供了一种具有多个注液口和出液口的一种微流控芯片夹持装置，适用于一次性医疗诊断传感器的密封系统和封装方法。

装置基座上四边设有支架导轨，支架导轨上安置有支架固定器，通过支架固定器使得支架导轨与支架杆相铰接；支架杆上设有多个万向滑块，万向滑块内穿有支杆，支杆一末端设有卡口，支架杆顶端设置有限位颗粒；支架固定器上设有固定螺栓，万向滑块上设有滑块固定螺栓；芯片导轨上设有一对扳扣；微流控制芯片内的注液口上设有联结器，联结器末端设有双层吸盘。

该夹持装置具有相当的灵活性，以适应注液口、出液口处于不同位置的微流控芯片；结构设计小巧，适应接口间距较小的微流控芯片；具有良好的密封性，可避免试剂从接口处泄漏。

创新点：本装置采用三维对交、扳扣加压块的结构设计，解决了多位置接口的适应性问题；采用联结器双层吸盘的方式，解决了接口密封问题；采用弹簧式扳扣结构以保证对不同厚度芯片的适应性。

通信地址：江西省南昌市高新二路 18 号高新创业大厦 512 江西恒盛晶微技术有限公司
邮政编码：330096
电　　话：0791-88101590　88101392　88105960

徐云鹏

男，35 岁，硕士，总经理

发明名称：一种用于隔离气体与化学液体存储袋交换的思路及其制作方法

专利（申请）号：201310119884.7

发明简介：本发明的目的在于提供一种能够减少气体交换的化学液体存储袋及其制作方法，适用于一次性医疗诊断传感器的密封系统和封装方法。

液体储存袋包括第一层和第二层反方向的薄板，以及位于一层和二层薄板之间的液体，其中第一层和第二层薄板都具有良好的液体和气体密封防渗性，至少其中一部分周边封口的宽度在 4mm 以下，且袋子可产生小于 10mmHg 的袋完整性测试 $\Delta\rho CO_2$ 值；其第一层和第二层薄板折叠成一个波动的形状；液体储存袋的第一层薄板包括第一铝箔层和第一塑料层，第二层薄板包括第二铝箔层和第二塑料层。

储存袋子制作过程中使用了先进的袋密封技术。在首选方案中，方向相反的薄板如铝箔相互粘合，在接口处形成一个大的液体和气体防渗界面。可用的密封流程包括热力压接、压力压接、热力和压力压接、超声波焊接、金属与金属焊接以及激光焊接等袋子密封高新技术。通过这种制作方法，储存袋里的液体在冷藏条件下具有较长的货架寿命，且在室温条件下可以长达 6 个月时间保持不变，方便运输，也便于医院和其他用户储存。

通信地址：江西省南昌市高新二路 18 号高新创业大厦 512 江西恒盛晶微技术有限公司

邮政编码：330096

电　　话：0791-88101590　88101392　88105960

许善文

男，75 岁，大专，高级工程师

发明名称：一种大型步进式回转脉冲除尘器

专利（申请）号：201210267204.2，102755791.A

发明简介：我国从德国 Lurgi 公司引进具有国际先进水平的低压回转脉冲袋式除尘器，已用于大型燃煤发电锅炉烟气除尘。该除尘器采用扁圆形滤袋、三节组合的滤袋骨架、8″大型脉冲阀和连续回转喷吹机构。扁圆形滤袋和三节组合的滤袋骨架，结构复杂、安装困难，8″大型脉冲阀我国尚不能制造，进口价格昂贵，难以实现该除尘器推广应用。

为推进大型回转脉冲袋式除尘器的推广应用，实现国产化，本发明的主要内容包括：

1. 采用圆型滤袋和特殊的滤袋骨架，结构简单、制造、运输、安装、检修方便。

2. 采用步进式回转机构，特殊的花板孔布局和喷吹管设计，一台除尘器只设一个 3″脉冲阀，实现了定点脉冲喷吹清灰。回转机构转过 360°，每根滤袋只喷吹一次，保证了滤袋的寿命。

3. 采用本发明所设计的滤袋骨架，有效地解决了因滤袋之间的碰撞而损伤滤袋的问题，增大了滤袋过滤和清灰时的变形量，提高了脉冲清灰效果。

4. 单台步进式回转脉冲袋式除尘器，可做成多种规格，最大过滤面积可达 2500m^2。采用多台并联，可组成超大型步进式回转脉冲袋式除尘器。

通信地址：贵州省遵义市香港路盛邦帝标 D5-8

邮政编码：563000

电　　话：13595298907

闫晓林
47 岁，博士，高级工程师

发明名称：液晶电视背光控制系统及方法

专利（申请）号：200610063617.3

发明简介：本发明涉及一种液晶电视背光控制方法，通过视频信号分析单元对接收的视频输入信号进行分析，并根据各背光区的视频信号灰度级分布情况，产生单独控制每个区域发光源的电路信号，对每个发光源独立进行亮度控制，从而分区域对背光亮度进行动态控制，达到节能功耗，提高对比度，改善画面的光通量，提高观看舒适度的效果。

该技术 2007 年通过信息产业部的科技成果鉴定，确认性能指标在背光液晶电视产品中达到了国际先进水平，其关键算法属于国际首创，功耗性能达到了国际先进水平，对比度达到了国际领先。该技术已先后许可给多家国际知名电视芯片厂商。围绕该技术 TCL 已经申请 10 多项发明专利，对该技术进行全面的保护，其中 7 项已获得授权。TCL 凭借节能环保的动态背光液晶电视技术成为唯一进入第 41 届美国消费电子展（CES）主展厅的中国企业，这对提升中国企业的形象产生了积极的影响。该项技术在国内和国际所具有的先进性也标志着中国消费电子企业已经从传统的产品制造环节，跨入了产业链上游关键技术环节。这有助于提高国有品牌竞争力，树立更好的国有品牌形象。

本发明曾获得由国家知识产权局、世界知识产权组织颁发的 2011 年度“中国专利金奖”。

备　注：闫晓林，TCL 集团股份有限公司副总裁，曾获得“广东省劳动模范”和深圳市政府颁发的“国家级技术领军人才”，并获得中国电子学会颁发的“广播电视科学技术奖”。

通信地址：深圳南山区中山园路 1001 号 TCL 国际 E 城 D4 栋 7 楼

邮政编码：518067

电　　话：13823659810

严启卓
男，40 岁，大专

发明名称：平行四边形折叠梯

专利（申请）号：201220303902.9

发明简介：本实用新型公开了平行四边形折叠梯，包括第一立柱、第二立柱、第三立柱和第四立柱，第一立柱和第三立柱顶端铰接，第二立柱和第四立柱顶端铰接，第一立柱和第二立柱之间设有至少两层的可拆卸的前水平踏板，第三立柱和第四立柱之间设有至少两层的可拆卸的后水平踏板，其特征在于：第一立柱和第二立柱之间以及第三立柱和第四立柱之间设有维稳装置。本实用新型结构简单，不仅可以在长、宽、高方向上任意折叠，而且具有良好的稳定性，提高了使用过程中的安全性。

通信地址：河南省灵宝市焦村镇滑底村

邮政编码：472500

电　　话：13569606265

E - mail：1147565463@qq.com

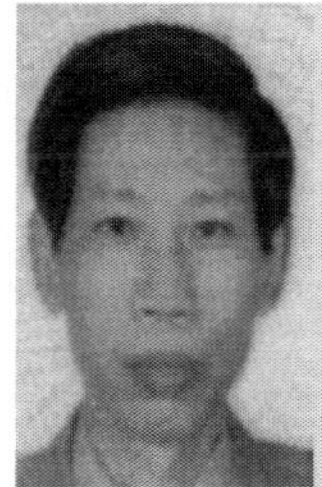

严　政
男，57 岁，本科，高级工程师

发明名称：东革阿里合成保健饮料

专利（申请）号：201210336303.1

发明简介：东革阿里产于东南亚，具有壮阳强肾、促进生育能力，提高人体免疫力、增加体能、消除疲劳，治疗痛风、糖尿病、高血压、前列腺炎、退烧，抗癌和抗疟疾等功能。

由于东革阿里的独特功能和副作用小的药效，目前全球多国已广泛单方药用或合成制作胶囊。本专利提供一种利用东革阿里等植物药合成配制的酒类和非酒类的系列保健饮料技术配方，制作简单，填补了中国空白，目前可进入产业化阶段。

东革阿里保健饮料分为三大类，普通酒类（包括白酒、有色酒和葡萄酒等）、啤酒饮料和非酒类饮料。计划市场份额在前2年达到1亿元，4年内三大类别分别达到1亿元以上，市场空间十分广阔。

转让及合作意向：普通许可或合作生产。

通信地址：广州市大德路308号针纺大厦1508室

邮政编码：510120

电　　话：13929583189

E－mail：13929583189@139.com

闫志刚

男，35岁，农学硕士，副研究员

发明人简介：闫志刚，曾先后主持及参与了6项发明专利的申请，其中有1项获得授权，另外5项在二审阶段，主要发明成果有“千层塔栽培营养液”（专利号：201210094169.9）及蛇足石杉的孢子破壁方法（专利号：201210295533.8），这两项发明专利的申请解决了珍稀濒危药用植物蛇足石杉的繁育及栽培技术难题，保证了蛇足石杉人工栽培的种苗供应及品质保证，在广西各大保护区推广野生抚育种植1万亩。他先后主持及参与了22项课题，获得了如下成果：参与登记了8个新品种，主持或参与制定广西地方标准9项，获得成果鉴定8项，获得广西科技进步三等奖2项，获得广西卫生适宜推广奖3项，在《中国中药杂志》、《植物生理学通讯》、《中草药》、《园艺学报》等核心期刊发表相关论文36篇。

通信地址：广西南宁市长冈路189号广西壮族自治区药用植物园

邮政编码：530023

电　　话：13978653437

E－mail：Lzg7898@163.com

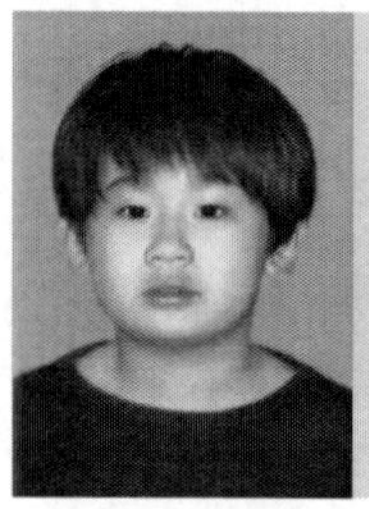

杨东麟

男，15岁，初中

发明名称：一种积水监控报警系统

专利（申请）号：201210502392.2，201220648859.X

发明简介：2012年“7·21”暴雨灾害期间，北京市部分下凹式立交桥和高速路深槽路段积水严重，最深处达6米，但机动车驾驶员等交通参与者事先竟然未接收到任何预警信息。部分车辆因误入积水区域后被困，导致人员伤亡和重大财产损失。

经过多次赴实地现场勘察，以及网络调研、科技查新、总体设计、硬件选型、软件编程、安装调试、改进完善等八个阶段，发明人设计、开发、制作了“路面积水远程报警及自动排水系统”，可以通过压力、浮力、超声波三种传感装置，实时监测积水深度；通过LED显示屏进行迫近光电提醒；通过单片机控制GSM短信控制卡远程向指定手机发送报警信息；还可以根据积水深度自动启动水泵排水，及时解除险情。

此项发明应用了太阳能技术、传感技术、单片机技术、LED显示技术，以及GSM远程通信技术，具备如下特点：远程预警，提前报警；经济、实用，便于部署实施；稳定、可靠，确保不发生漏报；节能、环保，避免重复建设；可持续运行维护；即时排险。

本发明为城市公共管理部门提供了一个完备的远程预警方案，如与城市现有的道路诱导系统相结合，就可以最大限度地降低因暴雨带来的财产损失，避免人员伤亡。

备　注：2013年，本发明先后获得如下荣誉：第33届北京青少年科技创新大赛科技创新成果一等奖，第13届北京市中小学生金鹏科技论坛一等奖，北京工业大学青少年科技创新奖，北京理工大学“理工博益创新奖”。

转让及合作意向：诚向城市交通管理部门

转让。

通信地址：北京市朝阳区太阳宫水星园1号楼夏家园18楼3223室
邮政编码：100028
电　　话：15901155841　13601185933

杨春喜

发明人简介：杨春喜，58岁，高中学历，出身农民，因家庭条件有限，难以支付每年约10万元的申报费，专利申报完全依靠借助他人的经济实力来维持实现。

自2011年8月至2012年10月已先后向国家知识产权局申报了"一种防盗裤"（申请号：201120335425.X）；"一种可调式端铣刀及应用该端铣刀的可调式组装结构"（申请号：201120342784.8）；"一种防鞋跟部磨损鞋"（申请号：201110235188.4）；"一种浓度可调温度可控可颠倒使用保温杯"（申请号：201120469072.2）；"偏口过滤网组件"（申请号：201120469085.X）；"梅花型圆弧绘图板"（申请号：201210366621.2）；"正多边型数据板"（申请号：201210366625.0）等发明和实用新型专利21项，尚未实现产业化。

转让及合作意向：普通许可或合作生产。

通信地址：河北省迁安市杨店子镇张官营村
邮政编码：064402
电　　话：13482941072
E - mail：1113948916@qq.com

杨　炯

男，48岁，本科，高级工程师

发明名称：用于电站汽轮机组的数字式电液控制系统

专利（申请）号：200710040625.0

发明简介："用于电站汽轮机组的数字式电液控制系统"由上海电气电站设备有限公司自主研发，在充分吸收国外先进技术的基础上，总结了亚临界300MW、600MW机组设计、制造和运行经验，进行了大胆的创新和优化。该系统在经济性、安全可靠性及自动化程度上与进口同类产品相当，整体水平已达到了国内领先国际先进水平。目前该公司已承接超临界600MW汽轮机订单超过100台，将全部采用该项技术成果，其应用具有良好的市场前景。

在促进科技进步方面，本专利已达到国内领先国际先进水平，对提高生产效率、创造利润具有十分重要的意义。该系统的中压调节汽阀参与机组甩负荷后转速控制，有利于机组转速的稳定，使机组甩负荷后的快速响应能力更强，有效的缩短启动时间，并使整个热力系统得到更为充分的利用，一定程度上提高机组的经济性。该系统实现了对ATC及RSM程序的开发，实现机组从盘车到同步转速的升速启动过程，和机组并网后，提供合理的升负荷率作为运行人员的参照，实现从初负荷到满负荷的操作过程，大大方便了运行人员的操作。这对改善劳动条件、保证安全生产、提高生产效率具有十分巨大的促进作用。

备　注：杨炯，2001年3月至今任上海电气电站设备有限公司汽轮机自动化控制中心副总工程师/主任；2009年"大型电站综合自动化系统关键技术研发及应用"荣获中国机械工业科学技术一等奖（0902081-07）。2007年"汽轮机低压透平油保安系统"荣获第21届上海市优秀发明选拔赛优秀发明三等奖。

通信地址：上海市闵行区江川路333号汽轮机厂

邮政编码：200240
电　　话：021-64358331-2946
E - mail：yangkn@ shanghai-electric. com

杨礼诚

52 岁，硕士，高级工程师

发明名称：飞飘风力发电系统

专利（申请）号：201120534594. 6

发明简介：本发明属于风力发电技术领域。该系统包括风筝、氦气囊、发电机和变电站。风筝通过固定连接绳与氦气囊相连接，氦气囊通过连接绳与发电平台相连接，发电平台上安装有发电机和螺旋花蕾状叶片，平台的中心位置安装有陀螺仪。发电机上的电缆与变电站相连接。平台的四周均安装有防风平衡螺旋桨，下面安装有升力螺旋桨，防风平衡螺旋桨通过旋转轴与垂直伞齿轮相连接，升力螺旋桨通过旋转轴与水平伞齿轮相连接，水平伞齿轮和垂直伞齿轮相啮合。发电平台有二级或多级。

本实用新型具有以下优点：

1. 使用自然清洁能源——风能进行发电，符合当前大力推行的环保、低碳经济要求。

2. 采取风筝和飞飘技术相结合的风力发电模式，是风能发电一个革命性的创新。

3. 升空范围大，可上升至 3000 米以上的风力大的高空区间，发电效率高。

4. 与现有的风电场风力发电相比，不用占用大量的土地，大大节省了占地成本。

5. 由于高空风速稳定，使得风力发电的电流电压更加稳定，传输的电压也更加稳定。

通信地址：宁夏回族自治区贺兰县德胜工业园区新胜西路 24 号
邮政编码：750200
电　　话：0951-8989842
E - mail：huifengsiyao@ 163. com

杨　涛

男，研究生，讲师

发明名称：踏进式自行车

专利（申请）号：200920181286. 2

发明简介：本实用新型的目的在于提供一种踏进式自行车，传动效率高、操作便捷、省力。

现有的自行车动力机构为曲柄带动链轮旋转的做功。这种链传动自行车回转蹬踏时，只在脚踏板自上向下转动的 90°～120°范围内做有用功，在其余大部分角度范围内做的是无用功，导致传动效率低。且这种链传动自行车通常仅限于坐骑式。

该踏进式自行车的优点在于：运用错位式曲柄摇杆机构达到自行车的驱动，通过错位式传动轴解决死点问题，使自行车在前进时传动效率高、操作便捷、省力，新型踏进式自行车还设计为时尚的立式车型，并能达到一定的健身目的，较受年轻人的欢迎。本实用新型专利获得“第六届海峡两岸职工项目成果展金奖”。

备　注：杨涛，硕士专业为设计艺术学，研究主要方向为概念产品设计、动画影视设计、人机工程、产品开发、设计方法学。近两年来完成负荷牵引拖车、城市清扫车的外观设计等项目，申请实用新型专利 5 项。

通信地址：福建省福州市闽侯县上街镇福州地区大学新校区学园路 3 号
邮政编码：350108
电　　话：15980691646
E - mail：ayngtao@ 126. com

杨忠耀

男，48岁，大学本科，董事长

发明名称：高速动车组牵引电机壳体材料的制造方法

专利（申请）号：200910170496.6

发明简介：由于高速动车组运行速度快，跨越地域广，温差变化大，运行环境恶劣，因此要求高速动车组牵引电机壳体必须具有低温高韧性抗冲击力学性能，普通球墨铸铁材料低温条件下韧性和抗冲击性急剧下降，不能满足高速动车组对材料性能的要求。

本发明公开了一种高速动车组牵引电机壳体新材料的制造方法，研制了一种新型低温高韧性抗冲击球铁材料，产品的耐低温和抗冲击性能达到在 -40℃、-50℃、-60℃下冲击功均≥12J，室温抗拉强度均≥400MPa，延伸率均≥18%，其它主要力学性能指标合格，解决了普通球墨铸铁材料低温条件下韧性和抗冲击性急剧下降的技术难题，填补了国内该领域空白，其性能达国际先进水平。该材料产品安装在京沪、京津、沪深、大哈高速动车组，北京4#地铁线，上海6#/9#地铁线，深圳地铁线，替代了原由德国西门子进口的产品，推动高速动车组及城市地铁的国产化程度。

本发明在以下关键技术上取得了创新：

1. 系统分析研究了材料的化学成分对材料的金相组织和力学性能的影响，研制出了 C：3.35～3.80%，Si：2.0～2.5%，P≤0.055%，S≤0.025%，Mn≤0.2%，杂质<0.02%，余量为铁的新型球铁材料。

2. 采用特殊孕育方式，提高了孕育效果，解决了壁厚差较大铸件的成品率低的问题，采用计算机辅助设计与分析技术对铸造工艺进行了优化设计，从而保证了产品的质量及性能；优化了热处理工艺参数，使材料获得了所需的综合力学性能。

备　注：杨忠耀，作为主要起草人，正在主持编写《低温铁素体球墨铸铁》国家标准。

通信地址：莱州市城港路街道玉泰东路358号
邮政编码：261400
电　　话：0535-2176601
E - mail：Lzxzy2011@126.com

姚鸿云

男，28岁，大学，助理工程师

发明名称：一种气动马达消音集污装置

专利（申请）号：201210334725.5

发明简介：目前的气动马达消音器采用阻性消音方式及抗性消音方式，噪音仍然很大，最终废弃润滑油及磨损产生的粉尘呈雾状，经消音器排气口直接排放到空气中，将直接污染周围环境，有害人身健康。

本发明目的是提供一种既可减少噪声又能使气液分离，收集废油、废渣的气动马达消音装置，它包括空心壳体、导流集油筒、空气导流口、排气口、滤芯、旋风板、外接气动马达连接管及下端盖。其特点在于：导流集油筒内设置旋风板，旋风板套在滤芯上；通过螺纹将旋风板、滤芯及外接气动马达连接管进行连接。滤芯可采用微孔烧结型消音器或多层金属网型消音器。

通信地址：辽宁省大连市旅顺口区三涧堡许家窑村305号大连新飞船机有限公司技术部
邮政编码：116043
电　　话：13898623606
E - mail：yaohongyun@163.com

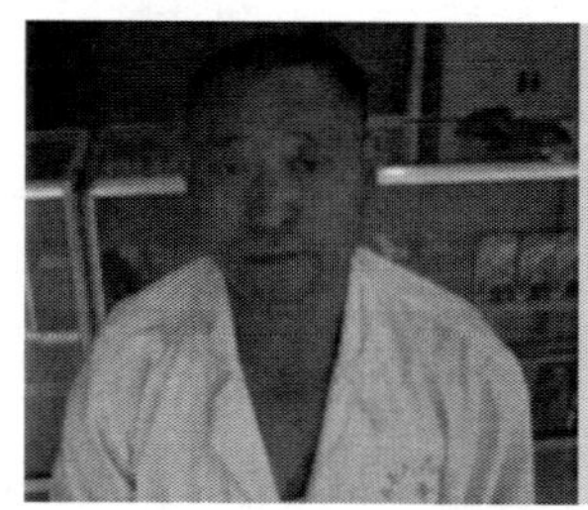

姚学艳

男，56 岁，研究所主任，院长

发明名称：一种治疗跌打损伤、骨科疾病的膏药

专利（申请）号：200410064532.8

发明简介：本发明是一种选用中草药为原料配制的膏药。其特点是选用麝香、续断、骨碎补、穿山甲、马前子等药物加入沸腾的芝麻油煎熬后捞出，放入松香、黄蜡，去火，下铅丹，煎尽水份，制成膏药。该药能接骨续筋，活血化瘀，消肿定痛，使死骨再生，治疗各种跌打损伤及各种骨折，消无名肿毒，治疗各种骨关节疾病、腰腿痛、骨髓炎及骨头坏死等。

通信地址：河北省易县城北 200 米易水骨伤科医院

邮政编码：074200

电　　话：0312-8218291　手机：13703122497

叶甘霖

女，74 岁，大学，高级工程师

发明名称：一种小便导流器

专利（申请）号：200410090240.1

发明简介：本发明属生活日用，医用、旅游用、劳保用品。用它女性能“站起来小便”，特别是在：乘飞机、住宾馆、写字楼、医院等坐便池场所可免交叉感染；在生病、老年人、怀孕等下蹲有困难时，免下蹲之苦；在找不到厕所、女厕排长队时，免如厕难；可提高生活质量，节省如厕时间。

国内外的导流器已有约二十种，都是管状的，属于发明人的第一代发明；本发明是属于发明人的第三代发明，槽形的，其优点是：易学易用、便于携带、工序少、成本低。

样品：“婷婷”和“TingTing（英文）”，男女通用、以女性为主。

转让及合作意向：可以各种方式合作，费用可协商。中介成功后有厚谢！举报侵权者落实后有提成！

通信地址：西安市西北大学新村 31-1-602

邮政编码：710069

电　　话：13186180013

E-mail：yeganl@sina.com；369121565@qq.com

叶照生

男，43 岁

发明名称：水流量自动控制系统

专利（申请）号：201120534594.6

发明简介：在印染企业中，退浆、水洗、丝光等用水量较大的机器，都是操作工手工操作阀门的大小来控制水流量的，一般都大于实际用量。有时停机状态下，操作工因某种原因未及时关闭阀门，水还一直在流，这样不但浪费水资源也浪费大量蒸汽。采用 WFA-Y 型水流量自动控制后，根据布的门幅、克重和车速自动对各个水箱追加水量，从而达到更合理的用水量，间接保证产品质量。

WFA-Y 特点：1. 线性化处理技术，保证控制的精度；2. 人性化的人机界面，操作简单方便；3. 高性能的调节比例阀和流量计，保证控制精度的稳定性；4. 安装方便；5. 合理使用余热回收后热水，热交换器和定型机等余热回收的热水由于停机后再开时有一段铁锈水，操作人员有时怕锈水到水箱影响产品质量就不用热水，从而使前期对节约能源的投入没有起到应有的作用。WFA-Y 通过两种方式可完全利用前期的余热回收的热水：(1) 在每次开机之前，WFA-Y 根据上次停机的时间长短输出一个信号给一个旁通电磁阀，自动排放余热回收后热水中的铁锈水，然后关闭旁通电磁阀，这样就保证每次开机时进入水箱的热水是干净的。(2) 流水不腐，把余热回收的热水装入到WFA-Y里，只要开机器，就要用水，余热回收的热水就不断的注入到水箱，这样管道内就不会积锈水了。6. 节约印染用水和蒸汽，也就节约能源，效益相当可观。

通信地址： 福建省莆田市秀屿区西许工业区5～8号

邮政编码： 351152

电　　话： 18059545626　18662475716

E－mail： 20090208m@sina.com

游余立

49岁，博士，高工

发明名称： 多声道数字音频编码设备及其方法

专利（申请）号： 200510095898.6

发明简介： 本专利核心技术——DRA多声道数字音频编解码技术（简称DRA技术），在可变分辨率滤波器组、量化比特分配熵编码等方面有重大创新，具有压缩效率高、音质好、解码复杂度低等优点。经广电总局规划院等权威部门的多次技术测试和鉴定表明：DRA主要技术性能指标达到国际先进水平。

以DRA技术为基础起草的《多声道数字音频编解码技术规范》现已获颁成为电子行业标准、国家标准、IEC国际标准，同时还成为我国地面数字电视接收终端、广电总局移动多媒体广播（CMMB）的必选音频标准和蓝光光盘的可选音频标准。DRA目前已在国内外共申请了52项发明专利，其中已授权专利27项。其核心专利获得第十三届中国专利金奖。

DRA产业化也已取得了丰硕的成果。采用DRA技术的CMMB节目在全国336个地市、850余个区县播出，用户数量近4000万，支持的芯片和终端产品数百种；在数字电视方面，部分运营商已播出DRA音频节目，国内外主流数字电视芯片厂商和终端厂商产品均已支持DRA标准；在蓝光光盘领域，中国华录等公司支持DRA音频标准的蓝光播放机和碟片已陆续面世。目前，已正式获得DRA专利授权的国内外企业已近40家。

本项目填补了我国数字音频编码技术领域的空白，从根本上提高了我国数字音视频产业的技术水平和核心竞争力，大幅降低我国企业在音频编码技术方面的专利授权费。

备　注：游余立，美国明尼苏达大学电子工程博士，广州广晟数码技术有限公司创始人和首席技术官，DRA项目总负责人，DRA技术发明人，成功研发了DRA多声道数字音频编解码技术，在国内外为DRA技术申请了50多项发明专利，并发表了多篇科技论文，带领广晟数码技术团队在算法优化、设备开发等方面进行了深入研究，做出了突出贡献。所主导研发项目“DRA多声道数字音频编解码关键技术研发及其产业化”荣获2010年工业和信息化部“信息产业重大技术发明”奖。

通信地址： 广州市天河区能源路华南理工大学科技园2号楼6楼

邮政编码： 510640

电　　话： 020-38743970

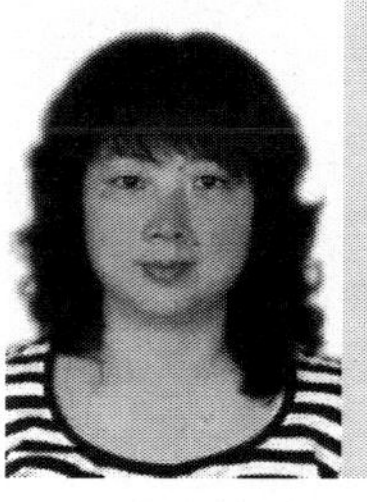

俞　帆

女，44岁，硕士，高级工程师

发明名称： 一种连拱隧道结构

专利（申请）号： 201220393843.9

发明简介： 连拱隧道结构是近三十年来随着高等级公路建设发展而出现的一种隧道结构形式，具有较好的适用性和优越性，尤其适用于用地受限、山区地形复杂、道路展现困难等情况。这类隧道往往设在浅埋偏压、围岩软弱、岩溶等地质复杂的路段，其在施工过程中围岩的稳定性备受关注。

本实用新型公开了一种连拱隧道结构，包括

左右两个隧道，两个隧道通过曲墙式中隔墙相连；隧道包括有初期支护、二次衬砌、仰拱和防排水系统。其特征在于：所述的中隔墙采用复合曲墙式结构，其侧面和顶面均为曲面；所述的二次衬砌与仰拱成独立环状结构，两侧隧道的初期支护分别支撑于中隔墙顶部；所述的二次衬砌与初期支护和中隔墙之间设有防排水构造层。本实用新型通过优化连拱隧道结构，改善了围岩、中隔墙和二次衬砌的受力状态，有利于充分发挥围岩自承能力，提高了整个结构的安全稳定性；简化了施工工艺，能实现机械化作业，加快了施工进度，增大了施工过程中的安全性；本实用新型还优化了连拱隧道的防排水设计，较好地解决了传统连拱隧道中隔墙渗漏水的问题。

通信地址：杭州市环城西路 89 号 浙江省交通规划设计研究院
邮政编码：310006
电　　话：13606506092
E - mail：yfyf888@ qq. com

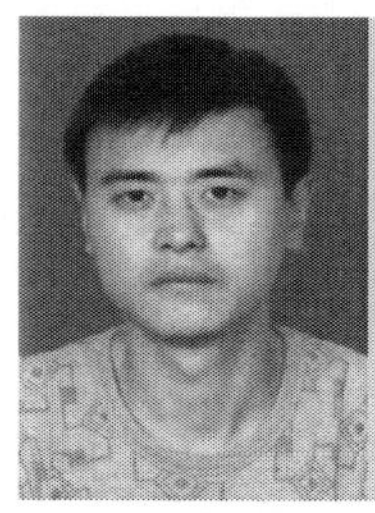

袁　雷
男，32 岁，初中

发明名称：一种连接合用电焊条

专利（申请）号：201120553624. 8

发明简介：普通电焊条，焊条头浪费，更换电焊条频繁，本实用新型涉及一种连接合用电焊条，通过把电焊条加长可以减少焊条头的浪费和电焊条频繁更换，从而提高了焊接质量。普通电焊条如果加长使用不方便而且电流大的话，后面那一段还没有用到就已经融化，但一种连接合用电焊条是把焊把夹在焊条中间，后面那一段不通电也不会融掉，而且使用和普通焊条一样方便。

备　注：袁雷，曾获大连国际专利技术与产品交易会金奖。

通信地址：安徽省淮南市田家庵区国庆路湖滨村 7 组 138 号
邮政编码：232000
电　　话：13155466578
E - mail：1848786776@ qq. com

苑宝义
男，49 岁，硕士，高级工程师

发明名称：光电缆

专利（申请）号：200610012876. 3

发明简介：光电缆是将金属导线和光纤有机的结合起来，同时、同路、同走向传输电能与光信息的一体化传输介质，实现了电力流、业务流、信息流的一体化融合。通过一次架设、一次施工、一次投入，在传输高压电能的同时传输语音、数据、视频等信息，大大缩短了工期，减少了施工成本，节约了资源。与此同时，由光电缆组成光电网，以光电网为基础可以实现电力网、信息网、传感网、计量网、保护网、控制网、视频网等网络的多网合一。

本项目产品主要用于城市和农村电网建设、城市小区建设、新农村的信息、电力、电气及打造平安农村的农村基础设施建设；其他特种行业如铁路、高速公路、石油及风电厂建设中。

备　注：苑宝义，河北荣毅通信有限公司董事长，曾领导研发电话交换机、数字调度机、数字录音系统、SDH 光端机、配网自动化设备及光电缆等产品，使企业成长为保定市国家高新技术开发区内的重点企业，拥有发明专利和实用新型专利共计 54 项。发明专利产品“光电缆”曾获“中国国际专利与名牌博览会金奖”、“第十七届全国发明展览会金奖”、“保定市科技进步一等奖”、“河北省技术发明三等奖”。本人获“保定市 2008 年度十大科技创业精英”、“保定市创业标兵”荣誉称号。

通信地址：河北保定国家高新区创业路 31 号河北冀凯实业集团有限公司
邮政编码：071051
电　　话：0312-8923768

E－mail：ry3337758@126. com

翟　刚

男，52 岁，本科

发明名称：燃气集热灶装置

专利（申请）号：200910011513. 1

发明简介：燃气集热灶装置的原理是：空气热化替代了燃气原料，燃气在精心设计的燃烧室内燃烧，热效率高达 32%（老式炉灶仅 16%）与同类普通中式炒炉的燃烧器相比能可达 58%。该技术国内独创、国家上领先，取得了国家知识产权局三项发明专利。该产品燃烧时产生的一氧化碳含量 0. 03%，低于国标 0. 10% 的 3 倍以上；空烧噪音 73dB，低于国标 85dB，熄火噪音 63dB，对环境有较大的改善，降低温室气体排放，达到了高效、节能、环保的目的。

转让及合作意向：可以投资入股，具体面议。

备　注：翟刚，鞍山市环境产业保护协会会长，曾获中国国际专利技术与产品交易会金奖。

通信地址：辽宁省鞍山市千山中路 153 号

邮政编码：114000

电　　话：0412-5222616

E－mail：Shengya1960@163. com

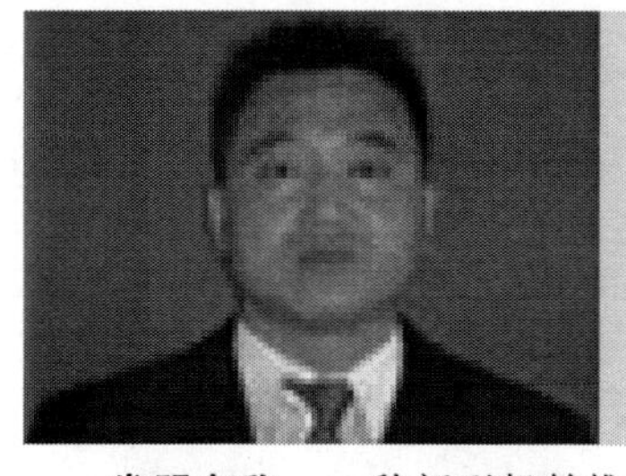

张春海

男，43 岁，本科，工程师

发明名称：一种新型船舶推进器

专利（申请）号：201210000722. 8

发明简介：本发明涉及一种船舶推进器，尤其涉及一种新型船舶推进器。传统的船舶推进器应用最广泛是螺旋桨型式，普通螺旋桨推进器通常由 3～4 片桨叶构成，为船舶提供推力。由于普通螺旋桨在推进过程中产生激振造成船尾振动，加上螺旋桨叶负荷较重，在船后不均匀尾流中容易产生局部空泡，形成“混流”，从而产生较大“噪声”，并使动力系统的功率有较大损耗。本发明克服常规螺旋桨推进器上述技术缺陷，采用“钻头”型式，依靠 360 整体螺旋叶片提供船舶推力。由于钻头型式螺旋叶片为连续无间隙式，工作中无水流“侧流”，叶片表面积增大。这样在转动过程中，水流与叶片相互作用产生推力，叶片在转动过程中由于无水流“侧流”，叶片表面积增大，因而能耗损失少。并且由于叶片为“钻头”型式，在转动过程中，不会使水流产生“混流”，因而叶片工作时，推进器“噪声”大大降低。本发明新型推进器由于具有工作中功效损失少，机械效率高，工作时“噪声低”的优点，因而可替代传统螺旋桨推进器，显著提高船舶推进系统的性能，提高船舶运行速度，降低船舶航行中的“噪声”。本发明适用于一切船舶，包括：军用船舶及水下船舶。

通信地址：山东省烟台市开发区晨光小区 3A 楼 4 单元 10 号

邮政编码：264006

电　　话：13290367161

E－mail：Zch7081@163. com

张典荣

男，50 岁，本科，高级工程师

发明名称：基于同步技术的无缆钻孔测斜仪及其同步测斜方法

专利（申请）号：201210114330. 4

发明简介：本发明涉及一种成本低，性能可靠，使用方便，且能测上仰、下倾、垂直、水平等任何方向钻孔的基于同步技术的无缆钻孔测斜仪及其同步测斜方法。

该测斜仪由同步机、探管和通信连线组成，

测量时，先将同步机和探管用通信连线连接，进行同步，使同步机和探管同时开始采样工作，且按设定时间间隔采样；然后断开连线，将探管送入钻孔中，探管采集各传感器信号，与探管同步工作的同步机则记录各测点的有效性，并进行存储；测量完成后，连接探管和同步机，将探管采集的数据通讯到同步机中，由同步机计算并显示出各有效测点倾角和方位角。

在煤矿安全生产中，迫切需要一种能在煤矿井下探测钻孔轨迹的仪器，因井下钻孔多为水平孔，常规有缆测斜仪无法使用。为此，我们开发出了基于同步技术的无缆钻孔测斜仪，测斜无需电缆，借助钻杆推送探管，使用方便，实现了真正意义上的全方位测量；无缆钻孔测斜仪以优异的性能，被专家团队鉴定为："国内首创，填补了国内这个技术领域的空白，达到世界先进水平"；获"中国煤炭工业科学技术二等奖"。

无缆钻孔测斜仪已在全国各地煤矿获得了广泛的应用，已销售近400套，产值6500多万，具有很大的推广前景。

备　注：张典荣，主要从事地球物理勘探仪器的研究，曾获中国煤炭工业科学技术一等奖1项，二等奖2项。

通信地址：陕西省西安市高新区锦业一路82号
邮政编码：710075
电　　话：13679268886
E－mail：xianzhdr@ tom. com

张飞虎

男，38岁，硕士学历，工程师

发明名称：车载一体化太阳能供电器

专利（申请）号：201120316012.7

发明简介：本专利将太阳能光伏发电技术成功的运用到越野车、面包车、房车等车辆上。将安装在汽车车顶的太阳能电池板与车内的电源箱组成供电系统，可以向笔记本电脑，GPS、手机

等电器供电，解决了车载电子设备在户外长期工作电源供电不足的问题。

车载一体化供电器于2010年立项为公安部部级技术革新项目，2011年9月通过公安部专家组的验收，2011年12月该项目在教育部主办、北京大学承办的中国－东盟青年创新大赛比赛中获得大赛铜奖。2012年1月该产品正式列入公安部科技装备目录推广使用。目前该产品以其独特的新颖性和创新型，以及成功地解决了公安侦查车辆在野外车载设备供电不足的问题，得到了广大公安一线实战单位的好评。

备　注：张飞虎，中国发明协会会员，曾获2011中国－东盟青年创新大赛铜奖。

通信地址：上海闵行区联航路1188号浦江智谷7号楼I404
邮政编码：233040
电　　话：13855267777
E－mail：13855267777@ 139. com

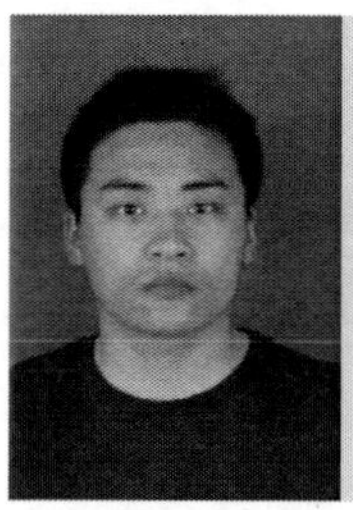

张洪达

男，25岁，硕士，高工

发明人简介：2007年毕业于青岛科技大学船舶与海洋工程专业，2011年毕业后从事船舶设计工作并取得工程师职称，2012年进入哈尔滨工程大学攻读船舶与海洋工程的硕

士学位。

拥有1项游艇的外观设计专利和7项国家发明专利，均涉及船舶海洋方面，主要发明成果：一种铲斗绞吸混合式挖泥船（201210136526.3），一种海上平台可使用的可拆分式生产生活模块（201210136521.0），穿浪高速双体客船（201210136553.0），一种组合式模块船及其模块连接方式（201210136519.3），半潜式游乐平台（201210039412.7），一种可自动求救的充气式抗沉保温救生舱（201210039419.9），张力腿坐底式海上生活支持平台（201210136518.9）。其中，设计的穿浪高速双体客船已经结束试生产工作，投入生产。

通信地址：山东省菏泽市定陶县陈集镇前沙海村171号

邮政编码：274108

电　　话：0530-2782222

E - mail：Zhanghongda.happy@163.com

张红卫

发明名称：铁路架桥机架设隧道前最后一孔桥及进隧道的方法

专利（申请）号：200610012354.3

发明简介：以“铁路架桥机架设隧道前最后一孔桥及进隧道的方法”发明专利为主要技术内容的项目TLJ900t架桥机主要用于时速250km/h～350km/h高速铁路施工中桥梁跨度为20m、24m、32m双线整孔预应力箱型混凝土梁的架设，除能进行标准梁架设作业外，还能满足首末跨架设、曲线（半径大于2500m）架设、隧道口架设、变跨架设、跨连续梁、结合梁、连续钢构等既有桥梁架设。与运梁车配合，可实现架桥机的短途运输和低位驮运过隧道。TLJ900型架桥机额定起重能力：900t，工况适应性好，是目前国内起重量最大的架桥机。TLJ900型架桥机解决了我国高铁建设工程中超大吨位梁的架设难题，与900t级运梁车、提梁机配合能大幅度提高施工效率和进度，已成为高铁工程建设中必不可少的大型工程装备。该项目产品填补了我国超大吨位架桥机的空白，替代了国外进口产品，技术处于国内领先水平。

该项专利技术与配套的900t级架桥机先后应用于京津城际、哈大、郑西、武广、京沪、甬台温等多条高铁客运专线，从2007年起共销售55台套，目前为止，天业通联的TLJ900型架桥机在国内同类产品市场占有率约为35%。

该发明专利已获2011年河北省知识产权优势培育工程专利奖一等奖。以该项专利技术作为重要技术内容的TLJ900t架桥机产品先后荣获国家科技进步二等奖（2010年）、河北省科技进步三等奖（2010年）、中国铁道建筑总公司特等奖（2008年）、中国铁道学会科技一等奖（2008年）、秦皇岛市科技进步一等奖（2010年）。

通信地址：秦皇岛市经济技术开发区天山北路3号秦皇岛天业通联重工股份有限公司

邮政编码：066004

电　　话：0335-5302558

E - mail：13180146083@163.com

张　昆

男，29岁，硕士学历，助研

发明名称：大地电磁场非线性共轭梯度三维反演方法

专利（申请）号：201210297336.X

发明简介：本专利是一种改进的大地电磁场非线性共轭梯度三维反演方法。本发明改进了地球物理学领域中大地电磁测深方法的数据解释方法，能够将野外采集到的数据通过反演计算转换成地下三维电性结构信息，反映更为真实的地下电性结构。能够为探索成矿区带不同深度尺度上地球物理特征与成矿之间的关系、形成矿产资源立体探测的技术解决方案和深部资源勘查提供技术支持，为矿产资源勘查和建立成矿理论提供更可靠的信息。

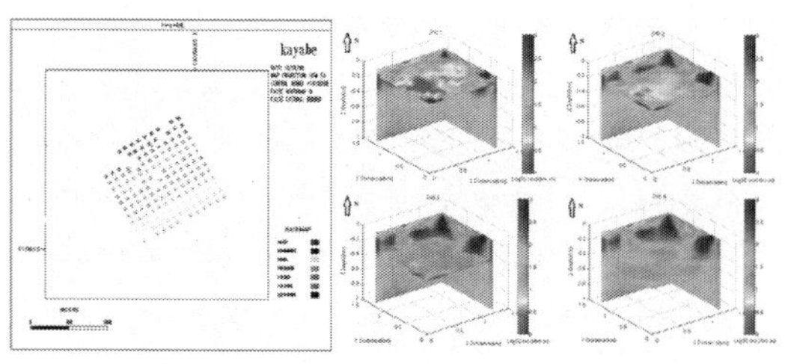

KAYABE实测三维数据反演结果（左：测点位置图；右：100m～400m深度切片）

备　注：此项专利由国家科技专项“深部矿产资源立体探测技术与试验”（SinoProbe-03）和公益性科研院所基本业务费项目（K1217）联合资助。

通信地址：北京市西城区百万庄大街26号中国地质科学院矿产资源研究所

邮政编码：100037

电　　话：18611358987

E－mail：zhangkun1010@163.com

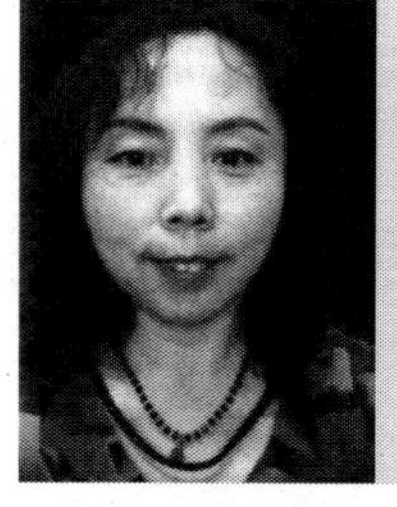

张连梅

女，50岁，本科，高级工程师

发明名称：一种真空敏感元件

专利（申请）号：201120558351.6

发明简介：本发明属机载装备技术，涉及一种气压高度表用真空敏感元件，特别涉及一种快速实现真空敏感元件性能的金属垫片。

目前，真空敏感元件是除连接零件外由上膜片与下膜片采用真空电子束焊接而成，实现规定的渐减或渐增或线性特性的输出。对于具有相似性能而膜片型面不能满足仪表装配要求的敏感元件，不但需设计相应的膜片型面，而且涉及工装模具的设计与制造，致使敏感元件的研制周期延长、航空仪表的装配推迟、主机的研制进度延缓。

本发明的目的是设计一种简单、易行、快速实现真空敏感元件性能的金属垫片。技术解决方案：金属垫片包括上中心杆、上膜片、垫片、下膜片、下中心杆。上中心杆置于膜片中心位置，下中心杆置于下膜片中心位置，垫片夹在上膜片边缘及下膜片边缘之间，形成封闭的真空腔体。在现有膜片的基础上，有效调整膜片的型面参数，以较快地实现产品研制的特性要求。

有益效果：利用金属垫片快速而巧妙地改变了现有膜片的型面参数，无需重新设计与制造工装模具，使产品性能满足了仪表装配的要求，缩短了研制周期，降低了研制成本。本发明在敏感元件研制领域尚属首例，填补了国内外空白。

通信地址：山西省太原市并州南路137号

邮政编码：030006

电　　话：15235127213

E－mail：zhlm0730@163.com

张　明

男，54岁，大学，高级工程师

发明名称：人体经络腧穴自动按摩背心

专利（申请）号：201110109023.2

发明简介：人体的上半身分布着14条经络和大约250个腧穴，如果能够针对这些经络腧穴经常施以有效地按摩刺激，对于人们养生保健的重要意义是不言而喻。尽管现在各种按摩设备、按摩器材层出不穷。但是，两大难以逾越的障碍使其无法实现人工按摩的效果：1. 无法准确针对人体经络腧穴实施按摩。根据中医经络腧穴理论，偏离经络腧穴的按摩是不具备治疗效果的。2. 依靠按摩电机提供按摩动力，而按摩产品又受限制于按摩电机的质量和体积，在设计上仅能安放有限个数的按摩电机，仅能对人体局部有限的部位施以按摩。

本发明专利人体经络腧穴自动按摩背心是一种全新概念的保健按摩背心，能够针对分布于人体上半身包括颈部（前颈部以廉泉穴为上限、侧颈部以天窗穴为上限、后颈部以新设穴为上限）、肩部（以天宗穴为左右侧限）、胸部、腹部（以神阙穴为下限）、背部、腰部（以命门穴为下限）以及两腋部的阴阳十二经络和任督二脉上相应的各个腧穴，进行自动的模拟人工手法旋转或往复式推揉按摩。低音低噪，可方便自如地穿着在身上，特别适合于家庭、办公等场所穿着使用。

通信地址： 山东省淄博市周村区灯塔小区幸福园38号楼2单元201室

邮政编码： 255300

电　　话： 13645336396

E - mail： zmztj@126.com

张宁坤

男，39岁，大学，主管技师

发明名称： 一种原始间充质干细胞储存转运的方法

专利（申请）号： 201110106595.5

发明简介： 本发明公开了一种原始间充质干细胞的储存转运方法，生长处于融合状态的原始间充质干细胞收集后，用含二甲基亚砜、人脐血血清和抗生素的DMEM-F12冷冻培养基冷冻原始间充质干细胞，低温储存，在原始间充质干细胞使用前进行细胞复融，用原始间充质干细胞保存液进行保存，保持固定的细胞浓度、低温运送至使用单位进行应用。此方法规范了原始间充质干细胞储存转运的流程，使原始间充质干细胞在到达使用单位之前保持在相同的活力状态，节约了时间、人力、物力、财力。经此方法储存转运的原始间充质干细胞无生物污染、无杂质污染、免疫学检查均为阴性，适合原始间充质干细胞移植应用和进行再研究。

通信地址： 北京市海淀区阜成路6号海军总医院心脏中心

邮政编码： 100048

电　　话： 010-66951490　13011864761

E - mail： Zhangningkun2004@yahoo.com.cn

张　庆

男，47岁，博士，高级工程师

发明名称： 棉及其混纺织物印染前处理的一浴法连续生产工艺

专利（申请）号： 03150594.5

发明简介： 本项目（发明）设计创新了印染加工工艺即退煮漂一浴法、连续式的生产技术，并发明出与之匹配的印染加工助剂，将生物技术与化学技术有机结合，实现了清洁生产的短流程连续加工，不仅一步解决退煮漂流程，而且在水、电、蒸汽、人工和废水排放方面，均较传统工艺取得了突破性进展。与传统工艺对比，棉及其混纺织物采用本成果助剂生产每吨布可节约水约50%，节电约55%，节省蒸汽约30%，生产加工时间由原来的2～3h降至70～90min。用生物酶和螯合分散剂组成的高效绿色前处理剂替代现有技术中的生物酶、稳定剂和各种表面活性剂等多种组分，能够简化工艺流程，缩短工作时间，减少织物纤维损伤，提高织物的白度和毛效；新工艺前处理废水的各项检测指标均低于传统工艺，而且能够有效降低废水排放量，低碱排放，更有利于处理，环境总费用可直接降低52.64%。

本发明专利所涉及的产品和工艺等技术目前已在浙江、上海、广东、山东、河北等地得到推广和长期应用，不但有效地提高了企业的生产效率，在现有设备的基础上提高产能30%～50%，且降低生产成本约1/3，受到了热烈欢迎。

该项目技术是第一批中国印染行业节能减排先进技术推荐目录，“十一五”纺织行业推广技术项目。

备　注：张庆，上海市纺织科学研究院副院长，上海市领军人才，国务院特殊津贴专家，身兼多职，如上海新材料协会理事，上海市纺织工程学会理事，中国针织工业协会理事，中国针织工业协会经编分会顾问，中国针织工业协会专家委员会委员等。

2003 年至今张庆博士所主持负责的项目获得由上海市人民政府、中国纺织工业协会等颁发的科技进步奖和其他奖项近 13 项，其中 2004 年、2009 年和 2011 年分别获得上海市科技进步二等奖 3 项；申请国家发明专利 9 项，获得授权专利 7 项，其内容涵盖纺织印染的前处理、染色、后整理以及新型纤维、面料的印染解决方案等；发表各类专业论文五十余篇。

通信地址：上海市平凉路 988 号 1 号楼 611 房间
邮政编码：200082
电　　话：021-55210011－282
E－mail：sherrylhx@ qq. com

张如成
男，74 岁，本科，高级工程师

发明名称：具有下吊挂式预应力高强度钢铰线的钢管砼桁架式拱

专利（申请）号：201120405902. 5

发明简介：（1）钢管砼具有良好的抗压性能，节省钢材，因此经济实用。但是它的抗拉性能差，存在局限性。

（2）桁架式双铰拱，并应用钢管砼材料时，由于是轴向受压，钢管砼优异的抗压性能取得良好的效果。但是当一端为固定铰支座，另一端为水平可移动铰支座并不设置水平拉杆（房屋建筑常是这样）时，无法阻止其强大的水平推力而产生水平位移（使桁架的下弦受拉），难以实现两端都是固定铰支座拱的轴向受压的特点，从而无法发挥钢管砼（抗压好）的优点。主要缺点是：（一）受力欠佳；（二）用钢量大，造价高；（三）承载能力有限。

本专利提供一种具有下吊挂式预应力高强度钢铰线的钢管砼桁架式拱，采用多阶次预应力方法解决了上述问题。从而发挥了上述材料和结构的优点，使双铰拱结构推广到房屋屋盖建筑等需要大空间的结构（如需要过船的桥洞等），并取得良好的经济效益。

通信地址：广东省广州市番禺区丽江花园丽岛翠苑 3 栋 1602 室
邮政编码：511431
电　　话：13326489439
E－mail：Zhangrucheng123@ 126. com

张树英
男，80 岁

发明名称：一种漂浮式涡轮结构发电机组

专利（申请）号：201220126393. 7

发明简介：漂浮式涡轮结构发电机组，也是水力发电，是采用江河水流和海潮推动涡轮转动带动发电机发电。

这是一项节能型的发电设备，能源是无代价的，不需要投资，可节约一大笔资金，发电时的全流程都不存在污染问题，有利于环保。

漂浮式涡轮结构发电机组，单机发电量选用 5 千千瓦。根据用电量的需要，一个漂浮体可安装几台、几十台、甚至几百台单机发电机，单机发电机组合起来，发电量是可观的，可解决部分地区缺电和无电的供电问题。漂浮式涡轮结构发电机组安装点的选择，要根据地形、江河水流和海潮的流速及风力来决定。以长江为例，长江流域地区建漂浮式涡轮结构发电站，发电站间隔距离可设 50 公里左右。从山东向南到广西沿海也可以建多处这种类型的发电站；海洋岛礁地区，每一个岛礁周围都有海潮，也可以建这种类型的发电站。

通信地址：宁夏银川市兴庆区北京路宁夏地震局
邮政编码：750001
电　　话：0951-5013170　1399507127

张铁异

男，49 岁，硕士研究生，高级实验师

发明名称：多功能一体化家庭地板清洁机器人

专利（申请）号：201220211352.8

发明简介：多功能一体化家庭地板清洁机器人由清扫吸尘装置、湿布拖地装置、干布拖地装置和自动行走小车组成。湿布拖地装置、清扫吸尘装置、干布拖地装置分别安装在自动行走小车上的中部、前部和后部；其中，湿布拖地装置采用连杆机构来实现地板湿布清洁及拖布清洗的工位转换，此装置由第一连杆、第二连杆、第三连杆、第四连杆、连杆电机、清洁转盘、清洁电机和水箱组成；装置中的连杆机构由第一连杆、第二连杆、第三连杆及自动行走小车机架构成平面四杆机构，相邻的构件之间均为铰链连接；第二连杆与第四连杆之间为刚性连接；清洁电机及清洁转盘与第四连杆连接安装在连杆机构上；连杆电机驱动连杆转动，清洁电机驱动清洁转盘转动。

本实用新型多功能一体化家庭地板清洁机器人将湿布拖地、清扫吸尘及干布拖地等多功能集于一体，采用连杆机构进行地板清洁及拖布清洗的工位转换，采用自动行走小车进行连续清洁，实现了地板清洁的湿布拖地功能，地板清洁的洁净度高，且整机体积小、结构简单、效率高、使用方便，与现有技术相比有显著地进步。

通信地址：广西南宁市大学路 100 号广西大学机械工程学院

邮政编码：530004

电　　话：0771-3976180

E－mail：Zhangty-1@163.com

张万祥

男，74 岁，大专，主任医师

发明名称：泽苓二白汤治疗梅尼埃病

专利（申请）号：210210235880.1

发明简介：泽苓二白汤由泽泻、茯苓、白芥子、白术等组成。

梅尼埃病以前称眩晕症、耳性眩晕、美尼尔氏综合症、美尼尔氏病等。1996 年上海（耳鼻喉科）会议更正为梅尼埃病。此病是以突发性旋转性眩晕伴有耳鸣、耳聋及恶心呕吐为主要特征的内耳疾病，其病理是内耳膜迷路积水，前庭神经功能衰乱，平衡功能失调所致。

临床表现：眩晕往往是突然发作，甚至晕倒，多伴有恶心呕吐、耳鸣耳聋、头重如裹、痰多、嗜睡、不敢睁眼、不敢活动，胸脘满闷等。舌体胖大，色淡，边有齿痕、舌苔白腻、脉濡滑。

中医文献中对此病有很多精辟论述，如："百般怪病皆责之于痰"、"无痰不作眩"等。中医所说的"痰饮"为病就是指人体某个部位有多余的水分（湿气），其中"稠者为痰、稀者为饮"故有"痰为饮之聚、饮为痰之渐"之说。

泽泻利水湿而除痰，茯苓利湿健脾而祛痰，白芥子善治皮里膜外之痰，这样可以使痰湿祛而眩晕止；白术健脾，脾气健，水湿得以运化而不再积聚生痰。再根据病人的兼症，适当加减，如恶心呕吐剧烈加姜半夏、陈皮、竹菇；耳朵阻塞、闷胀、耳聋明显者加葶苈子、甘遂、三棱、莪术等。

该组方既能治疗眩晕发作，又能防止复发，疗效显著。

通信地址：辽宁省瓦房店市共济办事处于屯小区育才路 1 号楼张万祥中医诊所

邮政编码：116300

电　　话：0411-39101352　13889464625

E－mail：1354001619@qq.com

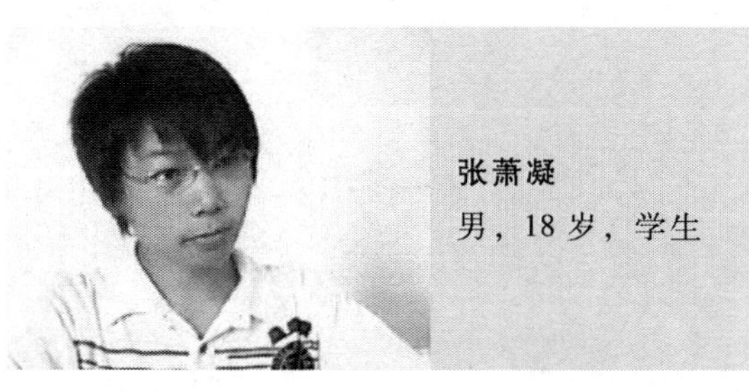

张萧凝

男，18 岁，学生

发明名称： 一种带挤压器的牙刷

专利（申请）号： 201120527222.0

发明简介： 如今，市场上拥有各型各色相对独立的牙膏挤压器，但由于乱放、忘带等多种因素使其作用减小，失去其效果，使用起来也较麻烦。为了达到挤压器应有的效果，节约资源，操作简单等方面的目的，发明人设计了一款牙刷上携带挤压器的牙刷。

备　注：张萧凝，2011 年度被评为“科技之星”，参加 2011 年浏阳市科技节荣获一等奖，在长沙市第六届“奇思妙想闯七关”竞赛活动中荣获一等奖，已经申请过国家两项专利，并有多家公司有意向投入生产，获得第 8 届宋庆龄发明奖。

通信地址： 湖南省长沙市浏阳市淳口镇南冲村龙东组 181 号

邮政编码： 410326

电　　话： 15116127346　15084989272

E－mail： 1185755587@qq.com

张晓强

男，51 岁，本科，高级工程师

发明名称： 二沉池配水渠道浮渣清除装置

专利（申请）号： 201220544002.3

发明简介： 目前污水处理厂对二沉池配水渠道上的浮渣清除方式，一是采用人工清除或用水枪喷冲，其工作效率低，清除效果差；二是在配水渠道的末端加装闸板阀，进行污泥浮渣的排放，但由于配水的流速太慢，对板结的浮渣不能自动流出，同时浪费大量二级处理后的出水。

本实用新型在二沉池配水渠道上设置有若干用于对过水表面上的浮渣进行吸附的吸渣管；吸渣管的下端口与配水渠道下部的二沉池相通，或是与二沉池外侧的浮渣井相连通，能及时实现无动力清除浮渣，避免浮渣的板结，减少有毒有害气体的产生，减少对环境污染；同时还相应减轻了操作工人的劳动强度，并可保证污水处理设备的正常运行。本实用新型现已在石家庄桥西污水处理厂应用，效果良好。

通信地址： 河北省石家庄市桥西污水处理厂

邮政编码： 050091

电　　话： 13091094882

E－mail： ZXQZXQ36@126.COM

张新芳

男，58 岁，大专，经济师

发明名称： 十四键新方码输入法

专利（申请）号： 201210161034.X

发明简介： 十四键新方码输入法，简单、快速、效率高。主要用于触屏输入汉字的手机和平板电脑。其特征在于该输入法的汉字输入的虚拟键盘界面的 26 个英文字母键，分别排列在 14 个输入键上，使之比 26 个字母输入键的面积要大，不易按在旁边的键位上，又比 9 键的多，使之减少重码率提高输入速度。另外，本输入法除了可用常用的五笔、拼音、笔画打字外，还可用新方码特有的部首打字、或笔画加部首打字等八种方法兼容，速度更快，市场空间巨大。

通信地址： 深圳市罗湖区新秀路 17 号（地铁蛇口线新秀站 B 出口）华兴花园一栋 605

邮政编码： 518003

电　　话： 13501594578

E－mail： 413554592@qq.com

张心玥

女，13 岁，初中

发明名称：多用牙刷

专利（申请）号：201220213886.4

发明简介：一段时间后，刷牙杯杯底内部会产生污垢，黏糊糊的，而许多杯子口小杯深，我们的手伸不进去，较难清洁，容易滋生病菌，对我们的健康产生潜在的威胁。本实用新型的目的在于解决上述技术问题，提供一种多用牙刷，在牙刷本体手柄底端安装有用于随时清洁杯底内部污垢的软毛。这样可以在每天刷牙的时候及时地清洁杯子内部，包括平时难以清洁到的杯底，如配合牙膏使用清洁效果更好。

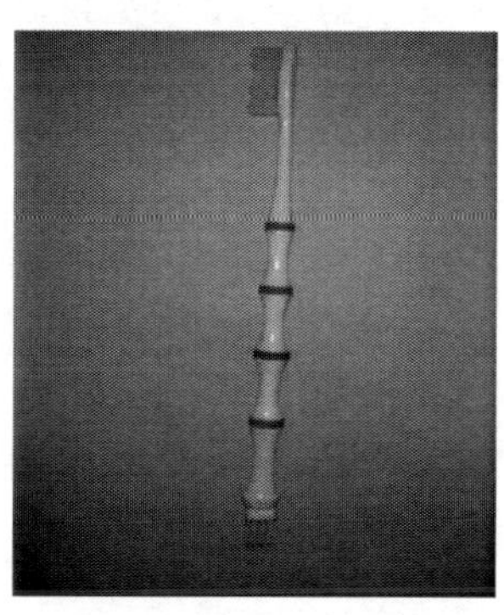

通信地址：江苏省苏州市姑苏区南华公寓 1-204 室

邮政编码：215007

电　　话：13914048663

E - mail：zym7201@sina.com

张雪霞

女，41 岁，硕士，高级工程师

发明名称：盐酸去甲万古霉素制备方法

专利（申请）号：200310109688.9

发明简介：本发明涉及一种盐酸去甲基万古霉素制备方法，包括以下步骤：a. 将去甲基万古霉素发酵液按 1% ~5%（w/v）的比例加入珍珠岩，按 2% ~13%（w/v）的比例加入铁氰化钾和 2% ~10%（w/v）的比例加入硫酸锌，搅拌，过滤；b. 滤液使用大孔脱色树脂脱色；c. 脱色液使用葡聚糖凝胶为吸附剂，酸性解吸系统进行解吸；d. 解析液用碱调 pH 值到 6.0 ~7.8，过滤；e. 滤饼用盐酸水溶液溶解，丙酮结晶，干燥。通过采取上述步骤，可有效提高盐酸去甲基万古霉素的品质，缩短生产周期，还可有效降低生产成本，减少盐酸去甲基万古霉素的收率损失。

去甲万占霉素原生产丄艺所得产品合格率 < 80%，含量 85%，颜色为棕色，生产成本高。新工艺改进后成本显著降低，产品质量提高。目前万迅（去甲万古霉素）的含量大幅度提高，可达 95% 以上，从而使耳毒性、肾毒性、肝毒性、过敏反应、静脉炎、消化道等不良反应发生率降低了 4.0%。外观明显改善，由棕色变为类白色。质量改进后北京 20 家大医院做了 400 例的万迅安全性评价，对万迅临床应用的安全性给予了充分的肯定，其不良反应发生率大大低于进口产品。

盐酸去甲万古霉素制备方法专利授权后，产品质量得到大幅度提升，近 3 年来降低生产成本 6360.96 万元，制剂新增利润 3833 万元。该项目获中国专利优秀奖一项，河北省技术发明奖一项，并获石家庄市科技进步一等奖。

备　注：张雪霞，华药集团新药公司天然药物研究室主任，主持了多个新品种的工艺开发和产业化推广工作，先后完成了抗耐药菌抗生素、大豆系列生物活性物质、叶黄素等 10 多项重大项目，多数项目已进行生产转化，为华北制药新增销售额近一亿元；申请中国发明专利 23 项，公开 9 项；多次荣获“河北省三三三人才第二层次人才”、“石家庄市优秀科技工作者”、“石家庄市百名优秀青年工程师”、华药集团“巾帼能人”及“青年科技标兵”、“四创”先进职工等多项荣誉称号。

通信地址： 河北省石家庄市和平东路 388 号华北制药集团新药研究开发有限责任公司

邮政编码： 050015

电　　话： 0311-85992995

E - mail： Zhangxuexiazxx@163.com

张银成

37 岁，硕士

个人简介： 2011 年 4 进入中兴通讯，先后从事硬件工程师，系统工程师，标准工程师以及项目经理等相关工作，被认定为 TD-SCDMA 第一版行业标准的主要起草人之一，该标准获得了 2007 年中国通信标准化协会科学技术奖一等奖；同时，作为重要成员参与 3GPP TD-SCDMA 标准的完善、HSDPA、HSUPA 及其增强技术 HSPA + 的标准制定工作，牵头立项了 HSPA + 项目，在 3GPP 担任过 3 个 WI 项目的牵头人和报告人；带领项目深度参与了 3GPP LTE 标准的制定。作为第一作者申请相关专利 50 篇以上，授权 20 篇以上，共同申请专利 120 项以上，向国内外标准组织提交提案 150 篇以上，被采纳 40 篇以上；超过 20 项专利被国内外 TD-SCDMA 和 LTE 标准采纳，多次被评为公司杰出发明人。以第一作者申请的专利时分同步码分多址系统多载波高速下行分组接入实现方法（专利申请号 200510090924.6）获得 2010 年中国专利优秀奖。

通信地址： 上海市浦东新区张江高科技园区碧波路 889 号中兴通讯股份有限公司

邮政编码： 201203

电　　话： 021-68896450

E - mail： zhang.yincheng@zte.com.cn

张振营

男，28 岁，本科，助理工程师

发明名称： 煤矿巷道矸石转载、支护一体机

专利（申请）号： 201210283047.4

发明简介： “煤矿巷道矸石转载、支护一体机”是一种煤矿炮掘巷道的施工设备，该设备重点优化了装矸及支护工艺的实施。在巷道掘进施工中装岩、运输、排矸是掘进工作中占循环时间最长的工序。要实现巷道的快速高效掘进，表现十分突出的就是掘进工作面的矸石堆积、排矸不及、临时支护固定困难等。本发明能够利用爆破能及时将矸石转载，同时又能为支护作业提供平台。该发明是在充分分析煤矿掘进爆破作业特点的基础上设计而成的。该设备采用散热性能优异的铝青铜板、液压油缸等组合加工而成。本机全系统采用液压系统提供动力，动力输出稳定可适用于相对复杂的地质环境。

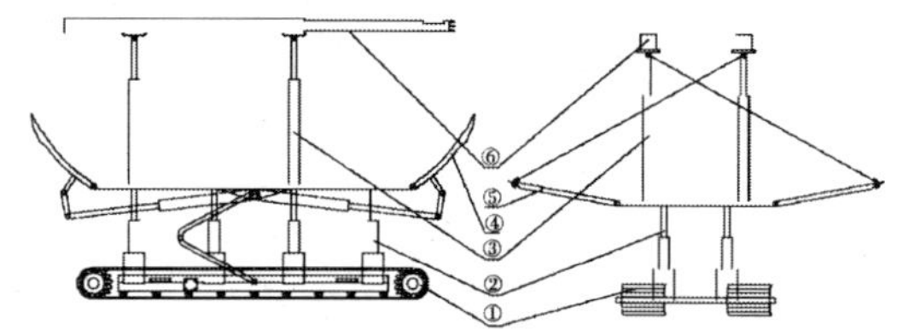

①行走部，②支撑部，③稳固部，④辅助装载部，⑤转载限位部，⑥前探支护部。

通信地址： 安徽省淮北市杜集区朔里矿业技术科

邮政编码： 235052

电　　话： 13329111883

E - mail： weijiaao@tom.com

张志江
男，47岁，本科，高级工程师

个人简介：张志江，华北制药股份有限公司新药分厂副厂长。工作以来，致力于各类产品的产业化开发，多次获得各类奖项，包括“提高环孢素发酵水平，降低环孢素生产成本”获2004年度华药集团科技进步三等奖；“环孢素工艺改进”获2005年度华药集团科技进步四等奖；“盐酸去甲万古霉素生产工艺改进”获2004年石家庄科学技术奖一等奖；“环孢素产生菌诱变育种及发酵工艺研究”获2008年河北省医药行业科学技术奖一等奖；“以循环、节能、降耗为重点的清洁生产管理项目”获2007年度华药集团管理现代化创新成果三等奖；发明专利“盐酸去甲基万古霉素的制备方法”授权后，产品质量得到大幅提升，获中国专利优秀奖一项，河北省技术发明奖三等奖。2005年被评为华北制药集团公司劳动模范。

通信地址：河北省石家庄市和平东路388号华北制药股份有限公司
邮政编码：050015
电　　话：0311-85992995
E－mail：mengyajuan@163.com

张治生
男，57岁，大学，总工

发明名称：开发节能电解用阳极板或阴极板

专利（申请）号：201220433675.1

发明简介：已有的电解用阳极板、阴极板与电解槽导电铜排的接触方式均为铜—铜的自然刚性接触，且接触面均为平面，由于两平面不可能做到平行，所以事实上阳极板、阴极板与电解槽导电铜排的接触只是点接触或线接触，存在接触电阻大，耗电发热严重，致使电解电流效率低的问题。

本实用新型开发节能电解用阳极板、阴极板导电条采用软质合金材料，结合接触面的锯齿形状与电解槽铜排接触，使两导电体接触面增大，减小了接触电阻，大大降低了能耗，节能、增产效果显著，且结构简单，成本极低，易于推广，可广泛用于湿法冶金行业。

一、粗铅合金加混合稀土元素调质用于阳极材料，属于材料的先进制备、成型加工技术的高性能产品，用于湿法冶金行业中的电解锰。该实用新型的创新点在于阳极板合金采用粗铅为主，另加少量的银、锡、锑，再加微量混合稀土调质，使产品在提高使用性能、延长寿命的前提下，还能大幅度降低材料成本。与其它制备方法相对比，其特点为不消耗纯铅而采用粗铅，使粗铅中含有的杂质与铅合金材料的调质紧密结合，大幅度地减少贵金属和其他调质元素的用量，生产出电化学性能优良、使用寿命长的阳极材料，是一种工艺简练、成本低、无污染的绿色制备工艺，目前尚未见相关报道。

研究和试验结果表明：在合金的定向凝固过程中，由于固—液界面稀土成分的过冷作用，阻碍了铅锡凝固时的原子扩散，从而使片层组织细化，片层组织断续不规则且结晶组织向胞晶转变，使合金密度增大。铅锡合金添加稀土后硬度略有下降，可通过添加钙或锑来改进。在铅锡锑合金中添加0.03%～0.05%的稀土后可适当减少银的含量而保持合金性能不变，且可降低析氧过电位约40mv。经测试，用银0.08%、锡2%、锑0.5%、稀土0.04%合金制作的电解锰阳极板可降低电解的槽电压，同时降低了阳极板的生产成本和电解锰的生产成本。

通信地址：广西南宁市江南区五一中路36号
邮政编码：530031
电　　话：13617712317
E－mail：abc215988@126.com

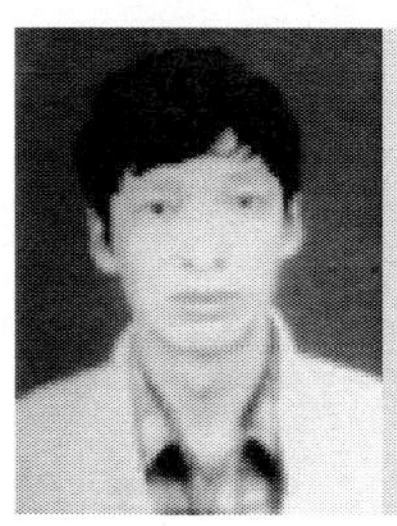

赵爱良
男，53岁，本科，执业医师

发明名称：一种治疗肝炎的脐贴膏及其制备方法

专利（申请）号：201210307540.5

发明简介：本发明的目的是提供一种外用脐贴膏，疗效确切，通过纯中药配伍，疏肝利胆，解毒保肝，可修复肝脏受损细胞再生功能。

本发明与现有技术相比具有以下特点：制备工艺科学新颖；该项“通脐透入疗法”有利于脐部皮肤穿透和吸收，特别对脐部皮肤处无过敏反应、更无毒副作用；此外可避免有些口服药物对患者肝脏肾脏等带来的不良毒副作用，治疗各型肝炎效果显著，临床总有效率达88.9%以上。

通信地址：山西省潞城市潞华办古南关社区
邮政编码：047500
电　　话：13935503867

赵　斌
男，53岁，大专，中医内科主任医师

发明名称：一种持续给药的握药套

专利（申请）号：201220399168.0

发明简介：专利发明人在认真学习继承古贤外治成就的基础上，经四十余年临床探索总结，研制了具有较强针对性、能够持续发挥治疗作用、简便验廉而且实用的辅助装置——握药套。该装置通过以棉布和其他材料结合，构成外袋套内袋、随肤肉接触远近而疏密有别、并可随身轻松固定的精巧配置，能够较好地将在精准辨证后组成的散剂中药长期聚集于手足等预定穴区，使药物性味通过穴位经络被身体持续、足量地吸收，遵照医嘱守疗程、有计划地灵活施治，患者完全不承受服药之苦、针术之痛、瘫废之缺，从而起到在促进全身脏腑经络阴阳气血复原的前提下，使肢体瘫废之疾逐步得到康复的功效。

通信地址：甘肃省成县中医院
邮政编码：742500
电　　话：18909395868
E－mail：zxzy408@163.com

赵德林
男，72岁，大学，高级经济师

发明名称：加筝扬琴（A-2型）

专利（申请）号：201220096998.6

发明简介：A-2型加筝扬琴的上部为十二平律扬琴，下部为一弦两音转调筝。

扬琴部分去掉所有变音槽（铜车），两种规律一致的音位排列可直接奏出十二个调。转调不受时间和技术上的限制。增加了高音，使之更加明亮。五个八度包括所有的半音阶。

加筝部分，既保留了传统D调的五声音阶，还有G、#F调的五声音阶；既有C、F调的七声音阶，还有C调的所有半音阶。古筝的揉、压、按既用右手，又用左手，增加了筝的演奏技法。

加筝部分与扬琴部分，可以连体，根据需要还可以一分为二，如同木琴的两部分一样，其演奏方法不变。既可以单独演奏十二平均律扬琴，还可以单独用“筑”（古代一种乐器）的演奏手法来演奏加筝部分。

通信地址：长春市高新区怡众名城47栋4单元108室
邮政编码：130012
电　　话：15344319969

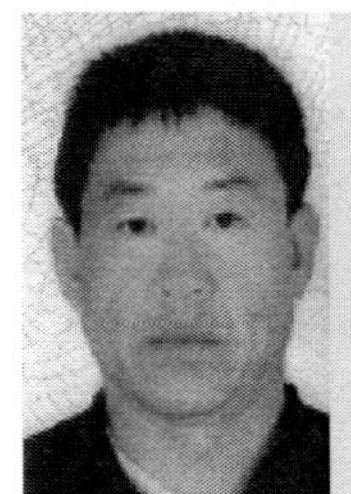

赵立武
男，49 岁

发明名称：自励式全波段波-电转换自洽分子电池板

专利（申请）号：201210112020.9

发明简介：本发明以《质-能场论》临界速率 $\lambda = 2.031043 \times 10^{19}\ m/s^2$；和临界恒量 $\eta = 1.812188 \times 10^{-15}$（单位 kg \ m \ s）为突破口，在求证了氢原子暗物质核即质子核中心正电子半径 $R_{e+} = 7.4129 \times 10^{-29}$ 米后，由原子量子模型的构建及微电荷的量化描述，以量子匹配相融性原理为契机，发现了“用匹配能量激发原子各个壳层各异电荷”的基本原理，即打破原子及分子自洽场平衡以获得全波段光谱波-电转换的物理机制，实现了由激发层和自励装置自行激励电荷、微电荷产生电动势形成电流，减少了静电损耗、湮灭损耗、空穴损耗，使波-电（含光-电）转换效率最大化，让全波段波-电转换成为现实。

通信地址：黑龙江鸡西市鸡冠区兴国中路 196 栋 3 号门市腾飞复印社转

邮政编码：158100

电　　话：13945868291

赵利月
女，23 岁，本科，学生

发明名称：新型电动剥皮机

专利（申请）号：201220001350.6

发明简介：传统的水果去皮机速度慢，人必须要花时间在旁边等待，并且功能比较单一。该新型电动剥皮机由剥皮机主体、档位开关和音乐播放器组成，档位开关位于剥皮机主体的侧边并分为快、中、慢三个档位，消费者可选择不同的切削速度，体现人性化特点；音乐播放器包括显示屏、喇叭和控制按钮，喇叭设在显示屏的上端，控制按钮设在显示屏下端。歌曲显示在屏幕上，让消费者放松聆听。削完后，剥皮机主体自动停止，同时喇叭内会播放出提示的语音。

通信地址：湖北省武汉市洪山区民族大道 182 号中南民族大学 7 栋 307

邮政编码：430074

电　　话：13163358276

E - mail：1562175732@ qq. com

赵苏阳
男，20 岁，中医研究生

发明名称：磁疗梅花针

专利（申请）号：201220113119.6

发明简介：本品可以由医生或自我使用，在皮肤的经络穴位上按压，自行掌握压力的大小，由于皮肤针不刺入皮肤，所以操作简便易行，按压每个穴位的时间 3 ~ 5min 左右即可。

我国针灸疗法分为刺入体内的体针和不刺入体内的皮肤针（又叫梅花针）。根据《黄帝内经》的“经络—皮部”有关理论，经常用梅花针刺激体表经络的有关穴位，可以起到保健作用。

磁疗有抗衰老的保健作用。

本品使皮肤针和磁疗相结合，具有双重保健功效，自我经常使用本品在足三里、内关等穴位上按压，能够保健强身，在合谷、百会、太阳穴按压，有美容功效。平时可以将本品放在装有水的金属水杯旁，对水有微弱的磁化作用，磁化水有益于健康。

通信地址：北京市海淀区中关村南大街 27 号中央民族大学医院针灸科

邮政编码：100081

电　　话：13021905138

E - mail：zhaoshoumao@ 163. com

赵 艳

女，30岁，本科，护师

发明名称：一种一次性无菌人工破膜采集器

专利（申请）号：201220168552. X

发明简介：本实用新型公开了一种一次性无菌人工破膜采集器，包括：橡胶吸附头以及与所述橡胶吸附头连接的羊水采集容器；其中，橡胶吸附头包括吸附盘面和吸附盘面的支撑部，支撑部至吸附盘面之间具有贯穿孔；羊水采集容器包括引流管以及羊水收集器，引流管的一端具有网状尖部并伸入至贯通孔中，另一端与羊水收集器连通，网状尖部低于所述盘面。本实用新型用以解决现有人工破膜方法不方便操作以及容易导致血性羊水误判的问题。现考虑把其转化成产品应用临床，从而可以保护医护工作人员和孕产妇。

备 注：赵艳，现任航空总医院七病区护士长助理。此项目于2012年6月16日获国家科技部批准的“驼人医疗器械科技创新奖”护理项目评审活动优秀奖，2012年5月9日获得航空总医院护理产学研创新产品一等奖。

通信地址：北京市朝阳区北苑路86号嘉铭桐城215-6-401

邮政编码：100010

电　　话：18600346869

E - mail：feiyan_ _ 678@ 126. com

赵一杰

男，29岁，硕士研究生，助理工程师

发明名称：一种可变直径的汽缸套转运机器手装置

专利（申请）号：201210108772. 8

发明简介：本发明涉及汽缸套生产领域，特别涉及一种可变直径的汽缸套转运机器手，具体的说是为汽缸套在生产加工过程中提供一种工位快速转换、省时省力的汽缸套转运机械手装置。本发明主要是针对国内现有的汽缸套生产自动化程度不高的现状，设计发明出了一种可变直径的汽缸套转运机器手装置。

通信地址：江苏省常州市常武中路801号科教城中科大楼2层常州先进制造技术研究所

邮政编码：213164

电　　话：15189751336

E - mail：dreamfinen@ 163. com

赵永刚

男，37岁，硕士，高级工程师

发明名称：流域水环境有机污染物监测全过程质控指标评价方法系统

专利（申请）号：201210311610. 4

发明简介：本发明涉及一种流域水环境有机污染物监测全过程质控指标评价方法系统，包括指标体系模块、指标权重分析模块、指标评价方法模块。该评价系统能动态跟踪环境监测全过程质量控制的进展情况及数据进行预测分析。

通信地址：江苏省南京市凤凰西街241号江苏省环境监测中心

邮政编码：210036

电　　话：13770788711

E - mail：13770788711@ 163. com

郑炳文

男，35 岁，本科，高级技师

发明名称：一种海底电缆出海沟后固定保护装置

专利（申请）号：201110156833.3

发明简介：一种海底电缆出水固定保护装置，包括自沉式仿锚构件、90°连接法兰与防腐金属软管。自沉式仿锚构件起保护、固定出海缆沟处海底电缆与连接防腐金属软管的作用，包括两半式锥形连接头、两半式楔形内锥、90°连接法兰与半叶式连接体。两半式锥形连接头与两半式楔形内锥，通过预紧拉力螺栓和90°连接法兰，将出海缆沟处海底电缆外护钢丝与半叶式连接体连接，起到海底电缆在受外力时通过防腐金属软管传递外力到平台桩腿的作用。由于自沉式仿锚构件头部采用锥形设计，因此该构件在重力作用下具有自沉降功能，可以起到压载、固定和保护出海沟处海底电缆的作用，实现了出海缆沟后与平台桩腿固定卡子之间的裸露海底电缆的全密封保护和受力传递作用。

海底电缆出海缆沟后固定保护装置可以实现海缆出沟后与护管之间的裸露悬空海缆的全密封保护，避免此悬空海缆受外力作用及涡致振动的破坏，从根本上解决了该段海底电缆悬空无防护的问题，同时还解决了出沟处海底电缆自然沉降不固定、护管磨损海底电缆等问题，使海底电缆的使用寿命得到了延长，确保了近海石油勘探开发中供配电运行的可靠性与安全性。

通信地址：山东省东营市河口区仙河镇海洋采油厂维修大队

邮政编码：257237

电　　话：0546-8871013　15615060428

E - mail：zhengbingwen.slyt@sinopec.com

郑海平

男，56 岁，大学，高级工程师

发明名称：海水环境中使用的水性防腐涂料

专利（申请）号：201210136947.6

发明简介：本发明主要利用了海洋生物的“领地意识”和具有荧光性特质，通过将海洋藻类、贝类的粉末加到防腐涂料中，具有排斥海洋生物附着并抑制其生长的作用。经过对比试验表明，将两块分别涂有本发明涂料和现有技术涂料的钢板投放在海水水域中，当涂有现有技术涂料的钢板上海洋生物附着明显时，涂有本发明涂料的钢板上尚没有海洋生物的附着。与现有技术相比，本发明涂料具有能预防海洋生物在涂料面上的附着和抑制海洋生物在涂料面上的生长繁殖，且有效寿命长达5年以上的优点。

专利产业化后，带来很好的经济效益和社会效益，特别是海岛从事渔船作业的人们更是收益甚多。

通信地址：浙江省舟山市普陀区东海西路2119号

邮政编码：100081

电　　话：0580-3097701

E - mail：Fengda5785@163.com

郑汉辉

男，44 岁，本科

发明名称：一种自动豆腐机和豆浆机

专利（申请）号：201120055558.1

发明简介：本发明公开了一种全自动家用豆腐机，包括主机底座、大杯、豆腐盒。主机底座中设有电子控制和动力装置，在大杯中设有可拆洗的过滤网和搅拌刀片，动力装置与搅拌刀传动连接；大杯底部有加热器以及电自动放浆阀门，机器具有自动放浆、点浆功能；大杯上还装有温度传感，用来感测豆浆的温度等，电子控制装置还设有特定的软件控制，机器能够自动检测不同海拔的沸点，根据使用场地的实际情况自动选择程序。此机器可以做豆腐，还能做豆腐花（豆腐脑）以及豆浆，与现有技术相比具有功能多、成本低、效率高、食材出浆率高、自动化和智能化程度高等优点。

通信地址： 广东省深圳市宝安区石岩镇三联工业区郭氏宏高 3 栋 3 楼

邮政编码： 518108

电　　话： 0755-27971947

E - mail： hanson@ yitoa. com

郑　宇

男，24 岁，研究生

发明名称： 全自动穿窗晒衣架

专利（申请）号： 201210286793. 9

发明简介： 本实用新型提供了一种自动穿窗晒衣架，它安装在封闭阳台室内的顶上方，只要用户的阳台一端有活动窗口，都能满足安装使用的需要。启用机器时，使用者只需把穿窗晒衣架上的升降晒衣杆手动摇下，挂好要晒的衣物后再升起，按下自动或手动模式选择键，自动模式时按下遥控器上的上行键；手动模式时按下手控面板的上行键，控制电路将自动打开封闭阳台一侧的玻璃窗、纱窗和防盗网窗，伸出晒衣杆，然后关好纱窗和防盗网窗，晒衣程序结束。晒好后收衣物时，只需在原来选择的模式按下行键，机器自动打开纱窗和防盗网窗，缩回晒衣架，关好纱窗、防盗网窗和玻璃窗，收衣物的程序结束。机器在自动模式下启动或在手动模式下启动后改为自动，室外所晒衣物在晚上、阴天光照度低的情况下或遇上风雨天气，机器将自动打开纱窗和防盗网窗，晒衣架缩回封闭阳台内，关好纱窗、防盗网窗和玻璃窗，自动完成收衣关窗的程序。本实用新型结构简单合理，造型美观大方，承载适度耐用，安全方便经济，实为居民日常生活的佳品。本实用新型在居民足不出户或无人看管的情况下，把衣物晒干晒透，达到杀菌除尘的目的，起到卫生保健的功效，实为居民日常生活的必须品。本实用新型不违反《物权法》等相关法律法规，不影响他人通风采光和其他的生活行为，绿色节能环保，实为智能家居的尚品。目前，本专利试制品已投入使用近一年，批量生产正在酝酿筹划中。

通信地址： 江苏省宿迁市泗阳县泽园太阳城 3 期 7 号楼 3 单元 101 室

邮政编码： 223700

电　　话： 13951374106

E - mail： 2510691241@ qq. com

支录奎

58 岁，本科，正高工

发明人简介： 宝鸡市拔尖人才、技术创新标兵、九届政协十佳委员。1985 年至今已经有十项专利获得授权；三项专利列入公安部部颁标准，在全国普遍应用，另有三项技术转让，为公安系统获得技术转让费四千多万元，产生了巨大的经济效益和社会效益；解决了公安系统长期以来在交通管理、驾驶员考试、科技创安平安城市建设等方面的一系列管理难题，被评为全国公安科技先进个人、陕西省有突出贡献专家，荣获陕西省发明协会首届发明创业奖、省、部级科学技术进步奖共五项，荣立个人一等功和三等功各一次。

通信地址： 陕西省公安厅科技处

电　　话： 029-86165299　15339073895

周长勤

男，59 岁

发明名称：一种治疗和预防心脑血管疾病和药物

专利（申请）号：201210130441.4

发明简介：1. 本专利填补了无专门用于治疗舒张性心力衰竭药物的历史。2. 较好地解决了长期困扰医学界，关于舒张性心力衰竭治疗的难题。3. 较好的解决了慢性心衰心肌损害、心室重塑，心肌处于血液或能量供应不足的问题。这是影响心衰患者长期预后，降低病死率，提高运动耐量，改善生活质量的关键。

引起慢性心衰最常见的原因是缺血性心肌损害，应用强心甙药物将进一步扩大心肌能量的供需矛盾，使心肌损害更为严重，导致死亡率反而增高。因此寻找既有正性肌力作用，又能改善慢性心衰心肌血液和能量不足状态，改善缺血性心肌损害的药物，是国际医学界迫切需要解决的问题。

通信地址：江苏省丰县城鸣新村 195 号

电　　话：13905229892

周　建

男，48 岁，大专，工程师

发明名称：贮仓烟草喂料机

专利（申请）号：201220325048.6

发明简介：现有的输送机大都为带式输送，结构复杂，安装不易，输送效率较低，输送成本较高，且在喂料时，传动不顺畅，烟草容易掉落，浪费较为严重，本实用新型提供的贮仓烟草喂料机出色的解决了上述问题。该机包括斜带头部机架，斜带头部机架上设有头部漏斗，头部漏斗处设有斜带主轴部件，斜带主轴部件通过斜带连接斜带转轴部件、转弯轮部件，转弯轮部件通过斜向设置的斜带连接斜带被动轴部件，斜带中部设在斜向中间架内，斜带被动轴部件设在斜带尾部机架处，斜带尾部机架连接有平带尾部机架，平带尾部机架上设有平带，平带绕卷在平带主轴部件、平带被动轴部件上，平带的上方设有辅料车轨道，辅料车轨道上滑动连接有辅料车。斜带主轴部件在驱动装置的带动下进行旋转，通过斜带的传动，可以使得斜带转轴部件、转弯轮部件、斜带被动轴部件都一起旋转，从而使得斜带向上运动，从而将平带上的烟草运送到头部漏斗处进行喂料，操作较为方便。辅料车轨道上的辅料车可以用来运送烟草。

头部漏斗处设有观察窗，可以随时观察头部漏斗内的落料情况。

作为优选，所述的辅料车轨道两端设有行车撞击座，可以防止辅料车运行到两端时撞击辅料车轨道端部。

作为优选，所述的斜带被动轴部件的下方设有接灰箱，可以收集斜带被动轴部件处的灰尘、杂质。

备　注：以上所述仅为本实用新型的具体实施例子，但本实用新型的结构特征并不局限于此，任何本领域的技术人员在本实用新型的领域内，所作的变化或修饰皆涵盖在本实用新型的专利范围之中。

通信地址：浙江杭州市萧山区临浦工业园悍马路 2 号杭州萧山烟草设备有限公司

邮政编码：311251

电　　话：0571-82465388 13805755829

E－mail：xsyj@hzxsyj.com

周开荣

男，82岁，大学，工程师

发明名称：高氧自动循环活性磁化水饮水器

专利（申请）号：201120511008.6

发明简介：高氧自动循环活性磁化水饮水器能把空气中的氧气压缩至盛满自来水盛水瓶中，与磁化水组合成一套供水系统。

盛水瓶的顶端，设置有两块12cm宽圆形磁石、4cm厚天然纤维过滤网。盛水瓶内的底部装置有两个双向水泵；一个水泵是将空气中的氧气压缩至水中送氧；另一个则把盛水瓶中的水抽上顶端重叠的两块磁石中央，水流过磁石磁化、杀菌，然后流经磁石下层的过滤网过滤，再回流到盛水瓶中。这样24小时不停地上下循环流动送氧、磁化、杀菌、过滤，使盛水瓶中的水纯净、清澈透明，提供了给人类的健康用水。

它的全程设计是看得见的透明装置，瓶中的饮水24小时上下循环流动，动能又转换成电能，电能失去电子后即为离子，离子在水中使水的物理化学性质产生了变化，这也就是水的“活性化”。

本饮水器使用的是自来水，因为自来水是流动的活水，它本身携带有许多人体需要矿物质，是非常优良的饮用水。经过高氧磁化过滤后，矿物质的浓度、杂质、细菌都完全清除，可放心饮用。

通信地址：湖南省芷江县凯航北路139号开发区35栋

邮政编码：419100

电　　话：15115148791

E - mail：592113226@ qq. com

周建明

男，56岁，本科学历，企业法人

发明名称：MDI环保型固化剂系列发明

专利（申请）号：200710168490.6、200710053546.3、200710051412.8、200810047904.4、201010146772.8

发明简况：MDI固化剂从2008年至今，已批量生产1万多吨，与双组分聚氨酯涂料、胶粘剂和油墨等的主剂配套，用于建筑、家具、家电、食品包装、电子产品、纺织织物整理等行业。

MDI固化剂系列发明专利获2010年第五届北京发明创新大赛“金奖”、2011年湖北省“技术发明三等奖”、2012年中国石油和化学工业联合会“技术发明三等奖”，周建明2012年被中国发明协会授予第七届“发明创业奖”。

通信地址：广东省佛山市顺德区大良沿江北路121号建设大厦7C2

邮政编码：528300

电　　话：18925977610

E - mail：heyuan1998@ yahoo. com. cn

周顺达

男，51岁，大学

发明名称：行李箱打包罩

专利（申请）号：201220043503.3

发明简介：目前无论是铁路、航空还是汽运，行李箱托运时多是打几道打包带，基本上是裸箱装卸运输，即使具备现有的行李箱箱套，由于是套装在行李箱上的，既不能紧固，同时这类箱套将易损毁的轮子、拉杆和把手暴露在外，起不到打包功效。因此，现实的行李箱托运装卸运输过程中，造成行李箱刮损、破裂损毁现象经常发生。

为克服现有行李箱托运中存在的问题，本专利提供一种行李箱托运打包罩，对托运的行李箱抗压抗撞击防刮磨效果好，打包快捷方便，且美观好看，可反复使用，节能环保，耗材少，成本低。

设计行李打箱打罩专利，不仅仅是考虑产品有销售市场，而更主要考虑的是行李箱打包罩的表面是难得的广告招商位。开发行李箱打包罩专利具有巨大的商机，无论是销售该产品还广告招商位都将带来丰厚的收益。

通信地址：哈尔滨市康安路副 83-24 号 452 室
邮政编码：150076
电　　话：0451-84848600
E - mail：15945182028@ 163. com

周维忠
男，51 岁，博士，工程师

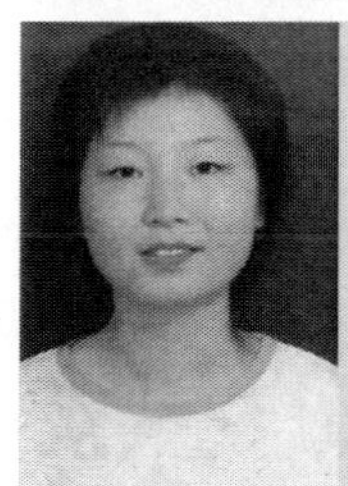

周菲菲

发明名称：双管道引水发电系统装置

专利（申请）号：201110383307. 0

发明简介：本发明涉及一种双管道引水发电系统装置可在双管道进水口前端设置左右各一组引水发电装置叶轮装置；又设有往复引水装置于扇形叶轮，集组排列，分段并联发电后，又断开并联发电，因水源一直向下流动，形成了断开失恒封闭水路，由抽轴头在弯水管外头的发电新方法，通过往复引水装置于扇形叶轮，并联为一组双管道发电装置新原理，解决单一的涡轮机用水量大，发电效率低下的问题，同时又给 2 个流量以上的小型流水提供建发电站的机会，有流水量小都可以建发电站的特点，而且可用于往复发电和风力发电。

通信地址：湖北省襄阳市樊城区汉江路市制革总厂 3 号楼 4 单元 3 楼 1 号
邮政编码：441002
电　　话：13797658381
E - mail：563820876@ qq. com

周小驰
女，21 岁，大专，初级

发明名称：可微调流量的输液器调节夹

专利（申请）号：201120461476. 7

发明简介：很多患者的病情都要求严格控制静脉液体的输入速度，特别是对于婴幼儿、老年人以及心功能较差的患者，稍不注意就可能出现急性心功能衰竭，甚至造成患者死亡。目前，医院输液多采用一次性输液器，采用滚轴在斜面槽内的位置变化对输液管施加压力的大小来调节输液速度，其缺点：1. 无法精确显示及调节输液速度；2. 操作人员在调节输液滴数时，需要重复测试，耗费时间，操作麻烦；3. 滚轴在滑槽中的位置容易向上移位，导致输液速度变快，对强降压药物，易发生危险。

本实用新型提供一种可微调流量的输液器调节夹，由夹体、阀芯、调节旋钮组成，其特征在于：在夹体前部上下各有一横向半圆的孔，其孔径比输液管直径略粗，在孔的上方有一阀芯室，室内装有阀芯，阀芯为圆柱体，下端为圆头的锥形体，阀芯上端有一丝杆，丝杆上装有调节旋钮，丝杆上固定装有指针，夹体面上制有刻度。

本实用新型的显著效果：通过指针可直观显示调节输液滴数使用方便、安全，使用时直接夹在普通输液器上即可；输液速度可微量调控，生产工艺及结构简单，成本低，利于保持无菌原则。

备　注：周小驰，曾获 2011 年江苏省职业教育创新大赛一等奖、第七届国际发明展铜奖。

通信地址：江苏省淮安市涟水县涟洲花园 B5 幢甲单元 502 室

邮政编码：223400

电　　话：18301783383

E - mail：627692691@ qq. com

周小军

男，43 岁，博士，教授

发明名称：一种治疗 EB 病毒感染者的中药

专利（申请）号：201010282587. 1

发明简介：EB 病毒血清学检查已作为鼻咽癌筛查的主要方法，但目前仍无专门用于治疗 EB 病毒感染者的药物。本发明拟提供一种治疗 EB 病毒感染者的中药复方来防治鼻咽癌。通过前期调查了 EB 病毒感染的病因、病机及中医证型，在中医基础理论的指导下，以益气养阴、清热解毒组方为原则，选择包括岭南草药在内的中草药组成的中药复方（黄芪、甘草、太子参、黄芩、五指毛桃、石上柏等），调节机体免疫及拮抗 EB 病毒，双向调节，扶正驱邪。实验研究显示本专利中药复方可明显抑制 Raji 细胞 EBV-DNA 的复制，具有明显的抗 EB 病毒作用，临床有效率达 80% 以上。

转让及合作意向：转让或采取入股合作。

备　注：周小军，中医五官科学博士，中医学博士后，教授、主任医师，博士生导师。主要从事中西医结合耳鼻咽喉科学临床及研究工作，重点研究 EB 病毒及鼻咽癌。在鼻咽癌领域发表论文 30 余篇，承担包括国家自然科学基金、广东省科技厅、中国博士后等基金在内的 10 余项研究，获中华中医药二等奖一项、省科技三等奖一项及中山市科技一、二、三等奖各一项。

通信地址：广东省中山市西区康欣路 3 号中山市中医院

邮政编码：528400

电　　话：0760-89980706

E - mail：zd1232@ 126. com

周志华

39 岁，大专

发明名称：一种多功能牙刷

专利（申请）号：201220256653. 2

发明简介：清洁舌苔能有效治疗口臭、预防牙周病。本实用新型涉及一种多功能牙刷，具有刷牙、刷舌两用，携带方便，可替换性刷头设计，经济节约实用；刷舌部分，创新毯式刷毛设计（高自洁性抗菌材料），柔软而不失硬度，具有易清洗、高锁水性特点，保证充足水分，安全彻底清洁舌面。该设计构思巧妙，符合现今社会人们快节奏生活和人际交往口腔全面清洁护理的健康需要。

通信地址：河南省新乡市延津县小潭乡大潭村

邮政编码：453200

电　　话：13839043687

E - mail：zzhltf@ 126. com

朱建波

55 岁，高中

发明名称：太阳能聚光装置及系统

专利（申请）号：201210061599. 0

发明简介：本发明廉价获得太阳高温热能，解决了现有太阳能聚光装置的跟踪装置额外消耗材料和能源，容易失灵或损坏的技术问题。

该太阳能聚光装置包括沿东西向放置的两个半球面反射镜，组合带上“外套环”固定东西倾斜度 15°～30°，包括固定于所述两个反射镜底部的横拉杆，杆两端装有轴承槽轮，槽轮外套环通过钢绳与绞盘相连，调节纬角度。该太阳能聚光系统包括多个上述太阳能聚光装置，所述多个太阳能聚光装置，沿南北方向排列；及东、中、西定点调节经纬度装置，均可聚焦天空全方位射入的所有阳光，镜内分别配装光伏、光热及复聚光系统。

与平板光伏相比：减少了 80% ～90% 的电池板用量，该聚光电池板恭候直径 195mm 动态焦斑的到来，温度是阳光的四倍，日聚光发电 9～11h，可获得相应高的光伏电能。

本聚光光热系统均可定点调节经纬度聚焦，或组合聚焦天空全方位射入的所有阳光，获得 300℃ ～2500℃高温热能，规模化安装可直接供蒸汽发电、保暖、工农业使用热能，或与锅炉对接节煤环保使用热能。

本聚光系统反射镜、接焦器用不锈钢一次冲压成型，整洁大方，耐高温高压风雨无阻，造形及水位线极低，互不遮挡阳光，有效利用聚光面积大，能解决高层住宅热水供不到底的现象，每户只需屋面 $4m^2$，如 $120m^2$ 户型的可供 30 层楼的住户蒸汽及 65℃ ～95℃温水，一供透顶，回归自然绿色时代。

通信地址：云南省昆明市宜良觐光街 8 号
邮政编码：652100
电　　话：13987653181
E － mail：451596838@ qq. com

朱建方
男，43 岁，本科，高级经济师

发明名称：一种用于汽车发动机冷却风扇的 PWM 调速模块

专利（申请）号：201110092901. 4

发明简介：本发明公开了一种用于汽车发动机冷却风扇的 PWM 调速模块，包括对输入的低频 PWM 信号进行调制解调处理的控制信号处理单元、及对控制信号处理单元输出的信号进行驱动放大的驱动放大单元。所述控制信号处理单元包括调制波生成单元、载波生成单元，驱动放大单元包括 PWM 生成及放大单元，调制波生成单元、载波生成单元的输出端连接 PWM 生成及放大单元的输入端。本发明的制造成本低、由于电路简单其从研发到生产的周期非常短，还附加了对冷却风扇驱动电机的电流、温度、电源电压的实时监测功能，且无需软件编程，降低了开发难度。

该技术为综合型智能控制方式，兼有集中式控制和 PWM 技术的优点，控制电路对发动机及其周围环境参数考虑的已极为全面，有紧急运行模式、堵转、短路、过压、欠压、温度过高保护等等功能，真正体现了智能化控制。与以往的控制方式相比，该技术能效更高，达到了节能降耗的目的。

通信地址：江苏省常州市新北区孟河镇白兔村
邮政编码：213129
电　　话：18906109806
E － mail：caolingyi@ 126. com

朱明龙
男，70 岁，高中

发明名称：汽车刹车和油门的同一控制装置

专利（申请）号：201210337102. 3

发明简介：本项目涉及一种用于汽车动态安全保障的改良设施，主体是一只将汽车的刹车控制系统跟油门设置于同一根控制杆上的双功能构件，在连接上汽车输油管道后装置于稍作改进的刹车挡板上方。当汽车处于静态时，该装置可以在输油管道上侧阻断油路，也可在输油管道下侧阻断油路进而触动刹车。车辆行动时，油路可由驾车者踩着油门挡板控制，可让油门从上而下由小变大再由大变小，当该装置在输油管下侧封断油路时，基本上已接触到了刹车挡板，可根据需要继续往下踩住刹车或放松回归油路。当行车遭遇紧急情况时，驾车人可毫无担忧地将油门挡板往下踩死而造成紧急刹车。利用本装置改造现有汽车，只须适当降低原来的刹车挡板位置并将输油管改接到本装置上，不改变汽车其它构件，简单易行且代价极低，估算本装置造价在 10 元以内，安装工本不会超出 200 元，可彻底消灭错将油门当刹车而造成的交通事故。我国任何一家汽车制造厂或 4S 店都有能力操办。

通信地址：浙江省义乌市后宅街道马踏石村

邮政编码：322000

电　　话：0579-85643384

E － mail：sczjr@126.com

朱　炜

男，30 岁，本科，工程师

发明名称：基于 MSP430 的多传感器热式气体流量测量电路

专利（申请）号：201210419664.2

发明简介：本发明涉及一种基于 MSP430 的多传感器热式气体流量测量电路，适用于新型的低功耗热式气体质量流量检测仪表。本发明以组合热膜探头作为气体流量传感器，测量电路主要由四个部分组成，分别是反馈电路、四路传感元件连接而成的电桥传感器、电压转换电路和单片机。本发明通过结合测量管道内流场分布的特点，采用多传感器融合算法，消除了测量中的介质温度和流场分布不规则对测量结果的影响，实现温度的完全补偿，进而提高了测量精度；信号处理电路采用了集成芯片，有效减小了噪声干扰；利用此测量电路可以减小了直管段的长度，具有高精度高量程比的优点。

通信地址：杭州市江干区九环路 50 号杭州市质检院能源中心

邮政编码：310019

电　　话：0571-81995388　18868785868

E － mail：zhuw@hzzjy.net

祝传福

男，56 岁，博士，高级工程师

发明名称：家庭用水发电照明节能水嘴

专利（申请）号：201020217712.6

发明简介：其技术原理是利用终端能量梯级能，通过不同的管经设计规格体载（外观样式及规格不同系列）装置对接不同管经的中端或终端接口处，以吃用的自来水或取暖介质水等，来实现另一种能的转换，功能达到同步发电。白天充电、蓄电，晚上采用 LED 灯照明，从而改变终端能源资源无效率的消耗。

该项目新型填补了终端高效用水等、以同步发电、充电、节电照明的空白，实用、技术成熟，处于领先，无污染，属节能环保绿色电能，可广泛应用于家庭、办公楼、宾馆等。

通信地址：河南省鹤壁市开发区海棠巷建设工程标准定额站

邮政编码：458030

电　　话：0392-3386080　13938001337

E － mail：Hbs13938001337@126.com

邹　潮

男，57 岁，博士，高级工程师

发明人简介：邹潮，曾任世界 500 强制药公司美国研发中心的高级研究员，同时兼有海外学术领域和工业领域 20 多年分子生物学理论研究、生物技术研发以及研发团队管理的经验。

1994 年获日本国立鸟取大学联合大学院/日本国家遗传学研究所分子生物学博士学位，随后在英国诺丁汉女皇医学中心和美国弗吉尼亚大学医学院从事博士后研究各两年。2011 年在中科院天津工业生物技术研究所创立哈德逊（天津）生物技术有限责任公司，任董事长。曾在国际一流学术杂志，包括《Science》上发表过多篇学术论文。曾获过日本文部省奖学金，美国新泽西州医科齿科大学药学系青年研究者奖，赛诺菲安万特制药公司内科系研发项目贡献奖。1997 年作为生物学家被列入美国《Marquis 科学与工程名人录》(Marquis Who's Who in Science and Engineering)，2012 年被列入美国《Marquis 世界名人录》(Marquis Who's Who in the World)。拥有多项专利技术，并均已成功地用于新产品研发，目前已经开发出 50 项相关的新产品，多数已投入市场销售，并出口日本和美国。

通信地址：天津市空港经济区西七道 32 号天津工业生物技术研究所 C-213

邮政编码：300308

电　　话：022-24828717

E - mail：hudsonbiotech@ yahoo. cn

邹黔荣

女，47 岁，本科，副研究馆员

发明名称：卷件合一的档案装订夹

专利（申请）号：201220118923. 3

发明简介：档案整理装订有两种方法，一种是以“卷”为单位的方法，一种是以“件”为单位的方法，在具体的工作实践中各有利弊。本实用新型将两种方法结合，取长补短，按照 GB/T 9705—2008 和 DA/T 22—2000 标准，对档案装订装具进行改革、创新为卷件合一的档案装订夹，它不用三孔一线、浆糊、钉书钉、钢夹、缝纫机等装订档案，而是采用专门制作的纸质硬卷皮内带三颗不锈钢弹簧针、三孔不锈钢活动夹板装订档案，外套活动纸盒的方法，适用于以“卷”或以“件”为单位整理装订档案，这是对“卷”整理装订档案方法的继承和发扬，又是对“件”整理装订档案能单份取出优势的充分利用，是两种方法的科学结合，其高效、快捷、实用、方便的特点，能有效提高级工程师作效率，便于收集、整理、保管、利用、统计、鉴定、销毁、补充档案，便于取出、归位、复印、传真、电子扫描、档案信息数字化处理，便于档案“三个体系”建设的发展。目前尚未有学者对这两种优势充分利用起来整理装订档案进行过研究，更没有实际应用，因此本实用新型具有重要的学术价值、实用价值。

备　注：邹黔荣，侗族，黔东南民族职业技术学院综合档案室主任，副研究馆员，从事基层档案工作 20 余年。2003 年 12 月国家档案局、中央档案馆授予“全国优秀档案工作者”称号，在档案核心刊物和省级以上刊物发表论文 10 余篇。

通信地址：贵州省凯里经济开发区黔东南民族职业技术学院

邮政编码：556000

电　　话：15329751081

E - mail：Kl19686523@ 163. com

左元辉

男，58 岁，大专

发明名称：竹叶枝在草食动物的开发和利用

专利（申请）号：201210435862. 8

发明简介：本发明涉及竹子在食草动物养殖中的开发利用，也涉及饲料；尤其是兔子的饲料和饲养方法。使用的用途是将竹枝和竹叶粉碎干燥制成竹枝叶粉，根据食草动物不同生长期的营养需求，将竹粉按照饲料的总重量的不同比例混合于饲料的其他成分中，生产成食草动物生长所需的全价饲料喂食草动物，可以部分或全部替代苜蓿草粉等含有纤维原料的草粉，在保证饲料养分的基础上减少牧草原料使用，节约牧草地、耕地资源。竹粉有清热、消炎、杀菌的作用，还可以有效预防和辅助治疗胃肠道、呼吸道等动物生长过程中的常见病，减少兔子等食草动物对抗生素药物的使用量，使食草动物肉质更加绿色环保。同时因竹纤维更耐消化，在饲养中饲料使用量相对减少，节约食草动物的养殖成本，使被人们废弃的竹枝叶被有效利用，对养殖草食动物有较好的发明贡献。

其基本原理是将竹枝或竹叶初次粉碎，进行烘干后，再次粉碎成草粉状，再按比例添加到全价饲料的原料中，生产成全价饲料喂食草动物。

通信地址： 重庆市铜梁县巴川街道办事处大北街238号2栋2单元5-2室

邮政编码： 402520

电　　话： 13752824308